JOURNAL INTIME

DE LA

COMÉDIE FRANÇAISE

DU MÊME AUTEUR

PUBLICATIONS

SUR LA

COMÉDIE FRANÇAISE

REGNIER, sociétaire. 1 vol. in-18, avec portrait à l'eau-forte. 1872.

MADAME ARNOULD-PLESSY. Brochure in-18. 1876.

BRESSANT, sociétaire. 1 vol. in-18, avec portrait à l'eau-forte. 1877.

LÉON GUILLARD, archiviste de la Comédie Française. 1 vol. in-18, avec portrait à l'eau-forte. 1878.

LA COMÉDIE FRANÇAISE (1680-1875), monographie, dans la Collection des *Foyers et Coulisses*. 2 vol. in-16, avec photographies.

DICTIONNAIRE DES PSEUDONYMES

RÉVÉLATIONS SUR LE MONDE DES ARTS ET DES LETTRES

Un fort volume in-18, de 440 pages. 2ᵉ édition.

Imprimerie D. BARDIN, à Saint-Germain.

JOURNAL INTIME

DE LA

COMÉDIE FRANÇAISE

(1852-1871)

PUBLIÉ PAR

GEORGES D'HEYLLI 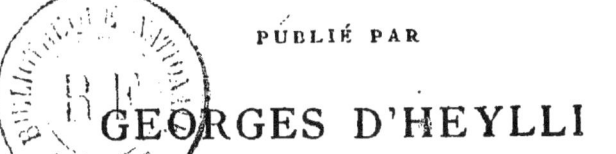 (Edmond-Antoine Poinsot.)

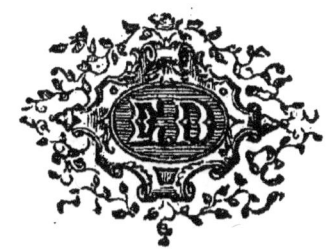

PARIS

E. DENTU, ÉDITEUR

LIBRAIRE DE LA SOCIÉTÉ DES GENS DE LETTRES

PALAIS-ROYAL, 15-17-19, GALERIE D'ORLÉANS.

1879

Tous droits réservés.

CONSUL FRANÇAISE

AVANT-PROPOS

Le véritable titre de ce livre devrait être : la Comédie-Française pendant le deuxième empire. *C'est, en effet, le journal même de la Comédie, durant la dernière période impériale, que je publie aujourd'hui.*

J'ai choisi cette époque, parce qu'elle est encore assez près de nous pour que j'aie la chance heureuse d'avoir pour lecteurs quelques-uns de ceux que le Théâtre-Français a eus alors pour spectateurs. La génération à laquelle j'appartiens a, en effet, assisté plus ou moins souvent aux représentations dont ce volume raconte l'histoire ; elle a ainsi pu voir grandir chaque jour les destinées de ce théâtre incomparable qui n'a pas de rival au monde. La période qui s'écoule de 1852 à 1870 a été particulièrement féconde pour la Comédie-Française dont elle a vu la rénovation et la haute fortune[1]. *C'est pendant cette période que le talent*

---

[1]. Voir à la fin de ce volume les recettes de la Comédie, de *1846* à *1878*, et dont je dois la communication à mon ami Verteuil, secrétaire général du théâtre.

des maîtres actuels de la scène s'est le plus heureusement manifesté et épanoui : Ponsard, Feuillet, Doucet, Laya, Legouvé et surtout Augier, ont alors donné leurs œuvres les plus applaudies et les meilleures; Émile Augier a même conquis dans l'estime publique, en faisant représenter coup sur coup ses études vigoureuses ou passionnées, une place tout à fait à part et qui, au théâtre, lui fait dominer de très-haut tous ses contemporains. A côté de ces maîtres éprouvés, se sont produits quelques écrivains nouveaux qui devenaient l'espérance de l'avenir en débutant par des succès éclatants : Mario Uchard, de Banville, Pailleron, Manuel, etc... En même temps, la Comédie-Française transportait à la scène le proverbe le plus émouvant de Musset, et quelques années plus tard elle reprenait avec un succès triomphal le premier drame de Victor Hugo.

Toutes ces œuvres brillantes avaient aussi, pour les faire valoir, une réunion de comédiens sans pareille dans le monde entier. C'étaient, au début de la période qui nous occupe, Samson, Regnier, Geffroy, Provost, Mmes Brohan, Plessy et surtout la grande Rachel, interprète admirable, et jamais remplacée, de la tragédie pour toujours morte avec elle. C'étaient encore, mais commençant seulement à arriver à la célébrité, ces comédiens aujourd'hui illustres qui se nomment Got, Delaunay, Bressant, Mlle Favart; c'étaient enfin les nouvelles recrues de la jeune troupe d'où sont sortis Worms, Febvre, Thiron, Mlle Sarah-Bernhardt, surtout Coquelin et même Mlle Croizette.

C'est à l'aide du journal qui garde aux archives du Théâtre-Français la trace du travail et des efforts cons-

tants de ces éminents écrivains et de ces grands artistes, que ce livre a été écrit. Toutes les pièces nouvelles, les reprises, les débuts, en un mot tous les événements petits et grands qui intéressent sérieusement l'histoire de la Comédie-Française, y ont été successivement par nous notés, commentés, passés en revue. Ce n'est point, par exemple, une étude complète ni approfondie : le cadre restreint de ce travail, qui renferme l'histoire de vingt années en un seul volume, ne nous la permettait pas. C'est seulement l'impression du moment que nous avons voulu nettement conserver, nous bornant à mettre en saillie le point faible qui avait nui à la pièce ou les brillantes qualités qui en avaient assuré le succès. De même pour ceux de ses interprètes qui, novices alors, sont parvenus depuis à une haute et légitime renommée, nous avons dû les prendre au moment même de leurs premiers essais, et noter surtout ici l'effet peut-être moins favorable qu'ils avaient alors produit. Enfin, nous avons cherché à renforcer, autant que nous l'avons pu, nos appréciations et nos dires de l'autorité d'écrivains spéciaux et compétents en citant, tour à tour, Janin, Gautier, Paul de Saint-Victor, Sarcey, Claretie, c'est-à-dire les maîtres de la critique contemporaine.

C'est à la courtoisie et à l'obligeance de M. Emile Perrin que nous avons dû de pouvoir compulser les précieux registres des archives de la Comédie, que notre regrettable et regretté ami Léon Guillard a été autorisé à nous communiquer. Ce pauvre et cher Guillard[1], *si prématuré-*

---

1. Voir la notice que nous avons consacrée à cet excellent archiviste et dont l'indication figure à la deuxième page de ce volume.

ment disparu, avait été tout particulièrement favorable à notre travail que nous lui avions lu au fur et à mesure que nous était remise l'épreuve de chaque feuille et par la suite tout entier. Ce nous est donc un triste plaisir et un devoir bien doux à la fois de rappeler ici la mémoire de cet homme si parfaitement bon et aimable, et à l'érudition duquel tous les écrivains qui se sont occupés des choses du théâtre, pendant ces vingt dernières années, ont dû tant de précieux renseignements et d'utiles conseils.

Septembre 1878.

ÉTAT DE LA COMÉDIE-FRANÇAISE

A LA FIN DE 1852

ADMINISTRATION :

MM. *Arsène Houssaye,* directeur, nommé en 1849.
    Laurent, contrôleur général.
    Verteuil, secrétaire général de l'administration et du comité.
    Dubois-Davesne, régisseur général.
    Laugier, archiviste [1].
    Offenbach, chef d'orchestre.

SOCIÉTAIRES :

1827. — MM. Samson. — A débuté le 11 avril 1826 dans *le Barbier de Séville* (Figaro).
1831. — Beauvallet. — A débuté le 3 septembre 1830 dans *Hamlet,* de Ducis (Hamlet).
1835. — Geffroy. — A débuté le 17 juin 1829 dans *Andromaque* (Oreste).

---

1. Remplacé, en 1855, par Léon Guillard qui a eu, lui-même, pour successeurs, en 1878, François Coppée et Georges Monval.

1835. — REGNIER. — A débuté le 6 novembre 1831 dans *le Mariage de Figaro* (Figaro).

1839. — PROVOST. — A débuté le 25 avril 1835 dans *Tartufe* (Orgon).

1843. — BRINDEAU. — A débuté le 21 mai 1842 dans *les Femmes savantes* (Clitandre), et *le Jeune mari* (Oscar).

1845. — LEROUX. — A débuté le 26 mai 1841 dans *les Femmes savantes* (Clitandre), et *le Dépit amoureux* (Éraste).

1847. — MAILLART. — Premiers débuts le 14 mars 1838 dans *les Rivaux* (Derval), et *Isabelle* (Albert), de Mme Ancelot. — Deuxième début le 18 avril 1843 dans *Marie Stuart* (Mortimer), et *Valérie* (Ernest).

1850. — GOT. — A débuté le 17 juillet 1844 dans *les Héritiers* (Alain), et *les Précieuses ridicules* (Mascarille).

1850. — DELAUNAY. — A débuté le 25 avril 1848 dans *l'École des maris* (Valère).

1852. — MAUBANT. — A débuté le 25 août 1842 dans *Iphigénie en Aulide* (Achille).

1852. — MONROSE. — A débuté une première fois le 21 juin 1833 dans *les Fausses confidences* (Dubois), et *le Dépit amoureux* (Gros-René), et une seconde fois le 11 juin 1846 dans *le Festin de Pierre* (Sganarelle), et *la Ciguë* (Pâris).

1833. — Mmes NOBLET. — A débuté le 10 juin 1829 dans *la Femme jalouse* (Eugénie).

1839. — RACHEL. — A débuté le 12 juin 1838 dans *Horace* (Camille).

1842. — BROHAN (Augustine). — A débuté le 19 mai 1841 dans *Tartufe* (Dorine), et *les Rivaux d'eux-mêmes* (Lise).

1845. - DENAIN. — A débuté le 8 juin 1840 dans *l'École des femmes* (Agnès).

1850. — REBECCA. — A débuté le 1er juillet 1845 dans *Mahomet* (Palmyre).

1852. — JUDITH. — A débuté le 30 novembre 1846 dans *la Fille d'honneur* (Emma).

1852. — BONVAL. — A débuté une première fois le 6 avril

1843 dans *Tartufe* (Dorine), et *les Rivaux d'eux-mêmes* (Lise), et une seconde fois le 17 juillet 1847 dans *Tartufe* (Dorine).

1852. — NATHALIE. — A débuté le 15 novembre 1848 dans *la Camaraderie* (Césarine).

1852. — BROHAN (Madeleine). — A débuté le 15 octobre 1850 dans *les Contes de la reine de Navarre* (Marguerite).

PENSIONNAIRES :

MM. MIRECOUR. — A débuté le 8 septembre 1829 dans *l'École des femmes* (Horace).

FONTA. (Voir page 280.)

CHÉRY. — A débuté le 5 juin 1846 dans *la Vestale* (Marcellus).

BALLANDE. — A débuté le 2 juillet 1846 dans *Hamlet* (Hamlet), de Ducis.

MONTET. — A débuté le 17 juillet 1847 dans *les Fourberies de Scapin* (Géronte).

ANSELME (Bert). — A débuté le 2 juin 1851 dans *l'École des maris* (Sganarelle).

DIDIER (Édouard). — A débuté le 15 juin 1851 dans *Gabrielle* (Julien).

GUICHARD. — A débuté le 6 août 1851 dans *Mithridate* (Xipharès).

DELORIS. — A débuté le 12 juin 1852 dans *Tartufe* (Cléante).

Mmes THÉNARD. — A débuté le 18 septembre 1813 dans *Tartufe* (Dorine), et dans *le Jeu de l'amour et du hasard* (Lisette).

MOREAU-SAINTI. — A débuté le 30 août 1822 dans *la Coquette corrigée* (Julie), et *Brueys et Palaprat* (Mlle de Beauval).

RIMBLOT. — A débuté le 12 juillet 1845 dans *Tancrède* (Aménaïde).

ALLAN DESPRÉAUX. — A débuté le 27 novembre 1847 dans *le Caprice* (Mme de Léry).

FAVART. — A débuté le 19 mai 1848 dans *Valérie* (Valérie).

SARAH-FÉLIX. — A débuté le 24 mai 1849 dans *le Misanthrope* (Célimène).

FIX. — A débuté le 9 septembre 1849 dans *le Verre d'eau* (Abigaïl).

THÉRIC. — A débuté le 7 janvier 1851 dans *l'École des femmes* (Agnès).

BIRON. — A débuté le 24 juillet 1851 dans *Tartufe* (Dorine).

MARIE DUPONT. — A débuté le 19 août 1851 dans *l'Épreuve* (Angélique).

SAVARY. — A débuté le 20 août 1851 dans *l'École des femmes* (Agnès).

JOUASSAIN. — A débuté le 17 décembre 1851 dans *Andromaque* (Céphyse).

SAINT-HILAIRE. — A débuté le 16 avril 1852 dans *Tartufe* (Dorine), et *les Folies amoureuses* (Lisette).

JOURNAL INTIME
DE LA
COMÉDIE-FRANÇAISE
1852-1871

ANNÉE 1852

La Comédie-Française avait déjà célébré l'avénement du deuxième Empire, avant sa proclamation officielle; elle avait donné, le 22 octobre 1852, à l'occasion de la rentrée à Paris du prince Louis-Napoléon, président de la République, après le triomphal voyage de Bordeaux, une représentation solennelle qui avait été honorée de la présence de Son Altesse Impériale, de celle des principaux personnages du gouvernement et de la République, et d'une société choisie parmi les plus illustres représentants des arts, des lettres et du grand monde parisien. Les artistes du premier théâtre littéraire de l'Europe représentèrent devant cette merveilleuse assemblée, la tragédie de *Cinna*; Mlle Rachel, après avoir rempli le personnage d'Emilie, vint dire, en l'honneur du prince, une ode spécialement composée pour la cérémonie par le directeur de la Comédie-Française, M. Arsène Houssaye, ode qui rappelait le voyage de Louis-Napoléon et les paroles si fréquemment répétées depuis, et empruntées à son mémorable discours de Bordeaux : l'*Empire, c'est la paix!*... Le rideau s'était relevé après la fin de la tragédie, et, sur la scène, tous les artistes de la Comédie portant les costumes des pièces les plus applaudies du répertoire étaient apparus groupés autour de Mlle Rachel, vêtue de blanc, ayant une guirlande de chêne, comme ceinture, et s'avançant lentement sur le devant du théâtre pendant que l'orchestre jouait l'air favori de la reine Hortense, *Partant pour la Syrie*, qui allait devenir le chant national du nouvel Empire. La grande tragédienne, « éloquente, inspirée, l'œil en feu... [1] » avait récité les strophes enthousiastes d'Arsène Houssaye et la noble assistance avait tout particulièrement acclamé les deux suivantes que Mlle Rachel avait aussi plus spécialement accentuées :

> L'Empire c'est la paix!... la paix sera féconde.
> Quand Dieu veut que du Nil les flots soient assoupis,
> Où le Nil débordait jaillissent les épis,
> L'Empire a débordé pour féconder le monde!...
>
> L'aigle a repris son vol et plane sur nos champs;
> Sous un ciel radieux la France enfin respire
> Et rêve, en souriant, un immortel empire
> Qu'un peuple enthousiaste acclame de ses chants!...

Le souvenir de cette illustre soirée nous a été conservé et transmis dans un petit volume publié sous ce titre : *Soirée historique de la Comédie-Française* (22 octobre 1852); *Représentation solennelle en présence de*

---

1. Jules Janin (*les Débats*).

S. A. I. Louis-Napoléon[1]. On y trouve des détails fort curieux sur la représentation, et entre autres, la liste nominative des principaux personnages qui y assistaient. Citons au premier rang la future Impératrice, et sa mère, la comtesse de Montijo et Mlle de Montijo. Les places avaient été naturellement très-disputées, et la spéculation aidant, elles avaient été payées au poids de l'or. Un riche Anglais, lord Gray, n'avait pas payé son fauteuil d'orchestre moins de 450 francs.

Le lendemain, les journaux étaient remplis d'articles pompeux et de relations sans nombre sur cette grande soirée. Le *Moniteur*, alors journal officiel, constatait — c'était à la fois son devoir et son droit — que S. A. I. avait été accueillie à son arrivée et accompagnée sur son passage par les cris de : Vive l'Empereur!... L'*Indépendance belge* disait, par la plume de son courriériste Jules Lecomte, que « le voyage de Louis-Napoléon, entrepris par un président, avait été terminé par un empereur. » Quant au *Pays*, journal officieux et dévoué, il louait sans réserve l'ode de M. Arsène Houssaye qu'avait si bien déclamée Mlle Rachel. « Ces beaux vers, disait l'article, s'inspirent de l'esprit, souvent du texte même de cet admirable discours de Bordeaux dont toutes les phrases circulent par la France comme les mots d'ordre de son avenir. » A la *Patrie* c'était M. Jules de Prémaray, à la *Presse*, M. Théophile Gautier, aux *Débats*, M. Jules Janin, au *Constitutionnel*, M. Aug. Lireux, au *Théâtre*, son rédacteur en chef, M. Édouard Fournier qui célébraient à l'envi la haute fortune promise au naissant empire en même temps que les splendeurs de la soirée dramatique donnée en l'honneur du nouvel empereur.

---

[1]. Un vol. petit in-18, Paris, Eug. Didier, 1852.

Le surlendemain, le prince envoyait, déjà comme impérial remercîment et à la manière des souverains les plus authentiques, son chiffre en diamants à l'auteur de l'ode déclamée devant lui, et un bracelet magnifique à son éminente interprète.

La troupe entière de la Comédie-Française — sociétaires et pensionnaires — avait pris part à cette représentation, et je retrouve avec plaisir, la liste des artistes qui figurèrent dans la cérémonie, et l'indication du costume que portait, ce soir-là, chacun d'eux. Cette nomenclature est bonne à conserver. Elle donnera, assez fidèlement, pour l'époque qui est le point de départ du présent travail, et bien mieux qu'une longue définition, l'emploi de chaque artiste et, en quelque sorte aussi, le rôle qui lui était, alors, le plus familier et le plus favorable.

Les artistes de la Comédie-Française qui entouraient Mlle Rachel, pendant qu'elle déclamait l'ode : *L'Empire c'est la paix!* dans la soirée du 22 octobre 1852, portaient les costumes des personnages et des pièces dont le détail suit :

MM.
Samson. — Mascarille (*L'Étourdi*).
Beauvallet. — Auguste (*Cinna*).
Geffroy. — Alceste (*Le Misanthrope*).
Provost. — Van Buck (*Il ne faut jurer de rien*).
Brindeau. — Valentin   id.
Regnier. — Scapin (*Les fourberies de Scapin*).
Leroux. — Le marquis de Moncade (*L'École des Bourgeois*).
Maillart. — Didier (*Marion de l'Orme*).
Got. — Laflèche (*L'Avare*).
Delaunay. — Valère (*L'École des Maris*).
Maubant. — Cinna (*Cinna*).
Monrose. — Cliton (*Le Menteur*).

Mirecour.	—	Oronte (*Le Misanthrope*).
Fonta.	—	Euphorbe (*Cinna*).
Chéry.	—	Maxime (*Cinna*).
Ballande.	—	Sextus (*Cinna*).
Anselme.	—	Chrysale (*Les Femmes savantes*).
Guichard.	—	Xipharès (*Mithridate*).
Didier.	—	Glocester (*Les Enfants d'Édouard*).
Deloris.	—	Cléante (*Tartufe*).

Mmes.

Noblet.	—	Philaminte (*Les Femmes savantes*).
Brohan (Aug.).	—	Mme de Prie (*Mlle de Belle-Isle*).
Denain.	—	Philaminte (*Les Femmes savantes*).
Rebecca.	—	Dona Florinde (*Don Juan d'Autriche*).
Nathalie.	—	Arsinoé (*Le Misanthrope*).
Brohan (Madeleine).	—	Célimène (*Le Misanthrope*).
Thénard.	—	Mme Abraham (*L'École des Bourgeois*).
Mirecour.	—	Fulvie (*Cinna*).
Rimblot.	—	Andromaque (*Andromaque*).
Bonval.	—	Marinette (*Le Dépit amoureux*).
Allan.	—	Mme de Léry (*Le Caprice*).
Fix.	—	Abigail (*Le Verre d'eau*).
Moreau-Sainti.	—	Hermia (*Les Caprices de Marianne*).
Théric.	—	Isabelle (*Les Contes de la Reine de Navarre*).
Marquet.	—	Lucile (*Le Bourgeois gentilhomme*).
Biron.	—	Lisette (*Légataire universel*).
Savary.	—	Cécile (*Les Trois époques*).
Marie Dupont.	—	Angélique (*L'Épreuve*).
Favart.	—	Éléonore (*Les Contes de la Reine de Navarre*).
Jouassain.	—	Bélise (*Les Femmes savantes*).

Le répertoire courant se compose alors, comme pièces nouvelles, de *Mademoiselle de la Seiglière*[1], toujours en

---

1. Comédie en quatre actes et en prose, de M. Jules Sandeau. Première représentation le 4 novembre 1851. Ont créé les rôles : MM. Samson (le

possession de son grand succès de vogue, de *Sullivan*, jolie comédie de Mélesville[1], des *Droits de l'Homme*[2], œuvre piquante de M. Jules de Prémaray, que Mlle Sarah Félix, l'une des sœurs de Rachel, apporte de l'Odéon à la Comédie-Française pour son deuxième début[3]. Mlle Rachel, elle-même, se montre avec assez de suite dans ses principaux rôles : *Marie-Stuart* (7 et 11 décembre); *Adrienne Lecouvreur* (14, 17 et 28 décembre); *Phèdre* (23 décembre); *Athalie* (26 décembre)... etc.

24 décembre. — Première représentation : *Le Cœur et la Dot*, comédie en cinq actes, en prose, de M. Félicien Mallefille[4].

---

marquis), Régnier (Des Tournelles), Delaunay (Raoul de Vaubert), Maillart (Bernard Stamply), Mathien (Jasmin), Mmes Nathalie (la baronne de Vaubert), Madeleine Brohan (Hélène).

1. Comédie en trois actes, en prose. Première représentation le 11 novembre 1852. Ont créé les rôles : MM. Provost, Brindeau, Got; Mmes Favart, Thénard, Jouassain. « Grand succès, » dit le registre.

2. Comédie en deux actes, en prose. Première représentation au théâtre de l'Odéon, le 6 novembre 1851 ; reprise à la Comédie-Française, le 2 novembre 1852.

Voici la distribution des rôles dans les deux théâtres :

		Odéon.		Théâtre-Français.
Ducroc............	MM.	Lepeintre (aîné)...	MM.	Provost.
Roger de Julianne...		Pierron..........		Leroux.
Gaston d'Arthès....		Néroud..........		Delaunay.
Caroline de Lussan..	Mmes	Sarah-Félix......	Mmes	Sarah-Félix.
Angélique		Laurentine-Léon.		Rebecca.
Gabrielle		Roger Solié......		Fix.

3. Mlle Sarah Félix a eu deux débuts à la Comédie-Française :

1er début, après lequel elle retourne à l'Odéon : 24 mai 1849, *le Misanthrope* (Célimène).

2e début, 29 octobre 1852 : *Tartufe* (Elmire) et *la Gageure imprévue* (la marquise). — Elle est morte le 12 janvier 1877.

4. Ont créé les rôles : MM. Beauvallet (le Dr Dumège), Régnier (maître

C'est la première œuvre donnée à la Comédie-Française par cet écrivain distingué, lequel a, cette fois, rompu avec les traditions du vieux drame qui lui ont valu ses meilleurs succès au boulevard [1]; il est passé soudain du noir au blanc, et jamais dramaturge, aussi enraciné et authentique, n'aurait pu être soupçonné d'avoir à son service tant de ressources de gaieté et de si bon et excellent aloi [2]. *Le Cœur et la Dot*, c'est l'éternelle histoire de la chasse au mariage, la lutte entre l'amour et les écus. Deux couples sont ici en présence : d'une part, Mme Despériers et sa petite-fille, chaste enfant qui rêve l'amour le plus pur, et sans arrière-pensée, et que les questions de dot et d'argent ne préoccupent guère; d'autre part, le capitaine Baudrille, vieux loup de mer, matamore fanfaron, pourfendeur pour rire qui cherche à caser, quand même, envers et contre tous, sa nièce Athénaïs, vieille fille dont personne n'a jamais voulu, et dont ne voudra jamais

Chavarot), Got (Baudrille), Delaunay (Henri Dumège); Mmes Aug. Brohan (Nanon), Nathalie (Athénaïs), Fix (Adèle), Jouassain (Mme Despériers).

1. Son premier drame *Glenarvon* (25 février 1835) a été l'un des grands succès de l'Ambigu. Puis sont venus *les Sept infants de Lara* (Porte-Saint-Martin, 1836); *Le Paysan des Alpes* (Gaîté, 1837); *Randal* (Porte-Saint-Martin, 1838), etc... Citons à part le beau drame des *Mères repenties* postérieur au *Cœur et la Dot* (Porte-Saint-Martin, 1858, et repris au Vaudeville en 1860), et *les Sceptiques* (théâtre de Cluny, 1867). — M. Mallefille est mort à la fin de l'année 1868.

2. « Cette comédie a, je l'avoue, un aspect étrange au premier abord; elle a le rire bruyant, elle n'appartient guère au beau monde des oisifs qui promène incessamment sa paresse à travers les domaines de l'été; son langage est plein d'accent, sa gaieté est pleine d'expansion; sa parole est haute, sa voix est sonore; elle fait du bruit cette comédie; elle touche à tout, même à la charge; elle va de la raillerie à l'insulte; elle n'est pas sans colère, elle n'est pas sans menace; on y sent le malaise d'un noble cœur... »

(JULES JANIN.)

personne. Ces deux groupes intriguent, se démènent et se remuent à qui mieux mieux, pour arriver à leurs fins ; tous les moyens leur sont bons, rien ne les effraye ni ne les arrête, mais leurs finesses les plus rusées échouent et l'amour triomphe sans s'être mis à ce point en frais !

Deux types fort curieux ressortent au premier plan dans cette amusante comédie : l'un est celui de ce capitaine Baudrille, hâbleur émérite, qui, après s'être vanté d'avoir tué tant de monde, est obligé, en fin de compte, de reconnaître qu'il n'a jamais tué personne. Mais ce caractère, vrai d'abord, et d'une grande gaieté, est malheureusement poussé à l'exagération ; l'auteur a fait à la longue, de ce Baudrille, un homme trop misérable et trop coquin. On s'était beaucoup amusé de lui, mais la dégradation progressive de son personnage finit par inspirer plus de répugnance et de dégoût que de véritable gaieté. L'autre type est celui de la servante Nanon, qui n'a des soubrettes de l'ancien répertoire que la verve et l'esprit. C'est un caractère tout particulier que celui de cette « chercheuse, » ainsi qu'on l'a surnommée, qui est bien la plus fine mouche du monde, se mêle de tout sans en avoir l'air, furette partout, et débrouille les écheveaux les mieux embrouillés. La pièce lui doit son dénoûment, Baudrille ses déconvenues, et Mlle Despériers son bonheur.

Je me suis étendu un peu longuement sur cette comédie si plaisante et dont le mérite littéraire n'est point non plus à dédaigner. Le style en est brillant et incisif, le dialogue plein de vivacité, les caractères fortement tranchés, les détails charmants, surtout pendant les trois premiers actes. La situation se prolonge, en effet, trop longtemps[1], car l'action ne progresse plus à partir du qua-

---

1. Voyez la reprise de la pièce à la date du 27 juin 1860.

trième acte. Mais, le jeu des artistes aidant, *le Cœur et la Dot* a obtenu un très-sérieux succès. M. Got a fait du matamore Baudrille l'une de ses créations les plus originales et les plus amusantes, et Mlle Augustine Brohan a encore ajouté à l'esprit et à la finesse de Manon, la chercheuse.

ANNÉE 1853.

1ᵉʳ Janvier. — Rentrée de Mˡˡᵉ Judith dans *les Femmes savantes* (Henriette); Mˡˡᵉ Sarah Félix continue ses débuts par le rôle d'Armande. Mˡˡᵉ Judith avait été tenue assez longtemps éloignée du théâtre par une grave indisposition.

8 Janvier. — L'Empereur assiste [1] à la représentation de *Louise de Lignerolles* [2]. Le personnage de Louise, qu'a créé Mˡˡᵉ Mars, est l'un des rôles du répertoire moderne qui conviennent le mieux à Mˡˡᵉ Rachel, et aussi l'un

---

1. C'est la première fois que Louis-Napoléon vient au Théâtre-Français depuis qu'il est empereur. Il y revient une seconde fois, le 20 janvier, et assiste à la représentation du *Cœur et la Dot*, pièce qu'il vient revoir encore, cette fois avec la nouvelle impératrice, le 11 mars suivant.

2. Drame en cinq actes et en prose, de MM. Prosper Dinaux et Ernest Legouvé, joué pour la première au Théâtre-Français, le 6 juin 1838.

Distribution des principaux rôles :

	1838.	1852.
Henri de Lignerolles...	M. Firmin.........	M. Maillart.
Louise de Lignerolles...	Mˡˡᵉ Mars..........	Mˡˡᵉ Rachel.
Lagrange.............	M. Joanny........	M. Maubant.
Colonel de Givry......	— Geffroy........	— Geffroy.
Cécile de Givry.......	Mˡˡᵉ Noblet.........	Mᵐᵉ Rebecca.
Joséphine............	Mᵐᵉ Hervey.......	Mᵐᵉ Thénard.

de ceux qu'elle préfère. Elle l'a joué pour la première fois, le 6 mai 1852, et elle y a toujours produit un grand effet [1]. Ce drame, qui n'est pas excellent [2], mais qui, toutefois, a de l'intérêt et de l'émotion, donne de fortes recettes ; cependant Mlle Rachel ne l'a joué que treize fois à la Comédie-Française. M. Geffroy a repris, à côté d'elle, le rôle du colonel de Givry qu'il a créé. Il est d'ailleurs, dans cette reprise, le seul artiste qui date de la création de la pièce.

11 JANVIER. — *Le Bonhomme Jadis*, comédie en un acte de M. Henry Murger et la seule qu'il ait donnée à la Comédie-Française, où elle a été représentée pour la première fois le 21 avril 1852. Les artistes de la création interprètent encore aujourd'hui cette fine et poétique comédie, toujours demeurée au répertoire. M. Provost joue le Bonhomme Jadis ; M. Delaunay, Octave ; et Mlle Fix, Jacqueline.

13 JANVIER. — *Les Caprices de Marianne*, comédie en

---

1. Elle y était supérieurement habillée. Elle eut aussi un grand succès de presse ; Jules Janin cependant désapprouva sa tentative..... : « Tant elle était avide encore de popularité, tant elle était faible aussi et complaisante, elle consentit à jouer un vieux rôle de Mlle Mars et la voilà qui se mit à représenter *Louise de Lignerolles*. L'étrange idée !... Et pourquoi faire ? et que pouvait-elle espérer de ces fantômes ?... » (*Rachel et la tragédie*, un vol. gr. in-8°, chez Amyot, Paris, 1859, page 474.)

2. « Ce drame intéresse comme un roman bien raconté et qui touche à des intérêts dont chacun peut être le juge. Ce n'est pas un tableau complet dont le sujet puisse s'embrasser d'un même regard ; l'action ne s'annonce pas, ne se développe pas, ne s'achève pas sur elle-même ; c'est un de ces écrans gracieusement peints sur une longue bande de soie qu'on déroule et qui présentent une suite de scènes élégantes. C'est un récit en action, ce n'est pas une pièce ; mais on doit reconnaître que le drame a été traité avec un véritable talent, sinon dans les moyens par lesquels il procède, du moins dans les sentiments qu'il développe. » (FRÉDÉRIC SOULIÉ.)

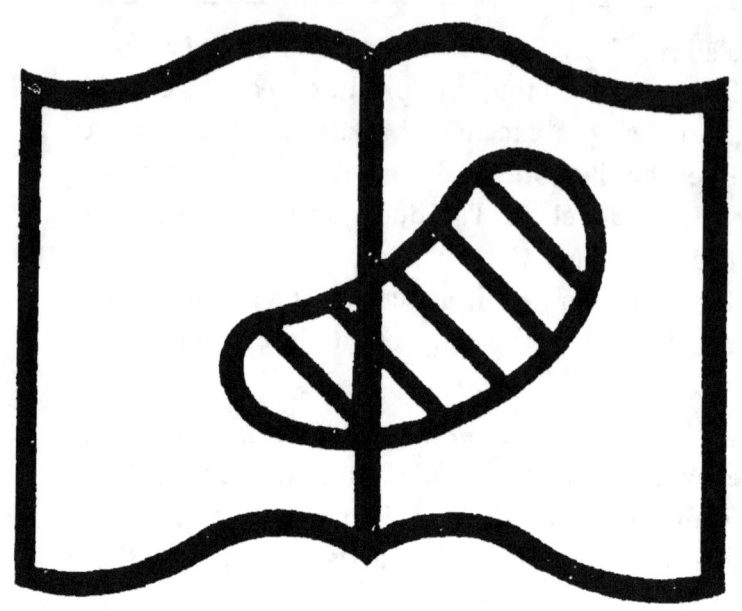

Original illisible
NF Z 43-120-10

deux actes en prose d'Alfred de Musset, jouée par les artistes qui ont créé les rôles [1].

15 Janvier. — Anniversaire de la naissance de Molière. *Le Misanthrope*; M. Geffroy joue Alceste, et Mlle Madeleine Brohan, Célimène. Le spectacle se termine par *le Malade imaginaire* avec M. Provost dans le personnage d'Argan. Dans la cérémonie paraissent tous les artistes de la Comédie. Mlle Rachel elle-même, qui ne se montre que très-rarement en ces circonstances, vient rendre hommage, avec ses camarades, à la mémoire de l'illustre comique.

10 Février. — Première représentation de *Lady Tartufe*, comédie en cinq actes, en prose, de Mme Émile de Girardin.

Mme de Girardin a voulu surtout peindre un caractère dans sa comédie de *Lady Tartufe*, mais elle en a trop chargé les couleurs. Sa pièce n'a point d'intrigue ; il est en effet difficile d'appeler de ce nom le mince sujet qui en constitue le fonds ; elle a préféré reporter ses efforts sur un seul personnage au détriment de tous les autres et surtout de sa comédie elle-même. L'intérêt en est donc à peu près nul, car il n'existe que dans le seul développement du caractère de Virginie de Blossac. *Lady Tartufe* n'est, à vrai dire, qu'une étude dramatique, très-louable au point de vue absolument littéraire, mais très-insuffisante comme œuvre théâtrale.

La tartuferie de Mme de Blossac a deux objectifs : elle veut

---

[1]. Cette comédie, publiée d'abord dans *la Revue des Deux Mondes* (n° du 15 mai 1833), n'était point destinée au théâtre. L'auteur lui fit subir lui-même les modifications nécessaires en vue de la scène et elle fut représentée pour la première fois à la Comédie-Française, le 14 juin 1851, avec la distribution suivante : Claudio, Provost; Cœlio, Delaunay; Octave, Brindeau; Tibia, Got; Marianne, Mlle Madeleine Brohan; Hermia, Mme Moreau-Sainti.

empêcher le mariage de Jeanne de Clairmont avec Victor de Renneville et assurer le sien avec le maréchal d'Estigny. La calomnie habilement répandue et les insinuations doucereuses, mais perfides, sont les armes, toutes naturelles en pareille occasion, dont elle se sert le plus volontiers. Mlle de Clairmont a été surprise, en pleine nuit, dans une situation compromettante, au bras d'un jeune homme, et cette découverte ignorée de tout le monde, si ce n'est cependant d'un ouvrier jardinier et de Mlle de Blossac elle-même, est le point de départ des tentatives de ce Tartufe en jupons pour faire manquer l'union projetée de la jeune fille. La pièce est là tout entière, et elle tourne, pendant cinq actes, autour de cette révélation adroitement publiée, sans autre incident ni jeu de scène imprévu qui puisse nous en distraire. Cependant l'histoire du rendez-vous s'éclaircit, Mlle de Clairmont est parfaitement innocente, et Mme de Blossac, dont le passé est loin d'être irréprochable, se trouve en définitive prise, elle-même, et sans retour, au piège qu'elle avait si longuement médité et tendu.

La comédie de Mme de Girardin fut cependant sauvée non moins par le style, l'esprit et la délicatesse de ses parties principales que par l'interprétation hors ligne, qu'elle reçut à la Comédie-Française [1]. Le rôle si long, si compliqué, si difficile de Virginie de Blossac fut un triomphe pour Mlle Rachel ; elle sut, à force d'habileté et de talent, faire passer les exagérations et les côtés odieux du caractère de son personnage, poussé trop au noir [2] ;

---

1. Elle n'eut cependant que 31 représentations ; Rachel la joua pour la dernière fois, le 24 mai 1854. (Voir la reprise, le 8 janvier 1857.)

2. On prêtait à Mme de Girardin le mot suivant, au sujet du caractère un peu outré de Virginie de Blossac : « Ce personnage est un bouquet que j'ai fait des noirceurs de cinq à six femmes de ma connaissance ! »

elle y fut merveilleuse de souplesse, de haute froideur et de distinction parfaite ; dans la grande scène du dernier acte, qui doit ruiner ses espérances et la perdre à jamais, elle montra une passion, pleine de mesure, qui décida certainement du succès de la pièce.

M. Régnier joua, avec sa verve, sa gaieté et sa finesse habituelles le rôle du baron des Tourbières, trop proche parent, peut-être, de l'avocat Destournelles de *Mademoiselle de la Seiglière*.

Le rôle charmant de Jeanne de Clairmont servit de début à une fort agréable jeune fille, Mlle Émilie Dubois, qui avait obtenu le deuxième prix de comédie aux derniers concours du Conservatoire[1]. La grande scène du quatrième acte, où Jeanne de Clairmont raconte, à sa mère et à son futur, sa rencontre nocturne avec l'homme que la calomnie lui donnait pour amant, fut pour la débutante l'occasion d'une véritable ovation. On ne pouvait être plus réellement ingénue ; l'innocence éclatait, en quelque sorte, à travers toutes les paroles qui sortaient de cette bouche souriante : on n'avait pas assisté, depuis longtemps, à la Comédie-Française, ni sur aucun autre théâtre, à un début plus heureux et qui fût d'un meilleur augure pour l'avenir d'une débutante[2].

Les autres rôles de la comédie de Mme de Girardin étaient tenus avec beaucoup de talent et un grand ensemble par MM. Samson (le maréchal d'Estigny), Maillart (Hector de Renneville), Maubant (le jardinier Léonard), Anselme (de Saint Yriex), Deloris (un archi-

---

1. Mlle Émilie-Désirée Dubois, qui n'avait pas encore seize ans, sortait de la classe de M. Samson, où elle avait été admise le 8 mai 1850. Elle est morte au mois d'octobre 1871.

2. « Cette soirée est pour Mlle Dubois la première page charmante d'un charmant début. » (Hippolyte Rolle.)

tccte), Mmes Allan (Mme de Clairmont), Thénard (Mme Berthollet), Jouassain (Mme Duvernois).

L'assemblée était des plus brillantes ; la nouvelle Impératrice avait accompagné l'Empereur ; elle assistait pour la première fois, depuis son mariage, à une représentation au Théâtre-Français.

25 Février. — Première représentation de *La Malaria*, drame en un acte, en vers, de M. le marquis de Belloy.

C'est la mise à la scène de l'épisode, un peu lugubre, de Pia di Tolomei qu'a illustré Dante. Rien de plus sombre que ce drame, trop resserré d'ailleurs, en un seul acte. Ces longues scènes d'empoisonnement renouvelé, offraient un spectacle assez pénible qui ne fut pas, à ce qu'il paraît, du goût de l'autorité, car la pièce fut supprimée par ordre, après quelques représentations. L'étude dramatique de M. le marquis de Belloy renferme cependant de très-beaux vers et elle a obtenu ce qu'on est convenu d'appeler un succès d'estime. M. Geffroy jouait, avec une belle horreur, le funèbre personnage de Nello, et Mlle Madeleine Brohan montra, dans le rôle de Pia, une résignation pleine de mélancolie et de douceur qui eût attendri tout autre que l'affreux jaloux qu'elle avait pour mari. Les autres rôles étaient remplis par Maubant et Mlle Théric.

16 Mars. — Première représentation de *Souvenirs de Voyage*, comédie en un acte, en prose, de M. Amédée Achard [1].

On y retrouve, à pleine dose, l'esprit vif et facile de l'auteur de tant de charmants récits, mais le sujet de sa pièce est absolument invraisemblable et ses dévelop-

---

1. Ont créé les rôles : MM. Provost (le marquis), Leroux (le comte), Delaunay (Ernest Simon), Monrose (Jacques) ; Mlle Fix (Lucile de Razay).

pements tournent trop au paradoxe. On a ri, cependant, grâce au dialogue lestement mené de ce petit acte, le premier et le seul qu'ait jamais donné M. Amédée Achard à la Comédie-Française.

1er Avril. — Première représentation de *les Lundis de Madame*, comédie en un acte, en prose, de M. Allard.

Cette petite pièce a une histoire ; son auteur était un homme du monde, employé dans une administration publique et qui composait, à ses moments perdus, des pièces qu'il faisait représenter dans les salons. Le bienveillant public de M. Allard lui persuada de faire une tentative plus sérieuse et il présenta à la Comédie-Française, sous les auspices de M. Léon Gozlan qui remania sa pièce [1], la comédie des *Lundis de Madame*. M. Allard n'eut pas, d'ailleurs, le bonheur de jouir de son succès ; il mourut avant la représentation de sa comédie.

Les Lundis de Madame ne sont guère qu'une spirituelle conversation sans grande intrigue ; on y peut louer beaucoup d'observation et de l'esprit, souvent du plus fin, mais la pièce ne se compose, en somme, que de scènes épisodiques assez inhabilement liées les unes aux autres. Elle a toutefois réussi, mais plutôt comme œuvre littéraire que comme pièce de théâtre. Elle était d'ailleurs jouée avec beaucoup de verve et d'ensemble par MM. Samson (Duverdier), Leroux (de Beaulieu), Got (de Nalpierre), Monrose (Mis de la Touranglade) ; Mmes Noblet (Mme de Poulpiquet), Aug. Brohan (Mme de Fleury), Théric (Valentine de Poulpiquet), Favart (Mme de Nervey), Biron (Mme de Follencour).

6 Avril. — L'Empereur et l'Impératrice assistent à la représentation du *Mariage de Figaro*.

---

1. Léon Gozlan a reconnu le fait dans une lettre rendue publique.

12 Avril. — Représentation de retraite de M. Samson, doyen des sociétaires, après vingt-sept années de services. La Comédie ne sera cependant pas encore privée du concours de cet éminent comédien qui se borne à jouir du bénéfice, auquel le nombre de ses années de services lui donne droit.

Cette représentation a été tout particulièrement intéressante ; Mlle Rachel y joua dans *Andromaque* [1] le rôle d'Hermione, l'un de ceux où le public lui a toujours fait le plus vif et le plus enthousiaste accueil et celui qu'elle a le plus joué à la Comédie-Française [2].

Un intermède de chant réunit ensuite MM. Roger, Morelli, et Mme de Laborde de l'Opéra ; le célèbre harpiste belge, Félix Godefroy, se fit entendre sur la harpe.

Mais le grand intérêt de la soirée était surtout dans la première réapparition à la Comédie-Française de Mme Arnould-Plessy, illustre enfant prodigue qui l'avait fuie subitement, huit ans plus tôt, en un jour de caprice [3] et qui avait voulu concourir au succès du bénéfice de son maître [4] par l'attrait de haute curiosité que ne pouvait manquer de produire son retour inattendu. Elle se montra de nouveau, à ce public qui l'avait jadis tant fêtée, et *pour cette fois*

---

1. MM. Beauvallet (Oreste), Geffroy (Pyrrhus); Mlle Rimblot (Andromaque.)

2. Voyez aux appendices le tableau des représentations de Mlle Rachel.

3. Le 12 juin 1845, dit le registre, elle quitta « subrepticement » la Comédie. Le Théâtre-Français la fit condamner, le 17 août 1846, à 100,000 fr. de dommages-intérêts ; elle fut en outre déchue de ses droits de sociétaire. L'année même de son furtif départ, Mlle Plessy épousait l'auteur dramatique Arnould, mort en 1854. Elle avait débuté à la Comédie-Française le 10 mars 1834, dans *la Fille d'honneur* et *l'Hôtel-garni*.

4. Elle avait été simultanément élève de Michelot et de Samson.

seulement, disait l'affiche, dans le personnage d'Araminte des *Fausses Confidences* [1].

On trouva généralement que son talent avait beaucoup gagné pendant ces huit années d'absence; il parut plus naturel et moins apprêté; l'expérience plus complète de la scène et de ses mille difficultés lui était devenue aussi plus familière; sa voix, d'un timbre si mélodieux et si charmant, avait des inflexions plus mélodieuses et plus charmantes encore; elle eut un succès très-vif et très-sérieux et les vieux amateurs crurent pouvoir établir, dès lors, plus d'un point de comparaison entre la jolie transfuge, si heureusement réapparue, et la plus grande comédienne du siècle, Mlle Mars.

Une sociétaire, retirée l'année précédente, Mme Desmousseaux[2], tenait à ses côtés, et encore avec beaucoup de verve et d'action, le personnage de Mme Argante.

Les autres rôles des *Fausses Confidences* étaient remplis par le bénéficiaire (Dubois), que le public accueillit par plusieurs salves d'applaudissements; Régnier (Lubin), Provost (Remy), Maillart (Dorante) [3].

18 Avril. — L'Empereur et l'Impératrice assistent à la représentation de la *Camaraderie*.

25 Avril. — Débuts de M. Bache, dans le personnage de Basile, du *Barbier de Séville* [4]. Son deuxième début a lieu

---

1. Comédie en trois actes et en prose, de Marivaux, jouée pour la première fois à la Comédie-Italienne, le 16 mars 1737.
2. Fille du fameux Baptiste (aîné) elle avait appartenu trente-sept ans à la Comédie-Française. Elle était née en 1790 et avait épousé l'ancien sociétaire Saillaud, dit Desmousseaux, qui avait quitté le Théâtre-Français en 1840, et qui est mort en 1854.
3. La recette de cette représentation atteignit le chiffre de 16,461 fr.
4. MM. Got (Figaro), Leroux (le comte), Mlle Fix (Rosine).

le 29 août dans le rôle de Sotenville de *Georges Dandin* [1].

Ce pauvre garçon, qui devait, plus tard, s'illustrer davantage sur une scène de genre [2] et qui mourut bien jeune encore, avait une physionomie étrange et d'une grande mobilité, une taille longue et mince et un physique qui attirait forcément l'attention. Il aurait pu certainement se créer une sorte de personnalité, à la Comédie-Française, s'il eût consenti à se mieux plier à la nécessité de la discipline et du travail.

10 MAI. — Début, dans le rôle d'Orgon, de *Tartufe* [3] de M. Lesage, lauréat aux derniers concours du Conservatoire [4]. Ce jeune homme, qui semblait destiné à jouer spécialement les financiers dans les comédies de l'ancien répertoire, fit, avec assez de succès, ses trois débuts réglementaires. Le deuxième eut lieu le 1er juin suivant, dans l'*École des Maris* [5], par le rôle de Sganarelle, et le troisième le 24 juin, par celui d'Arnolphe dans l'*École des Femmes* [6]. Mais M. Lesage ne fit que passer à la Comédie-Française, qu'il abandonna assez vite pour aller débuter, dans les rôles de basse chantante, au Théâtre-Lyrique.

3 JUIN. — Reprise du *Mari de la Veuve*, comédie en un acte, en prose, de MM. Alex. Dumas, Anicet Bourgeois et Durieu, c'est-à-dire de trois auteurs dont l'affiche, pour se conformer à la tradition qui date du premier soir où la pièce fut jouée anonymement, ne nomme pas un seul.

---

1. MM. Régnier (Lubin), Anselme (G. Dandin), MM^{mes} Thénard (Mme de Sotenville), Favart (Angélique).
2. Au théâtre des Bouffes-Parisiens où il créa, avec beaucoup d'originalité et de succès, le rôle de John Styx, dans l'opérette d'*Orphée aux Enfers* (21 octobre 1858).
3. MM. Geffroy (Tartufe), Delaunay (Valère); Mlle Denain (Elmire).
4. Il sortait de la classe de M. Provost.
5. MM. Got (Ergaste), Delaunay (Valère).
6. M. Delaunay (Horace), Mlle Savary (Agnès).

Cette spirituelle petite comédie, composée à l'intention du bénéfice de Mlle Dupont (4 juin 1832) et qui, dans l'esprit de ses auteurs, avait seulement l'importance d'une bluette, qui ne devait vivre qu'une soirée, cette comédie a été reprise plusieurs fois et elle est toujours restée au répertoire. Elle est d'ailleurs très-vivement jouée par Monrose, dans le rôle de Vertpré qu'a créé son illustre père, et par Delaunay, dans celui de Léon créé par Menjaud. C'est Mlle Madeleine Brohan qui reprend le personnage de Mme Vertpré créé par Mlle Mars, et Mlle Théric qui représente Pauline, rôle joué pour la première fois par la séduisante Anaïs Aubert.

5 Juin. — Reprise de *Bertrand et Raton, ou l'Art de conspirer*, comédie en cinq actes, en prose, de M. Scribe, jouée pour la première fois au Théâtre-Français, le 14 novembre 1833. Un seul acteur de la création reparaît dans cette reprise, c'est M. Samson, dans le personnage du comte Bertrand de Rantzau. Les autres principaux rôles sont remplis par MM. Provost (Raton), Got, excellent dans le personnage de Jean créé d'une façon si originale et avec tant de succès par Régnier, Maillart (Éric), Maubant (Falkenskield), Mmes Noblet (Marie-Julie), Rebecca (Christine), Nathalie (Marthe).

L'Empereur et l'Impératrice assistèrent à la représentation de cette pièce, le 2 juillet suivant.

6 Juin. — Anniversaire de la naissance de Corneille : *Cinna*, tragédie; M. Beauvallet joue Auguste, et Mlle Rimblot, Émilie. *Le Menteur*, comédie; M. Leroux remplit le rôle de Dorante, et M. Got celui de Cliton.

14 Juin. — Première représentation de *le Lys dans la vallée*, comédie en cinq actes, en prose, de MM. Th. Barrière et A. de Beauplan, d'après le roman de H. de Balzac.

Les romans de Balzac ont rarement porté bonheur aux évrivains qui ont cherché à les transporter à la scène. Ils excellent surtout par la richesse et même par la surabondance des détails qui disparaissent forcément dans le travail de réduction nécessité par les exigences du théâtre. *Le Lys dans la vallée* était certainement, à ce point de vue, l'une des dernières œuvres du fécond romancier qui dussent tenter un auteur dramatique. MM. Barrière et de Beauplan ont tout à fait dénaturé la fiction charmante et poétique de Balzac ; les caractères du roman ne se retrouvent plus, ou plutôt ne se reconnaissent plus dans ce drame long et ennuyeux [1]. C'est une pièce manquée, et dont un épisode malencontreux a tout particulièrement compromis le succès. Un rôle d'enfant, qui a le croup et qui en imite sur la scène les hoquets douloureux, a causé une répugnance telle que, dès le lendemain, les auteurs durent le retrancher, pour sauver leur pièce d'un naufrage immédiat et certain, et aussi parce que la censure leur en avait aussitôt demandé la suppression [2]. *Le Lys dans la vallée* disparut d'ailleurs de l'affiche après quelques représentations.

Ont créé les rôles : MM. Geffroy (comte de Mortsauf), Provost (Chessel), Maillart (Félix de Vandenesse); Mesdames Denain (lady Arabelle), Judith (Henriette de Mortsauf), Théric (Emmeline), Sarah Félix (duchesse de Lenoncourt), Marie Debreuil (la petite Madeleine).

28 JUIN. — Première représentation ; à la Comédie-

---

1. « Pièce malheureuse... sans portée... sans art... ennuyeuse. »
(H. ROLLE.)

2. Le registre porte, à la suite de la mention de la deuxième représentation qui n'eut lieu que le 18 juin, la note suivante : « Par ordre de M. le Ministre d'État, on a retranché le rôle de l'enfant dont l'effet avait été pénible. »

Française, de *Pythias et Damon*, ou *l'Oreille de Denys*, comédie en un acte, en vers, de M. le marquis Auguste de Belloy.

La Comédie-Française, voulant compenser le dommage fait à M. le marquis de Belloy par la suppression de sa pièce *la Mal'aria*, lui demanda sa comédie de *Pythias et Damon*[1], jouée pour la première fois au théâtre de l'Odéon, le 29 mai 1848. C'était d'ailleurs de la part du Théâtre-Français un acte de courtoise résipiscence, attendu que son comité de lecture avait, en 1846, repoussé la pièce qu'il consentait à admettre aujourd'hui.

Pythias et Damon est certainement la meilleure comédie de M. le marquis de Belloy. L'intrigue en est peut-être un peu faible, mais elle donne lieu aux épisodes et aux détails les plus gracieux et les plus délicats. C'est une œuvre d'une grande finesse, d'une exquise distinction et qui est écrite dans le meilleur style poétique. L'auteur a cru devoir employer, dans ses vers, la rime croisée, ce qui ajoutait une difficulté de plus à son travail; en revanche, l'oreille est plus agréablement frappée et la pièce, comme valeur littéraire, y gagne en originalité.

Ce même jour, reprise du scintillant proverbe d'Alfred de Musset : *Il faut qu'une porte soit ouverte ou fermée*. Publié d'abord dans *la Revue des Deux-Mondes*, le 1er novembre 1845, il a été joué pour la première fois, au Théâ-

---

1. Distribution des rôles :

	Odéon.	Théâtre-Français.
Denys..................	MM. Baptiste........	MM. Beauvallet.
Damon.................	Delaunay..........	Delaunay.
Pythias................	Gaspari.........	Guichard.
Marsyas................	Blaisot..........	Castel.
Dracon.................	Lachèvre........	Tronchet.
Charmion..............	Mme Delvil..........	Mme Rimblot.

tre-Français, et sans aucune modification, le 7 avril 1848. M. Brindeau créa le personnage du comte, qu'il reprend aujourd'hui, et Mme Allan joua la marquise, rôle où lui succède actuellement Mlle Denain.

4 Juillet. — Intéressante reprise du *Don Juan* de Molière, avec l'interprétation suivante :

MM. Geffroy (Don Juan), Samson (Sganarelle), Got (Pierrot), Delaunay (Don Carlos); Mmes Aug. Brohan (Charlotte), Denain (Elvire), Bonval (Mathurine).

9 Juillet. — Deuxième début de Mlle Émilie Dubois; elle aborde le difficile personnage d'Agnès, de *l'École des Femmes*. On la trouve généralement un peu jeune pour le rôle; elle y pèche, peut-être, par un excès de timide ingénuité; Agnès n'est pas si innocente que cela! C'est une fine mouche qui s'entend parfaitement à tromper son jaloux sans en avoir l'air et qui pratique déjà, à ravir, toutes les charmantes rouéries en usage chez les amoureux. Mlle Dubois est une aimable enfant dont le gracieux talent est plein de promesses, mais qui ne sait pas encore suffisamment qu'Agnès n'a que l'apparence de la vertu et qu'elle est loin d'être la vertu même.

20 Juillet. — Mlle Valérie, lauréat du Conservatoire (classe de M. Samson, — 1er prix de comédie en 1852), débute dans le rôle de Lisette, du *Jeu de l'amour et du hasard*. Elle arrive de l'Odéon où elle a eu la bonne fortune de créer, avec un succès qui a motivé son entrée à la Comédie-Française, le rôle de Lucile, de *l'Honneur et l'Argent* (11 mars 1853). C'est une fort agréable personne, à la mine on ne peut plus éveillée; elle a le regard vif et malin, les dents blanches et le nez retroussé des soubrettes; son organe est clair et sonore, son rire le plus franc du monde; elle possède, en un mot, toutes les qualités de

l'emploi qu'elle vient d'aborder si heureusement à la Comédie-Française [1].

22 Juillet. — Reprise de *le Chevalier à la mode*, comédie en cinq actes, en prose, de l'acteur-auteur Dancourt [2], jouée pour la première fois à la Comédie-Française, le 24 octobre 1687. C'est la meilleure comédie de Dancourt [3]; elle offre un tableau critique très-excellent et très-peu chargé des mœurs de l'époque. Elle est écrite avec beaucoup de facilité et d'aisance, et abonde en scènes très-vives et du meilleur naturel.

M. Brindeau remplit avec beaucoup de verve le rôle de ce chevalier de Villefontaine, amoureux de toutes les femmes, qui les trompe toutes et finit, en somme, par être leur dupe à son tour.

Mme Nathalie représente avec une très-plaisante importance Mme Patin, cette vieille folle qui rêve « de se payer » avec ses écus un jeune et noble mari qui lui donnera ses entrées à la cour, et dont le personnage, pris sur le vif, plein de vérité, de verve et d'esprit, est devenu légendaire. Les autres personnages sont tenus par M. Maubant (Migaud), Monrose (Crispin), Provost (Serrefort), et Mmes Fix (Lucile), Bonval (Lisette), et Thénard, parfaite de verve et de gaieté dans celui de la baronne.

---

1. Mlle Wilhelmine-Joséphine Simonin, dite Valérie, a renoncé au théâtre en 1859 pour épouser M. Gustave Fould, fils de l'ancien ministre des finances. En 1857, elle a exposé au Salon un médaillon en marbre, et en 1870 elle a fait représenter au théâtre Cluny, sous le pseudonyme de *Gustave Haller*, une comédie, *le Médecin des Dames*, qui n'a obtenu qu'un demi-succès. Elle a également publié des romans dont *le Bleuet* (1875) a joui d'une certaine vogue.

2. Il eut, dit-on, pour collaborateur, un médiocre écrivain du temps, Saint-Yon, dont le nom d'ailleurs n'accompagne jamais le sien sur les affiches.

Elle eut quarante représentations de suite, dans sa nouveauté, chiffre énorme pour l'époque.

30 Juillet. — La Comédie va représenter, au palais de Saint-Cloud, devant la cour, le *Mari à la campagne*, comédie en trois actes, en prose, de MM. Bayard et de Wailly.

C'est une fort amusante comédie, dans la manière de Scribe, et qui est toujours demeurée au répertoire [1]. Elle est d'ailleurs jouée avec beaucoup de verve et d'ensemble, par MM. Régnier (Colombet) et Provost (M. Mathieu), qui ont créé les deux rôles qu'ils reprennent aujourd'hui. M. Leroux joue César, et M. Delaunay, Edmond. Mme Jouassain représente fort spirituellement le personnage de la veuve ultra-pieuse et acariâtre, Mme d'Aigueperse, et Mlle Denain reprend le rôle de la timide Ursule, créé, à l'origine, par Mme Volnys.

4 Aout. — Reprise de l'*Étourdi*, comédie en cinq actes, en vers, de Molière. M. Samson joue Mascarille, le rôle le plus long et l'un des plus difficiles du vieux répertoire comique. M. Delaunay se montre avec beaucoup d'avantages dans le brillant personnage de Lélie.

14 Aout. — L'Empereur et l'Impératrice assistent à la

---

1. La première représentation du *Mari à la campagne* date du 3 juin 1844. M. Th. Gautier, qui comme critique a presque toujours été l'indulgence même, s'est montré bien sévère pour ce plaisant tableau de mœurs.

« Nous ne voyons pas sans peine s'acclimater sur notre première scène grâce au faux goût du public, ces espèces de vaudevilles sans couplets qu'on appelle des comédies de genre et dans lesquels ni l'art, ni la littérature n'ont rien à voir... Toutes ces réserves faites nous ne disconviendrons pas que cette comédie n'ait mérité d'être accueillie favorablement. Elle est amusante, agréablement conduite et les détails en sont traités avec assez de finesse et d'esprit. »

On voit que la seconde partie de l'appréciation de Th. Gautier détruit à peu près la sévérité de la première Il n'était pas possible, en effet, qu'un écrivain si aimable montrât les dents jusqu'au bout!...

représentation des *Contes de la reine de Navarre*, comédie en cinq actes, en prose, de MM. Scribe et Legouvé.

Voici la distribution actuelle de cette pièce rapprochée de celle de la création (1851):

	1851	1853
François Ier.	MM. Geffroy.	MM. Geffroy.
Babiéça.	Got.	Monrose.
Henri d'Albret.	Delaunay.	Delaunay.
Charles-Quint.	Samson.	Ballande.
Guattinara.	Regnier.	Maubant.
Princesse Marguerite.	Mmes M. Brohan.	Mmes M. Brohan.
Isabelle de Portugal.	Favart.	Favart.
Princesse Éléonore.	Fix.	Fix.

15 Aout. — Première représentation gratuite donnée en l'honneur de la Saint-Napoléon. Elle a lieu en plein jour. La salle est comble, au delà même de ce qu'elle peut raisonnablement contenir de spectateurs. On a laissé la foule remplir les loges à sa guise et il en est, au premier étage, qui comportent cinq places et dans lesquelles vingt personnes ont trouvé le moyen de s'introduire. Mais il ne faut pas croire que ce public mélangé, où domine surtout l'élément ouvrier, soit inintelligent ou inattentif. Il sait, au contraire, avec beaucoup de justesse, applaudir aux bons endroits et, en l'absence de la claque supprimée pour cette unique occasion, il donne aux artistes encore plus de bravos, et surtout de meilleur aloi, que ceux auxquels les applaudisseurs gagés les ont habitués tous les jours.

Phèdre, avec Mlle Rachel [1], produit un très-grand effet ; l'illustre tragédienne est, pendant la représentation, l'objet d'ovations sans cesse renouvelées. Elle n'a point voulu

---

1. Elle était alors en congé et elle ne donna que cette représentation vant sa rentrée qui eut lieu seulement le 30 mai suivant.

d'ailleurs se montrer en reste avec ce public non payant et si différent de celui devant lequel elle a l'habitude de paraître. Elle joue, avec un grand feu et une passion soutenus, ce personnage terrible de Phèdre, l'un des plus difficiles de son répertoire tragique ; elle est rappelée après la représentation [1].

Le Médecin malgré lui terminait le spectacle avec M. Régnier dans Sganarelle. La comédie de Molière et son principal interprète ont, à leur tour, un succès de fou rire considérable; M. Régnier est plusieurs fois acclamé.

21 Aout. — La Comédie donne une reprise de *Charles VII chez ses grands vassaux*, drame en cinq actes, en vers, d'Alex. Dumas [2].

C'est un grand drame de l'époque romantique joué pour la première fois le 20 octobre 1831, à l'Odéon, où il a eu pour interprètes les plus fameux comédiens du théâtre alors dévoué tout à fait à la nouvelle école. L'amour de l'arabe Yacoub, pour la belle Bérengère, femme du comte de Savoisy, constitue le point de départ du drame, dans lequel se montrent et se mêlent deux actions simultanées qui se nuisent et arrêtent trop souvent la marche et l'intérêt de l'action... Charles VII, qui donne cependant son nom au titre de la pièce, et la belle Agnès n'apparaissent qu'épisodiquement ; leurs rôles sont trop effacés et surtout trop visiblement en dehors de l'intrigue ; le caractère du roi

---

1. Les autres principaux rôles de *Phèdre* sont joués de la manière suivante :

MM. Beauvallet (Théramène), Maubant (Thésée), Guichard (Hippolyte), Mlle Crosnier, qui n'est encore qu'engagée et qui va prochainement débuter, paraît pour la première fois sur la scène du Théâtre-Français (Œnone).

2. Le sujet de *Gemma di Vergi*, opéra de Donizetti, joué pour la première fois au Théâtre de la Scala (1836), et à Paris, au Théâtre-Italien (16 déc. 1845), est emprunté à ce drame.

n'y apparaît point, d'ailleurs, avec une dignité et une convenance suffisantes.

Le drame a, en outre, vieilli ; quelques belles situations et de beaux vers relèvent, par endroits, la faiblesse du sujet, mais toutefois la reprise actuelle n'a point le succès que la Comédie a pu en espérer, et la pièce disparaît presque aussitôt de l'affiche.

L'interprétation manque d'ailleurs de l'ensemble habituel à notre premier théâtre ; M. Beauvallet joue toutefois Yacoub avec une grande vigueur et il produit une véritable action sur le public ; M. Maubant reprend le rôle de Savoisy ; Mlle Rimblot représente Bérengère, et Mlle Favart Agnès-Sorel [1].

10 et 11 Septembre. — Reprises de *Don Juan d'Autriche* ou *la Vocation*, comédie en cinq actes, en prose, de Casimir Delavigne [2], et de ses *Enfants d'Édouard* [3], tragédie en trois actes du même auteur.

---

1. Les principaux interprètes de la création furent MM. Lockroy (Yacoub), Ligier (Savoisy); Mmes Georges (Bérengère), Noblet (Agnès Sorel).

2. La première représentation date du 17 octobre 1835. Les principaux interprètes de la création furent MM. Firmin, Ligier, Samson, Geffroy, Provost, Régnier ; Mmes Volnys (Léontine Fay) et Anaïs.

3. Ligier, Joanny, Menjaud, Mmes Mars, Anaïs et Menjaud ont créé les principaux rôles (18 mai 1833). C'est une des pièces de Casimir Delavigne que la critique ait le plus malmenées, témoin ces deux citations d'écrivains bien différents au point de vue de leur façon d'apprécier, et qui jugent ici d'une manière identique :

« L'analyse de la pièce, si on voulait la rattacher à une idée progressive et logique, serait absolument impossible. L'action, s'il y en a une toutefois, n'est qu'un travail mesquin de marqueterie ; les incidents se succèdent sans jamais s'engendrer. Quoique l'auteur ait choisi dans les annales anglaises un crime enveloppé d'épaisses ténèbres, quoiqu'il l'ait préparé, poursuivi, accompli avec une ruse infernale, il n'y a pas, durant les trois actes, un seul instant d'émotion ou d'angoisse, d'indignation ou de pitié, d'horreur ou de sympathie. Le dénoûment prévu d'avance — la mort des

Dans la première pièce, Brindeau joue Don Juan, Mlle Rebecca, dona Florinde, et Mlle Fix le moinillon Péblo. Quant à la tragédie des *Enfants d'Édouard*, elle est interprétée par Beauvallet (Glocester), Guichard (Buckingham), Mmes Rimblot (la reine), Savary (Richard), Rebecca (Édouard).

Ces deux reprises produisent peu d'effet et ne tiennent que transitoirement l'affiche.

17 Septembre. — La Comédie ne vit en ce moment que de reprises; elle remet encore à la scène *Gabrielle*, comédie en cinq actes, en vers, de M. Émile Augier, jouée pour la première fois, le 15 décembre 1849.

La pièce a eu, à l'origine, un long succès qu'elle a généralement retrouvé aux diverses reprises dont elle a été depuis l'objet; on l'a également beaucoup jouée en province. Cependant la critique de l'époque ne lui a point été favorable, et elle a dû triompher en dépit de ses attaques. On a traité de « trop vulgairement bourgeoise, » cette pièce

---

deux enfants — n'effraye pas un seul instant. Pourquoi ? C'est que les deux frères n'ont pas dans la bouche un accent vrai, pathétique, c'est qu'ils regrettent la vie comme des hommes, pour des honneurs qu'ils ignorent, et qu'ils ne pleurent pas comme des enfants, sur des plaisirs qui leur échappent. »

(Gust. Planche.)

« C'est bien là la tentative d'un poëte tout occupé de ses tirades, de ses sorties et de ses entrées, et qui ne voit autre chose, dans la tragédie, que l'assassinat final du dernier acte. Aussi quand j'ai vu Shakespeare ainsi mutilé, ainsi réduit à rien, ainsi forcé à couler dans l'étroit lit de mousse paré de pâquerettes et d'aubépines où coule le Casimir Delavigne, lui le grand fleuve dont la source est inconnue et qui se précipite en bondissant à travers tant de sites de tous genres, jusqu'à ce qu'il se perde dans la vaste mer, je n'ai pu m'empêcher de sourire. Et en effet, c'était un plaisant spectacle de voir la nation française, une tasse à la main, se désaltérer à petites gorgées dans ce breuvage enfantin des *Enfants d'Édouard* qu'on disait sorti du rocher de Shakespeare. »

(Jules Janin.)

intéressante qui voulait avoir une portée sociale et qui prétendait inspirer l'horreur de l'adultère en poétisant, contre toutes les belles théories des romans et de certains esprits forts, le rôle du mari dans le ménage et dans la famille. Gabrielle a cessé d'aimer Julien, son mari; elle se sent attirée vers Stéphane, secrétaire de Julien, elle va tout lui sacrifier, et son devoir et l'honneur, lorsque ce mari, qui a tout deviné, parvient, à force de soins et d'adresse, à ramener à lui ce cœur, sur le point de lui échapper peut-être sans retour.

La démonstration de M. Augier a malheureusement péché par son propre point de départ : la faute que se préparait à commettre Gabrielle pouvait paraître explicable, excusable même, jusqu'à un certain point, mais à la seule condition que son mari aurait mérité sa honte. Loin de là !... le mari est assez sympathique pour que l'intérêt s'attache surtout à lui, et sa femme paraît d'autant plus coupable qu'il est lui-même rendu plus intéressant [1].

---

[1] « J'arrive à *Gabrielle*, cet antidote dramatique du poison de l'adultère, comédie d'une prud'homie scandaleuse et que l'Académie couronna gravement. Où le prix Monthyon va-t-il se nicher?... Le besoin d'une pièce destinée à relever la morale se faisait donc généralement sentir. *Gabrielle* parut : on écouta avec volupté ce réquisitoire contre l'amant et les jurés tous mariés se prononcèrent d'après les conclusions du mari, ministère public. L'Académie décerna une couronne au destructeur de l'adultère, mais elle ne s'aperçut pas qu'il y avait dans *Gabrielle* un vers terrible qui infirmait toute la moralité de la pièce, elle n'entendit point par bonheur le mari s'écrier que l'adultère est un crime

Grotesquement ignoble, à moins d'être sublime.

« Comment, vous reconnaissez qu'il y a des cas de sublimité pour la violation de la foi conjugale ?... mais alors les ménages sont perdus ! Quelle est l'épouse qui ne se croira pas *sublime* en se livrant corps et âme à un amant fatal ? Quel est le débutant qui ne se trouve pas *sublime* en entrant dans la chambre à coucher d'une femme mariée ? »

(Xavier Aubryet.)

« On connaît le dénoûment de *Gabrielle* : Julien quittant tout d'un

Julien Chabrière, le mari, est l'une des premières créations de la « seconde manière » de M. Regnier. L'éminent artiste entrait en effet, à cette époque, dans la série des rôles plus marqués; il abordait surtout le personnage moderne, celui qui se joue en habit noir[1], et il devait trouver, dans cette nouvelle phase de son talent, un certain nombre d'heureuses créations où d'ailleurs nous allons le suivre, dans le cours de ce travail. Il reparaît, aujourd'hui encore, dans ce même personnage qu'il remplit avec la même autorité et le même succès. — M. Delaunay remplace, dans le rôle de Stéphane, M. Maillart, le créateur du rôle. Il y montre plus de jeunesse et surtout moins de mélancolie sombre que son devancier. — Mme Allan-Despréaux reprend le rôle d'Adrienne, qu'elle a créé, et

---

coup le terre à terre fait une ascension inattendue dans l'idéal. Débat inacceptable! En présence de sa femme et de l'homme qui va être son amant, il s'épanouit en alexandrins sonores sur les conséquences de l'adultère; et ce morceau suffit à Gabrielle pour congédier à jamais Stéphane... Elle me paraît bien peu humaine cette action de pièce; ils n'ont guère été mordus par la passion ces deux candidats à l'adultère, elle est singulièrement féerique cette métamorphose du mari méprisé en époux adoré. Je doute que ce placage de morale soit longtemps solide... hélas! quelle morale!... on a pu voir, le jour où fut représentée *Gabrielle*, jusqu'où peut aller un homme de talent engagé dans une fausse route et qui se mêle de choses qui ne le regardent pas. »

(Emile Montégut.)

1. « Personne n'a su comme M. Régnier poétiser notre funèbre habit noir : M. Régnier, incomparable toutes les fois qu'il s'engage dans une action de notre Paris moderne, dupeur ou dupé, loup ou mouton, niais ou sublime. Il intéresse son auditoire aux récits les plus prosaïques de la vie quotidienne, parce qu'en touchant à tout, partout il idéalise. Il a devers lui mille secrets pour surprendre et reprendre l'attention. Rien jamais qui soit outré, mais toujours cet élément secret, ce point lumineux placé là où il convient, suivant la loi de l'optique théâtrale et qui est la poésie elle-même. »

(Philoxène Boyer.)

Mlle Rebecca celui de Gabrielle, où elle ne fait pas oublier la créatrice, Mme Nathalie [1].

18 Octobre. — Première représentation de *Murillo*, comédie en trois actes et en vers, de M. Aylic Langlé [2].

C'est le début, au théâtre, d'un jeune homme encore indécis sur la voie littéraire dans laquelle il doit s'engager. Sa pièce n'est guère qu'une fantaisie, sans grande intrigue, qui renferme quelques vers agréables et facilement venus et, entre autres, un joli boléro mis en musique par Meyerbeer et que M. Brindeau (Murillo) chante avec beaucoup de goût et un semblant de voix qui n'est pas sans charme. Cette comédie n'a eu d'ailleurs que quelques représentations. Elle est jouée par MM. Brindeau, Monrose, Anselme, Mmes Rebecca, Fix, Favart et Valérie.

5 Novembre. — Première représentation de *Une journée d'Agrippa d'Aubigné*, drame en cinq actes, en vers, par M. Édouard Foussier.

Voici encore une pièce de jeune homme, plus expérimenté, toutefois, en matière théâtrale, que l'auteur de *Murillo* et qu'a déjà joué d'ailleurs la Comédie-Française [3]. Il s'agit, cette fois, d'un drame historique dont Théodore Agrippa d'Aubigné fait tous les frais. C'est une aventure de la jeunesse de ce brillant capitaine-historien, que

---

1. La comédie de *Gabrielle* est toujours demeurée au répertoire. Elle avait atteint le chiffre de 186 représentations lors de la reprise du 27 avril 1875.

2. M. Aylic Langlé a donné depuis deux autres comédies, *un Homme de rien* et *la Jeunesse de Mirabeau*, qui ont eu un meilleur succès au théâtre du Vaudeville. Devenu préfet de la Meuse, au mois d'octobre 1869, il est mort subitement le 12 janvier 1870. Il avait été un moment directeur de la presse au ministère de l'intérieur et il était officier de la Légion d'honneur (13 août 1869).

3. *Héraclite et Démocrite*, comédie en deux actes, en vers, représentée pour la première fois le 31 août 1850.

M. Foussier raconte en vers assez bien tournés, mais dans une intrigue un peu trop romanesque.

Profitant des loisirs de l'armistice consenti, pendant le siége de Paris, par Henri IV, en 1591, Agrippa rentre dans la grande ville, où il retrouve sa sœur Armande mariée à un assez vil coquin du nom de Brillac. Ce Brillac est fort besoigneux et dépensier et, comme tel, aime l'argent par-dessus tout, et le retour d'Agrippa le gêne d'autant plus, qu'il lui faut restituer sa part d'héritage. Armande, de son côté, n'aime pas son mari, mais elle adore en secret le baron de La Ville-aux-Clercs. A la suite d'incidents, dont le détail n'est pas indispensable ici, Agrippa débarrasse, d'un coup d'épée, sa sœur de son mari et, avant de rejoindre l'armée du roi, il met la main d'Armande dans celle de La Ville-aux-Clercs, qu'elle épousera après son veuvage.

On a reproché à M. Foussier d'avoir singulièrement altéré la vérité historique en ce qui concerne le caractère d'Agrippa; il a plaidé lui-même sa cause, sur ce point, en tête de la brochure de sa pièce; je lui laisse ici la parole :

« Je n'ai tenté d'esquisser qu'un des coins de cette grande figure... Personne n'ignore et je n'ignore pas moi-même ce qu'était Th. Agrippa d'Aubigné, de là ce que j'ai cru pouvoir me permettre. Ce n'est point à trente ans qu'il composait ses *Tragiques*, qu'il écrivait son histoire universelle, et qu'il reniait Henri IV, comme Henri IV avait renié Calvin. Rien ne ressemblait moins alors à ce personnage austère qu'on s'attendait, avec raison, peut-être, à retrouver dans ce travail. Agrippa jeune n'a rien du vieux d'Aubigné !... les hommes ne sont pas d'une pièce, les grands hommes surtout. Agrippa à trente ans, c'est l'homme de son siècle, brave, énergique, loyal dans la grande acception du mot, mais bon compagnon, courant toutes les femmes, buvant de tous les crus et faisant feu de quatre fers. Gascon, duelliste, sans cesse à court d'argent, toujours en fonds d'esprit; d'Aubigné n'est pas alors le poëte des *Tragiques*, encore une fois non ! mais le sectaire de Rabelais, préludant par des saillies et des coups d'épée aux mirifiques discours du *baron de Fœneste*... à tort ou à raison, voici le d'Aubigné dont je me suis bien ou mal servi, l'autre est intact... »

Le personnage du prévôt Brillac a paru outré et le talent seul de M. Got l'a sauvé, en même temps que la pièce elle-même, trop développée et parfois un peu obscure [1]. La comédie de M. Foussier, bien qu'elle n'ait eu qu'un petit nombre de représentations, est, en somme, une heureuse tentative littéraire, tout à fait à l'honneur de l'écrivain distingué qui a signé depuis, sur d'autres scènes, soit seul, soit en collaboration, plusieurs grandes pièces qui ont eu de plus durables succès. .

18 Novembre. — Reprise de *Il ne faut jurer de rien*, comédie en trois actes et en prose, de M. Alfred de Musset.

Ce charmant proverbe, publié d'abord dans la *Revue des Deux-Mondes* (1er juillet 1836), a été remanié par son auteur lui-même en vue de la représentation. Il a subi alors d'assez notables modifications, dont on retrouvera le détail au volume IV de la grande édition des œuvres complètes de l'illustre poëte, donnée par son frère chez l'éditeur Charpentier [2]. Il a été joué pour la première fois, à la Comédie-Française, le 22 juin 1848, à la veille même des terribles journées pendant lesquelles la guerre civile allait ensanglanter Paris. Nous retrouvons encore, dans l'interprétation actuelle, trois des artistes de la création, MM. Provost (Van Buck), Brindeau (Valentin), Got (l'Abbé). Mme Allan reprend le rôle de la baronne créé par Mlle Mante, et Mlle Fix celui de Cécile, qui servit de

---

1. Ont créé les autres rôles : Agrippa d'Aubigné : M. Maillart ; Guy de la Ville-aux-Clercs : M. Leroux. On avait eu un moment l'intention d'engager M. Lafontaine pour cette création. Armande d'Aubigné : Mme Madeleine Brohan ; Lucette · Mlle Valérie. Personnages épisodiques : MM. Mirecourt, Monrose, Castel, Mathien, Tronchet, Bertin.

2. Paris, 1865, 10 volumes in-8º, avec dessins de M. Bida.

deuxième début à cette charmante et regrettée Mlle Amédine Luther [1].

6 Décembre. — Reprise de *Louis XI*, tragédie en cinq actes de Casimir Delavigne, représentée pour la première fois à la Comédie-Française le 11 février 1832.

Cette tragédie, qui avait la double prétention de plaire à la fois aux romantiques et aux classiques [2], et qui eut le bonheur de réunir, en effet, pour un moment, dans un applaudissement commun, les partisans des deux écoles et des deux camps, eut à l'origine un succès considérable [3],

---

1. Mlle Luther avait débuté à la Comédie-Française au mois de mai 1848, dans le rôle d'Abigaïl du *Verre d'eau*. Mariée à M. Raphaël Félix, frère de Rachel, elle est morte, bien jeune encore, en 1861.

2. « Louis XI est une tragédie moderne dans ce sens que le poëte y a introduit des personnages qu'eût repoussés la dignité du Cothurne antique. Je n'entends pas parler du prévôt Tristan puisqu'il a son pendant dans le Narcisse de *Britannicus*, mais je parle du médecin Coictier, si utile cependant à l'action et qui en est le principal et indispensable régulateur ; je parle de ces danses où de malheureux paysans sont condamnés à des démonstrations joyeuses sous peine de la hart ; de cette entrée solennelle du pieux anachorète de la Calabre au milieu des cantiques des jeunes villageoises et de l'appareil pompeux des symboles les plus sévères de la religion ; je parle du barbier-ministre Olivier Le Daim, de l'épisode un peu hasardé des amourettes du Dauphin avec la jeune et innocente Marie. Tous ces détails sont nouveaux, il faut en convenir, et ils eussent paru, il y a quelques années, incompatibles avec les formes reçues et avec la sévérité de l'ancienne tragédie. » (Pierre Duviquet, successeur de Geoffroy au *Journal des Débats*.)

3. « Rien ne saurait se comparer à l'enthousiasme des comédiens aux lectures de *Louis XI* ; tout le monde voulait jouer et c'était une honte ou un malheur que de ne pas avoir un rôle. Le succès du reste fut éclatant. Succès de spectacle et d'acteurs, car *Louis XI* comme œuvre littéraire mérite des critiques sévères qui ont été faites justement.

« Recettes des premières représentations :

« 1re 4,972 fr. 80 c.; 2me 1,524 fr. 10 c.; 3me 1,910 fr. 10 c.; 4me 2,196 fr.; 5me 3,077 fr. 20 c.

« On a vu mieux que cela. » (*De la Comédie française depuis 1830*, par E. Laugier, archiviste du théâtre, 1 vol. in-18, chez Tresse, Paris, 1841.)

qu'elle a toujours retrouvé lors de ses successives et nombreuses reprises. Elle est d'ailleurs jouée avec beaucoup d'ensemble, et même avec un certain éclat, par M. Beauvallet, fort remarquable dans le personnage de Louis XI, créé par Ligier, et qu'il joue pour la première fois. La grande scène du 4ᵉ acte est surtout, pour cet artiste distingué, l'occasion d'une véritable ovation qui se termine par un rappel.

Les autres principaux rôles sont joués par MM. Geffroy (Coictier), Maillart (Nemours), Got (Marcel), Maubant (François de Paule), Mᵐᵉˢ Rebecca (le Dauphin), Bonval (Marthe), Fix (Marie). A la deuxième représentation, le 8 novembre, Mˡˡᵉ Favart remplace Mˡˡᵉ Fix dans ce dernier rôle.

17 Décembre. — Représentation extraordinaire au bénéfice de Mˡˡᵉ Georges.

L'illustre tragédienne avait alors 68 ans [1] ; elle reparaissait donc une dernière fois sur ce théâtre qui avait été témoin de ses premiers débuts, de sa gloire, de ses luttes fameuses et de ses nombreux caprices, dans le personnage de Cléopâtre, de la tragédie de *Rodogune*. Cette représentation suprême avait attiré une foule énorme. La jeune et nouvelle génération ne connaissait Mˡˡᵉ Georges que par le souvenir de ses triomphes dramatiques, et par le récit des

---

1. Voici les « états de services » de Mˡˡᵉ Marguerite-Georges Weymer, connue sous le nom de Mˡˡᵉ Georges : née le 23 février 1787; — débute au Théâtre-Français dans Clytemnestre d'*Iphigénie en Aulide* (29 novembre 1802); — pensionnaire de la Comédie (1803); — sociétaire (1804); — quitte directement Paris sans avertir la Comédie (11 mai 1808); — sa rentrée par ordre de l'Empereur (20 septembre 1813); — nouvelle fugue (1816); — est rayée de la liste des sociétaires (8 mai 1817); — représentations à l'Odéon (2 septembre 1829); — glorieux séjour à la Porte-Saint-Martin (du 3 décembre 1831 au 26 mars 1840); — représentation de retraite au Théâtre-Italien (27 mai 1849); — décès (12 janvier 1867).

succès de tous les genres que lui avait valus son éclatante beauté. Chacun voulait voir, au moins une fois, cette femme célèbre, et bien qu'elle ne fût plus alors que l'ombre d'elle-même, elle produisit cependant sur ce public, qui était accouru surtout pour saluer en elle l'une des gloires du passé, une impression profonde par la majesté de son geste, l'ampleur et la netteté de sa diction et l'aspect sculptural et vraiment grandiose encore de toute sa personne [1]. Cette soirée fut pour elle un long triomphe; on l'acclama, on la rappela avec un enthousiasme considérable, et quand elle reparut, à la fin de la tragédie, ramenée par Beauvallet et Mlle Rimblot, les bouquets et les couronnes tombèrent sur la scène, jetés de toutes parts autour d'elle [2].

J'ai tout particulièrement noté deux portraits de Mlle Georges, curieux à citer comme rapprochement, au moment où la grande tragédienne se montre pour la dernière fois sur la scène du Théâtre-Français. L'un a été écrit au début de sa carrière, l'autre publié quarante-sept ans plus tard, et au moment où elle donnait déjà sa première représentation de retraite.

Le premier portrait est du critique Geoffroy, rendant compte, en 1802, des débuts de Mlle Georges à la Comédie-Française :

« Précédée sur la scène d'une réputation extraordinaire de beauté, Mlle Georges n'a point paru au-dessous de sa renommée : sa figure réunit aux grâces françaises la régularité et la

---

[1]. « Elle a plus que la beauté de la vieillesse, elle a la vieillesse de la beauté. » (EDOUARD THIERRY.)

[2]. Les autres principaux rôles de *Rodogune* étaient remplis par MM. Beauvallet (Antiochus), Guichard (Seleucus), et Mlle Rimblot qui fut très-particulièrement applaudie dans le personnage de Rodogune.

noblesse des formes grecques ; sa taille est celle des sœurs d'Apollon... Son organe est naturellement flexible, étendu et sonore... Ce n'est pas une statue de marbre de Paros, c'est la Galatée de Pygmalion pleine de chaleur et de vie en quelque sorte oppressée par la foule des sentiments nouveaux qui s'élèvent dans son sein. »

Le second portrait est de M. Théophile Gautier :

« Douée d'une beauté qui semble appartenir à une race disparue[1] et avoir transporté la durée du marbre dans une chose ordinairement si fragile et si fugitive que sa comparaison naturelle est une fleur, Mlle Georges a rendu des services égaux aux deux écoles ; — personne n'a mieux joué le drame : les classiques et les romantiques la réclament exclusivement, Racine et Hugo l'avouent pour prêtresse et lui confient leurs plus grands rôles. Par la pureté sculpturale de ses lignes, par cette majesté naturelle qui l'a sacrée reine de théâtre à l'âge des ingénues, elle était la réalisation la plus complète du rêve de la muse tragique, comme par sa voix sonore et profonde, son air impérieux, son geste naturel et fier, son regard plein de noires menaces ou de séductions enivrantes, par quelque chose de violent et de hardi, de familièrement hautain et de simplement terrible, elle eût paru à Shakespeare l'héroïne formée exprès pour ses vastes drames. De longtemps on ne verra une pareille Agrippine, une semblable Clytemnestre ; ni Lucrèce Borgia, ni Marie Tudor ne trouveront une interprète de cette force. Le souvenir de Mlle Georges se mêlera toujours à ces deux formidables rôles où elle a vraiment collaboré avec le

---

1. Je retrouve dans un autre portrait de Mlle Georges par Th. Gautier la même idée développée de la manière suivante : « Mlle Georges semble appartenir à une race prodigieuse et disparue : elle vous étonne autant qu'elle vous charme. On dirait une femme de Titan, une Cybèle mère des Dieux et des hommes, avec sa couronne de tours crénelées ; sa construction a quelque chose de Cyclopéen et de Pélasgique. On sent en la voyant qu'elle reste debout, comme une colonne de granit, pour servir de témoin à une génération anéantie et qu'elle est le dernier représentant du type épique et surhumain. » (*Le Figaro*, 1837.)

poëte, et ceux qui n'auront pas vu les deux pièces jouées par la grande actrice n'en comprendront pas aussi bien l'effet irrésistible, immense!... »

Un intermède de musique et de danse, auquel prirent part, pour le chant, M. Roger et Mme Bosio, et pour la danse, M. Petitpa et Mme Guy-Stephan, artistes de l'Opéra, continuaient cet exceptionnel spectacle, qui fut terminé à 1 heure 1/2 du matin, par le *Malade imaginaire*, accompagné de la cérémonie, avec la distribution suivante : MM. Provost (Argante), Samson (Purgon), Regnier (Thomas), Delaunay (Cléante); Mmes Judith (Angélique), Bonval (Toinette).

Dans la cérémonie parurent les artistes de la Comédie-Française et quarante artistes des différents théâtres de Paris, qui avaient regardé comme un devoir de venir rendre un dernier hommage « à Cléopâtre expirante ! »

23 Décembre. — Première représentation de *la Pierre de touche*, comédie en cinq actes, en prose, de MM. Émile Augier et Jules Sandeau [1].

Le sujet de cette comédie est tiré du roman de M. Sandeau, qui a pour titre *l'Héritage*. Elle a d'abord dû être jouée sous ce titre même, puis sous celui de *Un tour de roué*, et elle a, enfin, vu la rampe avec le titre définitif de *la Pierre de touche*. La pièce peut se résumer en quelques mots : les auteurs ont voulu représenter le tableau de l'épreuve de la pauvreté par la richesse ; leur pierre de touche, c'est l'or.

Frantz Wagner, devenu riche par suite d'un héritage

---

[1]. Ont créé les rôles : MM. Leroux (Frantz Wagner), Got (Spiegel), Provost (le baron de Berghausen); Mmes Allan (la Margrave de Rosenfeld), Madeleine Brohan (Frédérique), Émilie Dubois (Dorothée). Rôles épisodiques : MM. Mathien, Anselme, Montet, Bertin, Tronchet, Castel.

inespéré, perd peu à peu les sentiments de cœur et d'esprit dont il faisait montre alors qu'il était pauvre ; l'épreuve de la fortune a été au-dessus de ses forces ; il renie ceux qui l'ont connu, aidé, aimé pendant sa pauvreté ; il n'est plus rien qu'un parvenu vulgaire que le veau d'or a dévoré tout entier.

Cette pièce, malgré de jolis détails et l'esprit plein de vivacité et de naturel qui la distingue, n'a point réussi. Elle a même donné lieu à des protestations assez vives [1]. Le personnage de Frantz Wagner, ce musicien qui hérite soudain de toute la fortune d'un mélomane enragé, a paru exagéré, outré, invraisemblable. Cet ambitieux égoïste persiste, jusqu'à la fin de la pièce, dans les sentiments nouveaux que l'amour de l'or a fait naître, ou peut-être mieux a réveillés en lui. C'est un personnage tout d'une pièce, très-développé, et à bien des points de vue d'une très-grande vérité. Le gros public ne l'a pas trouvé de son goût parce qu'il est avant tout antipathique, et que, par l'importance que lui ont donné les auteurs, il est, en somme, la pièce tout entière à lui seul. On lui en a voulu, à ce richard au cœur endurci, de n'avoir point modifié tout d'un coup son caractère, au dénoûment de la comédie, pour revenir, avec des vertus nouvelles, à celle qu'il avait aimée et qu'il avait juré d'épouser, avant qu'il connût son héritage. D'autres, au contraire, ont reproché aux deux auteurs de n'avoir pas puni dans son orgueil ce Frantz Wagner devenu lâche et traître à la fois, et de lui avoir laissé la jouissance de cette fortune qu'il avait si mal méritée.

---

1. Il y eut même des sifflets que contint quelque peu, à la première représentation, la présence de l'Empereur et de l'Impératrice, mais qui prirent de plus belle leur revanche le lendemain.

A la suite de l'insuccès de *la Pierre de touche*, les auteurs ont publié dans les journaux une lettre explicative dont il n'est pas inutile de donner ici quelques passages. Ils défendent, à coups d'arguments, dont je crois juste de rappeler les principaux, l'étude dramatique qu'ils ont entendu faire et qui — dans tous les cas et en dépit des siffleurs — demeure l'une des plus intéressantes et des mieux écrites qu'ait produites leur collaboration :

« Nous avons voulu personnifier dans le personnage de Frantz Wagner les mauvaises passions de notre temps, l'envie, l'impuissance orgueilleuse, les déclamations de la paresse, la révolte des ambitions souffrantes. Nous avons voulu montrer que ces réformateurs de bas étage, qui ont la prétention de refaire le monde, le feraient pire qu'il n'est s'ils le faisaient à leur image. Pauvre, Frantz s'exhale en invectives contre les riches et la société ; riche, il donne l'exemple de toutes les duretés, de toutes les ingratitudes, de toutes les vanités.

« Spiegel représente, au contraire, les sentiments honnêtes, le travail patient, la pauvreté contente, *lata paupertas*, la soumission aux lois éternelles. Il devient riche, lui aussi, mais l'argent ne le corrompt pas... Le caractère de Frantz ne change pas, il ne fait que se développer... On nous reproche d'avoir donné du génie à ce misérable : mais quand une seule œuvre, si belle qu'elle fût, impliquerait le génie, quand nous n'aurions pas vu de nos jours avorter tant de glorieuses espérances, Frantz, en renonçant à son art, ne montre-t-il pas lui-même qu'il n'était pas un véritable artiste? Quant au dénoûment, nous persistons à le trouver d'une moralité terrible... Frantz a fait le désert dans son cœur et son triomphe nous semble plus navrant que ne l'eût été le spectacle de sa ruine.

« Nous avons à répondre encore à une imputation non moins grave, celle d'avoir voulu personnifier la noblesse dans le baron de Berghausen et la margrave de Rosenfeld. Disons-le tout de suite, ces personnages de fantaisie n'ont pas la prétention d'être des portraits. Notre pièce n'est pas une comédie de mœurs : c'est le développement d'une idée ; elle ne s'est pas proposé de peindre des classes et des professions, mais de défendre une thèse. Elle a pris ses personnages là où son action les demandait, sans arrière-pensée de satire.

« Toutes ces explications ne cherchent pas à prouver que notre pièce soit bonne; elles la défendent seulement contre le procès de tendance que lui fait une partie du public. »

Quoi qu'il en soit, — et malgré cette chaleureuse défense — la pièce était condamnée, on peut le dire, sans appel; elle disparut de l'affiche après un petit nombre de représentations.

ANNÉE 1854

13 Janvier. — Première représentation de *Romulus*, comédie en un acte, en prose, de M. Alexandre Dumas.

Cette bluette eût mieux convenu, par son genre de style et d'esprit, au théâtre du Vaudeville ou à celui du Gymnase dramatique qu'à la Comédie-Française. Elle tourne trop vite à la charge et, bien qu'elle ait subi aux répétitions de larges coupures, elle a paru trop longue encore. M. Dumas a reçu, cependant, dans cette médiocre production, le secours de divers collaborateurs, dont les journaux ont nommé plusieurs, sans qu'il ait jugé à propos d'en renier un seul.

MM. Octave Feuillet, Paul Bocage, et — pendant les répétitions —. le principal interprète de l'ouvrage, M. Regnier, ont successivement touché et retouché au travail primitif, qu'un autre collaborateur anonyme avait déjà sans doute préparé. Quoi qu'il en soit, la romanesque histoire de Romulus — enfant nouveau-né, tombé à l'improviste chez deux savants, qui l'ont baptisé de ce nom singulier — a trouvé grâce devant le public, qui a surtout applaudi les excellents artistes auxquels M. Alex. Dumas et ses collaborateurs doivent certainement le demi-succès de leur pièce [1].

6 Février. — Première représentation de *mon Étoile*, comédie en un acte, en prose, de M. Scribe. — Début de M. Bressant.

Cette comédie, qui n'a que peu d'importance, avait été écrite pour le théâtre du Gymnase, à l'intention de M. Bressant Cet artiste distingué ayant été engagé à la Comédie-Française [2], elle servit à ses débuts. Le rôle d'Édouard d'Ancenis [3] lui donna l'occasion de montrer, sur notre première scène et sous leurs diverses faces, les qualités brillantes qui avaient établi sa juste réputation. M. Bressant retrouva à la Comédie-Française le même public qui avait tant de fois déjà applaudi, dans des rôles du même genre et sur des scènes secondaires ou à l'étranger, l'élégance de sa tenue et le charme de sa diction.

Cependant M. Bressant réussit moins, tout d'abord, dans le répertoire classique. Avant de créer *mon Étoile* il avait paru, ce même soir, dans le personnage de Clitandre

---

[1]. Ont créé les rôles : MM. Regnier (le docteur Wolf), Monrose (le docteur Celestus), Anselme (le bourgmestre); Mlle Favart (Marthe).

[2]. C'est le ministre d'État lui-même qui négocia l'entrée de M. Bressant à la Comédie-Française, au moment où cet artiste allait accepter un nouvel engagement en Russie. Né, le 23 octobre, en 1815, M. Prosper Bressant a débuté au théâtre des Variétés le 13 avril 1833 dans *les Amours de Paris* de Dumersan. Il épousa, en 1834, une artiste de ce théâtre, Mlle Dupont. Il joua en Russie, de 1838 à 1846, et débuta enfin, au Gymnase, le 21 février de cette dernière année dans *Georges et Maurice*, vaudeville en deux actes de Bayard et Laya. Il avait à ce théâtre 25,000 fr. d'appointements et la Russie lui en offrait 70,000, pour l'attirer de nouveau à Saint-Pétersbourg, lorsque la situation qui lui fut proposée à la Comédie-Française l'y retint définitivement. Le 31 janvier 1854 M. Bressant fut créé d'office sociétaire, avec les avantages les plus complets et les plus étendus.

[3]. Ont créé les autres rôles : MM. Regnier (de Paimpol), Provost (Kerbennec); Mmes Fix (Hortense), Valérie (Josseline).

des *Femmes savantes* [1]. Il sembla un peu dépaysé sous ce costume solennel et dans ce répertoire nouveau ; on put lui reprocher, et peut-être avec raison, d'être trop exclusivement demeuré, dans un rôle tout à fait classique, le brillant jeune premier dont le charme et la grâce avaient fait la fortune sur un théâtre secondaire. M. Bressant n'avait point assez cherché à être Clitandre, et — par coquetterie sans doute — il avait surtout voulu que le public ne vît absolument, ce soir-là, que M. Bressant.

Il prit, d'ailleurs, une complète revanche un mois plus tard — le 7 mars, — lorsqu'il aborda pour la première fois le personnage de Bolinbrogke du *Verre d'eau* [2]. C'est de ce jour que date la prise de possession définitive, par M. Bressant, de la haute situation qu'il méritait d'occuper à la Comédie-Française. Toutefois, c'est surtout dans l'interprétation des personnages de la comédie moderne, de ces jeunes premiers ou de ces rôles plus marqués qui se jouent en habit noir, que M. Bressant a obtenu ses meilleurs succès, par la souplesse et la variété de son jeu non moins que par la distinction et la grâce de toute sa personne.

Le 21 mars, il joua, pour la première fois, le rôle de Chavigny dans *un Caprice* [3], et il fut véritablement et de

---

1. Les autres rôles principaux étaient joués par MM. Samson (Vadius), Provost (Chrysale), Got (Trissotin), Maubant (Ariste) ; Mmes Denain (Armande), Judith (Henriette), Bonval (Martine), Nathalie (Philaminte), Thénard (Bélise).

2. Les autres principaux rôles de cette amusante comédie de Scribe, dont la première représentation remonte au 19 janvier 1837, étaient joués par M. Delaunay (Masham) ; Mmes Madel. Brohan (la reine), Allan (la duchesse), Fix (Abigaïl). Le 29 mars, l'Empereur vint voir M. Bressant dans cette pièce.

3. C'est la première pièce d'Alfred de Musset jouée à la Comédie-Fran-

tous points parfait. C'était bien l'homme du rôle ; il s'y était même si admirablement incarné que le sociétaire qui le jouait, avant son arrivée à la Comédie, le lui laissa désormais et lui abandonna même peu après — en demandant prématurément sa retraite — son répertoire tout entier [1].

25 Février. — Première représentation de *la Joie fait peur*, comédie en un acte, en prose, de Mme Émile de Girardin.

Ce drame intime, aux proportions modestes, est le chef-d'œuvre de Mme de Girardin au théâtre. Il survivra — il survit déjà — à ses tragédies pompeuses et à sa comédie de *Lady Tartufe*. Ce n'est cependant pas une œuvre absolument littéraire que cette petite pièce qui dure une heure à peine, sans intrigue, sans amour, et qui a triomphé et qui triomphe tous les jours encore, par la force seule du sentiment et de la vérité. Que de pleurs elle a fait répandre, que de rires elle a provoqués, se mêlant et s'entremêlant dans ce tableau rapide où, en si peu de temps, se déroulent tant de poignants et de douloureux événements au

---

çaise. Elle y fut créée le 27 novembre 1847 par M. Brindeau (de Chavigny); Mmes Judith (Mathilde) et Allan (Mme de Léry). Mme Aug. Brohan joue aujourd'hui Mme de Léry. Rappelons, enfin, que ce ravissant petit acte avait d'abord été publié dans la *Revue des Deux-Mondes* (15 juin 1837), puis représenté pour la première fois en Russie, par Mme Allan.

1. L'entrée de M. Bressant à la Comédie-Française eut pour effet immédiat le départ de M. Brindeau, qui se retira discrètement et dignement en présence des grands succès remportés, dans son propre emploi, par le brillant transfuge du Gymnase. Pendant son assez long séjour à la Comédie-Française, M. Brindeau avait rendu de très-utiles, sinon de très-éclatants services. Il a popularisé les proverbes d'Alfred de Musset, et a joué tout particulièrement avec un vif succès la comédie de M. Mélesville, *Sullivan*. M. Brindeau avait été nommé sociétaire en 1843, mais à la simple majorité des voix. En quittant la Comédie-Française il accepta un engagement au Vaudeville où il débuta, le 31 août 1854, dans *le Fauconnier*.

milieu desquels les passions les plus nobles, l'amour filial et l'amour maternel, se trouvent aux prises, d'un côté avec la douleur la plus grande, de l'autre avec la joie la plus forte, et aussi la plus terrible, la joie qui tue !... Avec quel art l'idée de la pièce est développée, avec quelle délicatesse surtout, quelle sûreté de main, quelle dextérité !... Il faut apprendre à cette mère désolée, désespérée, que ce fils qu'elle pleure il est là, à sa porte, chez elle, qu'il va tomber dans ses bras ; et c'est par une gradation habilement calculée qu'on arrive au résultat; et avec que de soins, que de peines, que d'inventions exquises, que de pieux mensonges !... Comme tout se suit et s'enchaîne dans cette comédie que jouent ces enfants pour tromper leur mère, lui déguiser leur joie, eux qui savent que le frère et l'amant est revenu, et laisser éclater tout à coup, et seulement à temps, l'ivresse qui fait à la fin déborder leur cœur [1] !

La Joie fait peur a été pour M. Regnier l'occasion de l'une de ses plus brillantes créations. « Noël est demeuré, avons-nous dit dans l'étude que nous avons consacrée à la vie dramatique de M. Regnier [2], Noël est demeuré

---

1. Mme *E. de Girardin* (Delphine Gay), *sa vie et ses œuvres*, par Georges d'Heylli. Un vol. in-32, avec eau-forte de Staal. Collection Bachelin-Deflorenne, Paris 1869.

M. Th. Gautier a fort habilement résumé, en quelques lignes, les impressions diverses causées par ce drame touchant :

« Cette comédie, faite avec une idée unique promenée dans tous les tons, comme le thème d'une fugue, montre le parti qu'on peut tirer d'un sujet en le creusant : la douleur de la mère, de la fille, de la fiancée, du vieux serviteur, de l'ami, venant de la même cause, donne des effets différents et produit la variété dans l'unité, ce qui est le comble de l'art. Toutes ces nuances si délicates sont parfaitement observées et rendues. »

2. *Regnier, sociétaire de la Comédie-Française* (1831-72), par Georges d'Heylli. Un vol. pet. in-18, avec portrait à l'eau-forte, Paris, librairie générale. 1872.

l'un de ses rôles les plus populaires ; c'est aussi l'un de ceux qu'il a le plus étudiés, qu'il a le mieux amenés à la vérité, à la réalité, à la vie. Oui, grâce à lui[1], le rôle était vivant et si vivant même que l'artiste disparaissait absolument dans le rôle. En effet, il y a surtout triomphé par le naturel. Dans *la Joie fait peur*, le public ne voyait jamais Regnier en scène, il n'y voyait plus que Noël[2]. »

15 Mars. — Début, sans succès et sans suite, de Mlle Darthès dans le personnage d'Hermione d'*Andromaque*.

22 Mars. — Reprise de *Ulysse*, tragédie, mêlée de chœurs, en trois actes avec prologue et épilogue, par M. Ponsard. La musique des chœurs est de M. Charles Gounod.

La tragédie d'*Ulysse*, qui n'avait eu qu'un médiocre succès, lors de sa première représentation, ne fut pas beaucoup mieux accueillie à cette reprise, bien qu'elle ait été mise en scène avec un grand soin et un appareil plein de solennité et de magnificence. Les vers de M. Ponsard sont bien frappés et quelques scènes ressortent sur le fond un peu gris et monotone du drame, mais l'ensemble en est froid et souvent ennuyeux [3]. Les chœurs de

---

1. La mise en scène de *la Joie fait peur* doit aussi beaucoup, comme tant d'autres pièces, aux excellents conseils et à l'expérience de M. Regnier.

2. Les autres rôles de la pièce ont été créés par MM. Delaunay (Adrien), Guichard (Octave) ; Mmes Allan (Mme Désaubiers), E. Dubois (Blanche), Fix (Mathilde de Pierreval). M. Got a repris également, avec un grand succès, le rôle de Noël le 8 mai 1876, dans la représentation de retraite de Mme Arnould-Plessy. C'était la première fois que *la Joie fait peur* était jouée au Théâtre-Français depuis le départ de M. Regnier (avril 1872).

3. « *Ulysse*, qui suivit *Charlotte Corday*, est l'erreur d'un lettré. M. Ponsard s'est laissé égarer par l'érudition : mais si l'*Iliade* fut l'écriture du monde païen, l'*Odyssée* est un peu la mère l'oie de l'antiquité. Les inven-

M. Gounod ont eu plus de succès que le drame lui-même. Ils ont paru généralement écrits avec originalité, et l'un deux, le deuxième chœur des Porchers (acte 1ᵉʳ scène III)[1], a même eu les honneurs du *bis*. Deux élèves du Conservatoire, MM. Sapin et Marteau, ont successivement chanté le personnage de Phémius, chargé des soli de la partie musicale. M. Sapin a depuis obtenu un engagement à l'Opéra. Ajoutons que les chœurs d'*Ulysse* sont, au point de vue purement littéraire, l'une des inspirations poétiques les plus réussies de M. Ponsard.

Les principaux rôles sont encore remplis par les artistes qui ont créé l'ouvrage (18 juin 1852). MM. Geffroy (Ulysse), Delaunay (Télémaque), Maubant (Eumée), Mˡˡᵉ Judith (Pénélope). Mˡˡᵉ Favart remplace Mˡˡᵉ Nathalie dans le personnage de Minerve.

---

tions de tapisserie faite et défaite, d'arc difficile à tendre n'ont rien de bien grandiose, et le parasitisme des prétendants mangeant les porcs d'Ulysse n'est pas autrement dramatique. L'ouvrage non-seulement fut écouté avec indifférence, mais légèrement « égayé », et l'on rit beaucoup d'un prétendant rentrant en scène, percé d'une flèche qu'Ulysse n'avait pu réussir à faire tomber plus bas qu'à ses pieds. Geffroy fut très-remarquable, cependant, dans le rôle principal ; toutefois, il n'y eut — somme toute — dans l'incident d'amusant que les parodies. Une d'elles portait comme sous-titre *les Porcs vengés*. Dans une autre, au Vaudeville, on voyait une auberge avec cette enseigne : *Au Porc Épique*, et un personnage placé dans la salle expliquait comment on trouvait le plus ineffable plaisir à la représentation de cette tragédie antique... à la condition de savoir le grec, d'apporter l'*Odyssée* et de suivre sur le texte primitif la traduction dialoguée de M. Ponsard. » (Paul Foucher.)

1. C'est le chœur si connu et si souvent chanté dans les concerts publics, qui commence par la strophe suivante :

> O Dieu des Bacchantes !
> Par tes soins heureux
> Les vignes grimpantes
> Ont couvert les pentes
> Des coteaux pierreux.

25 Avril. — Première représentation de *Mademoiselle Aïssé*, drame en cinq actes, en prose, de MM. Paul Foucher et Alex. de Lavergne [1].

Drame assez intéressant où, toutefois, la vérité historique est trop souvent traitée avec peu de respect. Je sais bien que la biographie de Mlle Aïssé tient, par bien des côtés, à la légende et, qu'en beaucoup de points, elle est demeurée sans éclaircissements ; mais il est à regretter que les auteurs du drame aient profité de cette circonstance pour dessiner un peu trop cavalièrement les caractères de leurs personnages qui ne ressemblent que de fort loin à ceux que la tradition elle-même nous a transmis. Leur intrigue est toutefois touchante, bien que très-longuement développée, ce qui donne lieu à des scènes souvent inutiles et à un ensemble de pièce généralement froid. Le public a cependant paru prendre plaisir et intérêt aux aventures de Mlle Aïssé, amplifiées par MM. Foucher et de Lavergne.

Le talent des artistes n'a pas nui, non plus, à ce succès du premier soir : M. Samson a créé le personnage de l'ambassadeur marquis de Ferriol. On sait que ce de Ferriol avait acheté, étant ambassadeur à Constantinople, la belle Circassienne Aïssé, alors âgée de quatre ans. Il l'avait ramenée en France, l'avait fait très-brillamment élever ; puis, quand sa protégée, devenue jeune fille, apparut à la cour avec tout son esprit et sa beauté, il en tomba éperdument épris. Mais il s'était fait vieux, et la belle étrangère, qui rebuta, dit-on, jusqu'au Régent lui-même, préféra à cet amoureux plus que sexagénaire le beau chevalier d'Aydie, de qui elle eut une fille. Ce rôle

---

1. L'Empereur assista à la 7e représentation, qui fut donnée le 8 mai.

de Ferriol a été très-habilement joué par M. Samson ; c'est d'ailleurs l'un des caractères les mieux tracés de la pièce. Mlle Judith a été fort belle et, de plus, touchante dans le sympathique personnage d'Aïssé. Au dernier acte — fait qui se produit assez rarement au Théâtre-Français, — un spectateur enthousiaste a jeté sur la scène un bouquet aux pieds de Mlle Judith, laquelle, en comédienne de haut lieu, a fait quelques façons pour l'accepter. M. Candeilh, jeune premier arrivant de l'Odéon, effectuait ses premiers débuts dans le petit rôle du chevalier de Riom, où il a réussi. M. Maillart jouait le chevalier d'Aydie ; Mme Allan représentait la brillante Mme de Parabère, et Mlle Jouassain la marquise de Ferriol.

6 Mai. — Débuts de Mlle Mantelli, dans *les Femmes savantes* (Armande).

La débutante n'a passé ni par le Conservatoire ni par aucun théâtre. C'est une grande et belle personne, fort distinguée et qui réussit beaucoup plus par l'élégance et le grand air de sa tenue, que par son talent même, qui est encore tout plein de tâtonnements et d'inexpérience. Mlle Mantelli a continué ses débuts, avec le même genre de succès, les 26 et 27 juin suivants, dans *les Jeux de l'amour et du hasard* (Sylvia) et *le Misanthrope* [1].

17 Mai. — Première représentation de *le Double Veuvage*, comédie en trois actes, en prose, mêlée de vers, avec prologue, de Dufresny, réduite en un acte par M. Léon Guillard, qui ne s'est pas fait nommer [2].

La comédie primitive de Dufresny avait trois actes, avec un prologue et un divertissement final dansé et

---

1. M. Geffroy (Alceste); Mlle Noblet (Arsinoé).
2. La pièce, ainsi remaniée, n'a pas été imprimée.

chanté. Elle était beaucoup plutôt une parade qu'une comédie; on y chantait, dans le cours de l'ouvrage, plusieurs morceaux de la composition de Dufresny lui-même, et la pièce se terminait par une critique de l'Opéra, également chantée, et qui était peut-être amusante en son temps. C'était d'ailleurs une pièce fort gaie, trop gaie même, car elle tournait à la farce. Jouée pour la première fois le 8 mars 1702, elle eut dix représentations de suite. Lors des reprises postérieures du *Double Veuvage*, on supprima le prologue.

Le travail anonyme de M. Léon Guillard n'a pas consisté dans un simple remaniement, mais bien dans une refonte entière de la pièce de Dufresny, qu'il a refaite, écrite à nouveau, conservant les meilleurs traits et le fond de l'intrigue, de telle sorte que des trois actes il n'en est plus resté qu'un seul, qui contient la quintessence de l'œuvre originale. Toutefois, l'œuvre nouvelle a conservé ses allures et son train de pièce ancienne, et le public, dont la plus grande partie ne connaissait pas la comédie de Dufresny, lui a attribué tous ses mérites actuels, et il s'est amusé et a ri de bien bon cœur pendant toute la durée de cet acte si gai, mais cette fois dans la mesure juste et possible.

Mme Thénard, dans le rôle de madame Michelin, a eu les honneurs de cette reprise; elle a montré une verve et une prestesse étonnantes. On l'a beaucoup applaudie. — Les autres rôles étaient joués par MM. Delaunay (Armand), Anselme (Michelin), Castel (Julien), Mme Fix (Félicie). Il faut citer à part Mlle Bonval, qui a tenu avec beaucoup d'entrain le personnage de Thérèse, bien qu'elle fût assez souffrante. La deuxième représentation de la pièce a même subi quelque retard en raison de cette indisposition.

26 Mai. — Reprise de *la Belle-Mère et le Gendre*, comédie en trois actes, en vers, de M. Samson.

Cette jolie comédie a été représentée pour la première fois à l'Odéon le 20 avril 1826. C'était alors un sujet à peu près neuf et dont on a beaucoup abusé depuis, que cette critique amusante des inconvénients de l'intrusion de la belle-mère dans le jeune ménage de sa fille et de son gendre. La belle-mère, imaginée par M. Samson, Mme Dorfeuille, est bien la peste la plus terrible qui puisse tomber dans une famille : elle fâche les uns avec les autres, chasse les amis et les parents, va jusqu'à suspecter la fidélité de son gendre et à brouiller momentanément les deux époux par les insinuations les plus coupables que répand habilement sa mauvaise langue. En fin de compte le gendre et la fille sont très-heureux de se débarrasser de cette impossible belle-mère, en la mariant à leur oncle Duchemin, qu'elle a précisément tracassé tout particulièrement après son arrivée chez son gendre. Ce Duchemin est un homme à procès; Mme Dorfeuille les adore, et tous deux se trouvent rapprochés et réunis par le motif qui le plus souvent amène et produit les séparations.

La comédie de M. Samson n'a pas trop vieilli. Le caractère de Duchemin — le mieux tracé de la pièce — et celui de Mme Dorfeuille, la belle-mère, ce dernier cependant un peu chargé, sont des plus vraisemblables et des plus amusants.

Une actrice, qui a eu de grands succès au boulevard, Mme Lambquin, débute à la Comédie-Française par ce rôle important et difficile de Mme Dorfeuille. Elle montre beaucoup de verve dans le personnage de cette femme fantasque, d'un caractère entier, un peu tête folle, qui aime les tempêtes, les provoque et les sait dominer quand même. On l'applaudit avec chaleur dans plusieurs scènes, et cette comédienne habile est dès lors admise par le public qui, d'ailleurs, la connaît déjà [1].

Les autres rôles sont joués par MM. Samson (Duchemin), Maillart (Darcy), Monrose (Paul), Mirecourt (Gérard); Mmes Rimblot (Mme Mirecourt), Favart (Élise).

30 Mai. — Rentrée de Mlle Rachel qui est en congé depuis le 1er juin de l'année précédente [2]. Elle joue *Phèdre* devant une salle comble; accueillie avec un grand enthousiasme, elle est rappelée après le quatrième acte. — M. Raphaël Félix, son frère, rentre, à ses côtés, par le rôle d'Hippolyte; Mlle Favart joue Aricie. L'Empereur et l'Impératrice assistent à la représentation.

6 Juin. — Anniversaire de la naissance de Pierre Corneille. — C'est seulement le 6 juin 1842 que la Comédie célébra pour la première fois cet anniversaire, en jouant solennellement *le Cid* [3] et *le Menteur* [4]. Le buste de Cor-

---

1. Elle avait joué l'avant-veille, pour son premier début, le rôle de Bélise dans *les Femmes savantes*. Née en 1812, Mlle Louise-Estelle Guénard avait épousé en 1836 l'acteur Louis Lambquin. Avant d'arriver à la Comédie-Française, elle avait joué à la Gaîté, au Vaudeville et au Gymnase dramatique. Son grand succès dans le drame le *Château de Grantier* donna lieu à son admission à la Comédie-Française. Voici comment Jules Janin a parlé de Mme Lambquin, au sujet de cette création : ... « Et défendez-vous contre l'accent pathétique, contre la voix, les larmes, le silence, les gémissements, les plaintes, la douleur éloquente de Mme Lambquin. Je vous en défie!... Elle est la douleur même, et je ne vois pas une seule comédienne aujourd'hui, pas une, entendez-vous, qui puisse arriver ainsi, sans recherche et sans effort, à cette expression intime, à cette vérité de la douleur. Et quand on songe que cette femme admirable, cette duègne-reine a frappé vainement à la porte du Théâtre-Français!... »

2. Elle avait paru sur la scène une seule fois, dans l'intervalle, à l'occasion de la fête de l'Empereur, le 15 août précédent, et elle venait de passer un fructueux hiver à Saint-Pétersbourg.

3. Ont joué les rôles en 1846 : MM. Guyon (Don Diègue), Beauvallet (Rodrigue); Mlle Maxime (Chimène).

4. Ont joué les rôles en 1846 : MM. Firmin, Samson, Leroux; Mmes Noblet, Denain, Brohan.

neille fut couronné au milieu d'une cérémonie, dans laquelle parurent les principaux artistes de la Comédie. Cependant, ce spectacle extraordinaire attira peu de monde, et la recette ne dépassa pas 500 francs. Cette fois, la présence de Mlle Rachel, dans l'un de ses meilleurs rôles, avait amené la foule. On jouait *les Horaces* avec la distribution suivante :

Le vieil Horace.	MM. Beauvallet.
Curiace.	— Raphaël Félix.
Camille.	Mmes Rachel.
Sabine.	— Rimblot.

La représentation avait commencé — chose assez curieuse à noter — par une pièce de Molière, *l'École des maris*. Elle se termina par une cérémonie où parut toute la Comédie en costume, chaque artiste dans un rôle de son emploi. Mlle Rachel, le front ceint de lauriers, s'avança, une palme à la main, sur le devant de la scène, où elle déclama une ode de M. Théodore de Banville : *la Muse héroïque*, écrite spécialement pour la circonstance. Elle couronna ensuite le buste du grand poëte tragique, autour duquel défilèrent tous les artistes.

7 Juin. — Représentation de retraite de Mme Hervey, ex-sociétaire.

Mme Anne-Marie Renée Macaire, dame Hervey, avait eu de grands succès, dans sa jeunesse, au Vaudeville de la rue de Chartres, où elle avait débuté en 1804 ; on l'y avait même surnommée « la Mars » de l'endroit. Elle parut, une première fois, sans grand succès, au Théâtre-Français, en 1819, et une seconde fois en 1825. Elle y joua alors durant quatorze ans et fut admise sociétaire. Elle avait un certain talent, mais elle était, en somme, inférieure à la situation qui lui fut donnée. Retirée, en 1839, avec 4,850 fr. de pension, elle n'eut pas à cette époque la représentation de retraite à laquelle elle avait droit, et c'est seulement aujourd'hui qu'elle en peut jouir.

Mme Hervey parvint d'ailleurs, malgré l'obscurité qui s'était faite autour de son nom, à composer une fort brillante soirée, à laquelle le public eut le tort de ne pas accourir en foule; car, en raison sans doute de la chaleur, la recette fut assez maigre.

La représentation avait pour principal attrait la reprise de *Mademoiselle de Belle-Isle* avec M. Bressant jouant pour la première fois le rôle de Richelieu. Il y fut très-élégant, tout brillant de jeunesse et d'impertinence, et il eut un grand succès; le public le rappela à la fin de la pièce[1]. Le spectacle était complété par une petite comédie du théâtre du Gymnase : *Un mari qui n'a rien à faire*, et par une pochade d'actualité, la *Question d'Orient*, jouée par les deux excellents comiques des Variétés, MM. Lassagne et Leclère. Enfin Mlle Caroline Duprez, MM. Battaille et Jourdan de l'Opéra-Comique, et M. Levassor, du Palais-Royal, parurent dans un intermède musical.

22 Juin. — Première représentation du *Songe d'une nuit d'hiver*, comédie en deux actes, en prose, de M. Édouard Plouvier.

C'est moins une comédie qu'une fantaisie que cette pièce vénitienne fort poétique, certainement, bien qu'elle soit écrite en prose, mais parfois bien obscure et bien incompréhensible. Tout y est de convention; la réalité de la vie n'y apparaît pas; c'est de l'esprit, beaucoup d'esprit même, mais pas toujours du plus naturel ni du meilleur,

---

[1]. Ont joué les autres principaux rôles : M. Maillart (d'Aubigny) : Mmes Aug. Brohan (Mme de Prie), Judith (Mlle de Belle-Isle).

et qui a paru plus cherché que recherché. Il n'est pas jusqu'aux noms des personnages de la pièce, qui n'aient visé à l'originalité et au baroque : M. Got s'appelle Garifu, M. Bache, Forabosco, M. Maillart, Angelo Dorovèse, et Mlle Favart, Cléosina. C'est Mlle Augustine Brohan qui, dans le personnage de Rosalinde, portait tous le poids de la pièce. Elle avait un costume vénitien, d'une splendeur merveilleuse, qui lui seyait admirablement. Elle joua avec une très-grande verve son très-long rôle, car elle était toujours en scène. A ses côtés, M. Bache sut se faire un véritable succès de gaieté, dans un rôle de quelques lignes.

22 Juin. — Première représentation de la *Reine de Lesbos*, drame antique en un acte, en vers, de M. Paul Juillerat.

Cette reine de Lesbos, c'est Sapho, dont la légende ne peut prêter à de bien longs développements dramatiques, et n'offre surtout qu'un intérêt restreint. La pièce antique de M. Juillerat a été écoutée avec intérêt par le public choisi de la première représentation ; on applaudit de beaux vers bien frappés, bien ciselés ; mais l'ensemble de l'œuvre et le résultat de la soirée semblent promettre plutôt un succès de lecture qu'un succès de théâtre [1].

La *Reine de Lesbos* était jouée par MM. Maubant (Pittacus), Ballande (Alcée), Candeilh (Phaon) ; Mmes Judith (Sapho), Favart (Climène), Savary (Damophile).

Dans la même soirée, Mlle Ernestine Lafont, élève de Mlle Anaïs, et de la classe de M. Provost, au Conservatoire, s'est essayée avec assez de succès dans le rôle d'Angélique, de *l'Épreuve*.

---

[1]. La pièce n'a eu, en effet, que quelques représentations.

23 Juin. — Relâche à l'occasion des funérailles de Mlle Rebecca, sociétaire, décédée aux Eaux-Bonnes, le lundi précédent, à 9 heures du soir.

C'était la troisième des quatre sœurs de Mlle Rachel, et celle à qui semblait réservé le plus bel avenir dramatique [1]. Elle avait été fort remarquée dans les seconds rôles de la tragédie, aux côtés mêmes de Rachel, et elle avait joué et même créé, avec succès, un certain nombre de rôles dans le répertoire moderne. Elle avait ainsi mérité les honneurs du sociétariat, qui ne lui avaient pas été donnés seulement comme une concession agréable à sa grande et illustre sœur.

1er Juillet. — Mlles Marie Favart et Delphine Fix sont proclamées sociétaires.

15 Juillet. — Première représentation de *la Comédie à Ferney*, comédie en un acte, en prose, de MM. Louis Lurine et Albéric Second.

Une jeune femme, Céliane, a l'imagination troublée par la lecture des poésies de Voltaire ; elle ne rêve plus que le nom de l'illustre poëte, elle néglige son ménage, son mari et sa maison, pour cultiver des roses en lisant des vers. Enfin, elle écrit à Voltaire et lui demande un rendez-vous. Hélas ! le Voltaire qu'elle a rêvé n'est plus jeune, n'est pas beau et se montre à elle sous l'aspect le moins poétique du monde. Elle va être guérie de ses visions romanesques, lorsque intervient le prince de Ligne, qui lui persuade que le Voltaire qu'elle a vu n'est point Voltaire, et que Voltaire, c'est lui. Mais au moment où la jeune femme se laisse prendre aux beaux discours du prince déguisé en poëte,

---

1. Mlle Rebecca Félix avait d'abord paru à l'Odéon, où elle avait débuté avec son frère Raphaël le 3 novembre 1843.

Voltaire reparaît, et chacun reprend son rôle véritable et sa place.

Ce petit acte a pleinement réussi; il est écrit sans prétention et avec beaucoup de finesse; les auteurs y ont heureusement introduit des fragments de poésies de Voltaire, très-habilement placés en situation, et notamment l'adorable pièce qui commence par la strophe si connue :

> Si vous voulez que j'aime encore,
> Rendez-moi l'âge des amours;
> Au crépuscule de mes jours,
> Rejoignez s'il se peut l'aurore;

strophe qui est, en quelque sorte, comme le point de départ de la pièce elle-même.

M. Geffroy jouait Voltaire avec un bien grand talent : il était admirablement grimé dans ses deux costumes, le premier qui n'est qu'un travestissement destiné à désabuser Céliane, le second qui est le costume légendaire de Voltaire à soixante ans. Les autres rôles étaient remplis par Brindeau (le prince de Ligne), Monrose (Montfermeil), Anselme (Jacquot) et Mlle Judith (Céliane).

18 Juillet. — Débuts de M. Saint-Germain, lauréat du Conservatoire aux concours de 1852, dans le rôle de Gros-Réné, du *Dépit amoureux* [1], et dans celui de Arnould, de *la Famille Poisson* [2].

Le débutant, qui vient de passer une année à l'Odéon, a de la verve et de la physionomie; mais la voix est faible et

---

[1]. M. Delaunay jouait Eraste, et Mlle Bonval, Marinette.

[2]. *La Famille Poisson ou les Trois Crispins*, comédie en un acte, en vers, de M. Samson, représentée pour la première fois au Théâtre-Français, le 15 décembre 1845. Le sujet de la pièce est le début, au théâtre, d'Arnould Poisson. Elle a été créée par MM. Samson, Provost, Regnier et Mlle Augustine Brohan. Elle est jouée aujourd'hui par MM. Provost (Raymond), Monrose (Paul), Saint-Germain (Arnould), Mlle Bonval (Marianne).

parfois insuffisante. Il réussit surtout dans *la Famille Poisson*, où son maître, M. Provost, joue si excellemment à ses côtés le personnage de Raymond qu'il a créé.

25 Juillet. — Le Théâtre ferme ses portes, pour cause de réparations intérieures, jusqu'au 15 août; il les ouvre, ce dernier jour même, par une représentation gratuite en l'honneur de la fête de l'Empereur, composée d'*Andromaque* et du *Médecin malgré lui*.

La salle est remplie outre mesure. Mlle Rachel, encore souffrante, et toujours sous la douloureuse impression de la perte, encore toute récente, de sa sœur, reparaît dans le personnage d'Hermione. Elle y produit un effet extraordinaire, on ne l'a jamais plus chaleureusement applaudie; elle est rappelée trois fois dans le cours de la représentation : après le troisième acte, après sa sortie du quatrième acte, et enfin à la chute du rideau.

M. Got est, à son tour, très-applaudi dans le *Médecin malgré lui* (Sganarelle).

25 Aout. — Représentation solennelle du *Mariage de Figaro*, à l'occasion de l'inauguration, au grand foyer, du nouveau buste de Beaumarchais, œuvre de M. Meusnier-Fleury [1].

M. Got joue Figaro, M. Leroux le comte, Mlle Nathalie la comtesse, Mlle Fix Chérubin. Mlle Mantelli s'est attaquée, pour la continuation de ses débuts, au difficile personnage de Suzanne, où elle se montre encore bien inexpérimentée. Les grands premiers rôles semblent d'ailleurs mieux convenir à sa haute physionomie, et elle y a, en effet, mieux réussi.

---

1. Le buste de Beaumarchais, sans nom d'auteur, qui avait jusqu'alors figuré au grand foyer public, est relégué dans le petit couloir du parterre.

30 Aout. — Reprise de *l'École des vieillards*, comédie en cinq actes, en vers, de Casimir Delavigne [1].

Œuvre très-distinguée, mais qui a un peu vieilli. Elle a eu un succès immense en son temps; le public actuel est habitué à trouver, dans les pièces du jour, des situations plus fortes et des passions plus accentuées. Le quatrième acte produit, seul, encore un certain effet; mais l'ensemble de l'œuvre est froid, et d'ailleurs l'interprétation n'est pas très-brillante [2]. C'est une reprise sur laquelle le Théâtre n'a évidemment pas compté.

9 Septembre. — Rentrée de Mlle Rachel dans *Marie-Stuart*. Elle passe successivement en revue une partie de son répertoire. Le 12, elle joue *Polyeucte*; le 16, *Adrienne Lecouvreur* devant l'Empereur; le 19, *les Horaces*; le 21, *Andromaque*; le 23, *Cinna*; le 26, *Mithridate*; puis, du 30 septembre au 26 octobre, elle donne dix représentations consécutives d'*Adrienne Lecouvreur*. Enfin, dans la journée, elle répète activement la tragédie nouvelle de M. Latour Saint-Ybars, *Rosemonde*.

20 Septembre. — Reprise de *la Jeune femme colère*, comédie en un acte, en prose, d'Étienne, jouée pour la première fois au théâtre Louvois, le 20 octobre 1804.

C'est une pièce assez gaie, dont Étienne a emprunté le sujet au *Mari instituteur*, nouvelle de Mme de Genlis, qui l'avait elle-même tirée d'un fabliau du xiie siècle, lequel avait précédemment servi de thème à Boccace pour l'un de ses meilleurs contes. Claparède prit ensuite, à son tour, la pièce d'Étienne, et en fit un opéra-comique dont

---

[1]. La première représentation fut donnée le 6 décembre 1823. Les principaux rôles étaient joués par Talma, Armand, Monrose et Mlle Mars.

[2]. M. Geffroy joue le rôle de Damville, M. Leroux celui du duc d'Elmar, et Mlle Denain représente Hortense.

Boieldieu écrivit la musique, et qui fut joué pour la première fois à Saint-Pétersbourg le 18 avril 1805, et à Paris, au théâtre Feydeau, le 12 octobre 1812.

Mlle Mars avait créé le personnage de Rose, que reprend aujourd'hui Mlle Denain; les autres rôles sont joués par MM. Leroux (Émile), Maubant (Volmar), Saint-Germain (Germain) ; Mme Thénard (Thérèse).

16 Octobre. — Relâche à l'occasion des funérailles du maréchal de Saint-Arnaud, commandant en chef l'armée d'Orient.

10 Novembre. — Première représentation de *la Niaise*, comédie en cinq actes, en prose, de M. Mazères.

Le procureur général baron de Salbry est marié à une jeune et jolie femme, qu'il croit « niaise, » tandis que seuls les airs hautains de son mari l'intimident et la paralysent. Cette niaise est, au contraire, une maîtresse femme qui n'a point l'air d'y toucher, mais qui se trouve mêlée secrètement à beaucoup d'intrigues de clocher, qui ont pour but modeste l'élection de son mari au conseil municipal. Ce point de départ bien simple donne lieu à une série d'aventures et de complications invraisemblables et à un dénoûment impossible. Salbry, qui ne comprend rien aux mystérieux manéges de sa femme, la soupçonne d'aimer quelqu'un ; dans sa jalousie, il se dirige, pistolets en mains, vers un pavillon où il croit la trouver en bonne fortune. Mais, ô surprise ! il n'y rencontre qu'une jeune fille qui se trouve être le fruit d'un amour antérieur à son mariage. Il y a aussi, dans cette étrange comédie, un ministre qui joue un personnage inacceptable, et qui, cependant, sans qu'on le voie jamais paraître, est le *deus ex machina* de toute l'intrigue.

Cette comédie mal faite, développée outre mesure pour un sujet insuffisant, et où l'intérêt languit et se trouve trop souvent suspendu, offre de jolies parties qui n'ont pu, cependant, conjurer sa chute irrémédiable. On l'a surtout trouvée trop longue. M. Mazères s'est aussitôt rendu au sentiment public, et il a refondu en un seul acte les deux derniers de sa pièce [1] qui, malgré cette amputation *in extremis*, n'a survécu que durant quelques soirées [2].

La Niaise était jouée avec un grand ensemble par les premiers artistes de la Comédie-Française : MM. Samson (Goichot), Geffroy (de Salbry), Got (Saint-Jean), Delaunay (de Bréchetane); Mmes Madel. Brohan (Mme de Salbry), Fix (Isaure), Thénard (la maréchale) [3].

21 NOVEMBRE. — Première représentation de *Rosemonde*, tragédie en un acte de M. Latour Saint-Ybars [4].

L'épisode de Rosemonde, refusant de boire dans le

---

1. « Le Théâtre-Français a donné une comédie en cinq actes de M. Mazères, *la Niaise*. Il serait malséant d'en médire après tout le monde. M. Janin a fait sur cette pièce un feuilleton charmant d'ironie ; il a loué, avec une perfidie peut-être un peu cruelle, cette littérature départementale de préfet en retraite (M. Mazères avait été préfet sous Louis-Philippe), convoitant un fauteuil d'académie. Le Prince des critiques a été bien sévère en faisant remarquer que l'esprit de M. Mazères n'a pas varié depuis *les trois Quartiers* et *le jeune Mari* ; mais le Théâtre-Français, lui-même, a peut-être un peu dépassé la mesure d'une critique décente, en annonçant que le cinquième acte de *la Niaise* venait d'être supprimé *avec une rare habileté*. Je savais bien que M. Arsène Houssaye avait bien de l'esprit, mais je ne lui soupçonnais pas autant de scélératesse. Je crois néanmoins que le théâtre est en bonne voie, et je compte bien qu'avant peu il aura supprimé le reste, toujours *avec une rare habileté*. » (AUGUSTE VILLEMOT.)

2. La seconde représentation de *la Niaise*, refondue en quatre actes, a eu lieu le 13 novembre.

3. Ce fut la dernière comédie donnée par M. Mazères au Théâtre-Français, où sa première pièce *le jeune Mari*, comédie en trois actes, en prose, (26 novembre 1826) est demeurée son meilleur ouvrage. M. Mazères est mort en 1866, à l'âge de 70 ans.

4. Ont créé les rôles : MM. Maubant (Alboin), Beauvallet (Didier), Chéri (Cléphon), Fonta (Hirmès), Jouanni (un barde) ; Mmes Rachel (Rosemonde), Favart (Egilde).

crâne de Cunimond, son père, et faisant assassiner, par son amant, Alboin, roi des Lombards, son maître et son vainqueur, a fourni le sujet de cette courte tragédie. Ce n'est guère qu'une longue scène [1] qui a l'inconvénient d'être incomplète, et qui, par cela même, semble trop détachée d'un sujet plus développé, à ce point que le spectateur peut croire, en écoutant la *Rosemonde* de M. Latour Saint-Ybars, qu'il assiste en quelque sorte au cinquième acte d'une tragédie, dont les quatre premiers auraient été supprimés pour ce jour-là. Ce gros drame [2], écrit en vue de Mlle Rachel, ne retrace d'ailleurs qu'un très-mince épisode de la vie de Rosemonde, et son caractère historique y est tout à fait dénaturé. L'attitude de vierge effarouchée que lui a prêtée M. Latour Saint-Ybars est absolument contraire à la tradition admise. Rosemonde mourut, en effet, par le poison; mais ce ne fut que plusieurs mois après le meurtre d'Alboin, et non pas le jour même, ni volontairement, comme dans la tragédie nouvelle dont l'héroïne beaucoup moins pudique dans l'histoire, périt empoi-

---

1. La mise en scène était fort habilement exécutée. La scène représente, au lever du rideau, l'intérieur du palais d'Alboin — au fond, salle du festin — tables entourées de lits — cette salle séparée du vestibule par des colonnes garnies de tentures. A droite, Rosemonde, richement parée, est entourée de jeunes filles, toutes plongées dans la plus vive douleur. Alboin, la couronne en tête, est couché sur un lit au fond ; ses amis l'entourent, il boit et rit avec eux; un barde chante les exploits des Lombards, et le refrain de chaque strophe est accompagné et repris par Alboin et ses amis, marquant la cadence en frappant sur leurs boucliers.

2. L'épigramme suivante, attribuée à M. Samson, courut bien vite dans le public et fut répétée par les journaux :

    Pourquoi donc appeler sa pièce Rosemonde ?
    On n'y voit point de rose, on n'y voit point de monde.

Ce qui était, d'ailleurs, en partie inexact, puisque les recettes furent toujours très-élevées.

sonnée, il est vrai, mais par un de ses amants, à qui elle avait d'abord cherché à donner la mort par le même poison.

Le personnage de Rosemonde est donc la pièce tout entière, et il est trop étendu pour le cadre restreint que lui a donné le poëte. Mlle Rachel y trouva cependant l'occasion d'un nouveau succès, qui se manifesta surtout dans l'avant-dernière scène, où l'auteur lui avait ménagé un très-dramatique effet de théâtre. Au moment où Alboin vient d'être égorgé, Rosemonde se dirige lentement vers le roi qui exhale ses dernières plaintes ; elle tient une lampe à la main et l'approche du visage de son tyran étendu sur le sol, pour s'assurer s'il est bien frappé à mort :

ALBOIN.

Cette femme, quelle est cette femme ?...

ROSEMONDE.

La haine,
La vengeance, tardive il est vrai, mais certaine.

ALBOIN.

Ah !

ROSEMONDE.

Regarde-moi bien.

ALBOIN.

Fantôme, que veux-tu ?

ROSEMONDE.

Je veux te voir mourir à mes pieds abattu.

ALBOIN tombe près de sa couronne.

Rosemonde !... Elle est morte.

ROSEMONDE.

Elle est encor vivante
Pour jouir de ta mort et de ton épouvante !...

4.

Mlle Rachel n'avait accepté ce rôle qu'avec une certaine répugnance : elle souffrait déjà les premières atteintes du mal terrible qui devait si prochainement l'emporter ; la mort de sa sœur Rebecca, pour qui elle avait une préférence marquée, lui avait causé une vive douleur, et sa mémoire lui était toujours présente, son image passait sans cesse devant ses yeux et remplissait toute sa pensée. La scène du crâne, servant de coupe, bien que M. Saint-Ybars ne l'ait pas obligée d'y boire, avait produit sur elle, aux répétitions, une impression pénible qu'elle n'avait jamais pu surmonter entièrement. Elle voyait souvent, dans ses insomnies, le cadavre de sa sœur qu'elle avait contemplée à son lit de mort et ce crâne — si bien simulé qu'il fût — ramenait devant son souvenir la pâle figure de la morte.

Le soir de la première représentation, elle était si souffrante [1] que l'on craignit un moment que la tragédie de *Rosemonde*, qui avait déjà été remise plusieurs fois, ne vît pas encore, ce jour-là, les feux de la rampe s'allumer pour elle. Elle joua cependant, mais avec un emportement fébrile qui ne nuisit pas, d'ailleurs, à son succès, et l'on put croire, pendant quelques minutes, que son court évanouissement, à la quatrième scène de la pièce, était plus réel qu'il ne devait l'être. Quand le rideau fut baissé, elle rentra dans sa loge où d'enthousiastes amis [2] l'attendaient,

---

1. Elle était aussi très-fatiguée et surexcitée par les dernières répétitions qu'elle avait dû mener de front avec ses représentations du soir. Dans les vingt premiers jours de ce mois de novembre, elle parut sept fois sur la scène, et dans des rôles différents, deux fois dans *Phèdre*, les 2 et 4 novembre ; dans *Polyeucte*, le 9 ; dans *Bajazet* le 14 ; dans *Adrienne Lecouvreur* le 16 ; dans *Mithridate*, le 18, et enfin dans *Rosemonde*, le 21. (Voyez aussi le 9 septembre dernier.)

2. Je tiens de l'un d'eux tous ces détails.

et au lieu d'accueillir leurs compliments avec sa joie habituelle, elle tomba sur son canapé, épuisée et comme mourante ; elle se prit alors à pleurer violemment, avec des sanglots mêlés de cris, et déchirant vivement le haut de sa tunique, elle la rejeta loin d'elle, avec une sorte de rage, comme si — nouvelle robe de Nessus — elle en avait été brûlée !...

Chacun se retira discrètement, et on emporta chez elle Mlle Rachel en proie à une sorte de délire dont elle se ressentit plusieurs jours [1]. La deuxième représentation de *Rosemonde* ne put en effet avoir lieu que le 2 décembre suivant et ce rôle causait à l'illustre tragédienne des appréhensions si douloureuses, qu'elle dut l'abandonner en plein succès et seulement après sept représentations dont la dernière avait donné le maximum de la recette [2].

---

1. « Quand Mlle Rachel apprit la mort de sa jeune sœur Rebecca, sa douleur fut grande, car ses affections de famille étaient profondes. Mais tout à coup, le troisième jour, une étrange terreur vint se mêler à son désespoir. Elle se rappelle que le nom de Rebecca avait été aussi le sien dans son enfance, qu'elle n'avait pris celui de Rachel que pour ses débuts au Gymnase, et à la prière de M. Poirson. La voilà saisie d'une folle épouvante s'écriant: « C'est moi qui m'appelle Rebecca !... c'est moi qui suis morte !...» Hélas ! elle se trompait de bien peu .. » (E. LEGOUVÉ.)

2. Voici comment M. Jules Janin, l'un des témoins de la scène que je viens de rappeler, et qui a bien voulu aussi m'en redire lui-même plusieurs fois les détails, rend compte de cette soirée :

« Entre deux insomnies, elle joua son dernier drame en vers, *Rosemonde*, un acte, un seul acte !... (elle était à bout de ses forces autant que de ses espérances). Et si vous saviez de quelle incroyable tristesse elle était déjà frappée en ce temps-là !... Mais aussi dans quel siècle et dans quelle épouvantable barbarie elle allait marcher notre Athénienne ; en quels sentiers pleins de ronces, et quels héros, et quels brigands !...

« Dans les deux ou trois scènes de cette *Rosemonde*, écrites à l'unique intention de son talent, Mlle Rachel souleva sans doute une pitié profonde, et força la foule à l'applaudir ; mais la sensitive, elle n'était pas femme à se faire illusion sur l'impression pénible que l'œuvre et la comédienne avaient produite... Elle était comme un instrument sonore où le souffle

24 Novembre. — La Comédie-Française emprunte au répertoire de l'ancien Théâtre historique une petite pièce, en un acte, en prose, de M. Léon Gozlan, *une Tempête dans un verre d'eau* [1].

L'intrigue de cette bluette — si l'on peut appeler intrigue le frêle sujet qui donne lieu aux ingénieux développements

---

même du vent d'avril excite un frémissement ; et quand par hasard les regards de son peuple étaient moins tendus, soudain elle comprenait l'obstacle, et par le redoublement de toutes les forces de son intelligence et de sa passion, elle s'efforçait de rallumer cette ardeur qui s'éteignait.

« Telle fut sa tâche héroïque, héroïquement accomplie en cette *Rosemonde*. Elle s'y montra pleine à la fois des douleurs d'Hermione et des fureurs de Frédégonde; elle y fut belle, éclatante, inspirée et superbe... mais par les difficultés de sa victoire et par la peine de ce rôle odieux, à peine elle eut reçu les hommages accoutumés, qu'elle rentra dans sa loge en se tordant les mains de douleur et de désespoir.

« Quel triste et touchant spectacle, et que je n'oublierai de ma vie ! Elle était assise en un coin de cette loge historique où se trouvait encore le parfum de Mlle Mars. Elle était haletante, éperdue, immobile et tombée en cette muette défaillance. Il n'y avait rien de plus éloquent et de plus triste. Ah ! fille des muses, elle succombait à la tâche ; elle était vaincue, elle en avait toute sa charge. Ame inquiète, esprit malade et santé débile, elle n'avait plus de courage, elle n'avait plus d'espérance ; elle rejetait ce calice ; elle ne voulait plus de ces heures pénibles qui lui étaient faites par sa position même et dans lesquelles il fallait absolument réussir.

« Donc elle pleurait; ses beaux grands yeux étaient pleins de larmes, et comme un imprudent ami la voulait consoler, la voilà qui déchire, en criant, le mouchoir qui la couvre : « Or çà, dit-elle, voyez donc ma poitrine... et voyez si ce n'est pas une morte qui pleure !... »

« Et nous sortîmes désespérés. C'était le véritable commencement de son agonie et son premier pas sur le chemin du tombeau !... »

1. Pièce jouée pour la première fois, au Théâtre historique, le 18 décembre 1849, et créée par Eugène Pierron (Lucien) et Mme Rey (Floride). Le titre en est singulier, comme d'ailleurs presque tous les titres des pièces de Gozlan, qui attachait une grande importance à cette question de détail. Voici quelques-uns de ces titres étranges : *la Main droite et la main gauche* (1842); *les Cinq minutes du commandeur* (1845); *Trois Rois, trois Dames,* (1847); *la Queue du chien d'Alcibiade* (1849); *le Coucher d'une étoile* (1851); *Dieu merci, le couvert est mis* (1851); *le Gâteau des reines* (1855), etc...

de M. Léon Gozlan — repose sur un simple quiproquo qui occasionne, entre deux époux, diverses scènes de jalousie fort plaisantes, lesquelles se terminent par la réconciliation prévue, et pour ainsi dire obligée, qui est toujours la conclusion de ce genre de pièces. M. Delaunay (Lucien) et Mlle Fix (Floride) ont joué avec leur verve habituelle ce petit acte dont le style et l'esprit font toute la valeur, et qui, depuis, est demeuré au répertoire.

29 Novembre. — Reprise des *Ennemis de la maison*, comédie en trois actes, en vers, de M. Camille Doucet, représentée pour la première fois, au théâtre de l'Odéon, le 6 décembre 1850.

L'ennemi de la maison, c'est d'abord le commensal trop familièrement admis dans l'intérieur d'une famille, et qu'un mari jaloux finit par soupçonner de jeter les yeux sur la maîtresse du logis. Le bourgeois Raynal, le mari soupçonneux, est monté bien au tragique pour un homme dont le caractère n'a rien de grandiose ni de chevaleresque. Ce placide notaire devient bien subitement terrible au sujet de l'amour prétendu d'un amoureux niais et incolore, qui pêche à la ligne et qui se borne, en somme, à être la victime de l'idée saugrenue qui est entrée, tout armée, dans l'esprit de Raynal. C'est un autre qui aime sa femme, et cet autre c'est Raynal lui-même qui l'introduit dans la place. Ce nouvel ami, ou mieux, cet ennemi nouveau, est un ancien soupirant d'Adèle, le femme de Raynal; c'est le loup entré dans la bergerie. Heureusement pour le repos et l'honneur du ménage, tout s'arrange; Maurice — le dernier venu — épouse une jeune sœur de Raynal, qui est le personnage sympathique de la pièce et qui lui fournit un dénoûment non moins agréable que prévu [1].

---

1. « Il y a dans les *Ennemis de la maison* quelque chose qui va bien

C'est, dit-on, sur l'avis de MM. Scribe et Regnier que M. Doucet a retiré sa pièce de l'Odéon pour la donner à la Comédie-Française, après lui avoir fait subir divers remaniements et modifications qui ont surtout porté sur le dernier acte. La pièce est finement écrite, en vers élégants et spirituels ; mais elle a cependant paru un peu longue. Le sujet est évidemment trop mince pour les trois actes dans lesquels l'a délayé l'auteur, et la situation, qui lui sert de point de départ, tourne trop longtemps sur elle-même. C'est une pièce « qui ne marche pas. » Tous ses personnages restent toujours à la même place ; ils parlent certainement un fort joli langage, mais c'est là une excuse insuffisante pour une œuvre dramatique, et la comédie, très-littéraire, à coup sûr, de M. Camille Doucet aurait beaucoup gagné à être resserrée par lui en deux actes seulement.

Elle est d'ailleurs jouée supérieurement, et avec un ensemble qui ne laisse rien à désirer, par Regnier (Raynal) ; Bressant (Maurice) ; Saint-Germain (Oscar) ; Mmes Favart (Adèle), Allan (la baronne), Émilie Dubois (Hélène), Valérie (Fanchette).

10 Décembre. — Rentrée de Mlle Delphine Marquet, dans *Mademoiselle de la Seiglière*, où elle reprend le rôle d'Hélène créé par Mme Madeleine Brohan.

Mlle Marquet est une fort belle personne, intelligente et distinguée, et à laquelle il n'a manqué, pour se faire une place sérieuse au théâtre, que de savoir — ou de vouloir —

---

au public de la Comédie-Française : c'est une pièce où les personnages sont d'honnêtes gens, où le tableau de la pièce est élégant et distingué, où le dénoûment rapproche tous ceux que l'on aime dans un commun pardon, dans une seule famille..... dialogue vif et naturel, portraits ingénieux, récits délicats..... c'est une comédie de bon goût. » (Édouard Thierry.)

se fixer définitivement quelque part. Cette artiste nomade s'est, en effet, montrée sur la plupart des scènes de Paris; mais elle n'a jamais brillé que momentanément lors de chacune de ces apparitions toujours précipitées et sans suite. Ses premiers débuts ont eu lieu, à l'Opéra, dans le corps de ballet, où sa sœur Louise figure encore aujourd'hui. En juin 1846, elle entrait aux Variétés et y jouait avec un vif succès de grâce et de beauté le principal rôle d'un vaudeville intitulé *la Baronne de Blignac*. Le 31 mai 1851, elle débutait une première fois à la Comédie-Française en créant le rôle d'Henriette, dans la comédie de Gozlan *la Fin du roman*. Elle ne fit alors que passer sur notre première scène et accepta presque aussitôt un engagement au théâtre du Gymnase. Revenue aujourd'hui à la Comédie-Française, elle la quittera bientôt, pour y revenir une fois encore, mais toujours passagèrement.

Le même soir, M. Candeilh reprenait, également dans *Mademoiselle de la Seiglière*, le rôle de Raoul de Vaubert, créé par M. Delaunay, rôle qui était un peu effacé pour un chef d'emploi de cette valeur.

13 Décembre. — Première représentation de *la Dot de ma fille*, comédie en un acte, en vers, de M. Samson.

Le docteur Varner aime, par-dessus tout, ses livres; il en oublie le boire et le manger; sa maison en est remplie, surchargée : il les empile et les entasse, et tous les jours apparaissent de nouveaux volumes qu'il a achetés fort cher et qui viennent s'ajouter à sa collection nombreuse, qui a déjà absorbé le plus net et le plus clair de son mince revenu. Comment le docteur Varner mariera-t-il sa fille Marguerite, qui aime en secret le jeune Frédéric, fils de son ami le riche négociant Hermann ? Dans sa passion de bibliophile enragé, il a consacré jusqu'à la dot de son unique enfant à l'achat de ses chers bouquins. Hermann, cependant, veut que Marguerite ait au moins 6,000 ducats de dot, et c'est précisément la somme qu'un libraire de Munich offre à Varner pour lui acheter sa bibliothèque. Le vieux père saura se sacrifier, car il aime encore plus sa fille que ses volumes, cependant si choyés ; il les vendra donc. Quelle douleur est la sienne à la seule pensée que leur acheteur va les venir retirer de leurs tablettes, où il a mis tant de peines et de soins à les réunir et à les surveiller. Mais, ne craignez rien, tout finit pour le mieux : Frédéric, en épousant Marguerite, rachète les livres du bonhomme, et c'est le cadeau de noces qu'il offre à son beau-père, lequel exhale sa joie et sa reconnaissance sur tous les tons :

>   Chers livres, vous restez dans mon humble demeure ;
>   J'entendrai près de vous sonner ma dernière heure ;
>   Quel doux transport de joie est venu me saisir !
>   Je pleurais de chagrin, je pleure de plaisir.
>   De quel double bonheur, ô mon Dieu, tu m'enivres...
>   Je vois ma fille heureuse et je garde mes livres !...

Cette honnête petite comédie est écrite avec la facilité et le goût qui distinguent les quelques ouvrages de son auteur. Ce n'est pas, cependant, que le sujet en soit bien nouveau ni le style bien élevé : M. Samson avait, en effet, le vers facile, — trop facile même et parfois négligé ; mais, en somme, sa pièce a fait plaisir et on l'a beaucoup applaudie. Il faut dire aussi que M. Samson avait pris, ce soir-là, deux grosses responsabilités : il était à la fois l'auteur et le principal interprète de sa comédie. C'est le comédien, surtout, que nous estimons en lui : il a composé le rôle du docteur Varner avec une grande finesse et beaucoup d'émotion. Comme on plaint ce pauvre homme qui se résigne à jeter au vent les meilleures et les plus chères jouissances intellectuelles de sa vie, parce qu'il comprend qu'il doit, avant tout, s'immoler au bonheur de sa fille ! M. Samson a exprimé, avec un naturel achevé, les diverses sensations, entremêlées d'hésitations comiques et de larmes véritables, qui tourmentent, étreignent, déchirent et rassurent successivement son cœur de bibliophile et de père.

Les autres rôles de la pièce, d'une moindre importance, étaient remplis par MM. Anselme (Hermann), Candeilh (Frédéric) ; Mmes Savary (Marguerite), Lambquin (Catherine).

14 Décembre. — Relâche à l'occasion des funérailles de Mme Arsène Houssaye, femme de l'administrateur de la Comédie-Française [1].

21 Décembre. — La Comédie célèbre, pour la première fois, l'anniversaire de la naissance de Racine (21 décembre 1639). Mlle Rachel, bien qu'elle soit encore souffrante, joue *Phèdre* avec son succès habituel. L'Empereur et l'Impératrice, qui assistent à la représentation, donnent souvent le signal des applaudissements, et la grande tragédienne est l'objet de deux rappels.

Les Ennemis de la maison — qui ne sont cependant pas de Racine — complètent le spectacle. L'usage a depuis prévalu de consacrer entièrement ces anniversaires à l'interprétation des seules œuvres de l'auteur dont la Comédie célèbre la mémoire [2].

---

1. Mlle Brucy, fille de Mme Edmée Brucy, élève de Prud'hon, et dont les peintres et les sculpteurs les plus connus ont maintes fois reproduit les traits : Vidal, Lehmann, Clésinger, Jouffroy, etc... Mme Arsène Houssaye n'avait que vingt-huit ans quand elle mourut. Elle a laissé un fils, Henry Houssaye, né le 24 février 1848.

2. La Comédie-Française ne célèbre que les anniversaires de Molière, de Corneille et de Racine.

22 Décembre. — Décès de Mlle Julie Rimblot, très-utile pensionnaire, qui appartient à la Comédie depuis 1845, et qui, pendant les fréquentes absences de Mlle Rachel, l'a souvent doublée, même avec un certain succès, dans ses principaux rôles tragiques [1].

1. « Après Mlle Rachel — je ne mesure pas la distance, vous la connaissez — venait Mlle Rimblot dans l'ordre des talents tragiques. Elle est morte du désespoir d'être la seconde, et de n'être comptée pour rien parce qu'elle n'était pas la première. Elle a eu tort de perdre sitôt courage. Du temps d'Hélène même, il y avait de l'amour pour les beautés moins parfaites. Le public n'est pas toujours indifférent à ce qui ne force pas son admiration. Il avait suivi Mlle Rimblot sans paraître y prendre garde. Il savait cependant qu'elle était belle et qu'elle avait été touchante dans *la Vestale*, qu'elle était touchante encore dans *le Cid*, calme et digne dans *Polyeucte*, qu'elle avait eu un cri du cœur dans *l'Abencerrage*, une noble et élégante attitude dans *Pythias et Damon*, qu'elle commençait à être bien reine lorsqu'elle jouait Elisabeth dans *Marie Stuart*..... La triste sentence portée sur la famille humaine l'a frappée avant le succès. Un jour elle se plaignit d'une fièvre, d'un feu qui s'alluma tout à coup et monta au plus haut comme la flamme. On crut que c'était une fièvre cérébrale et la fièvre parut se guérir. Sa mémoire seule ne lui était pas revenue aussitôt que les récentes couleurs de la plus fraîche convalescence... Rien n'était fini. Le délire revint au cerveau, puis la stupeur et le calme léthargique ; la vie et la raison s'assoupissaient ensemble. A force de tourmenter la vie, on l'aurait éveillée peut-être, mais on n'eût pas éveillé la raison. Il valait mieux que le sommeil se fît sur tout, et il se fit. C'est ainsi que Mlle Rimblot est morte. » (Édouard Thierry.)

ANNÉE 1855.

14 Janvier. — La Comédie célèbre l'anniversaire de la naissance de Molière, un jour plus tôt que d'habitude, à cause de la première représentation de *la Czarine*, qui doit avoir lieu le lendemain lundi 15, en présence de la Cour.

Le spectacle est composé des *Femmes savantes* [1] et du *Malade imaginaire* [2]. Toute la Comédie défile devant le public, dans la burlesque cérémonie finale [3] qui est présidée par M. Got.

15 Janvier. — Première représentation de *la Czarine*, drame en cinq actes, en prose, de M. Eug. Scribe [4].

Ce drame historique n'est pas, tant s'en faut, l'un des plus mauvais de M. Scribe, au point de vue de la peinture

---

1. Ont joué les principaux rôles : Bressant (Clitandre), Samson (Vadius); Mme Aug. Brohan (Martine).

2. Ont joué les principaux rôles : Regnier (Thomas Diafoirus), Got (Purgon) ; Mme Aug. Brohan (Toinette).

3. A l'exception de Mmes Rachel, Judith, Nathalie, et de MM. Geffroy, Provost et Leroux.

4. Ont créé les rôles : Beauvallet (le czar Pierre), Geffroy (Menstchikoff), Bressant, puis peu après Delaunay (le Cte Sapieha), Monrose (l'amiral Villerbeck), Maubant (Akinski) ; Mmes Rachel (la czarine), Fix (Olga).

et de la vérité des situations et des caractères. Ce czar féroce n'est point invraisemblable; Mentschikoff est authentique; Catherine, seule, n'a peut-être pas les allures suffisamment sauvages qu'elle tenait de sa vulgaire origine. Le sujet de la pièce n'est rien ; il se raconte en quelques lignes : l'impératrice Catherine et Olga, fille de Mentschikoff, aiment, toutes deux, le comte Sapiéha, jeune et beau gentilhomme de la cour. La grande habileté de M. Scribe a consisté à rattacher à ce frêle et vieux point de départ une série d'incidents multipliés et de faits, plus ou moins historiques, qui le relèvent et le grandissent, et le font accepter plus volontiers du spectateur. L'incident principal est la jalousie furieuse et terrible du czar, qui soupçonne sa femme, à la suite de certains indices révélateurs, et qui veut, coûte que coûte, savoir la vérité. Il exige de Sapiéha un aveu, que celui-ci ne veut pas faire, et il le livre au bourreau sous les yeux de l'Impératrice elle-même, qui sait garder dans ce danger suprême un inaltérable sang-froid et dont le visage ne pâlit point lorsqu'elle voit monter son amant sur l'échafaud ; mais elle tient un poignard tout prêt, pour ne point survivre à Sapiéha, si le czar pousse jusqu'au bout sa vengeance. Pierre, suffisamment rassuré par l'impassible attitude de Catherine, fait grâce au comte, qui épouse Olga au moment même où le czar, empoisonné par Mentschikoff, meurt subitement (8 février 1625), en laissant, malgré lui, l'empire à Catherine.

« Comte, dit alors la nouvelle impératrice à celui qu'elle a aimé, nous vous nommons notre ambassadeur à Varsovie, partez avec votre femme !... » Puis elle ajoute, mais à part, — et c'est là la conclusion et pour ainsi dire la moralité de la pièce : « à lui le bonheur..... à moi l'empire ! »

Ce qui manque le plus à ce drame, c'est précisément la qualité précieuse qui faisait surtout défaut à M. Scribe, le style. Ces grands personnages historiques de la *Czarine* n'y parlent point avec la hauteur et la dignité que nous aurions voulu leur voir. Les interprètes de la pièce valent, sur ce point, mieux que leurs rôles ; M. Scribe leur doit une gratitude vraiment méritée. On ne saurait assez louer, en revanche, l'ingénieuse dextérité de l'auteur mêlant, avec un art incomparable, à un grand et sérieux sujet emprunté à l'histoire, une véritable intrigue de vaudeville, et la rendant parfaitement admissible et supportable. Le dénoûment du drame n'est pas moins habilement amené, et le personnage de Catherine est bien gradué et rempli de magnifiques élans de noblesse et de passion. Le cinquième acte, le plus dramatique et le mieux rempli de la pièce, a eu surtout un grand succès, dont Mlle Rachel a pu, d'ailleurs, réclamer la meilleure part.

Ce fut sa dernière création à la Comédie-Française, et peut-être, aussi, celle où, dans le répertoire moderne, elle donna le mieux — et dans toute sa souplesse et sa variété — la mesure de son immense talent. Les débuts de son rôle étaient doux et charmants ; ce n'est point tout d'abord que sa jalousie éclate ; elle est heureuse, en effet, et toute à l'amour de ce beau jeune homme dont elle se croit aimée. Puis la passion se montre soudain : elle a une rivale!... Mais d'autres préoccupations la sollicitent bientôt : il faut qu'elle sauve de la vengeance de son terrible époux celui qu'elle aime et elle-même aussi ; car elle veut mourir si son amant est sacrifié. La grande scène de l'échafaud, au cinquième acte, fut pour Mlle Rachel l'objet d'un triomphe véritable : elle sut se composer une physionomie étonnante de mobilité, et son visage, qui ne devait rien révéler au czar, montra cependant successivement les diverses phases d'appréhension, de terreur et de résolution implacable et hautaine qui remplissaient tout son être [1].

Elle eut aussi un très-grand succès d'élégance et de beauté dans ses divers costumes ; elle était surtout très-heureusement coiffée, et portait avec une majesté vraiment souveraine la grande tenue officielle de l'impératrice de toutes les Russies [2]. Et cependant elle approchait de ses derniers jours de représentations, et le théâtre allait à jamais la perdre ! Elle était fort malade lorsqu'elle joua *la Czarine*, qui succédait de si près à *Rosemonde*, et bien que le nouveau drame donnât les recettes les plus élevées, et qu'elle y pût trouver les meilleures satisfactions d'amour-propre en présence d'un si beau succès, lequel lui était surtout personnel, elle abandonna son rôle à la 18e représentation, le 27 février suivant [3], devant une salle remplie jusqu'aux combles d'un public enthousiaste qui, par la chaleur et la vivacité de ses applaudissements, semblait,

---

1. « Dans cette étrange scène, plus voisine du mélodrame que de la tragédie, Mlle Rachel était terrible et touchante à la fois. On frémissait ! on avait peur ! » (JULES JANIN.)

2. « Le succès fut grand le premier jour : la ville entière, attentive, émerveillée, éprouva le plus vif plaisir à ces complications infinies ; ce fut une louange unanime, ou peu s'en faut, de la grâce et de la beauté, de l'élégance des habits de Mlle Rachel. Singulière aventure ! Elle était devenue un entretien dans la ville pour la coupe et pour la richesse de ses vêtements. Les dames la citaient comme une mode ; elles s'inquiétaient de son négligé au premier acte, de sa robe de bal au second acte, de son manteau de cour à l'acte suivant. Ses broderies, ses diamants, ses couronnes devenaient autant de motifs pour que la foule arrivât à son théâtre. » (JULES JANIN.)

3. La recette de cette dernière représentation fut de 5,093 fr. 20 c. Mlle Rachel n'avait interrompu que deux fois ses représentations de *la Czarine*, le 28 janvier pour jouer *Andromaque* à l'occasion de la Saint-Charlemagne, et le 22 février pour représenter *Adrienne Lecouvreur* devant l'Empereur et l'Impératrice.

en quelque sorte, lui reprocher cette désertion prématurée.

28 Janvier. — Représentation extraordinaire à l'occasion de la Saint-Charlemagne, spectacle classique dont Racine fait les frais : *Andromaque* avec Mlle Rachel, dans son magnifique rôle d'Hermione [1], et *les Plaideurs* avec une distribution exceptionnelle [2].

Mlle Rachel produit son effet accoutumé ; elle est plusieurs fois acclamée et rappelée. C'est une débutante, Mlle Clotilde-Meunier Fleury, qui joue à ses côtés le larmoyant personnage d'Andromaque. Jeune encore, mais douée malheureusement d'une précoce ampleur physique, Mlle Meunier-Fleury a dû se résigner à remplir, avant l'âge, les rôles marqués du répertoire. Elle est convenable et suffisante, et porte même, avec une certaine dignité, le sombre costume de la veuve d'Hector.

Quelques jours après, le 23 février, Mlle Meunier-Fleury aborde, encore avec un demi-succès, le rôle de la reine, dans *les Enfants d'Édouard*, qui était le triomphe de la regrettée Mlle Rimblot. Ces deux tentatives n'ont point, d'ailleurs, donné de résultats concluants, et la jeune débutante n'a fait, en quelque sorte, que se montrer à la Comédie-Française.

1er Mars. — Mlle Rachel, abandonnant en plein succès le drame de *la Czarine*, commence la série de ses dernières représentations. Elle se prépare déjà à jouir de ce long congé, que le Théâtre-Français lui a accordé malgré lui — congé qui devait être, hélas! éternel, — et dont elle exploitera la durée en donnant des représentations dans

---

[1]. C'est Maubant qui jouait Oreste.
[2]. MM. Samson (l'Intimé), Provost (Dandin), Leroux (Léandre), Got (Petit-Jean), Anselme (Chicaneau) ; Mmes Thénard (la comtesse), Savary (Isabelle).

les principales villes de l'Amérique. Elle veut reparaître, une dernière fois, dans ses meilleurs rôles du répertoire classique, dans ceux qui ont servi à ses débuts et si rapidement établi sa glorieuse fortune ; elle se montrera encore dans tous ces personnages qu'elle a si fortement marqués de sa grandiose et ineffaçable empreinte, devant ces foules enthousiastes qui vont de nouveau accourir et presque aussi nombreuses qu'aux jours de ses premiers triomphes [1].

Le 1er mars, elle joue *Cinna* devant 5,359 francs de recette ; le 3, *Polyeucte* fait 5,509 francs ; le 5, *Mithridate*, 5,118 francs ; le 7, *Horace*, 5,588 francs ; le 11, une seconde représentation de *Mithridate* et le *Moineau de Lesbie* produisent 5,721 francs ; le 17, nouvelle représentation de *Polyeucte* avec *le Moineau de Lesbie*, 5,546 fr. ; enfin le 23, pour sa dernière représentation, *Phèdre* avec 5,803 francs. Le 6 juin suivant, elle reparaît cependant, une fois encore, pour prêter son concours à la représentation extraordinaire donnée, par ordre, en l'honneur du roi de Portugal et de son frère, le duc d'Oporto, que l'Empereur et l'Impératrice accompagnent dans la loge impériale. C'est précisément le jour anniversaire de la naissance de Corneille, et la Comédie donne *Horace* et *le Menteur*. Les augustes personnages applaudissent Mlle Rachel qui déclame avec une verve et un feu extraordinaires les fameuses imprécations de Camille. La soirée est complétée par un *Hommage à Corneille*, en vers, de M. Philoxène Boyer, lu par M. Beauvallet.

---

1. Moins nombreuses cependant !... même en prenant pour point de comparaison les premières représentations de Rachel à la Comédie-Française : le 12 septembre 1838, sa 25e représentation donne 5,529 fr. de recette ; le 19, sa 27e, 6,131 fr ; le 30, sa 30e, 6,296 fr. ; le 1er novembre, sa 31e, 6,300 fr. ; le 6 novembre, sa 32e, 6,176 fr ; le 10 novembre, sa 33e, 6 124 fr. ; le 13 novembre, sa 34e, 6,434 fr. etc...

Cette représentation de Mlle Rachel, la dernière qu'elle croyait donner à la Comédie-Française avant son départ, fut cependant suivie, à un mois de distance, et grâce à un événement imprévu, de huit nouvelles représentations qui attirèrent une grande affluence. On était alors au début de l'Exposition universelle ; l'Europe entière était accourue à Paris, et le nom de Mlle Rachel, sur l'affiche d'un théâtre, devait être un objet d'attraction de premier ordre pour les nombreux étrangers qui envahissaient tous les jours les lieux de distractions et de plaisirs dont la grande ville, devenue en quelque sorte comme un immense caravansérail, offrait alors tant de spécimens divers.

Une troupe de comédiens italiens donnait à la salle Ventadour, depuis l'ouverture de l'Exposition, des représentations fort suivies. Le principal sujet de cette troupe, Mme Adélaïde Ristori [1], venait d'obtenir dans l'interprétation de tragédies d'Alfieri et de Schiller : *Myrrha*, *Francesca da Rimini* et surtout *Maria Stuarda*, un succès colossal, qui tenait véritablement du fanatisme et du délire, et qui fut — on a pu le dire non sans raison — le triomphe le plus grand et le plus incontesté de l'Exposition. Il faut lire les journaux de l'époque, pour se bien rendre compte de l'engouement dont la tragédienne étrangère devint, en quelques jours, l'objet [2]. Lamartine lui-même sortit du

---

1. Née en 1821, à Cividale (Italie), et fille de comédiens qui lui firent aborder la scène dès ses premiers années. Elle épousa en 1847 le marquis Capranica del Grillo. Elle a joué, en français, à l'Odéon puis au Vaudeville, *Béatrix ou la Madone de l'art*, comédie-drame de M. Ernest Legouvé.

2. « Jamais comédienne étrangère n'avait reçu pareille ovation sur nos théâtres. Le nom de la Ristori fut dans toutes les bouches, ses portraits se vendirent à profusion, M. de Lamartine lui adressa des vers et le gouvernement lui fit les offres les plus brillantes pour l'attacher à la Comédie-Française. Elle voulut, alors, rester Italienne. » (Gust. Vapereau.)

silence poétique auquel il semblait s'être condamné, et il adressa une ode à la Ristori, que la foule acclamait tous les deux soirs, remplissant, jusqu'aux combles, la salle Ventadour toujours retenue plusieurs jours à l'avance. Alexandre Dumas père, qui avait alors à lui un journal tout personnel, *le Mousquetaire*, prit, avec une ardeur et un enthousiasme tout juvéniles, le parti de l'actrice italienne, et il établit, entre elle et Mlle Rachel, un parallèle étrange où il s'efforçait de démontrer la grande supériorité de la tragédienne étrangère sur la tragédienne française. Il alla jusqu'à demander — et cela à plusieurs reprises et dans des articles vraiment incroyables, qu'il ne craignait pas de signer de son nom — que l'Opéra offrît au public de l'Exposition le spectacle extraordinaire, — il l'eût été, en effet, — d'une double représentation, dans la même soirée, de la tragédie de *Marie Stuart,* l'une en français, celle de Lebrun, avec Mlle Rachel pour interprète, l'autre en italien, celle de Maffei, avec Mme Ristori dans le rôle de la Reine d'Écosse où elle faisait alors fureur. Le public aurait eu, ainsi, l'occasion de se prononcer sur la valeur artistique des deux rivales. Tous les journaux rapprochaient d'ailleurs, dans leurs articles, le talent des deux tragédiennes — en vérité si dissemblables[1] — et leurs con-

---

1. « Le talent de Mme Ristori est puissant et varié, mais sans analogie avec celui de Mlle Rachel à laquelle on s'est tant plu à l'opposer. L'actrice italienne a autant de vivacité et d'expansion que la tragédienne française avait de concentration et de profondeur. Au début de ses succès, elle avait particulièrement cette sensibilité sympathique que les Italiens appellent *affetto*. Douée surtout d'une remarquable souplesse, elle se plaisait à passer, dans la même soirée, du drame à la comédie, de la haute tragédie au vaudeville. » (GUST. VAPEREAU.)

Voici comment, vingt ans plus tard, l'un des maîtres du théâtre contemporain, M. Victorien Sardou, appréciait Mme Ristori :

« J'ai été, il y a quelque quinze ans, l'un des plus grands admirateurs

clusions n'étaient pas toujours favorables à Mlle Rachel. La toute récente idole était préférée à l'idole sacrée des anciens jours, et la prêtresse illustre des saints autels où l'on adorait Corneille et Racine semblait à jamais précipitée de son glorieux trépied. Ce peuple de France, qui avait dû subir tant de fois ses fugues et ses caprices, paraissait s'en souvenir pour se venger, par ses dédains, de la facilité et du sans gêne dont Rachel avait sans cesse usé avec son public, qu'elle avait cependant eu l'art de ramener ensuite toujours à elle.

C'était donc comme une sorte de défi qui lui était jeté à la face. Elle fut, toutefois, quelque temps sans paraître s'en émouvoir; mais on sut bientôt que, secrètement et bien cachée dans une loge retirée de la salle Ventadour, elle était allée voir sa rivale. Elle avait pu compter les bravos, les rappels sans fin, les fleurs qui jonchaient la scène, pendant la triomphale soirée à laquelle elle avait assisté. Elle fut soudain comme piquée au cœur, et elle résolut d'essayer, une dernière fois — et ce fut bien en effet la dernière ! — si elle avait réellement, autant qu'on se plaisait à le dire, perdu tout son pouvoir. Elle voulut reparaître, non pas dans un étrange tournoi comme celui

---

de Mme Ristori. Je l'ai vue dans tous ses rôles, et je ne manquais pas une de ses représentations. Je puis dire que je lui dois beaucoup, et que, depuis, j'ai mis bien souvent au théâtre des jeux de scène et de physionomie qui étaient le souvenir de ce que je lui avais vu faire. J'ai bien des fois stylé des actrices sur cet admirable modèle, entre autres Fargueil, qui est toute pleine d'emprunts faits à la Ristori et qui lui doit sans s'en douter une bonne part du succès qu'elle a en ce moment (à l'Ambigu dans le drame de E. Blum, *Rose Michel*). Toute la scène de la dénonciation dans *Patrie* était du ristorisme tout pur. Pour ma part, je n'ai jamais rien vu de beau au théâtre comme le jeu de cette merveilleuse femme, et les soirées de *Pia*, de *Medea*, de *Judith* et de *Marie Stuart*, sont restées les plus belles de toute ma vie dramatique. » (Extrait d'une lettre, à un ami, publiée dans le journal *le Gaulois* du 3 mars 1875.)

que Dumas père avait rêvé pour elle, mais dans quelques représentations vraiment solennelles — et trop hâtives, hélas ! car l'heure de son départ approchait — sur la scène où elle avait tant de fois triomphé, et où elle retrouva, en effet, tout son prestige et toute sa vogue des meilleurs jours. Elle donna alors huit représentations, du 6 au 23 juillet, et la foule accourut. Jamais Rachel n'avait mieux joué, jamais elle n'avait été mieux inspirée ; elle interpréta avec une verve toute fiévreuse — elle était à la fois souffrante et vivement impressionnée — et avec un succès toujours croissant, surtout à partir de la deuxième représentation, le 6 juillet *Phèdre*, le 10 *Andromaque*, le 12 *Horace*, le 14 *Polyeucte*, le 16 *Mithridate*, le 20 *Phèdre* encore [1], le 21 *Marie Stuart*, le 23, enfin, pour sa dernière représentation sur la scène de la Comédie-Française, *Andromaque* et *le Moineau de Lesbie*.

C'est dans ce personnage d'Hermione, qu'elle avait su rendre à la fois si séduisant et si terrible, qu'elle faisait ses adieux suprêmes au public dont elle avait été si longtemps l'idole, en même temps qu'au théâtre qui avait vu l'aurore de sa gloire, et loin duquel, moins de trois ans plus tard, elle devait mourir sans y être reparue jamais. Ce rôle d'Hermione, elle en avait fait le plus beau et le plus parfait de son répertoire. C'est le troisième qu'elle avait joué, lors de ses débuts, le 9 juillet 1838, devant 373 francs de recette; deux mois après, les recettes ordinaires d'*Andromaque* dépassaient 6,000 francs ; la petite Rachel, qui avait paru, pour la première fois, si obscurément, le 12 juin précédent, sur la scène du Théâtre-Français était devenue

---

[1]. Dans une représentation au bénéfice de Mme Thénard, dont il est parlé plus loin.

déjà la grande préoccupation de Paris, et elle allait bientôt remplir le monde entier du bruit de son nom. Cette tragédie d'*Andromaque* est d'ailleurs celle qu'elle joua le plus souvent, et avec le plus de succès, à Paris [1]; il était juste que ce fût, dans ce rôle, où elle était vraiment supérieure, qu'elle se montrât, pour la dernière fois, sur la scène française.

Cette soirée fut cependant suivie d'une autre encore ; le lendemain, 24 juillet, Mlle Rachel joua le *Moineau de Lesbie* au Théâtre-Lyrique, dans une représentation à bénéfice. Puis ce fut irrévocablement fini! Quelques jours après, la grande tragédienne partait pour l'Amérique, emportant avec elle « dans les plis de sa tunique » la tragédie elle-même que personne n'a jamais relevée, et ne relèvera jamais sans doute, après elle, à un tel degré d'éclat et d'honneur ; emportant aussi, dans son cœur, déjà frappé à mort, de tristes et douloureuses appréhensions, et pour ainsi dire, par avance, comme le remords même de son départ.

6 Mars. — Première représentation de l'*Essai du mariage*, comédie en un acte, en prose, de M. Méry.

Le point de départ de ce spirituel petit acte est ingénieux et piquant. M. de Lucy, et Mme de Lavinia, jeune veuve, s'adorent ; pourquoi ne s'épouseraient-ils pas ? L'obstacle vient de ce que Mme Lavinia a juré — c'est-à-dire s'est juré à elle-même — qu'elle ne se remarierait pas. Après bien des refus elle consent, cependant, à tenter « l'essai » d'un nouveau mariage. Elle veut vivre d'abord, avec son futur, pour le bien connaître, le bien éprouver ; vivre, avec lui, de la vie complète de deux époux — s'ar-

---

[1]. Elle le joua 95 fois à la Comédie-Française. (Voir les appendices.)

rêtant toutefois à la porte de la chambre à coucher — pour s'assurer si vraiment le bonheur doit être pour elle dans l'union projetée. Ils joueront donc, pour un certain temps, ce rôle de mariés, sans l'être, et ainsi ils verront si leurs goûts et leurs caractères peuvent définitivement concorder pour leur satisfaction commune.

Cette situation, assez nouvelle dans l'espèce, donne lieu à divers incidents fort gais, et entre autres, à une scène de jalousie vivement menée, qui est du meilleur comique : le tout finit par un mariage, réel cette fois, et qui met à néant tous les beaux serments de la jolie veuve.

MM. Maillart (Rodolphe de Lucy), Monrose (Vincent), Mmes Denain (Lavinia) et Valérie (Clotilde), ont véritablement enlevé ce joli lever de rideau, que Méry a écrit de sa plume la plus alerte et la plus brillante [1].

10 Mars. — Première représentation de *les Jeunes Gens*, comédie en trois actes, en prose, de M. Léon Laya.

La comédie de M. Laya — la première qu'il donna à la Comédie-Française [2] — est une brillante et agréable imi-

---

1. « Tout cela est vif et gai, sans conséquence et sans prétention. L'esprit est franc et net; la pièce ne se discute pas; mais pourquoi la discuter ? On l'écoute, elle amuse. Méry, le charmant conteur, n'a jamais été si près du mouvement et du dialogue serré et du bon air de la véritable comédie. » (ÉDOUARD THIERRY.)

2. Né en 1809, M. Léon Laya est mort le 5 septembre 1872. Je lis ce qui suit dans une biographie publiée en 1873 : « Léon Laya venait de faire recevoir au Gymnase une comédie, lorsque des chagrins domestiques le déterminèrent à sortir volontairement de la vie. Il se donna la mort en se pendant dans sa chambre. Ses œuvres, dont plusieurs ont eu de beaux succès, manquent de vigueur dramatique et sont écrites d'un style sans éclat et sans relief, mais on y trouve une grande habileté dans l'agencement de l'intrigue et des scènes remarquablement conduites. » (*Grand Dictionnaire* de P. Larousse, tome X.) Sa première pièce, la *Liste de mes maîtresses*, date de 1828; le théâtre du Gymnase a représenté sans succès sa dernière œuvre, *la Gueule du Loup*, peu après la mort de son auteur.

tation des *Adelphes* de Térence, avec un sujet dont le fond est identique, mais dont l'action se passe de nos jours. C'est un cours d'éducation et de morale, plein de gaieté, de finesse et d'observation, et où la note attendrie a également sa place. L'auteur met en présence, pour l'éducation des jeunes gens, deux systèmes opposés : d'abord celui de l'indulgence que pratique, d'une manière éclairée et habile, une sorte d'oncle d'Amérique, agrémenté d'une grande fortune et qui lâche assez volontiers la bride aux passions juvéniles de son neveu, en fermant les yeux — dans la bonne mesure — sur ses escapades amoureuses et sur ses menues fredaines. C'est là le bon système, celui qui, d'après les conclusions de la pièce, doit le mieux réussir quand on l'applique à la nature droite et honnête d'un jeune homme qui sait se borner à jeter sa gourme.

Un père riche, mais sévère jusqu'à l'absurdité, représente le système contraire. Le banquier Rigaud a un fils, du même âge que son ami Max, le neveu qui personnifie l'avantage du premier système. Ce banquier donne une voiture à son fils, l'initie à la vie la plus large et la plus plantureuse du monde dans son opulent intérieur, mais il lui tient la dragée haute, pour tout ce qui regarde la question dépense, et sa bourse — quand la maigre pension mensuelle du jeune homme est épuisée — lui est irrévocablement fermée. Francisque — c'est le nom de ce fils — aime le plaisir, le jeu et les femmes, et il demande aux usuriers le moyen de satisfaire aux exigences de ses diverses passions : « En fin de compte, c'est papa qui payera, s'écrie-t-il fort comiquement, et cela lui coûtera, pour le moins, le double de ce qu'il m'aurait donné, s'il avait voulu m'en croire !... »

C'est, en effet, le père Rigaud qui paye, au dénoûment, le prix des folies de son fils, regrettant alors — un peu à part lui — le système d'éducation qu'il a employé et qui lui a si mal réussi en lui coûtant si cher, et trouvant aussi que celui dont son ami a usé, à l'égard de son neveu, valait décidément mieux que le sien puisqu'il accorde, à ce même neveu, la main de sa fille qu'il lui avait d'abord dédaigneusement refusée.

Je ne saurais assez insister sur les précieuses qualités de style, de gaieté, de bonne humeur qui distinguent la pièce de M. Laya ; les deux familles dans l'intérieur desquelles il nous introduit sont, en somme, et malgré quelques points secondaires, honnêtes et sympathiques, et les caractères des deux jeunes gens, qui ont tant de point de ressemblance, tout en se ressemblant si peu, sont supérieurement tracés. Ils ont du cœur, de l'entrain, de l'esprit et surtout de la jeunesse, un mot qui, en général, exprime et résume tous les sentiments les plus heureux — ou les plus mauvais — de notre humanité.

Le Théâtre-Français semblait compter sur le succès de cette charmante comédie : il en avait confié l'interprétation à ses meilleurs artistes, qui se sont d'ailleurs surpassés[1]. Les deux jeunes gens étaient représentés par Delaunay (Max) et Got (Francisque) ; Anselme jouait le banquier Rigaud ; l'oncle indulgent était personnifié sous les traits, pleins d'une bonhomie si fine et si naturelle, de

---

1. M. Laya a constaté ainsi, lui-même, dans la préface de sa pièce imprimée, la part qui revenait aux artistes, dans le succès qui l'avait accueillie :

« Je dois trop aux artistes qui ont bien voulu prêter, à cet ouvrage, le concours de leur talent, et leur part, dans le succès, est trop considérable, pour que la première page de cette brochure ne leur porte pas l'expression de ma reconnaissance. Le public, et après lui la presse l'ont unanimement signalé : rarement un ensemble plus remarquable s'était manifesté, même sur notre première scène, et cette fois, dans des conditions d'autant moins faciles, il faut le dire, que l'œuvre était d'un mouvement général plus rapide, qu'elle cachait, sous le rire, une pensée sérieuse, et procédait, par allure libre et vive, sur un terrain brûlant. »

l'excellent Provost ; Mlle Dubois prêtait sa grâce et sa gentillesse à la jeune sœur de Francisque. Les rôles secondaires étaient tenus par Saint-Germain (Mathieu) et Mme Lambquin (Mme Durmont).

28 Mars. — Représentation extraordinaire donnée à la salle Ventadour, par les artistes de la Comédie-Française, au bénéfice de Mlle Dupont, sociétaire retirée.

Mlle Caroline Dupont a été, en son temps, l'une des meilleures soubrettes de la Comédie-Française. Elle y avait débuté le 15 mai 1810, à l'âge de seize ans; rapidement sociétaire, elle brilla au premier rang, après le départ de Mlle Devienne, dans les rôles de son emploi, jusqu'au 1er avril 1840. Sa représentation de retraite, donnée dans ce même mois, fut un événement. Mlle Dupont était très-aimée du public, et il y eut foule, pour sa dernière soirée, qui se composa de *Polyeucte* avec Ligier (Sévère), Beauvallet (Polyeucte), Mlle Rachel (Pauline), et de *Tartufe* exceptionnellement distribué. Ligier jouait, pour la première fois, le rôle de Tartufe; Mlle Mars faisait Elmire, Firmin, Damis, et Samson, Cléante ; enfin la bénéficiaire jouait Dorine. La recette s'éleva à 12,268 francs, chiffre très-fort pour l'époque, et Mlle Dupont quitta la Comédie avec une pension de retraite de 7,500 francs [1].

Mlle Dupont retourna alors dans son village de Morsang (Seine-et-Oise), mais elle n'oublia jamais son cher théâtre

---

1. « De gaieté de cœur la Comédie crut devoir se séparer de Mlle Dupont admise à la retraite, à partir du mois d'avril 1840 : nous disons « de gaieté de cœur » parce que Mlle Dupont était la seule soubrette en état de tenir le répertoire et qu'elle pouvait rendre encore des services importants. Les sociétaires firent remonter jusqu'au ministre la responsabilité d'une décision qui privait le théâtre d'un de ses plus fermes appuis, et l'économie de 10,000 fr., résultant de la mesure, ne fit pas remplacer Mlle Dupont. » (Eug. Laugier, *La Comédie-Française depuis 1830*, page 151).

ni son fidèle public, et on la vit reparaître, de temps à autre, dans des représentations extraordinaires, à la Comédie-Française ou à l'Odéon. Cette représentation du 28 mars 1855 fut bien définitivement sa dernière : elle joua, à la salle Ventadour, avec le concours des artistes de la Comédie-Française, *Tartufe*[1] et *l'École des Bourgeois*. Elle avait alors soixante et un ans et on retrouva cependant, encore, dans cette Dorine, peut-être un peu mûre, mais au regard toujours vif et à la repartie toujours prompte, les meilleurs restes de la piquante soubrette, qui avait été si longtemps la gaieté et l'honneur du vieux répertoire.

L'École des Bourgeois [2] ne se reprend que de loin en loin ; c'est une comédie de mœurs un peu froide et qui excelle surtout par la peinture des caractères. Jouée pour la première fois, le 20 septembre 1728, elle n'eut que sept représentations dans la nouveauté : Duchemin, père et fils, Quinault, Legrand, Montmesnil, Mmes Dubreuil, Legrand et Labat créèrent les rôles ; reprise le 3 septembre 1770 et jouée par Bellecourt, Dauberval, Monvel, Mmes Bellecourt et Doligny, *l'École des Bourgeois* ne put encore se soutenir bien longtemps. La reprise du 27 mars 1787 fut plus heureuse, et, depuis, la comédie de Dalainval a eu de meilleures destinées : les premiers acteurs du Théâtre-Français ont tenu à l'honneur de se montrer dans le brillant personnage de Moncade et notamment Fleury, Armand, Firmin, et, tout à fait de nos jours, Leroux et Bressant. C'est ce dernier qui joue le rôle aux côtés de Mlle Dupont, interprétant le type popularisé de

---

1. Ont joué les autres principaux rôles de *Tartufe* : MM. Provost (Orgon), Geffroy (Tartufe); Mmes Madel. Brohan (Elmire), Thénard (Mme Pernelle.)

2. *L'École des Bourgeois*, comédie en trois actes, en prose, avec prologue de Dalainval.

Mme Abraham, qui lui est plus favorable, en raison de ses moyens actuels, que celui de Dorine qui exige plus de jeunesse. Bressant est fort distingué dans Moncade : il joue le rôle avec beaucoup d'élégance et de légèreté, et il est vivement applaudi.

Mlle Dupont a survécu neuf ans à cette dernière représentation, qui fut sa soirée d'adieux au théâtre ; elle est morte le 27 octobre 1864, à soixante-dix ans.

1er Avril. — Mlle Émilie Dubois est admise aux honneurs et bénéfices du sociétariat.

19 Avril. — Première représentation de *Péril en la demeure*, comédie en deux actes, en prose, de M. Octave Feuillet.

Cette sorte de proverbe dialogué de M. Feuillet rappelle un peu sa jolie comédie de *la Crise*, jouée au théâtre du Gymnase, et qui n'était point d'abord destinée au théâtre. *Péril en la demeure*, au contraire, a été spécialement écrit en vue de la scène, et le peu de mouvement et d'intrigue de la pièce pourrait également donner à croire qu'elle a d'abord passé par *la Revue des Deux-Mondes* où *la Crise* avait précédemment vu le jour [1].

La baronne de Vitré a un grand fils, qui est tombé amoureux de la jeune femme de l'un des meilleurs amis de sa mère. Celle-ci cherche par tous les moyens — même les plus étranges — à protéger son fils contre sa passion coupable, en même temps qu'elle veut sauver l'honneur conjugal de son ami. Le rôle de cette baronne est toute la pièce : c'est une femme vive, spirituelle, qui appartient au

---

[1]. Ce proverbe, en deux actes, en prose, avait d'abord paru dans *la Revue des Deux-Mondes* (15 octobre 1848). Il a été publié, ensuite, dans le recueil des *Scènes et proverbes* (in-18, Michel Lévy), et enfin représenté au théâtre du Gymnase le 8 mars 1854, avec Mme Rose Chéri dans le rôle principal.

meilleur monde, et qui parle aussi dans les meilleurs termes — un peu beaucoup peut-être — de tout et sur tout. Elle moralise son fils, met en garde son ami contre les suites que peut avoir pour lui le trop fréquent abandon dans lequel il laisse sa femme, et démontre enfin à cette dernière — au moment même où peut-être elle va succomber, et dans le plus brillant et le plus ému de ses discours — « qu'elle aura grande raison de marcher droit dans la vie, parce qu'elle n'est guère faite pour les aventures de chemin de traverse. »

Je le répète, cette comédie n'a qu'un rôle autour duquel s'agitent, et comme placés là simplement pour la réplique, quatre autres personnages qui n'ont vraiment que fort peu de chose à dire. Cette éloquente baronne leur tient tête à tous, et comme elle parle fort bien, il ne faudrait pas jurer qu'elle ne s'écoute un peu trop parler; le quatuor qui l'entoure lui fait d'ailleurs beau jeu et ne semble l'interrompre — le plus rarement du monde — qu'avec un respect tout particulier.

L'esprit de M. Feuillet, bien que parfois trop cherché et quintessencié [1], a cependant fait réussir ce semblant de pièce. Le spectateur, tout au plaisir des spirituelles et amusantes tirades du rôle de Mme de Vitré, si bien débitées par Mme Allan, n'a pas voulu s'apercevoir qu'elles ne recou-

---

1. « La pièce contient peu de faits : ce qui en fait le charme, c'est le style coquet, travaillé; ce sont des conversations pareilles à des parties de volant, où chaque interlocuteur relève le mot et le renvoie plus bondissant; ce sont des finesses de langage et de sentiment, de mignons paradoxes, un esprit peut-être un peu menu et trop détaillé pour la scène. A force de faire jaser le proverbe près du métier à tapisserie, le jeune auteur a pris le diapason des causeries à demi-voix; il faut parler au théâtre plus haut qu'au salon, si l'on veut être entendu de la foule. »

TH. GAUTIER.

vraient absolument aucune apparence de comédie [1], et c'est bien le cas de diré que le public, pour le grand bonheur de M. Feuillet, a été charmé en même temps que désarmé.

La Comédie-Française avait donné ses meilleurs artistes à M. Feuillet pour son nouvel ouvrage [2], dont MM. Re-

---

1. « C'est de l'art entre deux paravents. »
Paul Foucher.

2. Le journal *le Théâtre*, rendant compte de *Péril en la demeure*, déclare à tort que cette comédie est la première que M. Feuillet ait donnée au Théâtre-Français : en effet M. Feuillet y avait déjà fait représenter un premier ouvrage depuis oublié, *la Vieillesse de Richelieu*, comédie en cinq actes (2 novembre 1848). Nous retrouvons d'ailleurs une lettre de M. Feuillet, adressée, antérieurement à 1860, à quelque faiseur de biographies, et qui résume sa vie littéraire jusqu'à cette époque. Cette lettre doit trouver ici sa place :

« Mon père, qui était un esprit très-élevé, très-libéral et un cœur d'or, ne contraria mes goûts littéraires que dans la mesure d'une prudence légitime et toujours sous la forme la plus affectueuse. Dès qu'il put croire que je trouverais dans la satisfaction de mes goûts une carrière honorable, il se fit mon confident et mon conseiller littéraire avec un mélange de tendresse et de sévérité dont je ne puis me souvenir sans une émotion profonde. Je l'adorais. Sa perte et celle de mon fils, survenues peu de temps après, m'ont fait, au milieu d'une vie généralement heureuse, un fond de tristesse qui, je crois, durera autant que moi.

« Au collége, j'avais fondé un journal où j'écrivais des romans. Comme nous tous, j'ai noirci bien des pages obscures, et qui méritaient parfaitement de l'être, avant d'arriver au public.

« Ma première pièce fut *le Bourgeois de Rome*, petite comédie légèrement sifflée à l'Odéon, vers 1846. La seconde fut *Echec et Mat*, en collaboration avec Paul Bocage, et qui réussit sur le même théâtre.

« Mon premier roman, *Onesta*, parut dans la *Revue nouvelle*, dirigée par Eugène Forcade. L'année suivante, je commençai à écrire dans la *Revue des Deux-Mondes*, où je publiai successivement *Alix, le Pour et le Contre, la Crise, Bellah, Dalila, Rédemption, le Village, le Roman d'un jeune homme pauvre*, etc., etc. *La Crise* fut le premier de mes proverbes qui fut mis au théâtre.

« On a joué de moi au Théâtre-Français : *la Vieillesse de Richelieu, Péril en la demeure* et *le Village*; au Vaudeville : *Dalila, la Fée, le Roman d'un jeune homme pauvre, la Tentation* et *Rédemption*; au Gymnase :

gnier (de la Roseraie), Provost (de Favières), Delaunay (Albert), Mmes Allan (baronne de Vitré), Fix (Caroline) et Mlle Valérie (Annette) interprétèrent les rôles[1]. Le

---

la Crise, le Pour et le Contre et *le Cheveu blanc*. (Octave Feuillet oublie de mentionner une comédie jouée au palais de Compiègne, et un spirituel vaudeville, *York*, représenté sur le théâtre du Palais-Royal, en société avec Paul Bocage.)

« J'ai été décoré en 1854, sur la proposition de M. Hippolyte Fortoul, ministre de l'instruction publique.

« Mon cher ami, je trouve si excessif ce que je fais en ce moment, quoique je le fasse sur votre affectueuse requête, que je vous demande la permission de m'en tenir là.

« A vous de cœur,
OCTAVE FEUILLET. »

Je n'ai point à citer ici les ouvrages que M. Feuillet a publiés ou fait représenter depuis qu'il a écrit cette lettre. Nous retrouverons, à leur date, dans le cours de cette histoire, ceux qu'il a encore donnés à la Comédie-Française. — M. Feuillet a été admis à l'Institut (Académie française) le 3 avril 1862, en remplacement de Scribe, et promu officier de la Légion d'honneur en 1863.

1. *Péril en la demeure* a été l'objet de reprises que nous signalerons à leur date. Celle qui a eu lieu, en 1874, avec Mme Arnould-Plessy dans le personnage de Mme de Vitré, a donné lieu à bon nombre d'articles où la comédie de M. Feuillet a été, en général, jugée à nouveau et comme une pièce qui n'aurait pas eu déjà vingt années d'existence. Les critiques actuels se sont montrés plus sévères que ceux de l'époque. Voici entre autres quelques passages extraits d'un feuilleton extra-sévère de M. Jouvin dans *la Presse* (12 janvier 1874) :

« Ce qui m'a frappé dans *Péril en la demeure* avant ses qualités, ce sont ses défauts. Le premier acte, d'un développement démesuré, se compose de trois sermons, ajoutés bout à bout et débités par la comtesse ou la baronne de Vitré. Cette veuve, qui joue de l'éventail comme Célimène, qui fait de la morale comme Elmire, c'est le « sage » de la comédie ; elle en est aussi le « Théramène, » moins les beaux vers de Racine. . . . .
. . . .

« Cette comédie de M. Octave Feuillet est de celles qui sont faites avant tout pour être lues. L'optique de la scène, dans un vaisseau aussi vaste que la Comédie-Française, en dérobe les meilleures qualités de finesse et de délicatesse. L'effort littéraire chez M. Octave Feuillet (chose louable en soi) est trop souvent un labeur dont le public se fatigue après le poëte. L'action le cède au dialogue dans *Péril en la demeure*, ce qui est un mal

23 avril, l'Empereur et l'Impératrice assistèrent à la 3e représentation.

22 Avril. — Début de Mme Crosnier dans le rôle de Mme Pernelle de *Tartufe*. La représentation — en dehors de la débutante qui n'a pu fournir longue carrière sur notre première scène [1] — est des plus intéressantes comme distribution et interprétation des personnages de Molière :

  Tartufe. MM. Geffroy.
  Valère. — Maillart.
  Cléante. — Maubant.
  Elmire. Mmes Madel. Brohan.
  Marianne. — Favart.

20 Mai. — Débuts de Mlle Jouvante dans le personnage d'Aménaïde de *Tancrède* [2]. La nouvelle venue a des qualités de tenue et de diction qui l'ont maintenue très-utilement, pendant plusieurs années, — au second plan il est vrai, — dans le répertoire tragique [3].

7 Juin. — Première représentation de *Par droit de Con-*

---

déjà et un manque d'aptitude dramatique; mais — ce qui est un mal plus grave — l'esprit se raidit et se travaille pour atteindre à la légèreté ou à la profondeur. Qu'un auteur ciselle son style, rien de mieux; mais, autant que possible, le spectateur ne doit pas entendre la lime grincer. Il y a dans la pièce plus d'une pensée qui semble accuser la veille prolongée d'un écrivain : on est tenté de dire le mot de Mme de Vitré à son vieil ami Favières : *Allez vous coucher!* Mais le défaut irrémissible de cette comédie, malgré de jolis détails, c'est l'ennui qu'on emporte avec soi, le rideau baissé. Je passe bien des choses à un auteur. Il peut choquer mon goût ou mon sentiment, rompre en visière à mes idées et à ma manière de voir sur bien des points; mais s'il m'ennuie, il devient inexcusable. »

1. Mme Crosnier est entrée depuis au théâtre de l'Odéon pour remplir également les rôles de duègne.
2. Beauvallet jouait le rôle de Tancrède et Maubant celui d'Orbassan.
3. Mlle Jouvante avait déjà fait une première tentative de début à la Comédie-Française — mais alors sans aucun succès, le 11 juillet 1850, dans *Andromaque* (Hermione).

quête, comédie en trois actes, en prose, de M. Ernest Legouvé.

Dans sa nouvelle comédie, M. Legouvé a pris au sérieux et développé à sa manière la question des alliances entre nobles et vilains que, jusqu'alors, le théâtre n'avait abordée que par ses côtés comiques, en cherchant seulement à en montrer les inconvénients et les ridicules. Molière, le premier, dans *Georges Dandin,* et, de nos jours, M. Sandeau dans son roman *Sacs et Parchemins,* qui a fourni, en partie, le sujet de la jolie comédie *le Gendre de M. Poirier,* avaient pris, pour point de départ, cette même thèse, qui donnera longtemps encore lieu à discussion, mais qui tend, cependant, à perdre chaque jour de sa gravité et de son intérêt.

M. Georges Bernard, ingénieur des plus distingués, mais dont la mère est une simple fermière, veut épouser Mlle Alice de Rochegune, qui est apparentée aux plus nobles et aux plus vieilles familles de sa province, familles pour lesquelles 89 n'a jamais existé, qui redoutent une mésalliance à l'égal de la peste et ne font pas un mouvement ni ne prononcent une parole sans exhiber leur blason et sans crier haro ! sur la roture. Voilà dans quel monde, implacable pour qui ne lui appartient pas, M. Georges Bernard a la prétention d'entrer, et cela par la grande porte qu'il veut forcer au moyen de son unique valeur et de ses seuls mérites.

La diplomatie, la prudence et l'habileté ne nuisent pas non plus, dans les entreprises de ce genre, et c'est, en effet, par leurs secours bien employés, que Georges doit surtout réussir. Il prend d'abord par leur intérêt, et l'un après l'autre, chacun de ses redoutables adversaires; il les attaque aussi par leur côté le plus vulnérable, la vanité, et, en somme, il manœuvre avec tant de dextérité et de bonheur, qu'il force tous les représentants de cette vieille noblesse entichée de ses titres et de ses soi-disant droits et armée de préjugés que rien jusqu'alors n'a pu détruire, à passer sous les fourches caudines du roturier et de la fermière dont ils ont d'abord ri, à qui mieux mieux. Bernard épousera donc Mlle de Rochegune, quoi qu'en aient d'abord dit ses nobles parents, qui deviennent soudain ses admirateurs les plus empressés.

Cette jolie comédie pour laquelle M. Legouvé n'a pas eu de collaborateurs[1] a obtenu un assez vif succès, nous devons tout d'abord le constater. Elle a, toutefois, donné lieu à deux objections capitales que nous résumerons rapidement :

La société actuelle n'a plus, comme autrefois, des castes aussi parfaitement tranchées que celles que M. Legouvé a semblé vouloir établir. La noblesse d'aujourd'hui — à quelques exceptions près — ne connaît plus les mésalliances; on voit tous les jours, au contraire, se contracter des unions entre les personnes les plus éloignées, les unes des autres, par les préjugés qui existaient jadis, et qui eussent, alors, rendu ces mêmes unions absolument impossibles. La difficulté, d'abord insurmontable, qu'éprouve l'ingénieur roturier dans son projet de mariage avec une noble fille n'étant pas admissible dans la société moderne, le premier point de départ de la pièce de M. Legouvé ne porte donc pas suffisamment. Il ne pouvait avoir sa valeur et sa raison d'être qu'à une époque antérieure, et pour que la thèse soutenue, très-brillamment d'ailleurs par cet écrivain distingué, eût toute sa force et ses déductions voulues,

---

1. Il avait déjà donné, seul, au Théâtre-Français, sa tragédie *le Guerrero* (4 janvier 1845).

il eût fallu qu'il transportât la scène et le sujet de sa pièce à plus d'un siècle en arrière.

La deuxième objection n'est pas moins grave : les vieux nobles, d'ancienne caste, avaient des idées arrêtées et des principes qu'on ne déracinait pas facilement. Le revirement subit qui s'opère, au dénoûment, dans la conduite de tous ces hobereaux de province, a donc paru absolument invraisemblable, malgré la licence que l'optique du théâtre accorde forcément à l'écrivain dramatique en raison du peu de temps que doit durer sa pièce et de la limite obligée dans laquelle il est tenu de renfermer ses développements. Cette conduite, tout à coup si différente, si contradictoire, si peu en rapport avec les idées reçues, émises et défendues si chaleureusement, dans le cours de la pièce, par les représentants de ce vieux monde, ont donc semblé inacceptables, et bien qu'ait pu faire l'auteur[1], le mariage

---

1. M. Legouvé a voulu répondre aux divers articles publiés sur sa pièce ; il ne l'a fait qu'incomplétement dans sa préface imprimée, répliquant aux critiques générales mais sans entrer assez avant dans le détail.
Voici cette préface :
« Le sujet de cette comédie ayant donné lieu à quelques interprétations diverses, je demande au lecteur la permission d'expliquer ici, en peu de mots, l'idée de mon ouvrage.
» Représenter non pas l'alliance trop commune des titres et des écus, de la vanité et de la cupidité, mais l'union des qualités diverses de deux classes différentes : me moquer des roturiers qui prennent des noms de grands seigneurs, et conseiller aux grands noms de se mettre à la tête des grandes choses ; produire sur la scène, autant que le permet une comédie légère, la science qui, le compas à la main, remplit l'office des anciens héros mythologiques en asservissant la nature à l'homme, et peindre enfin, d'un côté, dans le marquis de Rouillé, le véritable noble qui veut garder noblement sa place à la tête de la société, et de l'autre, dans Georges Bernard, l'énergique enfant du peuple qui conquiert tout dans la vie, depuis sa bourse de collégien jusqu'à sa femme, voilà ce que j'ai voulu faire. Puisse le lecteur trouver que j'ai fait ce que j'ai voulu. »

de Mlle de Rochegune avec le roturier Bernard est demeuré inexpliqué.

Par droit de Conquête est néanmoins — en dehors de ces questions de principe — une comédie agréable, bien menée, très-intéressante et fort élégamment écrite. Elle n'exprime que des sentiments honnêtes et élevés, et si certaines peintures de mœurs, qui ne sont plus de notre temps, ont pu paraître étranges, transportées dans le siècle où nous vivons, elles n'ont, en somme, blessé qui que ce puisse être, et elles ont même amusé — mais un peu comme hors-d'œuvre.

Deux personnages se détachent surtout en saillie, dans cette comédie : celui de Mme Georges, la fermière, et celui de son fils, l'ingénieur. Mme Allan a créé le premier de ces personnages avec une verve, « un diable au corps » et une autorité considérables. Il était curieux de voir cette marquise d'Alfred de Musset, sous le bonnet et la robe de la fermière bavarde et commune — avec une forte dose de si réel bon sens — qu'elle a représentée avec tant de naturel et de finesse. Pauvre grande artiste! Ce fut, hélas! sa dernière création.

Quant à M. Bressant, il trouvait dans le personnage de Georges, l'ingénieur, un de ces rôles exquis où il avait tant brillé au théâtre du Gymnase, c'est-à-dire un jeune premier complet, tout plein de verve et d'ardeur juvéniles, l'âme ouverte à toutes les espérances, le cœur rempli d'un amour, partagé d'ailleurs, et défendant sa cause — qu'il finit par gagner d'une manière aussi agréable qu'inattendue — avec une chaleur qu'il a communiquée à tout le monde. La mère et le fils — Mme Allan et M. Bressant — ont eu les honneurs de cette soirée [1].

---

1. Ont créé les autres rôles : MM. Provost (Mis de Rouillé), Leroux

4 Juillet.— Reprise, avec une nouvelle distribution, de la comédie de M. de Belloy, *Pythias et Damon.*

Maubant joue Denys, créé au Théâtre-Français par Beauvallet; Candeilh remplace Guichard dans le rôle de Pythias, et Mlle Mantelli reprend le rôle de Charmion créé par Mlle Rimblot.

5 Juillet. — M. Bressant reprend, dans les *Caprices de Marianne*, d'Alfred de Musset, le personnage d'Octave créé par Brindeau, et Mme Nathalie celui d'Hermia joué, dans l'origine, par Mme Moreau-Sainti.

20 Juillet. — Représentation extraordinaire au bénéfice de Mme Thénard, après quarante-quatre années de services.

La bénéficiaire ne paraît dans aucune des pièces jouées dans cette représentation, qui a d'ailleurs attiré beaucoup de monde. Mme Thénard est aimée du public qui la connaît et l'apprécie depuis tant d'années, et qui s'est souvent demandé pourquoi cette duègne excellente n'avait point — comme beaucoup d'autres dont certaines ne la valaient pas — été élevée aux honneurs du sociétariat[1]. Artiste consciencieuse, toujours sur la brèche, débordant de verve et de belle humeur, Mme Thénard a été l'une des dernières comédiennes « classiques » de son emploi. Elle avait la tradition de la vieille école et personne n'a joué depuis,

---

(vicomte de Silly), Fonta (baron de Verdières), Candeilh (Wilson); Mmes Nathalie (Miss d'Orbeval), Madel. Brohan (Alice de Rochegune), Savary (Marie), Mantelli (Amélie), Marcus (baronne de Verdières), Valérie (Justine).

1. Je relève dans l'*Almanach Impérial* une assez curieuse particularité au sujet de Mme Thénard. Son nom est imprimé dans la liste des sociétaires retirés, publiée dans cet almanach, depuis 1857 jusqu'à l'année 1865. C'est seulement en 1866, qu'une prescription bureaucratique quelconque a fait supprimer le nom de Mme Thénard de cette liste, où d'ailleurs sa situation de simple pensionnaire ne lui donnait pas le droit de figurer.

— mieux qu'elle, les mères rogommes du répertoire. Cette représentation à son bénéfice n'est point d'ailleurs l'indice ou bien le signal de son départ immédiat; elle profite d'un droit acquis, mais elle réserve encore, pour quelque temps, ses précieux services à la Comédie-Française.

La représentation est fort belle et très-habilement variée. Mlle Rachel joue *Phèdre*[1]; les artistes du Gymnase représentent l'amusante comédie de Mme Émile de Girardin : *le Chapeau d'un horloger*, et ceux du Palais-Royal, l'une de leurs meilleures farces : *la Chambre à deux lits*. Un intermède de chant, dans lequel on entend le ténor Poultier et le baryton Bonnehée, tous deux artistes de l'Opéra, complètent cette belle soirée dont la recette s'élève au chiffre de 16,408 francs.

28 Juillet. — Première représentation de *Misanthropie et Repentir*, drame en cinq actes de Kotzebue, traduction nouvelle de Gérard de Nerval.

Ce beau drame de Kotzebue est une des œuvres les plus populaires du répertoire dramatique étranger. On le joue constamment en Allemagne où il a eu la vogue de certaines de nos pièces du boulevard, dont la *Grâce de Dieu* est le type le plus original et en même temps le plus connu.

La pièce de Kotzebue met en scène une femme coupable, la baronne de Mello : elle a trompé son mari et a consenti à suivre, loin de lui, son propre secrétaire, homme qu'il a couvert de ses bienfaits et qui n'a pas hésité cependant à devenir le plus lâche des ravisseurs. Plusieurs années se passent : le baron de Mello, que la douleur a rendu misanthrope, vit toujours seul, éloigné de la fréquentation du monde, refusant même de voir ses voisins. L'un d'eux,

---

1. Jouanni joue Hippolyte, Maubant, Thésée, et Mlle Favart, Aricie.

le comte de Walker, a pour femme de confiance une Mme Millet dont tout le monde vante l'inépuisable charité, la vie exemplaire, en même temps que le charme et la douceur de son esprit et de son caractère. La rencontre prévue a bientôt lieu. Mme Millet n'est autre que la baronne de Mello repentie et corrigée. Cette première rencontre, que le hasard seul a ménagée, et qui est tout à fait inattendue pour les deux époux, est des plus dramatiques : la femme s'évanouit, le mari s'enfuit avec horreur. Une seconde entrevue a lieu cependant : la baronne ne sollicite point son retour au foyer conjugal, elle ne se sent plus digne d'y être admise, mais elle veut revoir, une fois encore, ses enfants. Le mari, après bien des refus et des difficultés, cède enfin, et la réconciliation se produit au milieu des pleurs et des baisers de ces enfants qui viennent de retrouver leur mère : « Eulalie, embrasse ton époux ! » s'écrie Mello vaincu par l'émotion et aussi par l'amour qui renaît soudain dans ce cœur brisé qu'il va remplir, de nouveau, tout entier.

Le drame de Kotzebue date de 1792 ; il a été traduit, pour la première fois, en français, en 1798, par Mme Molé, sœur du célèbre comédien Molé, et qui joua elle-même la comédie au théâtre Feydeau, puis au théâtre Louvois. La première représentation de *Misanthropie et Repentir* eut lieu à Paris le 27 décembre 1798, à l'Odéon. Bien que la pièce soit froidement menée, surtout dans sa première partie, elle eut alors un succès de larmes considérable. L'émotion véritable, causée par les deux derniers actes, faisait prendre en patience les longueurs des trois premiers. La pièce eut même plusieurs reprises, et Talma et Mlle Mars en jouèrent les deux principaux rôles, sous l'Empire. La reprise actuelle n'a pas eu le même succès.

La mort récente de Gérard de Nerval[1], auteur de la nouvelle traduction adoptée par la Comédie-Française[2], ajoutait encore, par sa cruelle actualité, à l'intérêt de la représentation de cette pièce célèbre qui ne fut cependant accueillie qu'avec une sorte de respect de pure bienséance.

L'interprétation était fort remarquable pour les deux premiers rôles. M. Geffroy, surtout, était admirable dans le personnage, tout d'une pièce, de ce mari outragé qui ne veut pas pardonner et dont le caractère inflexible ne se dément que sous l'impression des sentiments les plus naturels, les plus vrais et aussi les plus impérieux[3]. Mais, le théâtre moderne ne se contente plus de ces simples tableaux ; il exige plus de variété, de mouvement, et il lui faut surtout, comme contre-poids à la succession de ces scènes uniformément tristes et sombres, un élément de gaieté que nos auteurs actuels ont l'habileté de faire entrer dans une intrigue, bien que ce ne soit généralement que comme remplissage et hors-d'œuvre. *Misanthropie et Repentir* ne fut joué intégralement que quatre fois : pour la cinquième représentation, qui eut lieu le 13 août, les cinq actes de l'ouvrage furent refondus en trois actes seulement ; mais malgré cet allégement, le drame de Kotzebue ne demeura que quelquefois encore sur l'affiche, et, de-

---

1. Le 25 janvier précédent on l'avait trouvé, pendu, au-dessus d'un égout, dans l'une des rues les plus sinistres et les plus infectes de Paris, la rue de la Vieille-Lanterne, aujourd'hui disparue. Gérard de Nerval n'avait que cinquante-sept ans.

2. Il y a eu encore une troisième traduction, de M. A. Pagès, cette fois non littérale et qui fut représentée à l'Odéon le 24 décembre 1862.

3. Distribution des rôles : un Inconnu, Geffroy ; le major, Leroux ; un vieillard, Maubant ; Bittermann, Monrose ; La Comtesse, Mme D. Marquet ; Lolotte, Mlle Valérie. Mlle Judith, longtemps éloignée du théâtre par une grave maladie, rentrait par le personnage d'Eulalie qu'elle interpréta avec une sensibilité très-vive et tout à fait en situation.

puis ce jour, la Comédie-Française n'a plus tenté de le reprendre.

8 Aout. — Représentation extraordinaire au bénéfice de Mlle Demerson, sociétaire retirée.

Mlle Anne Demerson avait débuté à la Comédie-Française dans l'emploi des soubrettes, le 9 juillet 1810, par *le Joueur* et *le Malade imaginaire*. Reçue pensionnaire, le 1er avril 1811, elle avait été créée sociétaire le 1er avril 1814. Comme Mlle Dupont, Mlle Demerson fut l'une des plus brillantes soubrettes du répertoire. En 1830, elle quitta la Comédie-Française avec une pension de retraite de 5,000 francs, ayant droit à une représentation extraordinaire dont elle ne réclama le bénéfice que vingt-cinq ans plus tard.

Le grand attrait de cette représentation ne fut cependant pas dans cette unique réapparition d'une artiste dont la génération nouvelle connaissait à peine le nom. Paris, tout entier, s'entretenait alors de la tragédienne italienne Adélaïde Ristori, et Mlle Demerson jugea, avec raison, qu'elle avait plus de chance de remplir la salle du Théâtre-Français avec le nom de l'illustre étrangère sur l'affiche, qu'avec le sien. Elle sollicita donc son concours, et elle l'obtint plus facilement qu'elle n'avait dû peut-être s'y attendre. Mme Ristori fut tout heureuse, en effet, de l'occasion inespérée qui lui était ainsi offerte de faire consacrer son illustration naissante sur la grande scène de la Comédie-Française que Rachel venait seulement de quitter, et par ce même public qui lui avait, si récemment encore, prodigué ses dernières ovations.

Elle joua *Maria Stuarda* avec M. Rossi[1] et les autres

---

1. C'est ce même Ro (Ernesto) qui a obtenu tant de succès, à Paris en 1875 dans le réperto de Shakespeare.

artistes, moins connus, de la compagnie dramatique du roi de Sardaigne. C'est la tragédie même de Schiller, traduite assez exactement par Maffei et sans grandes suppressions. Marie Stuart ne paraît que dans trois actes, le premier, le troisième et le cinquième. C'est au troisième acte que la reine prisonnière reçoit au château de Fotheringhay la visite de sa rivale Élisabeth, et cette rencontre des deux reines — laquelle, comme on sait, est moins qu'historique — donne lieu à la scène capitale du drame. C'est aussi dans l'interprétation de cet acte que Mme Ristori avait obtenu son meilleur succès. Elle y était, en effet, vraiment remarquable, et elle retrouva à la Comédie-Française les applaudissements fanatiques qu'elle était habituée à recueillir à la salle Ventadour. Elle fut plusieurs fois rappelée, après la chute du rideau, et on lui jeta des couronnes et des fleurs. Le dernier acte, où elle se montre si touchante et si résignée aux approches du supplice, ne lui fut pas moins favorable, et la tragédie finit, pour elle, au milieu d'une indescriptible ovation. On voyait, dans la salle, les personnages les plus marquants de la littérature, des arts et de la presse donner, eux-mêmes, le signal des applaudissements, et, au premier rang, Alexandre Dumas père prodiguant à la Ristori, avec son expansion ordinaire, les marques les plus bruyantes de son immense enthousiasme [1].

On pouvait craindre que *Tartufe* ne fût bien délaissé

---

1. « La Ristori s'est élevée à une grande hauteur ; elle a semblé supérieure à elle-même, ce qui est pourtant bien difficile : ces planches foulées naguère par Mlle Rachel lui inspiraient cette noble émulation qui est l'âme même du talent et n'a rien de commun avec la jalousie. Son succès des Italiens l'a suivie au Théâtre-Français : les applaudissements frénétiques, les rappels multipliés, les pluies de bouquet, rien n'a manqué à son triomphe. » (Th. Gautier).

après les vives émotions de cette première partie du spectacle. Il se produisit cependant peu de vides dans la salle, et Mlle Demerson joua une dernière fois Dorine, je ne dirai pas avec sa verve des meilleurs jours, mais avec cette tenue, cet esprit et ce goût qui étaient jadis de tradition à la maison de Molière, et qui, depuis, ont trop souvent fait place à des interprétations individuelles, plus originales peut-être, mais s'éloignant davantage du caractère vrai des personnages du vieux théâtre classique[1].

Je ne veux pas oublier M. Jacques Offenbach, qui venait de quitter la direction de l'orchestre du Théâtre-Français pour créer le théâtre des Bouffes-Parisiens[2], et qui eut les honneurs de l'intermède, dans cette belle soirée, en exécutant un solo de violoncelle[3].

Mme Demerson reprit, presque aussitôt, le chemin du petit village de Villiers où elle vivait retirée depuis 1830, et où elle mourut seulement dix-sept années plus tard, au mois de novembre 1872, à l'âge de quatre-vingt-sept ans.

C'est ainsi que réapparurent sur la scène, à quelques mois de distance, et dans ce même personnage de Dorine, où elles avaient jadis tant brillé, deux soubrettes du meilleur temps de la Comédie, Mmes Dupont et Demerson; toutes deux avaient quitté leur retraite oubliée, et toutes deux retournaient y mourir, heureuses d'avoir jeté une dernière lueur sur leur nom et méritant ainsi de trouver

---

1. Ont joué les autres rôles de *Tartufe* : Geffroy (Tartufe), Provost (Orgon), Delaunay (Valère); Mme Madel. Brohan (Elmire), Mme Thénard (Mme Pernelle).

2. Le théâtre des Bouffes-Parisiens fut inauguré, dans l'ancienne salle Lacaze, qui fait face au cirque des Champs-Elysées, le 5 juillet 1855, et pour la saison d'hiver, dans la salle du Théâtre-Comte, au passage Choiseul, le 29 décembre suivant.

3. La recette de la soirée fut de 8,196 francs.

place dans l'histoire dramatique d'une époque déjà bien éloignée de celle qui avait vu s'établir leur réputation.

15 Aout. — Représentation gratuite à l'occasion de la fête nationale du jour. On joue *le Misanthrope* et *les Jeunes Gens*.

La distribution du *Misanthrope* est l'une des plus parfaites parmi celles que pouvait alors composer la Comédie-Française, dans le répertoire classique :

Alceste.	MM. Geffroy.
Acaste.	— Delaunay.
Philinte.	— Maubant.
Célimène.	Mmes Madel. Brohan.
Arsinoé.	— Nathalie.
Éliante.	— Fix.

20 Aout. — Représentation extraordinaire de *les Demoiselles de Saint-Cyr*, comédie en quatre actes [1] de M. Alexandre Dumas, donnée au palais de Saint-Cloud, par les artistes de la Comédie-Française, en l'honneur de la Reine d'Angleterre.

La reine Victoria et le prince Albert étaient arrivés l'avant-veille à Paris, pour visiter l'Exposition universelle, et la Comédie-Française fut le premier théâtre appelé à jouer en leur honneur, devant la cour [2], au palais de Saint-

---

1. Cette pièce fut jouée pour la première fois, le 25 juillet 1843, et en cinq actes. Les deux derniers actes faisant longueur, M. Regnier, sociétaire de la Comédie-Française, les refondit en un seul. La comédie de M. Dumas a, depuis lors, été jouée toujours ainsi et elle figure avec cette même modification, dans le *Théâtre complet* du célèbre dramaturge. (Tome V de l'édition de Michel Lévy, 1864.)

2. La Reine, pendant son séjour (elle quitta Paris le 27 août), alla deux fois au spectacle : 1° à l'Opéra, en gala ; on lui donna un concert auquel prirent part Roger, Gueymard, Obin, Bonnehée, Merly et Mmes Alboni et Cruvelli ; le spectacle se termina par le ballet de *La Fonti* dansé par

Cloud où la Reine avait pris résidence. Il y eut donc, ce soir-là, 20 août, à la suite d'un banquet de soixante couverts, représentation par les comédiens ordinaires de Sa Majesté, en présence des hôtes illustres de la France et de l'Empereur. On aurait pu choisir par exemple, dans le riche répertoire du Théâtre-Français, un spectacle un peu plus digne et de la noble assemblée impériale et royale, et de la Comédie-Française elle-même. *Les Demoiselles de Saint-Cyr* ne sont, en somme, qu'un grand vaudeville, amusant je veux bien le reconnaître, mais où la peinture des caractères, historiques ou conventionnels, est outrageusement dénaturée. Les deux élèves de la noble maison, créée par Mme de Maintenon, sont devenues, dans la légère comédie d'Alexandre Dumas, de véritables grisettes en rupture d'atelier, et qui courent les grands chemins avec un sans gêne un peu trop cavalier, en compagnie de deux jeunes étourdis qui n'ont aucune consistance et représentent des personnages sans intérêt. Le roi d'Espagne, Philippe V, est peint lui-même sous des couleurs étrangères à l'histoire, et il se trouve mêlé à des intrigues absolument absurdes et invraisemblables.

On ne saurait nier, cependant, la gaieté de certaines scènes et la verve du style, un peu négligé toutefois, mais d'une rapidité et d'une prestesse d'allure incomparables. C'est par ces qualités, toutes de forme, que M. Alexandre Dumas a rendu possible son inconcevable imbroglio aux

---

Mmes Rosati et Plunkett, et les chœurs chantèrent, avec accompagnement d'orchestre, l'air national *God save the queen*, 2° à l'Opéra-Comique qui représenta l'opéra d'Auber *Haydée*. Le *God save...* fut également joué par l'orchestre, à l'entrée et à la sortie de la Reine. Le 22, les artistes du théâtre du Gymnase viennent aussi donner, devant la Reine et la Cour, au palais de Saint-Cloud, une représentation du *Fils de famille*.

développements duquel la cour et ses hôtes ont semblé cependant prendre un vif plaisir. La pièce avait été, d'ailleurs, remontée avec grand soin [1], et les costumes choisis parmi les plus brillants du riche vestiaire de la Comédie, ou refaits à neuf, tels que ceux que portaient les deux jeunes échappées de la royale maison de Saint-Cyr.

31 Août. — Première représentation de *le Gâteau des Reines*, comédie en cinq actes, en prose, de M. Léon Gozlan.

Il ne faut pas non plus demander aux comédies de M. Léon Gozlan un grand respect pour la fidélité historique. Son amour de la fantaisie et sa haine du banal et de ce qu'on appelle « le convenu » ne lui ont jamais permis d'y regarder de bien près, lorsqu'il s'est agi de mettre d'accord le sujet et le détail de ses pièces avec la vérité de l'histoire. La géographie de M. Scribe, en matière de théâtre, était devenue fameuse, et l'on n'appelait plus que la « Scribie » les pays, souvent innommés, où le fécond auteur de tant d'œuvres applaudies plaçait la scène même de ses pièces. M. Gozlan, comme M. Dumas, et comme tant d'autres, d'ailleurs, est tout à fait de cette école facile, l'école des gens d'esprit, qui sauvent avec leur style et leur habileté des imbroglio, souvent amusants, mais où la peinture des caractères, des mœurs et des traditions d'une époque est, en général, toujours sacrifiée. La nouvelle comédie de

---

[1]. Voici la distribution des principaux rôles de la pièce, mise en regard de celle de la création :

	1843	1855
Philippe V............	MM. Brindeau............	Delaunay,
Roger de Saint-Hérem...	Firmin............	Leroux,
Dubouloy............	Regnier............	Regnier,
Mlle de Mérian............	Mmes Plessy............	Madel. Brohan,
Mlle Mauclair............	Anaïs Aubert......	August. Brohan.

M. Gozlan répond, tout à fait, au court programme que je viens d'exposer. Elle est amusante, et elle offre quelques scènes intéressantes ; mais tous les personnages historiques qu'elle nous présente y sont faussés comme à plaisir.

Nous sommes sous le ministère du cardinal de Fleury, au lendemain de la régence. Le duc de Bourbon et Mme de Prie ont rêvé de marier le Roi eux-mêmes, afin d'avoir, au moins, tout le pouvoir grâce à la reconnaissance que leur devra celle qu'ils auront choisie pour Reine. Trois partis sont alors en présence : l'infante d'Espagne que patronne le cardinal Fleury ; Mlle de Vermandois, à qui son frère, monsieur le Duc, proposa la couronne, mais qui fait la difficile et s'aliène Mme de Prie par ses impertinences ; et enfin la modeste fille d'un prince détrôné, Marie Leczinska, qui aime ailleurs.

Je ne puis détailler ici les intrigues nombreuses au milieu desquelles s'agitent ces divers personnages[1] pour arriver à un résultat connu plus d'un siècle et demi, avant le lever du rideau ; je n'esquisserai pas davantage l'innocent amour qui remplit le cœur de la fille de Stanislas et pour lequel elle refuse tout d'abord un trône qu'elle a d'ailleurs si noblement et si dignement occupé. Je n'ai point trouvé que tout cela fût bien nouveau ni bien original. M. Gozlan a cru pouvoir avec de l'esprit, et encore de l'esprit, suppléer à l'action un peu vide de sa pièce. Elle a cependant paru longue par endroits, et, à part le premier acte qui est charmant, les expédients historiques que M. Gozlan s'est appropriés pour dénouer les fils enchevêtrés de sa multiple intrigue ont semblé parfois bien

---

[1]. Personnages en somme secondaires, pour la plupart, les deux principaux, le cardinal de Fleury et le roi Louis XV, dont il est à tout moment question dans la pièce, n'y ayant point de rôle.

usés. Ce dénoûment se résume dans une supercherie de Mme de Prie qui force Marie Leczinska à accepter la main du roi en lui persuadant que son fiancé, le comte d'Estrées, lui est infidèle « et qu'elle en parle à bon escient. » Et voilà pourtant — selon M. Gozlan — pourquoi la fille de Stanislas Leczinski est devenue reine de France!...

Il y a de jolies scènes, fines et délicatement traitées dans *le Gâteau des Reines* et c'est par ces quelques côtés, vraiment charmants, que cette œuvre, de complexion un peu trop faible, a obtenu quelque succès. J'ai déjà cité le premier acte, le mieux fait des cinq et qui se termine par une scène tout à fait réussie, celle des adieux du comte d'Estrées et de Marie Leczinska. Une autre scène, non moins heureuse, est celle où Mme de Prie, les bras nus jusques aux coudes, fabrique elle-même le fameux gâteau des Reines, en se demandant à qui pourra bien échoir la fève! C'est donc par des qualités de style, d'esprit et surtout de détails que se distingue la comédie de M. Gozlan, qui n'a eu d'ailleurs qu'un petit nombre de représentations.

Ont créé les principaux rôles : MM. Geffroy (le roi Stanislas), Leroux (le duc de Bourbon), Delaunay (le comte d'Estrées), Monrose (Sturmer), Saint-Germain (le chevalier Eustache), et Mmes Augustine Brohan (Mme de Prie), Favart (Mlle de Vermandois), Émilie Dubois (Marie Leczinska).

13 Septembre. — Représentation gratuite en l'honneur de la prise de Sébastopol.

La Comédie-Française joue *les Demoiselles de Saint-Cyr* avec la distribution et les costumes de la représentation donnée le 20 août précédent à Saint-Cloud, devant la Reine d'Angleterre, et *le Médecin malgré lui*, où Mlle Augustine Brohan (Jacqueline) et M. Got (Sganarelle) sont surtout accueillis avec une faveur marquée par le public tout spécial du jour, qui les acclame à plusieurs reprises. La représentation est complétée par une ode de circonstance dans laquelle M. Arsène Houssaye chante la gloire de l'Empereur, de la France et de l'armée et que déclame, avec grand succès[1], la jolie Mlle Favart, à qui sied à ravir son costume de muse de l'histoire.

15 Septembre. — Première représentation de *l'Amour et son train*, comédie en un acte, en vers, de M. Octave Lacroix[2].

C'est en Espagne, le pays des séguidilles amoureuses, des rendez-vous galants, des valses, des sérénades et des boléros que se passe la petite comédie de M. Lacroix. Un jeune officier français, Gabriel de Lineuil, se trouve y aimer trois femmes à la fois, toutes trois également séduisantes et jolies, et qui, toutes trois aussi, éprouvent, à son endroit, une égale passion qui, pour l'une d'elle, doit finir par un bon et solide mariage. La polygamie, en effet, n'est pas de mode dans la catholique Espagne, et d'ailleurs

---

1. C'est une œuvre d'actualité qu'il ne faut juger qu'à ce point de vue, et qui est d'une facture inférieure à l'ode du même auteur, qui fut récitée par Mlle Rachel dans la soirée solennelle du 22 octobre 1852.

> Mères, consolez-vous comme on faisait à Sparte;
>   Si la mort a pris vos enfants
> Ils sont morts en héros! l'âme de Bonaparte
>   Conduisait leurs bras triomphants!...
> France, lève la tête! après cette victoire
>   Nous aurons la paix du lion,
> Et nous pouvons encor la rouvrir cette histoire
>   Écrite par Napoléon!...

2. Ont créé les rôles : MM. Delaunay (Gabriel de Lineuil), Bache (Rodablas), Mmes Fix (Dona Inès), Mantelli (Dona Pepa), Émilie Dubois (Dona Carmen), Lambquin (la duègne Barbara). M. Bache avait composé d'une manière fort originale et des mieux réussies l'étrange personnage de Rodablas.

Inès, Pépa et Carmen sont de trop honorables personnes pour que leur imagination, d'accord avec leur cœur, ait pu rêver, au sujet de l'élégant officier, d'autres projets que ceux qu'autorise ce qu'on est convenu d'appeler le bon motif. Que faire et quelle décision prendre? Car le temps passe et l'amour presse. Un certain Rodablas, sorte d'intrigant qui a fait tous les métiers et qui a même une pointe de philosophie, assez inattendue chez un tel homme, se présente heureusement fort à propos pour tirer nos amoureux de cette inextricable situation.

Ici se place une scène fort piquante : l'officier, les yeux bandés, est introduit par une duègne dans un cercle formé par les trois jeunes filles; chacune d'elles doit lui donner un baiser, et il est tenu de la reconnaître à la seule impression que son cœur aura pu ressentir sous l'effleurement de ces lèvres amoureuses. Inès et Pépa subissent successivement l'épreuve et Gabriel hésite et se trompe; mais le baiser de Carmen l'émeut, le transporte, l'enivre, c'est elle qu'il aime, qu'il a toujours aimée. Inès et Pépa ont joué simplement avec l'amour mais — sans qu'elles s'en soient bien rendu compte — elles n'ont jamais véritablement aimé.

Cette gracieuse saynète est écrite en jolis vers, fort élégamment tournés, et elle a obtenu un agréable succès qui aurait dû encourager M. Octave Lacroix à renouveler d'une manière plus sérieuse et plus étendue une tentative dramatique quelconque, qu'à plus de vingt ans de distance, nous attendons encore de lui [1].

---

1. C'est la seule pièce de théâtre qu'ait jamais donnée Octave Lacroix. Poëte et journaliste, M. Lacroix a semé un peu partout une grande quantité d'articles de tous les genres et sur tous les sujets. Il a beaucoup écrit, surtout au *Journal Officiel*, dans la petite et dans la grande édition. Il

17 Septembre. — Première représentation de *la Ligne droite*, comédie en un acte, en prose, de M. Marc Monnier, — rentrée de Mme Arnould-Plessy.

Mme Arnould-Plessy, après dix années de succès en Russie, rentre définitivement à la Comédie-Française, mais seulement comme pensionnaire et avec des avantages tout particuliers et dignes de la haute position que lui a faite son talent. Elle contracte un premier engagement de huit années, toujours renouvelé depuis[1], reçoit 24,000 francs d'appointements et a droit à un congé annuel de trois mois.

La rentrée de cette éminente comédienne est un véritable événement artistique et la salle est l'une des plus brillantes que l'on ait vues depuis longtemps à la Comédie-Française. C'est dans *Tartufe*[2] que Mme Plessy se montre tout d'abord ; elle y obtient surtout un grand succès de beauté. Le personnage d'Elmire n'est point de ceux qui soient particulièrement favorables à son talent; Elmire n'est pas une grande dame, c'est la femme d'un bourgeois qu'un coquin veut séduire, qui se défend de son mieux contre ses répugnantes atteintes et qui n'est légère que par occasion. Mme Plessy est une trop brillante et trop complète grande coquette pour ce rôle, qui ne demande que de la souplesse et de la tenue, mais aucune coquetterie, aucune mièvrerie, si ce n'est pour un moment, et seule-

---

aussi été pendant un certain temps secrétaire de Sainte-Beuve. (Voyez aux appendices du tome IV des *Nouveaux Lundis* (Michel Lévy), une notice détaillée, écrite par Sainte-Beuve lui-même sur ses divers secrétaires).

1. Mme Plessy a quitté la Comédie-Française en 1876. Sa représentation de retraite a eu lieu le 8 mai. (Voyez la notice que j'ai publiée chez Tresse sur cette remarquable artiste, in-18, 1876.)

2. MM. Geffroy (Tartufe), Provost (Orgon), Maillart (Valère); Mmes Thénard (Mme Pernelle), Favart (Marianne), Aug. Brohan (Dorine).

ment par feinte, dans la comédie terrible qu'elle joue vis-à-vis de Tartufe pour mieux détromper son mari. C'est d'ailleurs dans cette scène capitale, — celle qu'on a appelée la scène de la table — qui précisément lui donnait le droit de jouer la grande dame coquette, légère et provocante, qu'elle a surtout excellé. Elle ne pouvait, certes, être bien sensiblement inférieure dans les autres parties du rôle, mais elle y a été, à coup sûr, moins bien servie par le rôle lui-même que dans la scène que je viens de signaler.

C'est dans une petite comédie de M. Marc Monnier, *la Ligne droite* [1], souvent jouée par elle en Russie, que cette brillante artiste a définitivement reconquis son public. La pièce, en elle-même, n'est rien : une grande dame se moque d'un vieux barbon au profit d'un jeune amoureux. C'est une éternelle histoire qui a déjà servi de thème à mille fantaisies dramatiques ; M. Marc Monnier l'a reprise, à son tour, sous forme de proverbe, et sa pièce n'est ni meilleure ni pire que toutes celles qu'on a jetées, depuis, dans ce moule convenu où, pour réussir, il suffit d'avoir un peu d'esprit et de bons interprètes pour le faire valoir. Et c'est bien à l'interprète, cette fois, que l'auteur de *la Ligne droite* a dû son succès !...

« Mme Plessy, écrivait Th. Gautier quelques jours après cette brillante rentrée, est l'actrice née de Marivaux et de la comédie romanesque ; elle en a la grâce maniérée et l'afféterie déli-

---

1. Comédie jouée pour la première fois à l'Odéon le 24 octobre 1854. Voici les deux distributions de la pièce :

	Odéon.	Théâtre-Français.
La Comtesse	Mme Sarah Félix	A. Plessy,
Le Baron	MM. Kime	Mirecour,
Lucien	Métrême	Bressant.

cieuse; le bon sens carré et le style robuste de Molière la gênent évidemment. Il lui faut des dentelles d'or à parfiler, des perles à faire rouler sur le tapis, des étoffes de soie à mettre en pièces de ses jolis ongles roses, comme à cette princesse chinoise qui se pâmait en déchirant les tissus les plus précieux. Et si la dentelle d'or est du clinquant, si la perle est de verre et le taffetas de la percale glacée, qu'importe? Elle se joue au milieu de ces fanfreluches, de ces verroteries, de ces chiffons, avec des gestes si coquets, des airs de tête si charmants, des allures si languissamment fantasques que l'on est ébloui et fasciné. Aussi, comme elle s'en est donné à cœur joie dans le proverbe de M. Marc Monnier! quel joli manége, quelle délicieuse fatuité féminine, quelle adorable impertinence de grande dame ennuyée qui prend et reprend le fil de ses pantins et les oublie quelquefois sur le bord de sa loge (la scène de *la Ligne droite* se passe dans le couloir du théâtre de la Scala, à Milan, devant la loge de la comtesse) à côté de son éventail ou de sa lorgnette!... Comme elle les fait aller, le jeune et le vieux, et se moque de leur habileté maladroite, de leur rouerie naïve, jusqu'au mot qui clôt la pièce! Là est son vrai domaine — un beau domaine — celui de la fantaisie!... »

Le 25 septembre suivant, Mme Plessy reprenait, avec un succès plus vif encore, le rôle d'Araminte des *Fausses Confidences*[1], un de ces personnages de coquettes précieuses et maniérées qui lui conviennent le mieux. L'éminente artiste a, depuis, agrandi le cercle de ses créations, et elle a pris possession de rôles considérables où elle a aussi montré de hautes et précieuses qualités dramatiques ; elle a dû, toutefois, à Marivaux et à Musset ses plus éclatants triomphes, et je ne crois pas, en somme, qu'elle ait trouvé dans toute sa longue et glorieuse carrière de théâtre un personnage où elle ait été plus complétement parfaite et idéale que dans celui d'Araminte qui lui permettait de se

---

[1]. Jouent les autres rôles MM. Samson (Dubois), Got (Lubin), Bressant (Dorante); Mmes Thénard (Mme Argante), Bonval (Marton).

montrer sous ses faces les plus brillantes et avec ses avantages les plus personnels de diction, de grâce et de beauté.

Le mois suivant, l'Empereur et l'Impératrice, qui faisaient au duc et à la duchesse de Brabant[1] les honneurs de l'Exposition, conduisirent deux fois leurs illustres hôtes à la Comédie-Française[2]. On joua pour eux, le 14 octobre, *Mademoiselle de la Seiglière*, et le 25 du même mois on donna « par ordre » une représentation des *Fausses Confidences* et de *la Ligne droite*[3], à laquelle ils assistèrent en compagnie de l'Empereur et de l'Impératrice. Le succès de Mme Plessy, dans cette dernière soirée dont elle était le principal attrait, fut considérable : les jeunes princes l'applaudirent avec un enthousiasme que n'avait certainement pas réglé l'étiquette, et ils lui firent ensuite transmettre, dans sa loge, l'expression du contentement qu'ils avaient éprouvé à l'entendre.

2 NOVEMBRE. — Une des plus jolies et aussi des meilleures comédiennes du théâtre du Gymnase, Mlle Figeac[4],

---

1. Le duc de Brabant, fils aîné du roi des Belges et aujourd'hui Léopold II, et la princesse Marie, archiduchesse d'Autriche, fille de l'archiduc Joseph, palatin de Hongrie, aujourd'hui Reine des Belges.

2. Le duc et la duchesse de Brabant étaient arrivés à Paris le 12 octobre et ils partirent seulement le 27. Il y eut, en leur honneur, spectacle à Saint-Cloud le 16 octobre : les artistes du théâtre du Palais-Royal représentèrent devant la cour les *Premières armes de Richelieu* et *la Rue de la Lune*. Le 22 l'Empereur les conduisit à une soirée de gala à l'Opéra où furent données les *Vêpres siciliennes*.

3. On avait d'abord annoncé *Tartufe* avec *le Legs*, que Mme Plessy devait jouer pour la première fois depuis sa rentrée. Un ordre des Tuileries fit substituer à ce spectacle *les Fausses Confidences* et *la Ligne droite* et c'est seulement le 27 qu'eut lieu la reprise du *Legs*.

4. Mme Figeac (Bathilde Augustine) a eu, avant son entrée à la Comédie-Française, une existence dramatique bien accidentée. Le 11 octobre 1839, elle débutait au théâtre de la Renaissance dans le vaudeville *Revue et Corrigée*. Ses débuts à la Porte-Saint-Martin datent de l'unique représentation du *Vautrin* de Balzac (14 mars 1840), où elle créa Inès de Christoval. On

débute dans le rôle de la marquise de Prie du *Gâteau des Reines*. Mlle Figeac venait d'obtenir, dans sa création de Valentine de Santis du *Demi-Monde* (20 mars 1855), un succès si franc et si mérité que les portes de la Comédie-Française s'étaient comme subitement ouvertes d'elles-mêmes devant elle. Mlle Figeac n'y trouva cependant pas, dès le premier soir, l'accueil favorable auquel elle avait droit. On eut le tort, il est vrai, de la faire débuter dans un rôle que Mlle Augustine Brohan venait de créer avec l'autorité de son talent si sûr et si complet, et dans lequel une artiste plus inexpérimentée devait, forcément, paraître inférieure. Cette marquise de M. Gozlan est, en effet, la cheville ouvrière de la pièce; elle mène tout le monde, fait et défait des intrigues et des mariages, et ne quitte guère la scène que pour y rentrer aussitôt. Le rôle est écrasant et présentait d'autant plus de difficultés qu'il permettait d'établir des points de comparaison qui devaient être contraires à la débutante dont l'émotion et la peur diminuaient déjà les moyens.

Nous retrouverons bientôt, d'ailleurs, Mlle Figeac dans d'autres rôles qui l'ont aussi mieux servie.

19 Novembre. — Première représentation de *la Joconde*, comédie en cinq actes, en prose, de MM. Paul Foucher et Regnier.

On a cité le drame de M. Émile Augier, *le Mariage*

---

la trouve ensuite au concert du bazar Bonne nouvelle, au Gymnase, puis en retraite dans un couvent et en Pologne où elle séjourne deux ans. Elle revient en France, joue un moment au Vaudeville et débute, enfin, au théâtre du Gymnase, son avant-dernière étape, où elle créa Julie de *Philiberte* (19 mars 1853). Marceline de *Diane de Lys* (15 novembre 1853) et Valentine du *Demi-Monde*. Nous verrons enfin, dans une dizaine d'années, Mlle Figeac quitter définitivement le théâtre pour contracter un mariage dans le haut commerce parisien.

d'Olympe[1], comme offrant des points de ressemblance avec la comédie nouvelle de MM. Foucher et Regnier ; c'est aller chercher un peu loin les choses, et ce n'est que par un bien petit côté, en effet, que les deux pièces se touchent. Leurs héroïnes ont failli toutes deux — plus et moin — et ont contracté d'honorables mariages que la situation que leur avait faite leur faute semblait rendre à jamais impossibles. Mais quelle distance et quelle différence entre ces deux héroïnes mêmes !... Olympe est une coquine, dans toute la force du terme, elle est tombée aussi bas qu'une femme peut tomber, et — au point de vue purement moral — elle n'a jamais tenté de se relever de sa chute ni de sortir de sa fange. Elle est restée — mariée — ce qu'elle avait été — fille. Louise de Guitré — la Joconde — est une pauvre femme qui a aussi commis une faute, mais elle doit la pleurer toute sa vie. Un honnête homme, M. de Guitré, qui connaissait cette faute, a cependant consenti à lui donner son nom ; il a donc, en quelque sorte, lavé, purifié le passé de cette femme, et il lui a rendu comme l'honneur, en l'élevant jusqu'à lui.

Je ne raconterai pas ici, par le détail, la comédie de MM. Foucher et Regnier, qui tourne même, par moments, au drame. Mme de Guitré y pleure sa faute pendant quatre actes, sur cinq, ce qui a paru bien excessif de la part d'une

---

[1]. Pièce en trois actes, en prose, violente, brutale même, et à l'excès, mais en somme l'œuvre la plus complète et la plus personnelle de son auteur. Jouée pour la première fois au théâtre du Vaudeville le 17 juillet 1855, elle n'eut d'abord qu'un succès de curiosité ; le dénoûment en parut inacceptable. On le trouva alors trop hardi, trop osé, même invraisemblable. Le public est revenu depuis sur ce jugement et il faut d'ailleurs reconnaître que son goût et son éclectisme ont progressé. La Comédie-Française a joué avec grand succès, en 1874, *le Demi-Monde* de M. Alex. Dumas fils, réputé impossible pendant vingt ans, et elle jouera certainement un jour *le Mariage d'Olympe*.

femme qui n'est pas, en somme, aussi déchue qu'elle a l'air de le croire, et qui a même reçu, aux yeux du monde, aussi bien par son mariage, que par sa noble et digne conduite, l'absolution de sa première et unique faute. Le manque de publicité suffisante du mariage de M. de Guitré, avec cette Louise, que d'autres ont connue au temps de sa coupable splendeur, et alors qu'on l'avait surnommée la Joconde, donne lieu à diverses péripéties qui ne produisent pas l'effet dramatique que les auteurs en pouvaient attendre, et cela, précisément, parce qu'elles proviennent d'une situation exagérée et d'un point de départ en partie faux. Quoi qu'il en soit, tout finit bien, et Mme de Guitré, dont l'arrivée inattendue de son frère, qu'on croyait à jamais disparu, a momentanément compromis la position de famille, garde définitivement sa place dans la maison conjugale. Mais, le remords qui déchire son cœur — et c'est là sans doute la moralité que les auteurs ont voulu nous donner comme conclusion de leur pièce — le remords ne doit jamais finir pour elle ; le pardon, le calme, l'oubli sont partout autour d'elle, excepté dans ce cœur même dont la blessure saignera toujours.

Il serait facile d'établir, dans une pièce de ce genre, la part qui revient à chaque collaborateur, quand il s'agit de deux auteurs tels que MM. Foucher et Regnier. J'imagine que toute la partie dramatique et larmoyante appartient en propre à M. Paul Foucher ; M. Regnier s'est surtout réservé la partie technique et spéciale dans laquelle il est passé maître, celle de la charpente de l'œuvre, de sa distribution et de sa mise en scène. On reconnaît à tout moment son habileté consommée, et c'est à son admirable entente du théâtre que *la Joconde* a certainement dû le succès surtout littéraire et artistique qui l'a accueillie le premier soir.

Le grand attrait de la représentation consistait dans la prise de possession, par Mme Arnould-Plessy, d'un rôle tout à fait en dehors de ceux qu'elle jouait d'ordinaire. Cette brillante marquise, cette incomparable grande coquette abordait pour la première fois un personnage dont l'interprétation exigeait des qualités tout autres que celles qui la servaient si bien dans Molière, dans Musset, et surtout dans Marivaux. Ce rôle de Louise de Guitré est un personnage à la Dorval, tout rempli de larmoiements et de désespoirs, et que Mme Plessy a joué, en grande artiste qu'elle est, avec toute son intelligence et toute son âme. Elle en a sauvé les côtés difficiles et inauguré comme une seconde manière — que nous la verrons développer à l'infini[1] — de son talent si souple, si varié et si plein d'habiletés et d'imprévu[2].

5 Décembre. — Mlle Émilie Dubois joue, pour la première fois, avec sa gentillesse et sa grâce mutine, le rôle de Cécile dans *Il ne faut jurer de rien.*

29 Décembre. — Représentation extraordinaire à l'occasion de la rentrée des troupes de Crimée.

On donne *la Joconde*, et M. Beauvallet récite *l'Armée d'Orient*, ode du député-poëte Belmontet, composée pour la circonstance. Le théâtre a voulu entourer d'une certaine solennité la déclamation de cette poésie en groupant, autour de M. Beauvallet, tous les artistes de la comédie,

---

[1]. Mais aussi avec des résultats bien divers au point de vue du succès. Nous verrons par la suite qu'en somme, Mme Plessy est toujours demeurée surtout la plus grande actrice « de comédie » qu'ait eut l'honneur de posséder le Théâtre-Français depuis Mlle Mars.

[2]. Ont créé les autres rôles : MM. Geffroy (de Guitré), Bressant (Lucien), Leroux (de Fontenac), Regnier (Desmoutiers), Saint-Germain (Soleil), Castel (Bernard) ; Mmes Fix (Hélène), Marcus (Pauline).

et chacun dans le costume du meilleur rôle de son emploi[1]. L'ode, qui exprime de nobles sentiments dont l'intention rachète l'officielle banalité, est couverte d'applaudissements, et M. Beauvallet doit même en répéter la dernière strophe.

---

[1]. N'ont pas paru dans la cérémonie : Mmes Rachel, Denain, Judith Arnould-Plessy, Thénard, Marquet et Jouvante.

ANNEE 1856

11 Janvier. — L'Empereur et l'Impératrice assistent à la deuxième représentation de la reprise de *Gabrielle*[1], avec Mlle Judith dans le rôle de l'héroïne de la comédie de M. Émile Augier. Le spectacle est complété par *Il ne faut jurer de rien*, que Mlle Émilie Dubois joue pour la deuxième fois.

15 Janvier. — Anniversaire de la naissance de Molière. — Première représentation de *les Muses de Molière*, strophes dialoguées de M. Philoxène Boyer.

Curieuse et excellente représentation, l'une des meilleures de ce genre qu'ait données la Comédie-Française au double point de vue du programme du spectacle et de l'interprétation des pièces qui le composent : *L'École des femmes*[2] et surtout ce que j'appellerai son appendice, *la Critique de l'École des femmes*[3], suite de scènes si vives,

---

1. La première représentation avait eu lieu l'avant-veille, 9 janvier.
2. M. Provost joue Arnolphe, et Mlle Dubois, Agnès.
3. Cette critique de l'une de ses pièces, la seule d'ailleurs qu'ait jamais écrite Molière, fut jouée pour la première fois, et avec un vif succès, le 1er juin 1663. On sait que Boursault se reconnut dans le personnage de

si enjouées, et en même temps remplies de tant de bon sens et de pointes philosophiques si comiquement exprimées. L'élite des sociétaires se montre dans cette dernière pièce, qu'on ne donne qu'à de longs intervalles et qui mériterait d'accompagner toujours la représentation du chef-d'œuvre dont elle est, en quelque sorte, le complément forcé.

Voici la distribution des rôles :

Lysidas.	MM. Regnier.
Dorante.	— Geffroy.
Le marquis.	— Got.
Climène.	Mmes Aug. Brohan.
Uranie.	— Denain.
Élise.	— Judith.

Une scène en vers de M. Philoxène Boyer, *les Muses de Molière*, complète le spectacle. Elle est à plusieurs personnages, et machinée comme une petite féerie. Voici Scapin (M. Monrose) qui se désole parce que sa muse est rebelle : chargé d'écrire l'éloge traditionnel du grand poëte comique, il ne trouve rien à dire et il serait sans doute bien longtemps encore embarrassé si tout à coup trois muses — il n'en implorait qu'une !... — ne lui apparaissaient au milieu d'un nuage. Elles viennent chanter l'une après l'autre, dans des strophes fort joliment tournées, les mérites immortels du grand génie dont elles ont été les meilleures interprètes. Ces muses représentent, en effet, Mlle de Brie dans le costume d'Agnès (Mlle Dubois), Mlle Molière dans celui de Célimène (Mlle Favart), et enfin Laforêt dans le jupon court de la servante Nicole (Mlle Aug.

Lysidas et qu'il répondit à la critique de Molière par une petite pièce, *la Portrait du peintre ou la Contre-critique de l'École des femmes* que les ennemis de Molière tentèrent vainement de faire réussir sur le théâtre de l'hôtel de Bourgogne (1663).

Brohan). Scapin écoute émerveillé : c'est le compliment même qu'il doit faire que ces jolis fantômes récitent devant lui : tout radieux il écrit sous leur dictée, et quand les strophes sont terminées le fond du théâtre s'ouvre et l'apothéose commence. Le buste de Molière apparaît entouré de tous les artistes de la Comédie-Française[1] dans le costume des principaux personnages des pièces du grand comique et tenant à la main des palmes et des couronnes en son honneur.

Cette gracieuse fantaisie, écrite en vers curieusement ciselés et d'une allure toute spéciale à leur auteur, a obtenu un vif succès devant la brillante assemblée qui remplissait la salle jusques aux combles. Il avait même fallu fermer les portes sur une foule pour le moins aussi nombreuse qui, elle aussi, avait rêvé de fêter Molière et pour laquelle on donna, le surlendemain, le même spectacle.

20 JANVIER. — M. Talbot[2], gendre du sociétaire Geffroy, et qui a acquis une certaine notoriété par delà les ponts, au second théâtre français, débute dans le rôle d'Harpagon, de *l'Avare*[3]. C'est un artiste intelligent et consciencieux, qui s'est voué, avant l'âge, à la spécialité des rôles de financiers, et qui promet de rendre de très-honorables et utiles services, en doublant d'abord ses chefs d'emploi.

21 JANVIER. — Première représentation de *les Piéges*

---

1. A l'exception de Mmes Rachel, Arnould-Plessy, Augustine Brohan e Thénard.

2. Montalant (Denis-Stanislas) dit Talbot, né en 1824; il obtient un premier accessit au Conservatoire en 1850 et débute peu après, à l'Odéon, par le rôle d'Oreste, dans *Andromaque*. Il abandonna d'ailleurs bientôt le genre tragique et sut conquérir une assez rapide réputation surtout dans l'ancien répertoire. Nous le retrouverons bientôt sociétaire.

3. Jouent les autres rôles : MM. Delaunay (Cléante), Got (Laflèche Regnier (maître Jacques); Mlle Aug. Brohan (Frosine).

dorés, comédie en trois actes, en prose, de M. Arthur de Beauplan[1].

Cette jolie comédie de mœurs aurait pu également s'appeler « les mauvais conseils. » Elle cherche, en effet, à démontrer leur terrible influence, mais elle laisse seulement entrevoir les résultats funestes qu'ils peuvent produire quand ils s'adressent à des esprits trop faibles pour être coupables de résister longtemps à leurs attirantes séductions. L'auteur nous présente un ménage heureux et modeste, dont la vie est simple, qui sait prendre les choses par leur bon côté et sans le regret ou l'envie des splendeurs ou des richesses des autres. Il introduit dans ce milieu, comme contraste, un riche agent de change et sa femme. Cette dernière est une mondaine brillante et futile et que le plaisir seul attire et occupe. Elle critique bien vite la simplicité de la jeune femme, les goûts casaniers du mari et leur prêche le luxe en leur offrant les moyens de l'acquérir sans scrupule. Le jeu, le terrible jeu de la Bourse, n'est-il pas là pour leur procurer des gains licites qui décupleront leurs ressources?... Tous deux cèdent à l'attrait merveilleux de ce tableau enchanteur; le mari joue, la femme joue également, mais la fortune ne leur sourit guère. Quand l'un gagne, par hasard, par hasard aussi l'autre perd et l'équilibre finit même par ne plus s'établir. Le ménage, jusqu'alors si sage et si modeste, ne paye pas moins de 20,000 francs comme liquidation la dure leçon qu'il vient de recevoir; sans compter que, pendant ce temps, madame risquait son honneur d'honnête femme en présence des convoitises coupables de l'agent de change qui espérait bien que l'amour de sa

---

[1]. Ont créé les rôles : MM. Leroux (Martinoz), Bressant (Durantel), Got (Pierre); Mmes Aug. Brohan (Laure), Favart (Emma).

jolie cliente lui solderait ses différences, et que de son côté monsieur compromettait son cabinet en négligeant ses affaires. Tous deux heureusement s'arrêtent à temps, sur les bords mêmes de l'abîme, et reprennent avec joie leur vie calme et simple, bien désillusionnés sinon déjà tout à fait guéris

Cette comédie bien pensée, élégamment écrite, arrivait au bon moment. La fièvre de spéculation et d'enrichissements rapides et même subits, qui devait être poussée si loin pendant toute la durée de l'empire, commençait alors en même temps que les immenses travaux qui allaient produire l'affluence inouïe et le déplacement de tant de capitaux. Ce n'est pas que la pièce de M. de Beauplan eût, le moins du monde, les allures d'une satire virulente ou d'un pamphlet politique!... La censure ne lui aurait pas permis certaines critiques facilement indiquées, mais sortant du domaine de la simple comédie. C'était déjà beaucoup, d'ailleurs, qu'un écrivain pût stigmatiser sur le premier théâtre littéraire de la France, seulement par allusions des plus discrètes, et même dans une mesure restreinte, la passion de lucre et d'argent qui s'était emparée de tout le monde. Le ménage modeste qu'il mettait en scène représentait bien cette bourgeoisie à petits revenus qui rêvait de s'enrichir à l'exemple de ces fortunes scandaleusement rapides qu'elle voyait s'élever autour d'elle. L'autre ménage — celui de l'agent de change — figurait cette race d'agioteurs sans scrupules pour qui étaient bons tous les moyens qui menaient à l'argent, et il ressortait de ce rapprochement une étude ingénieuse et d'une véritable portée morale. La vigueur seule a manqué à ce tableau dont les couleurs ont pu paraître un peu effacées et insuffisamment jetées sur un sujet si plein d'une palpitante actualité, et aux développements duquel, je le répète, l'auteur a dû être empêché de donner toute leur force et tout leur éclat.

1er Février. — M. Empis, membre de l'Académie française et auteur dramatique souvent applaudi[1], remplace, à la tête de la Comédie, M. Arsène Houssaye, démissionnaire depuis plusieurs mois déjà.

M. Arsène Houssaye avait dû à sa réputation littéraire, non moins qu'à l'appui alors tout-puissant de Mlle Rachel, d'être appelé, en 1849, à l'honneur de diriger la Comédie-Française, en remplacement de M. Edmond Seveste. La situation financière de la société du Théâtre-Français était, alors, très-compromise ; ses dettes étaient énormes[2], et bien que le répertoire nouveau ne manquât ni de mérite, ni d'éclat[3], il n'attirait cependant pas la foule. Cette situation fâcheuse provenait surtout de la perturbation jetée, dans toutes les fortunes et dans toutes les affaires, par les événements politiques dont les plaisirs publics avaient également ressenti le contre-coup terrible. Ni M. Lockroy, ni M. Seveste, qui s'étaient succédé comme directeurs de la Comédie depuis la révolution de 1848, n'avaient pu conjurer le péril ni même arrêter le déficit

---

[1]. Simonis (Adolphe-Dominique-Florent-Joseph), dit Empis; né à Paris le 29 mars 1795.

[2]. Son passif s'élevait au chiffre de près de 500,000 francs.

[3]. Voici les principales pièces nouvelles données à la Comédie-Française depuis la révolution de 1848 jusqu'à l'avénement de M. Arsène Hossaye :

En 1848 : *L'Aventurière*, d'É. Augier; *Il faut qu'une porte soit ouverte ou fermée* et *Il ne faut jurer de rien*, d'A. de Musset; *les Frais de la guerre*, de Léon Guillard; *la Vieillesse de Richelieu* d'Octave Feuillet et Paul Bocage; *André del Sarte*, d'A. de Musset; *Daniel*, de Ch. Lafont.

En 1849 : *Louison*, d'A. de Musset; *le Moineau de Lesbie*, d'A. Barthet; *Adrienne Lecouvreur*, de Scribe et Legouvé ; *On ne saurait penser à tout*, d'A. de Musset ; *la Chute de Séjan*, de Victor Séjour etc...

toujours croissant, et ils avaient — administrativement — succombé à la tâche.

M. Arsène Houssaye eut plus de bonheur ; il était aussi d'une nature plus heureuse, d'un caractère plus facile, tout plein de charme et de grâces, et il avait surtout l'esprit le plus accommodant et le plus conciliant du monde. Ses rapports avec les artistes du Théâtre-Français furent aussitôt des meilleurs, et il en fut de même de ses relations avec les auteurs en renom qu'il sut garder ou attirer à la Comédie-Française[1]. Il laissa donc à son successeur la Comédie en pleine prospérité, avec un répertoire moderne largement accru et fortifié, en même temps qu'il remettait entre ses mains, au point de vue financier, une situation nette et liquide de tout arriéré. Le gouvernement de l'Empereur le récompensa de ses services au Théâtre-Français en créant, en sa faveur, une place d'inspecteur général des musées de province, qu'il était, mieux que personne, apte à bien remplir. Deux ans plus tard, il était promu au grade d'officier de la Légion d'honneur[2].

---

1. Liste des principales pièces nouvelles jouées sous la direction de M. Houssaye jusqu'au 1er janvier 1853 :

En 1849 : *Gabrielle*, d'E. Augier.

En 1850 : *Charlotte Corday*, de Ponsard; *Horace et Lydie*, du même ; *le Chandelier*, d'A. de Musset; *un Mariage sous la régence*, de Léon Guillard; *les Contes de la reine de Navarre*, de Scribe et Legouvé; *les Ennemis de la maison*, de Cam. Doucet; *le Joueur de flûte*, d'E. Augier.

En 1851 : *Valéria*, de Maquet et Lacroix; *Bataille de dames*, de Scribe et Legouvé; *la Fin du roman*, de Léon Gozlan; *les Caprices de Marianne*, d'A. de Musset; *Mlle de la Seiglière*, de Jules Sandeau.

En 1852 : *la Diplomatie du ménage*, de Mme C. Berton ; *Diane*, d'É. Augier; *Ulysse*, de Ponsard; *le Bonhomme jadis*, de Murger; *Sullivan*, de Mélesville; *le Cœur et la dot*, de Mallefille.

Il faut encore citer à l'avoir de M. Houssaye la reprise des principales pièces de V. Hugo et A. Dumas.

2. Le 30 juillet 1858.

M. Empis, qui prenait à sa place l'administration de la Comédie, était un ancien employé supérieur de la liste civile sous les rois Louis XVIII et Charles X; il avait écrit des livrets d'opéra et diverses comédies dont la plus célèbre, faite en collaboration avec M. Mazères, est *la Mère et la Fille* (Odéon, 11 octobre 1830). Il avait aussi publié récemment une série de scènes historiques sous ce titre : *Les Femmes de Henri VIII* (2 vol. in-8º, 1854) qui avaient eu un assez vif succès et dont la deuxième édition venait de paraître. Enfin l'Académie française l'avait appelé à elle, dès 1847, en remplacement de M. de Jouy.

Cet homme grave, qui s'était donné pour mission de régénérer le répertoire classique qu'il considérait comme trop oublié ou bien seulement comme trop négligé à la Comédie-Française, inaugura sa direction par la première représentation d'une farce quelque peu équivoque d'un écrivain qui avait beaucoup fait parler de lui depuis un peu plus d'un an qu'avait paru son premier livre, M. Edmond About. Cette farce, intitulée *Guillery*, portait sur l'affiche l'appellation de comédie en trois actes, en prose. Mais M. Empis n'était responsable ni de la réception, ni de la mise en scène de cette étrange pièce qui fut jouée, pour la première fois, le jour même où le nouveau directeur entrait en fonctions. La comédie de *Guillery* avait été reçue antérieurement à son avénement, un peu par ordre, et on l'avait montée, grâce aux hautes relations de son spirituel auteur, avec une rapidité sans exemple et ainsi qu'on aurait pu le faire pour un chef-d'œuvre exceptionnel sur lequel on eût fondé de toutes spéciales espérances. Le succès ne répondit cependant pas à l'attente des protecteurs du jeune écrivain; non que sa pièce manquât d'esprit, mais bien parce qu'elle décelait chez son auteur une inexpérience absolue des choses du théâtre, que le sujet en était insuffisant, et que, voulant imiter dans sa comédie les procédés et la manière des vieux auteurs comiques français, il parut avoir encore outré les licences de termes et de langage que l'usage autorisait autrefois. Guillery n'était qu'un polisson d'une époque indéterminée par l'auteur lui-même[1], qui trompait à la fois, avec l'aide de son ami Monocorde, deux femmes et leurs deux maris, et les allures de ces divers personnages, que M. About avait cru rendre fort drôles et fort gaies, semblèrent, au contraire, vulgaires et irrévérencieuses au dernier point. On trouva également étrange que l'auteur, qui avait eu la prétention de donner une sorte de pastiche du théâtre ancien, eût commis la lourde faute de mêler, au langage de l'époque que parlent en général ses personnages, des termes, des phrases entières et même des plaisanteries d'un goût douteux, tout à fait modernes. Cette manière de compromis, qu'il avait cru convenable d'établir entre deux époques si distantes l'une de l'autre, fut trouvée choquante et surtout indigne de la scène illustre qui avait accueilli la nouvelle pièce.

M. About avait d'ailleurs par avance, contre lui, une bonne partie des critiques qui allaient juger sa pièce et qui s'étaient déjà montrés si sévères et même impitoyables pour lui au sujet de *Tolla*, joli roman qu'il avait publié dans la *Revue des Deux-Mondes* et qu'on l'accusa d'avoir plagié dans une œuvre déjà ancienne et alors oubliée[2].

---

1. On lit, dans la pièce imprimée, comme indication du lieu où se passe la scène : « La scène est à Paris, en l'an ..... »

2. *Tolla* fut publiée dans la *Revue des Deux-Mondes*, du 1er au 15 mars 1855. — On accusa l'auteur d'avoir pillé ce roman dans un ouvrage alors bien oublié, *Vittoria Savorelli, storia del secolo XIX* publiée à Paris en 1841 (un vol. in-8º). Lire à ce sujet, dans la *Revue de Paris*, une curieuse polémique entre MM. About, Julian Klaczko et Louis Ulbach (numéros des 1er juin et 1er juillet 1855, tome XXVI).

La rapide fortune littéraire du jeune écrivain et le grand succès de son premier ouvrage, *la Grèce contemporaine*[1], où on lui reprochait d'avoir trop souvent sacrifié la vérité des choses et des faits au facile plaisir d'écrire un mot d'esprit ou de répandre une amusante méchanceté, avaient également ameuté tous les petits écrivains jaloux de voir arriver en si peu de temps à la réputation un confrère aussi nouveau, et du même coup tous les petits journaux qui imprimaient leurs articles. Un chef-d'œuvre seul, d'une incontestable valeur, aurait donc pu conjurer l'orage qui se préparait contre ce malheureux *Guillery*. Il n'éclata cependant pas le premier jour; l'Empereur et l'Impératrice assistaient à la représentation, et leur présence empêcha les manifestations par trop hostiles et bruyantes; la pièce fut écoutée avec froideur[2], fit sourire médiocrement, et le nom de l'auteur fut proclamé au milieu d'un silence que les bravos de la claque et quelques sifflets vinrent seuls interrompre.

La deuxième représentation fut donnée le lendemain même, 2 février[3], et dès la première scène on put prévoir que la pièce n'irait pas jusqu'à la fin. On dut en effet, de-

---

[1]. Un vol. in-18, publié d'abord dans la Bibliothèque des chemins de fer, chez Hachette (1855). Ce n'est en somme que la deuxième publication de M. About qui, pendant son séjour en Grèce, avait déjà rendu public un *Mémoire sur l'île d'Égine* (in-8°, Paris, 1854).

[2]. « Le public a écouté avec un sérieux glacé cette farce de carnaval, cette comédie grasse, écrite pour les jours gras et qui n'avait pas la prétention de leur survivre. » (TH. GAUTIER.) L'article de M. Gautier, publié au *Moniteur*, alors journal officiel, est fort habilement fait et de manière à ne trop blesser personne, ni les protecteurs qui appartiennent au monde officiel, ni le protégé, ni le public non plus qui s'était trop vivement prononcé pour qu'il fût possible d'être élogieux outre mesure.

[3]. Contrairement aux habitudes de la Comédie-Française où l'usage est de ne jouer une pièce que tous les deux jours.

vant l'opposition persistante du public, baisser le rideau au milieu du troisième acte et après un concert ininterrompu de cris, de rires et de sifflets. Les excellents artistes qui interprétaient *Guillery* avaient fait de leur mieux pour sauver l'œuvre compromise[1], et le public leur cria bien haut — pour ajouter encore au déboire tout personnel de M. About — que ce n'était certes pas à eux que s'adressaient sa critique et ses sifflets.

M. About retira donc sa pièce, sans tenter une troisième épreuve, et il eut la sagesse de la reléguer définitivement en tête d'un volume qu'il intitula, avec autant de bon sens que d'esprit, *Théâtre impossible*, en y joignant trois autres pièces qui, à l'égal de *Guillery*, n'étaient en effet possibles qu'à la lecture. Il garda toutefois un rancunier souvenir de cette terrible soirée, et il entra peu après au journal le *Figaro* pour y publier, sous le pseudonyme de Valentin de Quévilly, une série d'articles pleins de personnalités spirituelles et méchantes, et dirigées contre ses principaux détracteurs. Cette regrettable campagne fut courte d'ailleurs, mais elle donna lieu aux querelles et aux ripostes les plus vives, et parfois aussi les plus entachées de pénibles représailles et de tristes scandales[2].

---

1. Ont créé les rôles : MM. Provost (Truphême), Anselme (Bridoie), Got (Guillery), à qui l'auteur a dédié sa pièce comme « comédien excellent, son camarade de collège et son ami », Bache (Monocorde), très-original, Masquillier (le cabaretier); Mmes Nathalie (Isabeau) et Valérie (Guillemette), cette dernière toute pleine de verve, de gaieté et d'un charme piquant sous son costume de bourgeoise du xiiie siècle.

2. M. About devait subir, quelques années plus tard, une mésaventure dramatique du même genre, mais plus éclatante encore, et cette fois plus imméritée. Il avait présenté et fait recevoir à la Comédie-Française, en 1861, un drame en cinq actes, intitulé *Gaëtana*. La pièce avait été montée avec grand soin et les meilleurs artistes du théâtre devaient l'interpréter : MM. Geffroy, Got, Bressant, Monrose, Barré, Mirecourt et Mmes Favart et Edile Riquer. Mlle Favart étant tombée malade, les répétitions, déjà

19 Février. — Mme Plessy se montre successivement dans les principaux rôles du grand répertoire. Le 19 février, elle joue Célimène du *Misanthrope*[1] et la comtesse du *Legs*[2], et le 4 mars elle reprend, dans *la Gageure imprévue*[3], le personnage de Mme de Clainville. C'est surtout dans ces deux derniers rôles qu'elle obtient le plus d'applaudissements et de succès. Fort belle également dans Célimène, elle y tient moins cependant son public sous le charme; les grands airs de la grande coquette de Molière lui conviennent moins que les mignardises des comédies de Marivaux et de Sedaine, où elle est véritablement inimitable. Elle détaille, avec un art exquis, tous les traits de ces deux rôles charmants qui n'ont pas eu, depuis Mlle Mars, d'interprète plus brillante et plus complète.

22 Février. — La Comédie-Française fait une grande perte dans la personne de Mme Allan-Despréaux, morte le

---

très-avancées, furent forcément suspendues. M. About ne voulut pas attendre et il transporta *Gaëtana* à l'Odéon où ce drame fut joué pour la première fois le 3 janvier 1862. Le public de l'Odéon fut plus sévère pour *Gaëtana* que celui de la Comédie-Française ne l'avait été pour *Guillery*. Une cabale considérable existait et était même connue avant la représentation. La pièce, qui n'était pas, à tout prendre, plus mauvaise que beaucoup d'autres, ne fut entendue de personne. On la siffla du commencement à la fin, et l'auteur, vaincu pour ainsi dire sans avoir combattu, dut retirer son drame après sa quatrième représentation. Cet incident donna lieu à je ne sais combien d'articles de journaux et de brochures de tous genres. M. About publia sa pièce (un vol. in-8º, chez Michel Lévy), avec préface et postface, lesquelles n'étaient pas, d'ailleurs, écrites dans un esprit ou dans un but conciliant et qui ne servirent, en effet, qu'à envenimer et à prolonger le débat.

1. MM. Geffroy (Alceste), Delaunay (Acaste), Got (Dubois); Mmes Nathalie (Arsinoé), Judith (Eliante). L'Empereur et l'Impératrice assistent à la représentation.

2. Bressant et Mlle Bonval jouent les autres rôles.

3. MM. Provost (M. de Clainville), Détieulette (Leroux), Got (Lafleur); Mlle Bonval (Julie). La dernière reprise avait eu lieu le 4 mars 1852; la pièce a été jouée pour la première fois le 27 mai 1768.

même jour, à la suite d'une courte maladie, à neuf heures et demie du soir.

Mme Allan avait paru fort jeune sur les planches du Théâtre-Français; elle y avait joué, dans son enfance, le rôle de Joas dans l'*Athalie* de Racine. Quelques années plus tard, elle débutait, sous son nom de jeune fille, Louise Despréaux, au théâtre du Gymnase, où elle séjourna sept ans (1831-37). Elle alla ensuite passer en Russie les dix années réglementaires avec son mari, le comédien Allan, qui joua à côté d'elle les premiers grands rôles sur le Théâtre-Français de Saint-Pétersbourg[1]. Mme Allan rentra définitivement à la Comédie-Française le 27 novembre 1847, dans *le Caprice*. Musset n'avait pas encore été joué au Théâtre-Français.

C'est donc Mme Allan qui eut, la première, l'honneur insigne de mettre en relief, sur une scène française, les qualités dramatiques de l'illustre poëte, et c'est dans l'un de ses proverbes les plus exquis, celui-là même qui lui avait valu ses meilleurs succès en Russie, qu'elle reparut à la Comédie-Française. Le souvenir de cette éminente artiste demeure donc éternellement lié à cette prise de possession de notre premier théâtre littéraire, par cet écrivain suave et doux qui s'était toujours jusqu'alors si vivement défendu contre ceux qui lui conseillaient d'aborder la scène, où il lui semblait impossible de réussir sans observer certaines règles et conventions spéciales auxquelles son esprit fantaisiste ne voulait ni s'astreindre ni se plier. Presque toutes les comédies de Musset réussirent au théâtre, parce qu'en raison de leur imprévu charmant elles ne ressemblaient à aucune de celles qu'on était habitué d'entendre, — à l'ex-

---

[1]. « Elle apporta de Saint-Pétersbourg, dans son manchon, Alfred de Musset, inconnu en France comme auteur dramatique. » (TH. GAUTIER.)

ception, toutefois, d'une seule qu'il avait précisément voulu écrire en vue de la scène et d'après ces règles et ces conventions mêmes dans lesquelles il redoutait tant d'enfermer, comme dans une prison, son inspiration si capricieuse et si poétique [1].

C'est pendant la première représentation de la reprise de *Bertrand et Raton* [2], vers onze heures du soir, que la Comédie-Française apprit le malheur qui la frappait. Ce fut une consternation générale! Cette mort était si foudroyante et si subite! Il y avait si peu de jours que Mme Allan avait encore été vue par tous, et on était, surtout, si éloigné d'avoir de fatales appréhensions sur l'issue de la maladie qui retenait chez elle l'éminente artiste! Le 25, jour des obsèques [3], le théâtre fit relâche, et toute la comédie suivit jusqu'au lieu du repos les restes de cette comédienne accomplie, disparue, jeune encore [4], et au moment où elle était parvenue à l'apogée de sa réputation et de son talent.

16 MARS. — Naissance, à trois heures un quart du matin, d'Eugène-Louis-Jean-Joseph Napoléon, prince impérial. La Comédie, qui avait affiché *la Joconde* et *la Gageure imprévue*, demande, en toute hâte, dans la journée, à M. Méry, une pièce de vers quelconque, à l'effet de célébrer, le soir même, le grand événement. Le fécond et iné-

---

1. Il s'agit ici de *Louison*, comédie en 2 actes, et en vers, demandée à A. de Musset pour le Théâtre-Français où elle fut représentée, avec un succès plus que contesté, le 22 février 1849. Les rôles en furent créés pas Brindeau, Regnier, Mmes Mélingue, Judith et Anaïs.

2. Même distribution qu'à la dernière reprise (Voyez 5 juin 1853), à l'exception des rôles de Christine et de Marie-Julie, où Mmes Favart et Jouvante remplacent Mmes Rebecca et Noblet.

3. Mme Allan habitait le n° 47 de la rue Laffitte; ses obsèques furent célébrées en l'église Notre-Dame de Lorette, à 9 heures du matin.

4. Mme Allan n'avait pas plus de 45 ans.

puisable poëte compose, « à la vapeur, » une ode, qu'il intitule *le Prince impérial*, et que M. Beauvallet déclame aux applaudissements du public, auquel l'affiche n'a pu annoncer cette bonne fortune.

Le lendemain, 17, à deux heures de l'après-midi, tous les théâtres de Paris donnent des représentations gratuites [1], aux frais de la liste civile. La Comédie-Française joue *les Fausses Confidences* et *l'Avare*, et M. Beauvallet déclame, pour la deuxième fois, l'ode si rapidement improvisée, la veille, par M. Méry. L'affluence est immense et la salle plus que comble; les loges, qui doivent ordinairement contenir quatre ou six spectateurs, sont remplies par dix ou par quinze personnes, absolument entassées les unes sur les autres. Les principaux sociétaires paraissent dans les deux pièces, et quelques-uns obtiennent des succès tout personnels que la qualité du public spécial, qui a envahi la salle, rend tout particulièrement flatteurs et précieux.

---

1. Voici le titre des divers à-propos et cantates qui furent déclamés ou représentés, ce jour-là, sur tous les théâtres de Paris :

Opéra : Une cantate de Pacini, musique d'Ad. Adam, accompagnant *le Corsaire*, ballet ;

Odéon : *Le 16 Mars*, à-propos en vers de M. Philoxène Boyer, joué par Tisserant, Mmes Toscan et Jane Esler ;

Opéra-Comique : Cantate de MM. Barbier et Michel Carré, musique d'Halévy ;

Théâtre-Lyrique : Cantate, paroles du directeur, M. Carvalho, musique de Clapisson ;

Vaudeville : *L'Espoir de la France*, cantate ;

Gymnase : *La Nativité*, ode de Th. Gautier, insérée au *Moniteur* du matin et déclamée par Mme Rose Chéri ;

Variétés : *Le Berceau impérial*, cantate ;

Palais-Royal : *101 Coups de Canon*, à-propos en un acte ;

Gaîté : *l'Enfant de France*, cantate ;

Porte Saint-Martin : Divertissement allégorique ;

Ambigu : *A la Voix du Canon*, cantate ;

Cirque-Impérial : Cantate.

8.

30 mars. — Mlle Céline Hugon, grand premier rôle tragique, débute dans le personnage de la Reine, des *Enfants d'Édouard*; le 1er mai suivant, elle reparaît dans Agrippine, de *Britannicus*[1]. Mlle Hugon est une artiste de valeur qu'un embonpoint prématuré a malheureusement éloignée de la scène bien avant l'âge de la retraite. Depuis son départ de la Comédie-Française, elle ne s'est plus produite sur aucun théâtre.

12 avril. — Première représentation de *Comme il vous plaira*, drame en trois actes, de George Sand, d'après Shakespeare.

C'est avec un grand respect, mêlé de beaucoup d'admiration pour Mme Sand, qu'il convient de parler de sa tentative d'adaptation et pour ainsi dire d'acclimatation à la scène de la comédie romanesque de Shakespeare. Mme Sand était le seul écrivain de notre temps qui eût le pouvoir et, en quelque sorte, le droit de toucher à une œuvre semblable [2] d'une forme si peu moderne, d'une poésie si étrange, dont le sujet est insaisissable et dont les personnages appartiennent beaucoup plus au domaine si varié de la légende et de la féerie qu'à celui de la réalité. La comédie même de Shakespeare, littéralement traduite, n'est pas toujours compréhensible; elle ne comporte, en vérité, ni intrigue, ni grands développements de caractères; les scènes s'y suivent sans ordre et un peu à l'aventure, selon les caprices du génie de l'auteur. Il fallait bien de l'habileté et bien du talent pour moderniser quelque peu cette pièce, qui, dans l'original, à proprement dire, n'en est pas une.

---

1. MM. Beauvallet (Néron), Maubant (Burrhus), Jouanni (Britannicus); Mlle Favart (Junie).

2. « Le génie a le droit de toucher au génie. » (Th. Gautier.)

Mme Sand ne s'était pas, d'ailleurs, dissimulé les difficultés du travail qu'elle entreprenait; la lettre qu'elle a adressée à son excellent metteur en scène, M. Regnier, et qui sert de préface à la pièce publiée[1], témoigne assez des craintes qu'elle éprouvait au sujet des difficultés qu'une étude soutenue de la comédie de Shakespeare lui faisait prévoir.

On ne peut dire que Mme Sand ait triomphé de ces difficultés mêmes, mais elle n'était pas tenue à l'impossible. Voulant conserver de Shakespeare la plus grande partie de sa comédie, lui laisser son caractère spécial, ses personnages, leurs types singuliers et parfois même l'incohérence de leurs situations respectives, elle s'est bornée à mettre en style moderne, et dans cette prose si claire, si élégante, si forte, dont tant d'œuvres et tant d'années n'ont point diminué la forme et la vigueur admirables, la pièce même du plus grand poëte dramatique de l'Angleterre. Certains déplacements de scènes, quelques suppressions et modifications obligées constituent les seuls changements apportés par elle au fond même de la pièce[2]. Il ne pouvait résulter d'un semblable travail qu'une œuvre de la plus haute curiosité, au double point de vue artistique et littéraire; mais, en revanche, une pièce froide, trop longue et à peu près sans intérêt.

---

1. *Comme il vous plaira* a d'abord été publié, en une brochure in-18, à la librairie nouvelle, avec une préface-dédicace à M. Regnier. La pièce a reparu dans le théâtre, soi-disant complet de Mme Sand, édité par les frères Lévy, Paris, 1869, tome IV.

2. « Mme Sand a émondé les branchages un peu touffus de cette forêt pleine de dédales; elle a rassemblé, comme dans la clarté d'un rond-point, ses mobiles personnages qui ne font qu'apparaître et disparaître à travers les éclairs et les ombres du labyrinthe où ils se promènent. »

(Paul de Saint-Victor.)

La Comédie-Française s'est toutefois grandement honorée en lui faisant accueil, et surtout en donnant à la mise en scène de cette sorte de féerie tous les développements et la magnificence qu'elle comportait si facilement. Cette forêt des Ardennes, où se passe tout le deuxième acte, ses arbres, ses rochers, le ruisseau qu'on entrevoit au travers des saules, et ces grands chênes « qui portent des siècles, » tout cela était, surtout, admirablement rendu. Les costumes si variés et si brillants étaient de la plus belle et de la plus luxueuse étoffe, et si l'on a pu trouver un peu triste la sombre et monotone toilette de Rouvière, « tout de noir habillé, » tout le monde a admiré les robes merveilleuses et de couleurs si voyantes et si diverses que portaient Mmes Plessy et Favart.

J'arrive à l'interprétation : il me paraît qu'elle eût exigé des artistes tout spéciaux et moins habitués aux formes classiques et aux traditions du vieux théâtre, et comme trop tenus sur la réserve par elles. Cette prose ailée et chantante semblait appeler la musique ; un ballet n'eût pas été de trop, et un peu d'excentricité dans la manière de dire et même de marcher n'eût pas nui, non plus, à l'ensemble. C'est ce qui explique que M. Rouvière, qui débutait ce soir-là dans le rôle de Jacques [1], y ait obtenu

---

[1] M. Rouvière (Philibert) a été l'un des artistes les plus étranges de notre époque. Il ne manquait point de talent, mais bien qu'il eût passé par le Conservatoire et même par la Comédie-Française, où eut lieu son premier début au théâtre, il avait conservé des allures toutes personnelles qui n'étaient pas toujours empreintes du meilleur goût. Le rôle le plus favorable qu'il ait eu, dans toute sa carrière dramatique, a été celui d'Hamlet, dans l'adaptation de la tragédie de Shakespeare, par MM. A. Dumas et Meurice (1846). Sa création de *Maître Favilla*, à l'Odéon (15 sept. 1855), avait aussi été tout à fait remarquable et elle avait même décidé de son entrée, pour trois ans, à la Comédie-Française, où il ne put d'ailleurs se maintenir. M. Rouvière, qui avait aussi un certain talent comme peintre de genre et de portraits, est mort le 19 octobre 1865, à l'âge de 56 ans.

une sorte de succès qu'il ne devait pas retrouver dans d'autres rôles à la Comédie-Française. Sa diction saccadée, nerveuse, bilieuse même, n'a point paru déplacée dans le personnage assez bizarre qu'il remplissait, et il y a même obtenu, au deuxième acte, dans la longue tirade philosophique qu'il débite sur la vie humaine, une petite ovation très-chaleureuse qui était d'un assez bon présage. Il tint jusqu'à la fin son rôle au même diapason, et il se montra certainement, de tous les créateurs de la pièce, plus encore peut-être par ses défauts que par ses qualités, le plus approprié à son personnage [1].

La première représentation de *Comme il vous plaira* fut d'ailleurs très-brillante, et l'élite du monde des arts et des lettres, qui remplissait la salle, écouta, avec un plaisir véritable, cette œuvre si riche de style et d'une si intéressante mise en scène. Mais là devait s'arrêter son succès, que le public des représentations suivantes et des jours ordinaires ne ratifia pas. La pièce n'avait pas été faite en vue d'amuser ce public même, mais bien pour lui servir un régal littéraire de la plus grande valeur et du plus haut goût. Personne, d'ailleurs, ne fut atteint par cet insuccès, ni Shakespeare, ni Mme Sand, ni les sociétaires qui avaient eu l'honneur de recevoir la pièce. La caisse seule du théâtre en put souffrir; mais qu'importe cette vulgaire question d'argent en présence de toutes celles, bien autrement élevées, que pouvait faire naître l'intéressante tentative dont la pièce de Shakespeare avait été l'objet?

---

[1]. Ont créé les rôles : MM. Delaunay (Roland), Maubant (le duc), Jacques (Rouvière), Mirecourt (Amiens), Talbot (Olivier des Bois), Anselme (Adam), Fonta (Frédéric), Monrose (Pierre Touchard), Saint-Germain (Guillaume), Jouanni (Charles), Bache (un chanteur); Mmes A. Plessy (Célia), Favart (Rosalinde), Emilie Dubois (Audrey).

21 AVRIL. — Excellente reprise du *Joueur*, avec M. Leroux, paraissant pour la première fois dans le rôle de Valère, qui devient désormais l'un des meilleurs de son répertoire. Il y montre, en effet, une verve charmante, beaucoup de tenue, et sa mémoire, ordinairement rebelle, le sert mieux que d'habitude. Les autres rôles du *Joueur* sont remplis par MM. Samson (Hector), Maubant (Géronte), Mmes Judith (Angélique), Thénard (la Comtesse), Valérie (Mme la Ressource), Lambquin (Mme Adam), Bonval (Nérine). C'est l'une des plus complètes interprétations du *Joueur* qu'ait jamais données la Comédie-Française.

30 AVRIL. — Mme Nathalie reprend, dans *la Joie fait peur*, avec beaucoup de dignité et de convenance, le rôle de Mme Désaubiers, créé par Mme Allan, et que cette regrettable comédienne avait jusqu'alors exclusivement joué à la Comédie-Française. M. Candeilh joue également, pour la première fois, le rôle d'Octave, qu'avait créé M. Guichard.

9 MAI. — Rentrée de M. Métrême, jeune premier, qui ne manque ni de chaleur ni de distinction, et qui a été l'un des bons élèves du Conservatoire. Il avait débuté une première fois à la Comédie-Française le 6 août 1850, dans Valère, de *l'École des maris*. Il effectue son deuxième début, aujourd'hui 9 mai, après un assez long séjour au théâtre de l'Odéon, dans le rôle de Stéphane, de la *Gabrielle*, d'Émile Augier.

13 MAI. — Débuts de Mlle Emma Fleury, jeune et agréable artiste du théâtre du Gymnase[1]. C'est l'une des plus intelligentes élèves de M. Regnier, et elle montre de

---

1. Elle a épousé, quelques années plus tard, le sculpteur Jules Franceschi.

précieuses qualités dans le rôle d'Angélique, de *l'Épreuve*, qui sert à ses débuts [1].

Le même soir, Mme Plessy reprend, dans *Louise de Lignerolles*, le personnage de Louise, devenu vacant par suite du départ de Mlle Rachel. Elle y est fort remarquable, précisément dans les parties du rôle où brillait moins Rachel ; elle est plus coquette, plus maniérée aussi, plus complétement femme, en un mot, que sa devancière ; mais elle ne saurait produire, malgré tous les efforts de sa vive intelligence, un effet comparable à celui que Mlle Rachel savait tirer de ce rôle, dans l'interprétation duquel l'illustre tragédienne, luttant, elle-même, contre le souvenir de Mlle Mars, avait obtenu l'un de ses derniers et de ses meilleurs succès [2].

19 MAI. — Reprise du *Cid* pour les débuts d'un brillant artiste du Gymnase, M. Lafontaine [3], et la continuation de ceux de M. Rouvière. Ce sont deux romantiques de la plus belle eau, égarés dans le répertoire classique, dans la tragédie. Tout Paris connaît M. Lafontaine, qui a obtenu de fort charmants succès au boulevard Bonne nouvelle, et notamment dans *Philiberte*, *le Mariage de Victorine*, *le Pressoir*, *le Fils de famille* et enfin *Diane de Lys*. C'est un jeune et beau garçon, à l'attitude noble et fière, dont le geste est emporté, la parole ardente, et

---

1. MM. Leroux (Lucidor), Got (Blaise) ; Mmes Lambquin (Mme Argante), Bonval (Lisette).

2. Même distribution que lors de la reprise du 12 janvier 1853, à l'exception des rôles de Cécile et de Joséphine, où Mmes Fix et Lambquin remplacent Mmes Rebecca et Thénard.

3. Louis-Henri-Marie Thomas, *dit* Lafontaine, né en 1826. Ses premiers débuts ont eu lieu aux théâtres des Batignolles, puis de la Porte Saint-Martin. Ce n'est qu'en 1852 qu'il entra au Gymnase et qu'il commença à être connu du public.

qui doit beaucoup plus à ses dons de nature qu'à une étude bien suivie, ses succès et son talent. La nouvelle des débuts, à la Comédie-Française, de ce beau chevalier de l'ancien théâtre de Madame, avait attiré la plus nombreuse et la plus sympathique assemblée. Lafontaine jouait Rodrigue et Rouvière Don Gormas. Mais, je l'ai déjà dit, c'étaient là deux acteurs du boulevard, deux romantiques, deux ennemis nés du *Cid* et autres tragédies pures, et qui devaient forcément échouer dans une tentative dont les répétitions privées auraient déjà dû leur montrer, — aussi bien à eux-mêmes qu'à la direction du théâtre, à leurs camarades et à leurs amis, — les impossibilités et les périls. Quel plus vaillant Rodrigue que ce jeune et bouillant Lafontaine, et quel Don Gormas mieux intentionné et mieux campé que Rouvière, pouvait-on cependant rêver?.. Hélas! la déception suivit de près cette espérance, qui n'avait malheureusement pas sa raison d'être!... Lafontaine eut certainement des emportements splendides et des colères sublimes, et Rouvière joua Don Gormas avec une exubérance de gestes et d'intonations qui eussent fait merveille sur quelque autre scène moins sévère ; mais à la Comédie-Française, où la tenue et la réserve sont de première tradition, c'était vraiment toute autre affaire! Les meilleures intentions des deux débutants tournèrent contre eux ; leur verve parut épileptique et leurs gestes hors de toute mesure. Ils semblèrent faux à faire plaisir et furent, en effet, aussi mauvais que possible. Les artistes de la Comédie-Française, qui jouaient avec eux dans cette représentation, parurent d'autant plus parfaits, et Mlle Judith (Chimène) et M. Maubant (Don Diègue) furent surabondamment applaudis. M. Maubant fut tout particulièrement l'objet d'une ovation extraordinaire à laquelle ce modeste et précieux artiste refusait de prendre part, et il fallut en quelque sorte le traîner sur la scène pour le présenter au public, qui voulait l'acclamer, surtout comme protestation contre l'invasion des « barbares » dans le domaine de la tragédie.

Le dimanche suivant, 25 mai, M. Rouvière faisait, sans plus de succès, une nouvelle et dernière tentative de début dans le rôle de Néron, de *Britannicus*, qu'il joua avec la même exagération de gestes, de tenue, et surtout avec des éclats de voix qui paraissaient souvent surhumains. Mlle Meunier-Fleury, qui remplissait le rôle d'Agrippine, y fut, au contraire, très-suffisante et très-convenable. On l'applaudit plusieurs fois dans la soirée, ainsi que Beauvallet, qui jouait Burrhus, et Mlle Favart, très-mesurée et fort touchante dans le personnage de Junie.

Ce même soir, 25 mai, débutait dans le rôle d'Henriette, des *Femmes savantes*[1], une jolie et piquante artiste du théâtre du Gymnase, Mlle Édile Riquer[2]. Elle réussit à souhait; elle était bien un peu émue et comme dépaysée dans ce répertoire classique, dont elle n'avait pas l'habitude, mais elle eut toutefois plus de bonheur que ses camarades Rouvière et Lafontaine; elle fut admise pensionnaire, et elle sut faire, ainsi que nous le verrons, — et le plus adroitement du monde, — une assez brillante carrière à la Comédie-Française.

26 MAI. — Première représentation, à la Comédie-Fran-

---

1. Vadius (Samson), Clitandre (Geffroy), Trissotin (Regnier), Chrysale (Provost), Ariste (Maubant) ; Martine (Mme Augustine Brohan), Bélise (Mme Thénard).

2. Mlle Riquer, qui venait d'obtenir, en 1850, un accessit d'opéra-comique, au Conservatoire, n'en débuta pas moins au Gymnase, avec un assez vif succès, le 6 novembre 1850. Elle n'a point joué sur d'autres théâtres, avant son entrée à la Comédie-Française.

çaise, de *le Bougeoir*, pièce en un acte, de M. Clément Caragu el[1].

Cette fine et spirituelle comédie fut jouée pour la première fois à l'Odéon, le 21 mai 1852. C'est encore une de ces pièces sans intrigue qui doivent leur succès autant à l'esprit de leur auteur qu'au talent de ses interprètes. Mme Plessy est absolument parfaite dans le personnage de Mme de Lucenay, et l'on est toujours tenté de la trouver supérieure dans le dernier rôle de ce genre qu'on lui voit reprendre ou créer. Elle joue avec une verve, une grâce et une coquetterie adorables toute la grande scène principale de l'ouvrage, celle où il s'agit, — après qu'elle a fait cacher dans sa chambre un jeune imprudent qui lui est venu déclarer sa flamme, — de le faire évader sans bruit, sous les yeux mêmes de son propre mari, qu'elle amène insensiblement à se laisser bander les yeux et à jouer avec elle une sorte de colin-maillard qui sauve, de la manière la plus comique, une situation qui pourrait facilement tourner au drame. C'est M. Delaunay qui remplit, avec un sérieux fort plaisant, le rôle de Lucien, l'amant éconduit, et M. Bressant celui de M. de Lucenay, le mari d'une femme honnête qui repousse, pour le moment, les déclarations amoureuses, et ne veut pas se donner l'air de trop encourager les jeunes gens.

---

1. C'est la seule pièce qu'ait jamais donnée son auteur; elle est toujours restée au répertoire de la Comédie-Française.

Voici la distribution de la pièce dans les deux théâtres :

Odéon.		Comédie-Française.
Mme de Lucenay...	Mlle Sarah Félix.	Mme A. Plessy.
M. de Lucenay.....	MM. Fillion.	MM. Bressant.
Lucien.	Métrême.	Delaunay.

2 Juin. — Première représentation de *le Village*, comédie en un acte, en prose, de M. Octave Feuillet.

La jolie comédie de M. Octave Feuillet est un peu, par le fonds, le développement d'une moralité que Lafontaine a mise en fable dans ses *Deux Pigeons*. Elle nous prêche le goût du *statu quo*, l'amour de l'intérieur, trop retiré et même casanier, et par-dessus tout la haine et l'horreur de la distraction au dehors de chez soi, et tout naturellement des voyages. Mais un proverbe ne tire pas à conséquence, et d'ailleurs on trouve seulement en germe, dans *le Village*, beaucoup de ces idées philosophiques ou sociales émises contre les grands coureurs d'aventure, et auprès desquelles l'ingénieux auteur est seulement passé sans aucunement s'y appesantir. La pièce est d'ailleurs charmante; tout le monde la connaît, tout le monde l'a lue, soit dans la *Revue des Deux-Mondes*, où elle a d'abord paru [1], soit dans le recueil où son auteur l'avait ensuite publiée [2], avant de la produire au théâtre.

Elle y fait très-bon effet : le trio des deux époux et de l'ami voyageur, qui rêve de les séparer pour trouver un compagnon de route, et qui finit par partager avec eux la vie d'intérieur, qu'il a d'abord plaisantée, la petite pointe de sentiment qui termine la pièce, alors que la pauvre femme apprend que son mari veut la quitter pour courir le monde, tout ce mélange de comédie douce et de fine ironie a paru fort touchant, et son ensemble constitue, dans un aussi petit cadre, une œuvre tout à fait complète. La morale première de la pièce peut toutefois prêter à

---

1. Dans le numéro du 15 avril 1852.
2. *Scènes et comédies*, un vol. in-18, chez Michel Lévy, Paris, 1854 (première édition). C'est dans ce même volume que se trouvent *le Cheveu blanc* et *Dalila*, pièces également mises au théâtre.

réserves ; les voyages et les voyageurs ont du bon, et il ne faut rien exagérer. Ceux qui sont toujours chez eux ne sont pas moins à plaindre, si l'on envisage tous les admirables spectacles de la nature dont ils se privent, que ceux qui, courant perpétuellement le monde, ignorent les joies et les douceurs ineffables de la vie d'intérieur et de la famille.

La pièce est admirablement jouée par MM. Regnier (Rouvière), Samson (Dupuis); Mmes Nathalie (Mme Dupuis), Jouassain (Marianne).

6 Juin. — Très-belle représentation en l'honneur de l'anniversaire de la naissance de Corneille : *le Cid* avec Beauvallet (Rodrigue), Maubant (Don Diègue), et Mme Judith (Chimène), et *le Menteur*, joué par Leroux (Dorante), Samson (Cliton), Maubant (Géronte), et Mmes Favart (Clarice), Savary (Lucrèce), Valérie (Isabelle), Bonval (Sabine).

9 Juin. — Reprise d'*Amphitryon*, comédie en vers et en trois actes, avec prologue, de Molière.

M. Empis, qui veut remettre en honneur l'ancien répertoire, avait inscrit, depuis bien longtemps, l'œuvre mythologique de Molière sur ses tablettes; mais *Amphitryon* est l'une des pièces de l'illustre poëte qu'il est plus intéressant de lire que de voir représenter. De nos jours, en effet, la mythologie pure n'est plus prise au sérieux par personne, et le temps n'est pas loin où le théâtre contemporain ne l'exploitera plus que pour la tourner en plaisanterie et même en ridicule. La comédie d'*Amphitryon* est d'ailleurs excellemment montée. Voici la distribution des rôles :

Mercure.	MM. Regnier.
Sosie.	— Samson.

Amphitryon.	— Geffroy.
Jupiter.	— Beauvallet.
Cléanthis.	Mmes A. Brohan.
Alcmène.	— Judith.
La Nuit.	— Bonval.

Toutefois, l'effet produit est, en général, très-froid, et le public ne s'est guère déridé que par moments, aux saillies de Cléanthis que Mlle Brohan a lancées avec son éclat et sa bonne humeur habituels. Dois-je enfin le dire ? on s'est quelque peu ennuyé. Je ne suis point ici, d'ailleurs, irrévérencieux à l'égard de Molière, je constate simplement un fait et je me borne, une fois encore, à renvoyer le spectateur à la lecture d'*Amphitryon,* l'une des œuvres les plus poétiques de son immortel auteur.

14 Juin. — Représentation extraordinaire à l'occasion du baptême du jeune prince Impérial.

La Comédie-Française accompagne *Par droit de Conquête, le Village* et *le Bougeoir* de stances de M. Méry, *la Paix et le Baptême,* spécialement composées pour cette représentation, et que M. Beauvallet déclame avec un grand succès. Chaque strophe est accueillie par les bravos répétés du public.

Le lendemain 15, représentation gratuite, également en l'honneur du jeune prince. On donne *le Village, le Legs, le Joueur* et les stances de Méry. Cette fois, c'est un enthousiasme bien autrement frénétique que celui de la veille ! La salle est d'ailleurs remplie, outre mesure, du public ordinaire de ces sortes de représentations ; il fait aux artistes l'accueil le plus bruyant et le plus empressé et semble s'amuser prodigieusement, bien que le spectacle soit peut-être un peu délicat comme choix de pièces, pour ce qu'on est convenu d'appeler « le populaire. » Les stances de Méry sont acclamées à plusieurs reprises ; on crie de tous les coins de la salle : Vive l'Empereur! vive le prince Impérial! et M. Beauvallet est obligé de redire, une seconde fois, la dernière strophe de la pièce de vers de Méry au milieu d'applaudissements sans cesse renouvelés.

20 Juin. — Première représentation de *le Pied d'argile*, comédie en trois actes, en prose, de M. Eugène Bourgeois [1].

L'héroïne de la comédie de M. Bourgeois, c'est la modeste Mignon de Balzac, mariée et recevant chez elle son idéal qui est devenu l'époux d'une autre. Placez, au milieu de ces deux ménages, un jeune officier brillant et fringant qui s'enflamme successivement pour les deux femmes, et enfin supposez que l'idéal de la nouvelle modeste Mignon n'ait pas répondu — lui présent — à l'opinion enthousiaste qu'elle s'en était faite, avant de l'avoir vu, et vous avez tout le canevas de la comédie de M. Bourgeois.

Ce n'est pas que le sujet de cette comédie fût moins intéressant que celui de bien d'autres qui ont honorablement vécu; mais ce qui a surtout manqué à son auteur, c'est l'expérience et l'habileté nécessaires pour qu'il ait su tirer parti des situations trop accumulées et mal déduites de sa pièce. L'exposition en avait plu; un joli caractère d'officier élégant, bouillant et compromettant, d'abord très-heureusement dessiné et fort bien joué par M. Delaunay, semblait devoir, jusqu'au bout, soutenir et égayer la pièce. Mais le chassé-croisé invraisemblable des déclarations dont cet officier se fait le porteur, et enfin la situation exagérée du philosophe — l'idéal de Modeste

---

1. Ont créé les rôles : MM. Geffroy (Fulgence), Delaunay (Gaston), Leroux (Roger), Monrose (Dominique); Mmes Fix (Irma), Favart (Valérie),

Mignon — qui tombe le plus prosaïquement et le plus lourdement du monde aux pieds de la femme déjà désillusionnée, qui l'avait admiré sans le connaître, ont tellement compromis le troisième acte que les sifflets ont commencé dès la première scène, luttant avec les bravos de la claque payée, et qu'il s'en est suivi un tumulte indescriptible et tel que la Comédie-Française n'a pas eu souvent l'habitude d'en voir de semblable. La pièce, qui avait marché, pendant les premiers actes, dans les voies d'un succès honorable, mais modeste, s'est terminée par un désarroi général. Le nom de l'auteur fut proclamé au milieu de nouveaux sifflets — ce qui était d'un goût au moins contestable — et le lendemain M. Bourgeois retirait définitivement sa pièce.

Le même soir, reprise de *Sganarelle*, joué, dans ses deux principaux rôles, par Got (Sganarelle) et Mme Augustine Brohan (Mme Sganarelle)[1].

22 Juin. — Nouvelle fête impériale au palais de Saint-Cloud, en l'honneur du baptême du jeune prince. L'Empereur donne un dîner de grand gala à la haute administration de l'État et au corps diplomatique. La Comédie-Française est appelée à représenter, dans la soirée, devant la cour, *le Village* et *Par droit de conquête*.

25 Juin. — Reprise de *la Diplomatie du ménage*, comédie-proverbe en un acte, de Mme Caroline Berton[2].

La diplomatie de Mme d'Étanges consiste à retenir chez elle, dans son intérieur, au coin de son foyer, son mari, M. d'Étanges, gentilhomme quelque peu blasé, en les lui rendant aussi agréables que possible. La pièce de Mme Ca-

---

1. Mlles Savary (Célie) et Valérie (la suivante).
2. Représentée pour la première fois, à la Comédie-Française, le 7 janvier 1852.

roline Berton n'a pas d'autre intrigue, et le sujet, comme on le voit, n'en est pas compliqué. C'est un peu menu et par trop mince, même pour un simple proverbe. Quelques traits d'esprit, un dialogue habilement soutenu, et le jeu des acteurs [1] — de ceux qui ont en quelque sorte, en dehors de leurs autres mérites, la spécialité de ce genre mièvre et minaudier — ont fait cependant applaudir ce petit acte. Il est toutefois bien inférieur à une autre comédie du même auteur, *les Philosophes de vingt ans*, fort remarquable, celle-là, et la meilleure que Mme Berton ait écrite [2]. Elle eût mérité, ce nous semble, de préférence à *la Diplomatie du ménage*, les honneurs d'une reprise.

1er Juillet. — Reprise de *Une Chaîne*, comédie en cinq actes, de M. Scribe.

Une Chaîne est l'une des plus ingénieuses comédies de Scribe, et l'une de celles où il a su, avec le plus d'art, mêler l'élément comique et l'élément dramatique de façon à ne jamais lasser le spectateur, tout en faisant passer sous ses yeux une action fortement émouvante et dont le point de départ est une question, et même une sorte de thèse sociale de la plus haute gravité. Cette jolie comédie a eu un très-vif succès dans la nouveauté; elle l'a retrouvé également aux nombreuses reprises dont elle a été l'objet.

Nous revoyons encore dans la distribution actuelle — à quinze ans de date [3] — trois artistes de la création : M. Samson, dans le rôle de Clérambeau; M. Regnier, dans son amusant et populaire personnage de Ballandard, et

---

1. Les rôles sont joués par M. Maillart (d'Étanges), et Mmes A. Plessy Mme d'Étanges) et Fix (Mme Renaud).

2. Comédie en un acte, en prose, représentée pour la première fois au théâtre du Gymnase, le 1er août 1851.

3. La première représentation de *Une Chaîne* a été donnée le 29 novembre 1841.

Mme Plessy, dans Louise de Saint-Géran. M. Bressant reprend le rôle de l'amiral, créé par Menjaud; M. Delaunay remplace, avec avantage, un jeune premier de l'époque, M. Rey, qui n'a pas jeté grand éclat sur le rôle d'Emmeric, et enfin c'est la blonde et rose Mlle Dubois qui joue le personnage d'Aline, représenté dans l'origine par Mlle Doze.

16 Juillet. — Reprise de *les Héritiers*, comédie en un acte, d'Alexandre Duval[1]. Cette petite comédie est la première œuvre d'Alexandre Duval qui ait mis son nom en évidence. On raconte que, pressé par le directeur du théâtre de la République — c'est ainsi qu'on appelait le Théâtre-Français en 1796 — il écrivit sa pièce en une journée. Elle eut alors un assez vif succès qui s'est longtemps prolongé. Mais il a été fait, depuis cette époque, tant de fortes comédies ou de drames émouvants, sur les héritages et sur les héritiers, que de nos jours la pièce d'Alexandre Duval paraît bien incolore et surtout bien démodée[2]. Un mot de cette pièce lui survivra cependant toujours, c'est le fameux : *Il y aura du bruit demain dans Landerneau!...*

22 Juillet. — M. Lafontaine continue ses débuts dans le rôle de d'Aubigny, de *Mademoiselle de Belle-Isle*, et il n'y obtient qu'un demi-succès. Les grands élans de M. Lafontaine, sa fougue et même ses meilleurs effets détonnent sur cette scène sévère et mesurée où règnent, avant tout, le respect et l'amour des immuables traditions qu'un co-

---

1. Jouée, pour la première fois, le 27 novembre 1796.
2. L'interprétation actuelle est aussi bonne que possible : Provost joue Kerlebon, le parent supposé mort et qui tombe comme une bombe, au dénoûment, au milieu de ses héritiers; Anselme, Antoine Kerlebon; Got, Alain; Mme Thénard, Mme Kerlebon; et Mlle Emma Fleury, Sophie.

médien de génie, seul, pourrait se permettre de méconnaître[1].

Certes, on ne saurait nier le talent de M. Lafontaine et il est juste de tenir compte des efforts très-visibles qu'il a faits pour tempérer son exubérance naturelle; mais ce talent nous semblait supérieur alors que M. Lafontaine jouait sur une scène secondaire, où, — il convient aussi de le dire, — il était évidemment moins préoccupé, moins gêné, plus sûr, en un mot, de lui-même et de son public. Cet artiste distingué appartient à une école spéciale de comédiens, dont l'illustre Frédérick Lemaître était le chef incontesté, et qui, n'ayant passé par aucun conservatoire, ni étude régulière, n'ont pour règle de leur art que leur propre génie et leurs seules inspirations.

La Comédie reprend, le même soir, *Crispin, rival de son maître*, comédie en un acte, de Le Sage. M. Samson joue Labranche, et il a paru bien mûr pour un rôle qui exige tant de vivacité et de « diable au corps. » M. Got, qui fait Crispin, en semble d'autant plus frétillant, — trop frétillant même, — aux côtés de son vieux et illustre maître, de telle sorte que ni l'un ni l'autre, — péchant chacun par l'excès contraire, — n'est dans la mesure véritable de son personnage. Mme Thénard représente fort gaiement Mme Oronte, et Mlle Bonval est une Lisette de la vieille école.

4 Aout. — Mlle Pauline Granger, artiste de l'Odéon, où elle a obtenu de nombreux succès[2], principalement dans le répertoire classique, débute par le rôle de Dorine, de *Tartufe*, et par celui de Lisette, des *Jeux de l'amour et du*

---

1. M. Bressant joue Richelieu, Mlle Nathalie, Mme de Prie, et Mlle Judith, Mlle de Belle-Isle.
2. Mlle Granger avait débuté au théâtre de l'Odéon en 1853.

hasard[1]. C'est surtout dans le personnage de l'accorte et pétulante servante de Molière que réussit la débutante. Ses moyens physiques la serviront toujours mieux d'ailleurs dans les rôles qui n'exigeront aucune des qualités spéciales aux grandes coquettes. Mlle Granger peut tenir dignement sa place à la suite de Mlle Bonval, et doubler de temps à autre Mlle Aug. Brohan[2]. Elle ne doit, toutefois, faire qu'un séjour passager à la Comédie-Française, où nous la verrons rentrer, dans quelques années, avec plus de chances de succès, et définitivement.

La représentation de *Tartufe* offrait encore un autre genre d'intérêt ; Mlle Judith y jouait, pour la première fois, le rôle d'Elmire, et le quatrième acte lui fut particulièrement favorable. C'est Provost qui représentait Orgon, et Geffroy, Tartufe.

8 Aout. — Première représentation de *la Statuette d'un grand homme*, comédie en un acte, de MM. Léon Guillard et Achille Béziers.

La fille du bourgeois Morand aime, sans le connaître, — tout comme dans *Modeste Mignon*, de Balzac, et dans *le Pied d'argile*, récemment tombé d'une si lourde chute, — un poëte quelconque, qui répond au nom de Julien de Valneige, et dont elle n'a vu que la statuette, après s'être enthousiasmée et même enflammée à la lecture de ses vers. Son père, qui exècre la tribu des gens de lettres tout entière, rêve de faire épouser à sa fille Julien d'Aubrée, son chef d'usines, jeune homme intelligent, laborieux, mais peu riche, et qui lui, au moins, n'a pas le travers de donner dans la poésie. La jeune fille ne veut rien entendre ;

---

1. M. Samson (Pasquin), Mlle Judith (Sylvia).
2. Son deuxième début a lieu le 7 août dans *les Femmes savantes* Martine), et le troisième le 15 août, dans *l'Avare* (Frosine).

c'est son poëte qu'il lui faut! — Et voyez de quelle manière le hasard va servir ses goûts et comme elle arrive heureusement à ses fins!... Julien d'Aubrée et Julien de Valneige ne font qu'un! Le chef d'usines, avant d'entrer dans l'industrie, avait, en effet, d'abord caressé les muses et publié des vers précisément sous le pseudonyme de Julien de Valneige; mais la poésie ne lui ayant donné que des déceptions, il y avait sagement renoncé. Il peut donc satisfaire à la fois aux préférences du père et de la fille; pour l'une, il restera poëte; pour l'autre, au contraire, il ne veut demeurer, — comme par le passé, — que le premier de ses ouvriers, en devenant son fils.

Cette jolie comédie, fort lestement menée et du meilleur style, a obtenu un très-honorable succès [1], en dépit de l'interprétation insuffisante du principal rôle. M. Leroux jouait, en effet, le double personnage de Julien d'Aubrée et de Julien de Valneige, et les rôles modernes conviennent, beaucoup moins bien que les autres, à son talent. Il aurait fallu dans ce rôle de jeune premier, si brillant, si tendre et si gai, ou M. Bressant, ou M. Delaunay. Aujourd'hui M. Leroux a surtout sa place dans les rôles un peu marqués du répertoire classique, et il n'est point de marquis plus élégant et de meilleure tenue, mais les jeunes gens actuels ne sont pas du tout son fait [2].

---

1. Le nom de M. Léon Guillard parut alors à peu près coup sur coup sur l'affiche des trois premières scènes littéraires de Paris : le 6 août, le Gymnase avait joué une nouvelle comédie, *le Mariage à l'arquebuse*, signée de M. Guillard seul, et le 4 septembre suivant, l'Odéon opérait sa réouverture par la première représentation du *Médecin de l'âme*, comédie en cinq actes, faite en société par MM. L. Guillard et Maurice Desvignes.

2. Ont créé les rôles : MM. Monrose (Morand), Leroux (Julien), Saint-Germain (Pierre), Tronchet (Barnabé); Mmes Fix (Lucile), Valérie (Louison).

17 Septembre. — Première représentation de *Fais ce que dois*, drame en trois actes, en vers, de MM. Adrien Decourcelles et Henri de Lacretelle [1].

Je ne veux pas m'étendre bien longuement sur le drame de MM. Decourcelles et H. de Lacretelle, tentative d'ailleurs honorable, mais qui n'a obtenu que ce qu'on est convenu d'appeler un succès d'estime. La trahison du connétable de Bourbon et l'expiation, toute morale, qui la suit immédiatement, fait le fond de la pièce nouvelle. Bourbon aime une sœur de Charles-Quint, qui joue d'abord le rôle d'une belle inconnue, pour laquelle soupire le connétable, et qui lui est apparue dans une fête nocturne : mais la princesse refuse d'épouser un chevalier félon! Bourbon est aussi puni dans son cœur de père : sa fille, qu'il a d'abord abandonnée et qu'il recherche ensuite avec une passion subitement renaissante, va épouser, au moment où il la retrouve, le fils d'un vieux seigneur espagnol, très-rigide pour tout ce qui regarde l'honneur, et Bourbon est contraint de garder vis-à-vis de lui, et de tous, un prudent incognito, comme père de famille. Il est même outragé par les Espagnols qu'il a cependant si bien servis aux dépens de son roi : quand François Ier passe captif, devant toute la cour de Madrid assemblée, c'est avec la plus respectueuse déférence que les courtisans le saluent; mais dès que Bourbon paraît, ces mêmes courtisans enfoncent jusque sur leurs yeux, de l'air du plus profond mépris, leurs vastes coiffures qui demeurent impertinemment vissées sur leurs têtes.

---

1. M. Henri de Lacretelle est le fils de l'historien connu sous le nom de Lacretelle jeune, et le frère du général Charles-Nicolas Lacretelle. Il a été nommé député à l'Assemblée nationale le 2 juillet 1871, par le département de Saône-et-Loire. *Fais ce que dois* est la seule pièce qu'il ait jamais fait représenter.

La pièce n'est bâtie qu'avec des épisodes de ce genre, et elle manque de dénoûment. C'est à Rome qu'il fallait nous conduire pour nous faire assister à l'expiation complète du connétable, mais les auteurs n'ont fait qu'indiquer, en quelques mots qui terminent la pièce, le genre de mort qui attend le traître, sur les remparts mêmes de la ville éternelle.

Cette pièce froide, et peu intéressante, n'a reçu qu'un médiocre accueil, et elle a disparu de l'affiche après cinq représentations [1].

18 Septembre. — Représentation extraordinaire donnée, *par ordre*, en l'honneur du prince Adalbert de Bavière [2].

On joue *Tartufe* [3] et *le Malade imaginaire* [4]. Il y a grande affluence de public et la représentation est fort belle. Le prince Adalbert, qui est un lettré, a lui-même indiqué la composition du spectacle.

13 Octobre. — Mlle Pauline Lebrun, élève de la classe de M. Beauvallet, au Conservatoire, où elle a obtenu, lors des derniers concours, un premier prix de tragédie, débute dans le rôle de Pauline, de *Polyeucte*.

Les débuts de cette jeune et belle personne sont annoncés depuis plus de deux mois ; on a fait un certain bruit autour de son nom et de son talent, et Mlle Lebrun jouit déjà

---

1. Le drame *Fais ce que dois* a été joué les 17, 19, 22, 26 septembre et, pour la dernière fois, le 11 octobre. Ont créé les rôles : MM. Beauvallet (le connétable de Bourbon), Got (Charles-Quint), Bressant (François Ier), Maubant (Saint-Vallier); Mmes Favart (Léonor) et Savary (Jeanne).

2. Frère du roi Maximilien II, alors régent, et fils du roi Louis Ier, qui a eu un moment la trop fameuse Lola Montès pour Égérie. Il est né en 1828.

3. M. Beauvallet joue Tartufe; Mme A. Plessy, Elmire, et Mlle Pauline Granger, Dorine.

4. M. Provost joue Argan, et M. Regnier, pour sa rentrée, Thomas Diafoirus.

d'une sorte de célébrité que ne justifie pas suffisamment le demi-succès de cette première soirée préparée de si longue main et si longtemps retardée [1]. Ce n'est pas que la nouvelle venue manque d'une certaine valeur, mais ses moyens semblent paralysés par une appréhension terrible [2] ; elle a cependant quelques éclairs, et son intelligente physionomie est des plus sympathiques. L'ensemble de la représentation est, toutefois, médiocre, et l'effet produit évidemment de beaucoup inférieur à ce qu'en attendaient les amis de la jeune tragédienne, à ce point que la continuation de ses débuts, dans les divers rôles énumérés, si complaisamment, par la réclame anticipée que nous venons de reproduire, n'a pas eu lieu, de la part de l'administration de la Comédie-Française, avec un empressement bien marqué [3].

Le 18, Mlle Lebrun joue de nouveau Pauline, mais on la laisse se préparer au personnage de Junie, de *Britannicus* [4], jusqu'au 7 novembre, et ce rôle, dans lequel elle montre encore de réelles mais d'incomplètes qualités, elle ne le joue que deux fois [5]. Ce n'est que le 10 février sui-

---

1. On lit déjà dans *le Moniteur* du 5 août : « Mlle Lebrun, élève de M. Beauvallet, et qui vient d'obtenir le premier prix de tragédie au Conservatoire, commencera, à la fin de ce mois, ses débuts au Théâtre-Français : elle jouera successivement les rôles de Pauline dans *Polyeucte*, de Chimène dans *le Cid*, d'Aménaïde dans *Tancrède*, de Monime dans *Mithridate*, d'Hermione dans *Andromaque*, de Marie Stuart dans la pièce de ce nom, et d'Elvire dans *Don Juan ou le Festin de Pierre.* » Ajoutons que les splendides promesses de ce magnifique programme n'ont amais été entièrement réalisées.

2. Mlle Pauline Lebrun n'avait, jusqu'alors, paru sur aucun théâtre.

3. MM. Beauvallet (Polyeucte), Geffroy (Sévère), Maubant (Félix).
Le même soir, Mme Nathalie jouait, pour la première fois, dans *Il ne faut jurer de rien*, le rôle de la baronne, devenu vacant par le décès de Mme Allan.

4. M. Beauvallet (Néron); Mlle Hugon (Agrippine).

5. La deuxième représentation eut lieu seulement le 21 novembre.

vant que Mlle Lebrun est admise à effectuer son troisième début dans *Marie Stuart* [1], tragédie qu'elle jouera une seconde fois le 15 du même mois, avec le même genre de succès. De tout ce bruit exagéré, fait intentionnellement au sujet de cette artiste d'un talent distingué, mais lequel, en somme, ne s'élève pas au-dessus de la moyenne ordinaire, il reste simplement une tragédienne de plus à ajouter à la liste de celles que possède déjà la Comédie-Française et qui représentent — bien faiblement à elles toutes — la menue monnaie de l'incomparable artiste qui s'en est allée, hélas! à la recherche des dollars trompeurs de l'Amérique!...

14 Octobre. — Le Théâtre-Français remonte avec une distribution exceptionnelle, et pour ainsi dire à l'égal d'une solennité, l'immortelle comédie de Beaumarchais, *le Mariage de Figaro* :

Figaro.	MM. Regnier.
Antonio.	— Provost.
Brid'oison.	— Samson.
Bartholo.	— Talbot.
Grippe-Soleil.	— Saint-Germain.
La comtesse.	Mmes Nathalie.
Suzanne.	— A. Plessy.
Chérubin.	— Fix [2].

Au quatrième acte M. Mazilier et Mlle Nathan, artistes de l'Opéra, dansèrent un pas de deux arrangé sur des airs espagnols.

C'était un grand attrait de curiosité que l'interprétation du rôle de Suzanne, confiée à Mme Plessy. Elle le joue avec

---

1. MM. Beauvallet (Leicester), Maubant (Melvil); Mlle Hugon (la reine).
2. A la représentation du 20 octobre, Mlle Valérie reprit, avec un très-vif succès, le rôle de Chérubin.

un esprit des plus malicieux et une verve étourdissante. On pourrait cependant lui reprocher de se donner trop de mal pour accentuer encore les parties les plus saillantes du rôle et d'en trop souligner les effets. On a, toutefois, bien vivement applaudi l'éminente comédienne, qui n'a jamais paru plus jeune, plus vive, ni mieux en possession de tous ses moyens que dans cette belle soirée.

18 Novembre. — Première représentation de *le Berceau*, comédie en un acte, en vers, de MM. Michel Carré et Jules Barbier.

Encore un proverbe! Deux époux, qui ne s'aiment guère, se réconcilient devant le berceau de leur jeune enfant que le mari avait fait élever au loin et que la main pieuse et bien intentionnée d'un vieil oncle rapporte furtivement pour ménager à Gaston et à Valentine l'occasion d'un rapprochement en présence de ce cher et irrésistible trait d'union. La pièce finit agréablement sur une pointe de sentiment et d'émotion; le sujet, peu nouveau, n'est pas rajeuni par les merveilles de son esprit ou de son style: c'est là du bavardage de salon, tout simplement versifié.

Le Berceau est vivement joué par M. Bressant et Mme A. Plessy, qui ont l'habitude de ces sortes de pièces. La gracieuse Mlle Savary n'a guère qu'à se montrer dans un petit rôle trop effacé de soubrette.

27 Novembre. — Première représentation de *les Pauvres d'esprit*, comédie en trois actes, de M. Léon Laya [1].

M. Laya, en écrivant sa nouvelle pièce, pourrait sem-

---

1. Ont créé les rôles : MM. Provost (Delaure), Anselme (Rousseau père), Bressant (Prosper Rousseau), Lafontaine (Albert Montfort); Mmes A. Plessy (Hortense Montfort), Lambquin (Mme Delaure), Émilie Dubois (Henriette) Emma Fleury (Marianne).

bler en avoir fait l'objet d'une gageure. « Je ferai admettre au public, — s'est-il dit dans un monologue que nous supposons, — que les gens de lettres sont les hommes les moins propres qui soient à la vie régulière du ménage, qu'une femme aimante ne saurait être heureuse avec eux, mais qu'en revanche toute autre carrière, celle du notariat, par exemple, produit les sujets les plus parfaits et les plus aptes à faire les meilleurs maris. » Et de fait, s'il avait tenu ce pari, M. Laya doit savoir, aujourd'hui, à n'en pas douter, qu'il l'aurait tout à fait perdu.

Ce n'est pas Albert de Montfort, l'homme de lettres imaginé par M. Laya, qui nous déplaît le plus dans sa pièce, mais bien les divers personnages qui s'agitent autour de lui, cherchant à lui démontrer à qui mieux mieux qu'il n'est pas de plus sot métier que celui qu'il exerce, le harcelant, le ridiculisant, s'efforçant, celui-ci de l'empêcher d'aller lire une pièce qu'attend, à jour fixe, le Théâtre-Français, celle-là de le retenir par des raisons de sentiment et de cœur qui seraient précisément parfaites, étant mises au service d'une cause absolument contraire, tous enfin s'acharnant sur ce malheureux comme s'il avait embrassé une carrière inavouable ou commis quelque crime qui fît de lui l'objet de l'opprobre général. Et pendant que ce pauvre Montfort, auteur incompris, lutte de toutes ses forces contre ce *tolle* inexplicable, son ami, un notaire d'une espèce toute spéciale, qui fait, lui aussi, mais en secret, des pièces et de la poésie — à ses heures — est exalté outre mesure, et triomphe, au dénoûment, du cœur d'une jeune espiègle qui avait rêvé, à son tour, d'épouser un « gent de lettres. » C'est le notaire qu'on admire, c'est l'écrivain dramatique que l'on bafoue! Sa femme elle-même se joint à la meute et elle lui arracherait volontiers le serment de ne plus jamais écrire une ligne pour le théâtre et de se confiner à perpétuité, avec elle, entre quatre murs, dans sa robe de chambre et dans ses pantoufles!...

M. Laya, homme de lettres, plaidant contre lui-même et contre sa propre cause, tel est le spectacle que nous a présenté la pièce nouvelle, spectacle aussi triste qu'inattendu de la part d'un écrivain justement applaudi pour ses ouvrages dramatiques. C'est la revanche des « pauvres d'esprit » contre ceux qui en ont trop, que M. Laya a prise pour point de départ de sa pièce, sans songer qu'il englobait dans la généralité ses auditeurs eux-mêmes, qui l'ont ainsi parfaitement compris et qui le lui ont bien prouvé en sifflant sa nouvelle comédie [1].

M. Lafontaine faisait son troisième début et sa première création au Théâtre-Français, dans le personnage d'Albert de Montfort, l'homme de lettres méconnu. Le rôle est mauvais, mais il renferme quelques scènes et notamment une tirade où Montfort plaide chaleureusement ses droits d'écrivain [2], qui ont fourni à M. Lafontaine l'occasion d'un succès tout personnel qu'il attendait encore à la Comédie-

---

1. « Si M. Laya a compté sur l'assentiment du public, il s'est trompé. Le public n'a pas voulu se faire complice de cette immolation de la poésie, il a vertement sifflé, à la fin de la pièce, un auteur qu'il a l'habitude d'encourager et d'applaudir. Le public est un sultan blasé d'une grande susceptibilité à l'endroit de la louange; il aime la vapeur de l'encens, mais il n'aime pas qu'on lui donne de l'encensoir sur le nez, et il s'est trouvé fort médiocrement flatté de cet hymne aux « pauvres d'esprit » auxquels on l'assimilait, car il s'estime, avec raison, très-spirituel, très-poétique, très-idéal et doué des plus nobles instincts; il a pris chaudement le parti de l'homme de lettres contre l'auteur, et les notaires ont vengé l'outrage fait à la muse. Quoique toute chute soit pour nous un spectacle pénible, nous avouons que, comme poëte, comme écrivain, nous avons été touché du beau sentiment de cette assemblée qui arrêtait la main d'un fils souffletant sa mère, d'un littérateur insultant la littérature. » (TH. GAUTIER.)

2. Acte III, scènes XI, XII et XIII. La pièce a été publiée chez Michel Lévy et a eu deux éditions.

Française. Mme Plessy a un rôle bien larmoyant et bien terne, celui de la femme du poëte, femme sans caractère, qui ne sait trop ce qu'elle veut, et dont le personnage est ingrat parce qu'il est à la fois outré et faux. L'éminente comédienne s'y est sentie si mal à l'aise qu'elle l'a abandonné presque aussitôt à Mlle Favart[1], qui l'a conservé jusqu'à la fin des quelques représentations de la malencontreuse pièce de M. Laya.

6 DÉCEMBRE. — Mlle Stella Colas, élève de la classe de M. Samson, au Conservatoire, débute par le rôle de Zaïre, dans la tragédie de Voltaire[2]. Mlle Colas, dont la physionomie est pleine d'intelligence et d'esprit, et qui a beaucoup de grâce naturelle, est malheureusement mal servie par ses moyens physiques. Elle est de fort petite taille, et il n'est pas probable qu'elle puisse aborder jamais les grands premiers rôles. Elle ne produit que peu d'effet dans celui de Zaïre, bien qu'elle le dise avec un sentiment très-expressif et très-vrai. Elle réussit mieux dans la comédie, où elle paraît, pour son deuxième début, le 19 décembre suivant, dans *Mademoiselle de Belle-Isle*[3]. Elle trouve encore un meilleur succès dans son troisième rôle, celui de Richard, duc d'York, des *Enfants d'Édouard*[4], qu'elle joue, pour la première fois, le 21 janvier 1857. On peut dire qu'ici l'interprète a été, de tous points, à la taille du personnage. Mlle Stella Colas le joue, en effet, avec un charme et une émotion très-communicatifs. Elle est fort applaudie, mais

---

1. Le 11 décembre.
2. MM. Beauvallet (Orosmane), Maubant (Lusignan).
3. MM. Maillart (d'Aubigny), Leroux (Richelieu) ; Mme Aug. Brohan (Mme de Prie).
4. M. Beauvallet joue Glocester.

comme elle ne doit pas retrouver souvent, dans le répertoire, des rôles qui lui soient aussi personnellement favorables, elle n'est appelée à faire qu'un séjour tout à fait passager à la Comédie-Française.

ANNÉE 1857.

7 Janvier. — Reprise du *Jeune Mari* [1]. La Comédie-Française n'a évidemment exhumé l'amusant vaudeville de M. Mazères que pour faire valoir, sous leur meilleur jour et dans tout leur éclat, les grâces naturelles de M. Bressant. La vieille femme acariâtre, jalouse et ridicule, qu'a épousée Oscar de Beaufort, est bien faite pour donner à son jeune mari les apparences d'une jeunesse plus grande encore que celle dont M. Bressant possède tous les avantages extérieurs. Ces deux personnages occupent toute la pièce, qui est toujours fort gaie, bien qu'un peu démodée par endroits. M. Bressant et Mme Jouassain peuvent d'ailleurs revendiquer la plus large part dans le succès que sa reprise a encore obtenu [2].

---

1. Comédie en trois actes, en prose, de M. Mazères, et dont la première représentation date du 26 novembre 1826.
2. Ont repris les rôles : MM. Bressant (Oscar de Beaufort), Leroux Surville), Got (John), Anselme (Duperrier) ; Mmes Jouassain (Mme de Beaufort), Savary (Clara), Granger (Mme Delby).

8 Janvier. — Reprise de *Lady Tartufe*. — Mme Arnould-Plessy semble vouloir remplacer Mlle Rachel, pendant son absence, dans les principaux rôles du drame et de la comédie. Après *Louise de Lignerolles* elle s'est attaquée au personnage de Mme de Blossac, de *Lady Tartufe*, l'un des rôles les plus noirs et aussi les plus difficiles du répertoire moderne, un de ces rôles qu'il faut jouer, en quelque sorte, en dedans pendant les quatre premiers actes de la pièce jusqu'à l'explosion finale où Virginie de Blossac, mettant de côté son hypocrisie, éclate tout d'une pièce et se démasque, sans retour désormais possible à sa feinte vertu.

Mlle Rachel excellait dans ces sortes de personnages où la concentration devient la première qualité de leur interprète. Mme Plessy brille précisément par des mérites absolument contraires : sa grâce, le charme de sa diction, l'épanouissement de sa gracieuse physionomie, tout, chez elle, semble réuni pour en faire la femme certainement la moins dissimulée du monde. J'entendais dire, à mes côtés, le soir de cette reprise, un mot fort juste qui caractérise assez bien l'effet produit par Mme Plessy dans le rôle de Mme de Blossac : « Elle est trop jolie pour représenter une aussi vilaine femme! » Il s'agit ici de la laideur morale. Souvenez-vous de l'effet obtenu par Mlle Rachel dans ce même rôle; elle s'y était rendue comme laide à force de dissimulation et de méchancetés; mais comme elle se relevait au dernier acte, transfigurée, en quelque sorte, par la passion qui l'envahissait tout entière et par l'amour qu'elle s'imaginait inspirer à l'homme qu'elle aimait! Cette transition, si admirablement marquée dans l'interprétation de Mlle Rachel, cesse d'être suffisamment appréciable dans celle de Mme Plessy, qui est une trop belle, trop brillante et trop complète coquette pour exceller jamais dans ces personnages de traîtres en jupon dont cette

Virginie de Blossac est l'un des plus affreux spécimens. Mme Plessy a d'ailleurs eu la sagesse de reconnaître, elle-même, qu'elle s'était trompée, en abandonnant le rôle après six représentations [1].

Les autres principaux rôles de la pièce sont joués par les artistes de la création, à l'exception de celui de Mme de Clairmont, créé par Mme Allan et repris par Mme Nathalie. C'est aussi Talbot qui remplace Anselme dans le personnage de Saint-Yriex, et Mme Lambquin qui a repris le rôle de Mme Berthollet, qu'avait créé Mme Thénard.

15 JANVIER. — 235e anniversaire de la naissance de Molière. M. Beauvallet a composé, à cette occasion, des strophes : *A Molière!* qu'il déclame lui-même, en guise d'intermède entre *le Misanthrope* [2] et *le Malade imaginaire* [3]. La Comédie, à peu près au complet, paraît dans la cérémonie finale [4].

19 JANVIER. — Bonne reprise de *Turcaret*, avec M. Bressant, très-brillant et de la meilleure allure dans le rôle du marquis; Provost, parfait dans celui de Turcaret, et Mme Thénard, admirable d'entrain et de bonne humeur dans le personnage de Mme Turcaret. C'est Mme Judith qui représente fort agréablement la baronne; Delaunay, le chevalier; Samson, Frontin, — mais un Frontin un peu trop vieilli; — Mme Lambquin, Mme Jacob, et Mlle Bonval, Lisette. *Turcaret*, qui est un des trois ou quatre chefs-

---

1. Les représentations de cette reprise ont lieu les 8, 10, 13, 17, 20 et 24 janvier.
2. C'est Maillart qui représente Alceste avec la froideur pleine de dignité qui lui est habituelle; Mme Plessy joue Célimène.
3. MM. Provost (Argan), Regnier (Thomas); Mme Aug. Brohan (Toinette).
4. Sont absents : MM. Samson, Lafontaine; Mmes Rachel, Nathalie et Valérie.

d'œuvre du théâtre comique, au xviiie siècle, est cependant accueilli, malgré cette interprétation tout à fait choisie, — et, en somme, aussi excellente que l'état actuel de la Comédie-Française le permet, — avec une certaine froideur, et les deux derniers actes, seuls, parviennent à dérider franchement le public [1].

28 Janvier. — Représentation donnée à l'occasion de la Saint-Charlemagne, pour l'édification des collégiens et des colléges. La Comédie joue *le Misanthrope* [2] et *le Malade imaginaire* avec la cérémonie.

29 Janvier. — Reprise de *la Petite Ville*, comédie en quatre actes, en prose, de Picard.

Cette *Petite Ville* est l'une des plus amusantes comédies de Picard; elle est toujours demeurée au répertoire. On ne la joue que de loin en loin, il est vrai [3], mais enfin elle a survécu à presque toutes les autres pièces de son auteur et elle est restée la plus connue et la plus populaire de son volumineux théâtre.

---

1. Cette comédie si mordante et si crue, et où Lesage a flagellé si vivement certains vices de son époque, n'a jamais obtenu, au théâtre, un succès bien considérable. Représentée, pour la première fois, le 14 février 1709, elle n'eut, dans la nouveauté, que sept représentations. Le chevalier de Mouhy, dans ses *Tablettes dramatiques*, prétend bien que « le grand froid qu'il fit alors empêcha le nombre de représentations qu'elle méritait. » La vérité est que *Turcaret*, en dépit de sa haute valeur littéraire et comique, ne plut qu'à moitié. La pièce était alors flanquée d'un prologue et d'un épilogue, joués sous le titre de *Critique de la Comédie de Turcaret par le Diable boiteux*, et qui n'a que deux personnages, empruntés au célèbre roman de Lesage, don Cléophas et Asmodée. Ce prologue parut inutile et fut supprimé aux reprises suivantes; on ne l'a remis à la scène que lors de la reprise de 1872.

2. Alceste, M. Geffroy; Célimène, Mme Arnould-Plessy.

3. La première représentation date du 18 mai 1801; elle eut lieu à la salle Louvois. La pièce fut d'abord jouée en cinq actes. Le quatrième fut supprimé aux représentations suivantes et le cinquième prit sa place. Il y avait quinze ans que la Comédie-Française n'avait pas joué *la Petite Ville* dont l'Odéon avait, dans le même intervalle, donné quelques reprises.

L'idée en est fort ingénieuse; Picard l'avait d'ailleurs empruntée à La Bruyère [1]; il aurait pu, par conséquent, plus mal choisir le point de départ de sa pièce. La trame de l'intrigue multiple autour de laquelle s'agitent une série d'originaux de province, des plus authentiques et des plus drôles, n'est certes pas bien forte, mais les développements en sont charmants et étudiés sur nature. Tous ces provinciaux, qui défilent devant nous, avec leurs petits défauts et leur caractère étroit et mesquin, tournent plutôt, il est vrai, à la caricature qu'au portrait; mais cette caricature est si plaisante et, en même temps, si mesurée que les divers épisodes de l'ouvrage constituent, dans leur ensemble, un tableau de mœurs du meilleur comique et que l'on revoit toujours avec plaisir.

La pièce est fort bien jouée, mais il faut tout particulièrement citer Mmes Thénard et Jouassain, qui ont fait de leurs rôles une création en quelque sorte nouvelle par leur entrain et leur originalité [2].

2 FÉVRIER. — Un jeune premier, tout fraîchement sorti de l'école officielle qu'on appelle le Conservatoire, M. Sully-Lévy, débute dans le rôle d'Éraste, du *Dépit amoureux* [3]. Ce jeune artiste ne fait que passer à la Comédie-Française qu'il quitte bientôt pour l'Odéon.

---

1. « J'approche d'une petite ville et je suis déjà sur une hauteur d'où je la découvre : je me récrie et je me dis : Quel plaisir de vivre sous un si beau ciel, dans un séjour si délicieux !... Je descends dans la ville où je n'ai pas couché depuis deux nuits que je ressemble à ceux qui l'habitent ; j'en veux sortir. » (LA BRUYÈRE, chap. v.)

2. Ont repris les rôles : MM. Got (Riflard), Monrose (Vernon), Mirecour (Delille); Mmes Thénard (Mme Guibert), Bonval (Mme Genneville), Jouassain (Nina Vernon), Valérie (Flore).

3. M. Regnier (Gros-René), Mme P. Granger (Marinette). Le spectacle est complété par *le Jeune Mari* et *la Petite Ville*, et l'Empereur et l'Impératrice assistent à la représentation.

14 Février. — Première représentation de *Un Vers de Virgile*, comédie en deux actes, en prose, de M. Mélesville [1].

La pièce de M. Mélesville ne s'élève guère, comme mérite littéraire, au-dessus de certains vaudevilles du Gymnase, agrémentés de couplets, toujours en situation. Ici les couplets ont été supprimés, parce qu'ils ne sont pas de mise au Théâtre-Français.

Le savant Claudius, homme trop épris de son latin pour y voir clair de bien loin, a recueilli la fille d'un certain gentilhomme mis à mort à la suite de complots révolutionnaires. Ce gentilhomme lui a fait parvenir, au dernier moment, mais sans pouvoir lui donner les explications nécessaires, une édition de Virgile des plus merveilleuses au point de vue bibliographique. Il n'a pu que lui faire dire que l'un des vers du volume, intelligemment compris, révélerait au vieux savant l'indication du lieu où se trouvait enfouie, dans le parc de l'un des nombreux châteaux du défunt conspirateur, la fortune qu'il destinait à sa fille. Aussi Claudius se casse-t-il la tête sur ce Virgile, passé pour lui à l'état de sphinx!

Ce Claudius aime à répandre sa science : il a plusieurs élèves; l'un, de basse extraction et besoigneux, fait son ménage et apprend le latin à ses moments perdus; l'autre, un jeune et riche fils de banquier anobli, étudie aussi le latin; mais, pour lui, la science n'est qu'un prétexte; c'est la belle Hélène, la fille du gentilhomme à l'elzévir qui l'attire chez Claudius, et c'est elle, en fin de compte, qu'il épousera après la découverte, par l'élève besoigneux du fameux vers indicateur : *Tityre tu patulæ recubans*

---

1. Ont créé les rôles : MM. Regnier (Claudius Goutmann), Delaunay (Henri Medleben), Got (Heirgott); Mlle Dubois (Hélène).

sub tegmine fagi... C'est au pied d'un vieux hêtre, en effet, dans le parc de l'ancien château du père d'Hélène, qu'a été enfouie une cassette qui ne contient pas moins de 800,000 florins, avec je ne sais combien d'écrins de diamants de la plus haute valeur. Hélène remercie le ciel, devient heureuse, et Claudius retourne à ses bouquins.

Le succès de la soirée a été beaucoup plus pour le principal interprète de la pièce que pour la pièce elle-même, qui contient des longueurs et qui, à coup sûr, aurait gagné à être réduite en un seul acte. M. Regnier s'est montré, de tous points, admirable dans le personnage du vieux savant Claudius; il avait déjà paru, quelques années auparavant, sous les traits d'un savant de ce genre, à la fois puits de science et naïf bonhomme, dans *Romulus* d'Alexandre Dumas; mais le rôle était moins développé, moins complet, et il n'avait pas surtout l'émotion véritable du rôle actuel, émotion que M. Regnier a si habilement fait valoir. Toute la salle a été transportée après cette belle scène du deuxième acte [1], où Goutman découvre enfin le secret du trésor dans le vers de Virgile. L'éminent artiste a exprimé, avec une vérité et un naturel des plus touchants les phases successives d'espérances et d'angoisses, par lesquelles passe le vieux savant avant de savoir si le trésor est réellement là où l'indication de l'elzévier fait supposer qu'il doit être. Cette création est le digne pendant de celle qu'a faite M. Regnier, dans *la Joie fait peur* : ces deux rôles sont une sorte d'incarnation si parfaitement personnelle qu'il sera toujours bien difficile de l'y remplacer.

12 MARS. — Première représentation de *la Fiammina*, comédie en quatre actes, en prose, de M. Mario Uchard [2].

---

1. La scène XIII.
2. Uchard (Ernest, dit Mario), d'abord graveur en lettres et ornements,

On a rarement mis au théâtre un sujet plus humain et plus touchant que celui de *la Fiammina*. Une femme abandonne son mari et son enfant, encore en bas âge, pour courir le monde et les aventures. Lorsque les hasards de sa vie de théâtre, — car elle est devenue une cantatrice illustre sous le pseudonyme qui donne son titre à la pièce [1], — la mettent de nouveau en présence de son mari et de son fils. Ce dernier a vingt ans; il a été élevé virilement par son père, c'est un homme fait que la révélation du passé de sa mère, qu'on lui a jusqu'alors caché, trouve préparé aux suites que peuvent avoir pour lui les inconvénients de la situation anormale où la Fiammina est placée. Elle est, en effet, la maîtresse d'un autre, lord Dudley, un riche Anglais, avec qui Henri Lambert, — c'est le nom du fils de Fiammina, — sympathise tout d'abord, sans savoir le rôle qu'il remplit auprès de celle qui lui a donné le jour.

La première rencontre du fils et de la mère a lieu chez un ami commun; elle donne lieu à une scène presque muette, admirablement préparée et qui est du plus émouvant effet : le fils sait que Fiammina est sa mère, tandis que Fiammina, qui sait aussi que Henri est son fils, est persuadée qu'il ignore encore que c'est à sa mère qu'on le présente. Elle est d'ailleurs confirmée dans cette conviction par l'attitude même de Henri qui la traite avec déférence, mais comme une étrangère qu'il voit pour la première fois. Quant à elle, les sentiments d'amour maternel, qu'elle n'a jamais soupçonnés ni connus, éclatent tout à

---

puis musicien, boursier, auteur dramatique et enfin romancier. C'est à ces deux derniers titres que M. Uchard doit surtout sa réputation. Né en 1824.

1. La pièce devait s'appeler primitivement *la Fiorina*, qui fût alors également devenu le surnom du principal personnage.

coup dans sôn cœur : cet Henri, elle le trouve beau, noble, distingué; elle l'aime soudain de l'amour le plus grand et le plus pur qui soit au monde, l'amour maternel.

Le soir, au Théâtre-Italien, où chante Fiammina, le voisin de stalle de Henri insinue tout haut que la cantatrice est la maîtresse de lord Dudley. Henri prend l'assertion pour une injure et il veut se battre avec l'insulteur; mais celui-ci refuse le duel et fait des excuses ; il se trouve, en effet, être l'ami du père de Henri, et il lui a même servi de témoin lors de son mariage. Mais Henri sait bientôt, à n'en pas douter, que lord Dudley est l'amant de sa mère : c'est lord Dudley qu'il va provoquer. Celui-ci, qui connaît enfin la vérité, refuse absolument le duel proposé, et Fiammina se rend chez son mari pour lui faire part de ses craintes et obtenir de lui qu'il empêche le duel d'avoir lieu. C'est là que va se dénouer le drame : Fiammina s'humilie devant son fils, elle lui demande pardon d'avoir souillé sa vie et jeté au vent l'honneur de son ménage, et quand Henri, dans un élan de cœur spontané, l'appelle : ma mère! et accepte ses caresses, elle se sent comme régénérée. Elle ne verra plus lord Dudley, elle va fuir au loin, se cacher aux yeux de tous et faire oublier dans la retraite et dans le repentir les scandales de sa vie passée.

C'est le pardon complet qu'on devrait lui accorder, semble-t-il tout d'abord. L'auteur n'en a pas jugé ainsi, et il a sagement fait. La Fiammina reverra peut-être son mari et elle recevra, à coup sûr, les visites de son fils, mais ce rapatriement — trop brusque s'il eût été immédiat — est seulement indiqué comme une possibilité de l'avenir, et c'est bien là la mesure vraie et sensée. Il n'eût pas été admissible qu'un homme, blessé dans son cœur et dans son honneur, ainsi que l'avait été Daniel Lambert, le mari de Fiammina, revînt du premier coup à la femme déshonorée qui avait vécu près de vingt années loin de son époux et de son enfant. La moralité de la comédie de M. Uchard se détache suffisamment, en présence de cette promesse vague d'un rapprochement possible, mais intentionnellement éloigné. Je n'ai point mêlé à ce rapide exposé le récit de l'intrigue amoureuse, qui a pour dénoûment le mariage de Henri avec la fille d'un mélomane chez lequel il a rencontré Fiammina. C'est le vaudeville à côté du drame, et tout ce qu'on en peut dire, c'est qu'il ne nuit en rien à ses développements.

Cette pièce remarquable a soulevé peu d'objections sérieuses, et, en revanche, elle a excité une vive approbation [1] et comme un étonnement universel. L'auteur était parfaitement inconnu, il abordait la scène pour la première fois et il ne s'était occupé, jusqu'alors, que de choses tout à fait étrangères au théâtre, bien qu'il eût épousé l'une des plus charmantes artistes de la Comédie-Française, Mlle Madeleine Brohan, qui était en Russie au mo-

---

[1]. « Le drame est animé, d'un bout à l'autre, des sentiments les plus vrais, des plus honnêtes et des plus sincères émotions. Que de tact dans le maniement de cette situation si délicate et si hardiment fouillée jusque dans ses replis les plus intimes ! La passion y circule, chaude et vivante, comme le sang des veines. Situations et incidents, caractères, pensées, expressions même, tout y est vrai, senti, naturel, pénétrant. Ces scènes, si variées et si neuves, qui découlent d'une idée unique, fécondée par l'imagination du cœur, s'engendrent et se succèdent avec une spontanéité enivrante ; on dirait un courant de la vie réelle détourné sur la scène. L'esprit ne fait pas une objection à ce drame si plein de doutes et de cas de conscience, il a raison sur tous les points ; il resplendit d'évidence, il juge, il résout, il prouve. Pas un artifice de métier, nulle convention de scène, aucun grossier repoussoir. L'art ici est tout entier dans le développement d'une idée vraie, franchement poussée à sa conclusion : l'effet ressort de la mesure parfaite dans laquelle les personnages et les événements se maintiennent. » (PAUL DE SAINT-VICTOR.)

ment même où l'on représentait la pièce de son mari[1]. L'œuvre nouvelle était faite, au point de vue des exigences du théâtre, de ce qu'on appelle le métier, avec une science et un tact parfaits. Le public fut tout surpris de trouver autant d'expérience et de savoir-faire dans la première œuvre dramatique d'un homme qui avait le droit d'en montrer si peu, et *la Fiammina* fut tout d'abord portée aux nues. Elle attira longtemps la foule[2], mais, par un étrange revirement de ce même public si enthousiaste lors des premières soirées, ce succès ne put avoir de lendemain et il se trouva comme épuisé, après toutefois une assez longue série de fructueuses représentations. Éloignée alors du répertoire et « remisée » en quelque sorte aux archives de la Comédie, *la Fiammina* en fut définitivement retirée par son auteur, en 1869, et portée sur une scène secondaire, où elle reçut encore un assez favorable accueil[3].

24 Mars. — Excellente reprise du *Mari à la campagne*, comédie en trois actes, de Bayard[4], avec la distribution suivante :

Colombet.	MM. Regnier.
César.	— Leroux.
M. Mathieu.	— Provost.

---

1. On voulut voir, à l'époque, dans le drame de *Fiammina*, des allusions, plus ou moins transparentes et vraisemblables, à des questions intimes et toutes personnelles à l'auteur de la pièce, allusions dont nous devons faire mention, mais sans nous y arrêter.

2. Ce fut le succès le plus incontesté de ceux que l'auteur devait encore obtenir dans la suite. Les recettes s'élevèrent, pour les trente premières représentations, au chiffre de 135,596 francs, ce qui donne une moyenne de 4,519 fr. 86 cent. par représentation.

3. Au théâtre du Vaudeville.

4. En société avec Jules de Wailly. Comédie représentée, pour la première fois, le 3 juin 1844. MM. Regnier et Provost sont les seuls artistes de la création qui reparaissent aujourd'hui dans leurs rôles.

Mᵐᵉ d'Aigueperse.   Mᵐᵉˢ Lambquin.
Mᵐᵉ de Nohan.   — Figeac.
Pauline.   — E. Fleury.
Ursule.   — Ed. Riquer.

30 Mars. — Dernière représentation de Mᵐᵉ Thénard, la meilleure duègne que possède alors, et depuis longtemps, la Comédie-Française. C'est dans deux rôles du répertoire, qu'elle a repris récemment avec un succès tout particulier, ceux de Mᵐᵉ Turcaret, dans *Turcaret*, et de Mᵐᵉ Guilbert, dans *la Petite Ville*, que Mᵐᵉ Thénard fait ses adieux au public. Cette artiste, d'un talent si souple, si original et d'une verve toujours si éclatante, malgré son âge déjà avancé pour une comédienne, aura longtemps survécu aux années si bien remplies de sa carrière dramatique, car elle est morte seulement en 1877, près de vingt années après sa retraite définitive.

7 Mai. — Représentation, donnée par ordre, en l'honneur du grand-duc Constantin, frère aîné de l'Empereur de Russie. La Comédie-Française représente devant le prince *les Femmes savantes* et *le Legs*[1].

10 Mai. — Reprise de *la Jeunesse de Henri V*, comédie en trois actes, en prose, d'Alexandre Duval[2].

C'est du prince de Galles, qui fut plus tard le roi Henri V

---

1. Série de spectacles de gala : le grand-duc reste à Paris et à Fontainebleau du 1ᵉʳ au 16 mai; le 13, la Comédie-Française représente, à Fontainebleau, devant la cour et le grand-duc, *le Mari à la campagne* et *Une Tempête dans un verre d'eau;* le 18, nouvelle représentation, donnée par la Comédie, cette fois en l'honneur du roi de Bavière, qui vient de rejoindre l'Empereur et l'Impératrice dans leur villégiature. On joue *Bataille de Dames*.

2. Représentée, pour la première fois, le 9 juin 1806. Ont repris les rôles : MM. Maillart (Henri), Leroux (Rochester), Monrose (Copp), Métrême (Edouard); Mᵐᵉˢ Fix (Betty), Favart (lady Clara).

d'Angleterre, qu'il s'agit ici[1]. Ce prince était un viveur qui se compromettait un peu partout et qui courait volontiers les mauvais lieux sous des déguisements qui cachaient d'ailleurs assez mal son incognito. Dans la pièce d'Alex. Duval, nous le voyons attablé dans une taverne, affublé d'un costume de matelot, en compagnie de son gouverneur Rochester, qui est chargé de guérir le prince de ses goûts populaciers, et qui, par exemple, cherche à lui inspirer l'horreur de l'ivresse par le spectacle dégradant de l'ivresse même. Toutes ces scènes de taverne, qui sont les principales de la pièce, sont d'un intérêt médiocre, et le mariage qui la termine constitue un dénoûment d'un bien faible effet. Le tout a vieilli, aussi bien comme style que comme intrigue, et ne méritait certainement pas les honneurs d'une reprise[2].

25 Mai. — Reprise de *Bataille de Dames ou un Duel en amour*, comédie en trois actes, de MM. Scribe et Legouvé, avec la même distribution que lors de la création de cette agréable comédie[3], à l'exception toutefois du rôle de la comtesse, joué, à l'origine, par Mme Allan et repris aujourd'hui par Mme Nathalie.

6 Juin. — 251e anniversaire de la naissance de Corneille,

---

1. C'était d'abord la jeunesse du prince de Galles, qui fut Charles II, qu'Alex. Duval avait mise en scène. La censure impériale trouva l'époque choisie trop peu éloignée pour qu'elle pût permettre de la critiquer au théâtre. Les mêmes aventures, attribuées par la comédie d'Alex. Duval à Charles II, furent tout simplement reportées sur le compte de Henri V par un seul changement de titre.

2. Alex. Duval avait emprunté le fond de sa pièce à Shakspeare, qui a, en effet, traité le même sujet dans son drame historique sur Henri V.

3. La première représentation date du 17 mars 1851. Ont créé les rôles : MM. Regnier (Grignon), Maillart (de Flavigneul), Provost (baron de Montrichard) ; Mmes Allan (la comtesse d'Autreval), Fix (Léonie.)

que la Comédie célèbre en représentant *Polyeucte*[1] *et le Menteur*[2].

12 JUIN. — Reprise de *Marton et Frontin*, comédie en un acte, en prose, de Dubois[3], jouée par M. Saint-Germain (Frontin) et Mlle Valérie (Marton.)

C'est une petite pièce à travestissements qui rappelle un peu *le Jeu de l'amour et du hasard* : deux valets jouant le rôle de leurs maîtres et finissant par se trouver très-heureux de redevenir valets. Beaucoup de gaieté et quelques jolis détails très-bien rendus par les deux interprètes.

14 JUIN. — Mme Grassau, une des doyennes du théâtre contemporain, débute dans *Tartufe*. Ce n'est pas une artiste d'une grande illustration, mais elle a tenu au second plan un rang fort honorable, et elle a même été très-remarquable, comme verve, finesse et intelligence, dans sa création, à la fois si fantasque et si naturelle, de Mme Prudhomme, de la comédie d'Henri Monnier : *Grandeur et décadence de Joseph Prudhomme*[4]. Demeurée ensuite sans emploi et tombée presque dans le dénûment, Mme Grassau a été

---

1. MM. Beauvallet (Polyeucte), Maubant (Félix); Mlle P. Lebrun (Pauline).

2. MM. Leroux (Dorante), Got (Cliton). Les autres principaux rôles par M. Maubant; Mmes Bonval, Favart, Savary et Valérie.

3. Ce Dubois n'est guère connu aujourd'hui, et il a été, en son temps plutôt directeur de spectacle qu'auteur dramatique. Un moment associé de Pixérécourt dans la direction du théâtre de la Gaîté, il a aussi administré quelque temps l'Opéra, pour le compte de l'État, sous la Restauration. Sa pièce de *Marton et Frontin* a été jouée, pour la première fois, à la salle Louvois, par les artistes de la Comédie-Française qui, réunis sous la direction passagère de Mlle Raucourt, tentèrent de réorganiser la troupe du Théâtre-Français, dispersée par les événements (du 23 décembre 1796 au 4 septembre 1797).

4. Représentée, pour la première fois, au théâtre de l'Odéon, le 23 novembre 1852. Avant d'entrer à l'Odéon, Mme Lamy-Grassau avait longtemps joué les grands premiers rôles en province.

recueillie par la Comédie-Française, qui a regardé comme un devoir de faire une situation acceptable à cette vieille artiste, véritablement digne d'intérêt, et qui d'ailleurs pouvait rendre encore, comme duègne, d'utiles et de sérieux services.

Les trois débuts réglementaires de Mme Grassau ont eu lieu les 14 juin dans *Tartufe* (Mme Pernelle)[1], 17 juin, dans une représentation fort complète, comme distribution, des *Femmes savantes* (Bélise)[2], et enfin 27 juin, dans *le Joueur* (la comtesse)[3].

16 JUIN. — M. Bressant joue, pour la première fois, le rôle d'Almaviva, du *Barbier de Séville*, qui va devenir l'un de ses meilleurs dans l'ancien répertoire. Il s'y montre, en effet, fort élégant, plein de distinction, d'aimable fatuité et de verve charmante. On ne pourrait lui reprocher tout au plus qu'une certaine lenteur de parole,

---

1. M. Geffroy joue Tartufe et Mme Plessy, Elmire. Le même soir débute, dans la même pièce, par le rôle de Damis, un jeune premier nouveau, M. Hector Delille, d'assez bonne tenue, mais d'une étoffe encore insuffisante. Le second début de cet artiste a eu lieu, le 14 juillet suivant, dans *les Jeux de l'amour et du hasard* (Mario). M. Delille a d'ailleurs séjourné peu de temps à la Comédie-Française, qu'il a quittée pour entrer dans l'industrie. Il était, comme comédien, élève de Ricourt, dont il est même devenu plus tard le beau-frère.

2. Ont joué les rôles : MM. Leroux.... (Clitandre).
— Got...... (Trissotin).
— Maubant.. (Ariste).
— Monrose.. (Vadius).
Mmes Favart.... (Armande).
— Bonval... (Martine).
— Jouassain. (Philaminte).
— Riquer.... (Henriette).
— Grassau.. (Bélise).

3. MM. Leroux (Valère), Got (Hector); Mmes Riquer (Angélique), Jouassain (Mme la Ressource), Lambquin (Mme Adam), Bonval (Nérine), Grassau (la Comtesse).

mais ce léger défaut est racheté par tant de grâce qu'il passe, pour ainsi dire, inaperçu. M. Bressant chante, en outre, à ravir, et il a dit la sérénade du premier acte avec une voix de ténor si juste et si assurée que le public, enchanté, la lui a fait répéter aussitôt. La comédie de Beaumarchais était d'ailleurs exceptionnellement montée [1] et jouée, pour le premier acte, devant un décor nouveau du meilleur effet.

22 Juin. — M. Empis poursuit, avec une sérénité qui n'est pas toujours couronnée de succès, son système de reprises à outrance. L'année 1857 aura été l'une des plus fertiles en ce genre dans l'histoire de la Comédie-Française ; le bilan des pièces qu'elle aura vu mettre ou remettre au répertoire peut, en effet, s'établir en trois chiffres tout à fait significatifs :

Pièces nouvelles, 4 ;
Intermèdes, 2 ;
Reprises, 13.

Il faut ajouter que,— à part deux ou trois exceptions, — pièces nouvelles ou reprises n'ont pas fait, en général, excellente ni surtout longue figure au feu de la rampe, bien que l'admirable troupe du Théâtre-Français ait vaillamment combattu et même, en somme, toujours triomphé, par l'excellence de son incomparable ensemble [2]. L'honneur de la Comédie a donc été sauf ; le public seul, — bien que toujours empressé, — n'aurait peut-être pas

---

1. MM. Regnier (Figaro), Provost (Bartholo), Monrose (Basile); Mlle Fix (Rosine).

2. Les recettes du théâtre ont été, en effet, exceptionnelles pour une année qui a surtout vécu par les reprises ; on encaisse, dans les douze mois de l'année 1857, un total de 656,679 francs, c'est-à-dire la somme la plus élevée qu'en dehors de l'année de l'Exposition universelle, aient produites les représentations de la Comédie-Française, depuis 1851.

demandé mieux que de se voir servir un peu plus souvent du nouveau. Je sais bien qu'il est fort difficile de trouver des chefs-d'œuvre, et qu'un directeur prudent doit y regarder toujours à deux fois avant de lancer une pièce nouvelle, mais il n'en faut pas moins reconnaître que M. Empis a, sur ce point, péché par excès de circonspection.

Quelle nécessité, par exemple, de reprendre *les Comédiens*, de Casimir Delavigne, qui ont reparu à la scène [1] aujourd'hui même 22 juin? La pièce est plus une satire qu'une comédie : elle était, en effet, dirigée contre les sociétaires de la Comédie-Française, que Casimir Delavigne voulait punir de l'audace qu'ils avaient eue de refuser son drame : *les Vêpres siciliennes*. Jouée pour la première fois à l'Odéon, elle eut une réussite presque tumultueuse : les amis de la Comédie-Française l'accueillirent fort mal, tandis que ceux qui jugeaient excessive l'arrogance du comité, l'applaudirent à qui mieux mieux [2]. Quoi qu'il en soit, le

---

1. Ont repris les rôles : MM. Regnier (Belrose), Maillart (Victor), Got (lord Pembrock), Mirecour (Floridor); Mmes Fix (Lucile), Valérie (Estelle), Figeac (Mme Blinval).

L'Impératrice assiste à la quatrième représentation, donnée le 29 juin, avec *le Barbier de Séville*.

2. *Les Comédiens* furent représentés, pour la première fois, à l'Odéon, le 6 janvier 1820. L'affluence des spectateurs fut considérable; on savait à l'avance l'histoire de la pièce et on s'attendait à des représailles très-vives de l'auteur contre le comité de lecture du Théâtre-Français. Dès midi, la foule assiége les portes de l'Odéon, et la police a toutes les peines du monde à protéger l'ordre de l'entrée. Un certain nombre de sociétaires assistent à la représentation, et ils deviennent bien vite le point de mire du parterre. La soirée, très-bruyante, finit toutefois d'une manière assez calme. L'œuvre n'avait pas une portée aussi agressive qu'on avait pu le croire. La Comédie-Française n'était d'ailleurs prise qu'indirectement à partie dans la pièce de Delavigne, puisque la scène se passe au grand théâtre de Bordeaux; mais c'est le cas de dire que tout le monde était

succès en fut très-vif et surtout assez durable pour que Casimir Delavigne eût lieu de se croire suffisamment vengé.

Cette pièce était en quelque sorte une comédie d'actualité, et il semble qu'éloignée du temps où elle parut pour la première fois, elle ne devait avoir aucune chance d'intéresser un public nouveau qui n'avait que faire de se souvenir des querelles qui avaient pu jadis diviser Casimir Delavigne et la Comédie-Française. Sortie de son cadre et surtout de son époque, la pièce des *Comédiens* n'avait plus de raison d'être. Dix ans après sa première apparition c'était une œuvre forcément surannée. La Comédie crut cependant devoir faire amende honorable pour rentrer dans les bonnes grâces de l'auteur de *Louis XI*[1], et elle alla lui demander l'autorisation de mettre à la scène, pour la première fois chez elle, ces fameux *Comédiens*, écrits spécialement contre son comité, consentant ainsi à se fustiger elle-même en faisant jouer, par ses sociétaires, une pièce qui avait eu, avant tout, l'intention de se moquer d'eux. Cette reprise eut lieu le 13 juin 1832; elle ne fut pas heureuse, et le souvenir du peu de succès qu'elle eut alors aurait dû mettre en garde M. Empis contre les chances d'une nouvelle tentative. Quoi qu'on fasse, en effet, le répertoire de Casimir Delavigne, surtout le répertoire en vers, est, à peu de chose près, devenu difficile aujourd'hui

---

« dans le secret de la comédie, » car chacun savait parfaitement que c'était le théâtre et le comité de la rue de Richelieu que l'auteur avait eu tout spécialement en vue.

1. *Louis XI* venait d'obtenir un grand succès, et les comédiens crurent devoir, à cette occasion, témoigner une grande satisfaction à l'auteur en reprenant successivement deux de ses pièces qu'ils avaient, dans l'origine, frappées d'un ostracisme inexpliqué : *les Comédiens* et *les Vêpres siciliennes*.

à la scène. Tout cela a vieilli, et il faut bien le dire, est devenu passablement ennuyeux. Qu'on le lise au coin du feu, comme un classique de troisième ordre, je le veux bien encore; il y a de belles parties dans *les Vêpres siciliennes* et dans *Louis XI;* mais dans *les Comédiens,* tout est faux comme caractères et comme vérité historique; les développements du sujet sont médiocres et l'intérêt en est nul. Cette froide pièce n'a plus que les allures d'une étude rétrospective et d'une critique de questions jadis brûlantes, et auxquelles personne n'entend plus rien aujourd'hui. La reprise de 1832 avait été sans effet, celle de 1857 n'a pas eu meilleure chance, et je crois bien que, du coup, *les Comédiens* sont irrémissiblement et à jamais bannis du répertoire [1].

---

1. Voici le jugement porté sur *les Comédiens,* lors de cette dernière reprise, par trois critiques, choisis parmi les plus généralement aimables et bienveillants :

« Pendant cinq longs actes vous n'entendez parler, dans cette comédie des *Comédiens,* que l'argot dramatique; les vers sentent l'huile à quinquet; vos yeux sont éblouis dans cette ombre douteuse de cachemires, de billets doux, de comédies projetées, de maladies de nerfs, de lords anglais qui payent sans être aimés, de petits-maîtres qui aiment sans payer, de comédiennes à la réforme, d'amoureux édentés, de faux mollets, de faux cheveux et de tous ces horribles mensonges sans lesquels il n'y aurait pas de théâtres. Affreux détails, véritables, si vous voulez, mais qu'il eût fallu laisser derrière la toile qui les recouvre. A peine s'il doit être permis de risquer un œil à travers les trous de cette toile immonde pour regarder ce qui s'y passe. Casimir Delavigne, dans sa comédie, est gêné et mal à l'aise. Cette comédie, qui se passe sur des planches malsaines, entre des décorations mal peintes, dans une société à part, manque d'air, d'espace et de soleil. Allez donc faire, à moins de vous nommer Le Sage, une comédie plaisante dans la caverne de Gil Blas !... »

(JULES JANIN.)

« Une piété bien entendue eût épargné le désagrément de cette reprise à l'ombre de Casimir Delavigne. *Les Comédiens* sont une production médiocre qu'il fallait laisser sous la poussière que les ans ont tamisée sur

13 Juillet. — Reprise, dans son texte primitif et intégral, et sans les retouches et modifications que lui avaient fait subir, au dernier siècle, Marmontel et Colardeau, de *Venceslas*, tragédie en cinq actes, de Rotrou [1]. Quelques vers, une ou deux scènes et le rôle assez brillant et mouvementé de Ladislas ressortent de l'ensemble terne et gris de cette faible pièce, qui a, jadis, passé pour un chef-d'œuvre. Beauvallet met cependant beaucoup de feu et de verve dans le personnage de Ladislas, qu'il joue pour la première fois, et Maubant interprète celui de Venceslas avec une conviction digne d'un meilleur rôle [2].

---

elle... La pièce, rendue faiblement, a été reçue avec assez de froideur. Comment bien jouer ce qui n'a ni vie, ni sentiment, ni vérité ? Comment infuser du sang à ces pâles fantômes, à demi disparus déjà derrière la gaze noire de l'oubli, et donner des inflexions humaines à ce langage vague, incolore, déclamatoire, à ce style de satire ou d'épître dialoguée ? Aussi l'ennui disloquait-il toutes les mâchoires ; à peine si les rares spectateurs ont applaudi, du bout des doigts, les tirades de Maillart, représentant le poëte, et souri aux fatuités impertinentes et prétentieuses de Floridor, très-bien décochées par Mirecour, qui a eu les honneurs de la soirée : lui seul, parmi ses camarades, semble posséder la tradition de cette sorte de comédie. » (Th. Gautier.)

« Nous ne comprenons pas l'utilité de la reprise des *Comédiens*, pièce vieillie et vieillissante, portant avec elle sa date comme un discours de la Chambre des pairs ou une ascension de Mlle Garnerin. Qui cela intéresse-t-il ? La jeunesse est accoutumée à chercher ailleurs ses modèles littéraires, et c'est un souvenir trop récent pour les hommes mûrs. De portée morale, il n'y en a aucune ; c'est une longue boutade en cinq actes ; les caractères en sont communs, rien de cherché dans les physionomies, rien d'imprévu dans les situations... » (Charles Monselet.)

1. Représentée, pour la première fois, en 1647. « Eut grand succès, dit le chevalier de Mouhy en 1752 ; elle a pu servir de modèle pour les grandes beautés de la tragédie, auxquelles le temps n'a rien fait perdre. Le rôle de Ladislas est tout neuf, et suffirait pour faire connaître le génie de l'auteur. Baron finit par ce rôle, à sa première sortie du théâtre, et par celui de Venceslas à la seconde. »

2. Ont repris les rôles : MM. Beauvallet (Ladislas), Maubant (Venceslas),

Le sujet de la pièce de Rotrou est, comme chacun sait, emprunté à un drame espagnol de Francisco de Rojas, encore très-populaire par delà les Pyrénées : *On ne peut être à la fois père et roi.* Nous avons voulu relire ce drame, dont Rotrou a traduit, presque textuellement, certaines parties. Il est bien autrement développé que la tragédie du poëte français, rempli de digressions et d'incidents parfois étrangers à l'action principale et absolument inexécutable, même sur une scène espagnole, tel que son auteur l'a écrit. Le sujet ne manque cependant ni d'éclat, ni de grandeur; il est même des plus chevaleresques et tout à fait dans la note héroïque du *Cid*, mais il demanderait un arrangement tout nouveau et dans le goût du jour, pour être supportable au théâtre. Marmontel et Colardeau avaient déjà tenté cet arrangement au siècle dernier, mais sans grand succès, car le *Venceslas* de Rotrou, modifié par eux, ne fut guère mieux accueilli de leur temps que du nôtre[1], et alors, comme aujourd'hui, la reprise de cette tragédie, — curieuse et intéressante en somme au seul point de vue de l'histoire et du progrès du théâtre en France, — n'eut aucun succès.

14 Juillet. — M. Bressant aborde, pour la première fois, le rôle d'Alceste, dans *le Misanthrope*. Il le joue un peu mollement et sans accentuer suffisamment les traits si saillants de ce bizarre et quinteux personnage. M. Bressant s'y montre, en un mot, encore trop jeune premier et pas assez premier rôle. Il porte toujours à ravir, et avec une grande élégance, le brillant et pimpant costume de son

---

Fonta (Octave), Jouanni (l'infant Alexandre), Chéry (le duc); Mmes Pauline Lebrun (Cassandre), Stella Colas (Théodore), Jouassain (Léonore).

1. La reprise de la tragédie de Rotrou eut lieu, avec ce nouvel arrangement, le 30 avril 1759.

rôle dans lequel il paraît peut-être trop séduisant, eu égard au caractère d'Alceste.

Le même soir, Mme Madeleine Brohan opère sa rentrée, après une année d'absence, et elle reprend, toujours avec le même succès de grâce et de beauté, le personnage de Célimène, dans *le Misanthrope*, et celui de Sylvia des *Jeux de l'amour et du hasard* [1]. Célimène ou Sylvia, Mme Madeleine Brohan est toujours agréable à voir et bonne à entendre : c'est une de ces artistes précieuses qui, sans s'élever jamais à une grande hauteur, ont une égalité et pour ainsi dire une constance de talent toujours suffisantes, quoi qu'elles jouent, et arrivent ainsi à se maintenir au premier rang avec des qualités certainement inférieures à la position qu'elles ont eu l'art de conquérir [2].

1er Août. — Première représentation, à ce théâtre, de *Philiberte*, comédie en trois actes, en vers, de M. Emile Augier.

C'est une pièce d'un sujet bien indécis et bien vague que cette comédie de *Philiberte*, que le Théâtre-Français vient

---

1. MM. Regnier (Pasquin), Leroux (Dorante), Delille (Mario).
2. « Le talent de cette belle et agréable personne, écrit Charles Monselet, au sujet de cette rentrée de Mme Brohan, n'est pas de ceux qui commandent l'admiration et déchaînent l'enthousiasme. Mme Brohan joue bien, dit purement, plaît au regard, mais elle n'a ni cette âpreté ni ce « coquinisme » auxquels se reconnaissent plus ou moins les actrices de race. Il ne lui arrive jamais de faire craquer ses rôles, d'outrer une situation, d'oublier ses camarades et la scène; l'éventail de Célimène s'ouvre et se déploie harmonieusement dans ses admirables mains blanches; mais n'ayez pas peur qu'il s'y brise, broyé entre deux alexandrins fiévreux de Molière. Est-il bien certain qu'elle soit née pour le théâtre ? Ne semble-t-elle pas plutôt appartenir à cette classe de femmes dont les robes apparaissent sur le perron des châteaux, et qui font de leur vie une perpétuelle fête de reine ? Je cherche la passion sur ce visage heureux, et je n'y trouve que la grâce. La grâce et la bonté, voilà en effet cette Madeleine Brohan tout entière. »

de reprendre au théâtre du Gymnase, où elle avait d'abord été représentée. La distinction et le mérite de sa forme littéraire ne la rendaient certainement pas indigne de notre première scène, mais il manque à cette œuvre, un peu étrange, la netteté, la fermeté et même la hardiesse habituelle à son auteur. Cette Cendrillon de haut parage, qui se croit laide et délaissée, et qui n'en a pas moins trois amoureux à ses pieds, n'offre en somme qu'un intérêt médiocre ; elle n'a point de principes bien arrêtés, parle de tout et sur tout, et montre même beaucoup plus de savoir et d'esprit que n'en exhibent ordinairement les filles bien élevées et les personnes modestes. Ses trois soupirants l'assiègent : l'un, le vieux duc de Charamaule, lui offre sa main par pitié ; le second, le chevalier de Talmay, neveu du précédent, s'ingénie à conquérir cette forte vertu dans un but tout à fait étranger à ce qu'on nomme le bon motif ; quant au troisième, Raymond de Taulignan, il se borne à soupirer son amour vrai, puis prend chaudement fait et cause pour sa belle, insultée par la sotte déclaration de Talmay, à ce point qu'il défie et blesse son rival et finit par épouser Philiberte — ce qui était d'ailleurs depuis longtemps prévu — après, toutefois, que celle-ci lui a bel et bien déclaré elle-même qu'elle l'aimait :

> Si vous ne m'aimez pas, Raymond, moi je vous aime ;
> Depuis que je connais mon cœur, il est à vous
> Et n'a pas souhaité d'avoir un autre époux [1].

Deux actes auraient certainement suffi au développement d'un sujet aussi peu fourni d'incidents et d'imprévu ; aussi la pièce de M. Augier paraît-elle un peu froide et

---

1. Acte III, scène x.

surtout longue en dépit de ses charmants détails et de ses jolis vers. L'interprétation n'a pas, non plus, semblé supérieure, et Mme Judith surtout, qui reprend le rôle de Philiberte, créé au Gymnase par Mme Rose Chéri, est loin d'avoir fait oublier son éminente devancière [1]. Nous retrouvons d'ailleurs, dans la distribution actuelle de la pièce, deux autres artistes de la création passés, depuis, du Gymnase aux Français : M. Bressant, dans le rôle de Talmay, qu'il joue avec la même aimable impertinence, et Mlle Figeac, toujours élégante et jolie dans celui de la sœur mariée de Philiberte-Cendrillon. Voici, d'ailleurs, la distribution de la pièce dans les deux théâtres :

	Gymnase [2].	*Français.*
Duc de Charamaule.	MM. Dupuis.	MM. Samson.
Chev. de Talmay.	— Bressant.	— Bressant.
Comte d'Ollivon.	— Landrol.	— Leroux.
Raymond de Taulignan.	— Lafontaine.	— Maillart.
M^{ise} de Grandchamps.	Mmes Mélanie.	— Lambquin.
Philiberte.	— Rose Chéri.	— Judith.
Julie.	— Figeac.	— Figeac.

7 Août. — Reprise de la toujours amusante comédie *le Voyage à Dieppe*, trois actes en prose de Waflard et Fulgence [3], avec la distribution suivante :

D'Herbelin.	MM. Provost.
Monbray.	— Leroux.
Lambert.	— Got.

---

1. Le 10 octobre suivant, Mme Judith abandonna le rôle à Mme Stella Colas.

2. La première représentation de *Philiberte* a eu lieu, au théâtre du Gymnase, le 19 mars 1853.

3. Comédie représentée, pour la première fois, sur le théâtre de l'Odéon, le 1er mars 1821.

Mme Lambert.   Mmes Favart.
Mme d'Herbelin. — Lambquin.
Isaure.   — Dubois.
Félicité.   — Bonval.

15 Aout. — Représentation gratuite à l'occasion de la fête de l'Empereur. La Comédie représente *le Barbier de Séville*[1] et *le Malade imaginaire*[2], M. Leroux lit, entre les deux pièces, des strophes de M. Henri Derville, sur le *Paris nouveau*, strophes qui ont obtenu le premier prix au concours de poésie ouvert en l'honneur de l'inauguration des travaux terminés du palais du Louvre réuni à celui des Tuileries[3].

12 Septembre. — M. Delaunay joue pour la première fois le rôle de Don Juan dans le *Don Juan d'Autriche*, de Casimir Delavigne. Il y est fort brillant et d'une jeunesse vive et charmante; le public le couvre d'applaudissements. C'est toujours M. Geffroy qui représente Philippe II, avec la même autorité, et Mlle Émilie Dubois doit être également signalée pour sa grâce, sa vivacité et sa malice dans le joli personnage du moinillon Péblo.

25 Septembre. — Reprise de *la Femme juge et partie*, comédie en cinq actes, en vers, de Montfleury réduite en trois actes par Onésime Leroy.

Cette amusante comédie de Montfleury[4] est la seule

---

1. MM. Bressant (Almaviva), Got (Figaro); Mlle Fix (Rosine).
2. MM. Delaunay (Cléante), Maubant (Béralde), Got (Thomas); Mme Augustine Brohan (Toinette).
3. La cérémonie publique de l'inauguration solennelle avait eu lieu, la veille, au palais même, dans une galerie voisine de la nouvelle salle des États. L'Empereur avait présidé cette cérémonie et avait prononcé un discours en réponse à M. Fould, ministre d'Etat et de sa maison, qui avait assez éloquemment tracé, et avec de fort intéressants détails, l'historique du travail accompli pour la réunion des deux palais.
4. On a souvent confondu cet écrivain avec le comédien Montfleury, qui

des quinze ou seize pièces de cet auteur qui soit demeurée au répertoire, et cela, encore, grâce à l'habile remaniement que lui a fait subir M. Onésime Leroy [1]. La pièce, représentée pour la première fois le 2 mars 1669, sur le théâtre de l'hôtel de Bourgogne, avait alors cinq actes, et le succès en fut si considérable qu'il balança un moment celui de *Tartufe*, que la Comédie avait repris le 5 février précédent, en donnant des recettes supérieures à celles du chef-d'œuvre de Molière [2]. La pièce originale est, en effet, fort gaie, mais elle tombe bien vite dans la charge extrême et devient souvent licencieuse et grossière. Elle

---

a eu l'honneur de créer le rôle de Rodrigue dans *le Cid*, de Corneille. Jacob (Zacharie), dit Montfleury, était le père de l'auteur de *la Femme juge et partie*, dont le véritable nom était Antoine Jacob, et qui avait été avocat avant d'être écrivain dramatique.

1. M. Onésime Leroy, qui a présenté et même fait recevoir au Théâtre-Français plus de pièces qu'il n'est parvenu à en faire jouer, a été en général un auteur malheureux. Sa comédie de *l'Esprit de parti*, qui avait beaucoup réussi à l'Odéon (1817), fut suspendue, par ordre, vers sa vingt-cinquième représentation, pour motifs politiques ; enfin sa comédie *le Fantasque et le Méfiant*, jouée au Théâtre-Français en 1825, eut une chute éclatante. Les cartons de la Comédie-Française conservent encore plusieurs pièces du même auteur, reçues ou refusées, et entre autres celle des *Femmes sous Caton le Censeur*, accueillie avec faveur par le comité, qui attend encore son tour, et que M. Onésime Leroy n'aura pas le bonheur de voir jouer, — si jamais on la joue, — cet estimable écrivain étant mort le 14 février 1875, ayant d'ailleurs déjà, depuis un certain nombre d'années, renoncé tout à fait au théâtre.

2. Voici comment Montfleury traite Molière dans cette même comédie de *la Femme juge et partie* :

> Molière plaît assez, c'est un bouffon plaisant
> Qui divertit le monde en le contrefaisant.
> Ses grimaces souvent causent quelques surprises ;
> Toutes ses pièces sont d'agréables sottises :
> Il est mauvais poëte et bon comédien ;
> Il fait rire, et de vrai c'est tout ce qu'il fait bien !...

serait, de nos jours, absolument impossible à la scène telle qu'on la représentait alors [1].

Samson et Mme Aug. Brohan ont représenté avec beaucoup de verve et de succès, cette dernière surtout, les personnages de Bernadille et de Julie [2].

7 Octobre. — Première représentation de *le Pamphlet*, comédie en deux actes, en prose, de M. Ernest Legouvé [3].

Le héros de la comédie nouvelle de M. Legouvé est Clavijo, ce drôle que Beaumarchais et Gœthe ont suffisamment illustré et qui se trouve prêter ici son nom et ses mérites à un publiciste de mauvais aloi, lequel fait volontiers le trafic de sa plume, soit qu'il s'agisse de biographier les gens, soit encore — et surtout — qu'il faille les diffamer et les flétrir.

C'est toujours en Espagne que ce Clavijo accomplit ses exploits; il vient d'acheter une maison sur le produit de ses vilenies littéraires et il y remplace une vieille dame ruinée, dont le mari a été l'un des héros de Lépante, et qui a une fille nommée Isabelle. Celle-ci a su toucher le cœur de Don Henrique, jeune Espagnol de haute et riche lignée, qui la veut épouser en dépit de sa misère. Survient Clavijo; il a eu précisément à se plaindre jadis du père d'Isabelle qui l'a fait chasser, pour inconduite, du département de la guerre, où notre pamphlétaire avait un emploi. Il écrit aussitôt un libelle rempli d'infamies et de mensonges contre le brave soldat, et il le répand avec

---

1. L'heureux arrangement de *la Femme juge et partie*, par M. Onésime Leroy, a été mis, pour la première fois, à la scène, en 1821.
2. M. Talbot (Ricardo) et Mlle Bonval (Béatrix).
3. Ont créé les rôles : MM. Geffroy (Clavijo), Regnier (don Guillen), Delaunay (Henrique de Urreaz); Mmes Fix (Isabelle), Jouassain (marquise de Urreaz), Lambquin (Violante).

habileté dans Madrid, où il ne manque pas de produire bientôt l'effet qu'on suppose; ce haut scandale donne lieu à une suite de scènes qui accentuent de plus en plus le drame : la mère de Don Henrique ne veut plus entendre parler du mariage de son fils avec la fille d'un homme que la brochure de Clavijo signale comme un traître; Isabelle, elle-même, vient trouver Clavijo pour lui demander de reconnaître ses erreurs et de les démentir; mais Clavijo ne se laisse pas toucher pour si peu! Don Henrique veut alors aller provoquer le lâche écrivain, mais son ami le plus intime, Guillen, le devance, et le pistolet à la main, il oblige enfin le pamphlétaire à rétracter tout ce qu'il a écrit d'injurieux pour la mémoire du vieux soldat. Henrique épousera donc Isabelle, et Clavijo, flétri une fois de plus, n'en recommencera pas moins à répandre de plus belle, le lendemain, les viles éclaboussures de sa plume.

Telle est, en substance, cette noire et étrange comédie, véritablement drame, que le public — le sujet étant admis — n'eût pas regretté de voir se terminer par le coup de pistolet de Guillen, débarrassant le sol des Espagnes de ce misérable Clavijo. La difficulté était précisément de faire accepter par un si grand nombre de spectateurs — si indulgents et débonnaires qu'on les puisse juger — ce sombre sujet, sans intérêt et sans gaieté, servant de point de départ à une pièce où l'auteur s'est imaginé mettre en scène ce qu'il appelle « un pamphlétaire. » Mais, des pamphlétaires, il en existe de tous les genres, et même de très-illustres, depuis Lucien, Martial, d'Aubigné, Jonson, jusqu'à Voltaire, Beaumarchais et même Paul-Louis Courier. Ceux-là ne vendaient pas leur plume et ne faisaient pas le lâche métier de ce Clavijo, que M. Legouvé semble vouloir poser comme le prototype des écrivains de pamphlets. Ce Clavijo n'est donc pas digne du titre de pamphlétaire, qui peut être appliqué dans l'histoire à une foule d'honnêtes gens; ce n'est, en somme, qu'un assez vulgaire coquin dont le caractère invraisemblable, poussé trop à l'exagération et au noir, ne peut offrir aucun intérêt d'aucune sorte, et l'acte monstrueux qu'il commet, contre la famille d'Isabelle, est tellement outré qu'il ne saurait exciter le sentiment que l'auteur a voulu y attacher. Qui veut trop prouver ne prouve rien! Nous savons très-bien, à l'avance, que ce misérable sera obligé de se rétracter, et nous avons encore moins de pitié pour lui que M. Legouvé lui-même n'en a montré, puisque ses basses œuvres demeurent finalement impunies et que rien ne l'empêche de les recommencer journellement, sur de nouveaux frais. La situation d'Isabelle, ainsi placée entre Clavijo qui la veut compromettre, et Henrique qui désire l'épouser, n'offre pas d'émotion vraie, et, par le fait, le drame, au moment même où il se noue, est fini avant d'avoir commencé.

M. Legouvé devait compter aussi sur certaines tirades de sa pièce mises, soit dans la bouche d'Isabelle, soit dans celle de Clavijo, au second acte, mais tout cela a, comme on dit en style de coulisses, fait long feu, et *le Pamphlet* n'a produit que l'effet répugnant qui se détache entièrement de son principal personnage et n'a eu qu'un assez petit nombre de représentations.

30 OCTOBRE. — Reprise de *la Calomnie*, comédie en cinq actes, en prose, l'une des pièces de Scribe qui ont été le plus discutées et même le plus malmenées par la critique[1].

---

1. Le jour de la première représentation de *la Calomnie* (20 février 1840), l'Académie française avait admis dans son sein M. Flourens, de préférence à son illustre concurrent, M. Victor Hugo. Jules Janin garde d'omettre une allusion à ce fait, dans son feuilleton du lundi suivant :

Le caractère principal, celui du ministre Raymond, a bien vieilli, et il est surtout bien invraisemblable. Ce haut personnage est, en effet, mêlé à une série d'intrigues équivoques où sa dignité et sa situation se trouvent à tout moment bafouées et compromises. Un autre personnage, celui de Coquenet, petit esprit de province, jaloux et bavard, et qui, déversant volontiers le blâme et même l'injure sur tout venant et à tout propos, finit par se prendre dans ses propres filets, est, en revanche, demeuré assez plaisant et encore assez vrai. M. Regnier joue avec beau-

---

« Voilà, dit-il, de *la Calomnie*, l'œuvre dramatique la plus pénible, la plus embrouillée, la plus remplie de fautes de français et la plus triste qu'ait jamais produite l'auteur... Ah! la journée du 20 février 1840 sera marquée dans nos annales d'un caillou noir; l'éloquence et les belles-lettres de ce pays auront subi, ce jour-là, un rude échec. Quelle malheureuse journée pour l'Académie française, je vous prie! une si incroyable injustice le matin! une si mauvaise comédie le soir!... »

« Nous sommes forcé d'avouer, dit de son côté M. Th. Gautier, que *la Calomnie* nous a prodigieusement ennuyé, et que nous n'y avons pas trouvé le plus petit mot pour rire. Tout le monde, autour de nous, s'exclamait : Voilà qui est charmant! comme cela est vrai! quel tour spirituel!... Nous nous sentions très-malheureux de ne pas jouir de toutes ces belles choses, car il n'est rien de plus triste que d'assister à un plaisir que l'on ne partage pas. » Un peu plus loin, M. Gautier reproche à M. Scribe son manque complet de style et même d'orthographe, et il conclut d'une manière un peu dure et même un peu trop partiale, ce nous semble, en déclarant « que M. Scribe n'est pas à sa place au Théâtre-Français, qu'il n'a pas l'haleine assez longue pour souffler cinq actes d'un seul jet, que cinq vaudevilles sans couplets, à la queue les uns des autres, ne font pas une comédie, enfin, que le Gymnase, avec ses proportions de bonbonnière, est le lieu naturel de M. Scribe. » Ce premier jugement, que Th. Gautier a tenu à confirmer dans son feuilleton consacré à la reprise de *la Calomnie* (*le Moniteur*, 2 nov. 1857), va évidemment au delà de la vérité. C'est vouloir trop prouver, en effet, que de certifier que l'auteur de *la Camaraderie*, de *Bertrand et Raton*, du *Verre d'eau*, de *la Chaîne*, etc., s'est montré indigne d'occuper la scène où il a remporté, en somme, d'aussi légitimes que de nombreux succès !

coup de verve et de gaieté ce rôle qui avait, à l'origine, été créé par M. Samson.

Voici, d'ailleurs, la distribution de la pièce aux deux époques de sa création et de sa reprise actuelle :

	1840.	1857.
Raymond (le ministre).	MM. Firmin.	MM. Bressant.
Lucien.	— Geffroy.	— Mirecourt.
De Guibert.	— Provost.	— Monrose.
De Saint-André.	— Menjaud.	— Leroux.
Coquenet.	— Samson.	— Regnier.
Belleau.	— A. Dailly.	— Saint-Germain.
Cécile.	Mmes Plessy.	Mmes Fix.
Mme de Guibert.	— Anaïs.	— Bonval.
Mme de Savenay.	— Desmous- seaux.	— Jouassain.

23 Novembre. — Première représentation de *le Fruit défendu*, comédie en trois actes, en vers, de M. Camille Doucet [1].

Ce *Fruit défendu* est l'une des plus fines comédies de M. Doucet, et la plus distinguée peut-être qu'il ait écrite comme choix et délicatesse de pensées. Simple sujet, si l'on veut, et qui se peut exposer en dix lignes, mais qui donne lieu à de charmants détails et à un ensemble de pièce très-heureusement réussie.

Trois jeunes filles, Jeanne, Marguerite et Claire, représentent trois excellents partis; les deux premières se marient au début de la pièce et on fait pressentir à la troisième que l'avenir lui réserve un jeune cousin, prénommé Léon, trop jeune encore pour être capable de fournir im-

---

1. Ont créé les rôles : MM. Regnier (Jalabert), Provost (Desrosiers), Bressant (de Varenne), Delaunay (Léon); Mmes Fix (Claire), Dubois (Jeanne), Riquer (Marguerite), Fleury (Fanny). — L'Empereur et l'Impératrice assistent à la première représentation.

médiatement un mari présentable. Ce jeune cousin, dont M. Delaunay a représenté le personnage avec une verve et une grâce des plus juvéniles, est, en effet, le pivot autour duquel la pièce circule et tourne tout entière. Il fait la cour aux deux jeunes mariées, leur envoie des bouquets, ne les quitte pas plus que leur ombre, arrive au moment où on l'attend le moins, toujours à leur suite et à leur poursuite, et le tout au nez et à la barbe des deux nouveaux maris qui ont bien vite pris en grippe, et même en effroi, ce perpétuel trouble tête-à-tête du ménage. Léon, avant leur mariage, faisait médiocre attention à la beauté de ses cousines, qu'il pouvait voir à toute heure, en pleine liberté et sans porter jamais ombrage à personne. Aujourd'hui, qu'elles sont mariées, elles représentent pour lui ce fruit qui a tant de charme et d'imprévu, de piquant et d'attraits, qu'on nomme le fruit défendu. « La nature humaine est ainsi faite, a dit très-spirituellement et aussi très-justement Théophile Gautier, que, pour beaucoup d'amoureux, le principal attrait d'une femme, c'est son mari. » Et voilà tout aussitôt les deux maris sur le qui-vive, cherchant tous les moyens propres à évincer le jeune et entreprenant cousin, et y parvenant, en somme, assez mal et même pas du tout.

A ce point de la comédie, la pièce pourrait facilement tourner au drame, si l'oncle de Léon, véritable *deus ex machina*, n'intervenait bien à propos pour mettre tout le monde d'accord et rétablir, dans les deux nouveaux ménages, la paix qui, malgré tout, n'y a jamais été bien sérieusement troublée. Cet oncle habile jette en effet dans les jambes de notre amoureux un troisième fruit, encore bien plus défendu que le fruit charmant représenté pour Léon par ses deux cousines; ce troisième fruit, c'est la troisième cousine. « Il faut te marier, dit sagacement ce brave homme d'oncle à son neveu ; tu peux choisir qui bon te semblera, à l'exception toutefois de ta cousine Claire, à laquelle un obstacle insurmontable t'empêche absolument de songer. » Voilà du coup les deux cousines aînées bien loin ! On ne veut pas donner Claire à Léon, Claire devient aussitôt pour Léon ce merveilleux fruit défendu, et c'est elle, maintenant, qu'il veut obtenir à tout prix. Il épouse, en effet, sa jolie cousine au dénoûment, parce qu'en réalité l'obstacle insurmontable n'était qu'imaginaire et inventé à plaisir par l'oncle perspicace, à l'effet d'amener légitimement Léon dans les bras de sa troisième cousine.

Il ne serait pas facile d'exposer, d'une manière bien précise, la moralité de cette jolie comédie, qui paraît avoir été écrite en vue de prémunir les nouveaux maris contre l'incursion, dans le domaine de leur vie privée, des jeunes cousins traditionnels que tout homme prudent en doit bannir à jamais. C'est là, en effet, la suite naturelle qui se dégage de l'intrigue de la pièce de M. Doucet, et ce n'est pas, à tout prendre, une maxime bien originale ni bien nouvelle. Aussi, sans se préoccuper plus qu'il ne faut de cette moralité même, il convient de louer surtout, dans l'œuvre de M. Doucet, l'honnêteté de ses personnages et l'habileté avec laquelle il les a mis en situation et fait mouvoir. Cette habileté a surtout consisté à pousser à l'extrême les craintes de ces deux maris, au sujet de soupçons sans valeur, et à faire tourner pour le mieux, et sans jamais sortir du ton plaisant de la comédie, les scènes qui, pour le spectateur, menaçaient de se terminer infailliblement par un drame.

Reste le style. La versification de M. Doucet est facile et agréable, et elle rappelle volontiers celle d'Andrieux ou de Colin d'Harleville, estimables poëtes comiques desquels M. Doucet est évidemment beaucoup plus proche parent que je ne saurais le dire. Leur style, un peu lâché, prête, j'en conviens, plus de facilités pour le dialogue, qui coule alors, en quelque sorte, comme de source. Mais alors pourquoi écrire en vers? C'est le mode préféré par M. Doucet, et je ne veux pas le chagriner plus longtemps sur ce point, puisque sa comédie n'en a pas moins complètement réussi.

7 Décembre. — Reprise de *Chatterton*, drame en trois actes, en prose, du comte Alfred de Vigny [1].

C'est M. Rouvière, alors qu'il était à la Comédie-Française, qui devait, dans la première pensée de la direction, reprendre le rôle de Chatterton. L'insuccès croissant de cet étrange comédien, sur la scène de la rue de Richelieu, ne permit pas de donner suite à ce projet, et la reprise du drame de M. de Vigny se trouva alors momentanément ajournée. Il eût même peut-être gagné beaucoup, dans

---

1. La première représentation date du 12 février 1835. On sait que le drame de *Chatterton* est tiré du roman de *Stello*, du même auteur. M. de Vigny a lui-même analysé son drame en deux lignes de sa préface imprimée : « C'est l'histoire d'un homme qui a écrit une lettre le matin, et qui attend la réponse jusqu'au soir; elle arrive et le tue. » Le succès, en ce temps de luttes romantiques, fut considérable. « Chatterton, dit M. Laugier, dans son *Histoire de la Comédie-Française depuis 1830*, commence la série des grands succès de l'année 1835. C'est une œuvre que toutes les intelligences d'élite ont aimée d'affection... » Et plus loin il parle encore « de la victoire remportée par l'auteur et qui est de celles qu'on ne remporte qu'une fois. » M. Camille Doucet, remplaçant M. de Vigny à l'Académie française, a dit de ce même succès, dans son discours de réception (22 février 1866) : « Ce drame était touchant, éloquent, enivrant! l'émotion entraîna les cœurs jusqu'à l'enthousiasme, et jamais peut-être, dans les annales du Théâtre-Français, on ne vit un succès plus grand, une plus grande folie de succès qu'à la première representation de *Chatterton*, si ce n'est, je crois, à celles qui la suivirent. »

l'esprit et dans l'admiration de la génération présente, à rester pour toujours éloigné de la scène.

Chatterton est l'un des spécimens les plus illustres de la grande période romantique, et on a pu se convaincre, le soir de la reprise actuelle, qu'il semblait bien près d'être mort avec elle. Cette sorte de transfiguration d'un soi-disant déshérité et banni de la société qui l'entoure n'est vraiment plus admissible de nos jours, et ce bel et éloquent plaidoyer du suicide a paru suranné au dernier point. Ce Chatterton n'est qu'un enfant orgueilleux en révolte contre les us et coutumes du siècle dans lequel il vit, dont l'imagination s'est créé un monde idéal, et qui se tue beaucoup plus par forfanterie et par ce qu'on nomme aujourd'hui « la pose, » que par conviction réelle. J'avoue que, pour ma part, ce caractère, si soutenu et si carrément indiqué, d'ailleurs, dès le début de l'œuvre[1], ne me satisfait dans aucune de ses parties ; je demeure absolument froid en présence de cette exagération de désespérances et de déclamations qui n'ont pas leur raison d'être et qui sont à la fois sonores et vides, et je n'y trouve aucune espèce d'intérêt. Oui, Chatterton se tue par orgueil, par pur orgueil! la société n'est pas venue tomber à ses pieds, en admiration devant son génie de dix-huit ans ; on ne lui a pas fait de pont d'or et on n'a pas loué et acheté ses œuvres selon la valeur qu'il leur attribuait ; il se tuera donc pour « vexer » cette même société et pour la priver à jamais de l'une de ses plus grandes gloires si honteusement méconnue !..

---

1. *Chatterton* paraît pour la première fois à la scène V du drame, et dès ses premiers mots, il annonce au quaker « qu'il espère vivre le moins possible et que sa vie est de trop à tout le monde. »

Kitty-Bell, dont Chatterton, trop haut placé dans les nuages de son rêve, ne semble pas comprendre le pur amour, est le caractère le mieux en situation et le plus véridique de la pièce. Cette femme adorable aime ce malheureux poëte, tout d'abord par suite de la pitié qu'il lui inspire, et surtout elle l'aime sans se jamais bien rendre compte du sentiment, en somme toujours chaste, qu'elle éprouve. C'est un bien touchant portrait que celui de cette douce Kitty-Bell pleurant sans cesse à la seule idée d'une faute qu'elle pourrait commettre, et ne se livrant à l'expansion de ses sentiments véritables que pour en mourir à l'heure fatale où celui qui en est l'objet vient de s'empoisonner bêtement devant elle! Cette belle scène du dernier acte, très-dramatique, et où l'amour de Kitty-Bell éclate si soudainement et, relativement, avec tant de violence, est la seule qui ait produit un peu d'effet sur le public. Les premiers actes avaient semblé aussi froids que possible, et le dirai-je?... ils avaient largement ennuyé. Et cependant il n'est rien de plus élevé, de plus magistral ni de plus harmonieux que le style si plein de noblesse et de pureté de ce drame, bien différent, en cela, de certaines œuvres boursouflées et triomphantes de la même époque. C'est ce style même qui conservera toujours à *Chatterton* sa véritable valeur littéraire comme lecture attachante et pleine de charme ; car, pour la scène, ce brillant drame d'autrefois nous a décidément, l'autre soir, paru bien démodé.

L'interprétation nouvelle n'est pas non plus excellente ; elle manque d'ensemble et elle est surtout comme un peu disparate. M. Geffroy, qui a créé le rôle de Chatterton, en 1835, le reprend encore en 1857 ; il le joue certainement avec une grande autorité et un incontestable talent, mais il est devenu bien marqué pour représenter encore, à cinquante et un ans, ce même Chatterton qui avait été son premier rôle saillant alors qu'il en avait vingt-neuf. L'illusion de la scène ne remédie pas suffisamment à cette sensible différence d'âge. Mme Arnould-Plessy, qui joue Kitty-Bell, ne devrait pas sortir, — nous avons déjà eu l'occasion de le dire, — de son emploi des grandes coquettes, où elle est si supérieure et même inimitable, pour aborder les rôles tristes et larmoyants du drame, où sa beauté et sa verve brillantes se trouvent vraiment mal à l'aise. Elle a eu cependant quelques beaux moments dans la scène finale et a même été rappelée à la chute du rideau; mais ceux qui ont vu Mme Dorval dans ce personnage si touchant, fait d'amour et de larmes, garderont toujours le souvenir du foudroyant succès d'émotion que cette grande artiste avait su y trouver [1]. Le rôle du quaker, ce parleur si grave et si peu plaisant, ne convient pas à la mine narquoise et à l'accent nasillard de M. Samson, et M. Mirecour, qui a créé, en 1835, le gai et pétulant lord Talbot, a, comme M. Geffroy, le même inconvénient d'être devenu également trop marqué pour un personnage de tournure aussi élégante et aussi jeune [2].

La mise en scène de la pièce est fort curieuse, comme exactitude et peinture d'une époque historique qui, actuellement, est déjà éloignée de nous de plus de cent

---

1. M. de Vigny a consacré lui-même le souvenir de ce beau succès dans la note qui accompagne son drame imprimé.

2. M. Maubant représente John-Bell, ce brutal mari de Kitty, et M. Talbot l'important et fastueux Lord Maire. — La salle est fort belle et très-littérairement remplie. Le monde officiel s'y montre aussi très-nombreux; l'Empereur et l'Impératrice assistent à la représentation. La pièce n'a d'ailleurs gardé l'affiche que pour quelques soirées.

années [1], et les costumes, les uns si sévères et les autres si pleins d'éclat, qui s'entremêlent, surtout au deuxième acte, dans les incidents du drame, jettent un peu de variété sur sa marche si monotone et si sombre.

---

1. C'est en 1770 qu'a eu lieu le suicide de Chatterton.

ANNÉE 1858

3 Janvier. — La Comédie-Française éprouve le plus sensible et le plus grand deuil qui l'ait frappée depuis la mort de Talma ; Mlle Rachel succombe, le dimanche 3 janvier 1858, au Cannet (Var), à onze heures du soir, à la maladie dont elle a pris le germe dans les fatigues nombreuses de son voyage en Amérique. Nous dirons rapidement, tout d'abord, les péripéties de cette malheureuse entreprise qui fut, pour ses auteurs, l'objet de plus de déceptions que de profits ; nous raconterons ensuite les derniers jours et les funérailles splendides de cette muse illustre qui a jeté un si vif éclat sur la tragédie.

C'est le 27 juillet 1855 que Mlle Rachel quitta Paris, se dirigeant sur l'Angleterre, où, aux termes du traité qu'elle avait réglé et consenti avec son frère Raphaël-Félix, elle devait d'abord donner un certain nombre de représentations[1]. Elle y fut accueillie avec grand enthousiasme, et

---

1. Voir le curieux livre de M. Léon Beauvallet, *Rachel et le Nouveau Monde* (un vol. in-18, Paris, Cadot, 1856), relation humouristique aussi piquante qu'exacte de la tournée de Mlle Rachel et de sa troupe en Amérique. Ce livre — devenu fort rare aujourd'hui — nous a servi pour toute la partie relative au voyage de Mlle Rachel.

elle parut six fois de suite, sur le théâtre de Saint-James, dans ses meilleurs rôles [1]. Le 10 août, la compagnie dramatique dont elle est l'étoile quitte Londres, va s'embarquer le soir même à Liverpool pour l'Amérique, et arrive le 21 du même mois à New-York.

Le 3 septembre suivant, Mlle Rachel se montra pour la première fois aux Américains sur le théâtre métropolitain situé dans le plus considérable quartier de New-York et nommé Broadway. Elle joua Camille des *Horaces*. Elle excita certainement de l'enthousiasme et recueillit, à la chute du rideau, et surtout dans la scène des imprécations, une ovation bruyante qui devait être d'un bon présage pour l'avenir de ses représentations en Amérique; mais il faut reconnaître qu'elle produisit, en somme, dans ce pays où Jenny Lind avait remporté de si considérables triomphes, beaucoup plus d'étonnement et de curiosité que d'admiration réelle. C'était pourtant un spectacle bien extraordinaire que l'apparition, sur un théâtre du nouveau monde, de cette femme illustre dont le nom avait une telle notoriété en Europe et dont le talent était si grand, si vrai, si profond, si incomparable!...

Mais Rachel s'était trompée... il n'y avait aucune analogie entre son génie et celui de la grande cantatrice suédoise qui devait électriser les masses par la seule magie de sa voix merveilleuse dans quelque langue qu'il lui plût de se faire entendre. Qu'importait, — en effet, — aux Yankees de comprendre ce que chantait Jenny Lind, pourvu qu'elle exhibât devant eux ses trilles les plus étonnants et ses plus audacieuses roulades! Il n'était besoin

---

[1]. Voir aux appendices la liste générale des représentations de Mlle Rachel.

pour eux d'avoir ni livret explicatif, ni intelligence bien grande, ni goût bien prononcé pour l'art ; l'éminente cantatrice avait triomphé dès le premier moment, dès la première note, et ses représentations n'avaient été qu'une suite d'ovations sans précédents dans sa brillante carrière.

Avec Mlle Rachel, c'était tout autre chose ; la tragédie à laquelle elle devait son immense gloire n'eut précisément que fort peu de succès en Amérique, et la grande tragédienne réussit beaucoup plus, devant ce public étrange et qui, par-dessus tout, ne la comprenait pas, dans le drame et la comédie, où elle n'a jamais aussi complétement excellé chez nous. *Adrienne Lecouvreur* et *Angelo* sont peut-être les deux pièces où elle produisit le plus d'effet, à cause de la richesse des costumes et aussi de la variété des personnages qui paraissaient en scène avec elle [1]. La sévère tragédie finit même par ennuyer le peuple d'Amérique, et si la maladie, qui commença à atteindre Rachel au début de ses représentations, avait tardé plus longtemps, il est probable que son frère eût été obligé, d'accord avec elle, de renoncer à mener jusqu'au bout une entreprise qui menaçait de se solder par un désastreux déficit.

C'est le 15 octobre 1855, le jour même de la représentation donnée à son bénéfice à New-York, que Mlle Rachel

---

1. Voici deux chiffres qui donneront, mieux que toutes les démonstrations, la différence de l'accueil fait en Amérique à Jenny Lind et à Mlle Rachel. La première représentation de Jenny Lind produisit une recette de 93,786 fr.; la première de Mlle Rachel, qui fut aussi la plus fructueuse qu'elle ait donnée en Amérique, fit entrer 26,334 fr. dans la caisse de sa compagnie. Il est juste d'ajouter que les places des représentations de Jenny Lind se vendaient à l'encan et que celles de Rachel s'achetaient au bureau, à un prix net, fixé d'avance.

ressentit sérieusement les premières atteintes du mal qui devait, deux ans après, la conduire au tombeau.

Elle avait pris froid quelques jours auparavant et elle était fort souffrante d'un assez violent rhume de poitrine, au moment d'entrer en scène pour jouer la tragédie de *Jeanne d'Arc*. Ce rhume persista et s'aggrava bientôt à un tel point, par les fatigues des représentations et des voyages entrepris pour aller à Boston, puis après un retour à New-York pour gagner Philadelphie et Charlestown, que la grande tragédienne fut forcée, après quarante-deux représentations seulement, de prendre un repos qui devait être définitif. Le reste de la compagnie tenta bien de donner çà et là quelques représentations de comédie [1]; mais que pouvait sans Rachel cette troupe disparate composée d'éléments si incomplets [2] et que la disparition de Rachel réduisait d'un seul coup à néant ?... L'entreprise avait donc avorté, et, je le répète, la maladie de Rachel a certainement précipité son dénoûment malheureux; mais ses efforts, — si sa santé ne les eût pas subitement paralysés, — seraient, en définitive, demeurés impuissants contre l'indifférence de ce public exotique qui ne pouvait ni comprendre ni apprécier son génie.

Mlle Rachel ne quitta l'Amérique que le 18 janvier 1856, et vint, tout d'abord, s'installer dans une petite maison de campagne qu'elle habitait ordinairement l'été à Meulan. Le mal qui la minait avait d'abord subi un temps d'arrêt, mais il la saisit bientôt plus violemment pour ne la plus

---

1. La troupe de Rachel — sans Rachel — joua alors *les Droits de l'homme*, *Vert-Vert*, *le Mari d'un horloger*, *le Dépit amoureux*, *Tartufe*.
2. Quelques-uns de ces artistes avaient déjà ou se sont depuis fait un nom : Mmes Sarah, Lia et Dinah Félix, MM. Chéry, Dieudonné, Randoux, etc.

quitter. On lui conseilla alors de s'expatrier de nouveau, mais cette fois pour aller demander à un climat plus doux et moins variable que le nôtre une atténuation à ses maux. Elle partit pour l'Égypte et elle y passa, — au Caire, — plusieurs mois dans des alternatives cruelles d'aggravation ou d'apaisement de ses douloureuses souffrances; mais lorsqu'elle revint à Paris, elle était « morte par avance, » n'ayant plus que le souffle, ayant comme perdu la voix et déjà languissante et abattue par les approches de la mort.

On l'envoya alors dans le Midi. Le matin même de son départ pour le dernier voyage qu'elle devait faire en ce monde, elle voulut dire un suprême adieu aux deux théâtres de Paris qui avaient vu l'aurore de son talent et l'apogée de sa gloire; elle savait bien, en effet, qu'elle allait mourir, et elle chercha à évoquer, dans cette course matinale aux alentours du Gymnase et du Théâtre-Français, tous les grands souvenirs qu'elle y avait laissés :

« Le jour même, nous dit Jules Janin, où elle quittait Paris pour n'y plus revenir que dans les ténèbres du cercueil, elle voulut se lever de très-bonne heure, et comme on lui représentait qu'il n'était pas temps de partir et qu'elle pouvait reposer encore, elle répondit qu'elle avait fait un vœu, qu'elle avait un pèlerinage à entreprendre et que sa famille et ses amis lui apporteraient leurs adieux au chemin de fer qui la devait emporter dans le Midi. Elle dit cela d'un ton net et sans réplique; il fallut obéir, et l'on remarqua seulement que [depuis longtemps elle n'avait montré tant d'impatience à quitter sa maison. Quand elle fut vêtue et prête à partir, elle monta dans sa voiture et elle se fit porter, en passant par le Gymnase, où sa gloire naissante avait jeté sa première lueur, aux abords de son royaume et de son théâtre, aux abords du Théâtre-Français. La matinée, — il n'était pas six heures, — était froide et voilée; on n'entendait pas un bruit dans la ville endormie et le vaste édifice était plongé dans un profond silence, une solitude immense. A peine, à travers la vapeur matinale, si l'on distinguait les portes fermées, le balcon désert, la muraille inerte et la porte obscure où l'enfant Rachel avait frappé si souvent, mais en vain, de sa petite main amaigrie et roidie par la faim, par le froid... que vous dirai-je ?... Elle a revu, ce même jour qui fut son dernier jour, dans cette éloquente et silencieuse contemplation, au seuil du Théâtre-Français, les batailles qu'elle a livrées... A la fin, l'heure du départ était proche, il fallait partir; un ami vint qui arracha Mlle Rachel à sa muette et dernière contemplation. La voiture quitta, au pas, cette place funèbre, et l'on dit que la malheureuse Rachel se penchait encore pour jeter un coup d'œil sur les sombres murailles de ce grand théâtre où tout frémissait, où tout pleurait à sa parole, où elle avait réveillé tant de choses, et même la *Marseillaise* obéissante à regret à la voix d'Hermione, de Camille et de Junie... Elle arriva au chemin de fer, où ses amis et ses parents l'attendaient pour lui dire un adieu qui n'était rien moins que l'adieu suprême. En vain elle voulut marcher, il fallut la porter sur un fauteuil. Elle sourit encore une fois à la foule attristée, puis, calme et pensive, elle ferma les yeux comme si elle eût voulu emporter avec elle toutes ses visions. »

Elle vint donc s'installer, au commencement de l'hiver 1857, dans la villa de M. Sardou, au hameau du Cannet, aux portes mêmes de Cannes. Sa sœur Sarah l'accompagnait; elle fut la compagne dévouée de ses derniers jours et elle lui ferma les yeux. Elle vécut encore jusqu'au mois de janvier 1858, mais sans se faire aucune illusion et sachant depuis longtemps déjà qu'elle allait mourir. « Dans les derniers jours du mois de décembre, elle voulut envoyer encore un souvenir à ses meilleurs amis; elle fit un suprême effort. En un seul jour, elle leur écrivit de sa propre main, de cette main brûlante qui allait être sitôt glacée, dix-sept lettres, et elle fit arranger en même temps dix-sept petites caisses qu'elle remplit d'oranges et de fleurs et qu'elle envoya aux destinataires des lettres...

Elle s'occupa aussi de ses dispositions testamentaires. Parmi ses légataires figurait l'empereur Napoléon III, pour qui elle avait une grande admiration ; elle lui légua le buste en marbre de Napoléon Ier, par Canova. Au plus célèbre des journalistes modernes, à M. Émile de Girardin, elle laissa comme souvenir une plume d'or avec des « ne m'oubliez pas » en pierreries. Il a fait encadrer la dernière lettre de son illustre amie; elle est ainsi conçue, et les caractères tracés encore avec fermeté en sont très-lisibles :

« 1er janvier 1858.

« Je vous embrasse cette nouvelle année. Je ne pensais pas, cher ami, pouvoir encore, en 1858, vous envoyer ma sincère affection.

« RACHEL [1]. »

L'agonie de Mlle Rachel a été racontée avec détails par l'un des médecins qui en ont été les tristes témoins, le docteur Tampier, dans une brochure devenue fort rare aujourd'hui. La relation de ce médecin est forcément très-courte, puisqu'il ne fut appelé au chevet de la malade que l'avant-veille de sa mort, et que c'est seulement le 2 janvier qu'il arriva auprès d'elle. Nous en citerons ici les parties les plus intéressantes :

« Lorsque nous entrâmes à la villa Sardou, tout espoir était perdu. Les amis de la malade ne se faisaient plus d'illusions; quant à elle, elle ne s'en était jamais fait. Depuis deux ou trois ans, elle semblait avoir le pressentiment de sa fin prochaine...

---

1. Imbert de Saint-Amand : *Madame de Girardin* (avec des lettres inédites de Lamartine, Chateaubriand, Mlle Rachel), un vol. in-18, chez Plon. Paris, 1875.

Lorsque nous la vîmes, Rachel n'était plus que l'ombre d'elle-même. Depuis longtemps déjà la phthisie pulmonaire était au troisième et dernier degré. Son visage avait la blancheur de la couche sur laquelle elle reposait ; la voix était faible, la parole brève. Le peu de vie qui lui restait semblait s'être concentré dans ses yeux plus expressifs que jamais.

« A titre d'enseignement, mentionnons ici une funeste habitude qui était venue aggraver la maladie en la compliquant. Pour vaincre l'insomnie, Rachel depuis longtemps recourait au laudanum dont l'abus peut avoir des conséquences mortelles... Elle s'éteignit le lendemain 3 janvier (dimanche), à onze heures du soir, vingt-neuf heures après notre arrivée. Ces longues heures, nous les passâmes en grande partie au chevet de son lit ; nous voulûmes partager les fatigues et les angoisses des derniers moments... Rachel nous avait accueilli le sourire sur les lèvres avec des paroles pleines de bienveillance et de courageuse résignation. Avant de rendre le dernier soupir, elle songea encore à nous et à tous les amis qui se pressaient autour d'elle. Sa main déjà glacée chercha les nôtres ; elle nous dit, du geste, un suprême adieu que ses lèvres ne pouvaient plus prononcer... Au reste, rien de ce qui la concernait, ou de ce qui pouvait intéresser les siens, ne fut oublié. Elle régla toutes choses non comme une mourante, mais avec le sang-froid d'une personne qui, avant de partir pour un long voyage, donne des instructions à sa famille et à ses serviteurs. Dans la nuit du 2 au 3 elle dicte ses dernières volontés ; l'épuisement de ses forces l'oblige à s'arrêter. Le 3, à neuf heures du matin, violentes suffocations. La crise passée, elle reprend sa dictée commencée dans la nuit, au point où elle l'a laissée, relit le tout avec soin, indique des corrections, puis se soulève sur son lit et signe. Plus tard, elle distribue des souvenirs aux personnes présentes... A dix heures du soir, nouvelle suffocation plus violente que celle du matin. Après une heure de lutte, ses yeux se ferment, une pâleur extrême se répand sur son front, que la souffrance avait momentanément coloré ; sa tête s'est penchée... Mlle Sarah, épouvantée, appelle Rachel ; elle la conjure, mais inutilement, de lui répondre ; elle interroge le cœur pendant que nous interrogeons le pouls. A peine sent-on quelques légers battements... Rose, la servante affectueuse, dévouée, infatigable, fond en larmes et tombe à genoux au pied du lit de sa maîtresse. Au milieu de ce tableau navrant, nous apercevons pourtant un visage toujours serein, celui de Rachel; le sourire semble errer sur ses lèvres.

« A ce moment, quelques coreligionnaires, accourus de Nice en toute hâte, pénètrent dans la chambre mortuaire, sur l'invitation de Mlle Sarah. Le livre sacré est ouvert; les Israélites entonnent dans la langue des prophètes les chants de l'agonie... C'est la première fois que nous assistons à une cérémonie de l'ancien peuple de Dieu, et celle dont nous sommes témoin, au milieu de la nuit, nous jette dans un trouble inexprimable.

« Rachel respire, ses mains se joignent, ses paupières se soulèvent comme si elle sortait d'un paisible sommeil. Son premier regard, un de ces regards à elle, est un remerciement admirable; elle l'adresse à sa sœur, qui, au milieu de tant de peines et de douleurs, n'a pas oublié d'appeler sur son lit de mort les bénédictions du ciel. Ensuite nous l'entendons murmurer les prières dont le bruit a frappé son oreille et répéter avec ses coreligionnaires : « Non, tu ne meurs pas, car tu vas « vivre; Dieu t'ouvre son sein; envole-toi, envole-toi!... »

« Quelques minutes après, sans lutte, sans effort, sans souffrance nouvelle, Rachel rendait son âme à Dieu [1]. »

C'était le dimanche 3 janvier 1858, à onze heures du soir. C'est le surlendemain, mardi 5 janvier, dans la matinée, qu'on apprit à la Comédie-Française la mort de l'illustre tragédienne. On devait jouer, le soir, *Chatterton* et *le Voyage à Dieppe;* les affiches étaient déjà posées; on fit aussitôt annoncer, par des affiches nouvelles, un *relâche* avec le funèbre motif qui en était la cause.

Le samedi suivant, on rapporta à Paris, et à sa maison de la rue Royale, le double cercueil de plomb et de noyer

---

1. *Dernières heures de Rachel*, avec un choix des lettres qui lui ont été adressées sur sa maladie et un examen des diverses médications préconisées contre la phthisie pulmonaire, par le docteur Tampier, broch. gr. in-18, chez Labé, chez l'auteur, 19, rue de la Victoire, et au bureau du *Moniteur des hôpitaux*. Paris, 1858.

qui contenait le corps de Rachel, et deux jours après, le lundi 11, eurent lieu les funérailles [1], au milieu d'une affluence véritablement énorme [2]. C'était un jour froid, sombre et pluvieux ; le cortége fut toutefois magnifique; il était d'abord composé de l'administration et des artistes du Théâtre-Français, au grand complet, puis d'une foule considérable de comédiens et de comédiennes de tous les théâtres, et en tête l'illustre Mlle Georges, et de gens de lettres, et des artistes de tous les genres. C'étaient, au premier rang, Villemain, Viennet, Scribe, Jules Sandeau, Sainte-Beuve, Vitet, de Rémusat, Alfred de Vigny, Lebrun, Émile Augier, Ponsard, Legouvé, Mérimée, Aug. Barbier, John Lemoinne, Camille Doucet, Alex. Dumas fils, etc..., c'est-à-dire l'Académie française, ceux qui en étaient alors et ceux qui en ont été depuis ; c'étaient encore Halévy, Alex. Dumas, Aug. Maquet, Jules Lacroix, Louis Lurine, Delacour, Marc Michel, et le bureau tout entier de la commission des auteurs dramatiques ; puis Éd. Thierry, Th. Gautier, Ch. Edmond, Gozlan, Paul de

---

1. Ce même jour et à cette occasion, la Comédie-Française fit, de nouveau, relâche.
2. Il y avait foule partout, et les arbres mêmes de la place Royale étaient surchargés de curieux. « En nous enfonçant dans cette mer humaine, a dit Alex. Dumas dans son compte rendu de la cérémonie, nous avons rencontré le comte Daru ; depuis vingt minutes il luttait pour se frayer un chemin ; de guerre lasse il s'en allait vaincu en nous priant de constater sa présence et l'inutilité de ses efforts. » Déjazet, en grand deuil, tenant à la main un gros bouquet de violettes qu'elle voulait jeter dans la fosse, se trouvait aux côtés de Mlle Judith. Elle était très-émue. « Pauvre femme ! Ah ! la pauvre femme !... » s'écria-t-elle à diverses reprises. Puis un peu plus tard, voyant cette foule énorme : « C'est moi, dit-elle encore à Mlle Judith, qui serais joliment fière d'en avoir la moitié à mon enterrement ! » On sait que les funérailles de Déjazet ont été plus populaires et encore plus suivies d'une foule immense et sympathique que les funérailles mêmes de Rachel. (Décembre, 1875.)

Saint-Victor, Adolphe Dumas, Méry, Arsène et Édouard Houssaye, Achille Denis, Mario Uchard, Albéric Second, Louis Ratisbonne, Latour Saint-Ybars, Paulin de l'*Illustration*, les Michel Lévy, Armand Barthet, Aubryet, Henry Murger, Taxile Delord, Georges Bell, Caraguel, Edmond Texier, Arnould Frémy, F. Girard, Villemot, Monselet, Solar, Émile de Girardin, le baron Taylor, Cabanis, Pelletier, etc...

Les cordons du poêle étaient tenus par Geffroy, de la Comédie-Française, le baron Taylor, Aug. Maquet et Alex. Dumas. M. Félix, père de la tragédienne, et son fils Raphaël conduisaient le deuil, accompagnés de M. Michel Lévy, ami particulier de la famille, tenant par la main le plus jeune enfant de Rachel[1].

Ce solennel cortége parvenait, vers une heure, au cimetière du Père-Lachaise, où une foule immense attendait son arrivée. Elle se précipita à sa suite, et sans que rien pût s'opposer à son envahissement, vers l'entrée des portes du cimetière israélite, où elle pénétra en tel nombre, que la plupart des invités durent rester au dehors. C'est aux côtés mêmes de sa sœur Rebecca, et tout proche de son tombeau, que devait reposer Rachel. Au bord de la fosse, le grand rabbin Isidore prit, le premier, la parole, après avoir récité les dernières prières. Il prononça une courte allocution, en français, laquelle avait surtout pour objet de déclarer qu'il venait par sa présence protester contre les bruits qui avaient couru sur la con-

---

[1]. Victor-Gabriel Félix, né le 26 janvier 1848, à Neuilly. C'est le seul fils de Rachel qui porte son nom. Il est devenu lieutenant de vaisseau et a été décoré de la Légion d'honneur pour sa belle conduite pendant la guerre de 1870-71. L'aîné, Alexandre, aujourd'hui dans la diplomatie, est connu sous le nom de son père, le comte Walewski.

version de Rachel [1], « qui était douée, certes, de trop d'intelligence pour ne pas mourir dans la religion de ses pères. » M. Battaille, vice-président de la Société des artistes dramatiques, M. Maquet et M. Jules Janin prirent ensuite successivement la parole, rendant un dernier hommage à cette illustre tragédienne qui avait ressuscité, sur la première scène littéraire du monde, l'art difficile de la tragédie, en lui donnant de nouveau tout le lustre, tout l'éclat, toute l'incomparable grandeur qu'elle avait perdus depuis Talma : « Dieu, s'écria avec un grand bonheur d'expressions M. Maquet, dans son discours, Dieu vous favorise à l'égal de ses plus chers élus. En vous reprenant à l'apogée d'une gloire sans rivale, dans la toute-puissance de la beauté, de la jeunesse et du talent, il ceint à jamais votre front de cette triple auréole, il vous consacre trois fois à l'immortalité. »

15 Janvier. — 236e anniversaire de la naissance de Molière, célébré par une représentation extraordinaire composée de *Tartufe* et du *Malade imaginaire*, avec la cérémonie.

23 Janvier.— Première représentation de *Feu Lionel, ou Qui vivra verra*, comédie en trois actes, de MM. E. Scribe et Ch. Potron.

Cette comédie, vive, légère et sans prétention, est l'un des derniers imbroglios imaginés, compliqués et dénoués par la

---

[1]. C'est Eug. Guinot qui avait mis ce bruit en circulation dans un de ses articles du *Siècle*. Rachel en avait été très-vivement affectée. Elle écrivit aussitôt à Guinot une lettre rectificative, dans laquelle elle lui disait « qu'elle avait pensé que la vie privée d'une artiste n'était pas toujours du domaine de la publicité, et qu'il lui semblait qu'il y avait du moins des bornes que l'on ne saurait franchir. Elle espérait donc qu'il s'empresserait de déclarer que le récit avec lequel il lui avait plu d'égayer ses lecteurs relativement à sa prétendue conversion, était dénué de fondement. »

dextérité de M. Scribe, qui se tienne le mieux debout, sans accroc d'aucune sorte jusqu'à son dénoûment. Toute cette suite de scènes fort gaies ont — une fois le sujet admis — leur raison d'être, malgré leur invraisemblance, et M. Scribe prouve une fois de plus que, mieux que personne, il s'entend admirablement à toujours désarmer son public. Ce Lionel d'Aubray, si spirituellement et élégamment représenté par M. Delaunay, a voulu se suicider, en un jour de folie. Il a d'abord écrit à tous ses amis pour leur faire part de sa résolution, et il s'est ensuite bravement jeté à l'eau, d'où un pêcheur endurci l'a retiré, en maugréant, dans ses filets. Lionel, ainsi ressuscité, a trouvé piquant de jouer le rôle du mort-vivant, et, comme le bien vient toujours à ceux qui ne le cherchent point, — il hérite, pendant son prétendu décès, d'un parent éloigné, mort beaucoup plus sérieusement que lui. Le plaisant de l'histoire est que ses propres héritiers accourent pour revendiquer la succession en son lieu et place, et qu'à un instant donné, il est adjuré d'attester lui-même qu'il a bien rendu l'âme. En somme, il revient en ce monde au bon moment, hérite, se marie, et gagne à son suicide postiche une position sociale et un ménage charmant.

Je ne donne ici que le gros de l'intrigue; les détails échappent à l'analyse, mais la moralité de la pièce est suffisante; le suicide y est, en effet, maintes fois réprouvé, bien que le héros de la comédie en ait — par le fait — retiré plus de profit que de mal. Toutefois, ce *Feu Lionel*, pour une œuvre de vieillesse, ou au moins d'un écrivain singulièrement sur le retour, témoigne encore d'une incroyable verdeur et d'une persistante habileté. Tout cela est machiné à ravir; les caractères sont bien un peu trop légèrement tracés, à peine esquissés même, mais l'un d'eux est tout à fait réussi; c'est celui d'une femme processive, quelque peu baronne et à moitié galante, qui a l'entente absolue des affaires et qui parle bourse, chemins de fer, achats, ventes, transferts et liquidations comme le plus ferré et le plus loquace des boursiers ou des avocats. C'est par amour pour elle que Lionel s'est d'abord ruiné, puisqu'il a tenté de mourir. Ce personnage, — le mieux étudié et le plus suivi de la nouvelle comédie de M. Scribe, et que Mlle Figeac joue avec un certain talent, — anime de sa verve et de sa gaieté la pièce tout entière, et la communique, en quelque sorte, aux autres personnages plus terre à terre et surtout d'une bien moindre originalité [1].

14 Février. — Brillant début de Gustave Worms, élève du Conservatoire, dans le rôle de Valère, de *Tartufe*. Le nouveau venu a de la distinction, une excellente tenue, une diction facile et agréable, et il montre, dès le premier soir, les plus précieuses qualités du jeune premier. Il ne doit cependant faire qu'un court séjour à la Comédie-Française, qu'il abandonnera, en effet, en 1863, pour une question où sa dignité d'artiste — un peu de dépit aidant — lui fit renoncer tout à coup aux avantages que son talent lui promettait en assurant, pour une époque relativement proche, son admission au sociétariat. La préférence qui fut alors donnée à un autre artiste, et contre le vœu du comité, par le ministre d'État, détermina le départ de M. Worms, qui s'en alla passer dix années en Russie. Il revint à Paris en 1875, avec un talent plus solide et plus mûri, et il débuta au théâtre du

---

[1]. Ont créé les rôles : MM. Monrose (Brémontier), Regnier (Montgiron), Delaunay (Lionel d'Aubray), Got (Robertin), Delille (Edgard), Masquillier (Benoit); Mmes Figeac (la baronne d'Erlac), Fix (Alice). — L'Empereur et l'Impératrice assistent à la représentation.

Gymnase, dans une reprise de *la Dame aux camélias*, puis dans une nouvelle comédie de M. Sardou, *Ferréol*, qui lui valut un tel succès qu'il fut alors très-sérieusement parlé de sa rentrée au Théâtre-Français. Des questions d'indemnité et de dédit retardèrent cependant cette rentrée de M. Worms sur la scène de ses premiers débuts, jusqu'en 1877. Elle eut enfin lieu, le 12 juin de cette dernière année, dans le rôle du marquis de Villemer de la pièce de ce nom.

1er Mars. — Première représentation, *le Retour du mari*, comédie en quatre actes, en prose, de M. Mario Uchard [1].

La seconde comédie donnée, en si peu de temps, au Théâtre-Français par M. Uchard est loin d'avoir obtenu le succès de la première [2]. Toutes les situations de *la Fiammina* étaient nettement et clairement posées, et se succédaient facilement pour se dénouer de même. Dans *le Retour du mari*, le résultat est tout à fait différent et l'imbroglio est des plus compliqués.

Un M. de Méran, qui est resté pendant longtemps éloigné de sa femme, et qui a vécu en Amérique, revient tout à coup, escorté d'une grande fille, fruit d'un amour clandestin, reprendre sa place au foyer conjugal. Pendant son absence, sa femme a pris un amant qui devient, par le hasard des circonstances assez invraisemblables imaginées par l'auteur, amoureux fou de la fille même du mari

---

1. Ont créé les rôles : MM. Geffroy (baron de Méran), Provost (marquis de Granville), Leroux (Gaston de Presme), Got (de Valonne); Mmes A. Plessy (Jane de Méran), Stella Colas (Andrée), Emma Fleury (Louise).

2. Cette seconde comédie était écrite avant *la Fiammina* et on avait un moment hésité à lui donner la préférence sur cette dernière pièce. Théophile Gautier a résumé heureusement les deux pièces d'un mot, en disant que l'une était la contradiction de l'autre : dans *Fiammina*, c'est la faute de la femme, tandis que dans *le Retour du mari*, c'est la faute du mari.

de sa propre maîtresse. M. de Méran, qui ignore encore les relations de Gaston — c'est le nom de l'amant — avec sa femme, consent à ce mariage, qu'à son point de vue de maîtresse outragée, Mme de Méran considère comme à peu près sacrilége. Elle s'oppose donc violemment à ce qu'il ait lieu, et elle va, dans l'espoir de l'empêcher, jusqu'à tout avouer à son mari. On peut croire, à ce moment, que le drame, ainsi poussé à l'aigu, va finir le plus tragiquement du monde. Il n'en est rien ; l'intervention inattendue d'un vieil oncle, marquis de l'ancien régime, rapproche les époux et aplanit toutes les difficultés qui s'opposaient à l'union des deux jeunes gens.

Cet étrange dénoûment n'a satisfait personne [1], et la situation de l'amant, devenant le mari de la belle-fille de sa maîtresse, n'en demeure pas moins un *mezzo termine* aussi choquant qu'inacceptable. La pièce n'a donc rien donné de ce que le bruit public en avait attendu et même promis. On n'a pas trouvé, non plus, dans cette contre-partie de *la Fiammina*, les révélations autobiographiques que les amateurs de scandales avaient annoncées par avance, et la représentation a fini au milieu d'un assez vif désappointement pour tout le monde.

Il faut encore avouer que l'époque choisie par l'auteur,

---

1. « Le dénoûment est un peu heurté, l'espace y manque au choc des incidents et des personnages. L'esclandre de la femme, sa conversion subite, le pardon du mari, ce mariage difficile si promptement bâclé, tout cela va trop vite, tout cela brûle le temps, les transitions et les planches. Et puis on s'étonne de voir sortir tant de flammes de cet amour réchauffé. L'amant ne motive pas une si vive ardeur, sa position même le réduit à l'attitude contrainte d'un homme tiraillé. M. de Méran est un mari destitué, l'autorité lui manque, il reste presque neutre, dans ce conflit intérieur. La femme est donc seule à aimer, à lutter, à se compromettre ; elle n'a ni juge ni complice ; la seule passion qui s'oppose à la sienne (celle de sa belle-fille) est trop ingénue pour lui tenir tête. (Paul de Saint-Victor.)

comme date de sa pièce, a donné lieu à quelque gaieté dans le public : les situations les plus pathétiques prêtaient à sourire, parce qu'elles avaient pour interprètes des acteurs costumés avec les modes vieillies et vieillottes de la Restauration, et que les turbans, les jupes courtes et les manches à gigot de 1816 semblaient servir à une représentation de quelque parodie. La pièce ne pouvait triompher de ces petites questions de détail que par sa valeur même, et elle eût certainement rejeté au second plan la curieuse préoccupation du public, au sujet de ces oripeaux démodés, si elle avait su captiver son attention par des qualités plus sérieuses. Les coupures pratiquées dans la pièce, après la première représentation, ne devaient pas relever sa fortune pour les suivantes, et elle ne tint, en effet, que sept fois l'affiche.

29 Mars. — Première représentation de *les Doigts de fée,* comédie en cinq actes, de MM. Scribe et Legouvé.

La moralité de la pièce nouvelle démontre que le travail est la mère et par conséquent la première de toutes les vertus. *Les Doigts de fée* sont, en effet, le triomphe du travail. Une jeune fille noble, mais sans fortune, et qui n'a plus ni père ni mère, quitte, pour ne pas donner plus longtemps sujet à une jalousie de famille, la maison de l'oncle qui l'a recueillie, et elle va, sous un nom d'emprunt, créer à Paris un magasin de modes qui devient bientôt le plus célèbre et le plus achalandé de la capitale. Ce magasin est le centre de mille intrigues ; on y fait et on y défait les députés et les ministres, et les candidatures s'y imposent, s'y trafiquent et s'y enlèvent avec une facilité qui tient du prodige. Aussi, quand les nobles parents de la belle couturière arrivent eux-mêmes à Paris pour solliciter, c'est leur propre nièce qui les tirera d'embarras, en leur faisant obtenir, par ses influences multiples, tout ce qu'ils pourront désirer. On lui donnera, comme récompense, au dénoûment, la main de son cousin Tristan, qu'on lui avait refusée d'abord.

La pièce dont nous venons de donner la simple charpente vit surtout par les détails et par l'habileté avec laquelle M. Scribe les a disposés; mais elle ne soutiendrait pas une discussion sérieuse. Son invraisemblance est peut-être plus frappante encore que dans les plus invraisemblables pièces de son fécond auteur. Où a-t-on jamais vu une couturière, — et elle est à la fois la base et le pivot de la pièce, — mener à son gré le monde politique de son temps, promettre une robe à jour fixe en échange de voix pour le député qu'elle veut faire nommer, trafiquer des places et accorder des audiences chez les personnages influents? C'est une baguette miraculeuse que cette belle personne tient dans ses doigts de fée, en guise d'aiguille!... Mais M. Scribe a enveloppé toutes ces impossibilités dans une série de scènes successivement gaies ou touchantes ; on a ri et pleuré, et en somme *les Doigts de fée* sont un succès de plus à l'actif de ce prestigieux improvisateur. Le répertoire de la Comédie-Française n'y a point gagné, par exemple, une œuvre de valeur, ni même qui soit bien durable, mais elle tient une pièce d'un rapport momentané, qui assure fructueusement la fin de son hiver, de sorte que tout le monde est content.

L'interprétation féminine des *Doigts de fée* est intéressante; elle réunit les plus jolies, les plus aimables et aussi les plus habiles comédiennes, et donne lieu à une exposition de toilettes aussi merveilleuses que variées[1]. Le

---

1. Le triomphe appartenant ici avant tout aux dames, nous les nommerons les premières dans la distribution de la pièce. Ont créé les rôles :

quatrième acte, qui se passe dans le magasin de la couturière, est très-mouvementé : tous les personnages de la pièce s'y succèdent et s'y coudoient, et c'est un véritable pailletage de conversations brillantes ou futiles, de rencontres inattendues et de robes de toutes les couleurs. La pièce est bien nommée : les doigts de fée et leurs produits de satin et de soie ont triomphé sur toute la ligne; on pensera, une autre fois, à la vraie littérature.

23 Avril. — Reprise de *Don Juan, ou le Festin de Pierre*, comédie en cinq actes et en prose, de Molière. M. Bressant joue, pour la première fois, le rôle de Don Juan; il y brille de tous ses avantages de grâce et d'élégance. Sa voix jeune et railleuse, son geste charmant, tout l'ensemble de sa personne et l'insouciance et la légèreté de sa désinvolture constituent, en M. Bressant, l'un des meilleurs Don Juan qui aient, depuis longtemps, paru à la Comédie-Française.

Regnier tient toujours le rôle de Sganarelle avec une grande verve et une chaleur tout à fait communicative. Il est superbe dans ses diverses admonestations adressées à Don Juan, superbe aussi dans la scène du cimetière, puis dans la scène de l'acte suivant, avec M. Dimanche, où il singe si spirituellement son maître. Ce grand rôle de Sganarelle, qui n'est cependant que le second de la pièce,

---

Mmes Brohan (Hélène), Jouassain (comtesse de Lesneven), E. Dubois (Berthe), Figeac (marquise de Méneville), Riquer (Mme de Berny), Emma Fleury (Joséphine), Valérie (Corinne), Castelly (Esther); MM. Mirecour (comte de Lesneven), Delaunay (Tristan), Got (Richard de Kerbriand), Leroux (duc de Penmar), Delille (un jeune homme), Tronchet (Pierre).

La pièce est très-suivie et tient longtemps l'affiche. Le 9 avril, l'Empereur et l'Impératrice viennent l'entendre, et le 30 mai la princesse Mathilde y conduit la reine des Pays-Bas, qui est venue rendre visite à la famille impériale.

en résume à lui seul toute la profondeur et toute la philosophie, et personne ne l'a joué depuis bien longtemps, à la Comédie-Française, avec le talent et l'autorité de M. Regnier [1].

6 Juin. — 252e anniversaire de la naissance de Corneille. La Comédie donne *Polyeucte* [2] et *le Menteur* [3]. C'est un dimanche, jour de campagne et de visites au dehors pour le Parisien; la salle est cependant assez remplie. Le seul intérêt de la représentation est dans la prise de possession, par Mlle Favart, du rôle de Pauline, dans *Polyeucte*, qu'elle joue pour la première fois. La jeune et intelligente artiste, qui ne craint pas de se mesurer avec le souvenir, encore si puissant, de Rachel dans ce beau personnage de Pauline, mérite d'être vivement encouragée. Nous la verrons en effet reprendre successivement, à divers intervalles, et non sans succès, un certain nombre des rôles du répertoire ancien et même moderne où Rachel avait surtout excellé.

9 Juin. — Reprise de *l'École des vieillards*, de Casimir Delavigne, avec M. Beauvallet interprétant, pour la première fois, le rôle de Damville, pour lequel il paraît bien solennel et même comme un peu gêné. Provost, Leroux, Monrose et la belle Madeleine Brohan représentent les autres personnages de cette comédie, qui ne lutte que pendant quelques soirées contre la froideur et l'indifférence du public.

10 Juin. — Première représentation de *les Deux Fron-*

---

1. Maubant joue Don Louis, Got, Pierrot, et Mmes Judith, Fix et Dubois les rôles de Dona Elvire, Charlotte et Mathurine.
2. MM. Beauvallet (Polyeucte), Geffroy (Sévère), Maubant (Félix).
3. MM. Samson (Cliton), Leroux (Dorante).

tins, comédie en un acte, en vers, de MM. Méry et Siraudin.

Amusante comédie, lestement menée, en vers faciles, à la Méry, sur une intrigue de vaudeville à la Siraudin. Les deux Frontins, — celui de l'ancienne comédie et du vieux monde en présence du valet moderne, — se succèdent tous deux au service d'un provincial égaré à Paris, et que le Frontin actuel va dégoûter bien vite de sa velléité d'habiter longtemps la capitale. Il lui fait mener, en effet, si chaudement et si mondainement sa vie nouvelle, que le brave homme se prend à regretter sa province dans les fêtes et les plaisirs sans nombre au milieu desquels on le fait tourbillonner. Frontin II est congédié, et notre bourgeois retourne en son trou avec son vieux valet qui lui fera certainement l'existence plus calme et plus douce. Le bourgeois Duhamel, c'est Samson tout ahuri et fort comique et se débattant bien allègrement dans les tiraillements sans nombre dont il est l'objet; Monrose joue l'ancien Frontin; Leroux fait le Frontin moderne, tout brillant, gourmé et même élégant comme certains valets du jour, sous le nom prétentieux d'Arthur; Talbot représente un personnage épisodique (Gastineau), et une débutante, encore bien inexpérimentée et qui ne doit d'ailleurs que passer à la Comédie-Française, Mlle Lapierre, paraît pour la première fois rue de Richelieu, dans le petit rôle de Mlle de Lormeau, bas-bleu quelque peu ridicule, et qui est insuffisant pour faire valoir les qualités de la nouvelle venue.

Nous retrouvons quelques jours après (22 juin) Mlle Lapierre dans *les Femmes savantes*, où elle joue le rôle de Bélise avec assez de rondeur, plus d'assurance, et par conséquent avec un meilleur succès.

21 Juin. — Premier début de M. Barré dans le rôle de Pierrot de *Don Juan*.

Je ne sais sur combien de théâtres M. Barré a fait son apprentissage dramatique avant d'arriver à l'Odéon, puis à la Comédie. Né à Paris au mois d'avril 1819, M. Léopold Barré a d'abord fait ses études au séminaire; en 1839, voyant que sa vocation pour l'Église n'était pas absolument irrésistible, il quitta la soutane et s'en vint jouer la comédie sur les petites scènes de la banlieue. Nous pourrions le suivre, depuis cette époque, sur les théâtres du Panthéon, de l'Odéon, de Saint-Germain, le Théâtre-Historique, les Folies-Dramatiques, la Porte-Saint-Martin, et enfin, une seconde fois, l'Odéon, où il joue, de 1852 à 1858, tout le répertoire classique et fait quelques heureuses créations, notamment dans *François le Champi*, de Mme Sand [1].

Le début de M. Barré, dans le petit rôle épisodique de Pierrot de *Don Juan*, est des plus heureux. M. Barré a beaucoup de bonhomie, de rondeur et surtout de naturel. C'est en outre un comédien d'une grande conscience, très-travailleur, ne trouvant jamais de rôles au-dessous de son talent et les interprétant tous avec le même soin, si minimes et si peu importants qu'ils puissent paraître. Nous allons le voir doubler Provost, et par la suite remplacer tout à fait cet éminent sociétaire, non pour le faire oublier, certes! mais au moins pour qu'il soit possible, — après sa mort, — de lui laisser bon nombre de rôles où Provost a brillé avec tant d'éclat.

Le 25 juin, M. Barré fait son deuxième début dans le

---

[1]. Voir notre monographie de la Comédie-Française dans la collection des *Foyers et Coulisses*, en deux parties, chez Tresse, in-16, 1875.

Georges Dandin de Molière (rôle de Georges Dandin)[1], et le 12 juillet il effectue le troisième début réglementaire dans le personnage d'Orgon de *Tartufe*. Il devient dès lors pensionnaire définitif de la Comédie-Française, et par la suite l'un des plus utiles, nous dirons même l'un des plus indispensables. Le sociétariat a justement récompensé, en 1876, ses longs et excellents services.

1er Juillet. — Première représentation de *l'Arioste*, comédie en un acte, en vers, de M. Charles Lafont[2].

La nouvelle pièce de M. Charles Lafont, à qui la Comédie-Française doit déjà *le Chef-d'œuvre inconnu* (17 juin 1837), a pour sujet la fameuse anecdote légendaire dans laquelle le célèbre poëte italien, devenu gouverneur du comté de Graffignana, tombe entre les mains de brigands qui veulent le mettre à mort. Mais la découverte de fragments de *l'Orlando furioso*, qui se trouvent dans les bagages de l'Arioste, opère un revirement miraculeux, et ces brigands, — lettrés sans doute, — épargnent le grand poëte à cause de l'admiration que leur inspire son illustre ouvrage. Ajoutez à cette histoire, déjà médiocrement dramatique, divers épisodes aussi romanesques et invraisemblables que mal rattachés à l'action principale, et vous aurez la suffisante idée d'une pièce composée de morceaux disparates dont l'ensemble manque absolument d'intérêt. En revanche, nous louerons le talent poétique de M. Charles Lafont, ainsi que la fermeté de son style. On a beaucoup plus applaudi, en effet, sa comédie nouvelle pour la forme que pour le fond.

---

1. Avec M. Got pour partenaire dans le rôle de Lubin.
2. Ont créé les rôles : MM. Geffroy (l'Arioste), Monrose (Facchione), Saint-Germain (Mazetto), Talbot (le lieutenant), Worms (Carlo); Mmes Bonval (Gina), Savary (Paula).

12 Juillet. — La Comédie-Française donne provisoirement, à dater de ce jour, ses représentations à la salle Ventadour (Théâtre impérial italien) pendant les réparations que va subir la salle de la rue de Richelieu. Sa première soirée, composée de *Tartufe* [1] et *le Malade imaginaire* [2], attire beaucoup de monde.

14 Juillet. — Heureux débuts de M. Verdellet dans le rôle de Néron de *Britannicus* [3]. Cet artiste expérimenté [4] promet d'être,— ce qu'il a été en effet dans sa trop courte carrière, — un bon tragédien de second ordre, ayant la tradition et déjà une certaine habitude du répertoire tragique. Le 18 août, il effectue son deuxième début dans le personnage de Rodrigue du *Cid* [5], et enfin son troisième début a lieu, le 18 septembre, par sa première création, dans le rôle du Coryphée d'*Œdipe-roi*.

20 Juillet. — Relâche pour les funérailles du sociétaire Anselme, décédé l'avant-veille, à Auteuil.

Jean-Baptiste-Eugène Bert, *dit* Anselme, était né le 23 février 1821, à Charolles (Saône-et-Loire). Élève de Michelot, au Conservatoire, il n'avait paru à la Comédie-Française qu'après un assez long séjour à l'Odéon. Ses premiers débuts eurent lieu le 2 juin 1851, dans le rôle de Sganarelle de *l'École des maris*. C'était un excellent

---

1. MM. Geffroy (Tartufe), Barré (Orgon); Mmes Madeleine Brohan (Elmire) et Aug. Brohan (Dorine).
2. MM. Samson (Purgon), Regnier (Thomas); Mme Aug. Brohan (Toinette). — Tous les artistes paraissent dans la cérémonie, moins MM. Bressant, Anselme; Mmes Bonval, Nathalie et A. Plessy.
3. M. Beauvallet (Burrhus); Mmes Favart (Junie) et Hugon (Agrippine).
4. M. Verdellet arrivait de la Porte-Saint-Martin, où il avait été très-remarqué dans ses créations d'Egyste de *l'Orestie*, de Brissac de *la Belle Gabrielle* et de Tom Hatway de *Shakespeare*.
5. M. Maubant (Don Diègue), Mlle Favart (Chimène).

financier d'une bonhomie pleine de finesse et de naturel, et dont la mort laisse un vide très-sensible à la Comédie-Française. Il était sociétaire depuis le mois de décembre 1855.

24 JUILLET. — Reprise solennelle du *Bourgeois gentilhomme*, avec la distribution suivante :

Jourdain.	MM. Samson.
Covielle.	Regnier.
Cléante.	Delaunay.
Dorante.	Leroux.
Le maître de philosophie.	Provost.
Mme Jourdain.	Mmes Lambquin.
Dorimène.	Judith.
Lucile.	Emma Fleury.
Nicole.	Aug. Brohan.

La Comédie-Française a donné une grande importance à cette reprise ; on a restitué au théâtre, à cette occasion, la meilleure partie de la musique composée par Lulli pour le divertissement de la pièce de Molière, divertissement chanté et dansé [1]. Des artistes de l'Opéra et des élèves du Conservatoire donnent leur concours à ce curieux spectacle. Une romance, un trio et des chœurs de Lulli ravissent le public par la simplicité, le charme et la fraîcheur de leur exquise mélodie. Dans la scène du festin, Mmes Emarot, Villiers, Moncelet, Caroline, et M. Bauchet, artistes du corps de ballet de l'Opéra, exécutent divers

---

[1]. *Le Bourgeois gentilhomme* a été représenté au mois de janvier 1876, au théâtre de la Gaîté, par les artistes de l'Odéon, d'une manière encore plus curieuse. La pièce de Molière était jouée telle qu'elle l'avait été sous Louis XIV devant la cour, avec le développement complet de ses divertissements de danse et de musique scrupuleusement réglés, mis en scène et exécutés d'après les traditions du grand siècle.

pas, également sur des airs de danse de Lulli. La pièce est terminée par la cérémonie dans laquelle paraissent tous les artistes [1].

13 Août. — Une jeune personne, bien inexpérimentée, mais qui ne manque cependant ni d'intelligence ni de bon vouloir, Mlle Victorine (de son vrai nom Paturel), débute dans le rôle de Dorine de *Tartufe* [2], un peu bien fort pour elle. Son deuxième début a lieu, le 18 août, par le personnage de Martine des *Femmes savantes*. Mlle Victorine n'a fait que passer à la Comédie-Française.

15 Août. — La Comédie-Française a terminé, la veille, ses représentations à la salle Ventadour, par *le Bourgeois gentilhomme*. Elle rentre, le 15, dans sa maison de la rue de Richelieu par une représentation de ce même *Bourgeois gentilhomme*, donné, en spectacle gratis, à l'occasion de l'anniversaire impérial. La représentation est magnifique, et jamais M. Samson n'a été d'une bouffonnerie plus comique ni plus applaudi. Le public mélangé du jour trouve que décidément Molière a du bon, et toute la pièce, le premier acte surtout, si mouvementé et si varié, produit un effet considérable. On admire aussi beaucoup la salle repeinte et redorée sur toutes les coutures, et que la foule du 15 août a l'honneur d'inaugurer la première. Le beau plafond peint par MM. Rubé et Nolau, et qui représente Apollon et les Muses, attire surtout l'attention et obtient tous les suffrages.

14 Septembre. — Mme Plessy joue, pour la première fois, avec Bressant pour partenaire, le rôle de la marquise dans *Il faut qu'une porte soit ouverte ou fermée*. Elle conserve désormais ce rôle qu'elle interprète avec une

---

1. Moins MM. Got, Bressant, Mmes Nathalie et Fix.
2. MM. Geffroy (Tartufe), Barré (Orgon); Mme Judith (Elmire).

coquetterie si spirituelle et si fine, et qui est d'ailleurs le seul de Musset qu'elle garde définitivement.

18 Septembre. — Première représentation de l'*Œdipe-roi* de Sophocle, traduction par M. Jules Lacroix, avec musique d'Edmond Membrée [1].

La restitution du chef-d'œuvre tragique de Sophocle, que M. Jules Lacroix vient de nous donner aussi littéralement traduit que possible et habilement coupé en cinq actes, est des plus curieuses à tous les points de vue. C'est la tragédie grecque elle-même que nous avons ici sous les yeux dans sa naïveté grandiose. En respectant aussi fidèlement et en serrant d'aussi près le texte original, M. Lacroix est arrivé à être très-supérieur à tous ceux qui avaient, avant lui, tenté d'approprier l'*Œdipe-roi* à la scène, et entre autres, — pour ne citer que nos poëtes nationaux, — Corneille, Voltaire, Lamotte, M.-J. Chénier, etc.... L'*Œdipe* de Voltaire, la plus célèbre de ces appropriations, et qui a joui si longtemps, au siècle dernier, de l'estime et de la faveur publiques, est bien démodé aujourd'hui. On ne le remettrait certainement pas à la scène, avec une chance quelconque de succès. Cela tient aux transformations que Voltaire a cru devoir faire subir aussi bien au texte primitif qu'au fond même de la tragédie de Sophocle, qu'il avait accommodée au goût du jour, lequel n'était pas toujours très-éclairé ni très-pur. La traduction de M. Lacroix nous présente, au contraire, l'œuvre puissante de Sophocle dans sa simplicité première si pleine de force et de grandeur.

---

1. Ont créé les rôles : MM. Geffroy (Œdipe), Jouanni (Créon), Chéry (Tirésias), Tronchet (le prêtre de Jupiter), Talbot (un messager), Barré (un ancien esclave), Maubant (un envoyé), Verdellet (le coryphée); Mmes Nathalie (Jocaste), Favart, Stella Colas et Jouvante (femmes thébaines).

Les chœurs, qui constituent une des parties principales de la pièce, et dont le rôle est considérable dans la marche de l'action, où ils interviennent si souvent, ont été également respectés. Ils se déclament sur un accompagnement musical très-développé et dont M. Edmond Membrée est l'auteur. Les *soli* de ces chœurs sont récités à tour de rôle par les jeunes Thébaines, le coryphée et l'une des femmes du chœur des mères [1]. L'unique décoration devant laquelle se déroulent les tragiques péripéties des cinq actes du drame est magnifique de couleur locale et d'éclat. La vue du temple et celle du palais d'Œdipe, séparés par la belle statue d'Apollon Lycien, sont d'un très-grand effet, et le paysage de la toile de fond, traversé par la rivière Isménus serpentant au milieu d'autres temples qui s'aperçoivent dans un vague lointain, complète un véritable tableau antique très-fidèlement étudié.

21 SEPTEMBRE. — Débuts, dans le rôle d'Henriette des *Femmes savantes*, de Mlle Marie Royer, élève de M. Provost, qui a obtenu aux derniers concours du Conservatoire le double premier prix de tragédie et de comédie. La

---

[1]. Les intermèdes, que remplissent les chœurs déclamés sur la remarquable musique de M. Membrée, se répartissent de la manière suivante, dans la tragédie :

Acte Ier. — Premier intermède : trois strophes et antistrophes déclamées par Mmes Favart, Stella Colas et M. Verdellet ;

Acte II. — Deuxième intermède : deux strophes et antistrophes déclamées par Mmes Favart, Jouvante et M. Verdellet ;

Acte III. — Troisième intermède : deux strophes et antistrophes déclamées par Mme Favart et M. Verdellet ;

Acte IV. — Strophe déclamée par Mme Stella Colas et antistrophe par Mme Favart. — Quatrième intermède : deux strophes et antistrophes déclamées par Mme Jouvante et M. Verdellet ;

Acte V. — Strophes d'Œdipe déclamées par M. Geffroy avec réponses dites par M. Verdellet.

nouvelle venue a une physionomie pleine de vivacité, une tenue excellente et elle conquiert rapidement la faveur du public. Le 25, cette intelligente artiste accomplit ses deuxième et troisième débuts dans les rôles d'Élise de *l'Avare* et d'Angélique du *Malade imaginaire*. Elle est aussitôt admise comme pensionnaire.

Nous verrons, dans la suite de ce livre, Mlle Royer aborder successivement tous les rôles de son emploi et prendre une excellente place, en qualité d'amoureuse et de jeune première. Ce n'est cependant qu'en 1873 (11 janvier)[1], et après quinze ans de services, qu'elle est enfin admise au sociétariat. Deux créations remarquables dans *les Enfants*, comédie de M. Georges Richard (20 septembre 1872), et dans *la Farce de maître Pathelin*, cette restitution si habile de M. Ed. Fournier (26 novembre 1872), avaient en quelque sorte forcé, pour elle, la porte où elle frappait depuis si longtemps. Mais, hélas! la sympathique comédienne ne put jouir que pendant quelques mois du grand honneur qui venait d'assurer si heureusement son avenir dramatique : elle fut emportée par une fièvre typhoïde, le 21 juin 1873, âgée d'à peine trente-deux ans.

26 Septembre. — Première représentation, à la Comédie-Française, de *l'Oncle de Sycione*, comédie en un acte, en vers, de M. René Clément [1].

---

1. Représentée pour la première fois au théâtre de l'Odéon, le 19 avril 1855. Voici les deux distributions dans les deux théâtres :

	Odéon.	Théâtre-Français.
Simon, père de Pannychis....	MM. Talbot.....	Talbot.
Blépyre, riche marchand de Sycione................	Fleuret....	Mirecour.
Pamphile, son neveu........	Laray.....	Delille.
Carion, esclave de Simon....	Barré ,....	Barré.

Jolie petite pièce antique, sans grande intrigue, mais remplie de charmants détails et de vers finement et spirituellement tournés. La douce Pannychis, jeune Grecque de la Grèce classique, aime en secret le beau Pamphile. Simon, son père, veut lui faire épouser son ami Blépyre, qui, lui, n'est ni jeune ni beau, mais envers qui il a contracté jadis de grandes obligations, en échange desquelles il lui a promis de lui donner sa fille quand elle aurait atteint l'âge du mariage. Or, Pamphile est précisément le neveu de Blépyre, et comme les traits de son oncle sont un peu oubliés, car il est depuis longtemps absent pour ses affaires, Pamphile usera de stratagème et tentera de se faire passer pour lui. Simon trouve bien le prétendu oncle un peu jeune, mais il donne cependant dans le panneau, et Pannychis épouserait son amant sans conteste si Blépyre ne survenait tout à coup. Blépyre est heureusement un homme raisonnable qui comprend bien vite que son neveu constitue un mari plus sortable que lui-même pour une fille aussi jeune et aussi belle; il les dotera donc tous deux :

>. . . . . . . Ma fortune est à vous,
> Vous êtes mes enfants. Pour moi je revendique
> Un coin obscur et cher au foyer domestique.
> Ainsi votre maison d'un ami s'accroîtra
> Et la faveur des dieux sur vous s'inclinera.

Mlle Favart est bien jolie, émue et touchante dans ce gracieux personnage de Pannychis, à peine esquissé et s poétique dans son rapide et vague dessin. On a ri beau-

	Odéon.	Théâtre-Français.
Pannychis, fille de Simon....	Mmes Harville-Brindeau	Favart.
Myrrhine, nourrice de Pannychis...................	Grassau...	Lambquin.

coup aussi de la grotesque Myrrhine, duègne acariâtre, et du mitron Carion, fort amusant avec le carcan que son maître a imaginé de lui mettre au cou pour l'empêcher de goûter à sa farine et à son miel. En somme, charmant succès, très-littéraire, et qui promettait un écrivain distingué, qui, cependant, n'a guère fait depuis parler de lui.

8 Novembre. — Première représentation de *le Luxe*, comédie en quatre actes, en prose, de M. Jules Lecomte [1].

La comédie de M. Lecomte veut nous faire toucher du doigt tous les maux qui peuvent s'abattre sur un ménage dont la passion du luxe absorbe les ressources aux dépens des nécessités de la vie, passion d'autant plus malheureuse et coupable quand elle s'est introduite dans une famille dont la fortune est modeste et qu'elle doit conduire, en peu de temps, à la ruine.

Mme et Mlle Morel, femme et fille d'un ingénieur honnête et habile, sont les deux exemples choisis. Ces dames aiment le luxe, la toilette et les bals; elles veulent briller partout, beaucoup plus que leur fortune ne leur permet de le faire, et le résultat inévitable de cet excédant de la dépense sur la recette, qu'elles pratiquent en permanence, se fait bientôt sentir. Si le plaisir a été grand, le réveil est terrible. Les créanciers arrivent en foule, mais la caisse est vide et le déshonneur, grâce aux folles prodigalités de Mme Morel, entrerait tout droit dans la maison si un neveu, que M. Morel a élevé, ne se présentait providentiellement et ne sauvait, par reconnaissance, sa tante du naufrage qu'elle avait cependant bien mérité, en lui offrant

---

[1]. Ont créé les rôles : MM. Geffroy (Morel), Leroux (marquis de Rupière), Maillart (d'Auvray), Monrose (Farju); Mmes Jouassain (Mme Morel), Favart (Esther), Figeac (comtesse de Barges), Emma Fleury (Suzanne).

les sommes nécessaires pour payer ses dettes. Ce dénoûment, — déjà bien heureux, — se complique encore du mariage inespéré de Mlle Morel avec un riche Américain que ses beaux yeux ont séduit à Bade. En somme, tout le monde est content, et si Mme Morel est guérie de sa folie, elle n'a guère été punie que par la crainte passagère d'une catastrophe, dont la réalité eût peut-être été plus naturellement dans la logique des choses.

On a rapproché la pièce nouvelle de M. J. Lecomte de la comédie d'Émile Augier, *les Lionnes pauvres*. Cette pièce de l'éminent écrivain mettait en effet en scène un semblable sujet (théâtre du Vaudeville, — 22 mai 1858), mais avec une verve, une force et une autorité bien supérieures. Chez lui, la leçon était d'ailleurs terrible et proportionnée à la faute commise par son héroïne, beaucoup plus coupable encore que Mme Morel, puisqu'elle avait un amant qui payait son luxe, ce qui n'est heureusement pas le cas de la bonne bourgeoise de la pièce de M. J. Lecomte. Une conclusion plus dramatique n'eût pas nui, cependant, à son succès, et tout le monde a reconnu, en effet, que la trop luxueuse Mme Morel s'était tirée à bien bon compte des difficultés fâcheuses qu'elle avait si volontairement créées autour d'elle, et que sa fille avait trouvé, dans un riche mariage, non la guérison de la maladie du luxe que lui avait si imprudemment inculquée madame sa mère, mais bien de nouvelles occasions et les moyens d'y persévérer autant qu'elle le voudrait, et cette fois avec d'autant plus de plaisir qu'elle y verrait moins de danger.

La pièce de M. Jules Lecomte n'est arrivée à la scène qu'après de sérieuses retouches et modifications dues aux précieux conseils de M. Regnier. Elle est intéressante, bien écrite, mais d'un style parfois un peu cherché, et elle trahit encore, par bien des endroits, l'inexpérience de son auteur. Elle a obtenu toutefois un assez vif et durable succès.

18 Novembre. — Débuts de M. Eugène Garraud, dans le rôle d'Éraste, du *Dépit amoureux* [1].

M. Garraud arrive directement du Gymnase, où il a remplacé M. Bressant, lors de son entrée à la Comédie-Française. C'est un artiste expérimenté [2] et consciencieux, et qui doit doubler, souvent avec bonheur, ses chefs d'emploi, MM. Delaunay, Leroux et Bressant. M. Garraud est devenu ainsi, avec le temps, l'un des utiles pensionnaires de la Comédie-Française.

24 Novembre. — Mme Plessy joue, pour la première fois, dans la reprise de *Bataille de Dames*, le rôle de la comtesse, créé par Mme Allan. MM. Regnier et Provost reparaissent dans les personnages de Grignon et de Montrichard qu'ils ont créés (17 mars 1851).

6 Décembre. — Reprise d'*Oscar, ou le Mari qui trompe sa femme*, comédie en trois actes, de Scribe.

C'est l'un des plus amusants imbroglios de Scribe, véritable vaudeville, il est vrai, mais d'une ingénieuse intrigue menée jusqu'au bout avec la verve et la dextérité des meilleures pièces de son auteur. Un rôle de soubrette, créé et repris par Mlle Brohan, est fort original; cette fine mouche, qui tourne sans cesse autour de la pièce et de l'intrigue, est des mieux posée en scène, et Mlle Brohan

---

1. MM. Got (Gros René), Saint-Germain (Mascarille); Mmes Fix (Lucile), Bonval (Marinette).
2. Né en 1830, M. Garraud avait successivement joué la comédie au Mans, à Reims, au Havre et à Versailles, avant de venir débuter au Gymnase (1854, *le Fils de famille*).

fait valoir son personnage avec une verve étonnante. La curiosité de la reprise actuelle était surtout de voir M. Regnier, qui avait créé, en 1842, le rôle de Bonnivet[1], reprendre celui plus marqué de Gédéon. Mais le talent de M. Regnier sait se prêter à toutes les transformations, et il a, en somme, paru aussi excellent en Gédéon qu'en Bonnivet.

Voici d'ailleurs la distribution des principaux rôles de la pièce aux deux époques :

	1842.	1858.
Oscar Bonnivet.	MM. Regnier.	Got.
Gédéon Bonnivet.	Périer.	Regnier.
Juliette, femme d'Oscar.	Mmes Denain.	Madel. Brohan.
Manette, femme de chambre.	A. Brohan.	A. Brohan.

14 DÉCEMBRE. — Première représentation d'*Héro et Léandre,* drame antique en un acte et en vers, de M. Louis Ratisbonne.

La légende mythologique d'Héro et de Léandre, très-poétique en elle-même, ne pouvait donner matière à une action dramatique quelconque. Elle constitue tout au plus un dénoûment, et comme, par le fait, elle ne peut se lier naturellement à aucune autre action plus développée, on peut dire qu'elle est impossible à la scène. M. Ratisbonne n'en a pas jugé ainsi, et il a cru que de beaux vers et de poétiques pensées, noblement exprimées, pouvaient, peut-être, pour un soir et pour moins d'une heure, intéresser suffisamment le public au tableau un peu monotone d'une infortune dès longtemps connue. Il a donc tenté de mettre en scène l'épisode unique des amours contrariés d'Héro soupirant après la venue de Léandre, retardée par un

---

1. La première représentation date du 21 avril 1842.

orage furieux, et jurant à Neptune, si son amant échappe à la rage des flots, de lui sacrifier à jamais son amour même. L'orage s'apaise, Léandre aborde, et la malheureuse Héro, qui ne peut plus aimer, désespère, par sa froideur, l'infortuné Léandre qui se noie au retour. Ce que voyant Héro, elle se précipite à son tour au sein des flots pour y retrouver, — mais non sans avoir d'abord maudit les dieux barbares qui vont causer sa mort, — le cher amant qu'elle vient de perdre :

AMYLLA, à Héro.

. . . .
Ne désespérez pas de la bonté des dieux!

HÉRO.

Les dieux! Ah! oui, ces dieux que tu me faisais craindre!
Ils recueillent des vœux que l'on tremble d'enfreindre,
Feignent de s'attendrir, quand ils vont condamner,
Et sauvaient mon amant pour mieux l'assassiner!
Barbare! invoque aussi ta divine Aphrodite,
Qui pour prix de mes soins m'a trahie et maudite!
Tiens, je ris de tes dieux! j'arrache à leurs trépieds
Mes offrandes; ces fleurs, je les foule à mes pieds!
J'insulte à ta Vénus, pour qui tu fus si tendre!
Adieu, voici ma tombe!... Ouvre tes bras, Léandre!...

(Elle s'arrache aux mains suppliantes d'Amylla et court se précipiter du haut des falaises dans la mer.)

Nous avons, en somme, un violent orage et deux morts successives et lugubres dans un acte, qui n'est qu'un duo d'amour sans variété ni intérêt. Cela ressemble à un passage quelconque d'un poëme incomplet; mais quant à la moindre intention scénique et dramatique, ne l'y cherchez pas, elle est totalement absente. Il faut louer, en revanche, la poésie de M. Ratisbonne; elle est simple, brillante, sans efforts et d'un sentiment parfois exquis.

Mlle Favart, qui devient, en vérité, une artiste de premier ordre, et qui est toujours sur la brèche, est tout à fait remarquable dans le rôle d'Héro, qu'elle a dit avec une vigueur et un charme pénétrant[1]. Delaunay a aussi fait, à ravir, sa partie dans ce grand duo poétique[2]. La décoration devant laquelle se récite cette plaintive élégie a eu également un grand succès [3], plus de succès même que la pièce, laquelle n'a vécu que quelques soirées.

27 DÉCEMBRE. — Excellente reprise des *Deux Ménages*, comédie en trois actes et en prose, de Picard, Waflard et Fulgence[4]. M. Regnier reparaît dans le personnage de Bourdeuil, ce criminel inconscient, que tout le monde croit coupable d'un crime de lèse-ménage, et qu'il interprète avec tant de verve et de gaieté. Les autres rôles

---

1. « Il y avait longtemps qu'un rôle de tragédie n'avait valu à une artiste l'ovation sympathique qu'on a faite à Mlle Favart. Il n'y avait pas eu depuis Mlle Rachel un succès de tragédienne aussi franc et aussi mérité. » (ÉDOUARD FOURNIER.)

2. Un troisième rôle, celui d'Amylla, suivante et confidente d'Héro, était rempli par Mlle Edile Riquer.

3. Voici le détail de cette belle décoration :
Un panorama représentant le détroit; le milieu du théâtre occupé par des rochers qui dominent la mer. A gauche du spectateur, une statue de Vénus; devant la statue et à quelque distance, un autel couvert d'offrandes et de fleurs. Au deuxième plan, une tour d'un aspect sombre; à droite, au premier plan à travers les rochers, le terrain descend en pente vers le rivage et se perd dans la coulisse.

4. Représentée pour la première fois au théâtre de l'Odéon, le 31 mars 1822, et créée par David, Samson et Mmes Delâtre et Falcoz. La première représentation de cette pièce à la Comédie-Française a eu lieu le 29 septembre 1843, avec la distribution suivante : MM. Samson (Bourdeuil), Maillart (Dorsay), Leroux (le commis); Mmes Anaïs (Mme Dorsay), Aug. Brohan (Mme Bourdeuil), Denain (Mme de Montalant), Thénard (Mme Hippolyte).

sont joués par Leroux (Dorsay) et Mmes Madel. Brohan (Mme Bourdeuil), Aug. Brohan (Mme Dorsay) et Figeac (Stéphanie).

Le même soir, Mlle Figeac jouait, pour la première fois, le rôle d'Armande, dans *les Femmes savantes*.

ANNÉE 1859.

L'année 1859 est encore une année maigre : reprises sur reprises, débuts, représentations de retraites, mais peu de nouveautés, et surtout de nouveautés durables. Voici en quelques mots, et par avance, le bilan de la nouvelle année que la nomination de M. Talbot, comme sociétaire, inaugure le 1er janvier même.

M. Talbot est un artiste plus solide et sérieux que brillant : beaucoup d'acquit et d'expérience, grand amour de son métier et du travail, homme d'excellent conseil et d'une véritable modestie ; se mêlant peu des petites affaires d'intérieur, et n'étant, par conséquent, d'aucune coterie. On a prétendu que les relations de famille qui existent entre M. Talbot et M. Geffroy, dont il est le gendre, ont facilité son admission. La chose est possible, et je ne dis pas que cette circonstance y ait nui ; mais, en somme, il n'y a eu là ni pression ni scandale, et d'ailleurs, on pouvait beaucoup plus mal choisir.

15 Janvier. — Fort belle représentation en l'honneur du 237e anniversaire de la naissance de Molière, compo-

sée de *l'École des maris* et *le Bourgeois gentilhomme*. Divers artistes de l'Opéra ou élèves du Conservatoire paraissent dans l'intermède et le divertissement de la dernière pièce. Au premier acte, Mme Ferdinand (chant) et Mlle Moncelet (danse); au quatrième acte, M. Périé (le Muphti), et comme chanteurs des parties autres que les soli, MM. Hayet, Lavigne, Peschard, Roudil, Méthelin, Daubert, etc.

17 JANVIER. — Débuts de Mlle Montagne, élève de M. Beauvallet, et qui a obtenu le deuxième prix de tragédie aux derniers concours du Conservatoire. C'est une personne distinguée et à coup sûr intelligente, mais qui est d'une taille un peu exiguë pour les grands rôles tragiques, et dont, en outre, la voix ne porte malheureusement pas. On avait pu croire d'abord à un excès de timidité fort compréhensible, mais la voix continuant à ne point passer la rampe, il a bien fallu se rendre compte de l'insuffisance de l'organe de la débutante [1]. C'est dans le rôle de Chimène, du *Cid*, qu'elle se montrait ce soir-là pour la première fois [2]. Je n'ai pas vu que Mlle Montagne, qui n'est pas restée longtemps à la Comédie-Française [3], se soit fait jour

---

[1]. « Ce n'est pas l'intelligence, ce n'est même pas la sensibilité qui manquent à Mlle Montagne, c'est la personne tragique. Elle n'est pas, dans ce sens qu'elle ne représente pas. Elle n'est pas Chimène, elle ne sera pas davantage Atalide ou Sabine; elle est un second prix du Conservatoire, intelligent et distingué. Elle manque de physionomie, ce qui l'empêche d'éclairer les mouvements si divers que cherche toujours à cacher la fille de Don Gormas; elle manque de voix, ce qui l'empêche de s'exalter, d'exagérer sa douleur et de trahir son amour par la violence même de ses emportements; mais où le rôle est simple et sincère, elle le rend avec justesse dans de petites proportions. »   (TH. GAUTIER.)

[2]. MM. Beauvallet (Rodrigue), Maubant (Don Diègue); Mme Jouvante (Elvire).

[3]. Ce n'est que le 24 janvier suivant que Mlle Montagne a reparu une deuxième fois dans *le Cid*.

ailleurs; elle n'a, depuis, que je sache, paru sur aucun autre théâtre. Elle avait cependant certaines qualités qu'il aut reconnaître et qui auraient pu la mieux servir, sans doute, sur des scènes moins relevées, et surtout dans des salles d'une étendue plus restreinte.

22 Janvier. — Débuts de Mlle Devoyod, qui arrive de l'Odéon, où, depuis deux ans, elle obtient de véritables succès dans la tragédie[1]. D'une taille élevée, d'une belle physionomie avec de grands yeux pleins de vivacité et d'intelligence, Mlle Devoyod n'a eu qu'à se montrer pour produire tout d'abord une assez favorable impression par la chaleur communicative de son jeu. Elle a malheureusement contre elle un défaut de prononciation qu'elle n'a jamais pu vaincre et qui est capital, ce qui ne l'empêchera pas, toutefois, de fournir une longue carrière à la Comédie-Française, où elle a joué avec succès, et pendant dix années environ, dans la tragédie, dans le drame ou dans la haute comédie.

C'est par la comédie qu'elle débute, et dans un rôle créé par Mlle Judith, celui de la Fiammina, de la pièce de Mario Uchard. Elle a de fort brillantes toilettes et vraiment beaucoup d'élégance et assez grand air. Les der-

---

[1]. Mlle Louise-Pierrette-Élise de Voyod *dite* Devoyod, née à Lyon, le 10 juillet 1838; élève du Conservatoire le 28 juin 1853 (classe de M. Samson); elle obtient aux concours de 1855 les premiers accessit de tragédie et de comédie et les seconds prix aux concours de l'année suivante Immédiatement engagée à l'Odéon, elle y débute le 20 octobre 1856 dans le rôle de Célimène du *Misanthrope*. « Mlle Devoyod, dont le jeu et la diction se font surtout remarquer par la vigueur, est regardée comme la moins imparfaite des héritières de Mlle Rachel, dans le répertoire tragique au Théâtre-Français. » (Gust. Vapereau.)

« Elle est grande, elle a du regard, de la fierté, une voix sonore, tendre, puissante et d'un accent qui pénètre; Mlle Devoyod n'est pas tout à fait une débutante ordinaire. » (Th. Gautier.)

niers actes lui permettent de montrer, en outre, qu'elle a de la sensibilité et de l'émotion. Elle obtient, en réalité, un très-honorable succès, et il faut reconnaître, d'ailleurs, que les deux années qu'elle a passées à l'Odéon lui ont donné l'habitude assez complète des planches, et une certaine assurance qui manque, en général, aux jeunes débutantes, lesquelles arrivent directement sur la scène du Théâtre-Français sans qu'elles se soient à l'avance essayées sur d'autres scènes.

Les deuxième et troisième débuts de Mlle Devoyod ont eu lieu le 25 février dans *Rodogune*, et le 7 avril dans *le Verre d'eau* (rôle de la duchesse de Marlborough).

25 Février. — Rentrée de Mme Émilie Guyon[1]. Mme Guyon avait effectué ses premiers débuts à la Comédie-Française le 7 juin 1841, dans le rôle de Dona Sol d'*Hernani*. Elle n'y a séjourné alors que deux années, et, en 1843, elle est allée à l'Ambigu, où elle a obtenu de considérables succès dans le drame. Mme Guyon a été, en effet, pendant plus de quinze années, c'est-à-dire jusqu'à son dernier retour à la Comédie-Française, la reine dramatique incontestée du boulevard. En 1854, elle est entrée à la Porte-Saint-Martin, et tout le monde se souvient encore des triomphes qu'elle y obtint dans *la Vie d'une comédienne*, *les Mères repenties*, *le Fils de la nuit*, etc.

La Comédie-Française crut devoir lui ouvrir de nouveau ses portes, mais cette fois Mme Guyon était une puis-

---

1. Née le 2 octobre 1821, Émilie-Honorine Guyon avait épousé son cousin germain l'acteur Georges Guyon, celui qu'on a surnommé le Talma du boulevard, et qui avait d'abord débuté, sans succès, à la Comédie-Française dans la tragédie de *Mahomet* (3 mars 1833). Il mourut en 1850. Mme Émilie Guyon épousa ensuite, en secondes noces, M. Mathieu Plessy, fabricant de produits chimiques et frère de Mme Arnould-Plessy (1860).

sance avec laquelle il fallait traiter sur des bases de haute valeur. On lui offrit donc le sociétariat, avec tous ses avantages, et le 1er octobre 1858, elle fut définitivement admise. Une assez forte indisposition a retardé jusqu'à ce jour sa représentation de rentrée, qui a lieu dans *Rodogune* [1], par le rôle de Cléopâtre, et dans *Par droit de conquête,* par le personnage de Mme Georges, la fermière, créé par Mme Allan.

C'est dans la tragédie que Mme Guyon réussit surtout, et c'est seulement, en effet, comme grand premier rôle tragique qu'elle est appelée à rendre quelques services à la Comédie-Française, dont le répertoire ne s'est pas, par la suite, prêté à un développement suffisant des qualités spéciales qui avaient fait les immenses succès de cette éminente artiste sur les scènes du boulevard. La tragédie n'obtient en effet les faveurs ordinaires du public que lorsque des individualités tout à fait exceptionnelles l'interprètent. Mme Guyon n'est pas une tragédienne classique : elle paraît même à tout moment comme importunée par les souvenirs et les traditions du drame où elle a brillé si longtemps; elle a une grande chaleur, une tenue fort belle et certainement fort digne, mais ses éclats de voix ou de gestes ne sont pas toujours dans la mesure voulue et la dépassent aussi quelquefois. Elle est cependant fort applaudie, et, tout en maintenant ces restrictions, nous pouvons dire que la Comédie-Française vient d'acquérir l'actrice de Paris la plus capable de rendre encore quelque lustre à la tragédie.

---

[1]. Distribution des rôles : MM. Maillart (Antiochus), Maubant (Séleucus), Chéry (Oronte), Verdellet (Timagène); Mmes Guyon (Cléopâtre), Devoyod (Rodogune), Jouvante (Laonice).]

Dans le grand répertoire comique Mme Guyon ne peut réussir à un égal degré; elle y demeure toujours, — quoi qu'elle fasse, — une reine de tragédie ou de mélodrame mal à l'aise dans les costumes trop modernes. Sa tenue, sa démarche et sa manière de dire ont quelque chose de solennel qui n'est ni simple ni naturel; on croirait volontiers voir une grande dame qui s'est travestie. Les grandes dames du répertoire courant de la rue de Richelieu n'ont, en effet, ni les emportements, ni les fureurs, ni les effets compliqués de viols, d'inceste, de trahisons auxquels elle était habituée. En un mot, Mme Guyon, pas plus dans la comédie que dans la tragédie, n'est une classique; elle a un tempérament artistique auquel les orages du théâtre sont nécessaires, et qui ne saurait s'accommoder des rôles qu'il faut « parler, » ainsi que parle tout le monde.

Son deuxième début a lieu le 17 mars, — et sans nouvelle particularité à faire ressortir, — dans Agrippine de *Britannicus*[1], et nous parlerons plus loin du troisième, qui a été le plus éclatant, dans *Athalie*.

26 Février. — Représentation extraordinaire donnée au bénéfice de Brindeau, sociétaire retiré, et pour sa retraite[2].

C'est la dernière apparition de M. Brindeau sur la scène de la rue de Richelieu; il joue Alceste du *Misanthrope*, et Vaudreuse de *la Fin du roman*. Voici d'ailleurs le programme complet de cette belle représentation :

---

1. MM. Beauvallet (Néron), Maubant (Burrhus), Jouanni (Britannicus), Verdellet (Narcisse); Mmes E. Guyon (Agrippine), Favart (Junie), Jouvante (Albine).

2. Nous avons dit plus haut que M. Brindeau avait quitté la Comédie-Française en 1854.

1º *Le Misanthrope*, ainsi distribué :

MM. Samson (Oronte), Beauvallet (Philinte), Delaunay (Acaste), Régnier (Dubois), Brindeau (Alceste), Métrême (Clitandre) ; Mmes Arnould-Plessy (Célimène), Judith (Éliante), Nathalie (Arsinoé), c'est-à-dire interprété surtout par des sociétaires ;

2º *La Fin du roman*, avec MM. Got (Stephen), Brindeau (Vaudreuse), Monrose (Verrières) ; Mme Fix (Henriette) ;

3º Intermèdes : scènes d'imitations intitulées *les Comiques de Paris*, musique de M. Sylvain Mangeant, dites par M. Brasseur, artiste du Palais-Royal ;

Prélude de Bach arrangé par Gounod et joué et chanté par MM. Amingaud, Maton et Mme Miolan-Carvalho ;

Cavatine d'*Ernani*, de Verdi, chantée par Mlle Saint-Urbain, alors au Théâtre-Italien.

1er Mars. — Première représentation de *Rêves d'amour*, comédie en trois actes, en prose, de MM. Scribe et de Biéville.

Ces *Rêves d'amour*, la dernière comédie que M. Scribe ait donnée au Théâtre-Français, ont assez faiblement réussi. On ne reconnaît pas la vieille habileté de M. Scribe dans ce scenario usé que ne relèvent ni l'esprit, ni les détails des scènes ou de l'intrigue. Une jeune femme, heureuse s'il en fut, Mme Dalibon, se reprend tout à coup de belle passion pour un officier de marine qui, de son côté, s'était épris, — du moins elle se l'était imaginé, — d'un discret mais violent amour pour elle, alors qu'elle était encore jeune fille. Depuis, l'officier avait passé pour mort dans un voyage autour du monde, mais, — exactement comme dans *la Joie fait peur*, — il revient tout à coup. Mme Dalibon, troublée, malheureuse, aimant toujours, au fond d'elle-même, ce bel amoureux, est obligée de le recevoir ; mais il se trouve, en fin de compte, que ce n'est pas elle qu'il aimait, mais bien sa belle-sœur, la sœur de son mari, qui, elle aussi, a eu jadis, pour l'officier si inespérément réapparu, une passion qui était au moins partagée, puisque le tout finit pour elle par un mariage dont il est le héros [1].

M. de Biéville, le collaborateur de M. Scribe, pour cette œuvre qu'on a le droit de qualifier de sénile, a cherché à défendre, dans son feuilleton du *Siècle*, la pièce nouvelle contre ses détracteurs. Il a voulu, prétend-il, — de concert avec son éminent collaborateur, — donner une leçon aux jeunes femmes rêveuses, les placer entre les dangers et les périls sans nombre des amours clandestins et le calme, la joie et les douceurs du foyer conjugal ; les faire passer par toutes les épreuves qui résultent d'une passion illégale et défendue, mais cependant sans que les choses soient assez poussées à l'extrême pour que le retour au bien et au devoir ne soit ni impossible ni choquant comme invraisemblance ; ramener enfin cette femme à l'amour de son mari et de son ménage sans qu'elle se soit irrémédiablement compromise.

Ce plaidoyer *pro domo* n'a point paru suffisant et n'a désarmé ni la critique, ni surtout le public, qui a assez froidement accueilli les trois actes de *Rêves d'amour*, dans lesquels il a retrouvé l'éternelle mise en scène de procédés qui avaient déjà si souvent servi à M. Scribe, et notamment dans *Oscar, ou le Mari qui trompe sa femme*, pièce récemment reprise au Théâtre-Français et dont la comédie nouvelle n'est, en quelque sorte, que la contre-partie.

---

1. Ont créé les rôles : MM. Regnier (Dalibon), Delaunay (Henri Melfort), Saint-Germain (Euryale Desmichels) ; Mmes Favart (Mme Dalibon), Madel. Brohan (Jeanne), Figeac (Gervaise).

15 Mars. — Reprise de *le Philosophe marié*, comédie en cinq actes et en vers, de Destouches [1].

C'est la pièce la plus littéraire sinon la plus connue de Destouches; c'est, en tout cas, la plus estimée de son répertoire. La Comédie-Française l'a jouée, pour la première fois, le 15 février 1727, avec un succès très-vif [2], mais elle n'était plus à la scène depuis longtemps. Or, nous sommes dans une année particulièrement fertile en reprises, et les lettrés ne peuvent qu'approuver la réapparition de la pièce de Destouches, bien que cependant le public ne lui ait fait qu'un médiocre accueil. Elle est, d'ailleurs, insuffisamment interprétée. Le rôle d'Ariste eût gagné à être joué par un artiste moins froid et moins compassé que Leroux; en revanche, Damon est parfaitement rendu par Bressant, et Céliante, la belle-sœur mondaine et bavarde, a, dans Mme Plessy, la plus brillante des interprètes. Le côté vraiment comique était représenté par Mme Aug. Brohan, d'une gaieté piquante dans le petit rôle de la soubrette Finette.

8 Avril. — Reprise d'*Athalie*, tragédie de Racine, avec musique nouvelle des chœurs, par M. Jules Cohen [3].

Voici, cette fois, une véritable solennité tragique, et qui a obtenu un grand et réel succès, surtout en présence du public spécial de la première représentation. L'*Athalie*,

---

1. MM. Leroux (Ariste), Provost (Géronte), Bressant (Damon), Maillart (le marquis); Mmes A. Plessy (Céliante), Judith (Mélite), Aug. Brohan (Finette).

2. « Elle eut le plus grand succès, nous dit le chevalier de Mouhy, c'est la pièce de l'auteur qu'on joue le plus souvent; elle eut vingt représentations avant Pâques, six après et dix dans le cours de l'année, en tout trente-six représentations. » (*Tablettes dramatiques*.)

3. MM. Beauvallet (Joad), Maubant (Abner); Mmes Devoyod (Josabet), la petite Debreuil (Joas).

que vient de nous rendre la Comédie-Française, est vraiment splendide : une interprétation hors ligne, les costumes, la mise en scène, et jusqu'à l'éclat de la musique, tout a concouru à faire de cette reprise l'un des plus beaux spectacles auxquels nous ait depuis longtemps conviés la Comédie-Française.

Mme Émilie Guyon est admirablement belle dans le rôle de cette reine tragique qu'elle nous a présentée avec beaucoup de dignité et de grandeur. Je ne crois pas qu'elle ait jamais trouvé, rue de Richelieu, un personnage plus approprié à ses moyens physiques et à la nature de son talent. C'est bien là la reine de théâtre qui lui convenait avant tout, et elle s'y est montrée très-supérieure même à ce qu'elle a été dans la Cléopâtre de *Rodogune,* qui l'avait cependant assez bien servie. On lui a même reproché de s'être faite « trop belle; » Athalie ne doit pas se rendre sympathique, a-t-on dit, sinon elle écrase Joad, qui court le risque de ne plus être pris alors que pour un vulgaire conspirateur.

Il est facile de répondre à cette objection, à laquelle le judicieux M. Vapereau a prêté son autorité [1], que c'est beaucoup plus avec la répulsion que doivent nous faire éprouver les sentiments connus d'Athalie et exprimés par elle, qu'avec ses qualités physiques que la reine nous apparaît tout d'abord; quant à la sympathie personnelle que peut nous inspirer l'interprète du personnage, elle est secondaire, en l'espèce, et elle s'efface même tout à fait devant l'horreur que le poëte a attachée à l'ensemble des actes et du caractère d'Athalie, à qui l'histoire, d'ailleurs, n'a point refusé la beauté ; enfin, s'il nous était permis de

---

[1]. *L'Année littéraire et dramatique,* tome 1er.

jouer sur les mots, nous ajouterions que la laideur morale d'Athalie est la seule que Racine ait voulu tout particulièrement rendre antipathique et odieuse.

Les chœurs de M. Cohen ont eu un vif succès; ils étaient chantés par quarante-sept élèves du Conservatoire [1], au nombre desquels on a surtout remarqué MM. Roudil et Peschard, qui, depuis, se sont fait un nom au théâtre. Un des chœurs nouveaux, celui des lévites armés, a eu les honneurs du *bis*, et comme le rideau venait de baisser sur sa première exécution, on a dû le relever devant l'insistance du public, qui voulait l'entendre une deuxième fois.

2 MAI. — Première représentation de *Souvent homme varie*, comédie en deux actes, en vers, de M. Aug. Vacquerie [2].

M. Vacquerie n'est pas un écrivain dramatique ordinaire; sa plume est des plus exercées, et bien qu'il ait parfois versé dans l'ornière où l'a attiré une imitation trop servile de Victor Hugo, il a cependant une manière de faire qui lui est suffisamment personnelle. De tout son théâtre, — prose ou vers, — c'est peut-être la pièce nouvelle que nous mettons au premier rang, non qu'elle ait une portée quelconque, comme étude de mœurs ou d'histoire, mais bien parce que, dans sa fantaisie, évidemment cherchée, elle offre une véritable originalité de details et une forme de style qui est comme une ciselure des plus ouvragées et des plus délicates.

---

1. Ces chœurs se répartissaient ainsi : onze soprani, douze ténors, dix contralti et quatorze basses.
2. Ont créé les rôles : MM. Delaunay (Beppo), Got (Troppa), Garraud (César), Worms (Claudio); Mmes Judith (Fidéline), E. Dubois (Lydia).
La pièce imprimée a été dédiée par M. Vacquerie à Mme Victor Hugo.

D'intrigue point, ou si peu, que cela ne peut compter pour grand'chose : Beppo aime Fidéline, qui le dédaigne ; que fera Beppo pour se la rendre favorable ? Il emprunte à son ami Troppa, — c'est ainsi que cela se passe dans les fantastiques pays hantés par l'imagination de M. Vacquerie, — une jeune fille naïve, innocente et belle qu'on a confiée à sa garde, et il tente de rendre Fidéline jalouse en se montrant à elle aux côtés mêmes de Lydia, — c'est le nom de la jeune belle. Mais pendant qu'il semble feindre pour Lydia un amour qui n'est destiné qu'à lui ramener Fidéline, son cœur se prend d'une subite et irrésistible passion pour la jeune fille, et c'est elle, en somme, qu'il épousera.

Telle est la donnée de ce joli caprice de poëte, donnée bien frêle pour deux actes, mais dont M. Vacquerie a fait un petit tableau charmant. Ces gracieux personnages, romanesques et fantasques, n'appartiennent à aucune époque déterminée ;. ils sont du XIVe aussi bien que du XVIe siècle, et la scène se passe dans le pays que vous voudrez et au milieu d'un parc avec statues, bassins, jets d'eau et villas, dont les balcons s'ouvrent au milieu des arbres et fournissent ainsi un excellent prétexte à une décoration des plus verdoyantes et des mieux réussies. Ces quatre personnages, — Fidéline, Beppo, Troppa et Lydia, — sont tous nés dans le domaine si riche et si facile de la fantaisie ; l'humanité ne semble pas exister pour eux, et c'est évidemment dans le pays de l'amour qu'est placée la scène de la comédie nouvelle, beaucoup plus qu'en un bourg voisin de Florence, ainsi que l'indique l'auteur. Il est vrai que M. Vacquerie a nommé ce bourg, « le Bourg-Paradis, » ce qui permet toutes les suppositions et même toutes les extravagances. Ce Troppa, en effet, qui confie à son jeune et bouillant ami la jolie fille dont il a reçu la garde, nous semble manquer à toutes les précautions comme à toutes les convenances. Mais nous n'y regarderons pas d'aussi près; nous ne protesterons que contre le titre de comédie que M. Vacquerie a donné à sa pièce : une comédie suppose, en effet, une intrigue, une peinture de mœurs et de caractères, une étude quelconque enfin du cœur humain; et ici rien, rien... de la poésie, du vague, de l'indéterminé, enfin tout ce qui — par le fait — nous a surtout plu et enchanté dans l'œuvre nouvelle, du moment qu'il a été bien admis qu'elle n'était qu'une simple fantaisie poétique.

Deux des interprètes de la pièce de M. Vacquerie sont tout à fait charmants, et ils sont entrés dans leurs rôles avec un naturel parfait : c'est de MM. Got et Delaunay que je parle. Quelle exquise désinvolture et quels brillants costumes, et comme Delaunay est gracieux et séduisant dans son riche vêtement que soulève l'épée! Quant aux dames-interprètes, elles ont peut-être moins réussi, et leurs rôles sont aussi moins bienvenus et moins sympathiques. Mme Judith a bien la fierté un peu raide qui convient à Fidéline, mais elle manque de sensibilité, et Mlle Émilie Dubois est toujours une trop espiègle enfant, surtout pour ce personnage de Lydia que l'auteur nous annonçait comme « une innocente, » et qui nous a bien surpris par la quantité de théories, un peu trop instruites pour sa prétendue naïveté, qu'on lui fait débiter dans son rôle.

5 Mai. — Reprise de *la Camaraderie*, comédie de Scribe, et avec la distribution suivante que nous rapprochons de celle de la création de cette jolie pièce :

	1837.	1859.
Comte de Miremont.	MM. Samson.	Samson.
Edmond de Varennes.	Menjaud.	Maillart.
Bernardet.	Monrose.	Regnier.

	1837.	1859.
Oscar Rigaut.	Regnier.	Got.
De Montlucar.	Provost.	Mirecour.
Dutillet.	Dailly.	Talbot.
Saint-Estève.	Colson.	Jouanni.
Desrousseaux.	Monrose.	Saint-Germain.
Césarine.	Mmes Volnys.	Plessy.
Agathe.	Plessy.	Favart.
Zoé.	Anaïs.	Fix.

Il est à remarquer que Mme Plessy, qui reprend le personnage de Césarine, a joué successivement les trois rôles de femme de *la Camaraderie*; elle crée celui d'Agathe le 19 janvier 1837; joue celui de Zoé, le 13 septembre suivant, et enfin celui de Césarine, le 19 mai 1839.

14 Mai. — Représentation au bénéfice de l'ex-sociétaire Saint-Aulaire et pour sa retraite.

La plus grande gloire, nous pourrions même dire la seule gloire de ce tragédien vieilli, — il a aujourd'hui soixante-sept ans, — est d'avoir deviné le talent de Rachel. Il a été, en quelque sorte, l'initiateur de l'illustre tragédienne, il l'a instruite, quatre années durant, dans l'art tragique dont il était l'un des plus modestes représentants, il a encouragé ses débuts au théâtre Molière d'abord, puis au Gymnase, et enfin il a négocié son entrée au Théâtre-Français. C'était, pour tout dire, un tragédien fort ordinaire, que Saint-Aulaire, bien qu'il appartînt à la Société depuis 1820!... C'est le 1er avril 1841 qu'il prit sa retraite[1], et ce n'est qu'en 1859, — comme si le Théâtre-Français eût toujours reculé devant l'octroi de ce tardif

---

1. « Saint-Aulaire, dit l'archiviste Laugier, de l'école dite des beaux diseurs, comédien insouciant et monotone, qui aurait obtenu des succès s'il y avait eu en lui du feu sacré; Saint-Aulaire, depuis 1820 attaché au Théâtre-Français, en sortait avec ce flegme imperturbable qui ne l'a jamais abandonné. »
Sa pension de retraite fut réglée à 5,000 francs.

bénéfice, — qu'il obtint enfin la représentation de retraite à laquelle, depuis si longtemps, il avait droit.

L'Odéon, le Gymnase, l'Opéra-Comique et le Théâtre-Français font les frais de la soirée. Le bénéficiaire est trop âgé pour être capable de reparaître dans un rôle quelconque de son ancien répertoire, d'autant plus qu'il a dû perdre l'habitude de la scène depuis les dix-huit ans qu'il l'a quittée.

Voici le programme de cette soirée *in extremis* :

Comédie-Française : *Le Bourgeois gentilhomme*, avec la cérémonie ;
Gymnase : *Le Pour et le Contre*, proverbe d'Octave Feuillet, joué par Mme Rose Chéri et Dupuis ;
Odéon : *Livre III, chapitre Ier,* comédie en un acte de M. Pierron, représentée par l'auteur, M. Febvre et Mlle Bérengère ;
Opéra-Comique : Intermède de chant par MM. Jourdan, Berthelier, et Mmes Boulard et Hurand.

Saint-Aulaire a encore survécu cinq ans à cette suprême soirée ; il est mort seulement en 1864.

23 Mai. — Reprise d'*Adrienne Lecouvreur*, drame en cinq actes, de Scribe et Legouvé [1].

---

[1]. La première représentation date du 14 avril 1849. Voici la distribution d'alors, rapprochée de celle d'aujourd'hui :

	1849.	1859.
Michonnet....................	MM. Regnier..	Regnier.
L'Abbé........................	Leroux..	Leroux.
Maurice de Saxe.............	Maillart .	Maillart.
Prince de Bouillon...........	Samson..	Mirecour.
Poisson.......................	Got.....	Saint-Germain.
Quinault......................	Chéry...	Chéry.

Continuation des tentatives d'incursion de Mme Plessy dans le répertoire de Mlle Rachel. Elle se montre fort belle, très-distinguée et même suffisamment dramatique, par endroits, dans le personnage d'Adrienne, plus conforme, d'ailleurs, à la convention historique de M. Scribe qu'à celle de l'histoire elle-même ; inférieure à coup sûr dans les côtés absolument tragiques du rôle, mais parfaite dans les parties qui touchent seulement à la comédie ; beaucoup d'élégance et une grande tenue. Elle dit la fable des *Deux Pigeons* avec bien de la recherche, et sans le naturel qui manquait d'ailleurs également à Mlle Rachel. Aucune n'a bien dit cette fable délicieuse, parce que toutes deux — Rachel, la grande tragédienne, aussi bien que l'éminente comédienne qui est Mme Plessy — ont beaucoup plus cherché à se faire valoir elles-mêmes qu'à faire ressortir l'exquise simplicité qui distingue le petit chef-d'œuvre de La Fontaine.

Mme Émilie Guyon, qui reprend le rôle de la princesse de Bouillon, créé avec tant de distinction par Mme Allan, y produit beaucoup d'effet et même de sensation par son grand air, sa hauteur et son dédain calculé dans la scène capitale du quatrième acte, où Mme Plessy, comme tragédienne, perd, à côté d'elle, beaucoup de ses avantages. Mme Guyon retrouve même, dans ce rôle, certains effets qui rappellent ses belles soirées du drame, au boulevard, et

	1849.	1859.
Adrienne Lecouvreur...................	Mmes Rachel......	Plessy.
Athénaïs..............................	Denain.....	Favart.
La princesse de Bouillon.............	Allan........	Guyon.
Mlle Jouvenot........................	Bonval......	Jouassain.
Mlle Dangeville.......................	Worms. ...	E. Fleury.
La marquise..........................	Bertin.......	E. Riquer.
La baronne...........................	Favart......	M. Royer.

elle obtient le plus vif succès dans cette reprise, qui avait eu surtout pour but de mettre en évidence les qualités tragiques de Mme Plessy, laquelle excelle décidément — et même aujourd'hui sans rivalité ni partage — dans la haute et grande comédie. Mais le domaine dramatique est assez vaste, assez étendu, assez beau, pour que ces deux reines de théâtre puissent exercer leur empire dans ces deux genres si opposés [1].

6 Juin. — Représentation extraordinaire en mémoire du 253e anniversaire de la naissance de Corneille. Le même soir, la Comédie-Française célèbre le triomphant résultat de la bataille de Magenta, qui vient d'être connu à Paris, par un *Chant de victoire*, improvisé par M. Méry, et que M. Maubant déclame avec un bruyant succès. Cette même cantate, mise en musique par M. Auber, est chantée à l'Opéra par M. Gueymard et à l'Opéra-Comique par M. Montaubry.

Quant à Corneille, on le fête plus spécialement par la représentation de *Polyeucte* [2] et du *Menteur* [3], accompagnés de strophes adressées au père de la tragédie, et dont M. Beauvallet, qui vient les dire, est également l'auteur.

10 Juin. — Excellente reprise du *Vieux Célibataire*, la meilleure comédie, ou du moins la plus connue de Colin d'Harleville. La pièce, qui a eu jadis un assez grand succès, n'a pas trop vieilli et elle est encore fort amusante.

---

1. Lors d'une solennelle reprise d'*Adrienne Lecouvreur*, le 20 septembre 1871, Mme Plessy joua pour la première fois le rôle de la princesse de Bouillon et Mlle Favart celui d'Adrienne. Cette fois, Mme Plessy fut parfaite dans un rôle qui était tout à fait dans ses moyens et où elle pouvait déployer ses grandes qualités de distinction, de coquetterie et d'élégance.

2. M. Beauvallet (Polyeucte); Mlle Favart (Pauline).

3. MM. Samson (Cliton), Delaunay (Dorante), Maubant (Géronte); Mmes Favart (Clarice), Bonval (Sabine).

On a beaucoup ri des anxiétés et des irrésolutions du vieux Dubriage, qui ne sait auquel entendre et que son neveu et sa gouvernante mènent, à tour de rôle, par le bout du nez. Samson est d'un comique parfait, et ne dépasse jamais la mesure dans ce rôle qui prête volontiers à la charge; Mme Nathalie interprète avec un égal succès le personnage de Mme Évrard, qu'elle n'avait jamais joué, et où avaient brillé les plus grandes illustrations de la Comédie-Française, Mmes Contat, Levert, Mante, etc. On ne saurait être plus mielleuse, plus caressante, ni d'une dissimulation plus charmante; on conçoit facilement que le faible Dubriage se soit laissé prendre à tant de câlineries et de séductions. Maillart n'est pas l'artiste qui convenait au personnage du neveu; il manque d'un laisser-aller suffisant et ce rôle travesti ne lui va qu'à moitié. La pièce a, toutefois, réussi, et Monrose (Georges), Talbot (Ambroise), Mlle Fix (Laure), en complètent l'excellente interprétation.

16 JUIN. — Reprise, avec une distribution nouvelle, pour les principaux rôles, du *Mariage de Figaro*, de Beaumarchais. C'est la première fois, en effet, que M. Bressant et Mme Madeleine Brohan paraissent, rue de Richelieu, dans les personnages du comte et de la comtesse Almaviva. Le succès tout personnel de M. Bressant est surtout à signaler; il a le grand air, la tournure hautaine, la mine pleine de suffisance et — quand il le faut — la désinvolture du roué qui conviennent au personnage du comte, lequel a, en somme, plus de morgue que d'esprit. Le rôle de la comtesse permet à Mme Madeleine Brohan de montrer toute sa beauté splendide et sa tournure élégante : nous n'avions pas vu, depuis longtemps, au Théâtre-Français, de comtesse plus authentique. Regnier est encore, à cinquante ans, le plus alerte des Figa-

ro, et Samson est d'une bêtise et d'une boursouflure sans pareilles, dans le rôle de Bridoison; enfin on ne loue plus la verve, la gaieté communicative ni la spirituelle malice de M*me* Aug. Brohan, dans le personnage de Suzanne.

La Comédie s'était mise en frais de tous genres pour cette reprise; l'Opéra avait fourni le ballet, et voici la distribution complète et vraiment irréprochable de la pièce qui a produit, en quelque sorte, l'effet piquant d'une nouveauté, grâce à cette distribution même :

Almaviva.	MM. Bressant.
Figaro.	Regnier.
Bridoison.	Samson.
Antonio.	Provost.
Bartolo.	Barré.
Suzanne.	M*mes* A. Brohan.
La comtesse.	M. Brohan.
Chérubin.	Fix.
Fanchette.	Savary.
Marceline.	Jouassain.

18 Juin. — Débuts de M. Eugène Provost, l'un des fils de l'éminent sociétaire de ce nom. Premier prix du Conservatoire, aux concours de 1858, M. Provost fils débute directement, rue de Richelieu, sous les auspices de son père, par les rôles d'Arnould de *la Famille Poisson*[1], d'Alain des *Héritiers,* et le 23 juin suivant par celui de Lubin de *Georges Dandin*[2].

Le débutant, qui n'a encore que vingt-deux ans, a une bonne physionomie comique et la grande habitude du

---

1. MM. Samson (Paul), Provost père (Raymond), Talbot (Beauséjour); M*me* Bonval (Marianne).
2. MM. Provost père (Georges), Talbot (Sotenville), Garraud (Clitandre); M*mes* Favart (Angélique), Lambquin (M*me* de Sotenville), Bonval (Claudine).

théâtre, qu'il a toujours fréquenté dès sa plus tendre enfance. Il n'a ni la timidité, ni la gêne des nouveaux venus, et il se sent un peu comme chez lui sur cette scène illustre à laquelle on l'avait depuis longtemps destiné. Il serait toutefois difficile d'affirmer que ce soit là, selon le terme consacré, une bien précieuse recrue. Nous aimons mieux, en général, dans un débutant, un peu moins d'assurance, à la condition qu'il montrera une originalité quelconque. M. Provost fils est un comique de second ordre qui a donné, du premier coup, sa mesure et qui, bien que très-intelligent et d'une verve et d'une tenue suffisantes, ne s'est jamais élevé au-dessus du niveau qu'il avait tout d'abord atteint [1].

5 Juillet. — Continuation des débuts de Mme Guyon, reprenant, pour la première fois, dans *la Joie fait peur*, le rôle de Mme Désaubiers, créé par Mme Allan. Le personnage est fait tout entier de pleurs et d'émotions d'abord contenues, puis tout à coup débordant dans une explosion finale d'amour maternel, où Mme Guyon a eu de fort beaux élans dramatiques. Les autres rôles sont remplis par les artistes de la création.

8 Juillet. — Reprise du *Philinte de Molière* ou *la suite du Misanthrope*, comédie en cinq actes et en vers, de Fabre d'Églantine, et le chef-d'œuvre de son auteur. Cette pièce, qui présente un type d'égoïste assez réussi, bien qu'un peu exagéré, a eu, en son temps, un assez vif succès qu'elle ne retrouve pas de nos jours; outre que ses développements sont bien longs, elle est en général assez froide et, à coup sûr, plus littéraire que scénique. L'interprétation n'en est pas non plus irréprochable, et on y

---

[1]. Eugène-François-Charles Provost, né en 1837.

sent comme une certaine précipitation qu'explique la grande quantité de reprises auxquelles se livre en ce moment la Comédie-Française. M. Leroux, qui joue Philinte, est particulièrement gêné par la préoccupation constante qu'il a d'interroger le souffleur, pour remédier à son défaut de mémoire; M. Geffroy représente Alceste en grand artiste, mais cependant d'une manière un peu raide, défaut qui est d'ailleurs commun à Mme Judith (Éliante). Les autres rôles sont remplis par Provost (le procureur), Maubant (l'avocat), et Barré (Dubois).

15 JUILLET. — Mme Plessy reprend, pour quelques soirs, le rôle de Lady Tartufe dans la comédie de Mme de Girardin qui porte ce nom, rôle où elle n'avait pas complétement réussi lorsqu'elle le joua pour la première fois le 8 janvier 1857. Voici l'opinion émise par M. Th. Gautier sur l'éminente comédienne, au sujet de cette nouvelle tentative d'appropriation de l'un des rôles de Mlle Rachel, tentative que nous avons nous-même appréciée lors de la reprise de 1857 :

« Mme Arnould Plessy joue le rôle de Lady Tartufe comme elle le sent et comme ses moyens particuliers lui permettent de l'exprimer... Elle rend la partie dissimulée du rôle en hypocrite et en prude, la partie passionnée, ou du moins séductrice, en grande coquette de comédie. La scène avec le vieux maréchal est trop soulignée, trop appuyée, et il est difficile de croire qu'un homme ayant l'expérience du monde soit dupe, même avec peu d'esprit, de patelinages dont le but est si visible. En outre, la nouvelle Lady Tartufe n'a pas ce côté noir, fatal, vipérin en un mot, que savait garder l'ancienne, même avec les jeux de physionomie les plus bénins, les plus modestes et les plus humbles. On ne sent rien de formidable dans l'affectation et la grâce de Mme Arnould Plessy, et l'on n'éprouve aucune inquiétude de la voir circuler dans ce monde où elle doit semer le trouble, le déshonneur et le désespoir. »

18 Juillet. — Mme Plessy, qui passe avec une facilité et une souplesse prodigieuses, — sinon avec un égal bonheur, — de la comédie à la tragédie et au drame, revient à la comédie pure en reprenant pour la première fois le rôle de Mme de Léry, créé si brillamment par Mme Allan dans la délicieuse comédie d'Alfred de Musset, *le Caprice*. M. Bressant joue, à ses côtés, le rôle de Chavigny, et Mlle Favart celui de Mathilde.

L'avant-veille, Mme Plessy n'avait trouvé qu'un demi-succès — un de ces succès d'estime qui sont insuffisants pour une aussi éminente comédienne — dans la comédie-drame de Mme de Girardin ; aujourd'hui, l'œuvre charmante d'Alfred de Musset lui donne l'occasion d'un triomphe incontesté. On ne saurait montrer plus d'esprit, de finesse, d'habileté, de préciosité même dans ce genre de pièces, qui en demandent avant tout et surtout. C'est, en effet, du marivaudage, en style perfectionné, que ces petits chefs-d'œuvre de de Musset, qui ne pensait pas à la scène en les publiant et qui a laissé, dans les quelques fantaisies dramatiques qu'il a écrites pour les lecteurs d'une grande revue, des œuvres théâtrales qui ont, chacune à un point de vue différent, une particulière valeur.

Le même soir, reprise de *le Philosophe sans le savoir*, comédie en cinq actes, de Sedaine[1], avec l'excellente distribution dont le détail suit :

---

1. Je veux signaler ici la plus curieuse restitution faite de nos jours à la Comédie-Française. M. Émile Perrin, administrateur général depuis 1871, eut la bonne fortune de retrouver aux archives de la Comédie le manuscrit de Sedaine qui avait servi à l'examen de la censure à l'époque de la première représentation de la pièce, en 1765. Ce manuscrit n'avait reçu le visa officiel et obligatoire qu'après avoir subi de nombreuses amputations et modifications qui ne furent heureusement opérées, sur ce manuscrit même, que par des ratures sous lesquelles il était facile de retrouver

Antoine.	MM. Samson.
Vanderk père.	Geffroy.
Vanderk fils.	Maillart.
Desparville père.	Talbot.
Desparville fils.	Jouanni.
Un président.	Métrême.
La marquise.	Mmes Guyon.
Sophie.	Savary.
Mme Vanderk.	Jouassain.
Victorine.	Stella Colas.

1ᵉʳ Aout. — *Le Collatéral ou la diligence à Joigny*, comédie en cinq actes, de Picard, que reprend aujourd'hui le Théâtre-Français, a été l'une des plus amusantes pièces de Picard, et elle a même obtenu un succès considérable dans sa nouveauté [1]. La petite intrigue de cette comédie a paru actuellement un peu démodée; tout cela est long, surtout, et souvent vide d'intérêt. Nous sommes

---

le texte primitif. C'est surtout à l'occasion des théories émises par l'auteur sur le duel que le censeur avait infligé à l'œuvre première l'effet de sa désagréable intervention. M. Perrin eut alors l'excellente idée de nous rendre la pièce de Sedaine telle qu'il l'avait conçue, telle, en un mot, qu'elle était avant l'examen du censeur. Le 18 septembre 1875 nous avons pu assister à cette intéressante reprise, et nous aimons à croire que la Comédie-Française gardera désormais ce texte retrouvé comme définitif. J'ai, le premier, réimprimé ce texte même, dans l'édition du *Théâtre de Sedaine* que j'ai donnée en 1877 à la Librairie générale (un volume format des elzévirs, avec portrait gravé à l'eau-forte par Lalauze).

1. Représentée pour la première fois le 6 novembre 1799. C'était d'abord un opéra-comique en un acte que Picard transforma ensuite en une comédie en trois actes dont il fit enfin une grande pièce en cinq actes. « C'est peut-être celle de mes comédies, a dit Picard dans sa préface, qui amuse le plus à la représentation. » — Ont repris actuellement les rôles : MM. Monrose (Pavaret), Talbot (Montrichard), Barré (La Saussaye), Mirecour (Saint-Hilaire), Garraud (Derville), Chéry (Rougeau), E. Provost (André); Mmes Figeac (Mme Saint-Hilaire), Emma Fleury (Madelon), Marie Royer (Constance).

déshabitués de ces comédies bourgeoises qui plaisaient tant à nos pères, et notre goût, quelque peu blasé, exige de plus fortes épices. Quoi qu'il en soit, on a encore ri par endroits de toutes les péripéties auxquelles donne lieu l'intempérance de langage du bon La Saussaye, marchand de bois, qui s'en va recueillir une succession à Joigny et qui raconte dans la diligence toutes ses affaires à tout le monde. Les divers personnages qui concourent au développement de la pièce sont bien un peu des caricatures, mais elles ont un côté de vérité si plaisant et souvent encore si actuel, qu'elles amusent en dépit de leur exagération.

2 Aout. — On apprend la mort de Firmin, ancien sociétaire, décédé l'avant-veille au Coudray, près Corbeil, où il s'était retiré en quittant le théâtre.

Becquerel (Jean-François), dit Firmin, a été l'un des plus brillants comédiens de son temps; il avait débuté à l'Odéon en 1807, puis au Théâtre-Français le 3 juillet 1811, dans *Mahomet* (Seïde), et *les Fausses Infidélités* (Darmilly). Il avait pris sa retraite, le 6 décembre 1845, en jouant une dernière fois *le Misanthrope* et *le Legs*. On se souviendra toujours de ses belles créations, dans *Henri III et sa cour*, *Hernani*, *Bertrand et Raton*, *la Calomnie*, *Mademoiselle de Belle-Isle*, etc... Firmin avait soixante-douze ans.

15 Aout. — Représentation gratuite en l'honneur de la fête de l'Empereur, composée de *Polyeucte*, avec Beauvallet (Polyeucte), Maubant (Sévère), et Mlle Favart (Pauline), et du *Voyage à Dieppe*.

9 Septembre. — Belle, très-belle soirée tragique, à l'occasion de la rentrée de Mme Émilie Guyon, dans *Iphigénie en Aulide* (Clytemnestre), où son grand air et sa tenue magnifique produisent beaucoup d'impression. C'est Mlle Devoyod, réellement en marche pour passer à l'état

de première tragédienne, qui joue Ériphile, et Mlle Stella Colas, Iphigénie. Maubant représente Agamemnon et Beauvallet fait Achille. Ce classique spectacle est complété par *les Plaideurs*, excellemment interprétés par Got, Delaunay, Talbot, E. Provost, et Mmes Émilie Dubois et Lambquin. C'est, en somme, une soirée consacrée tout entière au divin Racine.

8 Octobre. — Voici enfin une première représentation ! M. Henri Nicolle, publiciste assez peu connu, donne un petit acte, *les Projets de ma tante,* qui amusent fort le public. Je ne raconterai pas les quiproquo auxquels donnent lieu, dans cette bluette, les bavardages mensongers d'une tante qui veut à toute force marier sa nièce, et qui y parvient en effet après avoir usé des divers moyens qui réussissent toujours auprès des amoureux : jalousies, dépit, colères, soupçons, cette ingénieuse tante met tout en œuvre pour enlever le mari qu'elle convoite pour sa nièce : elle va jusqu'à s'offrir elle-même à lui pour mieux exciter les deux amants, qu'elle jette enfin dans les bras l'un de l'autre au moment même où ils peuvent se croire irrémédiablement séparés. Ce n'est pas que tout cela soit bien neuf, mais c'est gai, et d'un excellent style. La pièce a même survécu à son auteur, mort au mois de mars 1877, et elle est encore aujourd'hui au répertoire [1].

22 Octobre. — M. Édouard Thierry remplace M. Empis comme administrateur de la Comédie-Française.

On a expliqué le départ de M. Empis par bien des raisons venues de l'autre monde. Il existe même, sur ce départ, une sorte de légende anacréontique qui s'est accréditée, d'autant plus facilement qu'on en a fait alors une

---

[1]. Ont créé les rôles : M. Delaunay (Ernest Duplessis); Mmes Nathalie, (Mme Gardonnière), Royer (Cécile), Bondois (Lise).

question d'opposition contre le ministre qui dirigeait les théâtres et les beaux-arts. M. Empis aurait refusé de présenter la candidature au sociétariat, d'une de ses pensionnaires, fort jolie comme femme, mais insuffisante comme comédienne. Le ministre avait de bonnes et intimes raisons, paraît-il, pour tenir à la nomination de sa protégée, et M. Empis aurait payé de sa place le refus qu'il avait cru devoir opposer à la volonté du maître. On lui avait alors demandé sa démission qu'il avait noblement refusée. « Destituez-moi, aurait-il répondu, — sans doute avec une grande dignité d'attitude, — mais je ne démissionnerai pas! »

Tout ceci est bien romanesque, à coup sûr! M. Empis était certes un fort honnête homme et animé des meilleures intentions, mais le beau coup de théâtre qu'on lui prête [1] n'est que le prétexte dont on a voulu colorer sa retraite. Si peu habitué aux ménagements de paroles que fût M. Empis, il avait trop de finesse et aussi de politique pour se laisser aller à une brutalité de ce genre. La facilité avec laquelle il accepta aussitôt une compensation, démontre d'ailleurs qu'il aurait été porté plutôt à un accommodement qu'à une aussi éclatante rupture. La vérité est que M. Empis est parti, parce que, — il faut bien le dire, — comme directeur il était usé. Il avait en

---

1. M. Sarcey raconte, fort spirituellement d'ailleurs, ce même incident dans sa notice sur la Comédie-Française (*Comédiens et Comédiennes*, 1re série, livraison I, Jouaust, éditeur) : « ... Le ministre voulait absolument qu'une jeune et aimable pensionnaire fort connue par des succès mondains fût promue au sociétariat. M. Empis résistait, prévoyant le scandale... le ministre y mit une insistance si impérieuse que M. Empis, poussé à bout, s'écria, dans un moment de mauvaise humeur : « Mais, monsieur le ministre, la maison de Molière est un théâtre, et non un... » Il n'avait pas achevé la phrase qu'il était déjà destitué, et l'on ne sut jamais au juste ce que n'était pas la maison de Molière. »

outré contre lui tous ceux que son système de reprises à outrance frappait dans leur amour-propre ou dans leurs intérêts, c'est-à-dire d'abord les auteurs dramatiques qui se trouvaient lésés par la rareté des pièces nouvelles, et aussi les artistes du théâtre, eux-mêmes, qui, bien que les recettes faites sous M. Empis aient été en progression sur celles des années précédentes [1], trouvaient qu'on les montrait trop souvent dans le vieux répertoire, mais, qu'en revanche, on ne leur donnait pas assez l'occasion de se faire valoir dans des créations qui les auraient mis davantage en évidence.

M. Empis était, avant tout, un classique et qui avait des idées préconçues et bien arrêtées sur la mission qui incombe au directeur de la Comédie-Française. Ce grand théâtre était, selon lui, un conservatoire de l'art dramatique national, et on devait surtout y représenter nos chefs-d'œuvre de toutes les époques. Ce système peut certainement se défendre, mais il ne faut pas non plus le pousser à l'excès et sacrifier à la glorification des morts illustres les vivants qui demandent aussi qu'on les aide à vivre. Quoi qu'il en soit, la direction de M. Empis n'est point de celles qui aient nui à la fortune de la Comédie-Française, et on ne saurait nier, d'autre part, qu'il ait offert aux excellents artistes qu'il dirigeait l'occasion de ces études élevées et fréquentes qui forment les grands comédiens. Il a donné ainsi plus de force et de cohésion à cette réunion d'artistes hors ligne que son intelligent successeur

---

1. Voyez aux appendices le tableau des recettes de la Comédie-Française de 1852 à 1870. Les quatre années de la gestion de M. Empis donnent les recettes annuelles suivantes : 1856 : 656,679 fr. — 1857 : 826,413 fr. — 1858 : 824,959 fr. — 1859 : 820,308 fr. — La dernière année normale de M. Arsène Houssaye (1854) avait produit 634,380 fr.

allait conduire avec un succès non moins fructueux, mais avec plus d'éclat, et surtout plus de gloire pour eux, dans une voie moins exclusive et moins restreinte.

Le 22 octobre, M. Édouard Thierry fut appelé à administrer la Comédie-Française, en remplacement de M. Empis, que le ministre nomma, sans opposition de sa part, inspecteur général des bibliothèques [1].

La nomination de M. Thierry, qu'on a également voulu expliquer par diverses raisons, a été motivée par un incident bien simple et tout à fait à l'éloge de ce galant homme. Bibliothécaire à l'Arsenal, publiciste, critique dramatique et littéraire, M. Thierry avait été nommé, le 22 mars 1859, rapporteur d'une commission instituée pour examiner la situation du Théâtre-Français. Le rapport qu'il présenta, le 20 septembre suivant, appela sur son auteur l'attention du gouvernement, qui ne crut pas pouvoir mieux montrer combien il appréciait les idées et les principes, aussi élevés que lumineux, mis en avant par ce rapport, qu'en demandant à M. Thierry de vouloir bien les appliquer lui-même comme administrateur du Théâtre-Français.

La suite de ce travail nous montrera les nombreux et éminents services rendus à notre première scène par M. Thierry, pendant les dix années qu'il eut l'honneur de la diriger jusqu'au moment où il résignera ses fonctions, après la révolution du 4 septembre 1870.

4 NOVEMBRE. — Première représentation de *le Duc Job*, comédie en quatre actes, de Léon Laya [2].

---

1. Le décret de nomination, daté du 22 octobre, a paru au *Moniteur* le 26, nommant administrateur général, M. Thierry, en remplacement de M. Empis, « appelé à d'autres fonctions. »

2. Ont créé les rôles : MM. Provost (Mis de Rieux), Got (Jean, duc de

Je ne suis pas de ceux qui professent une bien grande admiration pour cette comédie, qui a obtenu un succès très-vif, lequel dure encore; mais il faut reconnaître cependant qu'à certains points de vue que je vais dire, elle a mérité ce succès. C'est une pièce de genre de second ordre, sorte de grand vaudeville sans couplets[1], comme on en écrit tant de nos jours, où les caractères sans relief et surtout sans consistance se plient trop facilement et trop vite pour les besoins de l'intrigue, et se trouvent même finalement mis en contradiction flagrante avec eux-mêmes, du quatrième au cinquième acte, pour aider au dénoûment. Ajoutez à cela un style sans force et sans éclat, trop lâché, souvent très-commun, et demandez-vous à quoi peut bien être dû le grand succès que j'ai proclamé plus haut.

Ce succès s'explique cependant bien naturellement, et il est tout simple que le public tout entier y ait concouru et y concoure encore tous les jours. Nous disons même, qu'en laissant absolument de côté la question d'art, ce succès ne saurait nous déplaire. Il représente, en effet, le triomphe de la franchise et de l'honnêteté; il est dû, en outre, à la grande action qu'exerce sur toute la pièce le personnage principal, celui de Jean de Rieux, ce duc Job, qui finit par hériter de quatre millions, et que cependant on épouse tout bonnement parce qu'il est courageux, franc, loyal et hon-

---

Rieux), Monrose (David), Worms (Achille David), Barré (Valette), Talbot (le notaire), Eug. Provost (le jardinier); Mmes Nathalie (Mme David), Émilie Dubois (Emma). — Le 24 novembre, la pièce fut jouée au palais de Compiègne, devant la Cour.

1. « Nous n'étonnerons sans doute pas l'auteur du *Duc Job* en lui disant que sa pièce aurait été reçue sans obstacle au Gymnase, et qu'elle méritait de tenir sa place dans le répertoire des pièces choisies de ce théâtre. »

(ÉMILE MONTÉGUT.)

nête. C'est ce caractère, suffisamment soutenu jusqu'au dénoûment, qui répand sur les cinq actes de cette comédie, souvent banale, le charme sympathique des qualités multiples et vraiment rares et attrayantes que l'auteur a mises en lui. Je n'ai guère envie d'analyser la pièce, qui d'ailleurs se peut résumer facilement : Jean de Rieux n'a pas le sou, il aime sa cousine, qu'un personnage assez nul, tout à fait méprisable, mais très-riche, veut épouser; le père, qui tient à une grosse dot, consent à cette dernière union, mais la mère et la fille préfèrent en secret le beau cousin, si bon, si franc, si honnête... mais si pauvre. — Je reviens en effet aux qualités de Jean de Rieux, parce qu'on les prône tout le long de la pièce en les opposant, à tout bout de champ, aux vices de tous genres au milieu desquels elles se produisent. Tout aidera d'ailleurs dans cette comédie au succès de Jean, et son vieil oncle, et sa cousine, et son jeune cousin, boursier pour rire, qui gruge papa en cachette et confie ses fredaines à son futur beau-frère; c'est une conspiration organisée de toutes pièces en faveur du loyal jeune homme ; il arrive même que le père de la jeune fille finit par oublier, au dénoûment de la comédie, toutes les belles et inflexibles théories qu'il avait si grandement préconisées dans ses premiers actes, et qu'il approuve le mariage d'amour que va contracter sa fille, après avoir d'abord déclaré, par les plus étranges raisons du monde, qu'il n'y consentirait jamais.

Dans cette conspiration dont profite Jean de Rieux, il faut compter encore trois personnages également sympathiques, celui de la fiancée d'abord, fort douce, jolie et spirituelle personne, qui passe son temps à concilier ses besoins de confortable et de luxe avec les sacrifices que l'amour qu'elle ressent pour ce pauvre Jean l'obligera de faire sur ce point quand elle sera sa femme ; puis encore l'oncle de Jean, brave homme couvert de rhumatismes et qui est prêt à favoriser par tous les moyens les amours de son neveu ; la mère de la jeune fille enfin, qui s'est laissé bien vite conquérir par les qualités et les vertus de Jean, et qui est contraire à son mari tant que celui-ci ne veut pas bénir l'union qu'elle rêve en secret pour sa fille.

Tous ces personnages se meuvent d'ailleurs avec beaucoup d'aisance dans une action rapidement menée, en dépit de quelques longueurs, et conduite avec assez de verve et d'animation. Toute la question, pour les pièces de ce genre, se borne d'ailleurs à ceci : s'en amuser sans les trop discuter. *Le Duc Job* est avant tout une comédie intéressante et amusante ; ne lui demandons pas autre chose ; les invraisemblances, les contradictions des situations et des caractères y sont certes nombreuses, mais elles disparaissent à première vue dans l'emportement de la pièce ; et le spectateur, qui s'est complu tout un soir au développement d'une intrigue, en somme attrayante, s'inquiète fort peu de savoir, quand il est rentré chez lui, s'il s'est amusé selon les règles.

Il faut ajouter encore, comme explication de ce grand succès, l'excellence de son interprétation et la valeur hors ligne, dans le rôle de Jean, de l'éminent comédien qui a créé ce rôle, M. Got [1]. Il était difficile de composer avec

---

1. « M. Got a transporté à la Comédie-Française un élément tout nouveau, le sentiment de la réalité. Bien qu'il connaisse à fond la tradition de son art, ce n'est pas à elle cependant qu'il demande ses inspirations ; il prend ses modèles dans la nature vivante, dans le spectacle de la réalité contemporaine. Il ne compose pas ses rôles, il les incarne en lui, aussi son jeu possède-t-il une verve, une vivacité, un entraînement qu'on ne rencontre au même degré chez aucun autre acteur contemporain. Il est vrai-

plus de science et en même temps de laisser-aller apparent, un rôle qui porte à lui seul le poids de la pièce tout entière. Jean de Rieux est, en effet, toujours en scène; il se prodigue à chaque acte avec une verve sans seconde, tour à tour ému, souriant, gai ou triste, heureux ou désespéré, mais toujours bon, honnête et surtout sympathique. Les autres artistes ne pouvaient que concourir à une interprétation d'ensemble comme on n'en voit qu'à la Comédie-Française, où les moindres rôles sont remplis par les premiers sujets, mais où aucun n'est ici placé suffisamment en saillie pour que l'on puisse, plus particulièrement, en signaler un seul.

23 Novembre. — Le ministre d'État avait institué, par arrêté du 22 mars 1859, une commission chargée d'examiner la situation du Théâtre-Français et d'apporter des modifications à la législation alors en vigueur, aussi bien pour ce qui concernait les auteurs qui apportaient leurs pièces au théâtre, que pour les comédiens qui les interprétaient. Cette commission, nommée à la suite de réclamations successives et d'ancienne date déjà, se composait de MM. Achille Fould, ministre d'État, président, Baroche, vice-président, Émile Augier, Louis Bouilhet, Camille Doucet, Empis, Mérimée, J. Pelletier, Sainte-Beuve, Samson (de la Comédie-Française), Jules Sandeau et Édouard Thierry. Ce dernier fut en outre nommé rapporteur.

Nous ne pouvons malheureusement, en raison de son étendue, donner ici le remarquable rapport de M. Édouard Thierry, bien qu'il soit des plus intéressants pour l'histoire

---

ment incomparable dans cette création du *Duc Job*; on peut dire qu'il a, en quelque sorte, épuisé le personnage inventé par l'auteur... »

(Émile Montégut.)

du Théâtre-Français et l'un des écrits les plus clairs, les plus lumineux et les plus concluants qui soient sortis de la plume élégante et diserte de son auteur. Je signale surtout l'étude comparative qu'il sut faire, avec tant de tact et d'habileté, sur les droits touchés par les auteurs dans les divers théâtres de genre et au Théâtre-Français, démontrant qu'en somme, en dehors de l'honneur qui rejaillissait sur l'auteur joué sur notre première scène, le profit était peut-être encore pour lui, attendu qu'au Théâtre-Français, sa pièce,—si elle était bonne,— tombait dans le répertoire. Elle ne courait donc pas les chances aléatoires qu'ont à subir les ouvrages représentés dans les autres théâtres, qui vivent un peu au jour le jour et sont par cela même obligés de sacrifier souvent leurs auteurs et leurs pièces aux exigences du public et de la recette. Toutefois, le rapporteur concluait à l'élévation du droit alors perçu, déclarant qu'en fixant ce droit à 15 pour 100 sur les recettes brutes, on assurerait aux auteurs une importante amélioration, et qu'ainsi on les placerait toujours dans des conditions supérieures, comme avantages, à celles qu'ils pouvaient trouver dans les autres théâtres.

Ce rapport [1] donna lieu à un décret, rendu le 19 novembre 1859, en la forme des règlements d'administration publique, et modifiant dans le sens le plus favorable à

---

1. Il a été inséré au *Moniteur* du 23 novembre 1859, à la suite du décret qui en a adopté les conclusions. Il a été également inséré dans le premier volume de l'*Annuaire de la Société des Auteurs dramatiques*. Enfin notre ami, Jules Bonnassies, l'a analysé, cité en partie et commenté dans son intéressant livre *les Spectacles forains et la Comédie-Française* (Dentu, éditeur, un vol. in-18, 1875). Ajoutons que la commission susdite devait également s'occuper du mode de réception des pièces par le comité de lecture, mais cette question fut momentanément abandonnée et, ainsi que nous le verrons, la solution n'en eut lieu que dix ans plus tard.

ses conclusions l'article 72 du célèbre décret de Moscou[1], relatif aux droits d'auteurs. Son article 1er établissait que la part d'auteur, dans le produit brut des recettes, serait désormais de 15 pour 100 par soirée à répartir entre les ouvrages tant anciens que modernes [2]; l'article 2 décidait qu'à l'avenir la pension de retraite des artistes serait acquise, fixée et liquidée conformément au décret du 15 octobre 1812 et ne pourrait, dans aucun cas, dépasser la quotité déterminée par l'article 13 de ce décret [3]. L'article 3 — le plus important pour les comédiens-sociétaires, — stipulait qu'au bout de dix années de sociétariat, le sociétaire devait être soumis à la réélection, et qu'en cas de sa mise à la retraite, il aurait droit au tiers de la pension qui lui aurait été due après vingt ans de services, avec liberté d'exercer son art où bon lui semblerait.

29 NOVEMBRE. — Représentation donnée *par ordre* en l'honneur de la grande-duchesse Marie de Leuchtenberg, sœur du czar Alexandre II, qui est à Paris depuis le 6 du même mois et qui a déjà assisté, le 24, à la repré-

---

1. Voici le texte de cet article : « La part d'auteur dans le produit des recettes, le tiers prélevé pour les frais, est du huitième pour une pièce en cinq ou quatre actes ; du douzième pour une pièce en trois actes et du seizième pour une pièce en un ou deux actes; cependant les auteurs et les comédiens peuvent faire toute autre convention de gré à gré. » (Titre V du décret signé à Moscou le 15 octobre 1812.)

2. Par suite, le minimum, pour une pièce en un acte, n'est jamais inférieur à 3 pour 100 et les auteurs touchent, en réalité, 16,50 pour 100 de la recette, puisque leur droit est prélevé avant celui des pauvres.

3. Voici le texte de l'article 13 : « Le Sociétaire qui se retirera après vingt ans aura droit : 1º à une pension viagère de 2,000 fr. sur les fonds affectés au Théâtre-Français par le décret du 13 messidor an X; 2º à une pension de pareille somme sur les fonds de la Société dont il est parlé à l'art. 8, qui stipule qu'une demi-part sera mise en réserve pour augmenter le fonds des pensions de la Société. »

sentation du *Duc Job* à Compiègne. On joue pour la princesse *les Femmes savantes* [1] et *le Barbier de Séville* [2].

9 Décembre. — M. Bressant joue pour la première fois, et avec beaucoup de charme et de succès, le rôle de Dorante dans *le Jeu de l'amour et du hasard*. On ne pourrait que lui reprocher de s'y montrer parfois un peu solennel et trop grand seigneur. Dorante, en valet, ne se dissimule pas assez, avec M. Bressant, et il semble bien invraisemblable que Sylvia puisse se laisser tromper aussi longtemps sur la qualité réelle d'un aussi aimable et élégant personnage.

13 Décembre. — Michelot, le célèbre Michelot [3], qui était sociétaire depuis 1812, qui avait cessé d'appartenir au Théâtre-Français en 1831 et qui était mort en 1856, Michelot n'avait jamais joui du bénéfice auquel il avait droit. C'est seulement aujourd'hui qu'une représentation posthume est donnée au profit de ses héritiers. Elle est assez médiocrement composée : *le Malade imaginaire* et la cérémonie, *les Projets de ma tante* et un intermède de danse, puis de musique dans lequel on entend MM. Crosti et Bataille, de l'Opéra-Comique, et l'amusant Berthelier [4], en font les principaux frais.

---

1. MM. Samson (Vadius), Provost (Chrysale), Leroux (Clitandre), Maubant (Ariste), Monrose (Trissotin); Mmes Aug. Brohan (Martine), Nathalie (Philaminte), Fix (Henriette), Figeac (Armande), Jouassain (Bélise).

2. MM. Got (Figaro), Bressant (Almaviva), Monrose (Basile), Talbot (Bartholo); Mme Fix (Rosine).

3. Pierre-Marie-Joseph Michelot, né en 1785, débuta au Théâtre-Français dans *Britannicus* et *les Fausses infidélités* (Darmilly). Il créa, pendant son long séjour à la Comédie-Française, cent soixante-quinze rôles dans les pièces nouvelles, et en reprit quatre-vingt-dix-sept du répertoire. Il fut, de 1813 à 1851, professeur de déclamation lyrique au Conservatoire. Il a été aussi l'un des maîtres de Rachel. Il avait été retraité, en 1831, avec une pension de 6,400 fr.

4. M. Crosti chante l'air de *Jean de Paris*, M. Bataille celui de l'*Étoile*

On nous avait bien annoncé, comme morceau de résistance, un acte inédit de Mme Augustine Brohan, qui possède à la ville un esprit d'une vivacité et surtout d'une primordialité légendaires, dont elle s'est malheureusement montrée un peu avare dans sa nouvelle pièce *Qui femme a guerre a*, sorte de proverbe en un acte qu'on nous a servis vers neuf heures du soir comme une nouvelle nouveauté. Ce n'est là qu'une bluette assez monotone, imitée de Musset ou de Feuillet, où le traditionnel comte et la traditionnelle comtesse se querellent au sujet d'un bal auquel madame veut se rendre en dépit de son mari. Vous savez à l'avance que cela finit toujours par un raccommodement, et M. Bressant (le comte) et Mlle Fix (la comtesse) n'ont pas manqué, en effet, de se dire, à la fin de l'acte, les choses les plus gracieuses, les plus tendres, en compensation, sans doute, des lardons désagréables dont ils venaient de se bombarder !... L'ombre de Michelot, en somme, n'a dû être qu'insuffisamment satisfaite de cette peu glorieuse apothéose.

15 Décembre. — Cette année, — la dernière de M. Empis, — se devait à elle-même de finir par une reprise. On remet à la scène *l'Amant bourru*, comédie en trois actes, en vers libres, du comédien Monvel, père de Mlle Mars, reprise que le prédécesseur de M. Thierry avait sans doute depuis longtemps préméditée. Rien de plus fatigant que ces vers inégaux et soi-disant libres qui deviennent un véritable supplice pour l'oreille de l'auditeur habitué à

---

du Nord et M. Berthelier dit deux chansonnettes. MM. Coralli et Petitpas et Mmes Caroline et Zina de l'Opéra paraissent dans un divertissement de danse. Enfin on avait surtout applaudi dans *le Malade imaginaire* MM. Regnier (Thomas), Maubant (Béralde), Delaunay (Cléante), Mmes Bonval (Toinette) et Jouassain (Béline).

entendre immédiatement la rime et qui, malgré lui, la cherche et l'attend toujours pour ne la trouver qu'alors qu'il a déjà perdu celle à laquelle elle doit répondre. La pièce, qui a été jouée pour la première fois le 14 août 1777, a joui d'une certaine vogue en son temps, mais elle a bien vieilli et est même devenue ennuyeuse. Les caractères ont surtout paru outrés; celui de l'amant (le comte de Pienne) est insupportable, et l'exagération du rôle de la marquise de Martigue, que Mme Plessy a joué cependant avec beaucoup de tact et de tenue [1], dépasse néanmoins la mesure. Ce n'est donc qu'à titre de curiosité rétrospective qu'on peut encore aller voir *l'Amant bourru*, mais le gros du public n'y accourt guère.

---

1. Ont joué les autres rôles MM. Geffroy (d'Estelan), Leroux (Montalais), Monrose (Saint-Germain), Mirecour (de Pienne); Mlle Favart (Mme de Sancerre).

ANNÉE 1860

15 Janvier. — La nouvelle année dramatique est, en quelque sorte, inaugurée à la Comédie-Française par la représentation annuelle donnée, le 15 janvier, en l'honneur du 238e anniversaire de la naissance de Molière. Cette représentation est, cette fois, tout à fait solennelle, et M. Édouard Thierry, le nouvel administrateur, a voulu qu'elle fût aussi digne que possible de l'illustre comique. On a donc interprété exceptionnellement pour la circonstance deux de ses comédies les plus populaires, *Tartufe* [1] et *le Malade imaginaire* [2]. Un poëte, jeune encore, et qui commencera bientôt à donner sa mesure, M. Henri de Bornier [3], a composé

---

1. Joué par MM. Geffroy, Delaunay, Maubant, Talbot; Mmés A. Plessy, Dubois et Bonval.

2. MM. Samson (Purgon), Regnier (Thomas), Provost (Argan), Delaunay (Cléante), Maubant (Béralde), Talbot (Diafoirus); Mmes Aug. Brohan (Toinette), Fix (Angélique).

3. C'est la première fois que le nom de M. de Bornier paraît sur l'affiche de la Comédie-Française qu'il doit occuper plusieurs fois encore, ainsi que nous le verrons par la suite, avant l'éclatant succès de *la Fille de Roland* (16 fév. 1875) qui l'a mis tout à fait hors de pair. Il avait d'ailleurs

pour cette soirée un à-propos, en un acte, en vers, *le 15 Janvier, ou la Muse de Molière*[1], qui produit beaucoup d'effet. Enfin, dans la fameuse cérémonie finale du *Malade imaginaire*[2], toute la Comédie, — sans exception, le fait est à noter, — est venue défiler devant le buste de Molière, au vif plaisir du public, qui faisait à chacun une part plus ou moins grande dans ses applaudissements, selon l'importance et la popularité de l'artiste qui, sur la scène, passait devant lui.

26 JANVIER. — Une fort agréable personne, Mlle Rosa Didier, qui arrive du Gymnase, où, depuis 1857, elle a obtenu quelques jolis succès[3], effectue ses premiers débuts par les rôles de Lisette des *Folies amoureuses* et de Martine dans *Tartufe*. Le 26 janvier suivant, elle joue *le Jeu de l'amour et du hasard* (Lisette), et enfin, le 13 mai, le rôle de Chérubin dans *le Mariage de Figaro*. Mlle Rosa Didier a encore beaucoup d'inexpérience et elle n'est ja-

---

déjà tenté les chances d'une réception au Théâtre-Français, qui avait accueilli, en effet, mais seulement « à correction, » un drame en cinq actes, en vers, de M. de Bornier, *le Mariage de Luther*, lequel n'a pourtant jamais été représenté.

1. Ont créé les rôles : MM. Beauvallet (Molière), Métrême (un jeune poëte); Mme Figeac (une actrice du Théâtre-Français).

2. La cérémonie a été spécialement réglée à nouveau pour cette représentation. Détail de cette curieuse mise en scène : *Premier Intermède :* M. Got (Polichinelle), MM. Jouanni, Worms, Garraud et Barré (quatre archers). Cet intermède est accompagné de la musique originale de Charpentier, avec la simple orchestration de son époque. *Deuxième intermède*, composé de la deuxième scène du troisième acte du *Médecin malgré lui*, jouée par MM. Got (Sganarelle), Barré (Thibaut), E. Provost (Perrin). *Troisième intermède :* réception du malade, avec défilé général de tous les artistes de la Comédie-Française.

3. Élève de Louis Monrose, au Conservatoire, Mlle Rosa Didier avait été fort remarquée au théâtre du Gymnase, notamment dans deux petites comédies en un acte dont elle créa le principal rôle, *l'Autographe*, de Meilhac, et *Risette*, d'Edmond About.

mais devenue un premier sujet ; mais elle a une mine très-éveillée, une physionomie pleine de malice et qui annonce peut-être plus d'esprit encore qu'elle n'en possède réellement, et sa réussite est suffisamment honorable. Cependant, après quelques années passées à la Comédie-Française, où, en dehors de plusieurs reprises dans le répertoire classique, elle n'a guère rempli que des rôles tout à fait secondaires, Mlle Rosa Didier quitta notre première scène pour aller faire les beaux jours du théâtre du Vaudeville. Elle est morte prématurément vers l'année 1870.

3 Mars. — Fonta, qui a rempli durant vingt-trois ans, avec une grande conscience et un talent estimable et suffisant, les seconds rôles du grand répertoire, vient de mourir après une courte maladie. Cet utile comédien, qui aurait pu disparaître sans que le public s'en fût aperçu, a eu les honneurs posthumes d'un feuilleton de Th. Gautier, auquel nous emprunterons quelques passages, en guise de renseignements biographiques :

« ... La critique s'est peu occupée de lui de son vivant, et cependant la petite place vide qu'il laisse est peut-être plus difficile à remplir qu'on ne pense. Les humbles soldats de l'art, au mérite obscur, n'en contribuent pas moins pour leur part aux victoires dramatiques. Fonta se tenait à son plan, ne cherchant pas à absorber plus de lumière que son rôle n'en comportait. Il donnait la réplique aux princes de tragédie, avec la discrétion convenable, récitant bien, posément et nettement. Les longues tirades que doit subir le confident, il les écoutait d'un air attentif, sans ennui et sans distraction. Il savait se tenir — chose difficile — et portait le costume grec ou romain de manière à ne pas rappeler les parodies classiques de Daumier. On l'applaudissait dans le récit de Théramène qu'il détaillait en habile artiste au courant de la tradition et rompu de longue main à cet art presque perdu de dire les beaux vers qui ne sont que de beaux vers. Il arrêtait Tartufe d'un geste plein d'autorité ; il représentait dignement l'ambassadeur de France du *Verre d'eau ;* il soufflait de mauvais conseils à Néron par les lèvres mielleuses de Narcisse, et il se grimait en Robespierre avec une vérité effrayante dans *Charlotte Corday...* Si nous insistons sur cet honnête comédien, dont la mort ne fera pas plus de bruit que le début, c'est qu'on ne s'imagine pas ce qu'il faut de talent, d'étude, de soin et d'intelligence pour débiter seulement vingt vers dans un chef-d'œuvre, sans détonner, sans faire tache, sans être ridicule, sans compromettre les belles choses auxquelles on est mêlé... Mettre chaque soir la même conscience infatigable, passer inaperçu derrière la gloire des autres, résigné, mais non découragé, heureux peut-être d'entrer pour une part, si petite qu'elle soit, dans l'exécution de ces œuvres radieuses, honneur de l'esprit humain, n'y a-t-il pas là un mérite, un dévouement, un sacrifice, presque une vertu [1] ?... »

13 Mars. — Première représentation de *le Feu au couvent,* comédie en un acte, de M. Théodore Barrière.

Petite comédie sentimentale des mieux trouvées; elle a toujours gardé sa place dans le répertoire ; il est même étonnant que ce succès, dû à tant de qualités d'émotions, de délicatesse et d'esprit, n'ait pas donné à M. Barrière la bonne idée de présenter au Théâtre-Français, — où il n'a jamais reparu depuis, — une comédie de plus haute portée et d'un développement plus complet.

Un M. d'Avenay est resté veuf, fort jeune encore, avec une fille unique qui est au couvent; quant à lui, il mène la vie de garçon aussi largement que possible et même, au moment où le rideau se lève, il est sur le point d'aller se battre pour une danseuse de l'Opéra dont un Brésilien quelconque lui dispute les faveurs. Il revient d'un bal et, en attendant le jour, il s'est endormi sur un

---

1. Fragments de l'article publié au *Moniteur universel* du 27 mars 1860.

canapé. Tout à coup la porte s'ouvre, une jeune fille entre et vient déposer bien discrètement, mais bien tendrement aussi, un baiser sur le front de d'Avenay, lequel se réveille et se trouve tout surpris en reconnaissant sa fille Adrienne ! Le feu a pris à son couvent et, incontinent, toutes les élèves ont été renvoyées dans leurs familles. On conçoit le trouble que jette dans l'âme de d'Avenay cette arrivée imprévue ! C'est le jour même où il va se battre que sa fille revient tout à coup ! Soudain tous les sentiments de l'amour paternel, dans ce qu'il a de plus vrai et de plus pur, se réveillent en lui. Eh quoi! dans un moment il va jouer sa vie pour une drôlesse, en même temps que le repos de sa fille et l'honneur même du nom qu'elle porte ! C'est seulement à cette heure, qui peut être suprême pour lui, qu'il envisage dans leur entier tous les devoirs qu'il a, jusqu'alors, comme oubliés et même méconnus. Il appelle à lui son meilleur ami, Mériel, et au moment de partir pour ce combat funeste, il confie sa fille à sa garde. Mais Adrienne, en recevant le baiser d'adieu, tendre et ému, que son père lui donne, a deviné un danger. Elle interroge Mériel, qui reste muet sur le duel et qui cherche, au contraire, dans une causerie intime et charmante, à détourner les soupçons de la jeune fille. Pendant cette conversation, l'amour se glisse, comme à la dérobée, dans le cœur des deux jeunes gens, et lorsque le père revient, — le duel n'ayant pas eu lieu, par une circonstance expliquée dans la pièce, — il trouve tout naturel de donner à son ami la main de celle qu'il a si bien charmée et consolée.

Je ne saurais entrer ici trop avant dans le détail de cette jolie pièce, qui est d'un style à la fois si simple et si brillant; elle est toute remplie de fines observations et de spirituelles petites scènes épisodiques qui tiennent toujours en haleine le spectateur, en présence d'une intrigue en somme peu compliquée et même un peu vide. Le grand art de M. Barrière a consisté précisément à combler ces vides par son esprit et son habileté, et à nous intéresser jusqu'au bout avec le mince sujet de sa pièce.

Le personnage d'Adrienne, cette pensionnaire évaporée que les événements auxquels elle se trouve si inopinément mêlée rendent sérieuse avant l'âge, a fourni à Mlle Emma Fleury l'une des deux ou trois créations importantes qu'il lui ait été donné de faire à la Comédie-Française. Intelligente, fine et distinguée, Mlle Fleury n'a pu cependant briller qu'au second rang, où elle s'est d'ailleurs constamment maintenue avec dignité et dans le plus grand respect du public et d'elle-même. Il faut toujours tenir compte à un artiste d'avoir su faire ainsi contre fortune bon cœur, et Mlle Fleury est de ceux qui, au théâtre, ont dû de bonne heure se faire de la patience et de la résignation leur principale vertu [1].

3 Avril. — Reprise de *le Joueur de flûte*, comédie en un acte, en vers, de M. Émile Augier.

Jolie comédie, — très-littéraire surtout et plus curieuse, comme détails, qu'intéressante comme intrigue. L'amour de l'esclave Chalcidias, — qui se dissimule d'abord sous les traits du riche Ariozarbane, — pour la courtisane Laïs remplit toute la pièce. Psaumis et Bomilcar, qui se disputent aussi les faveurs de la belle Athénienne (la scène se passe à Corinthe) ne sont là qu'en qualité de comparses. Le dénoûment est un peu enfantin et tournerait facilement, avec nos tendances modernes, à une véritable parodie : en effet, Laïs vend ses meubles, afin de se refaire

---

[1]. Ont créé les rôles : MM. Bressant (d'Avenay), Leroux (Fortunien), Delaunay (de Mériel); Mlle Emma Fleury (Adrienne).

une virginité, et elle part avec Chalcidias à la recherche de la chaumière traditionnelle. La toile tombe sur leur départ, mais il est à regretter, pour la logique des choses, qu'un deuxième acte ne puisse nous montrer la déception et le dégoût qui doivent être la suite rapide et inévitable de ce beau caprice. En somme, vers bien frappés et dans le goût antique qui avait si bien fait réussir *la Ciguë*, mais pièce trop longue pour un sujet à peu près absent [1].

10 Avril. — Reprise de *l'Aventurière* [2]. — La Comédie-Française vient de nous rendre, retouchée, renouvelée et refondue, l'une des meilleures comédies d'Émile Augier, *l'Aventurière*. La pièce avait cinq actes, à l'origine, l'auteur a cru devoir réunir les deux derniers en un seul [3]. Le

---

1. Ont repris les rôles : MM. Geffroy (Chalcidias), Samson (Psaumis), Barré (Bomilcar); Mme Madel. Brohan (Laïs). Restent seuls de la création (19 décembre 1850) MM. Geffroy et Samson ; Got avait créé Bomilcar et Mlle Nathalie, Laïs. — La pièce avait eu maille à partir avec la censure, et elle dut sa restitution à la scène à cette circonstance que le 14 février précédent elle avait été représentée, pour l'inauguration de la maison romaine du prince Napoléon, avenue Montaigne, devant l'Empereur, l'Impératrice et toute leur cour, à la suite d'un banquet qui était également tout à fait romain. Les cartes d'invitation avaient même pris la précaution d'indiquer aux spectateurs privilégiés de cette fête que c'était « *invito Censore* » que la représentation avait lieu. Mlle Favart récita, devant cette belle assemblée, un prologue composé spécialement pour cette soirée, par M. Th. Gautier, et M. Got joua dans la pièce d'Émile Augier le rôle de Bomilcar, dans lequel il fut remplacé par M. Barré, lors de la reprise de la pièce à la Comédie-Française.

2. La première représentation à la Comédie-Française date du 23 mars 1848.

3. Voici ce qu'a écrit M. Émile Augier, le 2 mai 1860, en tête de la brochure de la nouvelle édition de sa pièce ainsi renouvelée : « C'est une tentation presque sans précédent dans l'histoire des lettres que la refonte, après dix ans, d'un ouvrage qui avait réussi à son apparition. Inutile de dire que je ne me suis pas imposé légèrement cette tâche de patience ; c'est après avoir étudié attentivement le fort et le faible de la pièce, après m'être bien convaincu qu'elle péchait foncièrement par certaines inexpé-

caractère du bonhomme Mucarade, transformé en Monteprade, dans la version nouvelle, a perdu de son comique et de sa fantaisie un peu grotesques pour devenir un personnage grave et sérieux plus philosophe et aussi plus triste. Ce n'est plus ce vieux Padouan frisé, teint et musqué qui prêtait à rire en faisant pitié. — Les femmes, disait-il, en se mirant devant une glace,

> Les femmes ont raison : la toilette fait tout.
> La mienne me paraît tout à fait de bon goût ;
> Et je ne sache pas de galant dans Padoue
> Contre qui je voudrais me troquer, je l'avoue.
> Comment diable aujourd'hui travaillent les parents
> Qu'on ne rencontre plus de jolis jeunes gens,
> Et que pour des gaillards de certaine encolure
> Il faille encor chercher parmi la race mûre ?
> Clorinde a de bons yeux, qui m'a choisi...

Ce n'est plus le même homme aujourd'hui ; écoutez comme il célèbre en bons termes sa verte vieillesse :

> J'ai soixante ans passés, je ne l'ignore pas ;
> Mais, comme j'ai vécu de ma vie économe,
> J'ai l'âge d'un vieillard et le sang d'un jeune homme.
> Les rides de mon front n'ont pas atteint mon cœur.
> Poudreux est le flacon, mais vive est la liqueur,
> Et qu'il passe un rayon à travers la bouteille,
> Elle redevient jeune aussitôt et vermeille.
> Pour l'homme, c'est l'amour, ce pur rayon qui rend
> L'intérieur visible et le corps transparent...

---

riences faciles à réparer que j'ai entreprises, non pas d'en faire un chef-d'œuvre, mais de la mettre sur ses pieds... Si l'on m'objecte que l'ouvrage ne valait pas la peine que je me suis donnée, je répondrai tout simplement que j'avais une prédilection pour cette œuvre de jeunesse, et que j'étais de loisir. »

A ces divers changements, l'*Aventurière* a gagné en rapidité comme marche de l'action et en profondeur par une sorte de maturité plus grande du sujet; elle a gagné en vigueur aussi, car Monteprade qui, sous le nom de Mucarade, n'était, à tout prendre, dans la pièce primitive, qu'un Géronte ridicule, est devenu, dans la pièce renouvelée, au dénoûment surtout, un fier vieillard prêt à défendre son honneur contre les attaques de la drôlesse qui l'a si bien subjugué. C'est, en effet, dans la refonte de ce personnage que sont surtout sensibles les modifications apportées par M. Augier à son premier texte. Le caractère de son fils Fabrice a cependant subi un changement, il ne bafoue plus son père; Monteprade respectant mieux lui-même ses cheveux blancs, Fabrice est devenu aussi plus respectueux et plus tendre. Clorinde elle-même est moins odieuse; l'auteur a atténué certains traits répugnants de son caractère, et elle finit même par nous inspirer, — non point de l'intérêt certes! — mais au moins de la pitié. Tout cela est en définitive plus humain, plus touchant, plus vrai, en un mot plus moderne.

L'interprétation nouvelle est remarquable; un seul des acteurs de la création reparaît dans la reprise actuelle, c'est M. Regnier, vraiment inimitable, « inremplaçable, » dans le personnage de don Annibal, ce faux brave buveur et vicieux dont il a fait le type le plus étonnant et le plus achevé. D'autres artistes, de mérite également, ont repris depuis ce rôle à la Comédie-Française et l'ont même joué avec un grand talent, mais ils l'ont joué différemment. Regnier avait su lui donner une marque toute personnelle dont le souvenir durera toujours pour ceux qui ont eu le bonheur de le voir interpréter par lui.

Mucarade, rôle à moitié fantasque, créé par Samson, est repris, aujourd'hui qu'il est devenu grave sous le vocable nouveau de Monteprade, par Beauvallet, qui a peut-être trop accentué la différence des deux caractères. Mme Arnould-Plessy (Clorinde) a été fort remarquable dans les deux derniers actes de la pièce, où elle a montré une vigueur et une passion extraordinaires. Ce rôle de Clorinde est même demeuré depuis son rôle favori dans la haute comédie, et elle a continué à le jouer jusqu'au dernier jour de ses représentations au Théâtre-Français; il a même fait partie de sa soirée d'adieux définitifs en 1876.

Voici, comme curiosité et comme point de comparaison, la distribution de *l'Aventurière* aux deux époques de sa création et de sa reprise [1].

		1848.	1860.
Mucarade.	MM.	Samson.	Beauvallet.
(Monteprade.)		—	—
Piquendaire.		Joannis.	Barré.
(Dario.)		—	—
Fabrice.		Bouchet.	Geffroy.
Horace.		Raphaël.	Métrême.
Don Annibal.		Regnier.	Regnier.
Dona Clorinde.	Mmes	Anaïs.	A. Plessy.
Célie.		Solié.	Favart.

21 AVRIL. — Extraordinaire et curieuse représentation dont le produit doit être ajouté à la souscription ouverte en vue d'éviter la misère à une petite-fille de Racine. Le spectacle est entièrement composé d'ouvrages du grand poëte ou de pièces d'à-propos en son honneur.

---

1. Le succès de cette reprise a été très-durable; on peut même dire que depuis ce jour *l'Aventurière* n'a jamais quitté le répertoire. Ce fut aussi un succès d'argent. On vint voir la nouvelle version de la pièce par curiosité d'abord, on y vint enfin en raison de l'excellence de l'interprétation, et Regnier et Mme Plessy firent notamment recette. L'Empereur et l'Impératrice assistèrent à la représentation du 8 mai, avec une nombreuse cour et, ce jour-là, *le Feu au couvent* complétait le spectacle.

Voici d'abord *Athalie*, que Mme Guyon interprète avec une fougue dramatique qui n'est peut-être pas tout à fait dans la tradition classique, mais qui modernise assez heureusement son terrible personnage [1]. Vient ensuite le quatrième acte de *Phèdre*, traduit en vers italiens par d'Allongaro et interprété par Mme Ristori, avec les artistes de sa troupe [2]. Je parlais de la fougue de Mme Guyon, mais pour Mme Ristori le terme serait insuffisant, c'est de la rage, parfois épileptique, qu'elle nous a montrée. Voilà bien la Phèdre de la vieille tragédie, consumée par l'amour inassouvi qui l'a envahie tout entière, et se roulant sur le sol dans une sorte d'attaque nerveuse qui est peut-être dans le caractère du personnage, mais qui, à y bien réfléchir, est absolument exagérée. L'impression produite par l'illustre tragédienne n'a pas été, pour cela, moins vive et, à la chute du rideau, elle a dû revenir deux fois saluer le public, qui ne se lassait point de l'acclamer.

Il y aurait certes bien à dire sur la manière générale dont Mme Ristori interprète tout le personnage de Phèdre qu'elle a joué, cette année, pour la première fois, à la salle Ventadour. Nous sortirions du cadre de ce travail en entrant dans les détails de cette interprétation qui ne manque ni d'originalité, ni de puissance, qui n'est pas, certes, une composition ordinaire et qu'une artiste de génie seule pouvait se permettre, mais à laquelle, en revanche, le charme fait surtout défaut. C'est ici qu'il y aurait matière à discuter, en rapprochant l'interprétation exubérante de l'artiste italienne de celle de Mlle Rachel, si contenue et si passionnée à la fois : l'une laissant dé-

---

1. Jouent les autres principaux rôles : MM. Beauvallet (Joad), Maubant (Abner); Mmes Favart (Zacharie) et Devoyod (Josabeth.)
2. MM. Majeroni (Hippolyte), Gleck (Thésée); Mme Biagini (Œnone).

border son furieux et criminel amour par tous les moyens que Dieu a mis au service de la créature pour exprimer ses sensations, l'autre au contraire renfermant en elle-même ce feu qui la dévore, et ne laissant éclater sa coupable passion que progressivement, avec une rage toujours retenue, et cependant aussi puissante et d'un effet à coup sûr plus terrible, parce qu'elle laisse plus encore deviner les sentiments qui la remplissent qu'elle ne les montre.

La salle était encore sous l'impression produite par cette Phèdre échevelée, lorsque le rideau se releva sur la cérémonie littéraire improvisée en l'honneur de Racine pour cette belle soirée. Le buste du grand poëte tragique est au milieu de la scène, entouré de tous les artistes de la Comédie-Française, chacun dans le costume du principal rôle de son emploi. Mmes Guyon, Fix et Favart, représentant la Tragédie, la Comédie et la Poésie, s'avancent ensuite et récitent un hommage à Racine en vers composé par M. A. Rolland; puis Mme Ristori, symbolisant la muse italienne, réapparaît au milieu de nouvelles acclamations. Elle s'avance lentement jusqu'à la statue, pose sa main sur le piédestal qui la supporte et, d'une voix un peu tremblante, et avec un accent italien assez prononcé, mais qui ajoute un charme de plus à sa pénétrante diction, elle récite en français des stances de M. Legouvé que nous reproduisons comme l'une des plus heureuses inspirations poétiques de leur auteur :

    Pardonne à ma présence, ô Racine ! Pardonne
    Si j'osai peindre ici de la fille d'Œnone
          Les sublimes douleurs !
    C'étaient d'autres accents que tu devais entendre ;
    C'était une autre voix plus aimée et plus tendre
          Qui te devait ses pleurs !

Une voix disparue, hélas! mais immortelle,
Dont le cher souvenir résonne, écho fidèle,
    Même au delà des mers;
Une voix qu'aujourd'hui, crois-le bien, grand poëte,
J'ai fait moins regretter que je ne la regrette,
    J'en atteste tes vers!

Oui, tes vers tout pleins d'elle! A chaque beau passage,
Je voyais devant moi flotter sa jeune image,
    Et dans le fond du cœur,
De ta Phèdre en peignant les tragiques alarmes,
Pardonne! je donnais la moitié de mes larmes
    A cette jeune sœur!

Qui donc à l'étrangère inspira le courage
D'oser mêler ici son inconnu langage
    Aux vœux que tu reçois?
Qui? C'est ma conscience et sa vivante flamme!
Qui? C'est de tout mon cœur et de toute mon âme
    L'irrésistible voix!

Quand l'Italie entière au cri de l'honneur vibre,
Lorsque la France au rang d'une nation libre
    Fait monter mon pays,
Le devoir, non! le droit de ma reconnaissance
Est d'honorer en toi de cette noble France
    Un des plus nobles fils!

Je viens donc en ces lieux, calme et l'âme légère.
Non! non! ma voix n'est plus une voix étrangère;
    Et je puis dire ici,
Lorsqu'on te rend hommage en ta petite-fille:
Laissez-moi m'approcher, je suis de la famille,
    Je suis Française aussi!

Le silence, qui avait accueilli la première strophe, fut bientôt rompu à la fin de chaque strophe nouvelle, et Mme Ristori, qui parlait pour la première fois en français, sur la première scène dramatique française, — où, d'ailleurs, elle n'est jamais réapparue depuis, — remporta ce soir-là l'un de ses plus beaux triomphes. Ce triomphe fut, même, pour ainsi dire, regrettable. L'illustre artiste italienne était fort intéressante à entendre ainsi, dans une courte pièce de vers, dite par exception dans une autre langue que la sienne, en un jour d'anniversaire solennel, mais elle eut le tort de croire que parce qu'elle avait réussi, ce soir-là, « en français, » elle pouvait tenter de réussir encore en interprétant de la même façon une pièce tout entière ; c'est à tort qu'on encouragea Mme Ristori dans cette voie périlleuse au lieu de lui en montrer les inévitables écueils, et de là vint cette tentative d'acclimatation de la tragédienne étrangère, dans un rôle écrit dans notre langue, sur le second Théâtre-Français, où elle interpréta une comédie de M. Legouvé, *la Madone de l'art*. Elle y obtint d'abord un succès de curiosité que durent bien vite regretter ses meilleurs amis en voyant rapidement lui succéder l'indifférence et l'abandon publics. C'est ce soir-là que la grande mémoire de Rachel fut véritablement vengée de l'injuste revirement d'opinion qui s'était un moment produit contre elle, en 1855, lorsque éclatèrent à Paris les premiers triomphes de Mme Ristori !

Les Plaideurs, avec une distribution exceptionnelle, complétaient cette belle représentation racinienne. Je cite cette distribution comme la plus complète que nous ayons jamais vue pour l'interprétation du chef-d'œuvre comique de Racine :

        MM. Samson (l'Intimé).
                Regnier (Petit-Jean).
                Provost (Dandin).
                Got (le Souffleur).

MM. Delaunay (Léandre).
Talbot (Chicaneau).
Mmes Dubois (Isabelle).
Lambquin (la Comtesse).

1er Mai. — Représentation de retraite de Beauvallet, après ses trente années de services. — Elle est médiocrement composée, en ce sens qu'aucun attrait étranger au répertoire du Théâtre-Français n'est venu renforcer le programme de la soirée, qui se compose tout simplement du *Feu au couvent*, de *l'Aventurière* et des quatrième et cinquième actes de *Polyeucte* [1].

Beauvallet n'a point été un artiste de premier ordre, mais il a excellé au second rang. Il y avait de la rudesse dans sa physionomie, aussi bien que dans son jeu; rien de souple ni de fin : une grande puissance d'organe, qu'il ne modérait pas toujours suffisamment ; en revanche, une vigueur et une chaleur qui le servaient admirablement dans ses rôles tragiques. Venu à la suite de Ligier, il reprit avec un certain succès beaucoup de ses rôles et il lui fut même supérieur dans quelques-uns. C'était, en outre, un homme instruit, connaissant parfaitement la science du théâtre, et qui a même fait représenter quelques pièces qui ne manquaient pas de valeur littéraire [2]. Après son départ de la Comédie-Française, Beauvallet a reparu, de temps à autre, sur la scène de l'Odéon et même sur celle

---

1. M. Beauvallet (Polyeucte); Mlle Favart (Pauline).

2. Beauvallet avait appartenu, avant d'entrer à la Comédie-Française, aux théâtres de l'Odéon (4 mai 1825) et de l'Ambigu (1er septembre 1828). Il avait été nommé professeur au Conservatoire en 1839. Il a fait représenter trois drames : 1° *Caïn*, drame en deux tableaux, en prose (Ambigu, 27 janvier 1829); 2° *la Prédiction*, drame en cinq actes, en vers (Comédie-Française, 17 décembre 1831), qui n'eut aucun succès et qui n'a pas été imprimé; 3° *le Dernier Abencerrage*, drame en trois actes, en vers (Comédie-Française, 9 octobre 1851).

du Châtelet. Il a notamment créé avec succès, à ce dernier théâtre, un drame d'actualité sur la chute et la mort du fameux négus d'Abyssinie Théodoros, drame dans lequel sa voix tonnante et son art tragique produisirent un grandiose effet[1].

14 MAI. — Première représentation de *les Deux Veuves*, comédie en un acte, de M. F. Malefille.

Cela s'appelait d'abord *les Regrets éternels*, c'est-à-dire des regrets conjugaux qui durent, — tout le monde le sait, — beaucoup moins longtemps que la plus courte éternité. L'idée de la pièce n'est pas très-nouvelle : deux cousines, très-jeunes encore et veuves toutes deux, passent ensemble les premiers temps de leur veuvage ; l'une est plus inconsolable que l'Artémise de l'histoire ; l'autre supporte, au contraire, très-agréablement la perte de son mari et jouit avec enchantement de sa liberté reconquise. Et cependant, — à la suite de jeux de scène assez spirituellement et finement amenés, — c'est la plus inconsolable des deux qui se remarie la première. Un type fort amusant de garde-chasse (Labarraque), plaisamment interprété par Monrose, est le personnage le plus original de la pièce. Quant aux deux veuves, l'une (Caroline), jouée par Mme Augustine Brohan, et l'autre (Laure), par sa sœur Madeleine, ce sont des femmes assez invraisemblables. L'amoureux, prénommé Edmond, et que représente M. Maillart, supporte très-vaillamment l'assaut que lui livre l'une des deux cousines, et il finit par épouser l'autre sans rien perdre de son flegme habituel. La pièce de M. Malefille, qui n'avait eu qu'un demi-succès de pre-

---

[1]. Beauvallet a quitté définitivement la Comédie-Française le 1er avril 1861, avec 7,400 francs de pension de retraite. Il est mort le 21 décembre 1873.

mière représentation, s'est relevée aux suivantes et elle est, même depuis, demeurée toujours au répertoire [1].

6 Juin. — Nous entrons dans la saison d'été où l'on abandonne généralement pour une époque plus propice les pièces à succès et à recettes ; c'est le moment des reprises et des débuts. Ce même jour, 6 juin, la Comédie nous offre, en l'honneur du 254e anniversaire de la naissance de Corneille, une représentation extraordinaire composée de l'une de ses tragédies les plus délaissées de nos jours, *la Mort de Pompée*, que l'on n'a pas jouée depuis un temps immémorial. C'est une des œuvres secondaires de Corneille ; elle contient toutefois de magnifiques et même d'éclatants passages ; elle abonde surtout en discours qui retardent bien un peu la marche de l'action ; mais elle présente en somme un grand intérêt littéraire. Elle est en outre interprétée avec un excellent ensemble : Mme Guyon produit un grand effet dans le personnage de Cornélie, le mieux posé de la pièce ; si Beauvallet n'est pas un Jules César accompli, il a, en revanche, de la vigueur, de la force et un grand art de diction. Mlle Favart est costumée à ravir, et elle donne beaucoup de relief au personnage un peu vaguement dessiné de Cléopâtre [2]. *Le Menteur* complète la représentation [3].

---

1. Le 13 juin suivant, la comédie des *Deux Veuves* fut représentée devant la Cour, à Fontainebleau, avec *Oscar, ou le Mari qui trompe sa femme*.

2. Les autres rôles sont joués par MM. Maubant (Achorée), Worms (Ptolémée), Barré (Philippe), et Mlle Jouvante, fort remarquée dans le petit personnage de Charmion.

3. Jouent les rôles du *Menteur* : MM. Samson (Cliton), Leroux (Dorante), Maubant (Géronte) ; Mmes Figeac (Clarice), Savary (Lucrèce).

Le 11 juin, reprise de *Péril en la demeure*, comédie de M. Feuillet, qu'on n'a pas jouée depuis la mort de Mme Allan. Mme Nathalie reprend, sans désavantage, le rôle de Mme de Vitré que cette éminente artiste a créé, et Mirecour remplace, un peu trop insuffisamment, en raison surtout du rapprochement inévitable des deux interprétations, M. Provost père dans le personnage du vieux-beau Favières.

Le 14 juin, à l'occasion de l'annexion de la Savoie et du comté de Nice à la France, représentation extraordinaire dans laquelle M. Bressant déclame, pendant un entr'acte du *Duc Job*, des strophes d'à-propos du poëte Barthélemy, sous le titre de *l'Annexion*. La poésie est médiocre et de forme banale, comme la plupart de ces sortes de documents en vers officiels, mais elle célèbre un événement patriotique trop glorieux pour ne pas être, quand même, applaudie à outrance.

Les 25 juin et 3 juillet, relâches successifs à l'occasion du décès, puis des funérailles du prince Jérôme-Napoléon Bonaparte, ex-roi de Westphalie, oncle de l'Empereur. Le prince était mort le 24 juin, à l'âge de soixante-quinze ans. Il venait souvent au Théâtre-Français, ce qui lui était d'ailleurs rendu facile par la communication de ses appartements du Palais-Royal avec la loge qu'il occupait à la droite du public, et vis-à-vis celle de l'Empereur. Pendant la dernière année de sa vie, le vieux Roi vint souvent faire les honneurs de cette loge à sa nouvelle belle-fille la princesse Clotilde de Piémont, que son fils, le prince Napoléon, avait épousée le 30 janvier 1859.

Le 27 juin, reprise de *le Cœur et la Dot*, comédie de M. Malefille, représentée primitivement en cinq actes (voyez le 24 décembre 1852), et réduite aujourd'hui à quatre actes seulement. C'est M. Regnier, si parfaitement plaisant dans le personnage de M° Chavarot, qui a indiqué et même opéré en partie les modifications heureusement apportées à cette amusante comédie, dont les deux derniers actes ont été refondus en un seul. L'action, dont la marche s'arrêtait en effet à partir du troisième acte, se précipite maintenant vers un dénoûment que rendent plus logique et en même temps plus gai le mariage de M° Chavarot et la réapparition du fameux capitaine Baudrille. Les rôles de la pièce sont encore tenus aujourd'hui par les artistes de la création, à l'exception toutefois du personnage d'Athénaïs, dans lequel Mlle Figeac remplace Mlle Nathalie.

Le même jour, début d'un amoureux d'assez bonne tournure, mais d'une médiocre chaleur, M. Ariste, qui arrive tout droit de l'Odéon, où il vient de se faire remarquer dans une nouvelle pièce de M. Amédée Rolland, *Un parvenu*. C'est dans le rôle de Valère, de *l'École des maris*, que cet aimable jeune premier se montre tout d'abord. Le 1er juillet suivant, il reparaît dans Éraste du *Dépit amoureux*, et enfin il effectue son troisième début réglementaire, le 26 du même mois, dans Damis de *Tartufe*.

M. Ariste est un de ces nombreux jeunes premiers de bonne tournure qui produisent, à première vue, un certain effet dans le milieu un peu ordinaire où la Comédie-Française va les prendre et qui se trouvent, — pour la plupart, — subitement dépaysés sur la grande scène de la rue de Richelieu. Ici l'entourage est tout à fait hors ligne, et le débutant, qui avait montré du relief sur une scène secondaire, s'efface tout à coup et souvent s'évanouit bien vite. M. Ariste a certainement du talent et de l'expérience; il ne manque pas de tenue, et il n'a pu, cependant, demeurer à la Comédie-Française. Son nom ne figure même plus, depuis longtemps d'ailleurs, dans aucune troupe des théâtres de Paris.

Le 10 juillet, Mme Couturier, dite au théâtre Mme Cornélie, débute dans le rôle de Stratonice de *Polyeucte*. Cette artiste, d'une grande intelligence dramatique, mais mal servie par la rudesse de son physique et de son organe, devait végéter pendant plusieurs années, à la Comédie-Française, dans les rôles de confidentes et même de comparses. Le fait est qu'il était difficile de mettre au premier et même au second plan sur la scène du Théâtre-Français une artiste d'un talent certes véritable, mais aussi étrange qu'inégal [1]. Mme Cornélie, d'ailleurs, ne montra guère, rue de Richelieu, que quelques éclairs de ce talent même; elle n'acquit de la réputation qu'après qu'elle eut quitté la Comédie-Française. On la vit alors créer, au théâtre du Châtelet, et avec un certain succès, le rôle d'Élisabeth dans un drame de M. Couturier, son mari, *le Comte d'Essex*. Je n'assurerai pas qu'elle y fût une Élisabeth distinguée ni bien authentique, mais elle produisit beaucoup d'effet. Elle fut peut-être plus remarquée encore dans le rôle de la Tison, cette affreuse mégère du *Chevalier de Maison-Rouge* d'Alex. Dumas, qu'elle reprit à la Porte-Saint-Martin. Elle eut même la gloire,—

---

[1]. « Mme Cornélie m'a souvent rappelé le fameux Rouvière, dont le génie se débattait dans un corps étriqué. La tête, chez Rouvière, était belle pourtant, belle de la beauté qui naît de l'expansion, de la passion, de l'amertume, de la douleur. Chez Mme Cornélie, le visage était terrible et dur. Des yeux enfoncés sous des arcades sourcilières hérissées, un nez retroussé largement, une bouche aux lèvres grosses et qui avançaient, une voix plus volontiers tonnante, souvent rauque, les épaules plantées dans la poitrine, des éclats de fureur que sa physionomie tout entière rendait trop pleins d'épouvante. Mais sous ces traits, il y avait une âme, une intelligence, une flamme. Cette femme croyait et luttait. » (Jules Claretie.)

tout le monde s'en souvient encore, — de faire applaudir Corneille et Racine dans un café chantant, en débitant avec beaucoup de feu les plus belles tirades de leurs tragédies. Cette artiste, — en somme incomplète, — est morte en 1876. Elle se nommait de son vrai nom, Antoinette-Cornélie Dallez, et était née en Belgique. Elle était devenue élève de notre Conservatoire, où elle avait fait la connaissance de M. Couturier, qui fut d'abord acteur, puis se mit à écrire des drames au lieu d'en jouer. Ils se marièrent ensemble, et de leur union est née une jeune cantatrice d'opérette, qui, sous le nom de Mlle Luce, s'est fait remarquer au théâtre des Bouffes-Parisiens.

9 Aout. — Première représentation de *l'Africain*, drame en quatre actes, de M. Charles Edmond.

Voici un drame intime et moderne, mais très-compliqué de péripéties et d'incidents; intéressant d'ailleurs, et qui vaut la peine d'être raconté tout au long. Disons tout d'abord que le succès qui l'a accueilli ne s'est manifesté qu'à partir du troisième acte, et alors seulement que le public a fini par comprendre où l'auteur voulait en venir. Beaucoup d'inexpérience en effet, et partant, beaucoup d'obscurités. Ce que je vais dire va sembler un paradoxe: la pièce de M. Charles Edmond, qui a paru bien longue pendant ses deux premiers actes, eût peut-être gagné à avoir un acte de plus, lequel eût servi en quelque sorte de prologue et d'exposition. C'est, en effet, par le manque de clarté qu'elle a failli sombrer dès le deuxième acte; les deux derniers l'ont relevée plus heureusement, mais, je le répète, tout le début était bien embrouillé. Dans l'exposition que j'en vais faire, je laisserai de côté ces points mal éclairés de la pièce de M. Charles Edmond, afin de mieux faire ressortir le réel intérêt de la fable qu'il a développée et mise en scène.

Un grand seigneur vénitien, le comte Leone Matteo, a épousé une belle jeune fille de seize ans à peine, nommée Giovanna. Le comte a été jeune ; il a eu des maîtresses, des chevaux, des palais ; il a aimé le jeu et le luxe effréné ; en un mot, il s'est ruiné dix fois, et ses créanciers l'ont même poursuivi jusqu'au pied de l'autel où il avait mené sa fiancée. La honte était entrée dans le ménage presque en même temps que le mari, et enfin le déshonneur avait menacé d'être si public et si grand que le comte, pour éviter le scandale terrible, qui le menaçait, avait abandonné sa femme enceinte et Venise, où il était trop connu ; s'expatriant alors, il avait gagné l'Algérie, avait pris du service dans la légion étrangère, et bientôt, au moyen d'un subterfuge adroit, il s'était fait passer pour mort afin d'échapper à ses créanciers. La nouvelle de cette mort avait été annoncée à la belle Giovanna, laquelle, après le temps voulu, avait épousé en secondes noces un diplomate, le comte de Lancy ; mais elle avait eu, — trois mois après le départ de son premier mari, — une fille dont il était parfaitement le père, et que le second mari entoura de toute son affection et de tous ses soins, comme si elle eût été la sienne propre.

Tout ceci, — qui aurait pu constituer le prologue, — nous ne l'avons guère appris qu'à la longue, dans le cours de la pièce. Quand le rideau se lève, en effet, nous sommes à Bagnères. Seize ans ont passé sur la tête de Giovanna, depuis son premier mariage, et elle a alors auprès d'elle une ravissante jeune fille, pleine de grâces naïves et charmantes, et qui se nomme Lucile. Jeune et belle encore, Mme de Lancy est poursuivie par l'amour d'un certain baron de Meynadier, que les chastes dédains de la comtesse réduisent au désespoir. En même temps qu'eux, à Bagnères, se trouve un capitaine de la légion étrangère qui perd à l'écarté jusqu'aux armes qu'il a prises dans la smalah d'Abd-el-Kader. Il raconte à qui veut l'entendre,— et à Meynadier naturellement, — l'histoire d'un caïd Hamza, de ses amis, chef d'un bureau arabe; homme brillant, brave, et cependant mélancolique, et qui est en outre le plus beau, mais le plus acharné joueur du monde. Un jour, le caïd a perdu dans une partie suprême contre lui un médaillon précieux, portrait d'une femme aimée. Dans ce médaillon, que tient le capitaine, Meynadier reconnaît la belle comtesse. Il pressent aussitôt, à la seule vue de ce simple portrait, une vengeance ou un triomphe; il le joue, le gagne au capitaine, et écrit au caïd dont l'adresse lui est révélée par une imprudence de son adversaire.

Le caïd arrive, — sans qu'on sache trop pourquoi, par exemple, puisque c'est volontairement qu'il s'est exilé et tué pour tout le monde; — Meynadier l'expédie chez Mme de Lancy, et là, dans une scène très-émouvante, les deux époux se reconnaissent. Le pseudo-mort veut un éclat, un scandale; sa femme surtout, il la lui faut! Il la veut par tous les moyens possibles! Son amour pour elle, — toujours sans qu'on sache pourquoi, — s'est subitement réveillé. Mais tout à coup, au moment du paroxysme le plus violent de sa fureur, entre dans le salon une jeune fille, la sienne, qu'il voit pour la première fois. Toute sa colère tombe en présence de cette chaste enfant, et ce n'est plus maintenant sa femme que ce lion du désert désire, qu'il veut, c'est sa fille! L'amour paternel, un amour violent, terrible, et d'autant plus vif qu'il est inassouvi, vient de naître subitement en lui; tout à l'heure, il lui fallait sa femme; il n'y tient plus, mais à tout prix il lui faut sa fille. Ici commence sa lutte contre sa femme et contre celui qui, — lui vivant, — est devenu son second

mari. M. de Lancy a trop beau jeu contre lui, vraiment :
« Vous voulez votre fille, lui dit-il, mais elle ne vous ap-
« partient pas ; vous l'avez abandonnée, même avant sa
« naissance ; son vrai père, c'est moi ; quant à vous, vous
« n'avez qu'à partir. Si quelqu'un savait le secret terrible
« de votre identité, l'honneur même de votre enfant serait
« flétri ! » Que répondre à cela ? L'amour qu'il a pour son
enfant inspire au caïd l'idée d'un sacrifice complet ; il a
tué Meynadier en duel parce que Meynadier connaissait
son secret ; il se tuera lui-même [1], afin que sa fille n'ait
jamais rien à redouter de lui dans le bonheur que lui promet un mariage projeté avec celui qu'elle aime.

Ainsi finit ce drame, plein d'émotions, de sentiments
parfois forcés et bien invraisemblables, drame qui aurait
pu toutefois, en des mains plus expérimentées et plus
fermes, devenir une œuvre des plus intéressantes et des
plus dramatiques. Quoi qu'il en soit, *l'Africain* est une
pièce qui méritait et qui a eu la discussion et les éloges de
la critique ; elle était pleine surtout de promesses que
nous regrettons fort que M. Charles Edmond, — par une
abstention toujours inexpliquée, — n'ait pas jugé à propos
de tenir [2].

Le 22 août, nouveau début du tragédien Gabriel Guichard dans Néron de *Britannicus*, et le surlendemain, 24,
dans la reprise d'*Horace et Lydie,* sorte de paraphrase de

---

[1]. Ce qui est vraiment bien inutile, puisque le seul individu qui pourrait divulguer son secret vient d'être tué par lui, et qu'il serait bien plus simple pour lui de retourner discrètement dans son désert !

[2]. Ont créé les rôles : MM. Geffroy (caïd Hamza), Leroux (Meynadier), Maillart (de Lancy), Monrose (Keller), Barré (le docteur), Ariste (de Marigny), Worms (Gaston de Larrieu), Eug. Provost (Justin) ; Mmes Guyon (Mme de Lancy), Jouassain (de Corandeuil), Fleury (Lucile), Riquer (Zoé), Rosa Didier (Suzanne), Bondois (Hermance).

l'ode *Donec gratus eram*, transportée au théâtre pour Rachel, par le tragique Ponsard. Mlle Favart joue Lydie, et Mlle Royer, Beroë. Le 13 septembre, Guichard reprend Oreste dans *Andromaque* [1], et enfin, le 24 octobre, *Cinna*, dans la tragédie de ce nom [2].

Guichard est un artiste qui a de la tradition, dont la tenue est correcte, mais qui manque de physionomie et de distinction. La voix n'est point bonne ; la diction est pâteuse, le geste souvent faux, et cependant l'ensemble est satisfaisant. L'étude a beaucoup fait, elle a même tout fait pour Guichard, dont le talent consciencieux ne s'est cependant jamais élevé au-dessus de l'ordinaire. Deuxième prix

---

1. MM. Jouanni (Pyrrhus), Verdellet (Pylade) ; Mmes Favart (Andromaque), Devoyod (Hermione).

2. *Cinna* n'avait pas été représenté depuis le 1er mars 1855, et personne n'avait joué Émilie depuis Rachel. Cette reprise est d'autant plus curieuse qu'elle donne lieu à une innovation dans la mise en scène, expliquée par la note suivante, rédigée par l'administration de la Comédie-Française :

« Ce soir, par une de ces nouveautés qui ne sont qu'un retour aux plus vieilles traditions, le décor changera d'acte en acte. La moitié de la pièce se passera chez Émilie, et l'autre dans le cabinet d'Auguste. La liaison des scènes sera rompue au quatrième acte, c'est-à-dire que le quatrième acte sera divisé en deux tableaux ; avec un simple changement de décor, la pièce prend une autre physionomie ; l'histoire et le roman s'y séparent d'une manière bien tranchée, l'une garde son caractère épique, l'autre rentre dans des conditions plus humaines et plus vraies. *Cinna*, tel que l'a conçu le poëte, n'est pas une tragédie simple, mais une tragédie associée à une tragi-comédie. Les deux se confondaient : la représentation de ce soir leur permettra de se dégager. »

C'était donc le respect, dû à l'unité de lieu, en apparence sacrifié ; mais M. Éd. Thierry, qui prenait la responsabilité de cette infraction aux fameuses règles d'Aristote, n'a point eu à s'en repentir. Il avait d'ailleurs, en cette circonstance, la logique et le bon sens pour lui, et outre ce que la tragédie de Corneille a gagné en clarté, et même en intérêt, à cette modification, elle lui a dû deux décorations nouvelles des mieux réussies. Les autres rôles de *Cinna* étaient remplis par MM. Beauvallet (Auguste), Jouanni (Maxime), Verdellet (Euphorbe) ; Mmes Devoyod (Émilie), Jouvante (Fulvia).

de tragédie au Conservatoire, en 1846, Guichard débutait le 25 août de l'année suivante dans *le Fils du Diable*, à l'Ambigu. Il passe de là au Cirque, puis à la Porte-Saint-Martin, et il descend même jusqu'aux Batignolles. Il débute enfin une première fois au Théâtre-Français, le 6 août 1851, dans *Mithridate* (Xipharès). Il joue successivement Hippolyte de *Phèdre*, Britannicus dans la tragédie de Racine, Valère du *Dépit amoureux*, Léandre de *l'Étourdi*, Clitandre du *Misanthrope*, Pythias de *Pythias et Damon*, etc. Puis il accepte un engagement à l'Odéon, où il reprend surtout le répertoire tragique.

Ce retour de Guichard à la Comédie-Française ne fut encore que passager, et cet artiste, —de valeur, en somme, — a fini sa carrière un peu obscurément, après une assez longue absence du théâtre, triste, découragé, mécontent même, ayant conscience de la médiocrité au-dessus de laquelle il ne pouvait trouver le rang qu'il ambitionnait, peut-être à la première place. Il est mort, peu de temps après les événements de 1870, dans une maison de santé, et à la suite d'une longue et douloureuse maladie.

Le 24 août, premier début de Mlle Ponsin, élève de la classe de Provost, au Conservatoire. C'est dans *l'École des vieillards*[1] que la débutante paraît d'abord, et il faut avouer que le rôle d'Hortense ne lui est pas favorable. Mlle Ponsin a un talent tout à fait en dehors, tout plein de verve et d'expansion ; elle est de mine trop éveillée, trop accorte et trop franche pour jouer les grandes dames ; leur personnage, fait de finesses, de nuances et de sous-enten-

---

1. MM. Beauvallet (Damville), Monrose (Valentin), Talbot (Bonnard), Garraud (le duc) ; Mme Lambquin (Mme Sainclair). — La pièce, en somme, assez médiocrement interprétée, a paru, en outre, bien démodée et vieillie.

dus, n'est point son affaire. Elle réussit davantage, le 13 septembre suivant, dans Sylvia du *Jeu de l'amour et du hasard* [1], rôle qui lui permet de mieux faire valoir ses qualités réelles. Nous reverrons d'ailleurs Mlle Ponsin [2] mériter, par la suite, dans des rôles appropriés à la nature de son talent, les honneurs du sociétariat.

6 Novembre. — Première représentation de *la Considération,* comédie en quatre actes, en vers, de M. Camille Doucet.

Si nous avions à choisir dans le recueil des œuvres dramatiques de M. Camille Doucet celle de ses aimables comédies qui pourrait nous sembler la plus parfaite, ce n'est point *la Considération* que nous irions prendre. Nous ne croyons pas que le talent, plein de charme, souvent exquis et délicat, de M. Doucet puisse s'élever avec succès jusqu'à la haute comédie. Mais en revanche nous regardons deux de ses pièces, de moindre envergure que celle dont nous allons parler, c'est-à-dire *le Baron Lafleur* et *le Fruit défendu,* comme les meilleures qu'il ait écrites.

M. Émile Augier va traiter prochainement, dans une de ses plus vigoureuses satires contemporaines, *les Effrontés,* quelques parties de la thèse sociale qu'a seulement effleurée M. Camille Doucet [3]; il le fera avec une force, et je

---

1. MM. Provost (Orgon), Leroux (Dorante), Got (Pasquin), Delaunay (Mario); Mlle Bonval (Lisette).

2. Mlle Ponsin est devenue, quelques années plus tard, Mme Provost, par suite de son mariage avec celui des fils de l'éminent sociétaire Provost qui n'a pas abordé le théâtre.

3. Coïncidence que le hasard seul avait produite, mais que M. Émile Augier tint cependant à faire constater par avance. On lit, en effet, dans le feuilleton publié par M. Gautier au *Moniteur* du 12 novembre 1860 : « M. Émile Augier, qui assistait à la représentation de la pièce de M. Doucet, trouvant une certaine analogie entre la donnée de *la Considération*

dirai même avec un courage que d'ailleurs ses attaches officielles interdisent peut-être à l'auteur de *la Considération* de nous montrer comme il le voudrait faire. La morale de M. Doucet est douce et il nous y conduit par des chemins faciles et parfois rebattus; il n'a point ou ne veut point avoir les grandes audaces de M. Augier, et il est clair que sa position ne lui permet pas de risquer quelques gros scandales. Le but de son honnête et sage comédie a été de nous démontrer que la considération ne saurait s'attacher à l'homme dont la probité, — même en affaires, — peut être si peu que ce soit soupçonnée. Le financier Dubreuil, spéculateur enrichi à la suite d'opérations de Bourse, a fait jadis, en province, une débâcle à la suite de laquelle ont été compromis ou ruinés pas mal de ceux qui avaient eu confiance en lui, et notamment un sieur Verdier dont le fils apparaît tout à coup comme un Dieu vengeur au moment même où ce Dubreuil va marier sa fille. La découverte de ce secret terrible, bien vite ébruité, et dans la confidence duquel, — pour les nécessités de l'intrigue, — Dubreuil est seul à n'être point mis, cause tout net la rupture du mariage. Sur ces entrefaites, le financier fait un voyage d'une certaine durée, pendant lequel les siens, — sa femme, ses filles et son fils, — réunissent toutes leurs ressources afin de désintéresser les créanciers de Dubreuil qui se trouve, à son retour, réhabilité sans qu'il se soit même douté des bruits diffamatoires qui avaient couru sur son compte. C'est le réhabilité sans le savoir!... Là-dessus, tout le monde rend son estime à Dubreuil, qui marie du même coup ses deux filles,

---

et celle de la comédie *les Effrontés*, nous prie de constater ici cette ressemblance toute fortuite pour éloigner de son œuvre jusqu'à l'ombre d'un soupçon de plagiat. »

l'une au fils d'un magistrat intègre, celui-là même qui avait rompu bien vite en connaissant le passé de Dubreuil ; l'autre au fils même de l'homme qu'il a ruiné autrefois ; et le voilà de nouveau investi de la considération générale ! Il est d'ailleurs tellement étonné de la belle action qu'il a perpétrée, — sans s'en douter, — que lorsqu'on lui parle de l'estime de tous qu'elle lui assure, il s'empresse de répondre, — et c'est le dernier mot de la pièce :

Maintenant je la mériterai.

Il me semble que la principale critique à faire de *la Considération* repose sur ce point final. Ce n'est pas Dubreuil qui a reconquis son honneur ; on le lui a racheté en quelque sorte malgré lui ; il accepte le fait accompli, mais certainement *in petto* et seulement sous bénéfice d'inventaire ; et quand il déclare qu'il fera ce qu'il pourra pour mériter l'estime dont tout le monde le gorge aujourd'hui, je demande la permission d'en douter. Ce Dubreuil est un joueur de Bourse, un spéculateur, un risque-tout, et vienne une affaire où il y ait pour lui nécessité de mettre quelque peu de côté les nouveaux scrupules auxquels il a été si peu habitué, je ne jurerais point qu'il n'y ait bien vite, de sa part, une capitulation de conscience dont les résultats le rejetteraient de nouveau hors de « la considération » qu'il vient de retrouver. A cette critique, je n'ajouterai plus que celle du style, qui est généralement banal. Nous sommes loin des jolis vers du *Fruit défendu!*... bien plus loin encore de la vraie poésie [1] ! *La Considération* est une pièce convenablement rimée, et que

---

[1]. Comment d'ailleurs faire parler à ces gens de Bourse et d'affaires de notre monde moderne le véritable langage de la poésie ?...

son auteur, — j'en suis bien sûr, — a réléguée depuis longtemps dans le mauvais coin où dorment de leur éternel sommeil les pièces à demi-succès ou à succès d'estime pour lesquelles le feu de la rampe ne doit plus jamais s'allumer.

La pièce a amusé par endroits, — car elle sent plus, dès le début, le drame que la comédie, — grâce surtout à un rôle très-bien venu et très-gaiement développé d'un fruit sec envieux et jaloux, un peu proche parent peut-être du célèbre Isidore du *Testament de César Girodot*, joué l'année précédente, avec tant de succès, à l'Odéon (30 septembre 1859). M. Monrose l'a composé avec beaucoup de verve et d'originalité. Je citerai encore M. Regnier, si parfait, si complet dans le personnage de Dubreuil, cet homme affairé et remuant qu'il représente tout à fait au naturel. Les autres acteurs, quoique moins bien partagés, ont complété une de ces excellentes interprétations d'ensemble qu'on ne voit qu'à la Comédie-Française, et ont contribué à donner à la pièce de M. Doucet le succès, en somme très-honorable, auquel elle avait droit [1].

7 Décembre. — Début de M. Coquelin (Benoît-Constant), élève de la classe de M. Regnier, au Conservatoire [2],

---

[1]. Les autres rôles sont joués par MM. Geffroy (Bernard), Leroux (de Savenays), Delaunay (Lucien), Maubant (duc de Méricourt), Bressant (Armand Verdier), Talbot (général Lambert), Barré (Thibaut), Eug. Provost (Pierre); Mmes Favart (Laure), Guyon (Mme Dubreuil), Figeac (Berthe), Ponsin (Antoinette), c'est-à-dire par la tête de ligne de la Comédie-Française. — La pièce fut arrêtée à la quarantième représentation, le 1er mai 1861. Les dernières n'ont même été données que de loin en loin en raison du succès considérable des *Effrontés*. L'Empereur et l'Impératrice avaient assisté à la onzième représentation, le 24 novembre précédent.

[2]. Né à Boulogne-sur-Mer le 25 janvier 1841. Il fut admis au Conservatoire le 29 décembre 1859, et il en sortit au mois de juillet 1860, et

dans le rôle de Gros-René du *Dépit amoureux*, qu'il joue encore les 10 et 31 du même mois. Le 29 décembre, il paraît, pour son deuxième début, dans le rôle de Petit-Jean des *Plaideurs*.

Cet artiste, d'une physionomie comique si parfaite, d'une verve si constante, en un mot d'un talent si varié et si complet, et qui devait surtout se manifester si promptement et le porter en si peu d'années au sociétariat, cet artiste, qui allait prendre ensuite une place tellement éminente dans le répertoire moderne, après avoir joué les rôles classiques avec un éclat et un succès considérables, passa d'abord comme inaperçu. Ses débuts furent à peine signalés, les journaux, — à part quelques feuilles spéciales, — n'en soufflèrent mot. C'est le public, ce juge éclectique, souvent si plein de tact et de vérité, qui remarqua et acclama Coquelin, et obligea ainsi la critique à s'occuper de lui. Nous allons voir désormais son nom d'abord dans toutes les reprises importantes, puis, peu à peu, dans les créations de pièces nouvelles, et enfin dans des rôles faits spécialement en vue de présenter, sous toutes ses faces, son talent si souple et si étendu. D'ailleurs, avant même que le sociétariat eût récompensé ses efforts, Coquelin était célèbre; il n'avait pas vingt-trois ans qu'il avait déjà pris la première place à la tête de la jeune troupe où la Comédie choisit les sujets sur lesquels elle doit compter pour renouveler les défaillances et combler les vides que font progressivement l'âge ou la mort dans son illustre Société.

21 Décembre. — 221e anniversaire de la naissance de Racine, célébré par une représentation exceptionnelle de

---

seulement avec un second prix de comédie. — Voir plus loin des détails sur les origines de ce célèbre artiste, à la date du 10 juin 1868.

Phèdre et des *Plaideurs*. La grande curiosité de la soirée s'attachait surtout à cette reprise de *Phèdre* que personne n'avait osé jouer, à la Comédie-Française, depuis la mort de Rachel. C'est Mlle Devoyod qui tente aujourd'hui, non pas, — ce qui serait bien trop ambitieux! — de recueillir cette lourde et immense succession, mais de prendre au moins sa petite part dans l'illustre héritage. Nous ne chercherons pas davantage à établir une comparaison d'interprétation qui serait écrasante pour la nouvelle venue, dont la bonne volonté a surtout mérité d'être encouragée. Le public a même rappelé Mlle Devoyod après le quatrième acte, et la jeune tragédienne, tout émue de son succès inespéré, — elle luttait contre de tels souvenirs! — a failli se trouver mal en quittant la scène. Elle était comme paralysée et elle n'avait plus que le souffle, au cinquième acte, où son rôle est heureusement très-court [1].

---

1. Th. Gautier a célébré, en termes extra-élogieux, cette prise de possession du rôle de Phèdre par Mlle Devoyod. J'ai vu plusieurs fois cette artiste distinguée dans ce même rôle; elle y montrait, certes, de grandes qualités, de la chaleur, une verve très-communicative — surtout par la suite — mais, outre un fort désagréable vice de diction, elle était bien loin de la grande tenue du personnage! Elle le joua d'ailleurs avec beaucoup plus de sûreté d'elle-même et d'effet à sa seconde représentation, le 29 décembre suivant, représentation postérieure cependant à l'article de Gautier auquel je fais allusion, et dont voici les principaux passages :

« Cette représentation a développé chez la jeune tragédienne des qualités qu'on ne lui savait pas et qu'elle ne se connaissait peut-être pas elle-même... La tragédienne hors ligne contenue dans l'actrice estimable s'est révélée; on avait préparé de l'indulgence pour la bonne volonté, et c'est un enthousiasme surpris, mais légitime, qu'il a fallu déployer. Ce n'était plus la même femme; une flamme descendue on ne sait d'où animait la statue, les yeux lançaient des éclairs, la bouche trouvait des accents profonds, le cœur palpitait sous une poitrine jusque-là de marbre, le frisson

Je ne vois que Beauvallet et Mlle Favart à signaler après elle; Beauvallet, très-touchant, très-applaudi dans le récit de Théramène et qui s'est refusé à reparaître, je ne sais trop pourquoi, alors que le public l'acclamait avec une persistance des plus flatteuses; Mlle Favart, pleine de grâce, de charme et d'émotion dans les courtes scènes du personnage de Junie. Maubant a toujours un grand air dans le rôle de Thésée, mais ce rôle est si ingrat! si près du ridicule! Guichard a du feu, de la chaleur, et malgré tout, — cela est-il dû à sa tenue? — c'est un assez médiocre Hippolyte.

Les Plaideurs, qui terminaient ce beau spectacle, ont été joués avec l'interprétation exceptionnelle du 21 avril précédent.

---

du génie tragique passait sur cette peau naguère si froide... » (*Le Moniteur*, 24 décembre 1860.)

Je suis persuadé que Mlle Devoyod elle-même a dû trouver cet hyperbolique éloge singulièrement démesuré!...

ANNÉE 1861.

10 Janvier. — Première représentation de *les Effrontés*, comédie en cinq actes, en prose, de M. Émile Augier[1].

L'année 1861 commence, pour la Comédie-Française, par le succès le plus éclatant, — sinon le plus littéraire, — que M. Émile Augier ait, jusqu'à ce jour, remporté au théâtre[2]. C'est aussi un succès bruyant, vivement contesté par les détracteurs de l'œuvre, mais auquel le public tout entier donne les mains. Il est d'autant plus réel que la pièce nouvelle avait attiré une forte opposition, laquelle avait surtout cherché à trouver dans *les Effrontés* une quantité de choses que certainement l'auteur n'avait jamais songé à y mettre. Ce n'est pas que la pièce ait une portée morale bien haute, mais elle flétrit cependant très-suffisamment les vices d'abord triomphants qu'elle met en scène. En tant qu'ouvrage dramatique, *les Effrontés*

---

1. L'Empereur et l'Impératrice assistent à la représentation.
2. Les trente premières représentations produisirent une recette totale de 146,361 francs, soit un peu plus de 4,878 francs par soirée.

sont une comédie assez mal conduite, médiocrement charpentée, d'un intérêt ordinaire[1], et même inférieure, sous ces divers rapports, à beaucoup d'autres pièces représentées sur des scènes de second ordre. Ce n'est donc pas par la force de l'intrigue qu'elle a obtenu son brillant succès, mais bien par la peinture de certains vices d'actualité, par l'esprit terrible et constant de l'auteur, qui a semé sur son insuffisant canevas comme une pluie véritable de mots et de reparties à l'emporte-pièce, et enfin par la verve et la rapidité d'un dialogue qui nous entraîne avec lui, et sans nous permettre tout d'abord et pour ainsi dire de réfléchir et de critiquer.

L'effronté de la pièce, — car en somme nous n'en trouvons guère qu'un seul véritablement digne de ce nom, — est un homme taré, perdu de réputation, et qui n'a même par gardé sa propre estime. Cet homme, Vernouillet, conseillé par un marquis d'Auberive, roué de l'ancien régime égaré dans le nouveau, achète un journal, *la Conscience publique*, et il prétend s'en servir pour ramener à lui, sinon par la sympathie du moins par la crainte, tous ceux qui le tiennent en déconsidération et en mépris. Il intéresse à son affaire un riche banquier nommé Charrier, qui, lui aussi, a dans son passé quelques méfaits véreux, et il va jusqu'à convoiter la main de la fille de ce nouveau commanditaire. Mais Mlle Charrier est aimée d'un journaliste honnête, — comme journaliste au moins, — M. de

---

[1]. « La nouvelle pièce de M. Augier contient de nombreuses qualités, mais la principale en est absente : l'intérêt. Ce n'est pas sans fatigue que le spectateur suit ces différentes intrigues mal jointes à l'aide de vieux ressorts ; ce n'est pas sans impatience qu'il retrouve ces types d'aventuriers subalternes taillés dans le paletot géant de Mercadet. » (CHARLES MONSELET.)

Sergine, qui fait l'amour en partie double, et qui est, depuis longtemps, l'amant de la marquise d'Auberive, laquelle, d'ailleurs, vit séparée de son mari. Mlle Charrier repousse donc Vernouillet, mais celui-ci ne se laisse pas déconcerter pour si peu ; il a sous ses ordres, dans le journal qu'il dirige, un certain Giboyer, vrai gibier de potence, sorte de reporter soudoyé, qui, moyennant finances, écrit également, au choix du preneur, « le pour et le contre de toutes choses [1]. » Il le charge de rédiger un article dans lequel est reproduite, à mots soi-disant couverts, mais plus que suffisamment transparents, l'histoire des amours

---

1. Nous trouvons ce terme même dans une lettre inédite et écrite sans doute de parti pris de sévérité par Mme Louise Colet quelque temps après la première représentation :

« ... Je ne suis pas enthousiasmée, outre mesure, de la nouvelle pièce d'Augier; on en parle partout; elle lui rapportera beaucoup d'argent, ce qui n'a jamais rien prouvé, et il doit être bien heureux du bruit qu'on fait autour d'elle. C'est un homme d'ailleurs qui ne déteste pas le bruit; on se bat pour avoir une stalle et le voilà radieux. Certes, il y a de l'esprit, mais je ne trouve pas que cela suffise. Il a voulu flétrir une race de coquins et, en vérité, il ne nous en montre guère qu'un seul qui doit les représenter tous; celui-là, par exemple, est vicieux pour tout le monde à la fois. Quant à son esprit, — j'y reviens, — il est souvent bien alambiqué et aussi parfois bien commun, ou trop cherché ou bien encore trouvé trop vite, et alors tout à fait par terre. Je lis dans *l'Union* qu'il a attaqué la bourgeoisie : je crois qu'il n'y pensait guère ; pensait-il même à attaquer plutôt ceci que cela ? Voilà aussi que d'autres l'accusent d'avoir attaqué la presse, parce qu'il a émis beaucoup de théories, pas très-solides, où il soutient avec une égale facilité le pour et le contre de toutes choses. On le croit plus malintentionné et plus malicieux qu'il n'a voulu l'être, et sa pièce n'a, à coup sûr, ni la portée, ni la hauteur que ses officieux prétendent lui donner. Quant à ce trop fameux Giboyer, il serait insupportable de trivialité et de grossièreté s'il n'était aussi admirablement joué. Les interprètes sont parfaits, Got surtout. Ah ! Got, voilà celui qui seul rend possible cet mpossible et invraisemblable fruit sec du journalisme, bon à tout, et qui, par le fait, n'est bon à rien, si ce n'est à dégoûter du journalisme même. Mais ce n'est là qu'une caricature, quand il eût fallu peindre un caractère et un portrait. » (L. COLET.)

de la marquise et de Sergine : « Vous insultez, lui dit très-dignement la marquise qui ne pouvait pas ne se point reconnaître dans l'article en question, vous insultez une femme que personne n'a le droit de défendre ! » Mais le marquis d'Auberive ne l'entend pas ainsi ; il s'interpose très-galamment, provoque Vernouillet et, du duel intervenu, résulte entre sa femme et lui un rapprochement définitif, qui rend libre Sergine et va faciliter son mariage avec Mlle Charrier, pupille de la marquise. Toutefois, Vernouillet a encore, comme on dit, un dernier atout dans son jeu. Il met sous les yeux du fils de Charrier, jeune et honnête garçon et le seul personnage un peu propre de la pièce, malgré ses fredaines de jeunesse, — un ancien numéro de la *Gazette des Tribunaux*, où se trouve raconté tout au long un procès fort déshonorant, subi jadis par le banquier et à la suite duquel bon nombre de ses créanciers sont restés impayés[1]. L'honneur de Charrier fils se révolte ; il oblige son père à laver le sien immédiatement, en remboursant tous ceux qui ont été compromis ou lésés dans son affaire ; il donne sa dot à sa sœur qui épousera Sergine ; quant à lui, il se fait soldat et s'en va fuir, dans un lointain régiment d'Afrique, ce monde, disons plutôt cette tourbe de spéculateurs, de journalistes et de grands seigneurs, qui ont chacun, plus ou moins, une ou plusieurs taches dans leur existence.

Cette grande comédie a soulevé, je le répète, une quantité considérable d'objections et même d'acerbes critiques. Nous résumerons les principales et les mieux justifiées. On

---

[1]. C'est à peu près la même situation que nous avons déjà vu se produire dans *la Considération* de M. Camille Doucet, et qui a motivé la protestation ci-dessus indiquée de M. Emile Augier.

a reproché à l'éminent auteur des *Effrontés*, d'avoir fait passer sous nos yeux, dans sa brillante comédie, beaucoup plutôt des personnages d'exception que des types réels. Qui veut trop prouver ne prouve rien! Les Vernouillet et les Giboyer, surtout, sont rares! la société actuelle ne les souffrirait point. Un homme taré ne reconquiert pas l'estime publique, même apparente, parce qu'il se trouve tout à coup à la tête d'un journal du haut duquel il pourrait à son gré fusiller les passants. Le bureau de journal, imaginé par M. Émile Augier, n'est pas plus vraisemblable, et, mieux encore, n'est pas vrai. Vernouillet est impossible; Giboyer n'a jamais existé. Ce journaliste bohème, vendu et toujours à vendre, n'écrirait pas son deuxième article. Et, d'ailleurs, l'influence attribuée à ses articles mêmes, par l'auteur de la pièce, est inadmissible. Toute une société ne se passionne pas ainsi au sujet d'allusions à des faits anonymement racontés, plus ou moins prouvés et auxquels, dans tous les cas, il n'est pas possible de donner un retentissement aussi universel. Quant au marquis, on lui a reproché ses théories ultra-sceptiques et son égoïsme : il n'est pas de notre siècle, a-t-on dit ; ces marquis-là sont morts avec la grande Révolution.

Tel est le rapide résumé des objections soulevées par la comédie de M. Augier. Mais il faut faire aussi la part de l'auteur et mettre, en regard de ces critiques, la réponse qu'il y pourrait faire lui-même. « Mon ouvrage, a-t-il pu dire, est excessivement moral ; les deux principaux effrontés de ma pièce, Charrier et Vernouillet, sont précisément punis par où ils ont péché. Je jure donc que je n'ai point voulu personnifier la bourgeoisie moderne dans leurs rôles, peut-être un peu odieux, je veux bien le reconnaître. Je n'ai pas cherché davantage à démontrer que tous les journalistes étaient des Giboyer, ni tenté de démolir la société de notre temps, pas plus par les tirades rétrogrades du marquis que par les opinions plus avancées de Giboyer. J'ai imaginé des types qui sont l'exagération de la vérité, je le reconnais encore, mais cette exagération même est exigée par l'optique du théâtre, et je n'ai eu qu'un tort, c'est d'avoir vu moi-même ces types par un verre peut-être trop grossissant. Convenez qu'au fond tous ces types ont un point quelconque de cette vérité même, mais ne m'attribuez, je vous le répète, aucune idée de dénigrement systématique ni aucun désir de réforme sociale. Je n'ai voulu que vous amuser par la peinture et la critique de certains vices d'actualité; ne me prêtez pas de visées plus hautes, ni d'un ordre plus relevé que celles que j'ai eues réellement en écrivant ma comédie. »

Le gros du public, il n'est pas besoin de le dire, ne s'est pas associé à ces querelles de journaux, ni à ce procès de tendance; il a tenu compte, avant tout, à M. Augier, de son esprit, de la vivacité et du grand mérite de son style si brillant, si ferme et si net; de l'intérêt qui s'attache à ses personnages, bien qu'ils soient tous un peu chargés, mais qu'il a faits si vivants, et si captivants par eux-mêmes, qu'ils font facilement passer sur l'indigence et sur le peu de solidité de l'intrigue. Que l'esprit même de M. Augier ne soit par toujours du plus fin, ni du plus exquis, nous le constatons volontiers; mais nous constaterons aussi que personne n'en a montré autant dans le théâtre contemporain; de l'esprit gaulois, de ces reparties qui cinglent la face de celui auquel elles s'adressent; de ces mots, parfois vulgaires et même populaciers, mais toujours admirablement en situation, renouvelés, rajeunis et qui donnent à cette comédie, pourtant si imparfaite, le ton d'une satire vigoureuse et parfois sanglante des mœurs du jour. Ce sont les agioteurs que M. Augier a surtout voulu

marquer de son coup de fouet, qui laisse sa marque, et
c'est par ce côté-là que sa pièce a eu son succès, surtout
comme à-propos et actualité. La meilleure preuve, d'ailleurs, que ce succès, si grand qu'il ait été, n'est pourtant
qu'un succès éphémère, dû à cet intérêt considérable que
commande toute étude bien faite des mœurs contemporaines, c'est qu'il n'a pas survécu à sa première vogue; que
la pièce n'a pas été reprise après la longue carrière qu'elle
a d'abord fournie, et que, comme toutes les pièces de ce
genre, — quels que soient d'ailleurs leurs qualités brillantes et leur mérite spécial, — les *Effrontés* ne pourraient retrouver, dix années seulement au delà de leur première
faveur, même l'ombre de celle qu'ils avaient d'abord
obtenue.

Il faut ajouter aux divers éléments de ce succès une interprétation vraiment hors ligne, et citer tout particulièrement M. Regnier, toujours si plein de cette verve, de
cette souplesse et de cette variété dans les effets, que l'âge
n'a point diminuées; M. Samson, si finement narquois
dans le personnage de ce sceptique marquis d'Auberive,
et la belle Mme Plessy, d'une tenue vraiment souveraine,
dans le rôle de la marquise. Quant à M. Got, il faut le
nommer tout à fait à part. Ce Giboyer, journaliste taré,
hâbleur, mal élevé, grossier même, est la contre-partie
vivante de ce Jean de Rieux qu'il a si admirablement créé
dans *le Duc Job*. On ne saurait pousser plus loin l'entente de la scène, ni l'art de se grimer, qui n'est pas une
qualité ordinaire. On ne saurait apporter plus de science,
plus de talent dans l'observation des moindres détails et
dans l'étude d'un personnage, ni l'amener plus complétement à la réalité [1].

---

[1]. Ont créé les autres rôles : MM. Provost (Charrier), Leroux (de Ser-

15 Janvier. — La Comédie devait célébrer le 239e anniversaire de la naissance de Molière par un spectacle spécial qui ne put être prêt à temps pour le 15 janvier. On se borna donc à donner, ce jour-là, *Tartufe* et *le Malade imaginaire*, pour ne pas laisser passer inaperçue la date de cette naissance illustre. Mais c'est bien seulement le 20 janvier suivant, — un dimanche, — que fut réellement célébré le susdit anniversaire par la remise à la scène du *Sicilien, ou l'Amour peintre*[1], comédie-ballet en un acte, de Molière, qu'on n'avait pas jouée depuis fort longtemps. Les intermèdes, avec musique de Lulli, ne furent cependant pas rétablis, mais on y substitua un brillant pas de trois dansé par les artistes de l'Opéra. *Les Fourberies de Scapin*[2] et *le Malade imaginaire*, avec la cérémonie[3], complétèrent cette belle représentation, qui avait attiré une grande affluence. Elle fut même deux ou trois fois intégralement renouvelée.

20 Février. — M. Eugène Scribe, le plus fécond auteur dramatique du siècle, meurt subitement dans sa voiture, le mercredi 20 février. Quelle que soit l'opinion qu'on puisse se faire sur la multiplicité innombrable des œuvres de cet habile écrivain, soit qu'on veuille les critiquer au point de vue de leur style, soit qu'on se borne à blâmer la facture

---

gines), Delaunay, si plein de jeunesse, de charme et de cœur — au moment voulu — dans le rôle d'Henri Charrier, Mirecour (vicomte d'Isigny), Chéry (le baron), Barré (le général); Mmes Riquer (vicomtesse d'Isigny), Royer (Clémence).

1. MM. Monrose (Hali), Talbot (Don Pèdre), Barré (un Sénateur), Garraud (Adraste); Mmes Ponsin (Isidore), Bondois (Zaïde).

2. M. Coquelin joue, pour la première fois, le petit rôle de Sylvestre. Les autres personnages sont remplis par MM. Regnier (Scapin), Barré (Argante), Talbot (Géronte), Garraud (Léandre); Mmes Bonval (Zerbinette), Jouassain (Nérine), Emma Fleury (Hyacinthe).

3. C'est M. Got qui fait *le Præses*.

générale de l'œuvre, qui manque surtout d'élévation, on ne saurait cependant méconnaître les grandes, les incontestables qualités de ce prodigieux inventeur : la souplesse de son talent, la variété dans les sujets qu'il a traités, l'habileté constante avec laquelle il a su dénouer les intrigues les plus heureusement embrouillées, et même, en quelques occasions, — surtout dans ses livrets d'opéras, — la grandeur de certaines scènes véritablement inspirées.

La Comédie-Française ne pouvait oublier que son répertoire doit à Scribe une série d'œuvres [1] dont quelques-unes, sans doute, lui survivront toujours; elle assista, en corps, aux funérailles de l'éminent écrivain, qui eurent lieu le vendredi 22 février, à l'église Saint-Roch [2]. Elles furent véritablement solennelles, et célébrées avec une pompe magnifique [3]. Le corps, transporté au Père-La-

---

1. Voici, par ordre chronologique, la liste complète des pièces de Scribe représentées à la Comédie-Française : **1822**, *Valérie*, 3 actes; — **1827**, *le Mariage d'argent*, 5 actes; — **1829**, *les Inconsolables*, 1 acte; — **1833**, *Bertrand et Raton*, 5 actes; — **1834**, *la Passion secrète*, 3 actes; *l'Ambitieux*, 5 actes; — **1837**, *la Camaraderie*, 5 actes; *les Indépendants*, 3 actes; — **1840**, *la Calomnie*, 5 actes; *Japhet, ou la Recherche d'un père*, 2 actes; *le Verre d'eau*, 5 actes; — **1841**, *une Chaîne*, 5 actes; — **1842**, *Oscar, ou le Mari qui trompe sa femme*, 3 actes; *le Fils de Cromwell*, 5 actes; — **1843**, *la Tutrice*, 3 actes; — **1848**, *le Puff*, 5 actes; — **1849**, *Adrienne Lecouvreur*, 5 actes; — **1850**, *les Contes de la reine de Navarre*, 5 actes; — **1851**, *Bataille de dames*, 3 actes; — **1854**, *Mon étoile*, 1 acte; — **1855**, *la Czarine*, 5 actes; — **1858**, *Feu Lionel*, 3 actes; *les Doigts de fée*, 5 actes; — **1859**, *Rêves d'amour*, 3 actes.

2. M. Scribe demeurait 12, rue Pigalle, dans un hôtel qu'il avait fait bâtir depuis quelque temps, et qui a été racheté par le banquier Oppenheim. L'église Saint-Roch n'était pas sa paroisse, mais on la choisit en raison de l'exiguïté de la chapelle de la Trinité, rue de Clichy, qui était alors la paroisse du quartier qu'habitait Scribe.

3. Le ministre d'État, M. Fould, était au premier rang dans le cortége. Les cordons du char étaient tenus par MM. Vitet, Maquet, Paillard de Villeneuve et Édouard Thierry. Les décorations du défunt étaient ensuite

chaise, y fut déposé dans un caveau de famille, après que plusieurs discours eurent été prononcés en présence de la nombreuse assistance qui, malgré une pluie persistante, n'avait pas quitté le cimetière. M. Vitet, au nom de l'Académie française, dont Scribe était membre depuis 1836; M. Auguste Maquet, au nom des auteurs dramatiques; M. Paillard de Villeneuve, représentant le conseil municipal, dont Scribe faisait partie; M. Labrouste, directeur de l'école Sainte-Barbe, au nom de la société des Barbistes, à laquelle appartenait Scribe; enfin, M. Édouard Thierry, au nom de la Comédie-Française, prirent successivement la parole.

Nous retiendrons ici, de ce dernier discours, le passage suivant qui touche plus particulièrement la Comédie-Française :

« La vie entière de Scribe tient dans un instant de bonheur et d'acclamations unanimes. Bonheur de *Valérie*, — je parle au nom de la Comédie-Française et seulement de ce qu'il a fait pour elle, — bonheur de *Bertrand et Raton*, de *la Camaraderie*, du *Verre d'eau* et d'*Une chaîne*. Ses autres joies ne nous appartiennent pas, mais nous avons eu les plus grandes et les meilleures. Ses chefs-d'œuvre sont à nous; ils ont leur place dans ce répertoire qui commence à Corneille, j'allais dire à Molière, et qui s'accroît lentement de chef-d'œuvre en chef-d'œuvre. Lui-même il prend son rang à la suite des maîtres

---

portées sur un coussin (Scribe était commandeur de la Légion d'honneur et de la Couronne de chêne de Hollande; officier de l'ordre de Léopold de Belgique et chevalier de l'ordre du Cruzeiro, du Brésil); puis venaient les nombreuses députations de l'Académie, de la Société des auteurs dramatiques, de celle des gens de lettres, et même une députation de vingt élèves de l'école Sainte-Barbe, où Scribe avait fait ses études. Pendant l'office religieux, M. Faure, de l'Opéra, chanta divers morceaux de Cherubini et le *Pie Jesu*. Enfin, le soir, la Comédie-Française, l'Opéra et l'Opéra-Comique firent relâche en signe de deuil.

qu'il n'a pas imités, de ces observateurs, de ces moqueurs gais ou amers qui s'appellent Regnard, Dufresny, Destouches, Marivaux, Sedaine, Beaumarchais, Picard, et qui n'ont garde de se ressembler, parce qu'ils ressemblent chacun à un moment divers de la société française.

« ... Il a bien aimé le succès, mais on peut lui donner hautement cet éloge qu'il n'a jamais cherché un applaudissement de douteux aloi, en flattant les intérêts toujours un peu frondeurs du parterre. S'il a quelquefois hasardé la fortune de ses pièces, il l'a fait sciemment et en mettant l'esprit d'opposition contre lui. Tout son théâtre n'est pas seulement le théâtre du plus ingénieux, du plus inventif et du plus aimable esprit; c'est le théâtre d'un honnête homme[1]. »

3 Avril. — Première représentation de *Un jeune homme qui ne fait rien*, comédie en un acte, en vers, de M. Ernest Legouvé.

L'auteur de cette fine et charmante bluette nous raconte dans sa préface imprimée, que « s'il n'avait eu peur d'un grand titre pour une petite pièce, il aurait intitulé celle-ci : *l'École des inutiles*. » Bien qu'un peu considérable, en effet, pour un sujet aussi ténu et aussi peu développé, ce titre avait l'avantage de contenir la morale de la pièce nou-

---

[1]. Je ne résiste pas au plaisir de citer encore ce portrait exquis que j'emprunte au discours de M. Vitet :

« Esprit infatigable, souple, inventif, adroit, plein de ressort et de finesse, de traits, de saillies, d'à-propos; amoureux du succès, sachant braver les chutes, ne redoutant que le repos, sans cesse il touchait le but, mais pour recommencer à le poursuivre encore, et ses plus éclatants triomphes n'étaient qu'un aiguillon de plus à son activité. C'est ainsi que, pendant cinquante ans, on l'a pu voir fournir un répertoire inépuisable à quatre théâtres à la fois; tisser des trames par centaines, créer des caractères, combiner des fictions, faire sortir de l'invraisemblance tous les charmes de la vérité, prêter à la musique une assistance habile et profiter de son concours, faire à lui seul, enfin, autant, peut-être plus que tous ses rivaux ensemble, et nous tracer ainsi, dans ce travail d'un demi-siècle, une longue et charmante page de la comédie humaine. »

velle. Hé non, n'est point inutile qui veut, à la façon de Maurice de Verdières, un jeune homme qui ne fait rien, cela est vrai, mais qui à la rigueur pourrait tout faire, puisqu'il sait, et au delà même, tout ce qu'un homme bien élevé doit savoir! Mais les qualités improductives sont insuffisantes pour le bonhomme Dubreuil, qui regarde comme de purs oisifs tous ceux qui n'ont pas, à son exemple, durement travaillé de leurs dix doigts, et voilà pourquoi cet industriel entêté refuse à Maurice la main de sa fille. C'est ici que va triompher l'habileté de ce beau jeune homme qui ne fait rien; il fera si bien, au contraire, grâce à ses talents de société, à son esprit, à son courage même, qu'il finira par prendre le cœur du père Dubreuil, comme il a pris celui de sa fille. C'est, en somme, la victoire de l'éducation, de l'instruction, de la grâce, — et aussi de la musique, — que Maurice remporte au dénoûment de la pièce, laquelle se termine, comme bien vous pensez, par le mariage des deux jeunes gens.

La comédie nouvelle n'a pas une très-grande importance, mais elle est fort joliment tournée; le caractère de Maurice, tout idéalisé qu'il soit, — et peut-être pour cela même, — est très-sympathique et aussi très-attachant. Ajoutez à cela quelques vers frappés au bon coin, deux ou trois tirades dans lesquelles Maurice se défend avec une chaleur dont bonne part revient au poëte, et vous aurez le bilan de cette pièce aimable, dont l'Académie avait eu la primeur, et que les doctes collègues de M. Legouvé avaient applaudie avant nous[1].

---

[1]. Cette petite pièce avait d'abord été lue par son auteur, qui est, comme chacun sait, l'un des premiers liseurs et diseurs de notre temps, à la séance publique de l'Académie, le 23 août 1860. Elle avait ensuite été publiée, en feuilleton, au *Moniteur* (nos des 24, 25 et 26 août 1860). Les rôles en

Nous entrons maintenant dans une série de reprises qui sont en quelque sorte d'usage à chaque retour de la belle saison.

Le 14 avril, remise à la scène d'*Adrienne Lecouvreur*, afin de nous montrer, pour quelques soirs, Mlle Devoyod dans un des rôles les plus populaires de Rachel. Elle y fait preuve à coup sûr d'une grande intelligence, mais les personnages modernes lui conviennent décidément beaucoup moins que ceux de la tragédie classique. Mme Émilie Guyon, qui représente la princesse de Bouillon, attire surtout à elle le succès et même l'intérêt de la soirée.

Le 21 mai, reprise d'une des plus jolies comédies d'Alex. Dumas, *Un mariage sous Louis XV*, représentée pour la première fois, et en cinq actes, mais sans grand succès, le 1er juin 1841. La pièce était alors trop longue et arrivait, au travers de bien des difficultés, à un dénoûment, lequel, en somme, ne dénouait rien. M. Regnier, si habile en ces sortes de matières, a remanié ces cinq actes en refondant le cinquième dans le quatrième, et en modifiant le dénoûment, si bien qu'aujourd'hui la pièce, également retouchée çà et là dans ses autres actes, a pu passer pour une nouveauté, grâce aussi à une interprétation tout à fait différente de l'ancienne, ce qui ajoutait encore à l'intérêt de la reprise. La Cour en avait d'ailleurs eu la primeur, dans une représentation spéciale donnée le dimanche 19 mai, au palais des Tuileries.

---

furent créés, au Théâtre-Français, par MM. Monrose (Dubreuil), Bressant (Maurice de Verdières), tout à fait charmant, plein de grâce et de jeunesse, et chantant avec une voix ravissante et un goût parfait les stances de Korner, accompagnées au piano par M. Fissot; Worms (Octave); Mmes E. Dubois (Valentine), Lambquin (Thérèse). — L'Empereur et l'Impératrice assistaient à la représentation.

Voici la distribution actuelle de la pièce rapprochée de celle de la création :

Personnages.	1841.	1861.
Valclos.	MM. Menjaud.	Leroux.
Le Commandeur.	Périer.	Monrose.
Candale.	Firmin.	Bressant.
Jasmin.	Regnier.	E. Provost.
Comtesse de Candale.	Mmes A. Plessy.	Madel. Brohan.
Marton.	Anaïs.	Ponsin.

Le 255e anniversaire de la naissance de Corneille est célébré comme d'habitude le 6 juin, mais cette fois d'une manière tout à fait exceptionnelle. M. Ed. Thierry remet à la scène, à cette occasion, diverses pièces ou fragments de pièces du grand tragique, lesquelles n'avaient pas été représentées depuis un nombre incommensurable d'années. Voici d'abord la tragédie de *Nicomède*[1], puis *l'Illusion comique*, réduite de cinq en quatre actes[2], avec un fragment de *Don Sanche d'Aragon*[3], intercalé au quatrième acte, et enfin le célèbre *Éloge de Corneille, par Racine*, déclamé par M. Samson[4]. Le couronnement du buste de Corneille, par tous les artistes, terminait cette curieuse représentation.

---

1. Tragédie en cinq actes (1652). Les rôles sont joués par Beauvallet (Nicomède), Maubant (Prusias), Worms (Attale), Chéry (Flaminius), Verdellet (Araspe); Mmes Guyon (Arsinoé), Devoyod (Laodice), Bondois (Cléone.)

2. Comédie en cinq actes, en vers (1636). — Jouent dans ces quatre actes et dans le fragment de *Don Sanche* : MM. Delaunay (Clindor), Got (le Matamore), Barré (Géronte), Maubant (Alcandre), Talbot (Pridamant), Worms (Manrique); Mmes Fix (Isabelle), Rosa Didier (Lyse.)

3. Comédie héroïque en cinq actes et en vers (1651). Le fragment représenté est emprunté au premier acte de la pièce.

4. Éloge lu à l'Académie par Racine, le 27 janvier 1685, lors de la réception de Thomas Corneille, succédant à son illustre frère.

Certes, on ne saurait trop louer M. Édouard Thierry du désir qu'il a éprouvé de nous servir, pour une fois, et en une telle circonstance, autre chose que les tragédies ordinairement jouées de Corneille, et à jamais consacrées par la tradition et par le succès. Il est évident que cette soirée a été un régal de haute curiosité pour les délicats et les lettrés ; mais l'éminent administrateur de la Comédie a dû reconnaître bien vite que le genre de public qui se complaît à ces spectacles choisis est des plus restreints, et qu'une telle soirée ne saurait avoir beaucoup de lendemains. *Nicomède* est la plus estimée des trois pièces qu'il nous a données aujourd'hui, mais *Don Sanche* et surtout *l'Illusion comique* n'offrent qu'un intérêt purement rétrospectif, et ce sont des œuvres inférieures où l'on ne retrouve la griffe du maître qu'en de rares endroits. M. Thierry a pratiqué lui-même, — ainsi qu'il nous le raconte dans un fort piquant et curieux travail, à la fois critique et historique, qu'il a cru devoir publier pour nous initier, par avance, à l'attrait tout spécial de ce nouveau spectacle[1], — les coupures qu'il avait été nécessaire de faire, dans les quatre actes joués de *l'Illusion comique*, pour rendre sa représentation possible.

Cette représentation a été également intéressante et curieuse au point de vue de l'interprétation des rôles de ces pièces depuis si longtemps remisées aux archives du vieux répertoire. Dans la tragédie de *Nicomède*, Beauvallet, Maubant, et Mmes Guyon et Devoyod ont joué leurs rôles en tragédiens habitués aux grandes façons cornéliennes ; mais c'est surtout dans la fantasque comédie de *l'Illusion*

---

1. Ce travail est une étude littéraire et théâtrale fort intéressante, publiée, sous forme de lettre au directeur du *Moniteur*, dans le numéro du 4 juin 1861 de la feuille officielle. Nous y renvoyons le lecteur.

comique que le rôle du Matamore a donné lieu à l'interprétation la plus originale. M. Got s'y est montré d'une fantaisie incroyable, se laissant aller à son inspiration et à sa verve avec tout l'abandon et toute la licence que le genre de la pièce et le personnage lui-même autorisaient si largement, d'autant mieux que le type représenté n'est qu'un composé d'exagérations et d'extravagance. Il était impossible d'être plus amusant, plus vraiment comique, et M. Got a remporté là l'un de ses meilleurs triomphes[1].

Le 2 août suivant, reprise de la belle adaptation de l'*Œdipe-roi*, de Sophocle, par M. Jules Lacroix, avec musique d'Edmond Membrée. Nous renvoyons le lecteur à la date de la première représentation de cette consciencieuse et souvent brillante traduction (18 septembre 1858). Quelques modifications ont été apportées dans la distribution des rôles, notamment pour celui de Jocaste, créé par Mme Nathalie, et que joue actuellement, avec beaucoup de supériorité, Mlle Devoyod, qui a d'ailleurs sollicité cette reprise [2].

Quelques jours plus tard, le 9 août, le roi de Suède,

---

1. « Il est difficile, sinon impossible, d'être plus superlativement bouffon que Got dans ce fantoche, charge à la Michel-Ange crayonnée par la main qui doit plus tard tracer *le Cid*, *Cinna* et *Polyeucte*. Quelle mine farouche et truculente! quel inimitable accent gascon! quels passages soudains de la rodomontade à la poltronnerie! quels rauquements de tigre finissant en bêlements d'agneau à l'ombre du moindre bâton! et puis, quel beau costume fantasque et classique à la fois! Maurice Sand, l'auteur de *Masques et Bouffons*, n'y trouverait rien à reprendre. » (TH. GAUTIER.)
— *L'Illusion comique* fut cependant enterrée après quelques représentations. On tenta de la reprendre, le 9 septembre suivant, en la réduisant encore d'un acte, mais sans un meilleur succès.

2. Mlle Cornélie remplace également Mlle Stella Colas dans le petit rôle d'une femme thébaine, et Mme Ponsin reprend le personnage de la deuxième jeune fille qu'avait créé Mlle Jouvante.

Charles XV, et son frère, le prince Oscar[1], qui sont en ce moment les hôtes de l'Empereur, assistent à une représentation composée spécialement pour eux, et sur leur demande, des *Femmes savantes*, du *Médecin malgré lui* et de *Valérie*.

Le 13 août, nouveau début de Mlle Pauline Granger, qui s'était, pendant un certain temps, éloignée de la Comédie-Française. Elle paraît dans Dorine, de *Tartufe*[2], et Lisette, du *Jeu de l'Amour et du Hasard*, et le même soir, début de M. Laroche, dans Valère, du même *Tartufe*.

M. Laroche est un tout récent lauréat du Conservatoire, il a de la tenue, de la physionomie, un physique distingué et même agréable, et il doit, — nous le verrons par la suite, — fournir une assez belle carrière à la Comédie-Française. On peut cependant lui reprocher déjà, dans le geste aussi bien que dans la diction, certaine raideur dont il ne se défera jamais. Il n'en demeure pas moins une précieuse acquisition pour le théâtre, qui saura, toutefois, mieux l'utiliser dans la tragédie ou dans le drame, que dans la comédie.

Le 23 août, reprise de *l'Esprit de contradiction*, comédie en un acte, en prose, de Dufresny, et la meilleure qu'il

---

[1]. Devenu roi, sous le nom d'Oscar II, le 13 septembre 1872, à la mort de son frère, Charles XV.

[2]. La pièce est assez curieusement distribuée : Geffroy joue Tartufe ; Mlle Devoyod représente Elmire, mais sans autorité et surtout avec des essais de grands airs que ne comporte pas le personnage ; Worms fait Damis, et Coquelin continue ses brillants débuts dans le rôlet de Loyal, auquel il donne une bien originale figure. Quant au précédent début de Mlle Granger, le lecteur en retrouvera la trace à la date du 4 août 1856 ; il avait eu lieu dans les mêmes rôles et dans les mêmes pièces.

ait écrite[1]. Il est à regretter que cette amusante comédie, ne soit pas toujours à demeure au répertoire, ne serait-ce que comme lever de rideau. Elle est vivement menée, et remplie d'imprévu; le rôle d'Angélique est charmant, et sa grande scène de dissimulation avec sa mère, est l'une des plus parfaites qui soient au théâtre; Mlle Fix la joue avec beaucoup de finesse et d'esprit, mais peut-être trop en dedans, quant à la verve du personnage. Au siècle dernier, la pièce de Dufresny était représentée fort souvent, et avec la meilleure faveur. Il paraît que, de nos jours, elle n'a plus le même droit de cité, car elle n'occupe, cette fois-ci encore, que passagèrement l'affiche.

21 Octobre. — Première représentation de *la Pluie et le Beau Temps*, comédie en un acte, en prose, de Léon Gozlan[2].

Ce n'est là qu'un amusant badinage, qui n'a pas le mérite de la nouveauté, mais qui a vivement réussi, autant par l'esprit de l'auteur que par le talent des interprètes. Le point de départ en a été pris dans *la Gageure imprévue*, de Sedaine, et une partie des développements est empruntée à une anecdote racontée par M. Eugène Chapus, dans le journal *le Sport*[3]. Cela se joue entre deux

---

1. La pièce date du 29 août 1700. Elle n'a d'abord eu, chose assez surprenante, qu'un succès médiocre, et n'a été jouée que dix fois de suite dans sa nouveauté. Les rôles sont actuellement tenus par MM. Talbot (Thibaudois), Barré (Lucas), Mirecour (Oronte), Ariste (Valère); Mmes Nathalie (Mme Oronte), Fix (Angélique).

2. Ont créé les rôles : MM. Bressant (un inconnu), Anselme (première création de Coquelin); Mmes Plessy (baronne de Gontran), Rosa Didier (Victorine).

3. M. Léon Gozlan a fait précéder sa pièce imprimée d'une préface qui en donne le petit historique, et dans laquelle se trouve reproduite l'anecdote en question.

personnages, devant un paravent, à volonté, avec effets de tonnerre à la cantonade. Un jour de pluie, une dame s'ennuie, dans son castel isolé, et, comme dans la susdite *Gageure*, elle fait appeler chez elle le premier passant de bonne mine, qu'elle aperçoit sur le grand chemin. Elle coquette, minaude et marivaude avec lui, veut le renvoyer quand le soleil reparaît et le retient si le ciel se rembrunit, et, comme dit Chapus, « la morale de l'histoire est que l'homme du monde doit se mettre en garde à la campagne contre les écueils barométriques, et faire en sorte de ne pas appartenir à la catégorie des visiteurs à qui les jours de pluie seuls sont favorables. »

Cette fine bluette est jouée en perfection par Bressant, et surtout par Mme Plessy, qui est, comme chacun sait, l'artiste née de ces jolis riens auxquels elle donne tout de suite une valeur considérable. Toute petite et sans importance qu'elle est, cette agréable saynette avait eu, d'ailleurs, une bonne fortune, qu'auraient enviée beaucoup d'œuvres plus sérieuses. Représentée d'abord dans une soirée, chez M. Jules Sandeau, elle fut jouée ensuite au palais des Tuileries, et c'est à la suite de ces littéraires puis augustes suffrages qu'elle a reçu droit de cité sur la scène du Théâtre-Français, où l'on n'a jamais cessé de la maintenir au répertoire.

18 Novembre. — Première représentation de *On ne badine pas avec l'amour*, drame en trois actes, en prose, d'Alfred de Musset[1].

---

1. Ont créé les rôles : MM. Provost (le baron), Delaunay (Perdican), Barré (Me Blazius), Monrose (Me Bridaine), Coquelin (le chœur des jeunes gens), E. Provost (le chœur des vieillards); Mmes Favart (Camille), Jouassain (dame Pluche), Emma Fleury (Rosette). — *On ne badine pas avec l'amour* a d'abord été publié dans *la Revue des Deux-Mondes* (1er juil-

C'est à M. Édouard Thierry que revient tout personnellement l'honneur de la mise à la scène de ce dramatique proverbe de Musset. Nous ne nous étions pas douté qu'il pût produire un effet aussi impressionnant, en passant du livre au théâtre, et nous reconnaissons qu'en dépit de bien des critiques, il est peu de pièces, même plus habilement charpentées et comportant plus de développements, qui aient excité à un degré aussi vif et aussi profond l'émotion générale. Nous n'analyserons pas ici, parce qu'il est dans toutes les mémoires, ce drame si humain et si vrai, si puissant et si simple en même temps, et qui ne doit, en effet, le grand, l'immense degré de poignant intérêt auquel il arrive, qu'à l'emploi des moyens les plus naturels et parfois même les plus ordinaires. Ce caractère de Camille, si admirablement joué par Mlle Favart, est cependant nouveau au théâtre. Cette femme qui se raidit, qui se révolte contre l'amour même qu'elle ressent, comme malgré elle, rapprochée de cette poétique et charmante Rosette qui se laisse aller tout entière au sentiment qu'elle croit inspirer et qui en meurt, cette femme fière, orgueilleuse, emportée, violente même, est une création des plus originales qui se puissent voir.

Les trois rôles principaux de la pièce ont été joués d'une manière hors ligne, par Mlle Favart, tout d'abord, qui devient certainement la première artiste de la Comédie-Française. C'est par l'art de la composition de son

---

let 1834). M. Paul de Musset dit, dans la notice qu'il a consacrée à cette pièce (édition in-8° des œuvres de son frère), qu'elle était si bien faite pour la scène que quelques changements seulement ont rendu sa représentation possible. On trouve ces changements indiqués dans l'édition même que nous venons de signaler.

rôle et par l'énergie vraiment étonnante dont elle y a fait preuve, qu'elle a forcé la constante admiration du public et même la surprise de la critique. La grande scène du prie-Dieu ne saurait être mieux comprise, mieux rendue, et nous ne croyons pas qu'il y ait à Paris une seule comédienne capable de l'interpréter avec cette puissance et cette vérité [1]. Citons aussi M. Delaunay, jeune, charmant, plein de vivacité d'abord, puis de tendresse ensuite, et Mlle Emma Fleury, si touchante, si naïve, si émue dans le petit personnage de Rosette.

---

1. « Mlle Favart a rendu à merveille la physionomie froide, hautaine et méprisante de cette fille que les préjugés du couvent ont mise en garde contre l'amour, même le plus chaste; et quand au quatrième acte, dans un grand mouvement de passion, elle se jeta sur un prie-Dieu et fondit en larmes mêlées de sanglots, on s'aperçut avec surprise que Mlle Favart était capable même des tendresses les plus emportées et les plus violentes. Ce fut comme une révélation. Art ou nature, on se demanda d'où venait la chose; on fut transporté. » (Fr. Sarcey.)

ANNÉE 1862 [1]

21 Janvier. — Première représentation (à ce théâtre [2]) de *l'Honneur et l'Argent*, comédie en cinq actes, en vers, de M. Ponsard.

La première représentation, au théâtre de l'Odéon, de cette comédie, qui est demeurée la plus célèbre et certainement la meilleure de tout le théâtre de Ponsard, date du 11 mars 1853. Nous avons été tout étonné, en la relisant et en la voyant jouer à une distance de bientôt vingt-cinq ans, de l'impression toute différente, et surtout moins favorable, qu'elle a produite aujourd'hui sur nous. Hé quoi! un ouvrage tant prôné, si fort, si irrésistible, et

---

1. Je ne veux mentionner que par une note la belle représentation annuelle donnée le 15 janvier en l'honneur de Molière (240e anniversaire de sa naissance), et qui a été composée de *Tartufe*, avec Mme Plessy dans Elmire, et du *Malade imaginaire*, joué par MM. Samson (Purgon), Regnier (Thomas), Provost (Argante), Maubant (Béralde), Worms (Cléante), Barré (Diafoirus); et Mmes Aug. Brohan (Toinette), Nathalie (Bélise), Fix (Angélique). M. Got faisait le *præses* dans la cérémonie qui a terminé le spectacle.

2. Il est bon de noter au passage que l'Odéon n'a joué, le premier, la pièce de Ponsard qu'après le rejet déguisé de cette même pièce par la Comédie-Française, qui l'avait reçue seulement « à corrections. »

proclamé chef-d'œuvre dès le premier soir, a autant vieilli en si peu d'années! Il est vrai que c'est en 1877 que nous écrivons ces lignes. Cependant, si nous nous reportons à la reprise de 1862, qui nous occupe ici, nous voyons que l'impression de l'époque, et alors que la pièce de Ponsard n'avait pas encore tout à fait dix ans d'existence, était déjà modifiée dans un sens d'appréciation qui lui était aussi plus contraire. Les vices que flétrissait la pièce, en 1853, étaient devenus en quelque sorte le fond même de nos mœurs en 1862, et avaient tendu, dans ce court espace de temps, beaucoup plus à se généraliser qu'à se restreindre. « La société, a dit avec beaucoup de justesse M. Vapereau, au sujet de cette reprise, ne s'est pas convertie depuis dix ans, il s'en faut, à des sentiments plus désintéressés, elle ne met pas davantage l'honneur au-dessus de l'argent; seulement elle s'est si bien habituée à la souveraineté des écus, que toute protestation a pris l'air d'une déclamation stérile. » Et c'est là en effet, aujourd'hui, — aussi bien en 1862 qu'en 1877, — le point faible de la comédie de M. Ponsard; ses arguments les plus solides et les plus indignés n'ont plus la force et la valeur qu'ils pouvaient avoir dix ou vingt ans plutôt; on peut même dire qu'ils font maintenant long feu, puisqu'ils sont inutiles et prêtent parfois à sourire. Ils tournent en ridicule ou veulent fustiger des travers trop enracinés en nous, pour que nous puissions prendre au sérieux toutes ces belles tirades dont la verve s'émousse en quelque sorte sur la scène même où elles se débitent et sans dépasser la rampe. En revanche, la pièce a moins perdu de ses qualités solides, comme style et comme délicatesse de touche, surtout dans sa partie sentimentale. Le vers de M. Ponsard est demeuré ferme et fortement frappé; beaucoup ont cette valeur précieuse et rare de contenir une maxime dans leurs douze pieds et d'être, par cela même, restés plus facilement dans la mémoire. La comédie de *l'Honneur et l'Argent*, en dépit de cette teinte un peu archaïque qu'elle a déjà revêtue, doit être cependant considérée comme la plus parfaite du théâtre de Ponsard, aussi bien actuel que futur; elle est même destinée à lui survivre et à reparaître parfois à la scène comme certaines comédies classiques du dernier siècle, au nombre desquelles elle a sa place tout naturellement marquée.

L'interprétation nouvelle est certainement très-supérieure, comme ensemble, à celle de l'Odéon; elle a cependant moins d'imprévu, et les personnages, eux aussi, paraissent avoir moins de relief. M. Samson, qui est un comédien bien autrement considérable que M. Kime, ne joue pas le bonhomme Mercier avec le même naturel; il y met plus de finesse, ce qui n'était pas le cas. M. Got n'a pas, non plus, donné au personnage de Rodolphe, le moraliste raisonneur, le caractère plus sérieux que nous étions habitué à lui voir sous les traits de M. Tisserant. Quant au rôle de Georges, que M. Laferrière [1] a créé à l'Odéon avec cette verve nerveuse, ces gestes et cette diction saccadés et cette passion exubérante et souvent mal réglée qui caractérisent en partie son talent si réel et si impressionnant d'ailleurs, il a dû à M. Delaunay de nous apparaître sous un jour tout à fait nouveau et il a valu, en outre, au charmant jeune premier de la rue de Richelieu un de ses meilleurs succès. Après les deux scènes capitales du troisième acte (les scènes v et vi), où M. Delaunay exprime avec une chaleur si vraie et si communi-

---

1. Ce remarquable comédien est mort, à Paris, le 15 juillet 1877, à l'âge de soixante et onze ans.

cative les sentiments successifs d'émotion, de tendresse et d'indignation qui débordent de son cœur désespéré par la nouvelle du mariage de celle qu'il aime, la salle tout entière l'a rappelé avec persistance, à la chute du rideau, mais M. Delaunay n'a pas cru devoir reparaître.

Les autres rôles, presque tous épisodiques, sont également remplis par des premiers sujets, et depuis, en dépit des réserves que nous avons dû faire, la comédie de M. Ponsard est toujours demeurée au répertoire [1].

6 Mars. — Première représentation de *la Loi du cœur*, comédie en trois actes, en prose, de M. Léon Laya.

La pièce nouvelle de M. Laya est beaucoup plus un drame qu'une comédie; elle tient même un peu du sermon et ne renferme pas le plus petit mot pour rire. L'auteur,

---

1. Distribution des rôles dans les deux théâtres :

	Odéon.	Théâtre-Français.
Rodolphe	MM. Tisserant	Got.
Georges	Laferrière	Delaunay.
Mercier	Kime	Samson.
Le notaire	Harville	Maubant.
Un capitaliste	Tétard	Barré.
Un homme d'Etat	Philippe	Mirecour.
Un vieux monsieur	Talbot	Talbot.
Laure	Mmes Préval	Royer.
	Puis Florence	
Lucile	Valérie	Fix.
Une vieille fille	Holbé	Nathalie.

Les amis de Georges, représentés à l'Odéon par Colin et Métrème, étaient joués rue de Richelieu par Ariste et Laroche; Etienne, Grigny, Préville et Douin faisaient à l'Odéon les quatre créanciers que jouèrent au Théâtre-Français Coquelin, Chéry, Montet et Verdellet. Enfin M. Tronchet remplace M. Benjamin (Odéon), dans le rôle du Clerc de notaire. — L'Empereur et l'Impératrice assistent à la douzième représentation, qui a lieu le 14 février.

qui est un homme expert en matière dramatique, et qui compte à son actif des œuvres fort gaies et même bouffonnes, telles que *l'Étourdi*, ce désopilant triomphe de Ravel, a voulu sans doute nous montrer la souplesse de son talent en abordant, cette fois, la discussion d'une thèse à la fois sociale et juridique sur la question de savoir si, en fait de loi, dans certaines discussions de famille, c'est celle du cœur qui doit l'emporter sur les sèches prescriptions du Code. Un fils a-t-il le devoir, — au point de vue du cœur, — de payer les dettes de son père, même au détriment de ses propres intérêts et de ceux des siens que sauvegardent la loi? C'est ce que conteste M. Richaud, homme d'affaires enrichi qui a marié sa fille au fils du colonel d'Orémond. Le colonel, pendant qu'il fait campagne, perd dans un incendie tout ce qu'il possède, plus cent mille francs dont ce désastre imprévu le laisse débiteur vis-à-vis de créanciers qui ne se gêneront pas pour le poursuivre. Son fils Horace veut payer ces cent mille francs en les prenant sur les deux cent mille que son père lui a donnés en dot; Richaud, le Code en main, s'y oppose de toutes ses forces en faisant intervenir aussi, à l'appui de ses arguments, l'avenir des futurs enfants de son gendre que leur père n'a pas le droit de dépouiller par avance. A ce moment, le colonel, qui ignore tout, revient à l'improviste; Richaud se prépare à lui faire connaître son malheur, lorsque, par un jeu de scène fort habile, et vraiment nouveau au théâtre, Horace, filialement inspiré, déplace tout à coup la question. Il raconte à son père que c'est Richaud qui vient d'être ruiné et que lui, son gendre, croit de son devoir de l'aider à sortir d'embarras en lui sacrifiant la dot qu'il a reçue en épousant sa fille. Le colonel applaudit de toutes ses forces à ce trait généreux, et ici s'établit une discussion très-savante, je le veux bien, mais vraiment bien longue sur la manière d'accorder la loi de la nature avec celle qu'a si nettement établie le Code. Le colonel triomphe d'abord ; mais je vous laisse à penser quelle est sa confusion quand, un peu plus tard, il s'aperçoit qu'en somme il n'a fait que plaider sa propre cause. Il ne voit alors qu'un moyen de dénouer la situation ; il donnera sa démission et acceptera une place brillante dans l'industrie, sur les émoluments de laquelle il payera ses créanciers. Donc la pièce recommence au moment même où une solution semblait pourtant bien désirable! Richaud qui, malgré tout, a du cœur, est plein de perplexités et ne sait auquel entendre lorsqu'arrive à propos son ancien copain de collége, Morin, qui lui raconte les souffrances raisonnées que lui fait subir son fils, homme très-correct, au point de vue légal, mais qui possède un roc à la place du cœur. Richaud s'humanise tout à fait à ce pénible récit qui s'applique, par tant d'endroits, à sa propre situation ; il s'avoue vaincu en présence de tous les siens, fait amende honorable, et, en vertu de la loi du cœur, supérieure cette fois à celle édictée par le Code, Horace et sa femme payeront les dettes du colonel, dont la démission a été refusée et que, pour comble de bonheur, on a nommé général.

Cette donnée, d'ailleurs intéressante, a été assez mal exploitée par M. Laya, qui s'est noyé dans une série de discussions administratives ou juridiques d'une étendue vraiment démesurée. Sa comédie manque donc de cette rapidité entraînante, avant tout nécessaire pour un ouvrage qui, comme *la Loi du cœur*, est dépourvu de tout élément comique [1]. Une seule scène, que nous avons

---

[1]. « Il nous a semblé que l'œuvre, malgré l'intérêt qu'elle excite, pèche un peu par le côté comique. L'effet général est triste quoique le dénoû-

signalée plus haut, a un moment enchanté le public, mais ce n'était là qu'une lueur passagère qui n'a pas suffi pour assurer le succès. L'interprétation était cependant parfaite, surtout pour les deux rôles du colonel et de son fils, que MM. Bressant et Worms ont joués avec une chaleur pénétrante et une grande mesure [1]. Malgré tout, *la Loi du cœur* a disparu de l'affiche après une trentaine de représentations.

22 Mars. — Mlle Tordeus, lauréat du Conservatoire (classe de M. Provost), débute dans le rôle de Chimène du *Cid* [2]. C'est une artiste intelligente, bien douée, ayant de la chaleur, de la tenue, et, malgré un défaut de prononciation qui tient surtout à son origine étrangère [3], une diction nette et claire ; avec cela une certaine beauté, tout ce qui constitue, en un mot, plus que des espérances. Mlle Tordeus n'a cependant pas tenu toutes ces promesses, et après avoir végété pendant plusieurs années, — et même assez obscu-

---

ment généreux et cordial s'efforce de ramener l'esprit à un ordre d'idées plus souriantes. Avec le titre de drame, cette objection disparaîtrait d'elle-même. » (Th. Gautier.) — « *La Loi du cœur* est un succès, mais ce n'est pas une récréation. » (Charles Monselet.)

1. Ont créé les rôles : MM. Geffroy (Morin), Regnier (Richaud), Bressant (d'Orémond), Worms (Horace), Barré (Drouville), Coquelin (Joseph) ; Mmes Nathalie (Mme Richaud), Emma Fleury (Julie). — L'Empereur et l'Impératrice assistent, le 8 mars, à la deuxième représentation.

2. MM. Maubant (Don Diègue), Worms (Don Sanche) ; Mlle Ponsin (Elvire). — Le deuxième début de Mlle Tordeus a eu lieu le 7 avril suivant dans *Phèdre*, par le rôle d'Œnone.

3. Jeanne Tordeus est née le 24 décembre 1842, à Bruxelles, où elle fut présentée, en 1853, âgée d'à peine dix ans, à Mlle Rachel, qui encouragea ses premiers essais. Lauréat du Conservatoire de sa ville natale à l'âge de quatorze ans, elle vint à Paris, où elle fut admise à notre Conservatoire, et à dix-sept ans elle sortit de la classe de Provost avec un premier prix. Le 14 janvier 1861 elle débuta à l'Odéon, dans ce même rôle de Chimène qui sert aujourd'hui à ses débuts, rue de Richelieu.

rément, — dans le répertoire tragique, elle a quitté la Comédie-Française, et du même coup le théâtre, pour retourner en Belgique, où elle est devenue lectrice de la Reine, femme de Léopold II, et professeur au Conservatoire de Bruxelles.

11 Avril. — Première représentation de *la Papillonne*, comédie en trois actes, de M. Victorien Sardou [1].

La pièce nouvelle de M. Sardou n'était pas destinée à la Comédie-Française; elle avait été promise au théâtre du Vaudeville, où Mlle Fargueil et M. Félix devaient en créer les principaux rôles. Le grand succès de la comédie *Nos intimes* (16 novembre 1861), ayant donné tout à coup à son brillant auteur une notoriété et même une sorte de popularité hors de pair, on trouva tout à fait étonnant que le Théâtre-Français n'eût pas encore ouvert à deux battants les portes de la maison de Molière au jeune triomphateur. Le Ministre d'État, M. Fould, se fit volontiers, en cette circonstance, l'interprète du sentiment public et il demanda *tout de suite* à M. Sardou une comédie nouvelle, pour notre premier théâtre. — « Soit, répondit Sardou, je vous la promets pour l'hiver prochain. — Non, répliqua le Ministre, c'est immédiatement qu'il nous la faut! — Mais vous ne pouvez vraiment m'obliger à bâcler en quinze jours une pièce destinée à une scène aussi importante. — Bah! vous en avez bien quelqu'une toute faite, en portefeuille! — Pas la moindre, je vous jure!... — Mais le Gymnase ou le Vaudeville n'ont-ils pas une comédie de vous bientôt prête à passer? — Pas davantage; j'ai lu simplement à Fargueil et à Félix trois actes... —

---

1. Ont créé les rôles : MM. Got (de Champignac), Leroux (Riverol), Eug. Provost (Fridolin), Tronchet (Josselin); Mlles Aug. Brohan (Camille), Figeac (Constance).

— Nous les prenons !... — Je m'y refuse formellement. Il s'agit d'une pièce un peu bouffonne qui sera très-bien à sa place sur une scène de second ordre, mais qui ne peut avoir aucun succès rue de Richelieu. — Nous la prenons, vous dis-je; il nous la faut! — Mais... — Je le veux !...» Tel fut à peu près le dialogue vif et animé qui s'établit entre le Ministre et M. Sardou, et à la suite duquel ce dernier reprit sa comédie au théâtre de la place de la Bourse pour l'apporter à celui de la rue de Richelieu [1].

La Papillonne est une pièce des plus gaies, des plus folles même, mais qui a obtenu un très-vif succès partout ailleurs qu'à la Comédie-Française. « C'est celle de mes pièces, nous disait encore Sardou, qui me rapporte le plus de droits en province! » Le fait est que la nouvelle comédie, jouée par M. Félix et Mlle Fargueil, aurait sans doute tenu longtemps l'affiche du Vaudeville, où elle eût été dans son cadre véritable; mais elle était, — ne craignons pas de le dire, — véritablement peu digne de la Comédie-Française; non pas que le talent de l'auteur y fût inférieur à celui qu'il avait déjà si glorieusement montré; il n'avait même jamais mieux fait au point de vue de l'habileté et de la dextérité dans le développement et le dénoûment de l'intrigue la plus embrouillée et la plus compliquée, mais enfin il était clair, dès les premières scènes de la pièce, qu'elle n'avait pas été écrite pour la Comédie-Française. Et cependant, cet auteur, tant prié, tant supplié de livrer son œuvre, quoi qu'il en eût! on l'avait soumis aux plus durs désagréments qu'auraient pu subir un inconnu et un débutant! Sa pièce n'arriva à la

---

1. C'est de M. Sardou, lui-même, que nous tenons ces curieux détails.

rampe qu'après maintes suppressions et coupures, et encore à la suite de la première représentation, où certains passages provoquèrent des murmures et aussi quelques sifflets [1], ces mêmes passages durent également disparaître à la scène. L'auteur se donna le malin plaisir de rétablir dans sa pièce imprimée toutes ces suppressions, — avant et après la lettre, — en manifestant toutefois l'humeur qu'a pu lui donner sa déconvenue dans une courte préface qui avait tout l'air d'une petite vengeance. Mais, je n'ai parlé ici que de l'histoire de la pièce et non de la pièce elle-même. C'est un imbroglio fort moral à coup sûr, puisqu'il a pour but de démontrer que l'inconstance des maris — inconstants — tourne souvent à leur détriment et à leur confusion. M. de Champignac est affligé de ce mal que l'auteur appelle « la papillonne, » maladie morale empruntée au système de Fourier et qui se déclare ordinairement chez les conjoints après deux ou trois ans de mariage. Il se trouve que la femme de ce volage époux n'est pas éloignée d'éprouver les atteintes du même mal, et il est probable que tous deux succomberaient à leur passion réciproque et étrangère si une tante, que la Providence semble avoir placée là tout exprès, n'intervenait heureusement pour les sauver. Champignac poursuit une

---

[1]. « Le succès de la pièce n'a pas été aussi franc qu'on pouvait l'espérer. Les applaudissements n'ont pas couvert, tout à fait, certaines marques de désapprobation. Il y a cependant beaucoup d'esprit, de verve et d'ingéniosité dans *la Papillonne*, mais au Théâtre-Français, ces feux d'artifice, ces prestidigitations d'effet, ces mécanismes à surprise ne suffisent pas. Il faut quelque chose de plus large, de plus humain, de plus étudié, de plus grave, pour ainsi dire, dans le comique. Ailleurs, tout cela eût été charmant, et nous croyons que, dans l'origine, M. Sardou n'avait pas destiné cette œuvre d'un pétillement léger et d'une gaieté un peu hasardeuse au théâtre de la rue de Richelieu. » (Th. Gautier.)

amie de sa femme; ce sera donc sa femme que, les yeux bandés, il trouvera à la place de son amie. Ici commence une sorte de colin-maillard et une suite de scènes plus ou moins burlesques, véritable course au clocher qui demandait des interprètes habiles en ces sortes de choses, pour lesquelles les comédiens ordinaires de l'Empereur manquent tout à fait de la spécialité voulue. Vous comprenez bien qu'après ce chassé croisé où Champignac passe successivement de sa femme véritable à la femme qu'il aime et qui est elle-même représentée par sa véritable femme, l'auteur a naturellement amené, comme conclusion, la réconciliation et aussi la guérison des deux époux.

Le public et la critique ont été tout à fait déconcertés par cette pièce étrange, écrite dans ce style haché et nerveux qui semblait alors exclusif à M. Sardou, et qu'il a si heureusement modifié depuis, surtout dans ses deux grands drames de *Patrie* et *la Haine*, lesquels, malgré le succès différent qui les a accueillis, demeurent à tous les points de vue les chefs-d'œuvre de son théâtre. On trouvait aussi, dans le développement de cette intrigue surmenée, quelques incertitudes et obscurités qui ont nui parfois à sa compréhension. M. Sardou avait, d'ailleurs, eu fort à faire avec ses interprètes, qui n'avaient pu parvenir à mettre leur talent au diapason de leurs rôles, et qui, — je crois, entre nous, qu'il faut les en féliciter, — s'étaient en quelque sorte montrés insuffisants. La verve de M. Got et celle de Mlle A. Brohan, tous deux si étincelants d'ordinaire, semblait inférieure à celle même de la pièce, et l'emportement fébrile qui eût été nécessaire pour leurs rôles, leur fit complétement défaut. Les comédiens de la rue de Richelieu ne voulurent sans doute pas déroger en descendant de la comédie jusqu'au vaudeville!

Il faut constater toutefois que *la Papillonne* eut aux

représentations suivantes un succès de gaieté, plus franc et plus durable même que n'aurait pu le faire présager l'accueil du premier soir[1]. La pièce ne tint cependant que trente fois l'affiche et elle n'a jamais été reprise. Quant à M. Sardou, il a donné depuis au Gymnase et au Vaudeville bon nombre d'autres comédies brillantes et courues, dont quelques-unes eussent été certainement mieux reçues rue de Richelieu que *la Papillonne*, mais le célèbre écrivain garde, sans doute, encore rancune à la Comédie-Française du mauvais sort de sa première pièce, et comme Alexandre Dumas fils, il attend que l'Académie française ait consacré son immense et incontestable talent... pour demander une seconde lecture[2]!...

6 Juin. — Belle et curieuse soirée en l'honneur du 256e anniversaire de la naissance de Corneille, composée des *Horaces*[3], des trois actes conservés de *l'Illusion comique,* et surtout de la première représentation d'une petite comédie en un acte, en vers, de M. Edouard Fournier, *Corneille à la butte Saint-Roch.* Trop modeste, notre érudit confrère n'a donné que le titre d'*à-propos* à cette jolie pièce qui survivra certainement à l'occasion qui l'a fait naître.

---

1. L'Empereur et l'Impératrice, accompagnés de Guillaume III, roi de Hollande, et de la reine Sophie, sa femme (fille du roi de Wurtemberg et alliée à la famille impériale), assistèrent, le 8 mai, à la dixième représentation de *la Papillonne*, qui était précédée de *l'Aventurière*. La veille, le roi de Hollande était venu seul, et on avait joué pour lui *Mademoiselle de la Seiglière.*

2. Cette consécration a été octroyée à M. Sardou le 7 juin 1877. Il a été en effet élu, ce jour-là, par dix-neuf voix sur trente-sept votants, membre de l'Académie française, en remplacement de M. Autran décédé.

3. MM. Maubant (le vieil Horace), Worms (Curiace), Guichard (Horace), Laroche (Valère); Mlles Devoyod (Camille), Tordeus (Sabine.)

Cette aimable comédie met en scène le mariage du fils de Corneille, avec la fille du marchand de draps Cauchois. La jeune Marie ne connaît d'abord son fiancé que par son prénom, sans se douter de son origine illustre, et comme elle aime aussi la poésie, ce n'est pas sans un juste et glorieux orgueil qu'elle apprend bientôt l'honneur que lui promet l'alliance projetée. Il est vrai que son père, le bonhomme Cauchois, préfère de beaucoup les écus à la poésie, et que sans l'intervention d'un meunier, nommé Merlin, qui s'est pris de belle passion pour Corneille, Molière et leurs œuvres, le mariage ne se ferait pas. Mais ce Merlin plaide si bien la cause des poëtes et de la poésie, que Cauchois se laisse attendrir. Marie deviendra la belle-fille du grand Corneille.

Une chose assez curieuse à remarquer, c'est que dans cette pièce, où l'on ne parle que de Corneille, Corneille seul n'a point de personnage. Son rôle, en effet, se passe à la cantonade. Mais nous avons, en revanche, Mme Corneille et aussi tout le tableau du ménage de Corneille. M. Fournier nous a restitué avec un grand bonheur, et surtout avec cette science scrupuleuse des menus détails historiques, où il excelle, l'intimité même de la vie domestique de l'auteur du *Cid*. La petite intrigue à l'aide de laquelle il a si habilement relié les uns aux autres les divers morceaux qui composent sa pièce, est suffisamment intéressante et fournit en quelque sorte un cadre charmant au tableau qu'elle avait pour objet de contenir.

L'interprétation a été de tous points remarquable; mais il faut noter à part le grand succès obtenu par M. Maubant, dans le personnage de Merlin; il est vrai d'ajouter que c'est le rôle le plus en situation, et le mieux partagé. Worms joue fort agréablement le jeune Corneille, Barré a beaucoup de naturel dans le rôle du marchand Cauchois et Mme Nathalie représente aussi historiquement que possible, la femme du grand tragique. La jolie Mlle Ponsin, à la mine si éveillée et si fraîche, créait son premier rôle dans le personnage de Marie Cauchois ; M. Coquelin trouvait dans celui d'un faux marquis, qui était aussi sa première création sérieuse, un rôle un peu plus développé que ceux qu'il avait joués jusqu'alors.

15 Juin. — M. Coquelin joue, pour la première fois, le rôle de Figaro [1] dans *le Mariage de Figaro*, et s'y pose tout de suite en maître. Il n'est pas non plus de personnage du répertoire classique qui l'ait mieux servi dans l'avenir, et sa prise de possession lui fait d'autant plus d'honneur, qu'il a plutôt négligé que suivi les traditions et qu'il s'est surtout montré lui-même. C'était, en effet, une grande mais noble audace, de la part d'un aussi jeune comédien, que de s'attaquer à un rôle aussi complexe et aussi difficile. Le savoir et l'expérience n'y suffisent pas toujours et les moyens physiques y sont également indispensables. Or, ces moyens, M. Coquelin les possède au plus haut degré : il a le feu, la verve, la jeunesse, un organe plein, sonore et infatigable, jusqu'au masque le plus parfait pour ce rôle admirable, et il a fait feu, — le cas est de le dire, — de toutes ses brillantes qualités à la fois. Il les a même prodiguées jusqu'à l'abus, brûlant absolument les planches, et il a littéralement enlevé la salle après le grand monolo-

---

1. Le 17 février précédent il jouait dans la même pièce le personnage de Basile, qui n'a qu'une scène, et il venait d'interpréter divers petits rôles de même étendue et d'égale valeur : Jasmin, de *Mademoiselle de la Seiglière*, Ginez de *Don Juan d'Autriche*, le maître à danser du *Bourgeois gentilhomme*, etc... On lui avait cependant donné à reprendre, le 30 août de l'année dernière, le rôle plus important de Bourdeuil dans *les Deux Ménages*.

gue du quatrième acte, dont sa voix mordante a fait vibrer, l'une après l'autre, toutes les phrases avec une juvénilité et une force extraordinaires. Ce qui manque encore à cette interprétation, c'est la modération d'abord ; M. Coquelin croit trop qu'il est de son devoir de se donner tout entier ; ce sont ensuite les nuances que l'acteur néglige parfois dans le feu et l'emportement de son jeu. Tout cela demande à être perfectionné dans le détail et mieux fondu. A ces réserves près, que je suis obligé de faire pour indiquer l'impression du moment, il faut reconnaître, après cette audition du *Mariage de Figaro,* que depuis bien longtemps le Théâtre-Français n'avait pas produit un comédien nouveau qui ait montré tout d'abord de si brillantes et de si complètes qualités, et qui ait surtout permis de concevoir dès lors, sur son avenir dramatique, des espérances qu'il a d'ailleurs bien vite dépassées[1].

23 Juin. — Rentrée de Mlle Dinah Félix, la plus jeune sœur de Rachel, dans Lisette du *Jeu de l'Amour et du Hasard*, puis dans l'autre Lisette des *Folies amoureuses*. Petite, d'un extérieur plutôt ingrat qu'attrayant, peu disposée même jusqu'alors, par les rôles qu'elle a joués ailleurs, aux personnages des soubrettes classiques, Mlle Dinah Félix n'a rien, semble-t-il, de ce qu'il faut pour réussir dans l'emploi nouveau qu'elle aborde, mais l'œil est brillant, plein de vivacité, de ma-

---

1. Ont joué les autres principaux rôles : MM. Got (Bridoison), Leroux (le comte) ; Mlles Favart (la comtesse), Aug. Brohan (Suzanne), Dubois (Chérubin), Rose Deschamps (Fanchette). Cette dernière actrice, blonde, jolie, d'une physionomie un peu douce et peut-être trop placide, avait débuté, mais sans grand éclat, le 17 février précédent, dans le rôle d'Angélique de *l'Épreuve* à la Comédie-Française, où elle n'a guère fait que passer.

lice et de finesse, et le public est tout surpris et charmé de la verve, de l'animation, de la vivacité de repartie de cette petite personne. On ne saurait être meilleure, ni du premier coup aussi parfaite!... Voilà bien la vraie servante « forte en gueule, » de Molière et de Regnard. Le 28 juin, le succès de cette digne sœur de Rachel s'accentue encore dans la folle Toinette du *Malade imaginaire*, et à son troisième début, le 12 juillet, dans Dorine, de *Tartufe*, Mlle Dinah Félix achève de conquérir sa place définitive dans la maison de Molière[1].

11 Aout. — Début de Mlle Sarah Bernhardt[2], lauréat du

---

1. Mélanie-Émilie *dite* Dinah Félix, née en 1837. A dix ans, en 1847, elle débutait à la Comédie-Française dans Joas d'*Athalie* et dans Louison du *Malade imaginaire*. Un peu plus tard elle passe au Gymnase; le 23 janvier 1853, elle débute à la Gaîté dans le drame de *la Case de l'Oncle Tom*; en 1854, elle suit sa grande sœur à Saint-Pétersbourg; à son retour elle s'essaye passagèrement dans le personnage des soubrettes à l'Odéon, enfin elle entre au théâtre du Vaudeville, où sa création de Séraphine des *Lionnes pauvres*, comédie d'Émile Augier (22 mai 1858), attire particulièrement l'attention de la critique. — Elle est devenue sociétaire en 1868.

2. De son vrai nom, Bernard. — Voici ce que dit d'elle M. Sarcey, à propos de ce premier début rue de Richelieu : « Elle ne fit que passer à la Comédie-Française; je ne sais trop bien pourquoi et comment elle en sortit. Ses amis prétendent que M. Thierry, la prenant à part, lui conseilla de ne pas s'obstiner à demeurer dans un théâtre où il n'y avait jour pour elle à rien faire... mais j'ai entendu raconter aussi certaine histoire de gifles tombées de sa jolie main sur une joue de sociétaire. Si encore c'eût été une joue mâle, la chose eût pu s'arranger ; mais la joue frappée relevait d'un sexe qui ne pardonne guère. Il faut bien avouer que la petite personne dont la main était si leste avait le caractère peu endurant; c'était une jeune bohème doublée d'une enfant gâtée. Colère, mutine, fantasque, se moquant de tout le monde, ce démon femelle devait être une exécrable pensionnaire. » (Comédiens et Comédiennes, biographies publiées par Jouaust.) — Du Théâtre-Français Mlle Bernhardt passe au Gymnase, puis à la Porte-Saint-Martin, où elle paraît dans un rôle infime (la princesse Désirée) de la féerie de *la Biche au bois*, qu'on vient de reprendre pour les représentations de Mme Ugalde. M. de Chilly, qui dirigeait

Conservatoire et élève de MM. Samson et Provost, dans le rôle d'Iphigénie, de l'*Iphigénie en Aulide*, de Racine[1]; son deuxième début a lieu, le 24 du même mois, dans *Valérie* (rôle de Valérie)[2]. Mlle Bernhardt n'est encore qu'une écolière, et il est bien difficile de deviner, dès lors, l'intelligente et véritablement grande artiste qu'elle sera un jour. Elle n'a point de tenue, elle dit mal, elle dont la diction doit être plus tard si pénétrante et si enchanteresse, et elle passe, en somme, absolument inaperçue et disparaît bientôt, et tout à fait obscurément, de la scène du Théâtre-Français, sur laquelle elle doit par la suite remporter de si éclatants succès[3].

---

l'Odéon, l'attire peu de temps après chez lui, et elle débute au delà des ponts, le 14 janvier 1867, dans Armande des *Femmes savantes*. Elle y demeure avec des succès divers dans ses créations ou ses reprises jusqu'en 1872; le 6 novembre de cette dernière année elle rentre définitivement à la Comédie-Française dans *Mademoiselle de Belle-Isle*, et le 14 décembre suivant elle joue Junie de *Britannicus* de façon à satisfaire les plus difficiles.

1. MM. Maubant (Agamemnon), Chéry (Ulysse), Worms (Eurybate); Mmes Guyon (Clytemnestre), Devoyod (Eriphyle), Ponsin (Doris.)

2. MM. Ariste (Henri), Laroche (le comte), Coquelin Ambroise); Mme E. Riquer (Caroline).

3. Voici ce que nous avons écrit depuis dans notre *Gazette anecdotique* (tome II, n° 19) au sujet du triomphe remporté par Mlle Sarah Bernhardt, dans la tragédie de M. Parodi, *Rome vaincue* (rôle de Posthumia), le 27 septembre 1876 :

« Ce succès revient avant tout à Mlle Sarah Bernhardt. Sans nous joindre cependant à certains de nos confrères qui veulent déjà la comparer à Mlle Rachel, nous pouvons dire qu'aucune comédienne de Paris n'eût joué le rôle de la vieille Posthumia avec cette vigueur, ce tact, cette mesure et en même temps ce charme communicatif et pénétrant. Quelle force, quel nerf et quelle verve dans ce corps si mince, et si frêle!... Et aussi quel chemin parcouru depuis le 11 août 1862, date des premiers débuts de Mlle Sarah Bernhardt, où elle apparut bien obscurément dans *Iphigénie en Aulide*! Qui eût osé prédire, ce soir là, à la modeste et craintive débutante, qui dut presque aussitôt quitter la rue de Richelieu pour le Gymnase et l'Odéon, qu'e le régnerait un jour à la Comédie-Française en artiste souveraine et,

Le 15, spectacle gratis donné annuellement en l'honneur de la fête de l'Empereur. On joue *les Plaideurs, Horace* et *le Dépit amoureux.*

Le 19, reprise de *Psyché,* tragi-comédie-ballet en cinq actes et en vers, avec prologue, par Molière, Quinault et Pierre Corneille, ouverture et entr'actes de Lulli, chœurs nouveaux de M. Jules Cohen, et divertissement également inédit, réglé par M. Adrien, de l'Opéra[1]. Grand déploiement de mise en scène, mais en somme médiocre succès.

Le 8 septembre, rentrée dans Oreste, d'*Andromaque,* du tragédien Randoux, qui avait depuis longtemps quitté la Comédie-Française. Premier prix du Conservatoire aux concours de 1842, Randoux avait, en effet, débuté rue de Richelieu, le 16 octobre 1843, dans Curiace, des *Horaces.* C'est un artiste physiquement bien doué, mais

---

de l'aveu de tous, à la première place. (GEORGES D'HEYLLI). — Mlle Sarah Bernhardt avait été nommée sociétaire le jour même de son grand succès dans *la Fille de Roland* (Berthe) du vicomte Henri de Bornier (15 février 1875).

1. Le prologue, le premier acte, la première scène du second et la première du troisième sont de Molière; le reste est de Corneille. Quant à Quinault, il a écrit les paroles du chant. La pièce n'avait pas été représentée depuis 1703. Voici la distribution actuelle : MM. Maubant (le Roi), Chéry (Jupiter), Worms (Cléomène), Verdellet (un Dieu), Ariste (Agénor), Tronchet (Lycas); Mlles Fix (l'Amour), Favart (Psyché), Devoyod (Vénus), R. Didier (Zéphyre), Ponsin (Cidippe), Tordeus (Aglaue), Rose Deschamps (Œgiale), Marie Dubreuil (l'Amour enfant). Les chœurs sont chantés par trente-quatre élèves du Conservatoire (9 ténors; 8 basses; 9 soprani; 8 contralti). Le divertissement est dansé par Mlles Dumilâtre, Lamy, Millière et M. H. Mazillier, artistes de l'Opéra. — On a supprimé le prologue qui n'est qu'un morceau de circonstance consacré à l'éloge de Louis XIV. Les décorations nouvelles sont de MM. Cambon et Thierry, et la machination, les changements à vue et autres détails d'une mise en scène assez compliquée pour le Théâtre-Français, ont été très-réussis. Il y avait bien longtemps qu'on ne nous avait donné, rue de Richelieu, un spectacle aussi brillant, surtout comme changements à vue et comme costumes.

d'un talent un peu inégal et qui a cependant joué quelques rôles tragiques avec un certain succès, même aux côtés de Rachel[1]. Le deuxième rôle abordé par Randoux, le 12 septembre, est celui de Néron, dans *Britannicus*[2], et enfin il effectue son troisième début, le 15 du même mois, dans *Iphigénie en Aulide*, où le personnage d'Achille lui est assez favorable. Quoi qu'il en soit Randoux, dont les qualités et les défauts ne s'équilibrent pas assez, et qui n'a peut-être pas non plus une persévérance suffisante, Randoux ne parvient pas, cette fois encore, à se faire une place définitive à la Comédie-Française, où il ne se maintient que peu de temps. Il a même depuis longtemps quitté le théâtre, et nous l'avons vu ensuite jouer le drame sur les scènes secondaires où il est encore en honneur.

22 Septembre. — Première représentation de *Dolorès*, drame en quatre actes, en vers, de M. Louis Bouilhet[3].

C'est dans le poétique pays des Espagnes que le nouveau drame se passe ; on y chante des sérénades ; il s'y donne des coups d'épées, on y assassine et on y meurt aussi, au dénoûment, par sacrifice au devoir d'honneur, comme dans les vieilles pièces du répertoire héroïque qui

---

1. M. Randoux avait fait partie de la troupe de Rachel, lors de son excursion en Amérique.
2. Mmes Guyon (Agrippine), Royer (Junie), Tordeus (Albine); MM. Maubant (Burrhus), Laroche (Britannicus.)
3. Né en 1824, mort à Rouen le 19 juillet 1869, cet élégant poëte a donné au théâtre, avant ou après *Dolorès* : à l'Odéon: *Madame de Montarcy*; *Hélène Peyron*; *l'Oncle million*; *la Conjuration d'Amboise* et *Mademoiselle Aïssé*, œuvre posthume. La Porte-Saint-Martin a joué son unique drame en prose *Faustine*. Enfin une comédie, *le Sexe faible*, trouvée dans les papiers de l'auteur, n'a été ni imprimée ni représentée.

a fourni à Corneille le sujet du *Cid*. M. Bouilhet n'a point eu d'ailleurs d'aussi hautes visées que son illustre compatriote, et il ne nous offre pas aujourd'hui une tragédie selon les règles, mais bien un bel et gros drame qui s'est trop inspiré des souvenirs et des traditions de l'école romantique. M. Bouilhet est en effet un disciple de Victor Hugo : il écrit en vers vaillants et sonores, recherche les antithèses et les grandes oppositions de situations et de mots ; il accumule les scènes à sensation et abuse même des coups de théâtre, mais, comme son maître, il charpente très-médiocrement une pièce et n'est, au point de vue de la science purement théâtrale, qu'un ouvrier assez inexpérimenté et malhabile.

Un capitaine d'au delà les monts, don Fernand de Torrès, aimait d'abord cette Dolorès qui donne son nom à la pièce, et qui est la plus noble et la plus pure des jeunes Espagnoles de son temps. Mais Fernand rencontre à Tolède une certaine comtesse Laura, grande dame équivoque et de conduite suspecte, qui attire bientôt à elle, comme elle en a attiré tant d'autres, le chevalier servant de Dolorès qui est aussitôt oubliée. La jalousie que ressent la belle délaissée la pousse à s'embusquer, pendant une nuit, afin d'épier don Fernand qu'elle surprend, en effet, en galant rendez-vous avec la comtesse qu'il reconduit jusqu'à son logis où il pénètre avec elle. Mais, au moment même où la porte de Laura vient de se refermer, un homme, le marquis d'Avila, est assassiné par un inconnu, et les gens, accourus au bruit de la lutte dans laquelle il a succombé, déclarent avoir reconnu le manteau brun et la plume rouge de don Fernand de Torrès. On l'arrête aussitôt, et on le condamne, bel et bien, à avoir la tête tranchée ; car le malheureux, qui aurait pu si facilement se justifier, préfère mourir plutôt que de compromettre la comtesse qui le recevait chez elle au moment même où le crime avait lieu. D'ailleurs, cette grande dame, qui a décidément le cœur sec, pressée par le père de Fernand, lequel a reçu, *in extremis,* l'aveu de l'innocence de son fils, cette grande dame refuse absolument de dire le mot qui pourrait sauver la tête de son amant. C'est alors que Dolorès intervient; elle ne craint pas, elle, la noble femme, de sacrifier sa propre réputation au salut de l'homme qu'elle aime. Elle va trouver le Roi et lui déclare que c'est chez elle que don Fernand a passé la nuit. Une lutte de désintéressement s'engage alors entre elle et don Fernand, qui ne veut pas accepter le sacrifice de son honneur que lui fait Dolorès, et la situation pourrait se prolonger fort longtemps si l'on ne retrouvait tout à coup et fort à propos le véritable assassin. Mais ne croyez pas que tout soit fini pour cela et que Dolorès épouse enfin don Fernand comme dans un banal vaudeville; ce serait vraiment trop commode et trop simple; et puis, où serait le drame? Dolorès, avant de jeter son honneur en pâture à celui de son amant, a pris du poison et elle expire sous les yeux de don Fernand ; ce que voyant celui-ci, il se jette incontinent sur l'épée d'un de ses amis et il s'en perce le cœur. La toile tombe sur ce tableau funèbre et le spectateur emporte, de la soirée, un souvenir en somme peu récréatif et peu gai.

Telle est, en effet, l'impression générale produite par *Dolorès*. Le sujet déjà sans grand intérêt, sans nouveauté surtout, n'est pas suffisamment étendu et développé; il est monotone et ne force l'attention que par endroits, et en quelque sorte par éclairs. Deux ou trois scènes bien faites, très en situation et d'une grande chaleur de ton, de style et d'allures, telles entre autres l'entrevue du père et du fils[1], ressortent en saillie sur le fond de cette trame trop uniformément grise et terne. Ce sont aussi les passages les mieux venus comme poésie, et la scène, dont je viens de parler, a particulièrement forcé les bravos du public par son énergie et par les accents vrais des deux personnages qui en sont les héros. Maubant et Guichard ont d'ailleurs enlevé avec beaucoup de verve et d'émotion cette sorte de grand duo, ce combat de générosité entre le père et le fils; M. Guichard, qui manque un peu d'élégance et d'autorité dans le reste du rôle, s'est même relevé tout à fait dans cette scène capitale. Je veux citer aussi Mlle Favart, vraiment belle et aussi tragique que possible dans le personnage, si fort poussé au noir, de Dolorès, et rempli de tant d'effets variés de tendresse et de passion [2].

---

1. « Dolorès a réussi, grâce surtout à un acte qui renferme des vers d'une très-énergique facture. Je veux parler de l'entrevue du père et du fils : on s'est souvenu, à ce moment, dans la salle, que M. Louis Bouilhet était Normand, comme Corneille. Il y a toujours dans toutes les pièces de ce jeune poëte un acte incontestablement beau ; dans *Hélène Peyron* c'est le premier acte ; dans *Dolorès* c'est le troisième. Je ne sais si la pièce est bien faite dans le sens des auteurs habiles ; je ne le crois pas. Les personnages entrent et sortent comme dans la vie réelle, c'est-à-dire quand cela leur plaît, quand ils ont affaire ou même par hasard ; ils n'ont point *d'ordres à donner* ni *quelques lettres à écrire*. En outre, ils ne sont occupés que d'une seule chose qui fera sourire de pitié les hommes sérieux : l'amour. Moi, j'admire le courage de M. Louis Bouilhet, qui ne doute de rien, pas même de son époque, et qui a pris, l'autre soir, quatre heures pour lui parler de la lune, des étoiles, des cédrats et de l'honneur. » (CHARLES MONSELET.)

2. Ont créé les rôles : MM. Maubant (Don Pèdre de Torrès), Chéry (le Roi), Worms (Celio), Verdellet (Roxas), Garraud (d'Avila), Ariste (Manrique), Guichard (Fernand); Mlles Favart (Dolorès), Jouassain (Rosaura), Devoyod (Laura), d'une belle et fière tenue dans un rôle insuffisant et surtout ingrat; Tordeus (Béatrix), Coblentz (Léonor). Cette dernière vient de débuter dans les emplois secondaires et elle ne s'élèvera jamais plus haut. — La pièce n'a eu que quinze représentations.

20.

1ᵉʳ Décembre. — Première représentation du *Fils de Giboyer*, comédie en cinq actes, en prose, de M. Émile Augier.

La nouvelle pièce de M. Augier a soulevé bien des colères qu'on est fort étonné de trouver singulièrement atténuées et presque sans objet à quinze années de distance, tellement les circonstances, les milieux et les temps ont changé. Cette pièce, qui a semblé si forte, si terrible, et qui a été, en effet, si féconde en orages de tous genres, paraît tout à fait anodine aujourd'hui, en l'an de grâce 1877, et au moment où je viens de la relire avant d'écrire ces lignes. Je tenais à faire cette réserve préliminaire avant de noter ici l'impression du moment, qui a été bien différente et qui est certainement restée dans toutes les mémoires [1].

Cette comédie, l'auteur prend lui-même la peine de nous le dire dans la préface qui ouvre la brochure, « n'est pas une pièce politique, c'est une pièce sociale, » et il ajoute, afin d'en mieux établir et d'en caractériser plus nettement la portée, « que son vrai titre serait *les Cléri-*

---

1. On peut dire que cette pièce exceptionnelle clôture véritablement l'année. D'ailleurs, je ne vois guère à citer encore, pour ce dernier mois, que la représentation donnée le 21 décembre en l'honneur du 223ᵉ anniversaire de la naissance de Racine, et qui fut composée du quatrième acte de *Britannicus*, de *Mithridate* (avec Mˡˡᵉ Tordeus) et des *Plaideurs*. Enfin revenons sur nos pas pour mentionner la belle représentation donnée devant la cour, au château de Compiègne, par la Comédie-Française, qui y vint jouer *Bataille de dames* et *Il ne faut jurer de rien*.

Je ne puis vraiment faire de choix particuliers, pour les citer ici, dans les appréciations des journaux de l'époque, sur cette célèbre pièce, je serais entraîné trop loin, ou bien je resterais forcément incomplet. L'attaque et la défense se trouvèrent d'ailleurs bien distinctes, puisqu'on voulut faire absolument de la pièce, dès le premier jour, une œuvre de parti, et il y eut deux camps dans la presse, comme ailleurs, composés de ceux qui ont applaudi et de ceux qui ont sifflé.

caux, si ce vocable était de mise au théâtre. » Voici donc la situation bien définie : *le Fils de Giboyer* est une pièce de combat, elle veut mettre en scène « l'antagonisme du principe ancien et du principe moderne, » et il ne faut pas s'étonner dès lors qu'elle ait soulevé tant de polémiques et même ameuté contre son courageux et brillant auteur des inimitiés et des haines dont quelques-unes survivent encore aujourd'hui.

On conçoit bien que, dans une œuvre de ce genre, le fonds lui-même de la comédie, sa marche et son intrigue n'ont qu'une importance secondaire. Peu nous importe, en effet, que ce soit Maximilien, fils naturel de Giboyer, devenu de Boyergi, ou bien le comte d'Outreville, qui épouse Fernande, fille du député Maréchal. Ici, ce sont les critiques générales ou personnelles, les portraits, les satires, en un mot les attaques adressées à telle individualité ou à tel parti que nous devions chercher à surprendre au passage, et ces attaques ont été assez vives, assez sanglantes même pour avoir tout naturellement excité à l'endroit de la pièce une curiosité considérable, mais aussi pour avoir fait naître d'amères représailles.

La comédie de M. Augier met en scène une nouvelle et dernière incarnation de ce Giboyer, journaliste de plume vénale, qui avait d'abord fait les frais des *Effrontés*, œuvre déjà satirique, par endroits, mais qui cependant était loin d'avoir, à ce point de vue spécial, la portée de la pièce actuelle. Ce peu scrupuleux personnage se met, moyennant finances bien entendu, au service d'un pieux comité, à la tête duquel nous retrouvons d'abord une de nos vieilles connaissances de la précédente comédie, le marquis d'Auberive, et une certaine baronne Pfeffers, de noblesse et de vertu également équivoques. C'est là, comme on voit, un parti déjà bien compromis par ces deux têtes de ligne que le parti clérical, que ledit comité est censé représenter ici, d'autant mieux qu'on a été chercher ce Giboyer jusque dans les bas-fonds les plus inavouables de la société pour lui donner la succession du saint journaliste du parti, feu le regretté Déodat. Le député de ce même parti est un nommé Maréchal, homme de valeur nulle, et qui se borne à lire à la Chambre les discours que l'on compose à cet effet pour lui, dans l'intérêt de la sainte ligue, discours que recopie et retouche son secrétaire, Maximilien Gérard, enfant trouvé et qui n'a aucun état civil. Ce Maréchal a une femme, beaucoup plus jeune que lui, qu'il a épousée en secondes noces, et une fille, Fernande, issue de son premier mariage, et qui possède du chef de sa mère une fortune considérable. Le marquis d'Auberive a, de son côté, un neveu, le comte d'Outreville, jeune hobereau provincial, confit dans le seigneur et que son oncle fait venir à Paris pour lui faire épouser Fernande. Et maintenant il se trouve que Maximilien, le secrétaire de Maréchal, qui est un garçon instruit, distingué, d'un caractère noble et élevé, plaît à Fernande, laquelle est précisément douée des mêmes avantages physiques et moraux. Les deux jeunes gens finissent par s'adorer, et comme le secrétaire de Maréchal lui est indispensable pour la confection de ses discours, Maréchal ne demanderait pas mieux que d'unir sa fille à son secrétaire, s'il n'apprenait tout à coup que le père de Maximilien, ce père anonyme, qui ne peut même donner son nom à son fils, est ce même Giboyer dont la vie de scandales et d'expédients lui est, hélas! trop connue. Mais qu'importe après tout, puisque les deux jeunes gens s'aiment. Maréchal finit même par prendre la chose d'autant plus philosophiquement, que la présence de Giboyer lui promet « deux secrétaires au lieu d'un. » Et c'est pour cette question de vanité personnelle qu'il fait en somme si bon marché de sa fille!

C'est dans le développement de cette ordinaire et peu neuve intrigue que M. Augier a fait mouvoir ses personnages et placé ses portraits. Les personnages sont admirablement mis en scène, chacun a son caractère propre et bien défini, sa part de sarcasmes, de médisances et de méchancetés, et il n'est pas jusqu'à Fernande, cette belle et intéressante personne égarée dans cette bagarre politico-religieuse, qui n'ait à placer son petit mot malin dans une discussion de salon qui prend presque les proportions d'une grande querelle. Quant aux portraits, ils sont sanglants, je répète le mot, et il n'est pas de trop [1]. Ces cléricaux, M. Augier les attaque sur tous les points et par tous les côtés collectivement en apparence, mais cependant de manière à nous les présenter sous leur face la plus vivante, la plus reconnaissable et même parfois la plus personnelle, tel que ce court et terrible portrait de Déodat dans lequel M. Augier a entendu, — il le déclare lui-même dans sa préface, — « user de représailles contre un insulteur d'ailleurs si bien armé pour se défendre. » Son fouet vengeur à la main, M. Augier a distribué à gauche et à droite les plus vigoureux coups de lanière sur les épaules de ceux qu'il avait pris pour adversaires. Mais ses portraits, — on ne s'est pas gêné pour le lui dire alors sous toutes les formes et de toutes les manières même les

---

1. A force de chercher à placer dans la pièce un personnage actuel au-dessous de chaque portrait composé souvent d'allusions peu saisissables, on en est venu jusqu'à faire des applications contre lesquelles M. Augier a dû vigoureusement protester, celle entre autres qui tendait à démontrer que l'auteur du *Fils de Giboyer* avait voulu représenter sous le masque du député protestant, Couturier de la Haute-Sarthe, le plus illustre protestant de l'époque, M. Guizot.

plus dures, — ses portraits avaient, la plupart, contre eux l'exagération de leurs couleurs auxquelles l'optique même du théâtre donnait une vivacité de tons plus forcée encore. C'est en effet d'une plume tellement acérée, emportée et même violente que l'auteur les a présentés, qu'ils appelaient tous, plus ou moins, une riposte qui a presque aussitôt éclaté de toutes parts. Mais cette riposte ne pouvait avoir une même portée. C'était dans le journal ou dans la brochure qu'elle avait seulement le moyen de se produire, et non sur la scène où avait lieu chaque soir l'attaque avec tant d'éclat, au milieu de tant d'applaudissements et devant un tel succès. Il y avait là une grande inégalité entre M. Augier et ses adversaires, et ces derniers ont naturellement fini par avoir le dessous, car la pièce a duré plus longtemps que la manifestation et l'effet de leurs colères [1].

---

[1]. Je voudrais donner ici une idée de l'ardeur des polémiques que suscita *le Fils de Giboyer*. C'est peut-être moins à Paris qu'en province qu'elles furent appréciables. Ce n'est pas, en effet, dans la salle du Théâtre-Français que se manifesta l'animosité vengeresse des partis, aussi bien de ceux qu'Augier avait voulu frapper que de ceux qui s'étaient crus frappés par lui. En effet, le parti légitimiste, en raison sans doute de ses affinités avec le parti clérical, se déclara hautement atteint, et protesta de même. En un mot, tous ceux qui appartenaient de près ou de loin à ce qu'on appelait alors les anciens partis, firent, à tort ou à raison, cause commune contre l'ennemi commun. M. Augier eut beau s'en défendre; c'était là une trop belle occasion de parler de soi, et la rage de ses adversaires ne voulut rien entendre et tint sa protestation pour non avenue. « D'où viennent donc, s'écriait-il cependant, les clameurs qui s'élèvent contre ma comédie? Par quelle adresse cléricale soulève-t-on contre elle la colère de partis auquel elle ne touche pas? Par quelle falsification de mes paroles arrive-t-on à feindre de croire que j'attaque les gouvernements tombés!.... »

A Paris c'est donc surtout dans les journaux, ou par le moyen de brochures que les protestations éclatèrent; au théâtre, il était difficile qu'elles pussent se produire. Le gros du public, qui était d'ailleurs favo-

Au point de vue purement littéraire, *le Fils de Giboyer* est à coup sûr l'une des comédies les plus brillantes de tout le théâtre d'Émile Augier. Il n'avait pas montré jusqu'alors, dans aucune de ses pièces, une verve satirique aussi grande et de si haute portée. Ici, je le dis encore, la

---

rable à l'auteur, ne demandait pas mieux que de voir faire le procès de ceux qu'Augier frappait si impitoyablement, et comme quelques sifflets se firent entendre, dans les premières représentations, ils furent inexorablement réprimés.

De leur côté les journaux apprécièrent la pièce beaucoup plus, en général, d'après l'opinion politique qu'ils représentaient, qu'au seul point de vue littéraire. Il en est un seul, le *Journal officiel*, qui, par situation sans doute, crut devoir ne pas souffler mot de la querelle, et Théophile Gautier écrivit son article sur *le Fils de Giboyer* comme s'il se fût agi du plus innocent et du plus ordinaire vaudeville. En revanche, les feuilles légitimistes et religieuses jetaient feu et flamme; quant aux brochures, il n'en est guère que deux qui méritent d'être encore signalées; elles avaient pour auteur, l'une, *le Fonds de Giboyer* (dialogue avec prologue; in-18, chez Gaume, Paris, 1863), le journaliste célèbre, que M. Augier avait baptisé Déodat dans sa pièce, M. Louis Veuillot; l'autre, de moindre valeur, mais aussi acerbe, *le Petit-Fils de Pigault Lebrun* (in-18, chez Dentu, Paris, 1862), le biographe-pamphlétaire également attaqué dans la comédie nouvelle, M. Eugène de Mirecourt.

Mais ces deux brochures, — je dirais mieux, vu leur étendue, ces deux volumes, — eurent moins de retentissement, en dépit de leurs violences, que la querelle qui fut faite alors à M. Augier par l'un de ses confrères de l'Académie française, le poëte Victor de Laprade. C'est dans une pièce de vers, *la Chasse aux vaincus*, qui parut dans *le Correspondant* du 25 décembre 1862, que M. de Laprade, se déclarant le champion de tous les partis à la fois, même de ceux que M. Augier n'avait pas mis en cause, exhala, en termes un peu vifs, les plaintes amères et les colères calculées de ces mêmes partis. Cette pièce de vers, qui est trop longue pour que nous puissions l'insérer ici (elle a 188 vers), donna lieu à une vive réplique de M. Émile Augier, qui d'ailleurs indique suffisamment le ton de l'épître de M. de Laprade. Nous reproduisons cette lettre comme l'une des pièces les plus curieuses du procès littéraire qui nous occupe. Il faut se souvenir, en la lisant, que l'année précédente, le 14 décembre 1861, M. de Laprade, alors titulaire de la chaire de littérature française à la faculté des lettres de Lyon, avait été révoqué de ses fonctions à la suite de la publication dans *le Correspondant* (numéro du 25 novembre), d'une satire politique qui avait pour titre *les Muses d'État*, et qui visait

pièce elle-même disparaît et il ne faut plus la considérer que comme une sorte de comédie aristophanesque qui vaut surtout par les détails. Or, jamais M. Augier n'avait élargi, à ce point, le cercle de ses observations et de son ardente critique ; jamais il n'avait frappé aussi fort ni sur-

---

à la fois l'Empire et l'Empereur. Il était utile de rappeler ce fait pour l'intelligence de la lettre qui suit, et qui parut d'abord dans *l'Opinion nationale* :

A M. Victor de Laprade.

Monsieur, je serais bien confus si je m'étais permis d'adresser, je ne dis pas seulement à un de mes confrères de l'Académie, mais seulement à l'être collectif qu'attaque ma comédie, la centième partie des injures dont vous m'honorez, sous prétexte que vous êtes un ancien vaincu et que vous ne pouvez pas me répondre.

Que vous ayez essayé de mettre en vers ce thème déjà usé de votre parti, je ne m'en émeus guère : j'ai sur ma table une pile de journaux remplis des vociférations de ces prétendus muets et elles n'ont pas réussi à donner le change au public. La foule compacte qui applaudit tous les soirs ma pièce sait bien que ceux que j'attaque ne sont pas des vaincus ; que vous me traitiez de *chenille* comme vous avez traité de *punaise* un de nos maîtres à tous ; que vous preniez la grossièreté pour l'énergie : que vous cherchiez dans vos petits poumons le souffle d'un Juvénal, je n'y vois nul inconvénient ; je vous approuve même de renoncer à votre première manière, et ne suis pas assez votre ami pour vous détourner d'en prendre une seconde. Mais vous me calomniez et je vous arrête là. Vous insinuez assez clairement que *je chatouille le gros cuir des manans*, que *je flatte le maître*, que *j'ai part dans tous les butins*, et *ne fais pas la moue au nez des gros budgets*. Je ne vous demanderai pas ce que vous entendez par *les manans*, ni à quel endroit de ma pièce, ni à l'adresse de quel maître vous avez découvert une flatterie, je vous demanderai dans quel budget, dans quel butin vous avez vu mon nom. Apprenez, si vous l'ignorez, que je vis de ma plume, et, par parenthèse, c'est ce qui me permet de concilier les deux hautes amitiés auxquelles vous faites allusion, sans qu'elles aient, ni l'une ni l'autre, le droit de s'en offenser.

Je n'ai donc rien de commun avec ce que vous appelez *les Pégases de la cour*, et je me sens fort à mon aise pour vous dire que je vous trouve bien dur envers ces pauvres animaux. Il y a quelque chose de pire que de lécher la main qui vous nourrit, c'est de la mordre, et c'est ce que vous avez fait, monsieur, ne l'oubliez pas. Vous vous délivrez en assez mauvais style, un certificat d'héroïsme, vous vous mirez dans votre destitution comme dans une démission, mais, *que votre muse ici me le permette*, il y a une légère différence, et la voici : c'est qu'on vous vertout frappé de tels coups. La langue qu'il parle ici, — en faisant toutefois une réserve pour certains traits de goût médiocre, — est la plus étincelante et la plus française qui soit; elle est aussi la meilleure et la plus pure qu'il ait encore parlée. Aucun des auteurs qui ont écrit pour le

---

rait encore émarger à ce gros budget au nez duquel vous faites une moue magnanime, si le gouvernement, que vous attaquiez d'une main en recevant son argent de l'autre, n'avait arrêté votre *petit commerce*. Je ne peux donc pas, malgré la meilleure volonté du monde, partager votre admiration pour votre caractère, ni vous ranger parmi ces hommes que vous représentez, *fiers d'un serment unique,* car vous en avez prêté au moins un, et vous l'avez mal tenu.

Il m'est également bien difficile de vous prendre pour un champion sérieux de la liberté quand il vous échappe de ces maladresses comme ce petit mot de *manans*, qui nous montrerait assez, si nous ne le savions déjà, par maintes expériences, ce que vous et vos amis feriez de la liberté et de la révolution si on vous laissait faire.

Croyez-moi, monsieur, soyez simple et doux. Ne cherchez pas noise aux gens dont la situation est plus nette que la vôtre. Ne touchez plus au fouet de Juvénal, avec lequel vous vous donneriez encore sur les doigts, et revenez modestement à cette lyre sourde qui a si longtemps célébré le paganisme, monsieur le clérical.

Veuillez agréer, d'ailleurs, l'assurance de ma parfaite considération.

ÉMILE AUGIER.

Mais c'est surtout en province, et dans certaines villes du Midi, que les manifestations furent les plus vives, notamment à Nîmes et à Toulouse. L'annonce de la représentation de la pièce, dans ces deux villes, donna lieu à des cabales organisées par avance, et que la police connut aussitôt. Elle laissa cependant se produire le désordre prévu, lequel conduisit devant les tribunaux un certain nombre de meneurs qui furent condamnés à de légères peines correctionnelles. A Toulouse, l'affaire eut l'importance d'un événement judiciaire, et le compte rendu en fut même publié en un volume in-8º, que nous avons pu parcourir aux archives de la Comédie-Française. En somme, tout ce bruit ne pouvait que profiter à la pièce, et, en effet, elle fit son tour de France avec un succès que lui donna surtout l'opposition, qui prétendait l'empêcher d'être jouée. A Paris, ce succès fut de longue durée; il se prolongea sans interruption jusqu'au 31 mai de l'année suivante, date de la centième représentation de la pièce. Le résultat pécuniaire fut également considérable; les trente premières soirées des *Effrontés*, ce grand succès de

théâtre depuis le commencement du siècle, n'avait montré une telle puissance ni une telle audace dans cet art de la satire politique, religieuse et sociale, art dans lequel M. Augier s'exerçait d'ailleurs aussi complétement pour la première, et peut-être aussi pour la dernière fois. Il n'a point, en effet, persévéré dans cette voie qui lui avait donné un si bruyant triomphe, sans doute parce que la vivacité des polémiques qu'il avait fait naître lui a démontré que ces triomphes-là s'achètent quelquefois bien cher.

Il faut aussi noter tout spécialement l'interprétation magistrale des quatre principaux rôles de la pièce : M. Samson dans le marquis d'Auberive, M. Got dans Giboyer, M. Delaunay dans Maximilien Gérard, le fils naturel, et Mme Plessy dans la baronne Pfeffers. Quelle charmante, merveilleuse et féline baronne que Mme Plessy ! Que de talent dépensé, que de finesse et de grâce dans ce personnage de grande dame, laquelle dans le fond n'en est pas une, et comme cette nuance délicate est admirablement indiquée par l'éminente comédienne ! Quant à M. Got, il s'est si bien incarné dans le personnage de Giboyer qu'il lui a été, nous l'avons déjà dit, bien longtemps difficile d'en sortir. Il a donné un relief extraordinaire à la vulgaire figure de ce sacripant, qui est, grâce à lui, devenue typique et inoubliable. Je veux signaler aussi M. Laroche qui a créé le jeune comte d'Outreville avec

---

l'année précédente, avaient donné un total de 146,361 fr., soit 4,878 fr. 70 c. par représentation ; *le Fils de Giboyer* produisit, pour le même temps, 162,573 fr., soit 5,419 fr. 10 c. par soirée. On voit donc par cet exemple, et on l'a vu depuis pour bien d'autres pièces qui ont eu également des succès bruyants, que le meilleur moyen pour faire chuter une œuvre théâtrale quelconque, ce serait encore d'organiser franchement contre elle la conspiration du silence.

un tact, un goût et une intelligence qu'on ne lui avait pas jusqu'alors soupçonnés, et enfin mettre tout à fait hors de page Mlle Favart, qui a donné une physionomie si noble, si distinguée et si touchante à Fernande Maréchal, cette fille qui se permet d'avoir des sentiments et un cœur qui sont vraiment bien au-dessus de la condition et du milieu dans lesquels elle est née [1].

---

1. Voici la distribution complète de la pièce : MM. Samson (marquis d'Auberive), Provost (Maréchal), Got (Giboyer), Delaunay (Maximilien), Laroche (comte d'Outreville), Mirecour (Couturier), Verdellet (vicomte de La Vrillière), Barré (Dubois); Mlles Plessy (baronne Pfeffers), Nathalie (Mme Maréchal), Favart (Fernande), Coblentz (Mme de La Vieux-Tour). Quelques modifications sont survenues dans l'interprétation des rôles de la pièce pendant la durée de ses représentations : Bressant remplace dans le rôle du marquis Samson, qui prend sa retraite (2 mars); Coquelin et Barré doublent l'un, Verdellet dans le vicomte de La Vrillière (5 janvier 1863), l'autre, Provost dans Maréchal (26 mars). — C'est seulement le 14 janvier 1863 que l'Empereur et l'Impératrice viennent voir la pièce.

ANNÉE 1863.

La nouvelle année débute par l'admission au sociétariat de Mlle Jouassain, précieuse et vaillante artiste qui est devenue, à un âge encore peu avancé, la première duègne du Théâtre-Français[1].

Le 15 janvier, représentation annuelle, en l'honneur de Molière, dont la Comédie célèbre aujourd'hui le 241e anniversaire de naissance, par une solennelle soirée composée du *Misanthrope*[2] et du *Malade imaginaire*[3]; un petit

---

1. Après ses premiers débuts, en 1851, Mlle Jouassain n'avait point persévéré à la Comédie-Française, qu'elle abandonna presque aussitôt pour l'Odéon. Elle joua ensuite à la Gaîté des rôles indignes de son talent, et elle rentra enfin rue de Richelieu, mais cette fois définitivement, en 1856, dans *Tartufe* (Mme Pernelle) et *les Femmes savantes* (Philaminte). Elle a épousé, en 1876, un ancien officier de marine, M. Detournière.

2. MM. Geffroy (Alceste), Delaunay (Acaste), Maubant (Philinte), Monrose (Dubois), Mirecour (Oronte), Worms (Clitandre), Tronchet (le garde), Masquillier (Basque); Mmes Arnould-Plessy (Célimène), E. Guyon (Arsinoé), Ponsin (Éliante).

3. MM. Provost (Argant), Regnier (Thomas); Mme Aug. Brohan (Toinette).

à-propos en vers, *les Embarras de la Comédie*, composé par M. Henri Derville et lu par M. Got, complète ce beau spectacle, que termine la cérémonie traditionnelle du défilé des acteurs, cérémonie présidée par le même M. Got. Lorsque M. Geffroy, qui vient de remplir le rôle d'Alceste avec un succès tout spécial, passe à son tour devant le public, l'éminent sociétaire est salué par une double salve d'applaudissements.

20 Janvier. — Bonne reprise de *Mérope*, tragédie de Voltaire. C'est Mme Guyon qui joue le rôle de la Reine, toujours un peu mélodramatiquement, mais avec une grande tenue et beaucoup d'autorité sur le public. Les honneurs de la soirée lui reviennent de droit. Citons encore Maubant, qui représente le vieux Narbas; Chéry, qui fait Polyphonte; Worms, Égiste, et Mlle Tordeus, fort convenable dans le grand et long récit du dernier acte, qui n'a rien à envier à celui de Théramène. Enfin, notons les timides débuts, dans la tragédie, de Chatelain et de Raymond, qui remplissent les petits rôles d'Erox et d'Euriclès, sur lesquels il n'est guère possible de juger de leur talent. M. Raymond, d'ailleurs, n'a fait que passer à la Comédie-Française, car il est mort prématurément le 1er juillet de l'année suivante, et M. Chatelain n'y a point non plus trouvé une situation définitive.

Le 23 janvier, débuts, dans *le Misanthrope* [1], de Mlle Lloyd, belle et grande personne qui arrive directement du Conservatoire, et qui manque avant tout d'expérience. Elle a en outre un léger défaut de prononciation qui est surtout sensible quand elle dit des vers, et

---

1. Même remarquable distribution que celle du 15 janvier, à l'exception des rôles d'Arsinoé, que joue Mlle Nathalie, et de Dubois, où Coquelin remplace Monrose.

dont elle ne s'est jamais complétement débarrassée ; le 6 février suivant elle joue, pour son deuxième début, Isabelle de *l'École des maris* [1], et le 27, Rosine du *Barbier de Séville*. C'est ce dernier rôle qui lui est le plus favorable. Mlle Lloyd deviendra d'ailleurs, par la suite, une fort utile pensionnaire, mais sans s'élever jamais au premier rang. Célimène a toujours été un rôle trop difficile pour elle, mais elle a joué avec plus de succès l'Agathe des *Folies amoureuses* et Chérubin du *Mariage de Figaro*.

Le 10 février, reprise d'*Attendez-moi sous l'orme*, comédie en un acte, en prose, de Regnard, et la première qu'il ait donnée à la Comédie-Française. Coquelin y est fort amusant dans le rôle de Pasquin, mais la pièce ne tient cependant l'affiche que quelques soirées [2].

1er Mars. — M. Samson va se retirer définitivement et quitter à jamais le théâtre. L'illustre doyen de la Comédie-Française donne, pendant le dernier mois de son séjour, une série de représentations consécutives dans lesquelles il repasse tout son répertoire. C'est sa vie dramatique tout entière, si longue et si remplie, qui va se dérouler en quelque sorte sous nos yeux, et le vieil acteur se montre encore plein d'une verdeur et d'une jeunesse extraordinaires dans tous ces rôles qu'il a si longtemps

---

1. MM. Maubant (Ariste), Talbot (Sganarelle), Eug. Provost (Ergaste), Ariste (Valère); Mmes Bonval (Lisette), Ponsin (Léonor), Lloyd (Isabelle).

2. Jouée pour la première fois le 19 mai 1694. On a prétendu que Dufresny avait été pour cette pièce le collaborateur de Regnard. C'est là une erreur qui provient de ce fait que l'année suivante (11 janvier 1695), Dufresny fit représenter une farce sous le même titre. — Ont repris les rôles : MM. Garraud (Dorante), Coquelin (Pasquin); Mmes Rosa Didier (Colin), Deschamps (Agathe), D. Félix (Lisette).

joués et dont quelques-uns remontent même à ses premiers débuts. Le 1er mars, il joue une dernière fois *Bertrand et Raton* (Bertrand); le 3, Hector du *Joueur;* le 6, Mascarille de *l'Étourdi;* le 8, Sganarelle de *Don Juan;* le 10, Sosie d'*Amphitryon* et Duchemin de *la Belle-Mère et le Gendre;* le 12, Jourdain du *Bourgeois gentilhomme;* le 17, Dubois des *Fausses Confidences;* le 20, Cliton du *Menteur;* le 22, Bridoison du *Mariage de Figaro;* le 24, Miremont de *la Camaraderie;* le 27, Dubriage du *Vieux Célibataire* et Pasquin du *Jeu de l'amour et du hasard;* le 29, Dupuis du *Village* et Cliton du *Menteur*, et enfin le 31, pour sa dernière soirée, qui voit aussi la dernière représentation de M. Maillart, le marquis de La Seiglière, dans la pièce de ce nom, M. Maillart jouant Bernard Stamply.

Cette suprême soirée fut l'occasion et l'objet d'un triomphe exceptionnel pour cet artiste éminent, qui appartenait depuis 1826 à la Comédie-Française, dont il était sociétaire dès 1827. Voici en quels termes le registre journalier du théâtre en résume la conclusion :

> A la fin du spectacle, quand le public en masse a rappelé les acteurs, toute la Comédie s'est rangée des deux côtés de la scène afin de faire honneur au doyen des sociétaires donnant sa dernière représentation. Couronnes et bouquets sont tombés à ses pieds, et des bravos unanimes l'ont accompagné jusqu'à sa sortie du théâtre pour se rendre chez lui [1].

---

[1]. C'est pendant tout le cours de cette représentation de *Mademoiselle de La Seiglière* que le public manifesta à Samson et ses regrets et son admiration. Vers les dernières scènes de la pièce, une couronne lancée d'une avant-scène par une très-grande dame vint tomber aux pieds du vieil acteur, et aussitôt la foule éclata en applaudissements prolongés qui émurent si fort Samson qu'il ne put jouer la fin de son rôle que les larmes aux yeux et d'une voix tout affaiblie. A l'issue de la représentation, une foule com-

Le 14 avril suivant, eut lieu la représentation de retraite donnée au bénéfice de M. Maillart, après vingt-quatre ans de services. M. Samson parut une fois encore dans *Mademoiselle de La Seiglière* et dans le troisième et le quatrième acte du *Bourgeois gentilhomme*, et M. Maillart joua également pour la dernière fois le rôle de Bernard Stamply[1]. Acteur froid, compassé, ayant une prononciation défectueuse et désagréable, M. Maillart avait cependant de grandes qualités comme comédien de tenue et de traditions. Sociétaire depuis 1846, il avait quelques remarquables créations à son actif et on se souvenait de lui, surtout dans *Mademoiselle de Belle-Isle* (d'Aubigny) et dans *Angelo* (Rodolphe). Il était le frère aîné d'un compositeur de grand talent, Aimé Maillart, l'auteur des *Dragons de Villars* et de *Lara*, mort prématurément en 1871.

10 Avril. — M. Coquelin paraît pour la première fois dans le rôle de Figaro du *Barbier de Séville*. Ceux qui ont vu

---

pacte se porta à la sortie des acteurs, et lorsque M. Samson parut, cette foule, qui était composée de près de cinq cents personnes, acclama chaudement l'éminent comédien, qui faillit se trouver mal sous le double poids de son dernier triomphe et de son émotion. — M. Samson a alors exactement trente-sept ans de services à la Comédie-Française, où il a joué dans deux cent cinquante pièces, dont quatre-vingt-seize créations. Comme professeur, il compte de célèbres et aussi d'illustres élèves : Mmes Rachel, Arnould-Plessy, les deux Brohan, Rose Chéri, Guyon, Denain, Bonval, Émilie Dubois ; enfin il a aussi donné ses conseils à Mmes Nathalie, Judith, Dorval, à son gendre Ch. Berton et à son petit-fils Pierre Berton. — Après son départ de la Comédie-Française, M. Samson a été décoré de la Légion d'honneur comme professeur au Conservatoire (15 août 1864). Il est mort au mois de mars 1871, en pleine Commune ; ses obsèques ont eu lieu le 31.

1. Très-brillante soirée, incidentée d'acclamations et de rappels répétés pour les deux comédiens qui se retirent, et à laquelle assistent l'Empereur et l'Impératrice.

ce déjà remarquable comédien dans le Mariage de Figaro peuvent établir et constater la différence d'interprétation qu'il a donnée à ce même personnage dans les deux pièces. On n'est ni plus jeune, ni plus brillant, ni plus insouciant que Coquelin dans le Barbier; le Figaro du Mariage est déjà un homme fait, mûri par la traversée de la vie et aussi par le changement de situation qui est résulté pour lui de l'union du Comte avec Rosine. Cette nuance, qu'un artiste de valeur pouvait seul faire suffisamment ressortir, M. Coquelin s'est bien gardé de la négliger, et il a d'ailleurs joué avec une verve étourdissante ce rôle merveilleux qui, dans le répertoire classique, demeurera toujours l'un de ses plus populaires et de ses meilleurs[1].

---

1. MM. Bressant (Almaviva), Talbot (Bartholo); Mlle Lloyd (Rosine).
Voici comment M. Th. Gautier a jugé successivement M. Coquelin dans les deux pièces :

« Le Mariage de Figaro 1862) : au Théâtre-Français, un acteur intelligent, mais qu'il fallait chercher dans l'ombre discrète du second ou du troisième plan, vient de se mettre en pleine lumière et d'y montrer les qualités les plus rares. Nous voulons parler de Coquelin dans le Mariage de Figaro. Ç'a été pour tout le monde une surprise. Eh quoi ! Figaro, ce rôle si difficile, si complexe, qui exige le sang-froid d'un diplomate, l'esprit d'un démon, la souplesse d'un clown; Figaro, ce paradoxe étincelant, cette verve endiablée, cette imagination inépuisable, cette raillerie à flèches barbelées, cette impertinence toujours sûre d'elle-même et qui ne reste jamais à court, tout cela rendu par Coquelin, un novice, presque un inconnu ! Mais on ne joue pas plus Figaro qu'on ne joue Alceste, don Juan ou Hamlet; les comédiens les plus consommés n'y suffiraient pas. Que d'études, que de réflexion, que de travaux il faudrait pour cela ! Vous rêvez. — Cependant Coquelin, ce jeune homme condamné naguère aux utilités, a très-bien joué Figaro. Pourquoi ? Parce qu'il est jeune, parce qu'il est spirituel, parce qu'il est alerte, parce qu'il a envie de percer, de se faire sa place au soleil. Voilà bien des raisons : elles valent mieux que les traditions notées, les intonations apprises, les poses conservées dans les gravures. »

Le Barbier de Séville (1863) : « La dernière représentation du Barbier a fait voir qu'après Monrose, qu'après Regnier, il y aurait encore, rue de Richelieu, un Figaro digne de Beaumarchais. Coquelin a été ce Figaro. Il

L'année ne devait pas d'ailleurs se terminer sans que la comédie consacrât d'une manière éclatante les mérites si pleins d'espérance de son jeune pensionnaire. Elle l'appela aux honneurs du sociétariat en même temps que M. Worms. L'admission de ce dernier artiste ne fut pas sanctionnée par le ministre d'État, pour des motifs tout à fait étrangers à l'art, et auxquels nous avons déjà fait allusion[1]; quant à la nomination de M. Coquelin, il eût été

---

a montré dans ce rôle si brillant et si périlleux, un entrain merveilleux, une verve étincelante et cette légèreté de la jeunesse qui prête des ailes à ce type turbulent du barbier toujours actif, toujours alerte, toujours prêt à tout et dont les mots éblouissent l'esprit comme les paillettes de sa veste éblouissent les yeux. Son succès a été des plus vifs, mais il ne nous a pas étonné. »

Quant à M. Vapereau (l'Année littéraire, tome VI), il reproche, au contraire, à M. Coquelin de s'être fait trop jeune, et de nous avoir donné plutôt le Figaro de Rossini que celui de Beaumarchais. Il aurait voulu que l'excellent artiste montrât plus de « philosophie » dans l'interprétation du rôle. Nous citons cette opinion sans la discuter, ce qui nous entraînerait un peu loin, mais pour bien faire voir combien M. Coquelin, dont les débuts avaient passé presque inaperçus, trois ans plus tôt, occupait déjà l'attention de la critique.

1. Quand le pensionnaire proposé a été élu par le comité, tout n'est pas fini pour lui et sa nomination ne devient définitive que lorsqu'elle a été approuvée par le ministre d'État. Dans le cas présent, la double élection de Worms et de Coquelin par le comité était un fait accompli, témoin ces lignes de Th. Gautier dans son feuilleton du Moniteur, en date du 30 novembre : « Terminons par une bonne nouvelle : le comité de la Comédie-Française a admis au sociétariat MM. Worms et Coquelin; Worms, le charmant jeune premier; Coquelin, l'étincelant Figaro... On ne saurait qu'applaudir à cette mesure. Pourquoi attendre, pour nommer sociétaires les pensionnaires, qu'ils n'aient plus ni mémoire ni talent? » Or, le ministre, qui avait un autre candidat, agréable en haut lieu, refusa de reconnaître l'élection de Worms et exigea celle du susdit candidat. Nous n'avons pas à entrer ici dans les discussions d'intérieur, et même dans les commérages auxquels donna lieu cette dernière élection quasi souveraine; mais ce qu'il y a de certain, c'est qu'elle eut lieu, contre l'avis du comité, et que M. Worms, nommé par lui, fut rejeté par le ministre. J'ai déjà dit que, de dépit, cet artiste si distingué et bien autrement utile que celui qu'on lui préféra, quitta peu de temps après la Comédie-Française.

plus difficile de ne la point confirmer, tant l'opinion publique l'avait, par sa constante faveur, comme indiquée et ratifiée par avance.

12 Mai. — Mlle Agar effectue son premier début dans le rôle de Phèdre. Cette jeune tragédienne jouit déjà d'une certaine réputation qu'elle a conquise un peu partout, et d'abord au petit théâtre de la Tour-d'Auvergne, dont elle a été longtemps l'étoile[1]. L'Odéon est la première grande scène où elle se soit ensuite montrée, et elle y avait obtenu quelque succès dans *Phèdre* et *les Horaces*. Elle venait de créer un rôle important à la Porte-Saint-Martin, dans un drame de M. Garand, *les Étrangleurs de l'Inde*, lorsqu'elle fut enfin appelée à débuter à la Comédie-Française[2]

---

1. Ce petit théâtre de la Tour-d'Auvergne a été une pépinière de jeunes talents, dont beaucoup se sont fait jour par la suite sur les principaux théâtres de Paris. Citons, à la date de 1863, pour la Comédie-Française : MM. Saint-Germain, Gibeau, Guichard, Delille, les frères Coquelin, Prudhon, Laroche, Worms, F. Beauvallet, E. Provost, P. Berton ; Mmes Emma Fleury, Jouassain, Savary, Valérie, Stella-Colas, Rousseil, Ponsin, Tordeus, Cornélie, Agar, etc., et pour les autres théâtres de Paris : MM. Dieudonné, Deltombe, Deshayes, Grenier, Ch. Lemaître, Maurice Coste, Talien, Alex. Lemoine, Mario Widmer, P. Laba ; et Mmes Chaumont, de Villeneuve, Silly, Ferraris, Juliette Beau, Aimée Desclée, Periga, de Géraudon, Marie Delaporte, Bilhaut, Antonine, Méa, Delille, Germa, Léonide Leblanc, etc.... Voir, sur ce théâtricule, une petite brochure, aussi rare que curieuse, et qui a paru, en 1862, sous ce titre : *les Petits Mystères de l'École lyrique*, in-18, E. Sausset, galeries de l'Odéon, sans nom d'auteur.

2. Mlle Florence-Léonide Charvin, *dite* Agar, née à Saint-Claude (Jura) le 18 septembre 1836. Arrivée à Paris en 1853, elle fut d'abord maîtresse de piano, puis, comme elle avait de la voix, elle se mit à chanter dans les cafés-concerts, où elle interpréta avec une certaine vigueur tragique des chants spécialement composés en vue de son talent. C'est au théâtre Beaumarchais qu'elle parut pour la première fois sur la scène dans une cantate en l'honneur de la victoire de Solferino (1859). Le professeur Ricourt, à qui elle fut alors présentée, commença par la faire changer de nom et lui donna celui d'Agar, prétendant qu'après les grands succès de Rachel, toutes les tragédiennes devaient prendre leurs noms dans la Bible.

dans l'un des personnages tragiques les plus difficiles du répertoire, l'un de ceux où Rachel a laissé surtout les plus grands souvenirs. Cette audacieuse tentative ne fut pas couronnée de succès, et d'ailleurs le début de Mlle Agar fut troublé par un accident qui ne permit pas de la juger suffisamment dès le premier soir. Elle fit, en sortant de scène après le premier acte[1], une chute qui interrompit longuement la représentation et après laquelle elle ne put jouer que les second et troisième actes. Il fallut, au quatrième acte, baisser le rideau, et la continuation des débuts

---

Elle débuta, sous sa direction, à la fin de 1859, au théâtre de la Tour-d'Auvergne, dans *Don César de Bazan*; elle y joua peu après *Phèdre* pour la première fois. Voici comment la petite brochure, ci-dessus citée, parle d'elle à propos de terrible rôle : « Le 6 mars 1860, Mlle Agar débutait dans *Phèdre*; dans *Phèdre*, mon Dieu, oui ! elle qui, six semaines auparavant — elle le dit elle-même — ne se doutait pas qu'il existât une pièce de ce nom. Ce début fit honneur à Ricourt; son élève était belle, bien disante; les hésitations disparurent peu à peu... Malheureusement, les leçons se faisaient encore sentir dans la diction; mais Mlle Agar ne laissa pas à Ricourt le temps de façonner cette ébauche, de polir ces rugosités; elle se hâta trop de débuter à l'Odéon, et, admirable dans *Phèdre* (c'est la brochure qui parle!), elle dut nécessairement faiblir dans *Horace*. N'importe, l'avenir est à elle!... » Elle parut successivement ensuite dans *Agnès de Méranie*, *Médée*, *Lucrèce*, etc. C'est là que l'Odéon vint la chercher pour lui faire jouer la tragédie au delà des ponts. Elle eut, devant le jeune et intelligent parterre de ce théâtre, un grand succès de beauté, et son talent abrupt, rude, peu mesuré, mais d'une inspiration personnelle étrange et communicative, produisit un très-vif effet. Le nom de Mlle Agar était désormais, bien que trop prématurément peut-être, livré à la célébrité.

1. Voici en quels termes le registre du théâtre raconte cet accident : « En faisant sa sortie du premier acte, Mlle Agar est tombée sur une grille du calorifère et elle s'est blessée grièvement à la figure et surtout au nez. Elle a pu jouer néanmoins les deux actes suivants; mais au quatrième, il a fallu baisser le rideau sans finir la pièce, Mlle Agar s'étant trouvée mal dans les bras de la suivante Œnone. » — Les autres rôles de *Phèdre* sont joués par MM. Maubant (Thésée), Guichard (Hippolyte), Chéry (Théramène); Mmes Favart (Aricie), Tordeus (Œnone).

de Mlle Agar fut reportée au mois suivant. Le 9 juin, elle reparut dans le même rôle, et, entièrement remise des suites de sa chute et même de l'émotion inséparable de tout premier début, elle se montra avec plus de sûreté d'elle-même et par conséquent aussi complète qu'elle pouvait l'être.

Mlle Agar ne manque certes ni d'intelligence, ni de talent, elle a de la physionomie et même un ensemble de qualités assez remarquables, mais que l'étude n'a point suffisamment préparées ni assouplies. Elle joue trop, en effet, avec son inspiration propre et sans grand souci d'observer ce qu'on appelle les règles de l'art, qu'elle connaît évidemment fort peu. Elle cherche des effets de vigueur dans l'abus du geste ou de la voix, et cette voix, qui est en général un peu sourde, ne gagne pas à être forcée par des éclats inattendus. Enfin, bien qu'elle ait une assez grande expérience du théâtre, elle semble parfois gauche et gênée, et, défaut capital pour représenter les grandes reines classiques, elle a trop de laisser aller, ce qui ôte de la distinction à sa tenue. Le 19 juin suivant, elle joue Andromaque, dans la tragédie de ce nom [1]; enfin, le 24 du même mois, elle effectue son troisième et dernier début dans Clytemnestre d'*Iphigénie en Aulide* [2].

Cette première incursion de Mlle Agar sur la scène du Théâtre-Français ne lui fut donc pas entièrement favorable [3], et elle quitta bientôt la rue de Richelieu pour al-

---

1. M. Gibeau (Oreste); Mlle Tordeus (Hermione).
2. MM. Maubant (Agamemnon), Guichard (Achille); Mmes Ponsin (Iphigénie), Devoyod (Ériphyle).
3. M. Vapereau parle des débuts de Mlle Agar, en les qualifiant de « bruyants plutôt que brillants. » — « Nous avons revu, dit-il, au Théâtre-Français, dans le rôle si beau et si difficile de *Phèdre*, une tragédienne

ler jouer successivement le drame à l'Ambigu, à la Porte-Saint-Martin et à la Gaîté. Nous reverrons d'ailleurs, dans quelques années, Mlle Agar reparaître à la Comédie-Française, et cette fois avec un talent plus mûri et même épuré, et aussi plus sérieux.

Le début de Mlle Agar a été suivi d'un autre début d'un jeune premier de tragédie et de comédie, M. Gabriel, qui paraît pour la première fois, le 7 juin, dans le rôle de Britannicus de la tragédie de Racine et dans le personnage d'Octave de *La joie fait peur*. M. Gabriel est un comédien de tenue et d'étoffe un peu grêles, et qui ne peut rendre de bien sérieux ni par conséquent de bien longs services à la Comédie, où il ne fait, en effet, que passer, après s'être encore essayé toutefois, le 9 juin, dans Éraste du *Dépit amoureux*, et le 17 juillet, dans le rôle de Henri de *la Fiammina*.

Le 17 juin, débutait à son tour M. Gibeau, tragédien venu de l'Odéon, où il tenait depuis une dizaine d'années environ les premiers rôles de son emploi. M. Gibeau est un artiste expérimenté qui a déjà dix-sept ans de théâtre, et qui a d'abord longtemps joué avec succès le drame et la tragédie sur les scènes de banlieue. Ancien élève du Conservatoire, il en était sorti depuis 1846, avec un accessit. Mais M. Gibeau, qui a de la chaleur, quelquefois trop de chaleur même, notamment dans le personnage d'Oreste d'*Andromaque*, qui lui sert de début, et une

---

qui l'avait affronté déjà à l'Odéon, et que d'imprudents amis annonçaient pompeusement comme l'héritière de Rachel. L'assimilation était prématurée et, sans nier des qualités dramatiques où l'audace tient plus de place encore que le talent, nous avouons que nous ne sommes pas si prompt à l'enthousiasme, et que la nature et l'étude nous semblent avoir bien davantage à faire pour produire une vraie tragédienne. » (*L'Année littéraire*. 1864.)

grande bonne volonté, M. Gibeau a un physique ingrat contre lequel il ne peut naturellement réagir. Il est de petite taille, de forte corpulence, et il a les traits rudement accentués, le regard un peu dur et une voix successivement sourde ou tonitruante, toutes choses qui, cependant, l'ont servi heureusement dans certains rôles, tels que ceux de Macduff de *Macbeth*, à l'Odéon[1], et de Glocester des *Enfants d'Édouard*, à la Comédie-Française, rôle où il paraît, le 5 juillet, avec beaucoup de succès. C'est même le personnage qui, en raison des divers moyens de M. Gibeau, — de ses qualités aussi bien que de ses défauts, — nous semble lui avoir été le plus favorable au Théâtre-Français. Le 25 juin précédent, M. Gibeau avait joué, pour son deuxième début, Cinna, dans la tragédie de Corneille[2], mais il y avait été moins heureux[3]. En somme, et malgré les réserves que nous avons dû faire, M. Gibeau a occupé utilement sa place dans la troupe tragique pendant ses huit années de séjour à la Comédie-Française, qu'il a quittée seulement en 1871.

12 JUIN. — Je ne puis vraiment citer que pour mémoire les premières représentations de deux petits actes assez anodins, que la Comédie nous donne à quelques jours de distance, les 12 et 25 juin. Le premier, *Une loge d'Opéra*, est une agréable fantaisie de M. Jules Lecomte, qui ne tire guère à conséquence comme œuvre littéraire, et

---

1. Il avait joué également, avec un succès marqué, à ce théâtre, dans *Une fête de Néron*, de Soumet et Belmontet, le rôle de Néron que nous lui verrons reprendre, en 1870, à la Comédie-Française.

2. M. Maubant (Auguste); Mmes Guyon (Livie), Devoyod (Émilie).

3. C'est encore lui qui, le 23 juillet, déclame à la Comédie-Française un poëme d'actualité de M. le vicomte Henri de Bornier, que vient de couronner l'Académie française : *la France dans l'extrême Orient*.

qui, même à ce point de vue, est d'allure insuffisamment relevée pour la Comédie-Française. Le Gymnase ou le Vaudeville semblaient plutôt indiqués pour lui faire accueil. Tout l'intérêt de cette petite pièce se concentre, d'ailleurs, sur une seule scène dans laquelle une jolie femme admet à son déshabillé un prétendu qu'elle croit aveugle, alors qu'il ne l'est plus, et qu'elle épouse au dénoûment, au nez et à la barbe d'un autre qui s'était, tout un jour, mis en frais d'imagination pour trouver une loge d'Opéra introuvable. On ne saurait assez dire combien la bonne interprétation d'une pièce semblable peut en doubler la valeur, ni estimer assez haut la reconnaissance que M. Jules Lecomte a dû éprouver pour M. Thierry qui a fait jouer sa comédie par des artistes tels que MM. Bressant (Darsay), Coquelin (Duvivier), et Mmes Madeleine Brohan (Mme de Liria) et Rosa Didier (Célestine).

La seconde comédie, *Trop curieux* (25 juin), est en vers, et elle a pour auteur un jeune employé de l'enregistrement et des domaines, M. Edmond Gondinet [1] dont le nom paraît, pour la première fois, à Paris, sur une affiche de théâtre [2], et qui a la bonne fortune de préluder à ses succès futurs en débutant tout d'abord à la Comédie-Française. Ce n'est pas que sa pièce soit bien extraordi-

---

1. Né le 7 mars 1829, à Laurière (Haute-Vienne). A d'abord suivi la carrière de son père, qui était directeur de l'enregistrement et des domaines. Il était sous-chef de bureau au ministère des finances, lorsqu'en 1868 ses succès au théâtre lui ont permis de quitter définitivement ses fonctions bureaucratiques. Je n'ai point à parler ici des divers succès de M. Gondinet sur les scènes de genre; je me borne à signaler la grande vogue qui accueillit sa remarquable comédie de *Christiane*, la seule qu'il ait donnée depuis au Théâtre-Français (quatre actes en prose, 20 décembre 1872).

2. Il n'avait encore fait jouer qu'un petit vaudeville en un acte : *Sur le bord de l'abîme*, représenté et imprimé à Montpellier en 1856.

naire, surtout comme sujet et comme intrigue. Son principal personnage, l'Anglais lord Blount, n'a rien de nouveau ni d'original ; on a usé et abusé de lui sur tous nos petits théâtres. C'est un excentrique riche, qui s'ennuie et que la vie importune. Le tableau de ses misères et le spectacle posthume qu'elles nous offrent tournent au ridicule et même à la charge. On a ri cependant, bien qu'on ait trouvé la farce peut-être excessive pour la scène du Théâtre-Français ; mais au moins elle est écrite en jolis vers très-vifs et des mieux tournés. Les deux Anglais, lord Blount (M. Leroux) et John (M. Coquelin [1]), ont d'autant mieux amusé le public que la pièce nouvelle succédait immédiatement à une assez froide interprétation de *Cinna*, et le nouvel auteur a encore eu, ce soir-là, la gloire de triompher de Corneille lui-même !...

30 JUILLET. — Première représentation, au Théâtre-Français, de *la Jeunesse*, comédie en cinq actes, en vers, d'Émile Augier.

La Jeunesse est une comédie de la première manière de M. Augier, encore sans grands éclats ni sans grandes passions. Elle arrivait après *le Mariage d'Olympe*, pièce remarquable, mais que la brutalité de son dénoûment avait compromise, et il semblait que l'auteur ait voulu expier, dans cette œuvre nouvelle, plus placide et plus calme, les violences de ce drame, que plusieurs années de réflexion et aussi notre tempérament modifié ont depuis justement replacé en un rang meilleur et définitif. La comédie de *la Jeunesse*, écrite en vers très-soignés, dont un grand nombre font proverbes, avait été représentée pour

---

1. Les autres rôles par M. Got (Léon Pradal), et Mmes Riquer (Clarisse) et Marie Royer (Stella).

la première fois, le 6 février 1858, au théâtre de l'Odéon, où elle avait obtenu un succès assez vif, mais beaucoup plus en raison de certaines tendances libérales que l'auteur ne craignait pas de manifester dans quelques belles tirades, chaque soir applaudies, que par sa propre valeur comme œuvre dramatique. C'est « la jeunesse » du parterre de l'Odéon qui a soutenu alors la comédie d'Émile Augier, parce que la pièce, par son titre même, et aussi par son sujet, semblait s'adresser tout spécialement à elle pour lui donner quelques solides et salutaires enseignements.

La Comédie-Française se devait à elle-même de faire à M. Émile Augier, à la suite des grands succès que lui avait procurés la famille Giboyer, la gracieuseté de reprendre *la Jeunesse*, que son comité avait pourtant jadis refusée. Mais M. Augier avait trop de droits aujourd'hui à la reconnaissance de l'illustre société, pour qu'elle ne s'empressât pas de revenir sur cet ostracisme qui avait déjà cinq ans de date. Le succès, obtenu par la comédie de M. Augier, à l'Odéon, autorisait d'ailleurs cette sorte d'amende honorable, et voilà pour quelles multiples raisons *la Jeunesse* a traversé les ponts. Cette estimable comédie, en somme froide et longue, bien que d'une haute valeur littéraire, n'a pourtant pas retrouvé, rue de Richelieu, un accueil aussi favorable que celui qu'elle avait reçu à l'Odéon. La distribution des rôles était cependant parfaite et surtout très-supérieure comme ensemble [1], mais

---

1. Voici comment la pièce fut distribuée dans les deux théâtres :

	Odéon.	Théâtre-Français.
Ph. Huguet............ MM.	Fechter.	Worms.
Hubert.................	Tisserant.	Coquelin.
Joulin	Kime.	Barré.
Mamignon..............	Thiron.	Eug. Provost.

d'abord il n'y avait plus là le même public; puis la pièce semblait bien pâle et bien anodine à la comparer aux deux satires sociales, si virulentes, que son auteur venait de donner coup sur coup à la Comédie-Française; enfin le caractère de Mme Huguet, cette mère poussant à l'exagération et même à l'odieux l'ambition qu'elle a pour l'avenir de son fils, et dont la critique avait déjà dénoncé les côtés antipathiques, lors de la création de la pièce, sembla avoir pris peut-être une couleur encore plus déplaisante et plus outrée. Il n'est pas jusqu'à la différence d'interprétation du rôle de Cyprienne qui n'ait pas nui aussi à un succès nouveau de *la Jeunesse;* Mlle Marie Royer, qui reprenait ce rôle à la Comédie-Française, n'avait point le charme, en quelque sorte maladif, de Mlle Thuillier, qui l'avait créé à l'Odéon, et ce personnage y perdit beaucoup de sa douce, suave et poétique physionomie première. On écouta donc la pièce avec l'intérêt et la sympathie que commandaient le nom célèbre et le grand talent de son auteur, mais elle ne devait demeurer que peu de temps au répertoire.

Le 9 août, M. Verdellet, fils du tragédien du même nom, actuellement attaché à la Comédie-Française, débute dans le rôle de Valère, de *Tartufe*. Admis comme pensionnaire, M. Verdellet n'est resté que quelques années à la Comédie-Française, assez effacé dans les rôles secondaires.

Le 29 août, médiocre reprise d'*Eugénie*, drame en cinq actes, en prose, de Beaumarchais, avec une interprétation d'ailleurs bien pâle; en effet, à part Mlle Fleury, touchante

	Odéon.	Théâtre-Français.
Mme Huguet'.............	Mmes Lacressonnière.	Nathalie.
Mathilde.................	Périga.	Ponsin.
Cyprienne...............	Thuillier	M. Royer.

dans le rôle d'Eugénie, et Mme Guyon, très-remarquable dans Mme Murer, la tante acariâtre et revêche, les autres artistes sont assez froids et, je dois le dire aussi, bien mal choisis pour leurs personnages [1]. Il eût fallu, pour relever cette pièce vieillie et en faire ressortir les quelques passages vraiment dramatiques et émouvants, distribuer les rôles de Clarendon et de sir Charles à des acteurs plus brillants et ayant plus d'autorité que MM. Guichard et Gibeau. M. Bressant n'eût pas été de trop, dans ce personnage de Clarendon, qui exige une légèreté et une élégance que M. Guichard ne possède à aucun degré. Aussi la pièce s'est-elle traînée misérablement sur l'affiche, pendant quatre soirées seulement [2], et elle n'y a jamais reparu depuis cette époque.

Le 1er septembre, Mlle Delphine Fix cesse d'appartenir à la Comédie-Française. C'est une perte sérieuse pour l'art que celle de cette jeune et intelligente artiste, si remplie de charme et de distinction, qui certainement n'avait jamais été une comédienne hors ligne, mais qui avait tant brillé au second rang par sa tenue, sa convenance et son talent sympathique et sûr. Hélas! la vie nouvelle qui s'ouvrait si brillante et si fortunée devant elle fut de bien courte durée! Elle renonçait au théâtre pour épouser M. Casimir Salvador, l'un des administrateurs du Crédit foncier, et qui avait une grande fortune personnelle. Moins d'un an après, le 11 juin 1864, Mlle Fix mourait

---

1. Ont repris les rôles : MM. Maubant (Hartley), Guichard (Clarendon), Gibeau (sir Charles), Talbot (Cowerly), Chéry (Drink); Mmes Guyon (Mme Murer), Fleury (Eugénie), Bondois (Betzy).

2. Voici la date et les recettes de ces quatre représentations : 29 août (1,182 fr.), 1er septembre (819 fr.), 4 septembre (1,747 fr.), 8 septembre 969 fr.).

de suites de couches, laissant un mari inconsolable qui lui survécut douze ans [1]. Le souvenir de cette femme charmante, emportée si prématurément et si vite, s'est toujours conservé à la Comédie-Française.

14 Septembre. — Reprise de *la Mère confidente*, comédie en trois actes, de Marivaux.

Le défaut de cette aimable pièce, que le Théâtre-Français n'avait pas jouée depuis 1810, est celui de toutes les autres de Marivaux : le développement outré d'un sujet sans incidents et la monotonie qui en résulte. L'auteur nous ressasse comme à plaisir les mêmes scènes et passe et repasse sur une situation déjà connue et épuisée. On serait toujours tenté de lui crier d'en finir et l'on soupire de soulagement quand le dénoûment si languissamment amené, et depuis si longtemps prévu, arrive enfin à se produire.

Dans *la Mère confidente,* la situation respective de la mère et de la fille s'éternise en renaissant sans cesse, et Marivaux aurait pu tout aussi bien la développer et la prolonger pendant un ou deux actes encore. Ce genre de pièces n'a en quelque sorte, ni commencement ni fin, et c'est à force d'esprit, de charme dans le dialogue et de dextérité constante que Marivaux a pu rendre supportables les quatre ou cinq comédies de son théâtre encore demeurées au répertoire.

L'interprétation manque d'ensemble et n'est bonne que pour quelques rôles. C'est une erreur d'avoir confié le personnage de Mme Argante, cette mère de comédie bourgeoise, à Mlle Devoyod, qui s'y trouve toute dépaysée et

---

[1]. Il est mort le 29 juin 1876. — Mlle Delphine Fix était née le 10 septembre 1831, à Tellancourt (Moselle).

semble à tous moments demander l'heure de rentrer dans le répertoire tragique. C'est une Phèdre en rupture de bans qu'il ne faut plus faire descendre de son trépied. En revanche, Worms (Dorante) et Coquelin (Lubin) ont été très-applaudis. On n'est ni plus amusant, ni plus madré, ni plus naturel que Coquelin dans son rôle de villageois, en apparence lourdaud et niais ; quant à Mlle Émilie Dubois, elle joue Angélique avec sa naïveté et sa grâce habituelles, mais un peu trop en enfantine personne et pas assez en fille déjà faite, et à qui l'esprit arrive au pas de course.

Le 28 septembre a lieu sans grand éclat, le premier début de Mlle Estelle Jaillet qui se produit successivement dans trois rôles tragiques de haute importance : Émilie de *Cinna*, Hermione d'*Andromaque* (3 octobre) et Roxane de *Bajazet* [1] (10 octobre). Mlle Jaillet est encore une de ces tragédiennes de bonne volonté comme la Comédie-Française a le devoir d'en exhiber de temps à autre, mais qui ne font que se montrer à titre d'essai et sans que leurs débuts réglementaires soient suivis de beaucoup de lendemains.

19 Octobre. — Première représentation de *Jean Baudry*, comédie en quatre actes, en prose, de M. Auguste Vacquerie.

M. Vacquerie a voulu, lui aussi, réhabiliter son petit « misérable. » Victor Hugo venait de nous montrer, dans un livre d'un grand talent, mais d'une portée morale et sociale très-discutable, un autre « misérable » sorti du bagne et que repoussait la société. C'était la rédemption de cet homme que le grand poëte nous proposait d'ad-

---

[1]. MM. Maubant (Acomat), Verdellet (Osmin), Guichard (Bajazet); Mmes Tordeus (Athalide), Bondois (Zatime), Deschamps (Zaïre).

mettre, et il avait, à cet effet, écrit un long et attrayant plaidoyer en dix volumes qui a intéressé tout le monde, mais qui n'a convaincu personne. M. Vacquerie a repris la même thèse et l'a portée au théâtre.

Il s'agit, dans sa pièce nouvelle, d'un jeune polisson qui a nom Olivier, et que Jean Baudry, négociant du Havre, arrête de ses propres mains au moment où celles de ce « misérable » étaient en train de s'égarer dans ses poches. Au lieu de livrer ce drôle, encore un peu inexpérimenté dans l'art du vol, à la police qui l'eût jeté en prison, Baudry se prend de pitié pour lui, et comme il n'a ni femme, ni enfant, il emmène Olivier avec lui et tente d'en faire un honnête homme. Il le traite donc absolument comme s'il était son fils, lui fait faire ses études, lui prodigue ses soins et son or, lui fait apprendre la médecine, si bien qu'une dizaine d'années après, Olivier est devenu, au lever du rideau, un beau jeune homme, de tenue élégante et distinguée, et qui jouit déjà d'une certaine notoriété comme docteur. Ce garçon a aussi un cœur qui s'est développé comme le reste, et ce cœur a battu pour celui de la fille d'un riche négociant du Havre, nommé Bruel, et qui est l'ami de son père adoptif. Or, la belle Andrée n'est pas insensible à l'hommage du jeune homme, mais en fille bien élevée, elle a soin de ne pas le lui laisser voir. Sur ces entrefaites, Bruel se trouve subitement ruiné par la perte d'un de ses navires de commerce, mais Baudry survient qui lui offre sa fortune pour lui éviter la faillite. La délicatesse de Bruel s'oppose à ce qu'il accepte le don généreux que Baudry veut lui faire; ce que voyant ce dernier, il ne trouve rien de mieux, pour vaincre ses scrupules, que de lui demander la main de sa fille ; de cette manière il ne pourra refuser de recevoir de son gendre le secours pécuniaire qu'il lui déplaît d'accepter de son ami.

Or, Baudry a deux fois l'âge d'Andrée, mais cette dernière se sacrifie par devoir et consent à devenir la femme de cet homme généreux, parce qu'elle voit ce seul moyen de salut pour son père. A la nouvelle de ce mariage, Olivier entre dans une fureur épouvantable, il maudit ciel et terre, et ses mauvais instincts de jeunesse reprenant le dessus, il va devenir, par jalousie, capable des actes les plus répréhensibles. Andrée, plus froide, en apparence du moins, et aussi plus sensée et plus raisonnable, intervient heureusement pour contenir l'explosion qu'elle redoute, mais qu'elle ne fait que reculer. A la veille même du mariage, Olivier lui demande, pour la nuit, un rendez-vous suprême qu'elle refuse ; mais comme elle connaît le caractère d'Olivier, elle a peur de le voir passer outre, et elle confie à son futur mari les craintes qu'elle éprouve. « C'est bien, répond Baudry, laissez-moi aller à ce rendez-vous à votre place, je me charge de lui parler! » Ici se place la scène principale de la pièce, la rencontre nocturne de ces deux hommes, de ces deux rivaux, dont l'un — le fils adoptif — est animé contre l'autre d'un désir de vengeance encore mal défini, mais qui pourrait se terminer par quelque violence. La scène est belle, bien faite, et surtout bien amenée, mais le dénoûment qui en est le résultat est peu satisfaisant au point de vue de la morale humaine. Baudry, apprenant qu'Olivier est aimé d'Andrée, se retire devant lui et lui cède la place. Olivier a beau refuser d'accepter le sacrifice et s'éloigner d'abord avec Baudry qu'il veut suivre au delà des mers, le dernier mot de la pièce en fait pressentir quand même l'inévitable conclusion : « Je vous le ramènerai! » dit Baudry à Andrée.

Ainsi, ce coupable Olivier, cet ingrat, ce pervers — car sa perversité de jeunesse est toujours à l'état latent dans son cœur — c'est lui, en somme, que le sort récompense!

L'auteur a supposé que le refus qu'il oppose à Baudry d'accepter son sacrifice et d'épouser Andrée à sa place, lui serait compté comme un amendement favorable et finirait par le rendre enfin — au moins pour une scène — un peu plus intéressant et sympathique. C'est le contraire qui est précisément arrivé : Olivier nous paraît de plus en plus monstrueux ; nous ne pouvons même admettre qu'il soit sincère lorsqu'il propose à Baudry de partir à sa place, et dans la lutte qui s'établit entre eux au sujet d'Andrée, il a parfaitement l'air de ne la soutenir que pour la forme et dans la conviction qu'il finira par avoir le dernier mot, c'est-à-dire par épouser Andrée. *Jean Baudry* manque donc absolument de cet enseignement salutaire et de cette conclusion logique que les pièces de ce genre doivent entraîner avec elles. Ce n'est pas la peine de nous présenter une thèse sociale et de la développer devant nous pendant quatre actes, pour finir par n'en tirer aucune conclusion ni aucune leçon, au contraire. Olivier épousant Andrée, quelque talent que l'auteur ait déployé avant ce dénoûment qui nous répugne, vu le caractère d'ailleurs très-curieusement travaillé et fouillé de ce même Olivier, c'est là un dénoûment inacceptable. Et, à prendre le fait par un autre côté, il nous semble qu'Andrée est beaucoup plus sacrifiée et sera beaucoup plus malheureuse, en épousant ce jeune homme vaniteux et violent, que si — malgré la disproportion d'âge — elle fût devenue la femme de ce noble et généreux Jean Baudry. C'est donc là le défaut capital, le vice irrémédiable de la pièce, qui est toutefois écrite beaucoup plus simplement et en style meilleur que les précédentes tentatives romantiques et héroïques de l'auteur[1], mais qui a donné lieu à de nombreuses contro-

---

1. Notamment le fameux *Tragaldabas*, drame en vers (juillet 1848),

verses et a obtenu seulement un succès littéraire très-honorable, mais qui ne pouvait être de bien longue durée.

L'interprétation de la pièce est parfaite, à cette réserve près que le rôle d'Olivier a été confié à tort à M. Delaunay, ce jeune premier éternel, de physionomie si ouverte, si jeune, si brillante, si sympathique, et qui ne pouvait convenir à un personnage aussi peu intéressant et aussi antipathique que celui du fils adoptif de Baudry. Mais il faut louer sans restriction M. Regnier, si complet dans le rôle de Jean Baudry, qu'il a joué avec tant de naturel, de bonhomie, et dans la grande scène du dernier acte, avec tant de dignité et de puissance émue et touchante; M. Barré, très-simple et très-vrai dans le rôle de l'armateur Bruel, et aussi M. Coquelin, qui donne un grand relief au créancier Gagneux et à l'unique scène dont se compose son rôle. Quant à Mlle Favart, elle est demeurée elle-même, distinguée, simple et touchante dans le rôle peu original d'Andrée, qui ressemble à beaucoup d'autres du même genre qu'elle a précédemment créés [1].

10 NOVEMBRE. — Première représentation du *Dernier Quartier*, comédie en deux actes, en vers, de M. Ed. Pailleron.

Cette jolie petite comédie aurait pu tout aussi bien être baptisée *la Lune rousse*. C'est, en effet, le premier quartier de cette lune célèbre, beaucoup plus que le dernier

---

imprimé seulement en 1874, mais avec de nombreuses modifications, et beaucoup plus récemment *les Funérailles de l'honneur*, drame héroïque en prose (30 mars 1861).

1. M. Eugène Provost joue le rôle épisodique de Barentin et Mme Jouassain représente le seul personnage semi-comique de la pièce, celui d'une tante grondeuse, revêche, mais bonne femme en somme, et dans lequel elle déride par moments la salle. — L'Empereur et l'Impératrice, alors en villégiature, ne viennent voir la pièce que le 30 décembre.

de celle dite lune de miel qui commence pour Raymond et sa femme, nouveaux mariés qui se sont retirés à la campagne pour y vivre confinés en perpétuelle contemplation l'un de l'autre. Mais l'ennui étant venu bien vite pour Raymond, il regrette sa vie passée et il a surtout présents à la mémoire certains souvenirs de cœur dont il voudrait bien encore retrouver la trace. Il appelle alors à lui, pour se faire enlever, sous un prétexte quelconque, à la solitude qui lui pèse, un sien ami, Marien, et il lui confie tous ses projets. Mais la jeune femme surprend le secret de son mari, et, furieuse, elle veut absolument plaider en séparation. Elle consulte, à cet effet, qui? l'ami même de son mari, ce même Marien, qui se trouve ainsi servir les deux causes contraires de cet époux et de cette femme devenus si rapidement ennemis. Celui-ci explique à sa jolie confidente et cliente qu'elle n'a pas lieu d'invoquer jusqu'alors aucun motif de séparation, mais qu'importe? Dans son désir de vengeance elle en fera naître et elle trouvera bien le moyen d'exciter suffisamment les impatiences et la colère de son mari, au point de l'amener à se livrer sur elle à quelques-uns de ces sévices spéciaux prévus par la loi, tels, par exemple, qu'un soufflet. Mais à ce moment de la pièce, le vent tourne, Raymond vient d'apprendre que sa maîtresse qu'il voulait revoir l'a trahi avec un autre, et il renonce aussitôt à sa velléité de départ. Il devient plus tendre et plus soumis que jamais et supporte, sans se plaindre, toutes les agaceries perfides auxquelles sa femme se livre devant lui. En somme, réconciliation sur toute la ligne, on ne se sépare plus, et il est même à croire qu'une seconde lune de miel va succéder à celle dont le dernier quartier venait de disparaître devant nous.

Tout cela n'est pas bien nouveau, et surtout se rapproche beaucoup plus du vaudeville que de la haute comédie. On a cité diverses pièces que rappelle par bien des points la comédie nouvelle, et notamment *le Code des femmes* de M. Dumanoir (théâtre du Palais-Royal, octobre.1845), où figure intégralement l'amusante question du soufflet. Toutefois *le Dernier Quartier* a plu par l'ingénieux arrangement des scènes et leurs développements suffisamment comiques. Enfin, si le sujet n'est pas neuf, il est au moins rajeuni avec un certain art, bien que présenté sous une forme poétique et littéraire qui n'est guère plus relevée que ce sujet même[1]. M. Pailleron a d'ailleurs prouvé depuis, — nous le verrons plus tard, — qu'il était de taille à donner des ouvrages de plus haute et de plus sérieuse volée.

Le Dernier Quartier a servi de pièce de rentrée et de nouveau début à M. Lafontaine (rôle de Marien), qui vient d'être admis à la Comédie-Française comme sociétaire, en même temps que sa femme, artiste distinguée du Gym-

---

1. C'est la première comédie donnée au Théâtre-Français par M. Pailleron, qui ne s'était encore signalé comme auteur dramatique que par deux petites pièces jouées à l'Odéon : *le Parasite* (1860) et *le Mur mitoyen* (1861).

M. Sarcey a apprécié alors un peu sévèrement la poésie dramatique de M. Pailleron, mais son opinion n'en est pas moins précieuse à noter, ne serait-ce que pour établir les progrès que devait plus tard faire, sur ce point, M. Pailleron dans sa belle comédie des *Faux Ménages* : « M. Pailleron a l'air de croire qu'un vers est d'autant meilleur qu'il se rapproche davantage de la prose. Ainsi il introduit sans cesse dans ses vers les interjections et tous les petits mots parasites qui se glissent à l'ordinaire dans le courant de la conversation quotidienne et que la poésie élimine communément, comme *voyons! mais enfin! à la fin! tenez! oui, vous verrez que!... oh mais!...* Il y gagne de paraître, non pas plus naturel, mais, comme on dit aujourd'hui, plus *nature*. Une côtelette nature, passe encore, mais un vers nature n'est plus un vers. C'est détruire toute poésie, car une bonne part de la poésie consiste dans le retranchement de ces mêmes détails. » (Fr. Sarcey.)

nase, Mlle Victoria Valous, dite Victoria (20 octobre)[1]. Cette admission de Lafontaine n'est pas, nous devons le dire, l'œuvre du comité, qui l'a au contraire repoussée de toutes ses forces. Elle est due à M. Walewski, ministre d'État, qui l'a imposée à la Comédie-Française, et qui a imposé, en même temps, celle de sa femme. Ce ne fut donc pas de gaieté de cœur que les nouveaux camarades de M. Lafontaine lui donnèrent place parmi eux, et on le lui fit bien sentir en lui distribuant en général des rôles secondaires, tels que celui qu'il vient de créer dans *le Dernier Quartier*[2], et où il ne peut en aucune façon utiliser les qualités toutes personnelles qui le distinguent. En effet, M. Lafontaine trouva rarement l'occasion de sortir de ce second rang prémédité où il fut un peu volontairement relégué, et lorsqu'en 1871 il reprit sa liberté, on doit reconnaître que si ce jour-là il fit un acte agréable pour la Comédie, il se rendit aussi à lui-même un signalé service. Ce remarquable artiste avait en quelque sorte emprisonné son talent, tout d'inspiration, à la Comédie-Française, où, il faut le dire aussi, on n'aurait pu, avec la meilleure volonté du monde, lui donner à interpréter des rôles en rapport avec ceux où il a tant brillé sur d'autres scènes de genre, plus faciles, il est vrai, et d'un goût moins sévère.

Le même soir, M. Jules Didier Seveste, élève de la classe de Regnier et premier prix du Conservatoire, où il est entré l'année précédente, débute par le rôle de Petit-Jean des *Plaideurs*. Né à Paris, le 4 août 1846, il est

---

[1]. Il avait épousé cette sympathique comédienne au mois de février précédent.

[2]. Ont créé les rôles du *Dernier Quartier*: MM. Got (Raymond), Lafontaine (Marien); Mmes Marie Royer (Jeanne), Deschamps (Hortense). — La pièce a souvent été remise au répertoire: on la joue encore en 1877.

fils de Sébastien, dit Edmond Seveste, qui a été un moment directeur du Théâtre-Français, après 1848, et plus tard directeur de l'Opéra-National, qui devint le Théâtre-Lyrique. Didier Seveste est un garçon d'avenir, comédien de race, qui a toujours vécu sur le théâtre ou près du théâtre, et qui eût fourni certainement une carrière brillante, sans la mort prématurée et glorieuse qui le frappa en 1871. Au début de la guerre, ce courageux artiste était entré dans la garde nationale, qu'il avait quittée peu après pour un poste plus actif et plus dangereux en s'engageant, au commencement de novembre, dans le corps franc des carabiniers parisiens, commandé par Pérelli[1]. Le 19 janvier, à Buzenval, Seveste fut blessé à la jambe, et ramené à l'ambulance du Théâtre-Français, où il dut subir l'amputation. Le 23 janvier, il fut décoré de la Légion d'honneur, et mourut le 30. Le lendemain, 31, la Comédie fit relâche à l'occasion de ses funérailles, et ceux de ses artistes qui étaient présents à Paris assistèrent aux obsèques du malheureux comédien, qui furent célébrées à l'église Saint-Roch. M. Ed. Thierry prononça sur la tombe, au cimetière, quelques paroles émues et touchantes.

Seveste avait cependant eu le temps de donner la mesure de son talent, et on peut dire qu'il était un futur sociétaire. Il avait de la verve, de la physionomie, l'amour de son métier. Il a joué rue de Richelieu : Crispin du *Légataire universel*, Mascarille des *Précieuses*, les *Fourberies*

---

1. Pianiste de talent, M. Janvier Pérelli était né le 22 août 1833, à Palerme. Comme Seveste, il fut blessé mortellement à la bataille de Buzenval. Transporté à l'ambulance du Palais-Royal, il y mourut le 26 janvier. Ses funérailles eurent également lieu à Saint-Roch. Avant de mourir, il avait reçu, de même que Seveste, la croix de la Légion d'honneur. (Décret du 31 janvier 1871, pour prendre rang du 24.)

de Scapin, le Malade imaginaire, les Femmes savantes, le Mariage de Figaro, le Mari à la campagne, la Ciguë, le Dépit amoureux, etc...

15 DÉCEMBRE. — Première représentation de *la Maison de Penarvan*, comédie en quatre actes, en prose, de M. Jules Sandeau.

Cette nouvelle comédie est une erreur de M. Jules Sandeau; tirée par lui de son célèbre roman de la Revue des Deux-Mondes (1ᵉʳ septembre 1857), elle a subi un échec qu'il ne nous est même pas possible de qualifier d'honorable, ce vocable étant, en matière de théâtre, spécialement réservé aux ouvrages médiocres; or, *la Maison de Penarvan* est une pièce mauvaise, et même mauvaise autant qu'une pièce peut l'être. Nous ne l'analyserons donc pas, nous bornant à constater cette regrettable catastrophe, qu'il était si facile à M. Jules Sandeau d'éviter, en renonçant tout d'abord à transformer en comédie un roman qui ne pouvait se prêter à cette transformation. Cette fois, d'ailleurs, c'est sans collaborateur que M. Sandeau s'est présenté devant nous, ce que nous devons aussi regretter, l'expérience de M. Regnier et les ressources d'habileté et d'esprit de M. Émile Augier l'ayant si bien servi jadis pour la mise en scène de *Mademoiselle de La Seiglière* et du *Gendre de M. Poirier*, dont le sujet était également emprunté à deux de ses meilleurs romans. Les deux premiers actes de la pièce, bien qu'ils en prolongent l'exposition au delà des bornes usuelles, n'avaient cependant pas trop indisposé le public; l'abbé Pyrmil avait bien semblé un peu monotone, le meunier Michaud assez grossier, et le vicomte de Penarvan bien peu vicomte; mais enfin on avait sous les yeux certains tableaux d'intérieur bien étudiés, et on espérait surtout que les actes suivants allaient relever ce long début. Il n'en a rien été; aux tableaux d'intérieur ont succédé les querelles intestines, Renée de Penarvan a reparu avec son caractère tout d'une pièce, admissible dans le livre, mais impossible à la scène, quant au vicomte Paul, devenu marquis, et qui nous avait plu d'abord par sa franchise et son laisser aller, médiocrement aristocratique il est vrai, il s'est évanoui et métamorphosé tout à fait. Ses irrésolutions, sa faiblesse et ses capitulations de conscience l'ont rendu bien peu intéressant! Partira-t-il pour la levée de boucliers qui se fait en Vendée, ou ne partira-t-il pas? Eh! mon Dieu, oui, il part, et il se fait même blesser pour une cause qu'il déclare lui être étrangère et qu'il désavoue! Mais aussi, comme cette froide Renée lui rend son amour parce qu'il a versé son sang pour la sainte cause! ce qui nous a conduit à nous demander ce qu'elle aurait bien pu faire pour témoigner sa satisfaction à ce héros malgré lui, s'il s'était fait tuer tout à fait!...

La désillusion du public s'est manifestée un peu vivement à l'endroit de M. Sandeau, au dénoûment de sa pièce, et ce n'est pas sans orages ni sans sifflets qu'elle s'est terminée. On a eu même beaucoup de peine à faire entendre le nom de l'auteur à la chute du rideau, qui, hélas! était aussi celle de la comédie nouvelle. En effet, malgré les coupures considérables pratiquées çà et là dans l'ouvrage, et la suppression de quelques mots malencontreux qui ne pouvaient faire plaisir qu'aux lecteurs de *la Gazette de France* ou de *l'Union*, la pièce ne s'est pas relevée aux représentations suivantes et elle a promptement disparu de l'affiche.

Ajoutons que la distribution des rôles, faite aux premiers artistes du théâtre, n'était pas heureuse, au moins pour les deux principaux; jamais Mme Plessy n'aurait dû accepter le personnage de Renée, pour lequel Mlle Favart semblait absolument désignée; jamais, non plus, le rôle du marquis de Penarvan n'aurait dû être distribué à M. Got, qui sortait à peine de son admirable incarnation de Giboyer; c'est M. Bressant qu'il eût fallu choisir. La Cour, devant laquelle avait été d'abord jouée la pièce, à Compiègne, le 12 décembre précédent, lui avait, paraît-il, fait de même un médiocre accueil, et cette question de mauvaise distribution des rôles y avait été soulevée et discutée. Le malheur voulut que la pièce était prête, que la Comédie n'avait point d'autre nouveauté sous la main, que le temps pressait, et qu'en somme il était trop tard[1].

La représentation de *la Maison de Penarvan* aura eu au moins cet avantage pour M. Sandeau, c'est qu'elle n'a pas manqué de procurer une nouvelle série de lecteurs au chef-d'œuvre charmant qui lui avait donné naissance.

---

1. Ont créé les autres rôles : MM. Provost, d'une admirable bonhomie dans l'abbé Pyrmil; Mirecour (Germain), Coquelin (le meunier Michaud), Eug. Provost (Armand); Mmes Emma Fleury (Irma), Jouassain (Gervaise).

ANNÉE 1864

Nous n'avons rien de nouveau à relever, en parcourant le journal de la Comédie, pour les premiers jours de l'année qui commence [1], avant l'important début de Mme Victoria Lafontaine, depuis longtemps annoncé et que diverses circonstances ont retardé d'une année tout entière. L'intéressante comédienne du Gymnase avait en effet été nommée sociétaire le 23 février 1863, en même temps que son mari [2]. C'est dans le rôle de Cécile de *Il ne faut jurer de*

---

1. Citons cependant le 242e anniversaire de la naissance de Molière, célébré le 15 janvier par une représentation solennelle composée du *Misanthrope*, avec Mme Plessy dans Célimène et Mme Guyon dans Arsinoé, et *le Malade imaginaire*, suivi de la Cérémonie. L'Empereur et l'Impératrice assistent à ce classique spectacle.

2. M. Félix Jahyer, du *Paris-Théâtre*, a donné, dans ce recueil, deux notices fort complètes sur M. et Mme Lafontaine; il a dû, d'après les détails intimes dans lesquels il entre, tenir ses renseignements des deux intéressés eux-mêmes, et voici sur Mlle Victoria quelques notes résumées d'après la susdite biographie :

« Mlle Victoria n'a jamais connu ses parents; née vers 1840, elle fut recueillie par un ouvrier plâtrier, nommé Valous, qui la traita comme sa

rien que Mme Lafontaine paraît tout d'abord (26 février), mais sans y trouver un succès aussi vif qu'on l'avait espéré pour elle [1]. Elle le joue, s'il est permis de traduire ainsi une impression toute personnelle, un peu tristement ; elle n'a ni la gaieté, ni la légèreté, ni même la jeunesse du personnage ; en un mot, elle n'est pas une véritable ingénue. Il a, en effet, toujours été difficile de qualifier, par un des vocables en usage, le talent de Mme Lafontaine à la Comédie-Française ; elle n'est complétement ni un premier rôle ni une amoureuse, et non plus, — nous venons

---

propre enfant et la fit même élever avec le plus grand soin et bien au-dessus de la position de son père adoptif. A onze ans, elle assista au théâtre des Célestins, à Lyon, à une représentation de Mme Rose Chéri, qui décida de son avenir; dès ce jour, en effet, elle étudia en vue du théâtre et débuta à quatorze ans, à Pau, dans *la Fille terrible*. Elle fit, dans cette ville, la connaissance de Mme Loïsa Puget, qui y résidait, et qui avait épousé M. Gustave Lemoine, beau-frère de M. Montigny, directeur du Gymnase. Mme Loïsa Puget s'intéressa à la jeune comédienne, la reçut chez elle, lui donna ses conseils et enfin, quand elle la jugea suffisamment mûre pour une scène plus relevée, elle la fit admettre au Gymnase, où elle débuta, en 1857, dans *la Reine de seize ans*. Mlle Victoria obtint, dès les premiers jours, un grand succès que confirmèrent ses créations successives dans *Cendrillon*, *la Perle noire*, *Piccolino*, *les Ganaches*, *la Maison sans enfants*, etc... et les reprises de *Paméla Giraud* et de *la Grâce de Dieu*, cette dernière pièce à la Porte-Saint-Martin. Le 23 février 1863, Mlle Victoria épousait son camarade, M. Lafontaine, à la petite église Saint-Eugène, voisine du Gymnase. Une chose curieuse à citer, ajoute M. Jahyer, c'est qu'en rentrant chez eux, au sortir de l'église, M. e Mme Lafontaine trouvèrent signés par le ministre Walewski leurs deux contrats de sociétaires à la Comédie-Française. Telle est la version authentique de leur entrée dans la maison de Molière. »

1. MM. Provost (Van-Buck), Delaunay (Valentin), Got (l'abbé), Seveste (le maître à danser) ; Mme A. Brohan (la baronne). — Le même soir, reprise de *Faute de s'entendre*, comédie en un acte de Ch. Duveyrier (frère cadet de Duveyrier, dit *Mélesville*), représentée pour la première fois le 16 juin 1838. Le principal attrait de cette reprise est de nous montrer M. Coquelin dans le rôle de Blum, créé par M. Regnier, qui reprend, aux côtés mêmes de son brillant élève, le rôle moins important de Beauplan. M. Worms joue Torcy et Mlle Dubois, Louise.

de le dire, — une ingénue. Elle avait cependant montré, sur la petite scène du Gymnase, des qualités très-réelles qui pouvaient la rattacher, par quelques points spéciaux, à ces trois genres assez rarement réunis en une même comédienne ; mais ces mêmes qualités empruntaient au milieu artistique moins élevé où s'était d'abord produite Mme Lafontaine, un relief plus accusé, plus favorable et un peu comme surfait. Cette charmante artiste avait, — elle a encore, — une vive intelligence, un organe plein de tendresse et de sensibilité, et surtout de l'émotion vraie ; elle était mal servie, en revanche, par sa petite taille et par une sorte de timidité naturelle qui ne lui permettait pas de reproduire à la scène, avec une expansion et un effet suffisants, les inspirations que son instinct artistique, si profond et si distingué, faisait naître en elle.

Elle réussit d'ailleurs beaucoup mieux dans son second rôle de début, Agnès de *l'École des femmes* (1er août), qui fut, nous devons le dire tout de suite, celui qui lui fit le plus d'honneur pendant tout son séjour à la Comédie-Française. Elle ne le joua nullement d'après la tradition ; elle avait d'ailleurs cela de commun avec son mari, c'est que, comme lui, elle n'avait jamais, antérieurement, abordé l'ancien répertoire, ni passé par aucun conservatoire ni par un travail préliminaire quelconque qui aurait eu pour but de remédier à ce manque d'études classiques premières. Elle joua, rue de Richelieu, comme au Gymnase, avec son talent personnel et ses qualités natives, que dix années de théâtre avaient seulement perfectionnées. Dans *l'École des femmes*, donc, elle fut surtout elle-même, et je suis heureux de dire qu'elle satisfit tout le monde. Sa timidité même, le timbre exquis de sa voix, une sorte de gaucherie pleine de charme qui la caractérise aussi, tout lui fut ici favorable[1]. Elle fit même quelque peu recette dans ce difficile rôle, en une saison où les théâtres sont généralement vides, et on vint rue de Richelieu pour lui voir jouer Agnès. Mais elle ne retrouva point ce même succès dans son troisième et dernier rôle de début, Rosine du *Barbier de Séville* (15 décembre), où elle sembla trop donner encore la même note, alors qu'ici c'était une note toute différente qu'il fallait faire entendre.

Il y avait, en somme, peu de variété dans cet aimable talent, et la Comédie-Française n'eut que rarement l'occasion de l'utiliser; il devint bien vite évident que les honneurs du sociétariat ne pouvaient être, pour Mme Lafontaine, la juste compensation de la situation si brillante qu'elle avait eue au Gymnase. Elle y avait été incontestablement « la première, » et il n'est point de pièce où, postérieurement à ses débuts, la Comédie-Française ait pu lui offrir autre chose que des seconds rôles et, parfois encore, moins que cela! Elle eut donc bien raison de résigner, en même temps que son mari, ce sociétariat qui avait été pour elle comme une sorte de manteau trop lourd pour ses faibles épaules. Du même coup, elle sembla abandonner aussi presque tout à fait le théâtre, n'y reparaissant qu'à de rares intervalles et comme avec le secret et tardif regret d'avoir un jour sacrifié la proie pour l'ombre en s'éloignant de cette petite scène du boulevard Bonne-Nouvelle où elle avait si longtemps triomphé.

---

1. « Geste, regards, attitude, voix, tout a été harmonieux et simple. Le côté *victime* a été principalement accusé d'une façon nouvelle et inattendue. D'ordinaire les débutantes insistent faiblement sur l'amour d'Agnès pour Horace, qui est sa justification; elles se contentent de sautiller et d'ouvrir des yeux aussi naïfs que possible. Mme Victoria Lafontaine a étudié le rôle à un autre point de vue; elle a cherché à faire aimer Agnès malgré Arnolphe, et peut-être un peu aussi malgré Molière. Elle y a complétement réussi. » (CHARLES MONSELET.)

8 Mars. — Représentation du *Duc Job*, donnée, par ordre, en l'honneur de l'archiduc Maximilien d'Autriche, et de la princesse Charlotte, fille du roi des Belges, sa femme. Les deux futurs et infortunés souverains du Mexique sont à Paris depuis l'avant-veille, en visite d'adieux au palais des Tuileries, où l'empereur les a logés au pavillon de Marsan. Ils ont quitté Paris le 12 mars.

16 Mars. — Représentation extraordinaire donnée à l'occasion de l'inauguration du nouveau foyer[1]; première

---

1. Le Théâtre-Français a gagné au considérable remaniement qu'a subi le Palais-Royal de 1862 à 1864, et à l'établissement de la nouvelle place qui s'étend à gauche du palais même : à l'extérieur, la prolongation de sa colonnade et de sa façade; à l'intérieur, un escalier monumental, un foyer public qui fait suite à sa belle mais trop étroite galerie de bustes de grands écrivains, et beaucoup d'autres aménagements particuliers dont l'administration et les comédiens ont principalement profité. C'est le regretté M. de Chabrol (mort le 9 mars 1875) qui a été chargé de la part qui regardait la Comédie-Française, dans ces vastes travaux; c'est donc à lui qu'on doit surtout le grand escalier qui conduit de la nouvelle entrée, donnant sur la place de la rue Saint-Honoré, aux galeries des premières loges. Le seul reproche qu'on ait adressé à ce beau morceau d'architecture, c'est qu'il n'aboutit directement qu'à un simple couloir; M. de Chabrol ne pouvait malheureusement remédier à cet inconvénient vu la situation de la salle et la place où il était absolument obligé d'édifier son escalier, dans lequel nous signalerons les belles cariatides de Carrier-Belleuse. Quant au nouveau foyer, il ne mérite que des éloges; il est d'une excellente dimension, et a plutôt l'aspect d'un riche et artistique salon que d'un foyer de théâtre. Il est entouré de seize pilastres cannelés devant lesquels sont placées les statues d'écrivains dramatiques illustres; son ornementation picturale est très-sobre mais très-recherchée; les fleurs peintes sont de Chabal-Dessurgey, et les scènes enfantines de comédies du plafond, de Brisset et Edmond Hédouin. La cheminée monumentale est de grand style et ornée d'un bas-relief de Lequesne, qui représente le couronnement de Molière par les principaux artistes actuels du théâtre, dont quelques-uns sont fort ressemblants. Enfin, faisant face à cette cheminée et placé sur un socle de marbre de Saint-Béat, se dresse au milieu d'une corbeille de fleurs le *Voltaire assis*, de Houdon (1779), l'un des chefs-d'œuvre de la sculpture française. Avant de lui donner cette place d'honneur, qui appartient de droit à Molière, on avait d'abord songé

représentation de *Voltaire au foyer*, à-propos en un acte, en vers, de M. Amédée Rolland, suivi d'une cérémonie où paraissent tous les acteurs. *Le Dépit amoureux* (M. Regnier, Gros-René) et *le Misanthrope* (M. Geffroy, Alceste, et Mme Madeleine Brohan, Célimène) complètent ce solennel spectacle.

L'à-propos de M. Rolland est écrit en très-jolis vers et il est fort amusant; le point de départ en est surtout ingénieux. Cette belle statue de Voltaire, qui se trouvait dans le vestibule, derrière le contrôle [1], va donc remonter jusqu'au nouveau foyer. C'est Voltaire lui-même que M. Rolland nous représente cherchant à gagner sa nouvelle place, s'égarant dans l'obscurité des coulisses, heurtant sans le bien voir le pompier de service qu'il prend, attendu son casque, pour un héros quelconque de tragédie, et rencontrant enfin un certain Harpon qui propose à l'ami du grand Frédéric de faire paraître devant lui par le nouveau moyen, — qui l'eût cru? — des tables tournantes, alors en faveur, les personnages qui ont jeté le plus d'éclat sur la Comédie-Française. Naturellement Voltaire accepte, la rampe se lève et le défilé commence. Les voici tous, les grands comédiens, les auteurs illus-

---

à une statue du grand comique, assez remarquée au dernier salon; mais on en revint bien vite à l'œuvre admirable de Houdon, et, par le fait, c'est ce grand artiste, plutôt que Voltaire lui-même, qui occupe la première place du nouveau foyer.

1. Le bureau du contrôle a, ce même jour, changé de place dans le grand vestibule d'entrée; il avait, jusqu'alors, tourné le dos à la statue de Voltaire; il a aujourd'hui, derrière lui, la rue de Richelieu, et devant lui les statues de la *Tragédie* et de la *Comédie*, exécutées par Duret, en 1857. Enfin, on a placé, entre ces deux statues, un *Talma assis*, de David d'Angers (1837), qui, sous le nom de *Sylla*, avait déjà orné le jardin des Tuileries sous Louis-Philippe, et qu'on avait ensuite transporté au Conservatoire, d'où il est revenu à la Comédie-Française.

tres et même les meilleurs personnages de leurs pièces, et aussi les actrices belles et célèbres venant nous dire chacun leur « couplet, » célébrant à la fois les anciens et les modernes : Molière (Leroux), Lagrange (Delaunay), Lekain (Maubant), Gros-René (Eug. Provost); Mme Contat (Mme Madel. Brohan), Mlle Clairon (Mlle Devoyod), Marinette (Mlle Rosa Didier), et enfin Adrienne Lecouvreur, admirablement personnifiée par Mlle Favart qui a eu les honneurs de cette curieuse cérémonie, surtout dans la strophe consacrée à la mémoire de Mlle Rachel, qu'elle a débitée avec un sentiment et une chaleur qui lui ont mérité une juste ovation. Quant à Voltaire, c'est par Monrose qu'il était très-spirituellement représenté, tandis que Coquelin lui donnait la réplique, avec sa gaieté et sa verve ordinaires, dans le rôle d'Harpon. N'oublions pas non plus le pompier de service plaisamment figuré par Verdellet. Il est à regretter que la Comédie n'ait cru devoir donner que deux fois ce joli à-propos.

21 MARS. — Première représentation de *Moi!* comédie en trois actes, en prose, de MM. E. Labiche et Édouard Martin.

C'est une comédie de genre dans laquelle se trouvent placés, au premier plan et tout à fait en relief, deux caractères d'égoïstes, d'abord assez gaiement étudiés, mais ensuite poussés trop vite à l'excès. Ce sont deux hommes complets, en ce genre, et qui, tout en se connaissant bien l'un l'autre, cherchent cependant à se duper mutuellement et finissent par être pris dans leurs propres filets. Ils sont d'ailleurs peu intéressants, et la peinture outrée de leur caractère ne produit pas, finalement, l'effet que les auteurs pouvaient en attendre. Ce n'est même plus là du portrait, c'est de la charge, et elle serait admissible partout ailleurs qu'à la Comédie-Française. Comme contraste, nous assistons à un combat de générosité, également invraisemblable, qui a lieu entre deux jeunes amis, dont l'un a sauvé la vie de l'autre dans un voyage au long cours, et à propos d'une jeune fille dont tous deux sont épris, et qui est la nièce d'un de nos égoïstes. Tout s'arrange d'ailleurs au mieux des intérêts de cœur des jeunes gens qui finissent par se marier chacun selon son goût, tandis que les deux égoïstes se trouvent déçus dans leurs espérances, malgré les trames si bien préparées par eux pour les faire réussir ; l'un, Dutrécy, prétendait épouser sa nièce, et il se la voit enlever par l'un des deux jeunes gens ; l'autre, La Porcheraie, qui vivait depuis quinze ans séparé de sa femme, est obligé de lui laisser légalement réintégrer le domicile conjugal qu'il fuit à son tour pour ne point vivre avec elle. Enfin, tous deux voient encore échouer leurs projets communs de grands bénéfices dans une affaire au sujet de laquelle ils avaient cherché à se tromper l'un l'autre. L'égoïsme est donc puni dans leurs personnes, tandis que les deux honnêtes jeunes gens trouvent dans le succès de leur amour la récompense de leurs sacrifices de cœur et de leur générosité.

On espérait beaucoup de la collaboration des deux hommes d'esprit qui ont écrit cette pièce, et il faut reconnaître que, sur ce point, il y a eu déception. *Moi!* est inférieur, comme vivacité d'intrigue, comme verve, comme observation et même comme peinture de caractère, à d'autres œuvres des mêmes auteurs, jouées sur des théâtres secondaires. On dirait que la préoccupation de se hausser au niveau de la scène illustre et littéraire qui avait accueilli leur pièce, ait du même coup paralysé leur gaieté. Ils avaient fait jouer quelques années auparavant, au théâtre du Gymnase, une comédie parfaite, *le Voyage de M. Perrichon*, qui avait tant plu précisément par ces qualités de franc comique qui manquent à la pièce nouvelle, et qui était une étude de mœurs bourgeoises si bien réussie! C'est là ce que la Comédie-Française attendait d'eux et ce qu'elle leur avait demandé. On les avait priés d'être gais comme ils l'avaient été tant de fois, et ils ont craint sans doute de l'être trop! La Comédie-Française leur a fait peur, et c'est par réserve et par scrupule qu'ils ne lui ont pas donné le meilleur de leur verve et de leur esprit [1].

3 Mai. — Première représentation, au Théâtre-Français, du *Gendre de M. Poirier*, comédie en quatre actes, en prose, de MM. Émile Augier et Jules Sandeau, et la meilleure qu'ait produite leur collaboration.

---

1. Ont créé les rôles : MM. Regnier (Dutrécy), Got (La Porcheraie), Talbot (Fourcinier), Armand (Lafontaine), Coquelin (Aubin), rôle repris momentanément par Seveste; Worms (Georges), Barré (Fromental), Seveste (Cyprien), rôle repris aussi par Andrieux, jeune comédien qui débute dans les petits emplois et qui ne fait que passer, sans se signaler autrement, au Théâtre-Français; Mmes É. Dubois (Thérèse), Édile Riquer (Mme de Verrières). — L'Empereur et l'Impératrice assistent à la quatrième représentation, le 1er avril. Le 30, la pièce est jouée exceptionnellement à l'Opéra, dans une soirée au bénéfice de la Caisse de secours des auteurs dramatiques.— *Moi* a eu quarante-deux représentations de suite; c'est la première pièce que M. Labiche et son collaborateur, Édouard Martin, donnaient à la Comédie-Française. Ce dernier est mort le 13 juillet 1866, à la suite d'une longue et cruelle maladie mentale. Nous trouvons, dans le discours que M. Édouard Thierry a prononcé à ses obsèques, un détail qu'il est intéressant de conserver ici :

« Quand Édouard Martin vint, apportant le manuscrit de *Moi*, c'était déjà presque un aveugle qu'Eugène Labiche conduisait et dirigeait affectueusement par la main. Les yeux étaient touchés, mais l'espérance n'était pas perdue. S'il eût suffi d'un succès pour guérir ce mal d'un jour et qui n'avait pas encore dit son secret, le succès de *Moi* nous eût rendu notre cher Édouard Martin dans toute la santé, dans toute l'énergie de sa constitution et de sa vieillesse ; mais la blessure était plus avant qu'on n'avait pu le croire; ce n'était pas seulement la lumière qui s'éteignait dans la pupille de ses yeux, c'était la lumière intérieure qui commençait à défaillir, c'était la pensée qui s'abaissait lentement avec la vie. »

Nous n'analyserons pas cette jolie pièce, qui a été l'une des bonnes fortunes littéraires du Gymnase et qui, depuis longtemps, aurait dû passer au répertoire de la Comédie-Française. Elle est connue de tout le monde et est même devenue populaire, au moins pour quelques-unes de ses plus heureuses scènes. On sait qu'elle est tirée en partie du roman de Jules Sandeau qui s'appelle *Sacs et Parchemins*, et qu'elle devait, dans l'origine, s'intituler *la Revanche de Georges Dandin*. M. Vapereau assure qu'elle n'est aujourd'hui que la revanche de *la Maison de Penarvan*, ce qui est un peu vrai surtout au point de vue du succès différent qui aura accueilli les deux pièces à la rue de Richelieu. Cette fois, au moins, la lutte qui s'établit entre le vieux monde représenté par Gaston de Presles et ses nobles aïeux, et le nouveau, que personnifie le bonhomme Poirier, et ses ambitions bourgeoises, cette lutte, toute pacifique et toute intime, ne cherche point à glorifier, même en apparence, la guerre civile engagée au nom d'un principe antique, solennel... et usé, et enfin elle ne met pas en antagonisme, poussé à l'aigu, ces deux mondes mêmes, que les événements et les progrès de nos mœurs ont tant rapprochés depuis!... Nous sommes ici en pleine comédie, et c'est fort gaiement, ma foi, que se dénouent les grandes querelles de castes que cette *Maison de Penarvan* avait si malencontreusement réveillées, pour les prendre au sérieux et pour les discuter de même. La pièce, qui a déjà dix années d'existence, n'a point trop vieilli et l'interprétation actuelle lui a même rendu comme un retour de jeunesse, non point que la précédente, — celle de la création, — ait été relativement de beaucoup inférieure. Il n'est point de pièce, au contraire, qui ait réuni, au Gymnase, un meilleur et plus complet ensemble d'artistes remarquables, en tête desquels il faut citer tout à fait à part MM. Lesueur (Poirier), Berton (Gaston de Presles), Ad. Dupuis (duc de Montmeyran) et Mme Rose Chéri (Antoinette). Provost, Bressant, Lafontaine et Mlle Favart remplissent aujourd'hui ces mêmes rôles d'une manière différente, avec plus d'autorité peut-être, mais non avec plus de talent. Les créateurs de la pièce, pour ces quatre rôles, et leurs successeurs sont donc dignes les uns des autres, et cette première interprétation n'eût pas été déplacée non plus à la Comédie-Française. M. Provost, qui est un comédien bien autrement éminent que M. Lesueur, donne beaucoup plus d'ampleur au rôle de Poirier, mais M. Lesueur l'avait aussi, à son point de vue, rendu d'une manière fort originale et surtout personnelle[1].

18 Mai. — Notons, pour mémoire, le début de Mlle Pauline de Mélin, née Appoline Grosjean, dans le rôle de Clytemnestre d'*Iphigénie en Aulide*. {Nous n'insisterons pas sur cette malheureuse et unique tentative d'une tragédienne insuffisante, qui n'avait point réussi à l'Odéon, et qui, d'ailleurs, était beaucoup plus connue par son caractère difficultueux et par deux procès récents et bruyants[2] que

---

1. Dans les personnages secondaires, nous avons M. Barré qui remplace le regretté M. Villars, dans le rôle de Verdelet, M. Eug. Provost d'une bien plaisante importance sous le tablier du cuisinier Vatel, qu'avait créé Thibaut ; enfin, les créanciers Chevassus et Salomon, joués au Gymnase par Bordier et Blondel, sont joués au Théâtre-Français par Verdellet et Chéry. Constatons, en somme, le grand succès de cette reprise d'une comédie aussi morale et instructive qu'amusante et que le Théâtre-Français a depuis toujours maintenue à son répertoire. On la joue trente-quatre fois sans désemparer.

2. Voici le résumé de ces procès relatifs tous deux aux débuts de Mlle de Mélin à l'Odéon. Cette tragédienne s'était, paraît-il, présentée à la fin de novembre 1861, sous les auspices de MM. Albéric Second et Arsène Houssaye, à M. de la Rounat, directeur de l'Odéon, qui lui aurait, alors, fait des promesses de début, auxquelles, c'est elle qui le déclare devant le tribunal, il a ensuite jugé à propos de se soustraire. M. de la Rounat re-

par son talent même. Nous nous bornerons à nous étonner que Mlle de Mélin, qui depuis est sagement rentrée dans l'oubli, ait pu être admise, ne fût-ce que pour un soir, à l'honneur de paraître sur la scène de la Comédie-Française.

30 Mai. — Première représentation de *Adieu paniers!* comédie en un acte, de M. Alph. de Launay, qui se présente à nous sous le haut patronage de M. Geffroy.

La pièce n'a point d'originalité; elle reproduit la situation finale de Jean Baudry, renonçant en faveur de son fils adoptif à la femme qu'il aime pour la lui laisser épouser.

---

connaissait, de son côté, qu'il avait en effet promis à Mlle de Mélin de la faire débuter, mais seulement quand il le pourrait sans nuire aux exigences de son répertoire. Le tribunal repoussa, en conséquence, les prétentions de Mlle de Mélin et la condamna aux dépens. (Tribunal de la Seine, première chambre, audience du 4 juin 1862.)

Le second procès est de l'année suivante. M. Fr. Sarcey ayant publié dans *l'Opinion nationale* du 20 octobre 1862 un feuilleton théâtral dans lequel il déclarait que Mlle de Mélin avait joué, le 11 du même mois, *Andromaque* à l'Odéon, « sans avoir même le talent d'une écolière de troisième ordre, » celle-ci lui fit un procès, attendu que le 11 octobre ce n'était pas elle qui jouait *Andromaque*, où elle parut pour la première fois le 24 du même mois seulement. Le procès se basait également sur ce fait que *l'Opinion nationale* avait refusé d'insérer une lettre rectificative de Mlle de Mélin. M. Sarcey répondit, devant le tribunal, qu'il ne connaissait pas de vue Mlle de Mélin, qu'il avait cru qu'elle débutait ce jour-là, 11 octobre, et qu'en somme il s'était borné à prendre pour elle une actrice paraissant dans le rôle qu'elle-même devait remplir. Mais il avait aggravé sa situation en traitant assez mal ladite Mlle de Mélin, dans un second feuilleton du 25 octobre, où il déclarait « qu'elle avait avec les représentants de la presse des procédés inqualifiables. » Cette fois la tragédienne gagna son procès; MM. Sarcey et Guéroult, ce dernier directeur du journal incriminé, furent condamnés, l'un à 200 fr. d'amende, le second à 50 fr. de la même peine et, en outre, solidairement tous deux au payement de la somme de 1,000 fr. de dommages-intérêts au profit de Mlle de Mélin qui eut, en outre, la joie de pouvoir lire sa lettre rectificative, imprimée par ordre de justice, dans la susdite *Opinion nationale*. (Tribunal de la Seine, septième chambre, audiences des 19 et 26 février 1863.)

Il s'agit ici d'un colonel qui a recueilli la veuve et la fille d'un de ses compagnons d'armes, tué à ses côtés en Afrique, et qui voit ainsi grandir auprès de lui une belle jeune fille dont il finit par tomber amoureux. Mais celle-ci aime d'un autre côté, et toujours, comme dans *Jean Baudry*, — elle va se sacrifier par reconnaissance, lorsque le colonel découvre la vérité et la jette dans les bras de celui qu'elle aime. Il retournera en Afrique, — encore comme dans *Jean Baudry*, qui part, lui, pour l'Amérique, — où il fera retomber sa mauvaise humeur sur quelque Bédouin dans la prochaine bataille. C'est comme on le voit une vieille intrigue, d'ailleurs assez adroitement rajeunie; M. Geffroy joue avec beaucoup d'émotion et de noblesse le rôle de ce colonel sentimental qu'il a, dit-on, retouché sur le manuscrit, et il y a trouvé un très-artistique succès[1].

6 Juin. — Nous entrons dans une série de reprises classiques dont l'anniversaire de la naissance de Corneille est le point de départ. La Comédie a, chaque année, la louable habitude de nous offrir, à cette occasion, la reprise de quelqu'une des pièces du grand tragique qui ne sont point habituellement au répertoire, telles que *Nicomède*, *Pompée*, *Rodogune*, etc... M. Thierry nous donne, cette fois, la tragédie d'*Héraclius*, en cinq actes, et dont la dernière reprise remonte au commencement du siècle. C'est donc une nouveauté, ou à peu près, bien que la pièce ait déjà plus de deux cents ans d'existence. C'est d'ailleurs une des œuvres les plus touffues de Corneille, et la plus compliquée comme incidents et comme intrigue qu'il ait écrite, « et qu'il faut voir plus d'une fois, a-t-il dit lui-même, pour

---

1. Ont créé les autres rôles : MM. Coquelin (Muller), Worms (Franck); Mmes Jouassain (Mme Rigaud), Marie Royer (Irène). — La pièce n'a eu que onze représentations.

en rapporter une entière intelligence. » L'intrigue en est, en effet, fort difficile à suivre, mais quelques scènes éclatantes émergent de ce que nous appellerons, en un terme tout moderne et un peu libre, ce fouillis ou cet entassement d'autres scènes bien longues et moins intéressantes.

Ce n'est pas, d'ailleurs, l'interprétation actuelle d'*Héraclius* qui peut ajouter beaucoup à l'intérêt déjà difficultueux de cette œuvre classique; elle est en général un peu terne et insuffisante. M. Guichard n'a point les brillantes qualités tragiques que nécessite le personnage d'Héraclius, mais M. Maubant est très-remarquable dans le rôle de Phocas où il a été plusieurs fois applaudi. Les rôles féminins sont tenus avec plus d'ensemble par les trois meilleures tragédiennes du théâtre, Mmes Guyon (Léontine), Devoyod (Pulchérie) et Tordeus (Eudoxe). Malgré tout, la pièce ne produit qu'un médiocre effet, et n'est vraiment écoutée qu'à titre de curiosité littéraire[1].

Quelques jours après (27 juin), reprise de *la Comtesse d'Escarbagnas,* série de scènes fort plaisantes de Molière, destinées à encadrer une pastorale en sept tableaux, dont ces scènes mêmes ont seules subsisté. Elles n'ont ni grand lien entre elles, ni surtout grande suite, mais elles peignent avec bien de la gaieté et de l'observation les petits ridicules de province[2]. Le spectacle est complété par la reprise de *Mélicerte,* pastorale héroïque en deux actes, de Molière, ouvrage inachevé et d'ailleurs le plus médiocre

---

[1]. Les autres rôles par Gibeau (Martian), Chéry (Exupère), Verdellet (Amyntas). — Le spectacle est complété par le troisième acte de *Psyché*, avec un pas de deux dansé par Raymond et Mme Beaugrand, de l'Opéra, et la reprise du *Corneille à la butte Saint-Roch*, d'Édouard Fournier.

[2]. MM. Talbot (Harpin), Barré (Thibaudier), Guichard (le vicomte) Eug. Provost (Criquet), Verdellet (Bobinet); Mmes Jouassain (la comtesse), Ponsin (Julie), Dinah Félix (Andrée).

qu'il ait produit, et qu'on n'écoute guère qu'avec un respectueux ennui[1], et par la seule comédie de La Fontaine, demeurée au répertoire, *la Coupe enchantée*[2].

La plus importante de ces reprises, et celle d'ailleurs à laquelle la Comédie semble avoir attaché le plus d'intérêt, est la reprise d'*Esther*, tragédie de Racine, avec musique nouvelle des chœurs composée par M. Jules Cohen (5 juillet). Un certain nombre d'élèves du Conservatoire chantent de leurs voix jeunes et fraîches comme celles des Israélites qu'elles représentent, cette musique qui a d'abord le défaut d'être un peu trop moderne. Il nous eût, en effet, semblé préférable d'entendre la musique primitive que Moreau a composée pour ces mêmes chœurs, et sa couleur archaïque n'eût été qu'un attrait de plus ajouté au plaisir que nous a causé cette heureuse restitution d'*Esther*. Quoi qu'il en soit, il convient de louer les chœurs de M. Jules Cohen, qui décèlent toutefois chez leur auteur encore plus de science et d'habileté que d'inspiration.

L'interprétation d'*Esther* est fort remarquable, surtout pour le personnage d'Esther même où Mlle Favart a montré les plus précieuses qualités de tenue et de diction; c'est un des rôles où Rachel ne réussit point; elle ne s'y montra que cinq fois pendant tout son séjour à la Comédie-Française. Il a fourni au contraire à Mlle Favart son meilleur succès dans la tragédie, et elle l'a joué fort souvent[3].

---

1. MM. Chéry (Lycarsis), Montet (Nicandre), Tronchet (Mopse); Mmes Tordeus (Myrtil), Lloyd (Daphné), Deschamps (Eroxène).

2. MM. Monrose (Josselin), Chéry (Griffon), Barré (Bertrand), E. Provost (Thibaut), Verdellet (Anselme); Mmes Bonval (Perrette), Ponsin (Lucinde), Tordeus (Lélie).

3. Les autres rôles sont remplis par MM. Maubant (Mardochée), Guichard (Assuérus), Gibeau (Aman), Verdellet (Asaph); Mmes Ponsin (Élise),

31 Août. — Première représentation de *la Volonté*, comédie en quatre actes, en vers, de M. Jean du Boys.

M. Jean du Boys a été comme écrivain dramatique un des favorisés de la fortune ; il n'avait encore fait jouer qu'une seule pièce, *le Marchand malgré lui*, avec la collaboration de M. Amédée Rolland (Odéon, 1858), lorsque la Comédie-Française accueillit d'emblée son second ouvrage. Et cependant elle n'ouvre d'ordinaire ses portes aux jeunes auteurs que sur bonne recommandation et seulement à quelque petit ouvrage en un acte, le tout pour faire voir qu'elle n'est point trop sévère ni trop dure pour personne, et elle s'est jadis montrée bien plus revêche pour des hommes et pour des œuvres de plus haute valeur littéraire que M. Jean du Boys et *la Volonté*, MM. Augier, Ponsard, Bouilhet, dont elle a repoussé fièrement les premières pièces et auxquels elle n'a ensuite fait des avances qu'après leurs triomphes répétés à l'Odéon. La nouvelle pièce ne méritait cependant pas ce tour de faveur exceptionnel et inusité. Elle n'offre qu'un médiocre intérêt, nous faisant assister aux efforts d'un clerc d'huissier de campagne, lequel veut entrer dans les bureaux d'un

---

Devoyod (Zarès). — Le spectacle est d'une magnificence de mise en scène inconnue, on peut le dire, au Théâtre-Français. Les trois actes de la pièce se passent devant trois décorations nouvelles qui sont merveilleuses de splendeur et d'une exactitude complète comme couleur locale. L'*appartement d'Esther* (premier acte) et le *palais d'Assuérus* (deuxième acte) sont de MM. Nolau et Rubé ; le décor du troisième acte, qui représente les *jardins d'Esther*, a été peint par MM. Cambon et Thierry. Quant aux costumes, on les a également renouvelés et ils ont été exécutés, avec une grande richesse, d'après les dessins historiques de M. Penguilly. — Ce même spectacle, complété par *les Précieuses ridicules* et *le Dépit amoureux*, compose la matinée gratuite du 15 août, et la tragédie de Racine se maintient seule pendant un certain nombre de soirées, assez fructueuses pour la saison, sur l'affiche de la Comédie-Française.

banquier millionnaire qui le repousse parce qu'il ne sait rien de ce qu'il doit savoir. Or ce clerc, Philippe Michon, — aime la fille du banquier et il lutte, travaille, et lutte et travaille encore, et si bien qu'il finit par devenir caissier du millionnaire. Ce Philippe a d'ailleurs un beau caractère, car il va jusqu'à repêcher dans l'abîme où ses folies l'ont conduit, un sien ami, Marcel, qui se trouve être en même temps son rival auprès de la fille du banquier, aux pieds de laquelle Philippe le ramène guéri et repentant. Mais celle-ci, qui a vu clair dans son cœur et qui a été touchée de l'amour et des efforts de Philippe, le trouve plus digne d'elle que son ami Marcel, lequel ira se consoler avec une cousine qui se trouve là, comme à point nommé pour concilier les choses.

Ce sujet anodin ne pouvait donner lieu à des développements bien intéressants, ni bien relevés. Nous sommes ici dans un monde tout à fait terre à terre, et le but de tant d'efforts qui consistent à pousser un petit clerc jusqu'aux fonctions de premier commis n'a qu'un relief fort ordinaire. Mais l'auteur n'en a pas jugé ainsi et il s'est laissé aller aux déclamations les plus vides et les plus stériles. En somme, que représente « la volonté » de Philippe ? quel mobile noble et élevé la fait agir ? où se trouve la justification de ce grand mot, qui suppose tant de résignation et tant de vertus, « la volonté ? » Par quels chemins ardus et parsemés de difficultés passe-t-il donc ce Philippe, à qui, au contraire, tout va sourire et réussir !... Eh mon Dieu, la lutte n'existe pas pour lui, s'il travaille, s'il se donne de la peine, s'il a quelques rudes aspérités à aplanir dans sa route, nous ne le voyons guère ; cela se passe dans la coulisse, pendant les entr'actes, et Philippe triomphe finalement sur toute la ligne, sans que son triomphe même nous ait causé le moindre doute ou souci, ni produit la plus petite émotion. Quant à la poésie de M. du Boys, elle n'est pas sans valeur et quelques-unes de ses tirades humanitaires, sociales ou critiques, ont été justement applaudies. Mais elles ne sont en général que des hors-d'œuvre brillants qui pourraient être retranchés de la pièce sans que l'auditeur s'en aperçût. Enfin il y aurait encore ceci à dire, c'est que vraiment on n'a jamais fait parler en vers des gens plus prosaïques que les personnages de *la Volonté*, lesquels déclament leurs rôles au milieu de situations où la poésie n'a absolument rien à faire[1].

La distribution de la pièce est en général sans éclat. M. Coquelin joue certainement avec beaucoup de verve et d'intelligence le rôle de Philippe, mais il n'est pas fait pour représenter les amoureux. On a fait débuter dans un personnage qui rappelle par endroits le fameux Giboyer de M. Augier, et qui se nomme Tiburce, un premier prix de tragédie, aux derniers concours, M. Étienne (Adolphe),

---

1. « La comédie de M. du Boys a des qualités de vigueur, et je ne sais quelle séve âpre et généreuse ; mais elle manque d'élévation et de portée. A force de vouloir donner dans sa pièce raison à la raison, prendre la vie, les hommes, la société, dans ce milieu d'idées courantes où le bon sens ne se dégage pas assez de la vulgarité, le poëte est descendu un peu bas. Dans ses tirades les plus heureuses et le plus chaleureusement applaudies, il me fait toujours l'effet d'entonner la *Marseillaise* de la Médiocrité. Sa théorie de la volonté est excellente ; mais, selon moi, il en a méconnu l'application. Les Philippe Michon abondent dans notre société ; il n'est pas besoin de travailler à la propagation de l'espèce ; que le poëte les glorifie ou les tourne en risée, cela n'en fera éclore aucun, cela n'en découragera aucun. Leur prêcher le travail, c'est prêcher des convertis : ils n'écoutent point, ils ne se soucient point d'écouter ! ils marchent, ils arrivent, ils sont arrivés ; et eux, qui ont fait le trajet le plus près de terre et quelquefois sous terre, guidés en cheminant dans l'ombre par le foyer de leur égoïsme persévérant, se soucient fort peu qu'un poëte haut perché crie au-dessus de leurs têtes : *Sursum corda...* » (B. JOUVIN.)

dit Sénéchal[1], qui s'est fait assez vivement applaudir dans la meilleure tirade de la pièce[2].

29 Octobre. — Première représentation de *Maître Guérin*, comédie en cinq actes, en prose, de M. Émile Augier.

Maître Guérin est une comédie mal faite, où il y a énormément de talent et qui a obtenu un très-vif et réel succès. Ce qu'on peut lui reprocher tout d'abord, c'est que l'intérêt du sujet s'éparpille sur trop de personnages et d'intrigues à la fois. On a justement dit qu'il y avait dans la nouvelle pièce les éléments de trois ou quatre autres comédies, dont chacune pourrait être au moins aussi attachante que celle où elles ont été réunies et comme confondues. L'intérêt se divise donc et se trouve constamment reporté d'un incident à un autre; la fameuse unité classique est ici plus que partout ailleurs violée et rompue; mais M. Augier a tant de talent, tant de ressources d'esprit, tant d'habileté scénique qu'il est parvenu, malgré tout, à produire, dans *Maître Guérin*, ce que nous appellerons une œuvre forte.

Maître Guérin est un notaire de province, madré et retors, qui veut anoblir son fils en se procurant, par des moyens peu licites, l'achat secret et à bas prix d'un certain domaine de Valtaneuse, lequel appartient pour le moment à un inventeur, à moitié halluciné, nommé

---

1. Né en 1842; élève de la classe de Beauvallet, au Conservatoire. N'a fait qu'un assez obscur et rapide séjour à la Comédie-Française, qu'il quittée « subrepticement » comme jadis Mme Plessy, en faisant, lui aussi, une fugue qui, par exemple, a eu moins de retentissement que celle de son illustre camarade.

2. Ont créé les autres rôles : MM. Maubant (Lacroix), Verdellet (Marcel), Andrieux (un jeune homme); Mmes Royer (Laure), Ponsin (Louise). — La pièce n'a été jouée que douze fois.

Desroncerets. Ce brave homme, qui a besoin d'argent pour satisfaire à sa passion de découvertes, vend, en effet, audit maître Guérin, ou plutôt à Brénu, son homme de paille, le domaine en question, mais sous la condition expresse que la vente ne deviendra définitive qu'un an plus tard, s'il n'a pu rembourser la somme qui lui est avancée; il fait en un mot une vente *à réméré*. Ce Desroncerets a une fille, nommée Francine, qui nous est d'abord présentée sous un assez mauvais jour, et comme une sorte de femme d'argent et d'affaires ne songeant qu'à préserver sa propre fortune des atteintes auxquelles la manie inventive de son père la pourrait exposer. Maître Guérin a un fils, officier de l'armée française, qui gagne au Mexique le grade de colonel et la croix de commandeur, et qui a éprouvé, un moment, une passion véritable pour la fille de Desroncerets ; il s'en est détaché en présence de l'accusation de sécheresse de cœur qui a été formulée contre elle. Enfin nous avons encore, dans ce groupe principal, un dernier personnage important, Mme Guérin, femme douce, soumise, innocente, assez ignorante même, et qui courbe d'abord l'échine sous la rude et despotique autorité de son mari.

Le deuxième groupe, qui se rapproche parallèlement du premier, se compose d'une Mme Lecoutellier, riche et belle veuve, qui rêve aussi la conquête du domaine de Valtaneuse, et qui est, pour le moment, en procès de succession avec un sien cousin, prénommé Arthur, moitié gandin, moitié homme politique, mais qui n'a que peu de consistance. Cette belle veuve épouserait volontiers le colonel Guérin, tant qu'elle peut croire que Valtaneuse va lui revenir; au besoin, elle deviendrait aussi la femme de son cousin comme transaction au procès qu'elle soutient contre lui. C'est, en somme, une belle coquette, au cœur léger, et qui n'exige pas précisément des qualités sérieuses dans son futur deuxième mari. Le brillant colonel est sur le point de tomber assez sottement dans ses filets, et même amené jusqu'au bord de l'abîme, — je voulais dire du mariage, — lorsque les secrètes manœuvres du père Guérin éclatent tout à coup au grand jour. Le colonel devine, en un moment, la petite infamie de son propre père qu'il démasque publiquement; Mme Guérin, elle-même, se redresse devant lui et se joint à son fils pour reprocher à Guérin sa déshonorante conduite, et, appuyée sur le bras du colonel qui a revêtu pour la circonstance son uniforme et mis sa croix de commandeur au cou, elle sort fièrement avec lui de cette maison où elle a vécu si longtemps malheureuse et comprimée. Mais Guérin a le cœur sec et bronzé à l'avance contre tous les événements quels qu'ils soient! Il résiste fièrement lui aussi, et comme il ne veut pas rester seul, avec son déshonneur, — c'est le cas de le dire, — il invite son ami Brenu à dîner avec lui. La pièce ne se termine pas sans nous faire pressentir l'union du colonel avec Francine, qui décidément plaçait son bien à fonds perdus pour satisfaire aux manies de son père, et qui est en somme le caractère le plus noble et finalement le plus sympathique de la pièce.

Le principal reproche qu'on a fait à cette comédie, et le seul qu'il nous importe de constater, est donc ce manque d'unité dans l'intrigue et cette multiplicité de personnages principaux détournant successivement notre attention de l'un sur l'autre, dont nous parlions tout à l'heure. Elle n'offre pas l'intérêt saisissant qu'un sujet bien nettement pris, serré et condensé, doit nous présenter dans une comédie bien faite; elle n'est pas attachante dans le vrai sens du mot; mais, en revanche, elle contient quelques portraits peints de main de maître, un surtout, dont M. Got a fait une nouvelle création qui vient s'ajouter à ces personnages types auxquels il excelle à donner sa marque si originale et si personnelle, ce maître Guérin, notaire retors, avare, prêteur à la petite semaine, cauteleux et précautionneux, et qui met de côté tous les scrupules de conscience, tout en ayant bien soin de conserver, en apparence du moins, la loi et le droit pour lui. Ce caractère, si complétement étudié et fouillé à fond et que l'auteur nous présente sous toutes ses faces, a un relief extraordinaire. Tout l'intérêt de la pièce s'attache à lui, ce qui est encore un des reproches que la critique a adressés à l'auteur. Mais au moins ce Guérin, si antipathique qu'il soit, marche droit à son but ; c'est un homme entier que n'en détourne même pas l'horreur de l'abandon où finissent par le laisser sa femme et son fils. On conçoit que M. Augier se soit laissé entraîner dans la peinture du curieux portrait de ce personnage tout d'une pièce, nouveau dans sa galerie dramatique, et qui, pour avoir été tracé avec le plus noir crayon, n'en reste pas moins un portrait de maître. L'image de Mme Lecoutellier est également bien venue, quoique moins complète ; cette grande mondaine, brillante mais perfide, heureuse de son veuvage et n'en voulant sortir qu'à bon escient, attirant à elle et retenant à ses pieds, selon les besoins de sa cause, son cousin d'abord et le colonel ensuite, les amusant et les abusant l'un après l'autre, jouant la coquetterie avec tous deux, rejetant l'un pour reprendre l'autre après l'avoir d'abord repoussé, et finissant, en somme, par n'être sûre d'épouser aucun des deux ! Il fallait, pour ce rôle si plein de finesses et même de finasseries et de sous-entendus, une comédienne aussi accomplie que Mme Plessy ; nous ne saurions donc assez dire avec quel talent, quelle verve, quelles séductions de tous genres elle l'a interprété ; il est même demeuré l'une de ses meilleures créations dans le répertoire moderne. Mlle Favart n'a guère qu'une scène, mais elle lui a donné une réelle importance. Le rôle de Desroncerets, l'inventeur maniaque, est peu intéressant; M. Geffroy l'a joué en grand artiste et en a sauvé les parties difficiles. M. Delaunay, dans le personnage léger et brillant du cousin Arthur, est aussi léger et brillant que son rôle, et Mme Nathalie a joué avec beaucoup de force et d'autorité la scène où elle se révolte enfin contre la trop longue domination de son odieux mari. Quant à M. Lafontaine, il s'est montré très-chaleureux dans le rôle bien indécis de Louis Guérin; mais comme tenue et prestance militaires, c'est un colonel absolument authentique [1].

---

[1]. La pièce a tenu très-longtemps l'affiche; elle avait déjà été jouée quarante-trois fois au 31 décembre. Les recettes ont été plus élevées que celles des *Effrontés*, mais inférieures à celles du *Fils de Giboyer*; les trente premières représentations ont produit 150,324 fr., soit 5,010 fr. par soirée. On peut dire aussi que ce grand succès clôture véritablement l'année dramatique; il avait été précédé, le 17 octobre, du début, dans *Valérie* (Valérie) et *le Dépit amoureux* (Lucile), d'une agréable personne. Mlle Rose Barretta, qui n'a pas laissé grand souvenir à la Comédie-Française et qui est morte en 1877 après l'avoir quittée depuis longtemps. Elle était la sœur très-aînée de Mlle Blanche Barretta, qui a si heureusement débuté, sur le même théâtre, en 1875, et qui est devenue sociétaire l'année suivante. — Après *Maître Guérin*, le Théâtre-Français donne, le 15 décembre, une bluette de M. Octave Feuillet, *le Cheveu Blanc* (*Revue des Deux-Mondes*, 1er mai 1853), que M. Ad. Dupuis et Mme Rose Chéri avaient déjà jouée au Gymnase, et que M. Bressant (de Lussac) et Mme Mad. Brohan (Clotilde) reprennent aujourd'hui. C'est un spirituel dialogue, sans grande originalité, mais que le jeu des acteurs fait suffisamment valoir. Enfin, le 21 décembre, la Comédie reprend, en l'honneur du 225e anniversaire de la naissance de Racine, sa première tragédie, *la Thébaïde ou les Frères ennemis*, qu'on n'a pas jouée depuis plus d'un siècle et dont elle se borne d'ailleurs à donner les deux derniers actes.

M. Maubant (Créon), est rappelé par toute la salle après son récit du combat d'Étéocle et de Polynice. Les autres rôles sont remplis par Mmes Guyon (Jocaste), Tordeus (Antigone), Lloyd (Olympe); et MM. Gibeau (Étéocle) et Guichard (Polynice). Cette exhumation incomplète ne produit toutefois qu'un médiocre effet. On joue encore, le même soir, *Phèdre*, puis *les Plaideurs,* avec Regnier (l'Intimé), Monrose (Petitjean), Coquelin (le souffleur); et Mme Jouassain (la comtesse).

ANNÉE 1865

L'année nouvelle demeurera célèbre dans l'histoire de la Comédie-Française par le retentissement de deux pièces fameuses représentées sur son illustre scène, mais l'une et l'autre avec un genre de succès différent : *le Supplice d'une femme*, drame remarquable qui est toujours resté au répertoire, et *Henriette Maréchal*, autre drame qui a obtenu un triomphe de scandale dont le souvenir seul a duré.

Notons tout d'abord, dans l'ordre du journal, le 15 janvier, la célébration du 243e anniversaire de la naissance de Molière, en l'honneur duquel on a joué *le Misanthrope* et *le Malade imaginaire*; notons aussi la prise de possession, par M. Bressant, du rôle de Tartufe dans le chef-d'œuvre du même Molière (18 janvier), mais que le brillant comédien joue un peu mollement et comme il a toujours joué, d'ailleurs, le répertoire classique, c'est-à-dire sans étude préliminaire suffisante.

Le 18 février, M. Geffroy, doyen des sociétaires depuis le départ de Samson, donne sa représentation de retraite. L'éminent artiste ne doit cependant quitter qu'à la fin du mois suivant[1], la Comédie-Française, où nous le verrons d'ailleurs reparaître un peu plus tard. Il joue, dans cette représentation suprême, à laquelle la Cour Impériale a voulu assister, les troisième et quatrième actes de *Louis XI* (rôle du Roi[2]), et, par extraordinaire et à l'improviste, le rôle de Dorante[3] dans *le Bourgeois gentilhomme*, où M. Regnier interprète, pour la première fois, le rôle de Jourdain. La pièce est suivie de la Cérémonie Turque avec M. Got dans le personnage du muphti.

La grande valeur et la réputation de M. Geffroy dataient de *Chatterton;* il avait créé le personnage de ce drame si désespérant, mais si littéraire, avec une mesure, un tact et en même temps une poésie incomparables. Depuis il n'avait fait que progresser dans l'estime du public ; *Louise de Lignerolles*, Alceste du *Misanthrope*, *Don Juan d'Autriche*, *Charlotte Corday*, où il jouait Marat avec une si effrayante vérité, *Œdipe*, et surtout *Louis XI*, rôle qu'il reprit après Ligier, et auquel il donna une interprétation toute personnelle si remarquable, avaient placé son nom au rang le plus élevé parmi les grands pre-

---

[1]. Il donne encore quelques représentations dans *la Fiammina*, *Tartufe*, *don Juan d'Autriche*, etc. Dans sa dernière soirée, le 31 mars, il joue Alceste du *Misanthrope*. — C'est l'acteur Chéry qui remplace désormais M. Geffroy dans le rôle de Desroncerets de *Maître Guérin*, dont le grand succès persiste toujours.

[2]. M. Beauvallet reparaît, pour ce seul soir, dans le rôle de Coitier; MM. Got (Marcel), Delaunay (Nemours), Maubant (François de Paule); Mmes A. Brohan (Marthe), Favart (Marie), Marie Royer (le Dauphin).

[3]. Ce rôle devait être rempli par M. Leroux, qui se trouva indisposé au dernier moment. M. Geffroy le remplaça dans Dorante, la brochure à la main ; aux représentations suivantes, M. Garraud reprit le rôle. M. Got jouait Covielle, M. Delaunay, Cléante, et M. Coquelin, le Maître de danse. Mmes A. Brohan (Nicole), Nathalie (Mme Jourdain), Madel. Brohan (Dorimène), Dubois (Lucile); chant et danses par les élèves du Conservatoire et les artistes de l'Opéra.

miers rôles. Doublement artiste[1], M. Geffroy se préoccupait aussi, dans la composition de ses rôles, des moindres détails pour ce qui concernait la tenue historique, le costume, l'attitude, aussi bien morale que physique, du personnage qu'il avait à représenter. Sa création de Philippe II, dans *Don Juan d'Autriche*, fut, surtout à ces divers points de vue, celle qui lui fit le plus d'honneur[2].

8 Avril. — Première représentation de *l'Œillet blanc*, comédie en un acte de MM. Alphonse Daudet et E. Manuel[3]. Le sujet en est des plus minces; il s'agit de la fan-

---

[1]. M. Geffroy est un peintre distingué; élève d'Amaury Duval, il a exposé, entre autres sujets, trois grandes toiles qui se rapportent exclusivement à l'histoire de la Comédie-Française et qui se trouvent aujourd'hui au foyer des acteurs et dans la salle du Conseil et de lecture de ce théâtre : *les Sociétaires de la Comédie-Française* en 1841, puis en 1863, et *Molière et les caractères de ses comédies* (1857). — M. Geffroy a épousé Mlle Eulalie Dupuis, fille de l'ancienne et célèbre sociétaire Rose Dupuis, qui est morte en 1876. La belle-mère de M. Geffroy vit encore, en 1877; son beau-frère est l'ancien comédien si brillant et si connu du Gymnase, que nous a enlevé la Russie, M. Adolphe Dupuis.

[2]. « Cette retraite, Geffroy pourrait la différer longtemps encore. Il est toujours applaudi et ce n'est pas la froideur ou le dédain du public qui l'avertissent de descendre du proscénium pour se confondre désormais parmi la foule. Geffroy, en même temps qu'un comédien, est un artiste; il a fait des tableaux remarqués au salon, et ce talent de peintre a servi son talent d'acteur. Nul mieux que lui n'a su prendre la physionomie du personnage historique qu'il avait à représenter... C'est donc une belle et pleine carrière que la sienne ; pour occuper tout à fait la première place, pour dominer absolument la foule, il n'a manqué à Geffroy qu'un peu de charme naturel, car tout ce que peuvent conquérir la volonté, l'intelligence et le savoir, il le possédait. » (Th. Gautier.) — La recette de la soirée a été de 14,441 fr.

[3]. C'était-alors le pseudonyme de M. Ernest L'Épine, secrétaire intime de la présidence du Corps législatif. On a trouvé très-étonnant qu'ayant cru pouvoir signer de son vrai nom un drame, *la Dernière idole*, donné à l'Odéon en 1862, avec le même collaborateur, M. L'Épine ait jugé qu'il devait se dérober, sous un pseudonyme, à la Comédie-Française. M. Ro-

taisie d'une belle duchesse, émigrée en Angleterre, qui envoie l'un de ses adorateurs en France pour lui cueillir un des œillets blancs qu'elle aimait tant dans le jardin de son ancien château, aujourd'hui aux mains d'un farouche conventionnel, lequel a une fille sensible. On devine aisément les difficultés de l'entreprise dont le galant chevalier ne se tire à bon compte que grâce à la connivence de la jeune fille qui, bien que républicaine forcenée, laisse toucher son cœur au bon moment. Il faut avouer cependant que la duchesse — restée au delà du détroit — avait d'assez cruels caprices! La pièce est touchante, habilement conduite, et son intrigue, peut-être un peu vide, se sauve par de gracieux détails où l'on retrouve le charme de style de M. Alph. Daudet, uni à l'ingéniosité de M. L'Épine... pardon! je voulais dire de M. Manuel!...

29 AVRIL. — Première représentation du *Supplice d'une femme*, drame en trois actes de MM. X. X.

Cette remarquable pièce a une assez piquante histoire

---

chefort, qui cependant n'en était pas encore arrivé aux violences de *la Lanterne*, traita assez mal, à ce propos, le deuxième auteur de *l'Œillet blanc*. « Ainsi, voilà qui est convenu, dit-il plaisamment, quand un homme fait jouer une comédie au Théâtre-Français, il commet une action tellement honteuse, qu'il est obligé de prendre un pseudonyme pour échapper au déshonneur. Pourquoi les référendaires (c'était la situation de M. L'Épine à la Cour des comptes) trouvent-ils mauvais que le nom d'un de leurs collègues côtoie sur l'affiche ceux de Jules Sandeau et d'Alexandre Dumas?... Mais si les personnages administratifs considèrent les gens de lettres comme une compagnie si difficile à avouer, il y a pour eux un moyen bien simple de ne pas se compromettre, c'est de rester à la Cour des comptes au lieu de venir au Théâtre-Français. » — Ajoutons que M. L'Épine a, depuis, renoncé à ce pseudonyme de E. Manuel, qui réunissait l'initiale du prénom et le nom véritable du futur auteur des *Ouvriers*, M. Eugène Manuel. Il a pris alors celui de *Quatrelles*, mais pour signer surtout des études humoristiques toutes pleines de cet esprit parisien si finement observateur où il excelle. On peut dire aussi que sous ce nouveau pseudonyme il n'a presque rien donné au théâtre.

que nous devons résumer tout d'abord. Bien qu'elle n'ai aucun père, sur l'affiche, elle en a eu par le fait deux bien authentiques, célèbres tous deux dans un genre différent, l'un, M. Émile de Girardin, dans la politique, l'autre, M. Alex. Dumas fils, dans le roman et surtout au théâtre.

La pièce avait été d'abord conçue et écrite par M. de Girardin, qui en présenta successivement diverses versions imprimées et retouchées au Comité de la rue de Richelieu[1], lequel les déclara toutes injouables, mais en reconnaissant qu'il y avait dans l'œuvre de l'éminent publiciste une idée forte et nouvelle qui était susceptible de recevoir, en des mains expérimentées, les plus heureux développements. M. de Girardin, qui avait écrit « en trois matinées » les trois actes de sa pièce, se soumit, au moins en apparence, au verdict du Comité, et comme M. Alex. Dumas fils avait assisté à une lecture privée de son drame[2], il lui demanda de vouloir bien l'aider de son habileté et de ses conseils. M. Dumas y consentit d'autant plus volontiers qu'il avait trouvé, ainsi que le Comité, qu'il y avait peut-être moyen de tirer une œuvre remarquable de la pièce si pleine d'impossibilités et de défauts qu'il avait entendue. Il se mit donc au travail, d'abord avec l'idée de remanier simplement la version de M. de Girardin, ce qu'il reconnut bien vite inexécutable ; il se laissa alors entraîner à refaire et à récrire la pièce tout entière, mais « ainsi qu'il la voyait, » suivant plus ou

---

1. Ces diverses versions, reliées en un volume, sont précieusement conservées aux archives de la Comédie-Française.
2. Cette lecture avait eu lieu au mois de novembre 1864, à la suite d'un dîner donné par M. de Girardin, devant MM. Nestor Roqueplan, C. Doucet, de la Guéronnière, Henri Didier, député, docteur Cabarrus, Mesmer, vice-consul de Russie, et sa femme, le chevalier Nigra, la comtesse Keller et la deuxième Mme Émile de Girardin.

moins le plan de M. de Girardin, conservant les scènes principales du drame, notamment celle du deuxième acte, et modifiant tout à fait le dénoûment. Il donna ensuite successivement lecture de son travail à M. E. de Girardin et à la Comédie-Française ; l'éminent publiciste se borna d'abord à déclarer assez doucement qu'il ne reconnaissait plus sa pièce ; quant à la Comédie-Française à laquelle M. de Girardin tenta de faire accepter encore une version nouvelle de sa façon combinée avec celle de M. Dumas, elle s'empressa d'accueillir avec enthousiasme l'œuvre même et sans retouches dont ce dernier était l'auteur[1]. Aux répétitions, qui furent très-activement menées, M. de Girardin manifesta de nouveau sa mauvaise humeur, dénigrant l'ouvrage[2], décourageant les acteurs et finalement se retirant tout à fait de la pièce, en déclarant par avance qu'il ne laisserait pas porter son nom sur l'affiche. Toute

---

1. M. de Girardin envoie à M. Thierry, directeur du Théâtre-Français, le manuscrit de sa pièce refaite, par le billet suivant :

> Mon cher Directeur, voici le nouveau manuscrit. Dumas est sûr d'un grand succès ; lisez et dites-moi si vous êtes de son avis.
>
> E. DE GIRARDIN.

M. Thierry lui répondit deux jours après :

> Cette fois-ci je crois que nous tenons la pièce et le succès...
>
> ED. THIERRY.

Il arriva alors une chose assez curieuse. M. de Girardin, admis à lire sa pièce au Comité le 14 décembre 1864, lui en présenta une nouvelle version refaite par lui à l'aide du travail de M. Dumas fils ; mais le Comité ne se laissa pas prendre à ce subterfuge et M. de Girardin dut enfin consentir à laisser jouer la pièce tel que l'auteur du *Demi-Monde* l'avait récrite.

2. « Si j'étais seul maître de la pièce, s'écria M. de Girardin à la première répétition, je la retirerais ; je trouve ça détestable. — Je le regrette d'autant plus, répliqua Dumas, que j'ai fait tout mon possible pour que ça ne fût pas aussi détestable que ça l'était. »

cette histoire avait transpiré dans le public plusieurs semaines avant la représentation ; on connaissait peut-être mal le détail des difficultés survenues entre les deux auteurs, mais on en savait cependant assez pour que la curiosité fût vivement excitée; c'était d'ailleurs la première fois que M. Dumas fils allait être joué à la Comédie-Française et, mieux encore, il allait y débuter en qualité de collaborateur du plus célèbre journaliste de l'époque.

La première représentation de la pièce fut un véritable triomphe; on en a peu vu au théâtre qui aient été moins contestés [1]. La terrible simplicité du sujet, ses développements si naturellement déduits, l'admirable scène de la lettre, au deuxième acte, le dénoûment si nouveau et si inattendu, et enfin le style nerveux, rapide, incisif et d'une netteté si concise, tout concourut à ce grand et à ce légitime succès. L'interprétation hors ligne de la pièce y contribua également [2]; M. Regnier, dans le rôle du mari outragé, produisit un effet extraordinaire d'émotion par la simplicité même de son jeu. Il fut mesuré, plein de tact et de dignité, sans violence, même dans la scène cruelle où il apprend son déshonneur,

---

1. « Ce drame est émouvant et vrai jusqu'au dernier mot. Situations, caractères, pensées, expressions même, tout y est nouveau, senti, pénétrant, naturel dans le pathétique. Aucune pièce ne donne plus l'idée de la vie réelle; sa rapidité complète l'illusion; elle pourrait se passer en aussi peu de temps qu'elle se joue. Les scènes s'enchaînent et se succèdent avec une verve logique. L'esprit ne fait pas une objection à ce drame qui soulève tant de cas de conscience ; il a raison sur tous les points, il resplendit d'évidence, il juge, il résout, il prouve. Pas un artifice de métier et de convention, l'art est ici tout entier dans le développement de l'idée. Combinaison rare et presque unique au théâtre, ce drame si plein de larmes parle à l'intelligence ausi haut qu'au cœur. » (PAUL DE SAINT-VICTOR.)

2. La recette des trente premières représentations s'éleva au total de 138,918 fr. soit une moyenne de 4.630 fr. 60 c. par soirée. — L'Empereur et l'Impératrice assistèrent à la représentation du 17 juin.

et où il s'éleva à une grande hauteur dramatique; il ne donna, en un mot, dans aucun de ces écueils faciles où son rôle pouvait le porter et où un acteur ordinaire se fût certainement laissé entraîner. Quant à Mlle Favart, dans le rôle de la femme coupable, elle a été rarement plus dramatique et plus digne de l'estime du public et de la haute réputation que ce rôle même vient de lui compléter[1]. M. Lafontaine a eu de beaux élans dans le personnage ingrat d'Alvarez, et Mlle Ponsin a joué le rôle de la coquette Mme Larcey avec une verve excellente et un succès qui lui a valu peu après le sociétariat. Il n'est pas jusqu'à la petite Camille Schetler qui n'ait mérité d'être applaudie dans le rôle de la petite fille[2].

Cependant, durant la représentation même et au fur et à mesure que le succès prenait de plus grandes proportions, M. Éd. Thierry dépêchait messages sur messages à M. Émile de Girardin, qui était dans la salle, pour le supplier de laisser proclamer son nom à la chute du rideau[3]. Il fut inflexible, si bien qu'après la pièce,

---

1. M. de Girardin a vanté lui-même « l'art admirable avec lequel Mlle Favart a joué ce rôle... Elle a été à la fois Rachel et Dorval. »

2. C'est elle qui a joué aussi, au Vaudeville, sous le pseudonyme de Camille Davenay, le rôle de Fanfan Benoiton dans la fameuse pièce de M. Sardou.

3. Voici le billet que reçut, à cet effet, M. de Girardin, pendant le troisième acte :

Mon cher auteur,

Vous voyez comme va la pièce. Elle est émouvante, assez forte et assez généreuse, assez *dangereuse* surtout pour que vous n'en décliniez pas la responsabilité. Vous lui devez votre nom, vous le devez à vous-même, vous le devez à l'intérêt de la Comédie-Française. Dites-moi tout de

M. Regnier, qui vint, selon l'usage, pour nommer les auteurs, fut obligé de déclarer qu'ils croyaient devoir garder l'anonyme, et depuis cette époque, bien que la pièce ait plus que dépassé ses cent représentations [1], et que ses deux pères aient renoué leurs relations, *le Supplice d'une femme* a toujours figuré sans nom d'auteur sur l'affiche. La pièce imprimée porte seule l'indication d'un nom, mais placé de telle façon qu'il est difficile de savoir si M. de Girardin a voulu signer la pièce ou bien tout simplement la longue préface explicative dont il l'a fait précéder. Quant à M. Dumas fils, dont M. de Girardin racontait à sa manière, dans ladite préface, la bienheureuse et décisive intervention, il prit le parti de répondre une fois pour toutes à son brillant contradicteur, mais de façon à éclairer surtout le public en mettant sous ses yeux les pièces vraies du procès. Il faut lire ces deux brochures, l'attaque et la réponse [2] : on trouvera, dans l'une beaucoup d'embarras et de bien médiocres argu-

---

suite que vous nous le donnez et ne terminez pas par une sorte de fuite une soirée qui me semble aussi glorieuse que *périlleuse*.

Tout à vous,

Ed. Thierry.

[1]. La centième représentation a eu lieu le 18 juin 1866.

[2]. Ces deux brochures, auxquelles nous avons emprunté les quelques notes et fragments qui précèdent, ont paru dans la même année 1865 chez Michel Lévy. Celle de M. de Girardin porte le titre suivant : *le Supplice d'une femme*, drame en trois actes, avec une préface par Émile de Girardin. Cette préface, qui est l'histoire de la pièce, d'après l'éminent publiciste, n'a pas moins de cinquante-quatre pages. Elle donne plusieurs fragments des versions primitives. La pièce, telle qu'elle est jouée, complète la brochure. La réponse de M. Alexandre Dumas fils est intitulée : *Histoire du Supplice d'une femme* : elle a cent-dix-huit pages, contient également d'autres fragments des mêmes versions primitives et entre autres le troisième acte de la toute première version.

ments, puisque c'est surtout par des citations de sa pièce primitive que M. de Girardin veut démontrer que c'est lui qui avait raison contre M. Dumas, lequel par d'autres citations empruntées à la même pièce prouve, dans sa riposte, au delà de l'évidence — ce que le succès du drame au théâtre avait déjà surabondamment démontré — combien au contraire M. de Girardin avait tort.

Je n'ai point analysé *le Supplice d'une femme*, parce que j'ai voulu réserver cette analyse pour la curieuse révélation que j'ai à faire au lecteur au sujet du fond même de la pièce. J'ai trouvé dans les papiers manuscrits de Beaumarchais que M. Édouard Fournier a achetés à Londres, en 1863, pour le compte de la Comédie-Française, un drame en trois actes intitulé *l'Ami de la maison*, et que, d'accord en cela avec M. Édouard Fournier lui-même et aussi avec quelques personnages compétents de la Comédie-Française, tels entre autres que son éminent directeur, M. Édouard Thierry, et son érudit archiviste, M. Léon Guillard, j'avais attribué à Beaumarchais, comme œuvre de début et de jeunesse, dans l'édition que j'ai donnée de son théâtre complet[1]. J'ai su depuis, grâce à une aimable communication de M. Charles Ménétrier (Listener), que ce drame n'était pas de Beaumarchais, mais bien de « M. Chalumeau, administrateur du district de Melun, » et qu'il avait été publié, en 1791, en un volume in-8º et sous le titre de *l'Adultère*. La brochure imprimée est d'ailleurs absolument conforme au susdit manuscrit des papiers de Beaumarchais qui sont

---

1. *Théâtre complet de Beaumarchais*, réimpression des éditions princeps, avec les variantes des manuscrits de la Comédie-Française et de la Bibliothèque impériale, publié par G. d'Heylli et F. de Marescot. 4 vol. in-8º. Paris, librairie des Bibliophiles, 1869-71.

conservés aux archives de la Comédie-Française. Or, ce drame, *l'Ami de la maison* ou bien *l'Adultère* qui, de même que *le Supplice d'une femme*, a aussi trois actes, offre avec cette dernière pièce d'autres points si étonnants de comparaison et de ressemblance, que je crois devoir les indiquer ici. On retrouve, en effet, dans *le Supplice d'une femme*, non-seulement le sujet même de *l'Ami de la maison*, mais encore certaines scènes absolument analogues à d'autres scènes du premier drame et surtout — à un près, dont l'inutilité est flagrante — le même nombre de personnages du même sexe, du même âge et du même caractère, remplissant identiquement les mêmes rôles.

Voici d'abord l'analyse sommaire des deux pièces mises en regard l'une de l'autre :

L'AMI DE LA MAISON	LE SUPPLICE D'UNE FEMME
Drame en trois actes.	Drame en trois actes.
Personnages :	*Personnages :*
De Saint-Pré.	Dumont.
Mme de Saint-Pré.	Mme Dumont.
De Valchaumé.	Alvarez.
La petite de Saint-Pré.	La petite Dumont.
Mme de Mainville.	Mme Larcey.
M. de Montmécourt (personnage épisodique et inutile et le seul qui ne se retrouve pas dans le drame correspondant).	(Il ne s'agit, dans cette analyse, que de la pièce retouchée par M. Alexandre Dumas fils et représentée à la Comédie-Française.)
Un homme, M. de Saint-Pré, a recueilli, logé et hébergé chez lui, par charité, sympa-	Un homme, Dumont, a pour associé un autre homme, Alvarez, devenu son ami et son

thie et affection, un autre homme, M. de Valchaumé qui, abusant de la confiance de son hôte, parvient à séduire sa femme. Le mari sait bientôt la fatale vérité ; la femme apprend par une amie, Mme de Mainville, que cette vérité est connue et presque publique. Cette amie lui conseille d'éloigner au plus vite son amant. Discussion entre la maîtresse et l'amant : celui-ci veut fuir seul, mais celle-là veut fuir avec lui ; tous deux sont indécis sur le parti à prendre ; survient le mari ; il provoque l'amant qui refuse de se battre et qui, tout à coup, tombant aux pieds de l'homme qu'il a outragé, obtient à la fois — du moins tout donne lieu de le penser, — l'oubli pour lui et le pardon pour sa maîtresse, la brusque fin de la pièce sans conclusion aucune, laissant le champ libre à toutes les suppositions.

commensal et qui, abusant de la confiance de son hôte, parvient à séduire sa femme. Cet homme ignore la fatale vérité ; sa femme apprend par une amie, Mme Larcey, que cette vérité est connue et presque publique. Cette amie lui conseille ou de marier son amant ou bien de l'éloigner au plus vite. Discussion entre la maîtresse et l'amant ; ce dernier veut enlever sa maîtresse qui, dans l'horreur de sa faute et aussi de son amant, livre elle-même le secret terrible à son mari, en lui donnant de son plein gré la lettre par laquelle Alvarez lui propose de partir. Mais Dumont ne veut ni duel ni scandale ; « je ne mettrai pas quatre témoins, dit-il à Alvarez, dans la confidence d'un fait qui ne doit être connu que des coupables et du juge ; et d'ailleurs, si je ne vous tuais pas, où serait la réparation ? si vous me tuiez, où serait la justice ? » Dumont chasse donc son déloyal associé en se ruinant par une liquidation précipitée dont il lui laisse tout l'odieux et il éloigne sa femme qui retourne chez ses parents pour un temps indéterminé.

Donc le fond des deux pièces est tout à fait le même, la différence existe seulement dans les développements et les détails. Dans *l'Ami de la maison*. M. de Saint-Pré est certes un homme de bien, mais d'une confiance un peu aveugle et qui abuse du droit qu'un honnête homme a de se plaindre, au lieu de chercher tout d'abord, sinon le remède de son mal, au moins son explication et au besoin sa vengeance. — Dans *le Supplice d'une femme* (édition Girardin), Dumont est au fond un homme d'un caractère absolument semblable et qui n'eût pas été plus possible à la scène que ne le serait de Saint-Pré, si M. Dumas fils n'était aussi heureusement intervenu.

Mme de Saint-Pré hésite entre son devoir et son amant; elle paraît cependant plus portée à garder son séducteur, puisqu'elle veut à un certain moment se faire enlever par lui; ses remords, fort déclamatoires, n'ont l'air que médiocrement solides. Le rôle et le caractère de Mme Dumont sont, il est vrai, tout différents, mais ils diffèrent précisément sur les mêmes points et sur les mêmes incidents. Elle aussi, elle hésite entre son devoir et son amant, mais c'est par haine pour celui qui l'a séduite; c'est lui qui propose la fuite qu'elle repousse avec horreur; mais cependant ce sont bien les deux mêmes femmes, coupables toutes deux, toutes deux prises de remords et revenant à leurs maris, non pas d'elles-mêmes, mais par le même motif et la même conclusion : la découverte de leur faute et l'expulsion de leur amant.

Valchaumé, de *l'Ami de la maison*, n'est pas plus intéressant ni sympathique qu'Alvarez du *Supplice d'une femme*; ils n'ont ni l'un ni l'autre le mérite du repentir; ils cèdent à la force; ils ne rendent point de leur plein mouvement ni de leur volonté, aux maris qu'ils ont trompés, leur femme qu'ils ont séduite; ils sont violents tous deux et ils deviennent même parfois ridicules.

Mme Larcey, la coquette du *Supplice d'une femme*, et Mme de Mainville, qui joue le même rôle dans *l'Ami de la maison*, sont deux mondaines, brillantes et légères; bien que le rôle de la dernière soit moins développé, elles jouent absolument toutes deux le même personnage révélateur, et elles servent à tendre, dès le commencement du drame, la suite et l'intérêt de l'intrigue dans une scène qui, à part les détails, est absolument identique. Nous retrouvons aussi dans les deux drames deux petites filles innocentes, sautillantes et gracieuses; le rôle de l'une est moins détaillé dans *l'Ami de la maison,* mais toutes deux ont un point de ressemblance très-capital; elles ont une prédilection marquée pour l'amant de leur mère qui a pour elles la même affectueuse familiarité.

Je pourrais encore rapprocher quelques scènes importantes et à peu près identiques : celle où Mme Larcey vient raconter à Mme Dumont les soupçons auxquels sa conduite donne lieu; les deux scènes d'explication entre les deux amants où l'on retrouve la situation parfaitement semblable de cette femme séduite et de son séducteur se débattant comme ils peuvent contre la force des choses qui, fatalement, les accable; et encore les scènes d'explication entre le mari et l'amant, toutes deux au troisième acte, dans les deux pièces, toutes deux si parfaitement en situation semblable. La même provocation de l'amant par le mari se retrouve dans les deux scènes, différemment présentée, il est vrai, mais produisant le même effet et aboutissant de la même façon. Tous ces rapprochements sont d'ailleurs surtout sensibles si l'on compare *l'Ami de la maison* avec *le Supplice d'une femme,* tel que M. de Girardin l'a d'abord écrit, puis publié pour quelques élus[1]. Il est d'ailleurs un dernier rapprochement qu'il est très-facile d'établir entre les deux drames : c'est que la

---

1. *Le Supplice d'une femme,* drame en trois actes, par M. Émile de Girardin (tirage à cent exemplaires).

première version de M. de Girardin est pour le moins aussi mauvaise et impossible à la scène que le drame touffu de *l'Ami de la maison,* qui deviendrait peut-être une bonne pièce à son tour s'il était livré également, en vue de la représentation, à la dextérité d'un aussi habile arrangeur.

Je ne puis d'ailleurs tirer ici aucune conclusion de ce petit débat qui n'offre, en somme, qu'un simple intérêt de curiosité littéraire. Toute la question serait de savoir si M. de Girardin connaissait, par avance, le drame que j'ai rapproché du sien, soit qu'il l'ait lu dans la brochure imprimée, sous le titre de *l'Adultère,* soit qu'il ait eu sous les yeux le manuscrit de la Comédie-Française, intitulé *l'Ami de la maison.* Dans le cas contraire, il faut avouer que le hasard est un puissant maître et que les beaux esprits, même à plus d'un demi-siècle de distance, sont encore sujets à pouvoir se rencontrer.

Le 7 juin, M. Eugène Provost est, — un peu prématurément, ce nous semble, — proclamé sociétaire. C'est une agréable surprise qu'on a voulu faire au comédien illustre dont M. Eug. Provost est le bienheureux fils; mais il est clair que ce jeune artiste — la suite l'a bien prouvé — eût gagné à se perfectionner encore et surtout à attendre que la haute faveur, dont il a été investi, ait pu lui être octroyée comme récompense de son propre mérite et non de celui de son père. Quelques années plus tard, en effet, la Comédie, qui avait eu le tort d'élire M. Provost fils, a eu un second tort : elle est purement et simplement revenue sur sa décision première et a obligé le sociétaire qu'elle avait créé, un peu malgré elle, à redevenir pensionnaire comme devant. M. Provost a jugé alors qu'il était de sa dignité de se retirer, et il a sagement agi ; l'affaire a fait grand bruit, en son temps, dans l'intérieur de la maison de Molière, d'autant plus que le Comité, puisqu'il entrait dans la voie des exécutions sommaires, aurait pu ne pas se borner à celle-là [1].

30 Juin. — Première représentation de *la Pomme*, comédie en un acte, en vers, de M. Théodore de Banville. C'est une idylle antique, un duo mythologique, charmant d'ailleurs, bien qu'un peu long, entre Mercure (Coquelin) et Vénus (Mlle Ponsin), qui se trouvent en coquetterie réglée dans l'île de Cythère, où la déesse de l'Amour, amadouée par le messager des dieux, lui laisse emporter sa ceinture en échange de la pomme tentatrice qu'il est chargé de lui offrir comme appât et qu'elle croque à belles dents tout entière. Cette *Pomme* est la première pièce donnée par M. de Banville à la Comédie-Française; elle est d'une poésie très-recherchée, très-travaillée, très-spéciale à son auteur, mais c'est, en somme, l'œuvre d'un fin lettré et elle a été fort sympathiquement accueillie.

Le 7 juillet, premier début de Mlle Ramelli, comédienne de valeur, qu'on a remarquée à l'Odéon et au Gymnase, et qui arrive avec un talent vrai et de précieuses qualités à la Comédie-Française, où elle ne pourra cependant trouver à se faire jour. Elle paraît d'abord dans la duchesse du *Verre d'eau*, puis, le 17 août suivant, dans la reprise de la jolie saynète en vers de M. Laluyé, *Au printemps* [2],

---

1. M. E. Provost se retire définitivement le 12 mars 1869.
2. La pièce a été jouée pour la première fois, à l'Odéon, le 24 avril 1854. Voici sa distribution dans les deux théâtres :

	Odéon.	Théâtre-Français.
Thomassin............ MM.	Talbot.	Talbot.
Frédéric.............	Métrême.	C. Verdellet.
Mme Destourville..... Mmes	Grassau.	Ramelli.
Rosine..............	Bérengère.	E. Dubois.

où elle remplit le rôle de Mme Destourville, qu'elle a déjà joué à l'Odéon. Elle a grand air, de la tenue, beaucoup d'expérience et d'habileté, mais la retraite et l'oubli où la Comédie-Française paraît la reléguer presqu'immédiatement après ses débuts, obligent cette artiste distinguée et que la malechance semble poursuivre, à quitter bientôt une scène où le répertoire ne veut pas d'elle[1].

Le 15 août, spectacle gratis annuel, composé d'*Athalie*, avec Mme Émilie Guyon et des chœurs[2]. *Les fourberies de Scapin* complètent cette matinée qui, comme toujours, attire une grande foule.

Le 2 septembre, reprise de *la Métromanie*, comédie en cinq actes, en vers, de Piron, qui, depuis longtemps,

---

1. « Mme Ramelli a quitté la scène, mais à son corps défendant, et après avoir épuisé tous les mauvais vouloirs de la déveine. Son histoire est bien étonnante. Voilà une femme qui avait de la figure, du talent, et qui n'était pas arrêtée par le cruel obstacle de la misère, où se heurtent aux débuts de la route beaucoup de nos jeunes comédiennes. Elle eut le bonheur de rencontrer dans sa carrière un rôle où elle déploya des qualités de premier ordre et obtint un succès immense (la marquise du *Marquis de Villemer*); elle pouvait se croire en passe d'arriver, dans son art, à une haute position et à un grand nom. Depuis lors, rien ne lui a plus réussi, sans que j'aie jamais su pourquoi. Elle est entrée à la Comédie-Française; elle y a trouvé devant elle Mlle Nathalie qui ne lâchait pas aisément ses rôles; elle ne s'est pas obstinée dans une lutte qu'elle sentait impossible; elle a passé au Gymnase, puis est revenue à l'Odéon, puis est retournée au Gymnase, et, après toutes ces tentatives infructueuses, a pris son parti de disparaître. Je l'ai regrettée pour ma part. Mme Ramelli savait conserver un grand air tout en restant bonne et aimable femme. » (Fr. Sarcey.) — Le troisième début de Mme Ramelli, dans Philaminte des *Femmes savantes*, fut reculé jusqu'au 13 juillet de l'année suivante. Elle a quitté définitivement la Comédie le 1er octobre 1868.

2. Les stances par Mmes Ponsin et Tordeus, et les chœurs chantés par les élèves du Conservatoire, avec les soli par M. Caron et Mlle Wertheimber, artistes de l'Opéra. *Athalie* est donnée une seconde fois le surlendemain 17, avec la même interprétation, mais avec Mme Ferdinand Sallard remplaçant Mlle Wertheimber.

n'était plus au répertoire, et qui sert de début à M. Charles Prudhon dans le rôle de Dorante. Élève de la classe de Regnier et lauréat aux derniers concours du Conservatoire, M. Prudhon est un jeune premier d'excellente tenue et d'une physionomie élégante et agréable. Il s'est d'abord produit dans divers personnages secondaires de comédie [1], puis dans la tragédie : *Atrée et Thyeste*, *Alexandre*, *Médée*, *Andromaque*, etc.; mais ce n'est guère qu'à partir de son originale création du docteur Solem dans la *Christiane*, de M. Gondinet (20 décembre 1871), que cet artiste distingué a commencé à faire figure vraiment sérieuse à la Comédie-Française.

M. Delaunay, dans cette reprise de *la Métromanie*, a primé d'ailleurs de très-haut les autres interprètes de la pièce. Le rôle de Damis, qu'il joue avec une jeunesse et une verve incomparables et en même temps avec le style de la meilleure tradition classique, a fait le plus grand honneur à ce remarquable comédien; il n'est même pas de personnage de l'ancien répertoire qui l'ait mieux servi et il est difficile de croire qu'à aucune époque on l'ait joué avec plus de charme, de talent et de succès [2].

Notons encore, à la date du 9 septembre, la première représentation d'une sorte de proverbe, en vers, de M. Émile Bergerat, qui a pour titre *Une amie*, et que la comédienne distinguée qui l'interprète, Mme Madeleine Brohan, a fait, dit-on, accueillir à la Comédie-Française. Ce n'est, à vrai dire, qu'une conversation qui se tient entre

---

1. Son deuxième début a lieu le 17 septembre, dans *Tartufe* (Valère); et le troisième dans Mario du *Jeu de l'amour et du hasard* (16 septembre).

2. Jouent les autres rôles : MM. Maubant (Baliveau), Talbot (Francaleu), Eug. Provost (Mondor); Mmes M. Royer (Lucile), R. Didier (Lisette).

une marquise rêvant l'éternité en amour et un duc, qui n'est autre que Richelieu lui-même. Leur discussion marivaudée sur les charmes de l'amitié et sur les douceurs et les vicissitudes de l'amour dure un peu bien longtemps, sans doute, mais cela est dit en vers élégants et parfois bien trouvés par M. Leroux, qui est de longue main habitué à représenter Richelieu et par Mᵐᵉ Madeleine Brohan qui n'en est pas à jouer sa première marquise.

5 Décembre. — Première représentation de *Henriette Maréchal*, drame en trois actes, en prose, de MM. Edmond et Jules de Goncourt, avec prologue, en vers, de Th. Gautier.

Voici l'une des pièces les plus célèbres dans les fastes modernes du sifflet; depuis la *Gaëtana* de M. About, de récente mémoire, on n'avait pas vu de soirée plus orageuse sur une scène parisienne; on retrouverait, même difficilement, dans les annales du Théâtre-Français, la trace d'un pareil scandale. Ici encore, comme pour *Gaëtana*, on reprochait aux auteurs leurs attaches politiques; ils étaient reçus chez la princesse Mathilde, cousine du souverain; ils avaient lu publiquement leur pièce dans son salon et on assurait que ce n'était qu'à sa haute influence qu'elle avait dû d'être accueillie aussi facilement à la Comédie-Française. Il y eut donc cabale et la pièce était condamnée avant même que les portes de la salle se fussent ouvertes. Depuis plusieurs semaines il n'était d'ailleurs question que de la pièce dans un certain public, et les siffleurs s'étaient dès longtemps concertés. L'un d'eux, Georges Cavalier, fruit sec de l'École polytechnique, pour le moment ingénieur civil en disponibilité, et qui paraît avoir été le chef principal de la bande, inaugura ce soir-là, sous le glorieux surnom de *Pipe en bois*, sa triste et ridicule notoriété.

D'ailleurs, pour qu'il n'y eût point de doutes sur leurs intentions prochaines, les cabaleurs les manifestèrent dès le commencement du spectacle, en sifflant — est-ce parce que Ponsard était aussi un des hôtes de la rue de Courcelles? — la poétique idylle d'*Horace et Lydie*, qui précédait la pièce nouvelle et qui, jusqu'alors, avait toujours été écoutée avec faveur. Enfin, après un long et tumultueux entr'acte, le rideau se lève, vers neuf heures et demie, sur le premier acte d'*Henriette Maréchal*.

La scène représente le couloir des premières loges à l'Opéra, ce couloir fameux de l'ancienne salle incendiée qui donnait directement sur le foyer. C'est là, en effet, que va s'engager la dramatique action de la pièce nouvelle. Mais, Mme Ponsin s'avance; elle est revêtue d'un spirituel et fantaisiste costume dessiné par Gavarni, ce philosophe de la caricature, ami d'enfance des deux auteurs. De sa voix fraîche et nettement timbrée, l'accorte comédienne, qui représente la muse du carnaval moderne, vient expliquer et excuser aussi son invasion momentanée sur la scène de Corneille et de Molière. On l'écoute d'abord avec déférence et bientôt avec plaisir, tant elle détaille finement les jolis vers de Th. Gautier, l'écrivain inattendu de ce prologue, et qui est aussi un des amis particuliers des auteurs. On applaudit cette fois « pour de bon. » O puissance de la poésie! elle a rendu un moment silencieux ces siffleurs illogiques qui ont sans doute oublié que Th. Gautier est aussi l'un des fidèles de la princesse Mathilde, dont il va même devenir le bibliothécaire. Le dernier mot du prologue se rattache d'ailleurs tout directement à ce premier acte d'un style si imagé et d'un réalisme si follement vivace :

> Si le théâtre est fait comme la vie humaine,
> Il se peut qu'un vrai bal y cause et s'y promène;

Or donc excusez-nous d'être de notre temps,
Nous autres qui serons des types dans cent ans.
Pendant que la parade à la porte se joue,
Le drame sérieux se prépare et se noue,
Et quand on aura vu l'album de Gavarni
L'action surgira terrible...

Un masque *entraînant l'orateur.*

As-tu fini?...

Cet « as-tu fini? » est le signal du débordement de langage populacier et d'argot spécial que nous avons entendu durant la plus grande partie de ce premier acte; cet « as-tu fini? » met le feu aux poudres. Et voici d'abord le tableau brillant et animé du bal lui-même; voici surtout, placé sur le rebord de la galerie qui donne au-dessus du foyer, un monsieur en habit noir, — la distribution de la pièce ne lui donne pas d'autre nom, — lequel a bien dîné et qui se met, du haut de sa tribune improvisée, à invectiver, que dis-je, à « engueuler » tous les masques qui passent au-dessous de lui. Ceux-ci, naturellement, lui répondent dans un langage encore plus imagé et aussi plus vulgaire, et il s'ensuit, entre cette foule bigarrée et grouillante et cet étrange orateur, une lutte de gros mots comme le bal même de l'Opéra n'en entend pas tous les soirs[1]. Et voilà du coup cette même lutte qui s'établit

---

[1]. Voici quelques-unes de ces invectives choisies parmi celles qui ont excité le plus de clameurs dans cette scène unique où M. Bressant tenait tête à l'orage, qu'il avait lui-même provoqué, avec une verve si gouailleuse et si impertinente : *Ohé sauvage! tu vas manquer le train de Batignolles!* — *Va donc photographe sans ouvrage!* — *Chapelier de la rue Vivienne!* — *Peintre de tableaux de sages-femmes!* — *Tourneur de mats de cocagne en chambre!* — *Éleveur de sangsues mécaniques!* — *Pédicure de régiment!* — *Athéniens de Chaillot!* — *Tas de polichinelles!* — *Abonné de la Revue des Deux-Mondes!...*

dans la salle et qui met en présence le clan nombreux des siffleurs et celui des spectateurs, qui ne veulent pas juger et condamner la pièce sans l'entendre. C'est un tapage épouvantable que l'intervention de la police ne parvient pas à calmer et qui durera toute la soirée. Ce premier acte cependant est à coup sûr le plus original, le mieux venu et le seul amusant de la comédie tout entière. L'action y commence d'abord intéressante et clairement exposée. Voici deux frères, Paul et Pierre de Bréville, l'un tout jeune encore, l'autre d'âge plus avancé, qui se sont égarés dans cette fourmilière. Pierre protége Paul et croit faire l'éducation de son frère en le lançant déjà dans ce monde inconnu où il tombe pour la première fois ayant pour uniques armes sa seule innocence que quelques verres de champagne préliminaires mettent en bien grand danger en un pareil lieu. Bientôt il rencontre, en effet, un domino, une femme que le trop entreprenant Monsieur en habit noir a obligée à quitter sa loge où il s'est lui-même installé et endormi, et qui attend sur une banquette du foyer le réveil et la sortie de cet impertinent dormeur. Paul s'approche timidement, entame une conversation, devient tendre, pressant, amoureux, en un mot, d'une femme dont il ne sait pas le nom et dont il n'a même pas vu la figure. A ce moment le Monsieur, enfin sorti de son sommeil, apparaît sur le devant de la loge et vient poursuivre de ses insultantes obsessions le domino que Paul accompagne. En jeune et galant chevalier, celui-ci prend aussitôt la défense de la dame; les deux hommes échangent leur carte et se quittent sur un cérémonieux salut. L'exposition finit sur cette perspective d'un duel certain et du développement de cet amour, à peine ébauché, de Paul de Bréville pour une inconnue. C'était là vraiment une action nettement engagée, et nous maintenons, en dépit des sifflets, que cet acte si curieux et si nouveau au théâtre, — au Théâtre-Français surtout, — méritait au moins d'être entendu.

La suite n'a malheureusement pas répondu à ce début, car nous tombons bien vite dans le drame le plus noir, le plus rebattu et le plus ennuyeux du monde. Paul est si grièvement blessé dans son duel qu'on est obligé de le transporter et de le soigner dans la maison la plus proche du lieu où s'est passé le combat, et cette maison — voyez le hasard! — n'est autre que celle habitée par le funeste domino pour lequel il s'est battu. Ce domino était Mme Maréchal, femme du monde, supérieure à son mari par l'éducation et l'esprit et qui, par reconnaissance, entoure de ses soins le pauvre garçon qui s'est presque fait tuer pour elle. Mais Mme Maréchal a trente-six ans et elle est mère d'une fille qui en a dix-huit; cependant, Paul, quand il a recouvré peu à peu sa santé et ses forces, en devient éperdument amoureux et son amour est bientôt partagé. Au troisième acte, nous sommes à Trouville où l'on jase beaucoup sur la liaison de Paul et de Mme Maréchal qui n'ont l'air ni de s'en douter, ni de s'en soucier. Le frère aîné qui pressent une catastrophe prochaine, vient dévoiler à cette dernière les bruits qui courent sur son compte et que son mari ne peut tarder à connaître. Il lui apprend aussi que sa fille Henriette aime Paul. A cette révélation, Mme Maréchal se désespère à l'idée terrible qu'elle est la rivale de sa propre fille, et elle parle de ne plus revoir son amant. Il arrive d'autre part que M. Maréchal a trouvé que Paul pouvait être un bon parti pour Henriette et il interroge sa fille sur le projet qu'il a de le prendre pour gendre. Celle-ci déclare qu'elle ne veut pas se marier; Maréchal ouvre alors les yeux devant ce refus inexplicable et en présence aussi d'autres indices malheureusement trop clairs; un soir, à un dernier rendez-vous des deux amants, il arrive inopinément et va surprendre Paul enfermé chez sa femme. A ce moment, Henriette sort de sa chambre, y pousse Paul de Bréville, éteint la lampe et va s'agenouiller devant la porte qui tombe enfin sous les coups répétés de son père. Celui-ci, apercevant dans l'ombre cette femme éperdue et suppliante, s'imagine qu'il a devant lui l'épouse coupable et d'un coup de pistolet il étend sa fille morte à ses pieds.

Tel est ce drame violent et d'une conclusion si répugnante. Il eût fallu, pour rendre admissible cette vieille et fastidieuse intrigue, une habileté consommée et prodigieuse. Le malheur est que MM. de Goncourt qui, d'ailleurs, abordaient pour la première fois le théâtre, et qui n'y ont pas reparu depuis, manquaient précisément de l'expérience dramatique la plus élémentaire ; ils n'avaient même pas le style vrai de la scène, ayant transporté dans leur pièce cette langue précieuse et recherchée qui les ont mieux servis dans les ouvrages spéciaux d'art et d'histoire qu'ils ont communément publiés. D'autre part, ils ont pris, comme les débutants, la violence pour la force et la brutalité pour la passion. Il se dégage enfin des deux derniers actes de leur pièce un long ennui que le bruit des sifflets et les cris des cabaleurs sont seuls venus égayer quelque peu.

Il faut d'ailleurs répéter, à la décharge de ces deux sympathiques écrivains, que leur pièce était condamnée à l'avance, qu'on n'a pu que la fort mal écouter au milieu des sifflets qui ont encore redoublé lorsque M. Got a voulu nommer les auteurs. L'éminent artiste a dû attendre pendant quelques minutes un silence qui ne se produisait pas ; mais comme c'est un homme de tête et de caractère qu'on ne démonte pas facilement, il a bravé l'orage et il est parvenu, enfin, au milieu d'une éclaircie, à jeter en pâture au brouhaha du parterre le nom des frères de Goncourt.

Le lendemain il ne fut question dans tout Paris que du premier acte d'*Henriette Maréchal* et du tumulte qui avait accueilli la nouvelle pièce à sa première représentation. Il y avait grande place, en ce temps-là, où les discussions politiques n'étaient pas libres, pour certains événements littéraires qui se trouvaient prendre, par le fait, une importance d'autant plus considérable. Tout le monde voulut voir la pièce; les bureaux de location furent assiégés, et le drame si bien chuté la veille parut s'annoncer comme un succès fructueux et durable. Mais la deuxième représentation (7 décembre) ne fut pas moins tumultueuse que la première bien que les auteurs eussent fait de larges coupures dans leur ouvrage, dont ils avaient modifié le dénouement. Il était donc évident qu'il y avait un parti pris de ne pas le laisser jouer. En effet, le 9, à la troisième soirée, le même scandale, mais plus accentué se produisit encore. On venait soit pour siffler, soit pour entendre siffler; c'était donc un genre de succès tout spécial auquel concourait bien peu jusqu'alors le mérite de la pièce. Aux trois représentations suivantes (11, 13 et 15 décembre) l'attitude du public fut la même; la dignité du Théâtre-Français l'empêchait donc de continuer la représentation d'une pièce qui lui rapportait certes beaucoup d'argent, mais qu'elle ne pouvait plus jouer sans être accusée de spéculer sur le scandale, et après la sixième soirée la comédie de MM. de Goncourt fut définitivement retirée de l'affiche devant 6,000 francs de recette.

La cabale qui avait jadis tué *Gaëtana* en trois soirées était arrivée en quelques soirs de plus aux mêmes fins pour *Henriette Maréchal*. C'était ce qu'on peut appeler une exécution sommaire, et d'autant plus révoltante et injuste qu'elle se basait sur un point de départ absurde et qu'elle frappait deux écrivains des plus honorables et des plus estimés. Il ne leur restait que la ressource de la protestation. Ils publièrent leur pièce et la firent en effet précéder d'une préface triste et indignée et qui résumait sincèrement leurs griefs. Au reproche qu'on leur avait fait de s'être servis du haut patronage de la princesse Mathilde, ils répondirent de la manière suivante :

« Vous nous reprochez d'être des courtisans, et nous sommes les seuls hommes de lettres qu'on ait fait asseoir, en 1852, entre des gendarmes sur les bancs de la police correctionnelle pour délit de presse! Vous nous reprochez de fréquenter le salon de la princesse Mathilde? Mais si vous nous sifflez pour cela, il faut brûler les livres de M. Berthelot et de M. Claude Bernard, qui sont des invités, et lacérer au salon les toiles de M. Baudry et de M. Hébert qu'elle est allée voir dans leur atelier. Vous nous reprochez encore d'être riches, d'être heureux, d'être arrivés facilement? Eh bien! voulez-vous la vérité?

« Nous avons travaillé quinze ans, renfermés, solitaires, acharnés au travail. Nous avons eu toutes les défaites, tous les chagrins, tous les désespoirs, toutes les attaques, toutes les injures amères de la vie littéraire. Nous sommes arrivés pas à pas, livre à livre, obligés de tout disputer et de tout conquérir. Et nous avons mis quinze ans enfin à parvenir au Théâtre-Français.

« Pour notre fortune, nous n'avons pas tout à fait douze mille livres de rentes à nous deux. Nous logeons au quatrième et nous avons une femme de ménage pour nous servir.

« Et pour notre bonheur, il ne faut pas qu'on se l'exagère tant : nous avons l'un une maladie de nerfs, l'autre une maladie de foie qui doivent assurer nos ennemis de nos souffrances dans la cruelle bataille des lettres; deux maladies qui finiront peut-être par nous faire mourir, — à moins que nous ne mourrions d'autre chose — tous les deux ensemble, selon des promesses qu'une menace a bien voulu nous faire [1]. »

Quant à la protection même de la princesse, la vérité est qu'elle s'était fait sentir non au Théâtre-Français, mais seulement auprès de la censure dont elle avait pu atténuer les rigueurs habituelles, surtout pour ce qui regardait le premier acte jugé, par avance, des plus scabreux et le dénouement dont cette même censure eut mieux servi les intérêts de MM. de Goncourt en exigeant qu'il fut modifié [2].

21 DÉCEMBRE. — Célébration du 226e anniversaire de la naissance de Racine; on joue *Mithridate* [3] et *les Plaideurs* [4]. Mlle Favart déclame en outre, avec un grand

---

[1]. Le frère cadet, M. Jules de Goncourt, n'a pas attendu son frère, qui vit encore; il est mort en 1870.

[2]. Ont créé les rôles : MM. Got (Pierre de Bréville), Delaunay, d'une si étonnante jeunesse dans le personnage de Paul de Bréville; Bressant (un Monsieur), Lafontaine (Maréchal); Mmes Arnould-Plessy (Mme Maréchal), Victoria-Lafontaine (Henriette), Dinah Félix (Thérèse); MM. Montet et Prudhon (deux amis); dans la scène du bal, outre Mme Ponsin, en muse du carnaval, il faut citer six masques représentés par MM. Seveste, Guérin, Tronchet, et Mmes Lloyd, Barretta et Ramelli. Enfin Mlle Rosa Didier faisait à ce même acte « le Bébé. » — La presse a été relativement indulgente pour la pièce en raison même de l'inqualifiable opposition qui l'avait accueillie. Il y eut, d'autre part, un journal nouveau fondé par la société du *Figaro*, sous le titre de *l'Évènement*, qui, par la plume de Jules Vallès, se déclara enchanté du tumulte de la veille : « Il y a eu tapage, fureur, scandale, tant mieux!... Il est bon que le cri de la cabale déchire les oreilles et rie au nez de la tradition!... » Il est vrai que ce même journal avait acheté 3,000 fr. le droit de publier la pièce dans ses colonnes où elle commença à paraître le 9 décembre. Le drame, imprimé, porte la dédicace suivante : *A M. Édouard Thierry, à l'administrateur du Théâtre-Français, nous dédions cette pièce qu'il a eu le courage d'accueillir.*

[3]. Mlle Favart (Monime); M. Maubant (Mithridate).

[4]. MM. Regnier (l'Intimé), Got (Petit-Jean); Mmes Dubois (Isabelle), Jouassain (la comtesse).

succès, de fort remarquables *Stances* de M. Henri de Bornier.

Nous retrouvons dans ces beaux vers les grands traits de la vie de Racine, ses amours, ses grandeurs, ses tristesses finales surtout, quand la disgrâce imméritée du Roi vint frapper au cœur le trop sensible poëte; c'est aussi ce passage qui a été le plus applaudi :

> Hélas! ce noble cœur...
> Caressant ces douleurs que chacun porte en soi,
> Délivré d'une chaîne, il s'en forgeait une autre,
> S'arrachant à l'amour et se donnant au roi!
>
> Il l'aimait jeune prince à qui tout rend hommage,
> Il l'aima vieillissant, grave et silencieux;
> Il trouvait dans son roi le modèle et l'image
> De ceux que son théâtre a fait vivre à nos yeux;
>
> C'est par là qu'il comprit le tendre et long supplice
> De ces reines en pleurs, au regard triste et fier;
> Titus, c'était le roi perdant sa Bérénice;
> Assuérus, le roi que charme une autre Esther.
>
> Le roi, c'est presque un Dieu; sa main brise ou relève,
> Son regard peut tuer... et le poëte un jour,
> De ce regard plus froid frappé comme d'un glaive,
> Sentit la mort prochaine et partit sans retour.

26 Décembre. — L'année finit par un grand deuil pour la Comédie-Française ; M. Provost père vient de mourir, des suites d'un anthrax, à l'âge de soixante-sept ans : il avait acquis l'admiration des vrais connaisseurs par l'exquise finesse et le naturel de son jeu; il était même parvenu à une telle perfection dans certains rôles classiques, l'*Avare*, *Tartufe*, *le Malade imaginaire*, *l'École des femmes*, etc., que le gros du public qui souvent n'apprécie un artiste qu'en raison des efforts qu'il lui voit faire et qui,

depuis de longues années était habitué au talent si complet, mais si simple de Provost, en était venu à ne plus le juger suffisamment à sa haute et incomparable valeur [1]. La mort de cet artiste éminent lui a rendu sa place véritable. Il était bien remarquable aussi dans certains personnages tout modernes, dans l'oncle Van-Buch d'*Il ne faut jurer de rien*, le préfet, de *Bataille de dames*, le bonhomme Jadis, dans la pièce de Murger, Maréchal, du *Fils de Giboyer*, Poirier, dans *le Gendre de monsieur Poirier*, etc. Il gardait dans ses rôles, même les plus comiques, une grande mesure et il s'y montrait toujours original et spirituel ; enfin personne n'a eu au même degré cette rare qualité de véritable bonhomie qui était d'ailleurs chez lui un don de nature [2].

Le lendemain 27, la Comédie fit relâche pour assister tout entière aux obsèques de Provost ; au cimetière trois

---

1. « Quel naturel, quelle bonhomie et en même temps quelle finesse ! C'est un grand, un très-grand acteur que Provost, et si un pareil comédien se révélait aujourd'hui tout d'un coup, nul doute qu'il ne fît courir la foule à la Comédie-Française ; mais parce qu'il est arrivé à la perfection par l'étude, que ses progrès ont été de chaque jour, Provost, comme l'enfant que sa famille n'aperçoit pas grandir, s'est élevé à la hauteur des plus éminents artistes sans que, pour ainsi dire, le public y ait fait attention et sa renommée n'est point populaire, et il joue les trois quarts de l'année devant des salles vides !... » (TH. GAUTIER.)

2. Cette bonhomie, cette simplicité, cette honnêteté que la vue de son bon et aimable visage inspirait à tout le monde, lui avaient valu les meilleures et les plus solides amitiés. Comme son camarade Regnier et quelques autres rares comédiens, Provost avait la vie privée la plus honorable et la plus digne ; aussi fut-il regretté de tout le monde : « Provost, écrivait M. Paul Dalloz dans le *Moniteur*, en annonçant sa mort, n'honorait pas seulement l'art dramatique, mais sa profession ! De justes éloges, aussi bien mérités par l'homme que par l'artiste, s'élèvent de toutes parts pour témoigner en quelle estime étaient tenus l'un et l'autre. Si sa mort laisse un grand vide dans la maison de Molière, elle en laisse un plus grand encore dans le cœur de ses amis. »

discours furent prononcés sur sa tombe par MM. Samson, le baron Taylor et Édouard Thierry. Le directeur de la Comédie-Française nous a parlé surtout de l'amour que Provost avait pour son art, et il a heureusement résumé le sentiment d'appréhension qu'avait toujours manifesté l'artiste, que la Comédie venait de perdre, à la pensée d'une retraite dont chaque année rendait pour lui l'heure plus prochaine.

... La mort nous a pris un illustre comédien qui nous promettait hier encore de ne pas se séparer de nous et qui nous devait donner — il s'y engageait par serment, ne sachant pas, hélas! qu'il donnait si peu — le reste de sa vie... Il s'est éteint. Cruelle pour ceux qui l'ont perdu, pour lui, sa fin a été douce et telle qu'il l'eût désirée lui-même ; à peine a-t-il pressenti les approches de la mort et aussitôt qu'elle l'a touché, il ne l'a plus reconnue ; une faiblesse sans douleur, une rêverie pleine de l'espoir de la guérison prochaine, une nuit sans paroles, un soupir, profond, suivi de deux autres soupirs, tout était fini... Heureux encore, faut-il le dire, heureux en ceci qu'il cessait d'être et d'être artiste. Des deux morts infligées à la profession de comédien, la dernière lui est venue comme le sommeil ; la première, celle qu'il redoutait le plus, l'heure de la retraite, lui a été épargnée[1].

---

[1]. La famille de M. Provost a publié, en 1867, une grande plaquette in-folio, imprimée chez Claye et dans laquelle se trouve résumée toute sa vie dramatique. Jean-Baptiste Provost était né le 25 janvier 1798 ; il avait obtenu au Conservatoire le deuxième prix de tragédie, le 25 novembre 1818 ; engagé à l'Odéon le 1er mai 1819, il était devenu sociétaire de ce théâtre — qui était alors organisé en société — le 1er avril 1821. Il y resta dix ans et y créa ou y reprit cent quatre-vingt-six rôles. Le 1er octobre 1829 il entra à la Porte-Saint-Martin et y demeura jusqu'au 1er février 1835 ; il y parut dans soixante et une pièces. Engagé à la Comédie-Française le 1er mars 1835, il devint sociétaire le 1er avril 1839 ; il y joua dans cent quarante-trois pièces. Nommé professeur adjoint au Conservatoire, le 1er février 1836, il fut créé professeur titulaire le 1er février 1839. — Le

19 avril 1866, la Comédie donna, au bénéfice de la veuve de Provost, la représentation de retraite à laquelle il avait droit; elle fut composée du deuxième acte du *Mariage de Figaro*, joué exceptionnellement par MM. Samson (Antonio), Bouffé (Basile), Numa (Bartholo), Mme Ugalde (Chérubin); *le Village*, avec M. Samson dans le rôle de Dupuis; *les Curieuses*, comédie, par les artistes du Gymnase; *la Corde sensible*, vaudeville, par les artistes du Palais-Royal; et un intermède de chant par MM. Villaret, Caron, Obin et Mme Marie Sass, artistes de l'Opéra.

Cette belle représentation finit seulement à une heure et demie du matin et produisit une recette de 13,853 fr.

ANNÉE 1866.

L'année 1866 débute victorieusement, le 18 janvier[1], par la première représentation du *Lion amoureux*, comédie en cinq actes, en vers, de M. Ponsard, qui obtient un grand succès de circonstance surtout. Elle est venue bien à son heure, opportunément, mettant en scène des républicains et des royalistes, au moment même où le gouvernement autoritaire qui les avait remplacés au pouvoir était à son plus haut point de puissance et de splendeur, les plaçant en antagonisme, il est vrai, mais pour dénouer simplement, comme dans une fin de vaudeville, la grande querelle de principes qui les a toujours séparés. La pièce, peu intéressante par elle-même, et dont la situation principale se renouvelle d'acte en acte, s'est relevée surtout par ses côtés épisodiques, ses traits anecdotiques, par la

---

[1]. Le 15 janvier on avait célébré le 244e anniversaire de la naissance de Molière, par une représentation composée de *Tartufe* (M. Leroux) et du *Malade imaginaire* avec la cérémonie. — Notons encore qu'à la fin de ce même mois de janvier, Mlle Judith se retire définitivement de la Comédie-Française.

peinture assez exacte d'une époque historique célèbre et enfin par la variété des incidents ne touchant pas directement à l'action; tout cela beaucoup plus mouvementé et attrayant, en somme, que cette action même qui n'est ni nouvelle ni rajeunie.

Nous sommes au lendemain de thermidor, sous le règne relâché du directoire[1], et à ce moment où les vrais républicains pressentent déjà, en voyant l'influence de la réaction grandir de jour en jour, la venue prochaine d'un despote. Au milieu de cette société renouvelée qui vit d'abord dans la corruption mondaine et l'intrigue, l'auteur nous présente un de ces généraux de la république, le citoyen Humbert, homme resté inébranlable dans ses idées et dont, en conséquence, les opinions sont en désaccord avec le courant nouveau. C'est « le lion » de la pièce, celui-là même qui devient amoureux de la belle marquise de Maupas, fille d'un royaliste compromis, le comte d'Ars, et fiancée à son beau-frère, le comte de Maupas, également condamné, comme émigré, et dont elle vient en personne demander la grâce à ce général inflexible, qui est à la fois membre de la Convention et du Comité de salut public. Humbert était le fils de l'un des vassaux de la famille de la marquise et celle-ci se trouve avoir partagé avec lui les jeux de son enfance. Tous deux se reconnaissent; la marquise est jeune, belle, séduisante et Humbert se dévoue aussitôt à son service. Elle exerce même du premier coup un empire assez grand sur sa volonté, devenue faible devant elle, pour le faire consentir à assister à une soirée chez Mme Tallien, dont le salon sert

---

[1]. Le premier titre de la pièce *Madame Tallien* avait l'avantage d'indiquer cette époque précise sur l'affiche.

de rendez-vous à tous les conspirateurs et à tous les mécontents; on trouve d'ailleurs, dans la société assez mêlée de ce salon des gens de tous les bords et jusqu'à Bonaparte lui-même, qui, d'ailleurs, ne paraît là que pour faire nombre, étant encore insuffisamment connu. C'est enfin dans ce salon où cette jeunesse dorée du jour, qui fait cortége à Mme Tallien, prodigue à la République son dédain et ses insultes, qu'Humbert, poussé à bout, éclate tout à coup et jette à la face de cette société, qu'il considère comme abaissée et avilie, une virulente apostrophe où il venge noblement et fièrement la République outragée.

Le drame était bien noué jusque-là et ce curieux deuxième acte que termine la grande scène dont je viens de parler, avait porté jusqu'aux nues l'enthousiasme du public; la suite n'a pas été, malheureusement, à la même hauteur et le drame, si bien commencé, tourne, dès le troisième acte, à la sentimentalité et aux expédients. Humbert veut épouser la marquise; il devient donc jaloux du comte de Maupas, son beau-frère, que son père lui destine; il le sauve cependant par magnanimité d'âme et la marquise répond à une si belle action par une déclaration d'amour qui ravit d'abord Humbert. Mais le comte d'Ars refuse son consentement à une telle mésalliance et il jure de se livrer à ses ennemis si sa fille veut enfreindre sa volonté paternelle. La marquise se sacrifie donc : « Je t'aime et je te fuis! » crie-t-elle à Humbert, qui est devenu de plus en plus intraitable et jaloux, surtout depuis qu'il a rencontré chez la marquise le jeune et brillant vicomte de Vaugris, son cousin, qui lui fait aussi la cour.

Humbert, dans son désespoir, part pour l'armée de Bretagne avec son ami Hoche, confident de ses chagrins, à qui l'auteur a eu le tort de ne donner qu'un rôle épisodique dans la pièce. Au dernier acte, nous sommes près de Quiberon, au lendemain de la sanglante défaite des royalistes. Humbert, qui voulait se faire tuer, n'a pu y réussir ; mais parmi les prisonniers de la bataille se trouvent le père de la marquise et le vicomte de Vaugris; quant au comte de Maupas, il est mort bravement pour sa cause. Sur l'intervention d'Humbert, Hoche accorde la vie sauve au comte d'Ars, mais Vaugris doit mourir, et il meurt, en effet, en gentilhomme, fièrement, le sourire aux lèvres, encore galant au moment suprême, se bornant à regarder d'un œil d'envie, quand le peloton d'exécution vient le chercher, sa belle et noble cousine qui va décidément se mésallier en épousant ce roturier d'Humbert.

C'est bien là, comme on le voit, un sujet de banal mélodrame, mais encadré cette fois dans une intrigue de comédie, laquelle n'est pas non plus bien forte ni bien nouvelle. Cette idylle de la passion contrariée du rigide Humbert et de Mme de Maupas est d'une trame aussi faible que fade, et le farouche républicain n'est qu'un lion assoupli et diminué. Ce sont là des caractères fort incomplets et trop mollement tracés. Leurs amours ne nous intéressent guère, mais seulement le milieu social et politique au milieu duquel l'auteur les a placés et où ils se déroulent. C'est là, je le répète, le côté vraiment curieux de la pièce et, à ce point de vue, le second acte qui se passe chez Mme Tallien où se trouvent réunis les types les plus variés de la république athénienne de 1795 est complétement réussi ; il a, en somme, décidé le grand succès du drame. Il convient d'ajouter que nous étions alors en plein empire, à une époque où le mot de République et le titre de républicain étaient sévèrement proscrits et où il a fallu, non pas une condescendance de la censure, qui, par état, se fût montrée inflexible, mais bien l'intervention directe et la volonté du souverain, pour qu'une pièce où figurait la tirade dans laquelle Humbert célèbre les hauts faits militaires de la Révolution et de la Convention, ait pu être permise. C'est donc l'effet de ce second acte et de ce brillant passage si vigoureusement enlevé par M. Bressant, qui a surtout attiré la foule, à ce point qu'aujourd'hui, à dix ans de distance, les temps et les milieux ayant si radicalement changé, une reprise du *Lion amoureux* aurait, croyons-nous, une chance bien moins grande de succès.

Le soin avec lequel M. Ponsard a tenu une juste et précise balance entre les deux partis qu'il mettait en scène, les présentant chacun sous son jour le plus favorable et le meilleur, a été une habileté obligatoire à une époque où, sans doute, on ne lui eût pas permis de provoquer un scandale en portant trop haut l'un aux dépens de l'autre; mais, en revanche, cette habileté même a tourné contre la pièce d'où a disparu tout intérêt de discussion aussi bien que toute apparence de passion politique, ce qui a ajouté encore à la monotonie d'un sujet si peu fertile déjà en incidents dramatiques. Quant à la poésie de M. Ponsard, elle s'est élevée en quelques endroits à la hauteur même des idées nobles et grandes qu'elle avait à rendre, et notamment dans trois passages justement signalés et applaudis : la tirade d'Humbert, celle de Vaugris sur « les vilains parvenus » et enfin celle de la marquise plaidant devant son père la cause de l'alliance du passé et de l'avenir, — c'est-à-dire de son mariage avec Humbert.

De l'interprétation, je ne veux, après le personnage d'Humbert, garder qu'un rôle, celui du vicomte de Vaugris, ce jeune, léger et brillant représentant d'un régime vaincu et tombé, mourant avec tant de simplicité et de vaillance, et que M. Delaunay a joué avec une grâce, une jeunesse et une distinction sans pareilles[1]. Disons enfin que le succès du *Lion amoureux* a été considérable. On a donné la pièce cent fois de suite, jusqu'aux chaleurs de l'été ; elle a, en outre, été reprise, ainsi que nous le verrons plus loin ; mais, nous ne saurions trop le dire, ce n'est pas une pièce de répertoire[2].

---

[1]. Ont créé les rôles : MM. Leroux (rôle épisodique de Hoche), Delaunay (vicomte de Vaugris), Maubant (comte d'Ars), Bressant (Humbert), Coquelin (bien original dans le petit personnage du farouche républicain Aristide), Eug. Provost (un bien curieux et parfait Muscadin), Barré (Épictète), Guichard (Barras), Prudhon (qui aura représenté, au moins une fois en sa vie, le général Bonaparte); Mmes Mad. Brohan (la marquise de Maupas), Édile Riquer (Mme Tallien ; c'est le meilleur rôle que cette jolie comédienne ait jamais eu à créer à la Comédie-Française); Ponsin (très-piquante dans son rôle épisodique de Cérès), Lloyd (Yvonne), Angelo, qui débute par le petit rôle de Margaït. Elle a joué ensuite Céliane de *la Comédie à Ferney* (1er mars); une jeune Israélite, dans *Esther* (18 mars); Isabelle de *l'École des maris* (11 août) ; Hippolyte de *la Ciguë* (9 janvier 1867), etc. Cette jeune et jolie comédienne est d'ailleurs restée peu de temps à la Comédie-Française et elle a mieux réussi, depuis, au théâtre du Gymnase.— Divers petits rôles sans importance, deux soldats, Mikel, Guillaume, une dame, sont remplis par MM. Verdellet, Tronchet, Seveste, Masquillier et Mlle Tordeus.

[2]. Il n'est point de pièce qui soit arrivée plus difficilement à la scène; les trois premiers actes avaient cependant été livrés assez vite; ils étaient « venus » plus facilement que les deux autres qui se firent plus longtemps attendre et que M. Ponsard, déjà miné par la maladie qui devait si prochainement l'emporter, n'envoya au Comité que scène par scène. Le dénoûment de son drame donna lieu entre autres à beaucoup de tâtonnements et de travail. Nous avons vu à la Comédie, dans la correspondance laissée aux archives par M. Edouard Thierry, des lettres et billets sans nombre relativement à ces successives difficultés.— La première représentation fut très-brillante : l'Empereur et l'Impératrice, accompagnés de la princesse de Hohenzollern, occupaient la loge impériale; puis le prince Napoléon et les princesses Clotilde, Mathilde et Primoli. Enfin on se montrait aussi, dans cette belle assemblée, à la fois littéraire et politique, la comtesse des Roys et son fils le vicomte des Roys, dont le père et le grand-père, le général Hoche, occupait la scène; et d'autre part, le docteur Cabarrus, fils de Mme Tallien, dans le salon de laquelle se passait le second acte. Enfin Ponsard lui-même vint au théâtre pendant le troisième acte ; dans la crainte d'une émotion trop vive, on l'avait fait rester chez

17 Mars. — M. Got crée, à l'Odéon, le rôle d'André Lagarde dans *la Contagion*, comédie en cinq actes d'Émile Augier[1]. Ce fait anormal demande une explication que nous ne donnerons, d'ailleurs, que sommairement et sans détails, ne voulant pas raviver des querelles intimes éteintes depuis de longues années déjà.

M. Got, qui était membre du Comité, avait renoncé vo-

---

lui, mais à la suite de l'ovation triomphale du second acte, M. Émile Augier courut le chercher et le ramena à la loge où se trouvait déjà Mme Ponsard, car le succès était alors certain. — La critique fut, en général, favorable ; pour les journaux d'opposition, il s'agissait là d'une pièce libérale : *le Siècle* alla même, dans son enthousiasme, jusqu'à déclarer, par la plume de M. de Biéville, « que c'était là un des drames les plus transportants qu'on eût représentés depuis Corneille. » Au *Constitutionnel*, M. Nestor Roqueplan qualifia la pièce « d'œuvre d'historien et de philosophe et qui doit rester... » *La Revue des Deux-Mondes* fut plus sévère : « L'action, écrivit M. Saint-René Taillandier, est indécise et souvent languissante ; le style appelle des objections... Il y a trop de disparate dans les vers ; après de fermes élans où se reconnaît l'imitation de Corneille, l'accent baisse tout à coup et la prose apparaît. » M. Paul de Saint-Victor disait, de son côté : « Ce drame a des parties faibles et des personnages mal venus ; la figure de Hoche est mollement tracée ; il joue auprès d'Humbert le rôle d'un confident à tricorne. Humbert lui-même est moins un caractère qu'un foyer de paroles et de sentiments généreux. » — Au point de vue de la recette, la pièce fut un grand succès ; elle rapporta 172,593 francs dans ses trente premières représentations, soit, en moyenne, 5,753 fr. 10 c. par soirée : elle fut jouée cent fois de suite jusqu'au 10 juin, et avec des recettes encore respectables, quand vint la chaleur ; ainsi on fit 3,162 francs à la quatre-vingt-troisième (18 mai) ; 4,354 francs à la quatre-vingt-cinquième (21 mai) ; mais seulement 2,841 francs à la quatre-vingt-dixième (28 mai) ; et enfin 1,597 francs à la centième (10 juin). Le jour même de la soixante-douzième (3 mai, 4,700 francs de recette), M. Ponsard avait été élevé au grade de commandeur de la Légion d'honneur.

[1]. La pièce fut jouée par MM. Got, Berton, Brindeau, Porel, Thiron ; Mmes Thuillier, Doche, L. Gérard et Damain. Elle avait été reçue primitivement à la Comédie-Française sous le titre de *le Baron d'Estrigaud*, mais M. Augier l'avait retirée lorsque commencèrent les répétitions du *Lion amoureux*. Le dernier acte, qui avait compromis le succès de la pièce, a été récrit à nouveau par l'auteur pendant les représentations.

lontairement à cette situation au moment de l'élection que la Comédie avait été forcée de faire, à la fin de l'année 1863, au lieu de celle de M. Worms. L'éminent artiste désapprouvait en outre — à tort ou à raison — la marche donnée à certaines affaires de la Comédie. Notre confrère Fr. Sarcey, ami intime de Got et très au fait de la question, nous dit qu'il adressa, à ce sujet, rapport sur rapport au ministre compétent, et que las de ne rien obtenir, il finit par envoyer sa démission comme dernier argument. Cette démission, la Comédie, comme bien l'on pense, s'empressa de la refuser. Il y eut alors procès entre ce sociétaire qui voulait à tout prix se retirer et la Comédie qui s'opposait absolument à son départ. Le théâtre eut raison en justice et Got dut demeurer sociétaire, bien qu'il en eût!...

La situation était, par suite de cet éclat, devenue momentanément bien difficile et même assez fausse pour lui dans la maison de Molière. Il fit alors demander au Comité, par l'intermédiaire de M. Émile Augier, l'autorisation d'aller créer à l'Odéon le principal rôle de sa nouvelle comédie, *la Contagion*. C'était pour M. Got l'occasion d'une absence de quelques mois pendant lesquels les récriminations et les colères qu'avait fait naître sa querelle avec la Comédie, auraient chance de s'adoucir et de se calmer. Mais le Comité, qui ne voulait pas être agréable à M. Got, ne l'entendit point ainsi et refusa tout net l'autorisation demandée. Il fallut un ordre exprès de l'Empereur lui-même pour que M. Got pût passer outre aux résistances de ses camarades. Il joua donc sur une autre scène *la Contagion*, comédie assez imparfaite qui n'obtint qu'une médiocre réussite, et qu'il alla ensuite représenter en province à la tête d'une troupe spéciale, courant de ville en ville, et cela sans grand profit ni succès.

Nous n'avons voulu que rappeler ici un incident qui fit un certain bruit en son temps, sans en entreprendre la discussion ni même l'appréciation; mais jugeant toutefois comme bien jugé le procès survenu alors entre M. Got et la Comédie, puisque son résultat a été de conserver à la scène illustre de la rue de Richelieu un de ses plus éminents comédiens.

Le 6 juin, la Comédie donne, au profit de la souscription ouverte en faveur des victimes d'une explosion survenue dans une fabrique de produits chimiques, à la Villette[1], sa représentation annuelle en l'honneur du 260e anniversaire de la naissance de Corneille. On joue *le Menteur* et le troisième acte de *Psyché*; puis, le tragédien Ernesto Rossi, qui est alors en représentation à la salle Ventadour, joue, avec les artistes de sa troupe, les trois derniers actes du *Cid*, tragédie de Corneille traduite en italien. C'est là certes une interprétation pour un moment curieuse; mais bien que M. Rossi fût plus contenu et plus mesuré que Mme Ristori, pour nous autres Français, qui sommes habitués à voir jouer la tragédie conformément à des traditions constantes et suivies, ce genre d'interprétation de nos chefs-d'œuvre classiques a quelque chose d'étrange et presque de choquant. M. Rossi a, en effet, produit — à cette époque et surtout dix ans plus tard — beaucoup plus d'impression en interprétant de grandes œuvres des théâtres étrangers, et notamment de celui de Shakespeare auquel il doit, par-dessus tout, sa haute et légitime réputation.

21 Juin. — Première représentation de *Gringoire*, co-

---

[1]. Cette représentation, bien qu'elle fût donnée dans une intention charitable, n'a produit, à cause de la saison, que la faible recette de 2,415 francs.

médie en un acte, en prose, de M. Théodore de Banville. — L'étonnement a été ici général. Pourquoi ce poëte, si spécialement et si éminemment poëte, a-t-il écrit sa pièce autrement qu'en vers? Quoi qu'il en soit, *Gringoire* a grandement réussi, bien que la trame de la pièce ne soit pas très-forte; on y voit un Louis XI à moitié débonnaire et à moitié cruel; un Olivier le Daim plus ou moins historique, mais la prose de M. de Banville est bien curieusement travaillée et lui est surtout personnelle ; puis le caractère du poëte populaire Gringoire est tracé de main de maître et, en outre, interprété d'une manière hors ligne par M. Coquelin qui a su s'y montrer sous un jour tout à fait nouveau. Ce déjà éminent artiste, qui avait tant réussi dans le comique, a trouvé cette fois le moyen de triompher d'une manière exceptionnelle dans le sentiment et dans le dramatique. Qui eût jamais cru que cette face si comiquement spirituelle était capable de se transformer aussi vite et aussi complétement? Gringoire est à la fois poëte, désolé, moribond ; le voici aux pieds de la potence, puis transfiguré tout à coup par la clémence du roi le moins clément qui fut et par l'amour de celle qu'il aime. Il faut voir M. Coquelin répercuter sur son visage si habilement mobile cette série d'émotions diverses et inattendues, — passant soudain de la désespérance à la joie, et des approches de la mort à la béatitude humaine la plus imprévue et la plus complète. M. Lafontaine a aussi trouvé dans le personnage poétisé de Louis XI la meilleure création qu'il lui ait été donné de faire à la Comédie-Française. En somme, cette jolie fantaisie historique est toujours demeurée au répertoire [1].

---

1. M. de Banville ne nous cache pas, dans la préface de sa pièce, qui est « humblement dédiée par son fidèle, à Victor Hugo, » tout ce qu'il doit

30 Juin. — Débuts, dans la reprise de *Péril en la demeure*[1], de M. Delessart, jeune premier que M. Ed. Thierry est allé chercher au théâtre de Bordeaux, où il était en grande faveur. C'est un beau garçon, mais un peu lourd d'allures, et qui n'est pas suffisamment distingué pour jouer avec avantage les Delaunay ou les Bressant. Il satisfait toutefois aux trois débuts réglementaires et paraît encore le 7 septembre dans Valère de *Tartufe*, et le 2 octobre dans Lucien du *Bougeoir*. Mais la Comédie ne croit pas devoir pousser plus loin une expérience qui n'a pas réussi, et le 16 janvier suivant, M. Delessart quitte le Théâtre-Français pour passer au Vaudeville, où il ne se maintient pas non plus. Il accepte alors un engagement au Caire, où il épouse la veuve du comédien Priston, laquelle était d'abord connue au théâtre sous le nom de Mlle Worms. A son retour en France, Delessart est engagé à l'Odéon, mais les offres tentantes de la Russie amènent aussitôt la résiliation de son contrat et c'est, en

---

aux bons conseils de M. Regnier, qui en a ensuite surveillé la mise en scène. Cette préface contient aussi l'éloge des artistes interprètes : M. Coquelin s'est montré, dit l'auteur, « comique, tendre, élevé, lyrique. » Et il ajoute dans une note finale : » Ce remarquable comédien, à qui sa nature exceptionnelle permet d'aborder tous les genres, possède des qualités d'émotion, de tendresse, de poésie bien rares chez les acteurs comiques. » Les autres rôles sont joués par Lafontaine (Louis XI), Barré (Simon), Chéry (Olivier le Daim); Mmes V. Lafontaine (Loyse), Ponsin (Nicole). Un joli décor nouveau, de Rubé et Chaperon, représente authentiquement la maison du drapier Simon; les costumes ont été dessinés par Alfred Albert. — Le succès de la première soirée fut considérable, bien qu'à cause de la chaleur, la recette n'ait été que de 745 francs. « Les artistes, constate le registre, ont été tous rappelés. » On faisait 562 francs le 23, à la deuxième; 1,744 francs le 3 juillet, à la sixième; et seulement 525 francs le 10 juillet, à la dixième. Ce n'est, en somme, qu'au retour de l'hiver, que la pièce a fait des recettes convenables.

1. MM. Regnier (la Roseraie), Mirecour (Favières), Delessart (Albert); Mmes Nathalie (Mme de Vitré), Lafontaine (Caroline), Rosa Didier (Annette). La recette n'est que de 320 francs.

somme, à Saint-Pétersbourg, que cet estimable comédien, qu'on avait eu le tort de vouloir placer trop haut, a surtout réussi.

Le 6 juillet, nouvelle et dernière rentrée de la belle et intéressante Mlle Delphine Marquet dans Elmire de *Tartufe*; la recette monte à 771 francs !

Le 11 août, remise à la scène d'*Atrée et Thyeste*, tragédie en cinq actes de Crébillon, avec prologue en vers traduit du *Thyeste* de Sénèque[1]. C'est là une grande curiosité littéraire, car la pièce de Crébillon, qu'on n'avait pas jouée depuis un très-grand nombre d'années, semblait pour tout le monde ne devoir jamais reparaître au théâtre. Mais ce « tissu d'horreurs » n'a pas produit l'effet qu'on en attendait et il s'en est dégagé surtout un silencieux ennui qui s'est manifesté, en dépit d'une mise en scène historique très-soignée et de costumes d'une authenticité indiscutable, par 485 francs de recette. M. Thierry, paraît-il, aurait préféré reprendre *Rhadamiste*, du même Crébillon ; mais comme l'Odéon tenait toute prête la reprise de cette tragédie, on a dû renoncer à son exhumation, dont l'effet eût, sans doute, été le même [2].

---

1. Ce prologue est de MM. de Bornier et Édouard Thierry qui ont gardé l'anonyme ; il a produit plus d'effet que la pièce.
2. Jouent les rôles : dans le prologue, M. Chéry (Tantale), Mlle Devoyod (Mégère). Dans la pièce : MM. Maubant (Atrée), Gibeau (d'une très-tragique et sombre énergie dans Thyeste), Sénéchal (Plysthène), Prudhon (Thessandre); Mmes Tordeus (Théodamie), Lloyd (la suivante Léonide). M. Masset (Charles-Auguste-Henri) débute dans le rôle d'Eurysthène. C'est le fils du célèbre chanteur J.-J. Masset. Élève de Regnier, au Conservatoire, il a obtenu, aux derniers concours, un second prix de tragédie et un premier prix de comédie. Il a fait, en conséquence, ses trois années réglementaires à la Comédie-Française, mais seulement dans les rôles secondaires, où nous le signalerons au fur et à mesure. Quand il a quitté la rue de Richelieu (29 juillet 1869), on a pu voir avec regret cet artiste distingué paraître momentanément dans le principal rôle d'une féerie, *le Roi*

Le 15 août, spectacle gratuit annuel, composé du *Dépit amoureux*, des *Plaideurs* et de la tragédie des *Horaces*[1]. Entre les deux grandes pièces, Mlle Favart déclame des stances nouvelles que M. de Banville vient de composer en l'honneur de l'anniversaire impérial sous le titre de *la Fête de la France*.

18 Août. — Première représentation de *Fantasio*, comédie en un acte d'Alfred de Musset.

De toutes les pièces d'Alfred de Musset, *Fantasio* est la dernière qu'on aurait dû tenter de transporter du livre à la scène. Ce brillant désespéré, qui semble être d'ailleurs l'incarnation même du poëte[1], n'a rien d'intéressant ni de

---

Carotte, à la Gaîté. Enfin, au mois de novembre 1873, M. Masset a débuté à l'Odéon où il a eu quelques heureuses créations.

1. M. Masset y joue le rôle de Tulle pour son deuxième rôle de début.

1. « J'avoue qu'en voyant entrer en scène Delaunay sous sa longue chevelure blonde et sous son costume d'étudiant bavarois, au premier acte de *Fantasio*, j'avoue qu'à ces premières phrases de poésie capricieuse, à ces premières boutades humoristiques lancées par lui, j'ai ressenti une des plus poignantes émotions de ma vie. Il m'a semblé voir revivre l'auteur lui-même, — Alfred, — comme je l'appelais, et les souvenirs de notre jeunesse à tous deux, ces papillons de la nuit du temps, sont venus à l'instant, en foule, tourbillonner autour des lanternes colorées de ce Munich fantastique. Delaunay, c'était la tournure élégante de l'adolescent, ses boucles dorées sur son front de même que les paroles qu'il nous faisait écouter, étaient l'âme du poëte.

« Je m'attendais presque à le voir s'adresser à moi, au balcon, à l'entendre me dire cette phrase que je retrouve, tracée par une main de quinze ans, sur une vieille feuille aujourd'hui jaunie:

« Je t'écris donc pour te faire part de mes dégoûts et de mes ennuis; tu es le seul lien qui me rattache à quelque chose de remuant et de pensant; tu es la seule chose qui me réveille de mon néant et qui me reporte vers un idéal que j'ai oublié par impuissance. — Je n'ai plus le courage de rien penser. » (Paul Foucher.)

« Ce personnage de *Fantasio*, Alfred de Musset n'a pas eu besoin de le chercher dans ses souvenirs, de le composer de pièces et de morceaux; il s'est pris lui-même et s'est en quelque sorte répandu tout entier dans son

dramatique. Railleur dégoûté du monde, des autres et de lui-même, il n'aime ni n'admire plus rien et tourne en dérision tout ce qui est grand, noble et beau ; il est même un fort désagréable personnage, bien qu'en jouant un rôle de bouffon, il soit parvenu à délivrer, comme dans un conte bleu, la belle princesse de Bavière des obsessions d'un poursuivant importun. Quels que soient les coupures, remaniements et même nouveau dénoûment qu'on ait imposés à la pièce, elle a été seulement écoutée avec respect, et après trente-deux représentations, ce singulier caprice de poëte est retourné au volume où il tient beaucoup mieux sa place.

L'interprétation de la pièce en a été le principal succès : Delaunay, si varié dans le rôle compliqué et multiple de Fantasio ; Coquelin, d'une verve si grotesque et d'une originalité si fantasque dans le prince de Mantoue ; et enfin Mlle Favart, poétique, rêveuse, étrange même dans ce personnage si vaguement dessiné d'Elsbeth, pour lequel Alfred de Musset lui-même l'eût certainement choisie [1].

---

drame. Il n'a pas voulu, de dessein prémédité, se peindre et laisser un portrait de lui. Ce n'est pas une œuvre d'artiste qu'il a faite. Il a, pour ainsi dire, ouvert son cœur, et l'a laissé couler.

« Et c'est pour cela que nous l'aimons tant, ce cher poëte ! C'est que dans tous ses livres, poésies, drames ou contes, il s'est donné, lui, son âme et sa vie, avec une sorte de fièvre, de délire. C'est là, sans doute une marque de faiblesse ; les vrais artistes, les grands, se tiennent à distance de leur œuvre, et, le moment venu, ils coupent le lien et la laissent aller dans le monde. Alfred de Musset s'est plongé à corps perdu dans la sienne. Elle est sa chair et son sang. C'est lui-même que nous dévorons en lisant ses livres. » (Fr. Sarcey.)

1. Les autres rôles sont joués par MM. Chéry (le roi), Garraud (Marinoni), Sénéchal (Sparck), Seveste (Hartman), Prudhon (Facio), Masset (Rutten) ; Mmes Jouassain (la gouvernante), Lloyd et Barretta (deux pages), tous rôles, en somme, de peu d'étendue et simplement épisodiques. La recette est de 1,391 francs. — *Fantasio* avait d'abord été publié dans *la Revue des Deux-Mondes* (1er janvier 1834).

Le 7 septembre, M. Boucher débute par le rôle de Damis, de *Tartufe*. C'est un des plus brillants élèves de la classe de M. Regnier, au Conservatoire, où il a obtenu, aux derniers concours, le deuxième prix de tragédie et le deuxième prix de comédie, *ex-æquo* avec M. Masset. Son deuxième début a lieu le 15, dans Éraste du *Dépit amoureux*, et le troisième, le 21 décembre, dans un rôle de tragédie, celui d'Ephestion d'*Alexandre*[1].

Ces premiers débuts de M. Boucher étaient gros de promesses : excellente tenue, organe charmant, physionomie distinguée et avenante, le jeune débutant avait tout ce qu'il faut pour aller loin. On prévoyait déjà en lui un successeur éloigné, mais possible, de M. Delaunay. Il ne semble pas cependant que M. Boucher ait complétement répondu depuis à ce séduisant pronostic. Il a pu doubler parfois M. Delaunay, mais jamais dans ses grands rôles. Nous nous faisons d'ailleurs un plaisir de constater, qu'obligé de se borner, le plus souvent, aux personnages épisodiques ou secondaires, il y a très-heureusement réussi ; mais nous aurions voulu que ce sympathique comédien prétendît plus sérieusement à la haute succession où il ne faut cependant pas désespérer encore de le voir un jour arriver.

19 Septembre. — Débuts de M. Frédéric Febvre dans *Don Juan d'Autriche*, comédie en cinq actes de Casimir Delavigne, jouée pour la première fois en quatre actes[2].

---

1. C'est le 227ᵉ anniversaire de la naissance de Racine ; on ne joue que le premier, le deuxième et le cinquième acte d'*Alexandre* ; c'est la jeune troupe tragique qui donne : MM. Sénéchal (Alexandre), Prudhon (Taxile), Masset (Porus) ; Mᵐᵉˢ Tordeus (Théodamie), Angelo (Cléophile). *Athalie* avec Mᵐᵉ Guyon et *les Plaideurs* complètent le spectacle qui donne une recette de 2,255 francs.

2. MM. Delaunay (don Juan), Maubant (Charles-Quint), Monrose

La notoriété que M. Febvre s'est acquise sur les scènes secondaires, donne à cette représentation une certaine solennité et, malgré le service des journaux et l'époque de l'année mauvaise pour les théâtres, la recette est relativement élevée[1]; il y a donc foule.

M. Febvre arrive directement du Vaudeville, où ses créations dans *les Mariages de Paris; Nos Intimes, Un homme de rien, la Jeunesse de Mirabeau, la Famille Benoiton*, etc., ont rendu son nom populaire. Avant son entrée à ce théâtre, il avait passé par la Gaîté, la Porte-Saint-Martin et l'Odéon, et c'est sur cette dernière scène qu'il avait commencé à percer sérieusement. Son premier début, rue de Richelieu, ne répondit peut-être pas tout d'abord à l'espoir qu'on avait fondé en engageant ce remarquable comédien. Certains défauts de prononciation et de diction qui avaient paru moins saillants sur les théâtres secondaires où M. Febvre avait d'abord joué, semblèrent plus accentués, au contraire, sur la grande scène de la rue de Richelieu. Malgré sa belle tenue, l'art très-grand surtout qu'il avait de se costumer et de se grimer et l'admirable et authentique portrait de Philippe II qu'il nous offrit ce soir-là, M. Febvre ne réussit pas du premier coup sans restrictions.

La critique lui fut en général assez sévère; mais M. Febvre est un artiste de volonté et de conscience, et qui a eu le bon esprit de ne pas se croire, comme tant d'autres, infaillible et parfait dès le premier soir. Il a écouté les avis qu'on lui a donnés et il a su se corriger assez vite des défauts qu'on lui avait reprochés. S'il ne réus-

---

(Quexada), Talbot (Raphaël), Barré (Pacôme); Mmes Favart (Florinde), Dubois (Peblo), Jouassain (Dorothée).

1. La recette fut de 2,457 francs.

sit pas complétement dans *Don Juan d'Autriche*, il prit sa revanche dans *Par droit de conquête*[1], où il effectua son deuxième début, le 14 novembre, et enfin il succéda très-brillamment à Maillart dans le rôle de Bernard Stamply, qu'il joua le 15 décembre, lors de la reprise de *Mademoiselle de la Seiglière*, remise pour la première fois à la scène depuis le départ de Samson[2]. Travailleur obstiné,

---

1. La pièce n'a pas été jouée depuis le 17 octobre 1863. Elle est distribuée presque entièrement à nouveau : MM. Talbot (le marquis), Garraud (le vicomte). Febvre (Georges), Prudhon (Wilson), Seveste (le baron); Mmes Jouassain (la marquise), Nathalie (Mme Georges), Royer (Alice), D. Félix (Justine), Deschamps (Amélie), Lloyd (Marie).

2. Cette reprise n'offrait pas ce seul attrait de curiosité : elle avait surtout comme grand intérêt la triomphale prise de possession, par M. Regnier, du personnage du marquis de la Seiglière, que personne n'avait joué depuis Samson et que M. Provost répétait au moment où il est mort, ainsi que le constate ce passage du discours prononcé par M. Thierry à ses funérailles : « ... Ne dût-il plus avoir qu'un rôle à créer, il en avait un, et il l'étudiait avec ce feu de jeunesse qui ne s'était pas ralenti; ce rôle, c'était celui du marquis de la Seiglière. En prononçant ce mot, je sais quels souvenirs je réveille et de quelle vive empreinte un talent supérieur a marqué originellement cette saisissante figure. M. Provost le savait aussi; il ne se dissimulait pas le danger d'un redoutable parallèle, mais il était de ceux que le danger attire. Il aimait le rôle et il voulait montrer comment il l'aimait. La mort l'a surpris avant que personne eût reçu la confidence de cette curieuse étude, et lorsqu'il n'avait encore récité son rôle qu'à lui-même... » C'est aussi le dernier rôle nouveau joué par M. Regnier jusqu'à son départ de la Comédie-Française (31 mars 1871). — Nous ne trouvons dans la distribution actuelle de la pièce que la seule Mme Nathalie (la baronne), qui date de la création. M. Monrose joue Destournelles, créé par Regnier, et il est bientôt lui-même remplacé dans ce rôle par M. Coquelin, qui s'y montre, pour la première fois, le 31 janvier suivant. Febvre remplace Maillart dans Bernard Stamply; Prudhon joue Raoul de Vaubert qu'avait créé Delaunay; Seveste fait Jasmin, créé par Mathien ; et Mlle Favart reprend le rôle d'Hélène, joué à l'origine par Madeleine Brohan. Cette jolie comédie est d'ailleurs, à partir de ce jour, constamment maintenue au répertoire. Après le départ de M. Regnier, personne n'osa longtemps reprendre le rôle du marquis. Enfin, en 1873, le 21 octobre, M. Thiron le reprit à son tour et avec un vif succès. Il en est depuis lors demeuré l'exclusif titulaire. Ce même soir,

M. Febvre a su se faire si rapidement une place importante dans la maison de Molière, que le sociétariat lui fut octroyé dès le 1er mai 1867, c'est-à-dire moins d'un an après ses débuts.

Le 23 octobre, obsèques de David, sociétaire retraité depuis 1839, et qui avait débuté à la Comédie-Française en 1815. Il joua les jeunes premiers dans les deux genres, mais brilla surtout dans la tragédie; le rôle d'Hippolyte était un de ses meilleurs. Il s'était retiré avec une pension de 5,000 francs.

Le surlendemain 25, autres obsèques d'un comédien en exercice, Verdellet père, mort le 23 des suites d'une chute qu'il avait faite en scène, le 16 août précédent, en jouant Cléante de *l'Avare*.

30 Octobre. — Première représentation de *le Fils*, comédie en quatre actes, en prose, de M. Auguste Vacquerie [1].

Le point de départ de la pièce nouvelle tient beaucoup plus du mélodrame que de la comédie. On y trouve, en effet, comme moyen bien usé, la lettre et le portrait traditionnels dont se sert, en vue d'un chantage productif, un vil usurier à l'effet de démontrer à Louis Berteau, le héros de la pièce, qu'il n'est pas le fils du père qu'il croit, et que sa mère a eu jadis un moment d'oubli dont il est le résultat. Or, Louis Berteau allait épouser la fille d'un certain colonel Torelly, et c'est précisément le jour même de son mariage qu'il apprend la terrible nouvelle. Il renonce aussitôt à l'union projetée, et prend la résolution

---

Mlle Croizette jouait, pour la première fois, le rôle d'Hélène, et la pièce avait atteint sa 315e représentation.

1. La pièce avait été lue au Comité et reçue, le 6 septembre, sous le titre de *Louis Berteau*.

de quitter la France, mais sans vouloir révéler à personne les motifs de sa conduite. Cependant, avant de partir, il retourne une dernière fois chez sa fiancée. Là, il est sommé d'expliquer son refus inconcevable et si blessant pour la fille de Torelly. A ce moment intervient Mme Berteau qui ne craint pas, pour dégager l'honneur de celle qui allait être sa belle-fille, de sacrifier le sien propre en avouant devant tous, et surtout devant son fils, la faute qu'elle a autrefois commise. Mais Mlle Torelly est, paraît-il, un grand cœur; après avoir écouté l'humiliante confession de Mme Berteau, elle lui offre héroïquement son pardon en lui demandant à devenir de nouveau sa belle-fille.

Les deux premiers actes de ce drame, que l'auteur appelle je ne sais trop pourquoi comédie, avaient passé sans conteste. On y avait trouvé quelques jolies scènes et un intérêt d'abord savamment gradué. Le troisième acte, bien qu'il débute par un interminable monologue de ce fils en quête de son père qu'il ne connaît pas, avait engagé plus vivement encore l'action; il est, en effet, le mieux charpenté de la pièce; il met en présence Louis Berteau, sa fiancée et son père au lendemain de l'esclandre qui a brisé le mariage et il conduit le drame à son point culminant; le rideau tombe ensuite sur l'émotion vivement excitée du spectateur. Mais, hélas! que dire du quatrième acte? Nous rendrions mal l'impression répugnante produite par cette scène trop prolongée où Mme Berteau s'accuse devant son fils de la faute la plus délicate et même la plus honteuse à exposer! Et ce fils, il écoute sans sourciller cette confession terrible! Il entend sa mère se déshonorer devant lui, et il ne l'arrête point dès le premier mot en lui sacrifiant plutôt dix fois son bonheur pour lui épargner ce cruel et horrible aveu! Et par-dessus le marché, ce fils profite de cette honte de sa mère pour épouser celle qu'il aime ; et c'est à ce sacrifice suprême de l'honneur maternel qu'il devra son mariage et son bonheur !...

Cette scène contre nature et que l'auteur estimait peut-être, au contraire, à cause de sa nouveauté, a produit le plus désastreux effet. M. Th. Gautier a eu beau déclarer, quelques jours après, dans son feuilleton, « que le succès de ce drame, qui avait d'abord un peu étonné le public, était bientôt devenu un triomphe, » la vérité est qu'une sorte d'orage accueillit le dernier acte et qu'il se termina au milieu des sifflets. On avait oublié, en un moment, certaines jolies scènes qui avaient été applaudies pendant les trois premiers actes et qui soutinrent même durant un certain temps la pièce, pour ne voir que cette scène malencontreuse qui froissait dans ses sentiments les plus intimes et les plus délicats, ce public si impressionnable des premières représentations. Quant à l'interprétation, elle était remarquable : M. Got, qui rentrait au Théâtre-Français après son excursion odéonesque, créa avec un talent énorme le rôle cependant peu original et peu nouveau de l'usurier Mauvergnat et Mme Guyon eut des moments très-dramatiques dans le dernier acte de la pièce dont elle empêcha le complet effondrement. En revanche, nous eussions préféré voir créer par un autre acteur que M. Delaunay, ce rôle déclamatoire, ennuyeux, désagréable et même odieux de Louis Berteau. Nous sommes, en effet, habitués à un Delaunay toujours sympathique, aussi bien à la scène qu'à la ville, et nous avons bien souffert pour lui en le voyant si embarrassé de lui-même et de sa tenue pendant que sa mère faisait ce long *mea culpa* contre lequel il avait vraiment l'air de protester intérieurement !...

La pièce de M. Vacquerie, bien que modifiée aux representations suivantes, n'a pu être jouée que vingt-sept fois [1].

---

[1]. Ont créé les autres rôles : MM. Leroux (Torelly), Bressant (Armand de Bray), Barré (Tricoche), Seveste (Timothée), Prudhon (Gaston Aubry); M™es Favart (très-dramatique dans les quelques scènes du personnage de Geneviève Torelly), Jouassain (Gertrude), Lloyd (M™e Tricoche). — Les recettes furent rapidement médiocres; il y eut bien quelques belles chambrées au début; la deuxième représentation, à laquelle assistaient la princesse Mathilde et le prince Murat (1er novembre), fut moins houleuse; on fit 4,039 francs de recette; puis les chiffres baissèrent de jour en jour; on ne faisait plus que 2,762 francs à la quinzième; 1,878 à la dix-septième. La pièce remonta un peu à l'annonce des dernières soirées, et elle fut retirée définitivement de l'affiche à la vingt-septième, et sur l une de ses meilleures recettes, 3,331 francs.

ANNÉE 1867

C'est l'année exceptionnelle, la grande année! L'Exposition universelle, qui ouvre définitivement vers le mois de mai, attire le monde entier à Paris. Nous verrons plus loin quelles illustres visites reçut, à cette occasion, la Comédie-Française; d'autre part, c'est aussi l'année qui a vu renaître à la scène le théâtre de Victor Hugo, depuis seize ans proscrit, par la solennelle reprise d'*Hernani*, donnant une série de représentations plus nombreuses et aussi plus fructueuses, en quelques mois, que toutes celles qu'avait eues la pièce depuis l'origine.

L'année débute par l'admission au sociétariat de Mme Provost-Ponsin, utile et sympathique artiste, que ses heureuses créations de personnages épisodiques dans *le Supplice d'une femme* et *le Lion amoureux* ont justement mise en évidence.

Le 9 janvier, première représentation de *Un cas de conscience*, sorte de proverbe de M. Octave Feuillet, emprunté à *la Revue des Deux-Mondes* (1er octobre 1865), et qui est de qualité inférieure aux petites œuvres déjà jouées du même auteur.

Un viveur, Raoul de Morière, a enlevé Mme de Thémines. Cette dame est morte, laissant à son amant, de leurs amours illégitimes, une charmante enfant qui, aujourd'hui, — elle a seize ans, — va sortir du couvent. Le père comprend que son passé d'homme à bonnes fortunes sera une triste recommandation pour un épouseur, s'il garde la jeune fille sous son toit. C'est alors qu'il songe à prier un de ses amis, M. de Brion, homme marié, dont la femme a toutes les vertus domestiques, de recevoir et de garder Mlle de Thémines dans son ménage. M. de Brion ne demanderait pas mieux ; mais Mme de Brion a conservé tous les préjugés de son faubourg. Bien que parente de Mme de Thémines, elle n'a pu oublier sa faute, elle n'a pu surtout pardonner au Don Juan qui a fait de sa tante une femme déshonorée. La pièce se passe à plaider le pour et le contre de la situation. M. de Morière cherche à convaincre Mme de Brion qu'elle fera œuvre pie en recueillant l'enfant ; Mme de Brion essaye de résister en employant tous les arguments que lui fournit sa vertu sévère. Le dénoûment est si bien prévu dès la première scène, qu'on a de la peine à s'intéresser au malheur de Raoul. On écoute avec plaisir mais sans émotion. Bressant (Raoul), Mirecour (le comte), et Mme Plessy (la comtesse), jouent d'ailleurs cette anodine saynette avec leur talent habituel.

Le 13, service funèbre de Mlle Georges, ancienne sociétaire, décédée le 11 janvier. Marguerite-Joséphine Wemmer — et non Weymer — était née le 23 février 1787, à Bayeux, où son père était maître tailleur du régiment de Lorraine, alors en garnison dans cette ville. L'illustre femme, qui avait eu plusieurs fois devant elle « un parterre de rois, » et que deux empereurs notamment — les plus puissants du monde — avaient honorée de leur amitié et comblée de richesses et de présents, mourut dans un état de misère tel qu'on fut obligé de subvenir, par cotisation, aux frais de son enterrement. On la mit en bière revêtue, selon son désir, d'une robe de soie noire fanée, qui était la dernière relique de son beau temps, et enveloppée dans le manteau tragique avec lequel elle avait joué *Rodogune*. La vieille tragédienne habitait alors rue du Ranelagh, 31, à Passy, et c'est là que se rendit la députation de la Comédie-Française, qui vint faire honneur à ses glorieux restes et suivre jusqu'au lieu du repos définitif le mauvais cercueil de sapin qui les emportait !...

15 JANVIER. — Représentation extraordinaire en l'honneur du 245e anniversaire de la naissance de Molière, composée du *Misanthrope* et du *Malade imaginaire*, avec la cérémonie. Entre les deux pièces, M. Leroux déclame un à-propos en vers de M. Émile Bergerat[1], à qui la Comédie-Française doit déjà une pièce agréablement rimée: *Une amie*. La recette est de 4,623 francs.

---

1 Les stances de cet à-propos ont pour titre : *Hommage à Molière!* Le début en a surtout été remarqué :

> Molière!... — A ce nom seul tout homme se découvre!
> Pauvre dans un grenier, empereur dans un Louvre,
> Chacun n'a qu'une fête et qu'un saint aujourd'hui.
> Nous, prêtres de son temple, et clercs de son école,
> Qui gardons le feu pur de sa grande Parole,
>   Nous venons vous parler de Lui !
>
> Heureux celui qui l'aime et lui reste fidèle!
> Il a du même coup le maître et le modèle!
> Ne côtoyant le mal que du plaisant côté,
> Il ne s'approche point des défenses du Code :
> Il apprend la vertu par une autre méthode,
>   La méthode de la gaîté!

8ᵉ Février. — Reprise de *l'Aventurière*, comédie en quatre actes d'Émile Augier, qu'on n'a pas jouée depuis le 2 juin 1862. Tout l'intérêt de cette reprise consiste dans la distribution nouvelle des rôles, où MM. Regnier (Annibal), Barré (Dazio), et Mᵐᵉ Plessy (Clorinde), figuraient seuls lors de la distribution précédente (10 avril 1860). M. Bressant joue pour la première fois Fabrice; M. Boucher représente Horace, M. Maubant (Monteprade), et Mˡˡᵉ Royer (Célie). Enfin le 29 mai suivant, M. Coquelin remplace M. Regnier dans le rôle d'Annibal, où il remporte un vif succès. Il a désormais gardé ce rôle [1], M. Regnier s'étant plus spécialement consacré depuis à l'interprétation des personnages modernes [2].

7 Mars. — Première représentation de *Galilée*, drame en trois actes, en vers, de M. Ponsard. — C'est moins une pièce qu'un poëme; ses trois actes ont pour point de départ et pour conclusion la simple anecdote de l'abjuration de Galilée. M. Ponsard l'a délayée pour les exigences de la scène dans une intrigue forcément sans relief, mais il lui a donné de grands développements poétiques, qui ont assuré à l'œuvre une série honorable de représentations [3],

---

1. M. Coquelin reprend successivement tous les rôles en évidence de son emploi : ainsi le 31 juillet suivant il joue Duplessis des *Projets de ma tante* et le 2 décembre il reprend dans *le Mari à la campagne* le rôle de Colombet où Regnier était si parfaitement comique et qu'il interprète à son tour avec non moins de gaieté et de succès.

2. Cette reprise de *l'Aventurière* fut durable et longtemps fructueuse. Les quinze premières représentations produisirent un total de 66,876 fr., soit 4,465 fr. 40 c. par soirée.

3. La pièce a été jouée vingt-quatre fois du 7 mars au 12 mai. Les recettes n'ont jamais été très-élevées et n'ont pu atteindre une seule fois 5,000 francs. La plus forte, la sixième (16 mars), a été de 4,706 francs; la septième (18 mars) ne produisait plus que 3,273 francs; on ne faisait plus 3,000 francs à la douzième (29 mars) et on descendait au-dessous de 2,000 à la dix-huitième (8 avril).

et ensuite beaucoup de lecteurs; le grand monologue du second acte, dit avec tant de talent et d'autorité par M. Geffroy[1], est, entre autres, une des choses les mieux étudiées et les plus belles que M. Ponsard ait écrites; il contient de grandes et nobles pensées et il a même un souffle puissant dont l'auteur de *Galilée* n'a pas fait souvent une telle preuve. Malheureusement, l'absence de toute action dramatique ne pouvait donner qu'un intérêt médiocre à *Galilée*, en tant que pièce de théâtre[2].

La rentrée momentanée de M. Geffroy a ajouté un

---

1. C'est à la suite de la lecture de la pièce au Comité (26 décembre 1866) qu'il fut décidé qu'on demanderait à M. Geffroy de créer le rôle de Galilée. Voici la lettre par laquelle l'éminent artiste a accepté ce rôle :

« Cher monsieur Ponsard,

« Je reçois à l'instant de M. Thierry une lettre dans laquelle il me propose de votre part le rôle de Galilée. Je réponds à M. Thierry que j'accepte de grand cœur sa proposition, à la condition toutefois qu'elle sera agréée par mes camarades, pour lesquels j'ai conservé une vieille amitié.

« J'attends la réponse à ma lettre. Si elle est ce que je désire, vous me verrez bientôt, heureux de finir ma carrière, définitivement cette fois, avec vous, dont j'aime tant la personne et le talent.

« Recevez, cher monsieur Ponsard, l'assurance de mes sentiments dévoués et affectueux.

« E. GEFFROY. »

2. « Qu'on loue tant qu'on voudra l'honnêteté de M. Ponsard, la hauteur de ses sentiments et de ses aspirations, la fermeté de son vers, et même, en quelques endroits, l'éclat de son style, j'y consens de bon cœur, et renchérirai sur les éloges des admirateurs; mais qu'on nous donne, en guise de drame, ce poëme dialectique, non en vérité cela ne saurait se souffrir. Le public peut applaudir et condamner mes réserves, je ne cesserai de répéter : Et pourtant elle tourne! L'héroïsme est certes une belle et bonne chose : un poëte le met sur la scène, tant mieux; il est goûté de la foule, tant mieux encore. Mais pourquoi le faire si ennuyeux ? Ma foi, le mot est lâché; et je ne m'en dédis pas. Je trouve tout cela parfaitement beau : entre nous, j'aime mieux un vaudeville de Labiche, c'est du théâtre, au moins.

« F. SARCEY. »

grand éclat au personnage de Galilée, le seul d'ailleurs qui soit vraiment développé dans la pièce où les autres rôles sont secondaires ou sacrifiés[1]. On ne saurait pousser plus loin l'incarnation d'un personnage par la tenue, l'attitude, la science du costume, en un mot toute la physionomie : c'est complet. Cette première représentation ne fut qu'une longue ovation et l'auteur et son habile interprète purent se partager, à doses égales, le succès si spontané de ce premier soir [2].

---

1. Ont créé les rôles : MM. Geffroy (Galilée), Leroux (le grand-duc), rôle supprimé à la deuxième représentation, Delaunay (Taddeo), Maubant (un délégué), Coquelin (Vivian), E. Provost (un paÿsan), Chéry (le président), Barré (Dr Pompée), Garraud (Nicolini), Gibeau (Le Moine), Seveste (un huissier), Sénéchal (Albert); Mmes Favart (Antonia), puis (29 mars) Mlle Tordeus, Guyon (Livie), Ponsin (une jeune fille). La pièce imprimée est dédiée au prince Napoléon.

2. Voici comment se passa, pour le pauvre Ponsard, cette triomphale soirée dans sa maison de Passy :

« C'est le soir; dans une chambre un homme est couché, son visage porte l'empreinte d'une longue souffrance. Depuis trois ans, en effet, il lutte contre la douleur obstinée et implacable. Ce jour-là même, comme par une ironie du hasard, il est en proie à une crise si violente qu'on a été obligé, pour en atténuer les tortures, de faire prendre au malade un narcotique. D'heure en heure cependant arrivent des dépêches expédiées par une main amie, celle de M. Émile Augier qui, après chaque acte, envoyait à Ponsard des nouvelles de sa première représentation. Mais, hélas! c'était en vain. Quand Mme Ponsard entra une dernière fois, vers minuit, dans la chambre de son mari, celui-ci, terrassé par la maladie, n'avait pas encore eu la force de décacheter les télégrammes qui lui apportaient l'écho de sa victoire. Il était plongé dans un assoupissement morbide qui le rendait malgré lui indifférent au résultat de cette soirée.

« Pierre Véron. »

M. Ponsard mourut le 7 juillet suivant, à Passy, rue de la Tour, 5, à six heures du matin. Le 9, la Comédie fit relâche pour ses funérailles! Son convoi était suivi d'une grande foule, à la fois officielle et populaire : MM. Cuvillier-Fleury, Patin, Doucet, Ed. Thierry, A. Houssaye, le baron Taylor, tenaient les cordons du poêle. Après l'office religieux, le cercueil, qui devait être emporté en province, fut placé dans un enclos

29 Avril. — Première représentation des *Roses jaunes*, comédie en un acte, en vers, de M. Alphonse Karr. C'est la première et la seule pièce que le célèbre écrivain ait jamais donnée au Théâtre-Français ; elle est la mise en scène d'une de ses plus jolies nouvelles, mais elle lui est de beaucoup inférieure. La donnée en est d'ailleurs devenue fort délicate en passant du livre au théâtre, puisque le fond du sujet repose sur une quasi-impossibilité. Un capitaine de vaisseau et une marquise, qui se sont aimés dans leur jeunesse, se retrouvent aux bains de mer et sans se reconnaître, après vingt années de séparation ; ils ont tous deux, l'un un fils, l'autre une nièce qui se plaisent et s'adorent bien vite. Le marin, qui n'y va point par quatre chemins, se rend chez la marquise et plaide avec beaucoup de conviction, de chaleur et d'esprit la cause de son enfant, sans s'apercevoir que la marquise à laquelle il parle n'est autre que la femme qu'il a aimée vingt ans plus tôt et qui, elle-même, est la mère de ce fils pour lequel il intercède si chaleureusement. On a trouvé ces deux amoureux encore bien jeunes pour que leur méprise si prolongée soit vraisemblable, d'autant mieux qu'à l'âge que leur donne l'auteur la physionomie ne s'est pas en général modifiée jusqu'à être devenue à ce point méconnaissable. L'intérêt de la pièce est d'ailleurs fort médiocre, puisqu'il se concentre sur cette seule situation prévue d'ailleurs dès le début, qui lui sert aussi de conclusion [1].

---

attenant à l'église de Passy, et là, trois discours furent prononcés par MM. Cuvillier-Fleury, de Saint-Georges et Édouard Thierry. Le 11 juillet suivant, eurent lieu à Vienne (Isère) les obsèques définitives.

1. Ont créé les rôles : MM. Talbot (le capitaine), Sénéchal (Edmond ; Mmes E. Dubois (Clotilde), Ramelli (la marquise), Barretta (Juliette). — L'Empereur et l'Impératrice assistent à la deuxième représentation, qui

6 Juin. — La Comédie célèbre le 261ᵉ anniversaire de la naissance de Corneille par une représentation des *Horaces*[1] et du *Menteur*[2]. Entre les deux pièces, Mᵐᵉˢ Tordeus et Ponsin déclament des stances de M. Édouard Fournier : *Corneille et le monde*[3] devant le buste de Corneille que tous les artistes de la Comédie entourent et qu'ils couvrent ensuite de couronnes.

Enfin, le 20 de ce même mois de juin, reprise d'*Hernani*, drame en cinq actes, en vers, de M. Victor Hugo, et le premier qu'il ait fait représenter. C'est là un événement littéraire considérable qui emprunte aux circonstances au milieu desquelles il est joué une importance exceptionnelle. Le répertoire de Victor Hugo a, en effet, été proscrit en même temps que lui et c'est la première fois, depuis que le maître est hors de France, qu'une de ses pièces est remise à la scène. On ne peut se figurer aujourd'hui, à plus de dix ans de distance, combien fut grande l'émotion produite par cette représentation.

En ce temps-là, il faut le dire aussi, la politique ne tenait que bien peu de place dans les préoccupations de chaque jour, soit que la discussion des événements fût rendue plus difficile, soit surtout que les esprits se fussent habitués à se désintéresser peu à peu des affaires publiques ; aussi les questions, en apparence plus frivoles, avaient-elles pris le premier rang et elles se trouvaient par le fait dominer de très-haut toutes les autres. Mais cette

---

lieu le 2 mai ; ils arrivent au théâtre pour le troisième acte de *Galilée* ; c'est aussi la première fois qu'ils entendent le drame de Ponsard.

1. MM. Maubant (le vieil Horace), Guichard (Curiace), Gibeau (Horace) ; Mᵐᵉˢ Devoyod (Camille), Tordeus (Sabine).
2. MM. Delaunay (Dorante), Got (Cliton) ; Mˡˡᵉ Favart (Clarisse).
3. Ces stances ont été publiées chez l'imprimeur-éditeur D. Jouaust.

représentation d'une œuvre jusqu'alors interdite devait surtout surexciter l'attention et le parti libéral ne pouvait manquer de l'exploiter à son profit. Il y eut donc, à cette occasion, un réveil assez marqué de l'opinion et une effervescence véritable se produisit dans tous les esprits. Il faut remarquer toutefois que, bien que Paris fût à ce moment envahi par la foule cosmopolite qu'attirait l'Exposition, la reprise d'*Hernani* demeura cependant un événement tout à fait parisien. Les étrangers y vinrent à leur tour, mais seulement après la première représentation, qui eut son caractère tout spécial de protestation et d'opposition[1]. Il est vrai que cette opposition ne put se manifester que par les applaudissements enthousiastes et la manière de souligner par les acclamations les plus vives toutes les situa-

---

1. « Lorsque l'empire permit, pour la première fois, la représentation d'une œuvre de Victor Hugo, les ardeurs politiques s'unissaient aux enthousiasmes purement littéraires et le public était animé de dispositions belliqueuses et bruyantes. Tous les admirateurs du poëte des *Châtiments* étaient accourus, avides d'acclamer le drame proscrit depuis le 2 décembre. La salle n'offrait plus l'image d'un champ de bataille; elle ressemblait à une place prise d'assaut, quand, après l'escalade, les vainqueurs, enivrés de leurs succès, poussent des clameurs triomphantes à la lueur des maisons incendiées et dans le tumulte des murs qui s'écroulent. Il semblait qu'on fût au milieu d'une fournaise, tant la passion avait chauffé toutes les têtes. La politique s'en mêlant, les passages qui pouvaient prêter à une allusion, étaient salués par des trépignements et des hurras. Les applaudissements montaient comme une tempête, du parterre aux cintres, et retombaient avec des éclats de tonnerre sur les premières loges, effarées d'un tel succès. Chaque fin d'acte amenait une ovation, et dans les entr'actes, au foyer, l'enthousiasme continuait : on se serrait les mains, on se félicitait avec des cris de joie. Même, au sortir de cette fameuse reprise, je me souviens que deux poëtes Parnassiens, encore tout grisés d'admiration, s'en allèrent droit devant eux par la ville endormie, déclamant, chantant, se montant mutuellement la tête, et furent retrouvés au petit matin sur le talus des fortifications, en train de réciter le monologue de Charles-Quint à un groupe de douaniers ébahis. »

(*Revue des Deux-Mondes* 1er décembre 1877.)

tions, ou même tous les vers, qui fournissaient matière à une allusion saisissable.

Hernani, a-t-on dit avec justesse, c'est *le Cid* de Victor Hugo [1]. C'est, en effet, l'une de ses pièces où l'inspiration est véritablement de premier jet, et, si l'on veut bien ne pas discuter l'invraisemblance du sujet et de ses développements, dont plusieurs, véritables hors-d'œuvre, s'y rattachent de plus ou moins près, il faut reconnaître qu'il court dans l'œuvre tout entière un souffle puissant et des marques constantes de génie. L'interprétation de la pièce a été fort remarquable pour les quatre principaux rôles — on pourrait même dire les quatre seuls rôles du drame, les treize autres n'étant à vrai dire que des comparses.

M. Delaunay (Hernani) n'a pas les allures du drame romantique qui tient plus, en somme, de la Porte-Saint-Martin que du Théâtre-Français, mais sa chaleur et sa brillante jeunesse lui méritent un vif succès; M. Bressant, qui a une noble et belle tenue, joue un peu froidement

---

[1]. « *Hernani* a ce mérite incomparable d'être une œuvre jeune, comme le *Cid*, et, toute proportion gardée, comme la *Dame aux Camélias*; une de ces œuvres que l'on écrit à vingt-cinq ans, dans la première ferveur du génie, quand on ne sait rien, que l'on ne doute de rien, que l'on marche, gauche et superbe, à travers tous les obstacles, sans les soupçonner, les méprisant si on les voit, impétueusement poussé vers le but par une force mystérieuse, mal réglée, mais puissante. J'ai prononcé le nom du *Cid*; je ne m'en dédis pas. Oui, l'on respire dans cet *Hernani* le même air de pensées héroïques et de sentiments généreux que dans le *Cid* de notre vieux Corneille. Peut-être y a-t-il en moins ce bon sens français, qui était si vif et si net au XVIIe siècle, chez ce grand homme de race normande, race de sapience avisée, s'il en fut jamais; peut-être y a-t-il en plus un certain goût de folie castillane et d'emphase méridionale, qui est naturel chez Victor Hugo, natif de Besançon, vieille ville espagnole, comme il le dit lui-même. C'est un vin plus bouillonnant et plus fumeux, mais c'est du même cru ou d'un cru chauffé au même soleil.

« Francisque Sarcey. »

Don Carlos; M. Maubant est d'une très-classique dignité dans Ruy Gomez. Quant à Mⁱˡᵉ Favart, c'est une Dona Sol accomplie; excessivement dramatique, elle joue avec une grande mesure les parties plus particulièrement échevelées du drame. Au dernier acte, où il lui était si facile de se laisser entraîner à une exubérance de passion exagérée, elle a su rester digne de la scène illustre et sévère où reparaissait *Hernani*. Je ne crois pas, qu'à aucune époque, il y ait eu une meilleure Dona Sol[1].

J'ai dit que le succès fut très-grand[2]; il se prolongea

---

[1]. Ont joué les autres rôles : MM. Chéry (le duc), Garraud (Mathias), Gibeau (premier conjuré), Sénéchal (Sanchez et le deuxième conjuré), Prudhon (Francesco et Gotha), Masset (Ricardo), Boucher (Garcie et le Montagnard); Mᵐᵉˢ Jouassain (Josepha), Lloyd (un page), Barretta (une dame). — Voici les principales distributions des quatre grands rôles d'*Hernani* depuis l'origine jusqu'à la reprise de 1877 :

Hernani : Firmin (1830), Beauvallet (1841), Delaunay (1867), Mounet-Sully (1877). — Après la reprise de 1867, M. Delaunay a été momentanément suppléé trois fois par MM. Sénéchal (28 novembre), Guichard (29 mars 1868) et Charpentier (3 avril 1870.)

Don Carlos : Michelot (1830), Ligier (1838), Bressant (1867), Worms (1877), Laroche (1878).

Don Ruy Gomez : Joanny (1830), Guyon (1841), Maubant (1867 et 1877).

Dona Sol : Mᵐᵉˢ Mars (1830), Dorval (1838), E. Guyon (1841), Favart (1867), Sarah-Bernhardt (1877). — Le 26 janvier 1868, Mⁱˡᵉ Tordeus a repris le rôle pendant quelques soirées.

[2]. La salle est admirable et d'autant plus surexcitée qu'à défaut du maître, sa femme, Mᵐᵉ Victor Hugo, assiste à la représentation dans une baignoire du rez-de-chaussée. C'est là que défilent pendant chaque entr'acte tous les porteurs de félicitations. Dans une loge de face est Alex. Dumas père qui se fait remarquer par l'exubérance de son enthousiasme dont le public le récompense en l'acclamant pendant un entr'acte. — « Quelle salle et quel public! écrivait le lendemain Albert Wolff. A l'orchestre, au balcon, dans les loges, tout ce qui a un nom dans les lettres ou les arts. Là-haut, perché sous le lustre, le régiment de la jeunesse, enthousiaste, brave, prêt à s'élancer au combat... L'émotion était partout, à droite, à gauche, en haut, en bas, dans la rue, dans les cafés d'alentour. Tout autour du théâtre, une foule compacte, émue, attendant des nouvelles; dans la salle,

au delà de cent représentations[1], et fut pour le Théâtre-Français la pièce de résistance de l'Exposition. Nous verrons plus loin que les princes étrangers, de passage à Paris, vinrent, pour la plupart, écouter *Hernani*, mais nous constaterons aussi que l'Empereur et l'Impératrice, qui suivaient très-assidûment le répertoire de la Comédie-

---

on se presse dans tous les couloirs. C'est à la fin du drame que l'enthousiasme déborde. A tous les étages, dans toutes les loges, on est debout, et les applaudissements, plus vigoureux que jamais, éclatent de toutes parts. Jamais je n'ai assisté à un pareil spectacle ! Il est minuit passé et personne ne songe à quitter la salle. Toutes les bouches acclament le grand poëte : un tonnerre d'applaudissements éclate... les comédiens reviennent... on applaudit encore... quelques couronnes tombent sur la scène... Les jeunes gens d'en haut, les yeux pleins de flammes, le cœur rempli du plus pur enthousiasme, se penchent au delà de la galerie ; ils gesticulent, applaudissent et crient : vive Hugo ! »

1. La pièce fut jouée soixante-douze fois en 1867 ; c'est seulement dans la suite des représentations, jusque et y compris 1870, que le chiffre de cent soirées fut dépassé. En trente-sept ans, la pièce n'avait eu que cent onze représentations ; la reprise actuelle continue donc le chiffre à dater de la cent douzième. Voici le détail de ces représentations : 1830 : 38 fois ; — 1838 : 13 ; — 1839 : 6 ; — 1840 : 9 ; — 1841 : 8 ; — 1842 : 5 ; — 1843 : 2 ; — 1844 : 4 ; — 1845 : 5 ; — 1846 : 9 ; — 1847 : 4 ; — 1848 : 4 ; — 1849 : 4. — En 1867, les recettes ne montèrent pas cependant aussi haut que le grand succès du premier soir avait dû le faire espérer. Les trente premières soirées ne donnèrent que 163,236 francs, soit une moyenne de 5,441 fr. 20 cent., chiffre inférieur aux recettes du dernier grand succès de la Comédie, *le Lion amoureux*. Mais les recettes, sans arriver au maximum, se maintinrent longtemps dans cette moyenne, en somme très-élevée. On faisait encore 6,080 francs à la cinquantième, et 3,160 francs à la soixante-dixième. A la reprise du 26 janvier 1868, avec Mlle Tordeus, on fit 5,152 francs. Il faut toutefois constater que la reprise d'*Hernani*, en 1877, fut plus fructueuse ; au moment où j'écris ces lignes (février 1878), cette dernière reprise est parvenue à la cinquantième soirée et la recette a toujours approché de 7,000 francs. Le même fait s'était d'ailleurs présenté en 1873, lors de la reprise de *Marion Delorme* (10 janvier) qui produisit 198,144 francs dans ses trente premières soirées, chiffre qui dépasse de 34,908 francs le total des représentations d'*Hernani*, en 1867, pour le même nombre de soirées.

Française, s'abstinrent d'assister à aucune des représentations de la pièce d'Hugo. C'était peut-être de bonne guerre ; il était, en effet, bien difficile que l'auteur du Deux Décembre vînt applaudir de gaieté de cœur l'auteur des *Châtiments*, et on a pu dire avec justesse que tous deux se sont ainsi fidèlement « boudés » jusqu'au bout !...

Notons, à la date du 29 juillet, la prise de possession, par M. Lafontaine, du rôle de Tartufe, qui ne lui est pas défavorable et qui est le seul personnage classique important où il lui ait été donné de se montrer à la Comédie-Française [1].

Le 6 août, reprise du *Duc Job*[2], qui fait, grâce à l'Exposition, des recettes inattendues, et garde, sans discontinuer, plus de cinquante fois l'affiche.

Le 15 du même mois, spectacle gratis traditionnel composé du *Misanthrope*[3] et des *Plaideurs*. Entre les deux pièces Mmes Tordeus et Devoyod déclament, sous le titre de *la Fête de la France*, des stances de M. Édouard Fournier, que le public applaudit avec autant de chaleur et d'enthousiasme que s'il se fût agi d'*Hernani*.

Le 8 septembre, Mlle Dewintre, élève de Samson et premier accessit de comédie au Conservatoire, en 1866, et deuxième prix en 1867, débute par le rôle de Lisette des *Folies amoureuses*. C'est une comédienne de bonne volonté mais d'insuffisante valeur ; elle continue cependant ses débuts réglementaires le 15, dans *le Légataire univer-*

---

[1]. Mme Madeleine Brohan (Elmire) ; MM. Boucher (Damis), Coquelin (Loyal).

[2]. Jouent pour la première fois dans cette pièce : MM. Talbot (le Marquis), Garraud (Vallette), Masset (Achille), Seveste (Guérin) ; le reste de la distribution demeure comme à la création.

[3]. M. Bressant (Alceste); Mme Madeleine Brohan (Célimène).

sel (Lisette), avec Coquelin pour partenaire (Crispin), et le 22 dans Dorine de *Tartufe*. Après la guerre de 1870-71, Mlle Dewintre a quitté la Comédie-Française ; elle a joué alors avec un certain succès, au Théâtre-Historique, le rôle de Marco des *Filles de marbre*, où s'était tant illustrée Mlle Fargueil ; puis elle a tout à coup disparu complétement du théâtre.

10 Novembre. — Débuts de M. Kime[1] dans le rôle de Mercier de *l'Honneur et l'Argent*, qu'il a créé à l'Odéon. C'est un comédien qui a de précieuses mais d'incomplètes qualités. On l'a pris pour doubler Provost et il n'a pu que rarement jouer ses rôles. Il a, toutefois, une longue et grande habitude de la scène, et il a été très-convenable dans certains personnages surtout épisodiques. Son second début a lieu le 20 octobre dans Orgon de *Tartufe*, et le troisième, le 10 novembre, dans Harpagon de *l'Avare* ; mais ces nouveaux rôles démontrent de plus en plus l'insuffisance de M. Kime dans le répertoire classique. Il a eu plus tard son meilleur succès dans la reprise du *Testament de César Girodot*, où il a reparu dans sa création si personnellement originale d'Isidore (26 juin 1873). — Cet estimable comédien est mort à Paris le 28 novembre 1876.

18 Décembre. — L'année dramatique finit[2] lamentable-

---

1. De son vrai nom, Louis-Alphonse de Blonde. Il était né en 1808. C'est le 5 septembre 1852 qu'il parut pour la première fois à l'Odéon. Il avait joué jadis aux Variétés (1828-32), d'abord sous les pseudonymes successifs d'Apline et d'Alphonse. A partir de 1833 jusqu'à ses débuts à l'Odéon, il joua surtout en province et même à l'étranger. Il avait épousé, en 1838, Mlle Virginie Goy, artiste du Gymnase, qui est morte dans l'année qui a suivi leur mariage.

2. Citons encore, le 21 décembre suivant, la représentation annuelle en l'honneur du deux cent vingt-huitième anniversaire de la naissance de

ment sur la première représentation d'une comédie nouvelle en quatre actes, de M. Léon Laya, *Madame Desroches*. Cette comédie, qui a subi, avant d'arriver à la scène, des difficultés de tous genres et qui a dû se résigner à des amputations capitales [1], est avant tout une pièce ennuyeuse. Le caractère de Mme Desroches, bourgeoise désagréable et revêche, qui tyrannise toute sa maison, est des moins sympathiques; il est peint d'ailleurs avec des couleurs outrées et, partant, invraisemblables. Cette mère, par moments barbare, qui veut marier sa fille malgré elle et qui ouvre ses tiroirs pour y chercher le secret de ses refus, est tout simplement odieuse. La scène où elle veut forcer le carnet qui peut contenir la révélation qu'elle cherche est certainement très-dramatique, mais elle est répugnante. Le troisième acte, qui suit, et dans lequel le caractère de la jeune fille — Louise — est développé

Racine, composée de *Britannicus* et des *Plaideurs*. Entre les deux pièces, Mlle Devoyod récite une *Ode à Racine*, de M. Louis Goudall.

1. « La pièce devait tout d'abord s'appeler *la Femme d'affaires*. Elle a été lue et reçue sous ce titre; mais avant d'être jouée sous un autre, que de modifications et de vicissitudes elle allait subir! Il y a bien deux ans, peut-être trois, qu'elle a été présentée au Comité de la rue de Richelieu. On la voulait monter au mois de mars dernier lorsque Ponsard apporta son *Galilée*. Le poëte était malade, la pièce devait, se disait-on, tout naturellement continuer le grand succès du *Lion amoureux*. On arrêta les répétitions de *la Femme d'affaires*, et *Galilée* prit les devants. Un peu plus tard c'était *Hernani* qui forçait *Madame Desroches* à patienter encore. Cependant on s'était mis à répéter la pièce de M. Laya; on la répétait depuis six mois; l'auteur corrigeant sans cesse son œuvre, ajoutant ou retranchant, la refaisant d'un bout à l'autre tout en la remettant sur pieds. Rien ne reste, ou presque rien, à l'heure qu'il est, du manuscrit primitif, et, très-probablement, les comédiens du Théâtre-Français ont joué une tout autre pièce que celle qu'ils avaient reçue. Deux ou trois jours même avant la représentation, l'auteur n'avait-il pas enlevé de sa comédie un acte tout entier?... Et je n'ai rien dit des rôles refusés, ballottés de M. Febvre à M. Leroux et ramassés par Lafontaine!...

« JULES CLARETIE. »

d'une façon intéressante, a momentanément relevé la pièce, mais le quatrième acte, qui est tout à fait un hors-d'œuvre, l'a compromise d'une manière définitive et la comédie de M. Laya est morte, de sa belle mort, à sa quinzième représentation et, je ne saurais trop le répéter, pour cause d'ennui public[1].

Mme Victoria Lafontaine a rencontré, dans le personnage touchant et sympathique de Louise, la création la plus heureuse qu'elle ait eue rue de Richelieu. Le rôle était d'ailleurs dans ses cordes : larmes, tendresse comprimée, émotion progressive avec des élans de passion contenue, débordant tout à coup comme malgré elle, la charmante comédienne a su trouver tout cela dans ce rôle qu'elle seule pouvait jouer à ce moment à la Comédie-Française. Les autres artistes n'ont pas eu cette même chance d'avoir des rôles taillés pour eux dans cette pièce mal venue dont l'interprétation, bonne seulement comme ensemble, n'est remarquable que pour ce qui concerne Mme Lafontaine[2].

J'ai dit que la plupart des souverains et princes étrangers qui étaient venus à Paris pour l'Exposition, avaient honoré la Comédie-Française de leur présence. Voici la liste de ces souverains et princes avec l'indication relative à la représentation à laquelle ils ont assisté[3].

---

1. Cette dernière représentation eut lieu, le 24 janvier 1868, devant 1,688 francs de recette. La princesse Mathilde avait assisté, le 21, à la quatorzième, qui avait donné 1,921 francs.
2. Ont créé les rôles : MM. Bressant, (l'amiral), Lafontaine (d'Oswald), Barré (Desroches), Garraud (sir Burton), Seveste (Richard), Boucher (Horace); MM[mes] Nathalie (Mme Desroches), Dubois (Blanche), V. Lafontaine (Louise), Ponsin (Mme de Villiers.)
3. Je donne aussi les chiffres de recettes des représentations. Je signale en même temps ce fait, que, grâce à l'Exposition, la Comédie-Française encaissa, durant l'année 1867, 333,544 francs de plus qu'en 1866.

26 Mai. — Le prince Frédéric-Guillaume de Prusse (prince royal) et sa femme, la princesse Victoria, fille de la reine d'Angleterre : on joue *Mademoiselle de la Seiglière* et *Un Mariage sous Louis XV;* la recette est de 5,310 fr. 90 c.

7 Juin. — L'Empereur Alexandre II, de Russie, accompagné de son ambassadeur à Paris, le baron de Budberg : *la Gageure imprévue* et *l'Aventurière* [1]; 4,687 fr. 50 c.

8 Juin. — Le Roi de Prusse Frédéric-Guillaume, depuis Empereur d'Allemagne : *l'École des maris* et *Mademoiselle de Belle-Isle* [2]; 4,627 fr. 50 c. [3].

2 Juillet. — Le prince de Galles : sixième représentation d'*Hernani;* 6,185 francs.

15 Juillet. — La Reine Marie-Catherine de Prusse : *Horace et Lydie, le Misanthrope* et *les Plaideurs;* 2,785 francs.

21 Juillet. — Le Roi de Portugal Dom Luis 1er et son frère le duc de Coïmbre : *Mérope, l'Avare, les Précieuses ridicules;* 1,609 francs.

1er Aout. — La princesse Charlotte, sœur du Roi de

---

1. Le czar assiste seulement aux deuxième et troisième actes de l'*Aventurière*.

2. Cette comédie a été reprise le 3 mai pour la continuation des heureux débuts de M. Febvre (d'Aubigny); Mlle A. Brohan joue Mme de Prie, et sa sœur Madeleine Mlle de Belle-Isle, M. Leroux représente Richelieu.

3. « Le roi de Prusse, Guillaume, dit le registre, a vu jouer le troisième acte de l'*École des maris*, et le premier de *Mademoiselle de Belle-Isle*. Sa Majesté, obligée de se rendre au bal de l'Hôtel-de-Ville, a exprimé ses regrets de ne pouvoir demeurer plus longtemps. M. de Bismark accompagnait Sa Majesté. »

Prusse : *les Plaideurs* et *Mademoiselle de Belle-Isle*; 2,558 francs.

2 Août. — La même princesse pour laquelle on joue, sur sa demande : *Il faut qu'une porte soit ouverte ou fermée, Tartufe* et *Monsieur de Pourceaugnac*; 4,385 francs.

31 Août. — La Reine Olga de Wurtemberg, fille de l'Empereur Nicolas Ier de Russie et sœur du Czar Alexandre II : *l'Épreuve nouvelle, le Misanthrope, les Plaideurs*; 2,076 francs. Pendant l'entr'acte, la princesse visite avec un grand intérêt le foyer particulier des artistes.

1er Septembre. — La même princesse revient le lendemain et on donne, sur sa demande : *Bajazet, Monsieur de Pourceaugnac* et *la Ciguë*; 2,897 francs.

16 Septembre. — La princesse Hélène de Russie, tante d'Alexandre II : la seizième représentation de la reprise du *Duc Job*; 4,091 francs.

17 Septembre. — La même princesse assiste à la trente-septième représentation d'*Hernani*; 5,899 francs.

22 Septembre. — La princesse de Mecklembourg-Strélitz : *le Dépit amoureux, Tartufe* et *les Fourberies de Scapin*; 4,927 fr. 50 c.

3 Octobre. — La Reine de Hollande : vingt-troisième représentation de la reprise du *Duc Job*; 4,389 fr.

19 Octobre. — La même princesse assiste à la cinquante et unième représentation d'*Hernani*; 5,658 francs.

24 Octobre. — Représentation extraordinaire donnée par les artistes de la Comédie-Française, au palais de Saint-Cloud, devant l'Empereur d'Autriche et la Cour : *la Pluie et le beau temps* et *une Nuit d'octobre*, d'Alfred de Musset, par M. Delaunay et Mlle Favart.

25 Octobre. — L'Empereur d'Autriche assiste à la trente-troisième représentation de la reprise du *Duc Job*; 4,755 francs.

27 Octobre. — Un des archiducs, frère de l'Empereur d'Autriche, assiste à la cinquante-quatrième représentation d'*Hernani*; 7,024 francs.

ANNÉE 1868

L'année débute par une grande perte pour la Comédie : Mlle Augustine Brohan se retire définitivement, le mauvais état de sa vue ne lui permettant pas de continuer régulièrement son service. Voulant concilier les ménagements qu'exigeait sa maladie d'yeux avec les intérêts du Théâtre-Français, la célèbre soubrette avait, par scrupule de délicatesse, proposé au comité de réduire, jusqu'à son retour à la santé, ses appointements au chiffre de sa pension de retraite, c'est-à-dire de 14,200 francs de fixe, à 6,400 francs, se réservant, pour toute rétribution, sa part dans les bénéfices éventuels. Mais la Comédie ne voulant pas être moins délicate que son éminente sociétaire, lui offrit de lui conserver, purement et simplement, sa position d'activité, aussi longtemps qu'il serait nécessaire pour son entier rétablissement [1].

---

1. « Du moment, lui écrivit à ce sujet M. Ed. Thierry, que vous espérez un jour reprendre votre service, le Comité regarde votre lettre comme non avenue et votre proposition devient sans objet. Le Théâtre-

Mlle. Brohan ne crut pas devoir souscrire à cette proposition toute flatteuse qu'elle était, mais qui créait, entre elle et ses camarades, une situation d'inégalité qu'elle trouva plus digne de ne pas accepter. Elle se retira donc, prenant sa retraite à un âge encore bien peu avancé et alors qu'elle était toujours à l'apogée de son talent, toujours si plein de verve, de gaieté et de jeunesse; toutes conditions qui ne devaient faire prévoir, que comme bien éloignée encore, la fatale détermination qui vient de priver à jamais le théâtre de sa plus spirituelle comédienne.

Le 15 janvier, le 246e anniversaire de la naissance de Molière est célébré par un pastiche assez curieux imaginé par le toujours ingénieux Édouard Fournier, et qui a pour titre *la Valise de Molière*, réunion de scènes composées à l'aide de fragments inconnus ou oubliés de l'illustre comique. C'est là une simple curiosité littéraire, mais elle est de haut goût et la Comédie-Française avait le devoir de la recueillir [1]. *Le Médecin malgré lui, le Misanthrope* et des stances d'à-propos, de M. Marc Bayeux, lues par M. Maubant, devant le buste de Molière, complètent ce classique spectacle qui produit une recette de 4,264 fr. 50 c.

Français attendra avec vous le retour de votre santé, en prenant, s'il le faut, les mesures nécessaires pour que le repertoire ne souffre pas trop de votre absence. Donnez-vous cependant aux soins qui vous rendront à nous le plus tôt possible. Nous ne mesurons pas le temps à ceux qui en ont besoin pour se rétablir et nous avons le devoir de retenir parmi nous ceux dont le nom est un lustre pour la Comédie. C'est dire que notre vœu le plus cher est de vous conserver parmi nous et de rattacher aussi longtemps que nous le pourrons, à la prospérité du Théâtre-Français, votre concours toujours heureux et votre brillante renommée. »

1. Ont créé les rôles : MM. Febvre (Molière), E. Provost (Beauval), Chéry (La Thorillière), Seveste (Du Croisy), Kime (Cormier); Mmes Tordeus (Baron), Dinah Félix (Jeanne). — La pièce a été publiée chez Dentu.

25 Janvier. — Première représentation de *Paul Forestier*, comédie en quatre actes, en vers, de M. Émile Augier, reçue par acclamations dans le comité du 24 août précédent.

Cette comédie est, de toutes les pièces de M. Augier, celle dont il était le plus difficile de faire accepter les audaces à un public, si bien disposé à tout admettre et à tout entendre qu'on le puisse imaginer. Et cependant ce public ne s'est point cabré, même après réflexion. La situation capitale, et si délicate de la comédie nouvelle, ne l'a point trop effrayé, et ce même public, que les violences du *Mariage d'Olympe* avaient trouvé si nerveux, a applaudi avec admiration à la fougue passionnée de Léa, qui se déshonore vulgairement, parce qu'elle croit que son amant ne l'aime plus. Cette Léa est depuis longtemps la maîtresse de Paul Forestier, fils d'un peintre de talent et peintre lui-même. Son père, pour l'arracher à cette vie irrégulière le sépare violemment de sa maîtresse. Il obtient d'elle, en effet, dans une scène un peu renouvelée de *la Dame aux Camélias*, qu'elle déclarera elle-même à Paul qu'elle ne l'aime plus et qu'elle s'éloignera. Paul, après cet aveu, qui le comble d'abord de désespoir et d'irritation, consent à épouser une petite pensionnaire quelconque que son père lui destinait depuis longtemps. Quand Léa apprend le mariage de son amant elle est à l'étranger, et subit les déclarations d'une espèce de gentilhomme d'occasion, qu'elle écoute seulement pour s'en moquer. Mais à l'heure même, où la fatale nouvelle lui parvient, elle ne rêve plus que de se venger; son soupirant est là, qui roucoule encore ses fadaises, elle se laisse tout à coup tomber dans ses bras et se donne à lui par rage de voir son ancien amant se donner à une autre. Le lendemain, quand la réflexion est venue, elle se retrouve elle-même, et elle repousse avec horreur l'homme à qui elle a sacrifié la veille tout ce qui lui restait d'honneur.

Cette scène, odieuse à première vue, et qui est le point culminant de la pièce, pouvait la perdre irrémédiablement ou, au contraire, assurer son succès. Si elle a pu passer, et faire admettre toutes ses conséquences, c'est autant à l'habileté excessive employée par M. Augier, pour la présenter, qu'au grand talent de l'acteur (M. Coquelin) chargé d'en faire le récit, que l'auteur a dû ce résultat heureux.

Le récit de cette bonne fortune inespérée et sans seconde, c'est à Paul Forestier même, au sein de sa lune de miel, que l'amant heureux la veille, éconduit le lendemain, vient le faire d'une mine moitié triomphante et moitié piteuse. On conçoit quels souvenirs se réveillent en lui, et de quelle fureur il est pris à son tour contre cette femme dont il avait été jusque-là le seul amour et qu'il juge et traite maintenant à l'égal d'une prostituée. Cependant les devoirs du monde ont amené la rencontre de Léa et de la jeune femme de Paul : Léa qui aime toujours, qui aime plus que jamais, est dévorée par la jalousie, et elle arrache à la jeune femme ses secrets les plus intimes, et comme elle voit que l'amour légal est le plus fort et a vaincu le sien elle s'irrite, elle s'emporte contre celle qui a pris sa place dans le cœur de son amant, et cela dans une scène qui est des plus osées, mais aussi des plus remarquables, et dans laquelle Mlle Favart porte son talent à des hauteurs extraordinaires. Mais Paul arrive à son tour pour reprocher à Léa son indigne conduite, et quand poussée hors d'elle-même par le reproche de flétrissure qu'il lui jette à la face, elle lui explique le sentiment de rage, vraiment épileptique, qui l'a fait agir, il se sent repris tout à coup pour elle de sa passion insensée et il veut, pour elle encore, quitter son foyer nouveau et s'enfuir avec celle qui redevient décidément la maîtresse souveraine de ses sens et de sa raison.

Le drame est parvenu ici à sa plus complète et à sa plus violente expression; la passion ne saurait aller plus loin ni être dépeinte plus vivement. Le malheur est que M. Augier n'a point su se maintenir sur ce sommet vertigineux, et il en est même tombé fort lourdement, dans son dernier acte, qui dénoue de la manière la plus prosaïque et la plus vulgaire la situation nouvelle qui venait de naître, par suite du retour de Paul à Léa. Délaissée, méprisée, malgré ses larmes et ses supplications, qui même ne sont pas toujours très-dignes, la femme de Paul lui pardonne cependant. Léa s'éloignera et la lune de miel va, soi-disant, recommencer pour les jeunes époux. C'est un drame, le plus fort et le plus puissant du monde, qui finit comme le plus anodin des vaudevilles. Mais, hâtons-nous de le dire, les trois premiers actes de la pièce en avaient assuré le succès, le second avait vu passer le cap des tempêtes, c'est-à-dire le récit de la prostitution de Léa; le troisième avait été d'une force de passion telle, que nous ne croyons pas qu'il y en ait de supérieur dans le théâtre contemporain; c'en était assez : la bataille était gagnée avant le dernier acte qui, tout médiocre qu'il est, n'a pu compromettre la victoire. Il faut dire encore que jamais M. Augier n'avait parlé une langue plus nette, plus précise, plus élégante ni plus relevée. La vive passion du sujet est entrée aussi dans ses vers, et quelques-unes de ses tirades ont, au point de vue de la forme, une sorte d'emportement poétique qui est évidemment le produit de l'inspiration et du premier jet. Enfin, l'interprétation est l'une des plus parfaites, comme ensemble, que nous ait depuis longtemps offertes la Comédie-Française. M. Delaunay (Paul Forestier) et Mlle Favart (Léa) sont au-dessus de tout éloge ; on ne saurait donner à la passion des accents plus émouvants ni plus vrais ; le rôle de Forestier père a moins bien servi M. Got, mais ce rôle n'est vraiment intéressant que dans le premier acte, et tout à fait mauvais au dernier ; pour M. Coquelin, nous avons déjà dit quelle responsabilité pesait sur lui. S'il eût accentué et souligné grivoisement son récit du second acte, c'en était fait de la pièce. C'est grâce à la légèreté, à la désinvolture et à l'habileté de son jeu, si fin et si mesuré, dans cette scène capitale, qu'elle a pu passer.

Mme Victoria Lafontaine (Camille) s'est sacrifiée en acceptant un rôle que le développement admirable du caractère de Léa a rendu tout à fait secondaire.

Le succès de *Paul Forestier* a été unanime ; la presse s'est montrée très-favorable tout en discutant la situation délicate autour de laquelle tourne en quelque sorte la pièce. Comme succès d'argent, c'est le plus grand que la Comédie-Française ait obtenu en remontant à plus de dix ans, et il s'est longtemps prolongé[1].

Voici quelques appréciations des journaux, prises dans leur point principal et précis :

« Le troisième acte est d'un bout à l'autre une magni-

---

1. Les trente premières représentations de la pièce ont donné 181,810 francs, soit une moyenne de 6,068 fr. 50 c., par soirée. Elle a été jouée cinquante-quatre fois de suite, interrompue le 1er mai, puis reprise le 28 septembre suivant, mais avec M. Chéry dans le rôle de Michel Forestier créé par M. Got. — La Cour a assisté à la sixième représentation, donnée le 4 février. La deuxième représentation avait été retardée jusqu'au 29 janvier par suite d'une indisposition de M. Got, qui avait même dû faire réclamer l'indulgence du public au cours de la première soirée.

fique explosion. Pour le style, jamais M. Augier n'a parlé au théâtre une langue si souple et si ferme.

« Paul de Saint-Victor. »

« Sur quatre actes, il y en a deux très-bons, et un troisième admirable. Il y a des parties de comédie dans *Paul Forestier;* mais, au fond, c'est un drame très-vivant, très-passionné, plein de sanglots et de fureurs.

« Fr. Sarcey. »

« Tous les passages scabreux ont passé sans difficulté, mieux que cela, ils ont été fort applaudis. Les mollesses seules du dénoûment ont paru faibles. Tant il est vrai que l'on veut avant tout aujourd'hui de la hardiesse et du nouveau. J. Claretie. »

« Ce n'est pas que l'œuvre nouvelle soit irréprochable. Ses audaces égalent seules ses défaillances. La forme s'élève au plus haut degré du sublime, — les moyens dramatiques sont souvent d'une rare gaucherie. Des négligences presque affectées de rimes y taquinent des trouvailles de style prodigieuses. Il y a un premier et un troisième acte admirables; le second est faible et le dénoûment enfantin. « P. Foucher. »

« Ce drame fut écrit en quinze mois, quinze jours ont suffi pour l'apprendre. Jamais plus de périls réunis en quatre actes et plus heureusement franchis. La pièce est très-bien comprise, et par conséquent très-bien jouée.

« J. Janin. »

« Je ne sais qu'en dire encore, tant je suis ébloui de ce qu'elle a d'admirable, et en même temps effrayé de ce qu'elle contient de périlleux, de téméraire dans l'un des pires dangers qu'il y ait au théâtre : celui de la femme s'avilissant, disons le mot, se prostituant par vengeance!

« Éd. Fournier. »

M. E. Zola condamne absolument le dénoûment; il dit avec justesse que si la conversion de Paul est sincère, elle n'est pas vraisemblable; Paul n'est point et ne sera jamais guéri de sa passion pour Léa. « Paul, conclut-il, aurait, dans la vie réelle, suivi Léa au bout du monde. Les conversions subites, les dévouements entiers n'ont lieu que dans les théâtres, entre onze heures et minuit. »

Le 25 février, le jeune prince Impérial vient pour la première fois à la Comédie Française; il occupe la grande loge officielle en compagnie de jeunes enfants de son âge, qu'il a lui-même choisis dans son entourage. Le spectacle a été composé par ordre, des *Femmes savantes* et du *Malade imaginaire*, avec la cérémonie; la visite du prince ayant été connue à l'avance, la recette s'est élevée à 6.593 francs, somme que le répertoire classique a rarement l'habitude de faire.

6 Mars. — Première représentation de *un Baiser anonyme*, comédie en un acte, en prose, de MM. Albéric Second et Jules Blerzy.

C'est par simple gracieuseté que le Théâtre-Français a représenté cette bluette qui, d'ailleurs, avait déjà recueilli d'augustes suffrages [1]. Un mari s'émancipe. Il fait la cour à un domino d'opéra qui se trouve, en fin de compte, être sa femme; quoi de plus banal et de plus usé que ce vieux thème de vaudeville? Il a fallu tout l'esprit de M. Albéric

---

1. La pièce avait été jouée, pour la première fois, au palais de Saint-Cloud, le 15 novembre précédent, jour de la fête de l'Impératrice. L'un des auteurs, M. Blerzy, ancien agent de change, est décédé le 28 septembre 1874.

Second pour le rendre supportable; la pièce n'a pu, toutefois, demeurer au répertoire [1].

Quelques jours plus tard, le 25 mars, un nouveau venu au théâtre, M. Paul Ferrier, se fait connaître par un petit acte antique, en vers, qui a pour titre : *la Revanche d'Iris*[2]. Ce n'est là aussi qu'une bluette qui nous fait assister aux débuts de Diogène, dans les rôles d'amoureux, et qui n'a pas grande valeur comme œuvre purement dramatique; mais au moins c'est un fin dialogue écrit en vers à la fois spirituels et brillants et, en somme, une œuvre de véritable lettré. Il faut dire aussi que M. Coquelin (Diogène), et Mme Ponsin (Iris), donnent un grand relief à la poésie d'ailleurs si alerte de M. Paul Ferrier.

La Comédie semble être en goût de ces restaurations de l'antiquité classique; elle nous offre en effet, le 27 mai suivant, une seconde comédie grecque, *le Coq de Mycille*, deux actes, en vers libres, de MM. E. Nyon et H. Trianon, imitée de Lucien. C'est une histoire basée sur le système de la métempsycose. On y voit Mycille et Eucrate changer de corps sans pour cela changer d'âme, ayant les mêmes goûts, les mêmes passions et les mêmes faiblesses sous l'enveloppe du voisin où leur « moi » se trouve transporté, momentanément, de par la volonté des dieux. Cette sorte d'avatar donne lieu à des quiproquos de

---

[1]. Ont créé les rôles : MM. Bressant (Gaston de Marsac), Febvre (René de Tavenay); Mmes Madeleine Brohan (Henriette), E. Riquer (Lucie).

[2]. Cette petite pièce avait été reçue, le 30 décembre précédent, sous le titre de *la Gageure de Junon*. M. Coquelin et Mme Ponsin l'avaient jouée plusieurs fois, avant sa première représentation, et notamment à la salle Duprez, chez le comte de Nieuwerkerke, chez M. de Rothschild devant la grande-duchesse Marie de Russie, chez le duc de Mouchy devant le vice-roi d'Égypte, à Lille devant l'Empereur et enfin au théâtre de Montpellier, ville natale de son jeune auteur.

tous genres, qui cherchent à être gais et dont quelques-uns sont même déplacés et figureraient mieux dans la mythologie lyrique, alors à la mode, de M. Offenbach, que sur la scène du Théâtre-Français. On sait de reste que le savetier Mycille, ne s'étant pas trouvé plus heureux dans le corps du riche Eucrate que dans le sien, — au contraire, — tous deux reprennent, comme dénoûment, leur assiette première et redeviennent ce qu'ils étaient avant l'intervention des dieux.

Cette deuxième grecquerie venait trop tôt, après celle de M. Ferrier; elle a paru longue et d'une intrigue un peu embrouillée et même parfois assez incompréhensible; enfin elle n'a ni la légèreté, ni l'esprit de sa devancière et a peu réussi malgré le bon ensemble de son interprétation [1].

Le 2 mai, la Comédie avait donné une représentation extraordinaire, à l'occasion de l'installation, au foyer public, du buste d'Alfred de Musset, par le sculpteur Mezzara [2]. On avait choisi l'anniversaire de la mort du poëte pour cette solennité. *Les Caprices de Marianne, On ne badine pas avec l'amour, Il faut qu'une porte soit ouverte ou fermée*, et des stances écrites spécialement par M. de Bornier, et dites par Mme Ponsin [3], com-

---

[1]. Ont créé les rôles : MM. Coquelin (Mycille), Barré (Eucrate), Boucher (Pythagore), Tronchet (le chef des esclaves); Mmes E. Dubois (Doris), E. Riquer (Chloé), Barretta (Daphné).

[2]. Ce buste a été diversement apprécié; exalté par M. Th. Gautier (*Moniteur* du 4 mai), il a été dénigré par M. Jules Claretie (*Opinion Nationale* du 11 mai). Je cite surtout ces deux opinions parce qu'elles émanent d'écrivains compétents qu'il est curieux de trouver en opposition si complète sur ce point précis. Le buste est d'ailleurs toujours resté dans la grande galerie du Théâtre-Français; mais moins en vedette, depuis que la statue de Mme Sand est venue prendre sa place en 1877.

[3]. Ces stances ont été publiées intégralement dans le *Figaro* du 4 mai.

posaient le spectacle auquel on avait ajouté, comme innovation, *la Nuit d'octobre*, déclamée par M. Delaunay (le poëte) et Mlle Favart (la Muse), avec un succès si grand que, depuis, ce touchant et poétique morceau est toujours demeuré au répertoire [1].

10 Juin. — Débuts de M. Coquelin cadet, dans le rôle de Petit-Jean, des *Plaideurs*, son frère aîné jouant à ses côtés le personnage de l'Intimé [2]. Né en 1848, à Boulogne-sur-Mer [3], le jeune artiste qui suivait les cours de Regnier,

---

1. La recette de la soirée a été de 6,573 fr. 50 c.
2. Le 12, il jouait Basile du *Barbier;* le 21, Trissotin des *Femmes savantes;* le 27 juin, Julien dans *une Chaine;* le 31 août, Mascarille du *Dépit amoureux;* le 22 octobre, Jodelet des *Précieuses ridicules;* etc... Depuis la guerre, où il a gagné la Médaille militaire, comme sergent de la garde nationale mobilisée de la Seine (29 janvier 1871), il a joué Figaro de *la Folle journée;* Annibal dans *l'Aventurière;* Mascarille des *Précieuses ridicules*, etc..., et fait quelques créations très-remarquées pour leur originalité, notamment dans *Tabarin*, de Ferrier; *le Sphinx*, d'Octave Feuillet et *l'Ami Fritz* d'Erckmann-Chatrian, où il a su donner un relief extraordinaire à des rôles simplement épisodiques.
3. Voici un fragment d'un curieux article d'Alph. Daudet, sur l'origine des frères Coquelin (*Journal officiel* du 6 septembre 1875) :
« ..... Le talent des deux frères est aussi différent que leur physique. L'un a le rire en large, l'autre le rire en long; Coquelin aîné se meut à l'aise dans le comique de Molière, de Regnard, le comique effronté, à nez court, à grosses lèvres, qui se fait pardonner à force de franchise et d'éclat ses hardiesses inconscientes comme sa gaieté. Joignez à cela cette imperturbable assurance que donnent le talent, l'expérience et le succès. L'autre a le comique anglais, humouristique et froid: avec un peu de gymnastique on en ferait un clown. Ce que les deux frères ont de commun, par exemple, c'est l'amour de leur profession, et une vocation dramatique très-décidée. . Les deux Coquelin vivaient en province, garçons boulangers dans la boutique paternelle, quand l'irrésistible désir de jouer la comédie leur est venu. Était-ce le nuage de farine où ils travaillaient, présage des parades futures, où la toque du mitron semble déjà un fragment de costume?... Toujours est-il que, dès l'âge de treize ans, l'aîné, robuste gaillard, en enfournant le pain, ne cessait de réciter des vers, de déclamer des tirades de tragédie, de comédie. Le père naturellement s'opposa d'abord à cette résolution. « Tu as un bon métier dans les

au Conservatoire, y avait obtenu un deuxième accessit de comédie en 1866, et enfin le premier prix en 1867. Le 6 septembre de cette dernière année, il débuta à l'Odéon par le rôle de Jack-Spleen, de *l'Anglais* ou *le Fou raisonnable*. C'est un artiste d'une grande finesse et d'une originalité très-personnelle qu'il a surtout montrée dans les quelques créations qu'il lui a été donné de faire. Il a joué aussi, par la suite, les grands personnages du répertoire et il a su, en peu de temps, se faire assez remarquer et apprécier du public pour que celui-ci n'ait pas voulu le suivre, hors de la Comédie-Française, lors d'une fugue irréfléchie à laquelle le poussa, en 1875, le dépit de ne pas être sociétaire assez vite. Rentré l'année suivante au bercail

---

mains, disait-il à son fils... La boulangerie va bien, tu prendras ma suite. » Mais on ne peut pas résister à une vocation réelle. Coquelin partit pour Paris, entra au Conservatoire, y resta seulement dix mois, et à vingt ans il débutait au Théâtre-Français dans le rôle de Figaro, où il se montra tout de suite grand comédien. Quoique très-fier du succès de son fils, le père ne pouvait s'empêcher de dire : « Il allait très-bien aussi comme boulanger... Heureusement Cadet est là... C'est lui qui prendra ma suite. » Mais Cadet avait bien autre chose dans la tête. Malgré une grande disproportion d'âge, c'est à lui que son frère faisait part de ses projets, de ses rêves, devant lui qu'il déclamait ses tirades, si bien que le petit Coquelin, n'étant encore que mitron, se sentait déjà mordu, et quand il s'en allait le dimanche porter des galettes chaudes aux pratiques, il marmottait des bouts d'hémistiches volés au grand frère avec des gestes déclamatoires qui secouaient sa corbeille sur sa barette blanche. Puis, quand il fut devenu grand et qu'on parla de le mettre à la pâte, Cadet déclara formellement qu'il voulait être comédien : « Allons, bon!... Je n'en sauverai pas un, fit le malheureux boulanger consterné... C'est comme une peste qu'ils ont tous... Où ont-ils donc attrapé ça, mon Dieu? » Mais enfin, comme il était excellent homme et qu'après tout le théâtre n'avait pas mal réussi à l'autre : « Va pour comédien, » dit-il, et voilà Coquelin II en marche sur le Conservatoire. Pour celui-là, ce fut plus dur que pour le frère. Il avait le travail plus lent, plus pénible, rien du brillant, de l'exubérance de l'aîné; au contraire, une verve contenue, tout intérieure. Au lieu d'emporter le succès d'un éclat de rire, il y arriva peu à peu à force de patience, de volonté, de physionomie. »

de la rue de Richelieu, qu'il s'est bien juré de ne plus quitter jamais, quoi qu'il advienne, M. Coquelin cadet y a retrouvé une situation que le sociétariat rendra un jour définitive.

22 Juin. — Première représentation d'*Agamemnon*, tragédie en deux actes, par M. Henri de Bornier. C'est une imitation de Sénèque qui avait lui-même, en son temps, imité Eschyle, de telle sorte que ce drame antique ne se produit aujourd'hui que comme œuvre de troisième main. Le succès en a été fort tempéré; la saison, d'ailleurs, ne prête guère aux exhibitions d'ouvrages tragiques. La tragédie de M. de Bornier renferme de fort beaux vers et il a traduit et rendu, très-heureusement, l'esprit particulier et personnel dont Sénèque a cru devoir agrémenter la fable grandiose d'Eschyle, qu'il n'a pu toutefois rendre plus attrayante ni plus gaie qu'elle ne l'est dans l'original [1].

La Comédie ne comptait guère, sans doute, sur cette nouvelle adaptation classique, car elle nous l'a servie à la veille même d'un grand voyage artistique qu'elle allait entreprendre dans une partie de la France. Profitant d'urgentes réparations à faire dans la salle de la rue de Richelieu, et qui l'obligeaient d'interrompre ses représentations, elle a innové une tentative qui était essayée par elle pour la première fois, depuis qu'elle existe. Un certain nombre de ses artistes, sociétaires et pensionnaires, partirent pour la province, sous la direction de l'administrateur général, M. Édouard Thierry, et donnèrent, dans

---

[1]. Ont créé les rôles : MM. Chéry (l'Ombre de Thyeste), Gibeau (Eurybate), Sénéchal (Égyste), Prudhon (Strophinus), Masset (Agamemnon); Mmes Royer (Électre), Devoyod (Clytemnestre), Tordeus (Cassandre), Lloyd (une Troyenne), Ponsin (le Chœur des femmes).

quelques grandes villes, une série de représentations qui furent pour eux, — notamment à Marseille, — véritablement triomphales.

Le 15 juillet, 8 heures 30 du soir, la Comédie quitta Paris. La troupe excursionniste était composée de la manière suivante :

Direction et Administration : MM. Édouard Thierry, administrateur-directeur; Destournelles, contrôleur général; Ch. Chevallier, régisseur; Chaîne, souffleur; Perreau, habilleur; Mlle Debruges, habilleuse.

Artistes : MM. Got, Delaunay, Maubant, Talbot, Lafontaine, Coquelin, Barré, Garraud, Masset, Coquelin cadet; Mmes Favart, E. Guyon, V. Lafontaine, Marie Royer et Dinah Félix.

Il existe, à la Comédie-Française, une relation manuscrite détaillée de cette artistique tournée; nous en avons extrait sommairement le répertoire joué pendant le voyage et l'indication des diverses étapes marquées par le séjour et les représentations des comédiens voyageurs [1].

Les 16 et 17 juillet, représentations à Dijon; les 18, 19, 20, 21 et 22, au Grand-Théâtre impérial de Lyon; les 24 et 25, au théâtre de Toulon; les 27 et 28, au théâtre de Nice; enfin, du 30 juillet au 10 août, douze représentations consécutives au Grand-Théâtre de Marseille.

Le répertoire du voyage fut composé comme suit :

Répertoire ancien : — *Le Misanthrope; les Fourberies de Scapin; la Métromanie; le Dépit amoureux; l'Avare; les Plaideurs; l'École des Femmes; le Menteur; Psyché.*

---

[1]. M. Ernest Coquelin a également écrit pour lui la relation de cette curieuse excursion, et l'a conservée manuscrite. Enfin M. Sarcey, qui a été un moment du voyage, l'a racontée en partie dans ses feuilletons dramatiques du *Temps*.

RÉPERTOIRE MODERNE : — *Le Dernier quartier; la Nuit d'octobre; Paul Forestier; le Duc Job; Il ne faut jurer de rien; une Tempête dans un verre d'eau; l'Honneur et l'Argent; le Pour et le Contre; la Revanche d'Iris; Valérie.*

La Comédie donna sa dernière représentation, pendant ce mémorable voyage, au Grand-Théâtre de Marseille, et elle fut véritablement exceptionnelle. Elle était composée du premier acte du *Misanthrope;* du deuxième du *Duc Job;* du troisième des *Plaideurs;* du premier de l'*Honneur et l'Argent* et de *Valérie*. Le spectacle était terminé par une pièce de vers : *Adieux à Marseille*, de M. Édouard Thierry, et que déclama Mlle Favart[1].

Le 12 août, la Comédie rentra à Paris et elle rouvrit ses portes le 15, pour la représentation gratuite annuelle, composée pour cette année du *Dépit amoureux*, des *Plaideurs* et du *Malade imaginaire*.

Le 4 septembre, reprise des *Fâcheux*, comédie de Molière qui n'a pas été jouée depuis le 18 octobre 1838. Quelques scènes épisodiques font plaisir, notamment

---

[1]. Les recettes du voyage furent relativement élevées, le prix des places, en province, étant très-inférieur à celui de Paris. La plus forte recette de Dijon fut de 2,858 fr.; de 4,376 fr. à Lyon; de 2,513 fr. à Toulon: de 2,421 fr. à Nice; de 4,659 fr. à Marseille. « La dernière représentation que la Comédie donna à Marseille, nous dit M. Fr. Sarcey restera célèbre dans les annales du théâtre. Ce fut non-seulement dans la bourgeoisie lettrée, mais même chez les gens du peuple, un enthousiasme indescriptible. Ils étaient tous debout, agitant leurs chapeaux, et criant, avec cet accent provençal qui amuse si fort les Parisiens : *Vous reviendrez! vous reviendrez!* — Rien n'est moins sûr. C'est une trop grosse affaire que de déranger une troupe aussi considérable que l'est celle du Théâtre-Français; il y faut l'assentiment du ministre, et il est peu probable qu'il le donne. L'année 1868 aura donc vu un voyage qui ne s'était jamais fait encore, et qui, selon toute vraisemblance, ne se **refera plus**. »

celles de Lisandre et de Dorante, jouées avec tant d'originalité par Coquelin, qui paraît dans les deux rôles et y remporte un très-vif succès; mais la pièce qui n'était en somme qu'une comédie-ballet, qu'on joue aujourd'hui sans intermède, semble longue et sans intérêt et l'effet produit est médiocre [1].

8 Septembre. — Débuts dans Émilie de *Cinna*, de Mlle Karoly, tragédienne qui a joui d'une certaine vogue à l'Odéon, surtout dans le répertoire de Corneille. C'est une femme certainement intelligente, mais d'une rudesse de formes, de diction et d'allure peu en rapport avec la sévérité classique de la Comédie-Française. Son talent, — car elle a un réel talent, — manque de mesure, elle a de grands éclats qui détonnent et elle recherche trop les effets violents. En somme, malgré de grandes qualités de nature, qu'il est juste de lui reconnaître, Mlle Karoly n'a pu se maintenir ni à la Comédie-Française, ni même à l'Odéon [2].

14 Septembre. — Rentrée de Mme Plessy, après un an d'absence pour cause de santé, dans Célimène du *Misanthrope*. Le même soir, première représentation de *A deux de jeu*, comédie en un acte de M. Legouvé, dont Mme Plessy joue également le principal rôle (la marquise).

---

1. Ont repris les rôles : MM. Coquelin (Lisandre et Dorante), E. Provost (Caritidès), Chéry (Damis), Seveste (Ormin), Sénéchal (Éraste) Prudhon (Alcippe), Masset (Alcandre-Philinte), Coquelin cadet (La Montagne); Mmes Lloyd (Orphise), Ponsin (Orante), Riquer (Climène). — Le 8 novembre, Mlle Tordeus a repris le rôle d'Orphise.

2. Les deux autres débuts réglementaires de Mlle Karoly ont eu lieu le 12, dans Monime de *Mithridate*, et le 17, dans Camille des *Horaces*. Cette tragédienne se nomme tout simplement Caroline Duveau. Elle a été longtemps, — de 1853 à 1861, — élève de M. Maubant avec qui elle a très-sérieusement travaillé. C'est le 7 septembre 1860 qu'elle avait débuté à l'Odéon dans Camille des *Horaces*.

On fête la belle et spirituelle comédienne dont le talent, toujours si sûr et si brillant, donne tant de valeur au nouveau marivaudage de M. Legouvé. Le personnage de cette marquise, au cœur léger et qui se laisse jouer et tromper, en dépit des ressources de son esprit, par le frère de l'homme qui l'aime, et qu'elle n'aime pas, — ce rôle qui renouvelle, d'ailleurs, tant de physionomies de grandes et séduisantes dames qu'elle a si souvent personnifiées, lui doit tout son relief. — M. Febvre lui donne la réplique dans un rôle à la Bressant, le premier de ce genre qu'il ait eu encore à créer (Octave de Néris), et où il se montre tout à fait aimable et distingué [1].

Le lendemain 15, reprise du *Préjugé vaincu*, comédie en un acte de Marivaux, qui n'a point été remise à la scène depuis plus de vingt-cinq ans. Mmes Ponsin et Dinah Félix sont charmantes dans les personnages d'Angélique et de Lisette [2]. La pièce manque toutefois d'intérêt et l'intrigue, comme toutes celles de Marivaux, tourne indéfiniment autour d'une situation unique qui se dénoue à grand'peine.

Le 22, débuts de Mlle Héricourt, lauréat du Conservatoire et tragédienne qu'on a trop prônée à l'avance dans les réclames publiées sur son compte; elle répond médiocrement à de si belles promesses. Elle joue en effet *Andromaque* (Andromaque) avec bien de l'indécision et de la faiblesse, à ce point que la Comédie n'ose pas lui permettre une seconde tentative [3]. Mlle Devoyod n'a point de

---

1. Les autres rôles par Mmes Tordeus (Louise), et Barretta (la Fleuriste). — La pièce avait d'abord été jouée devant la Cour, au palais de Fontainebleau.

2. MM. Séveste (L'Épine), Prudhon (Dorante), Kime (le marquis).

3. Elle devait paraître presque coup sur coup dans *Hernani* et dans

peine à paraître, à ses côtés, très-supérieure dans Hermione.

22 Octobre. — Reprise de *Mercadet,* comédie en trois actes de Balzac, représentée pour la première fois au Gymnase, le 23 août 1851. — Cette belle comédie, qui a eu tant de succès dans sa nouveauté, paraît un peu démodée à dix-sept ans de distance. Beaucoup de parties ont vieilli, les mœurs qu'elle veut dépeindre ont changé, les questions d'argent qu'elle discute ne sont plus à la hauteur du moment, tout s'est aggravé en un mot, pour ce qui regarde les points principaux de l'œuvre, qui avait le défaut d'être, avant tout, une critique d'actualité. Sa force dramatique la soutient cependant et doit la maintenir toujours au répertoire comme une étude sérieuse et vraie, et la faire entrer dans la liste de ces pièces classiques qui demeurent la peinture des caractères et des vices d'une époque déterminée.

M. Got, à qui l'on doit l'initiative de cette reprise de *Mercadet*, en joue le rôle principal avec un grand talent, mais avec moins d'entrain et de simplicité que M. Geoffroy, qui l'avait créé au Gymnase. L'effet qu'il produit est tout différent et le personnage y perd peut-être, en verve et en gaieté, ce qu'il y gagne en profondeur [1].

Mademoiselle de Belle-Isle. Elle a quitté la Comédie-Française au mois de mars 1869, et depuis elle n'a plus reparu à la scène.

1. Voici la distribution des rôles dans les deux théâtres :

	Gymnase.	Comédie-Française.
Mercadet............ MM.	Geoffroy.	Got.
M. de la Brive.........	Dupuis.	Febvre.
Verdelin...............	Villars.	Barré.
Violette...............	Lesueur.	Kime.
Minard............ ...	Armand.	Masset.

31 Octobre. — Première représentation de *Histoire ancienne*, comédie en un acte de MM. Edmond About et de Najac, que ses deux interprètes, M. Coquelin (Georges de Gaille) et Mme Madeleine Brohan (Clotilde), avaient déjà représentée dans quelques salons. C'est une bluette assez froide, dans laquelle un amoureux retrouve après une longue absence la femme qu'il a jadis aimée et qui en a épousé un autre. Il s'imagine qu'il pourra s'introduire encore comme soupirant dans le ménage de son ancienne adorée; mais, dès qu'il lui a déclaré qu'il l'aime toujours, celle-ci lui apprend qu'elle est veuve. Après bien des réticences et des réflexions, — car il ne la voulait que pour maîtresse, le Lovelace! — il se décide à épouser la veuve, parce qu'il découvre que son mari n'a été pour elle qu'un père. Il faut avouer que ce M. de Gaille possède un caractère peu estimable à première vue, et que la Clotilde qu'il épouse est aussi de bien bonne composition. Ces gens-là manquent tous deux de dignité!

Le public a d'abord assez mal accueilli ce médiocre badinage de deux hommes d'esprit, qui ont montré souvent plus d'ingéniosité et de verve que dans ce petit acte, qui est cependant demeuré au répertoire [1].

Goulard..................	Perrin.	Séveste.
Pierquin.................	Monval.	Chéry.
Justin...................	Priston.	Eug. Provost.
Mirecourt...............	Landrol.	Prudhon.
Mme Mercadet..........	Mmes Mélanie.	Guyon.
Julie.....................	Riquer.	Royer.
Thérèse	Bodin.	Dinah Félix.
Virginie.................	Anna Chéri.	P. Granger.

[1] M. Sarcey, le meilleur ami du principal auteur de la pièce, ne lui a pas marchandé la vérité à son sujet : « Les auteurs ont, en fin de compte, dit-il, gagné cette partie hasardeuse. Mais ce sont là des victoires qui coûtent cher. Les spectateurs n'ont pas protesté, ils ont applaudi même à de

21 Novembre. — Reprise, à l'occasion de l'inauguration, à Vienne (Isère), du monument funéraire de Ponsard, du *Lion amoureux*, avec une distribution en partie nouvelle [1] ; le spectacle est complété par *Horace et Lydie*, avec M. Delaunay jouant, pour la première fois, le rôle d'Horace, et par des stances de M. de Bornier : *le Monument de Ponsard*, que déclament Mmes Ponsin et Tordeus [2].

14 Décembre. — Éclatant début de Mlle Reichemberg (Angélique-Charlotte-Suzanne), née en 1854 et fille d'un Hongrois et d'une Française originaire du Pas-de-Calais. C'est Mlle Suzanne Brohan, sa marraine, qui l'a préparée à la carrière dramatique et qui lui en a aplani les difficultés [3]. C'est dans Agnès, de *l'École des Femmes*, ce

---

certains endroits ; mais leur attitude témoignait assez qu'on froissait quelques-uns de leurs plus chers sentiments. Ils se sont laissé désarmer par la vivacité du style et par le nom d'About ; ils n'ont pas été absolument vaincus. Une *Histoire ancienne* tiendrait aisément sa place dans ce joli volume du *Théâtre impossible*, qu'a publié l'un des deux auteurs. »

1. Voici cette nouvelle distribution : MM. Febvre (Vaugris), Garraud (Barras), Sénéchal (Bonaparte) ; Mmes Lloyd (Margaët), Barretta (Yvonne). Les autres rôles sont joués par les artistes de la création. — Le spectacle, ainsi composé, a été donné pendant quelques soirées.

2. Ces stances, qui exaltent, ce me semble, un peu trop démesurément M. Ponsard, ont été publiées dans le *Figaro* du 22 novembre. — L'année suivante le buste de l'auteur du *Lion amoureux*, par M. Franceschi, a été placé au foyer de la Comédie-Française.

3. Voici le fragment d'une bien jolie lettre que Mme Suzanne Brohan écrivait à M. Auguste Villemot, quelques jours avant les débuts de Mlle Reichemberg :

« Mon cher monsieur Villemot,

« Il y a seize ans, j'avais pour femme de chambre une honnête et gentille Picarde, vive, alerte, trottant menu ; on l'appelait « la Souris de Mme Brohan. » Dans la maison que nous habitions, il y avait un grand tailleur chez lequel travaillait, comme coupeur, un brave jeune homme, Charles Reichemberg. Ma Souris et lui s'aimèrent ; on les maria. Le mari

grand écueil des ingénues, que Mlle Reichemberg se montre d'abord. Son succès est tout à fait complet. On ne saurait être plus sincèrement jeune, plus simple, ni avoir plus de grâce et de véritable ingénuité. Mlle Dubois avait eu ce même succès, lors de ses brillants débuts, mais elle avait moins de sensibilité et de naturel que la nouvelle venue qui passe étoile, presque du premier jour... dans le ciel de l'ingénuité. Je n'ai point à raconter ici la vie dramatique tout entière de Mlle Reichemberg, ni à anticiper sur le récit de ses succès futurs; je me borne à enregistrer sa nomination de sociétaire, qui a eu lieu le 9 janvier 1872, alors que cette séduisante comédienne avait à peine dix-huit ans; j'ajoute qu'en 1878, au moment où j'écris ces lignes, elle a toujours son même timbre de voix si enchanteur, sa même grâce, son même talent et sa même jeunesse. C'est, en un mot, une parfaite ingénue et qui semble toujours promettre de l'être éternellement [1].

---

avait du talent dans sa profession; il gagnait de trois à quatre mille francs par an. Voilà donc, avec de l'économie, un petit ménage heureux, Aline (ma Souris), bourgeoise tout comme une autre. Au bout d'un an, arriva une petite fille blonde, grosse comme le poing, dont je fus la marraine. Tout allait bien; mais la mort vint qui saisit le pauvre jeune père, il devint poitrinaire. Comme il n'avait que vingt-sept ans, il dura longtemps. Sa femme le soigna de son mieux; toutes les économies y passèrent. Il mourut, laissant la petite Suzette, qui n'avait que quatre ans. En mourant le pauvre homme murmura : « Oh! madame! n'abandonnez pas Suzanne! » Certes, je n'avais garde.

« La pauvre mignonne devint pour moi une quasi-fille. On fit à la mère un petit coin à la maison, et je m'occupai de l'enfant. Elle était gentille e intelligente au possible. Je lui fis dire des fables, puis des poésies de Mme Valmore, puis quelques rôles d'ingénue. A treize ans, je la présentai au Conservatoire, et on la trouva assez gentille pour me donner tout de suite une petite pension. — A quatorze ans elle obtint un second prix au concours; au mois d'août dernier, à quinze ans moins deux mois, elle a remporté le premier prix... »

1. Th. Gautier la dépeignait ainsi, au lendemain de ses débuts

L'année dramatique finit avec le deux cent vingt-neuvième anniversaire de la naissance de Racine (21 décembre), célébré par une représentation composée d'*Athalie* et des *Plaideurs*. Entre ces deux pièces, Mlle Favart déclame une ode tirée des *Consolations*, de Sainte-Beuve, *les Larmes de Racine*, poésie un peu alambiquée qui doit surtout les bravos qui l'accueillent, au charme et à la vaillance de son habile interprète[1].

« Mlle Reichemberg a une délicieuse figure fine et candide où l'esprit brille à travers l'innocence. Ses cheveux blonds s'harmonisent avec son teint rose et blanc, qui ne doit rien au blanc de perles ni au fard ; elle a des yeux bleus pleins de lumière et de douceur, un sourire d'une grâce enfantine, et dans la voix cette fraîcheur argentée de la jeunesse qui plaisait tant à J.-J. Rousseau. Ses proportions sont mignonnes et délicates comme celles de la Psyché de Canova. » — L'année suivante dans son feuilleton, sur *les Faux ménages*, Th. Gautier appelait encore Mlle Reichemberg « une fleur, un sourire, un printemps ! »

1. « Ce n'est pas moi, écrit le lendemain Sainte-Beuve à son éminente interprète, c'est vous, c'est votre accent, ce sont vos pleurs dans la voix, c'est cet attendrissement de l'âme qui vous viennent de Champmeslé et d'Adrienne Lecouvreur, c'est tout cela qu'on a applaudi hier... » (*Correspondance*, tome II, lettre 278). — Lire aussi la suivante, adressée à M. Édouard Thierry, dans laquelle Sainte-Beuve déclare « que Mlle Favart est une voix toute *racinienne*. »

ANNÉE 1869.

C'est par une soirée semi-officielle que débute exactement la nouvelle année pour la Comédie-Française. Le prince Impérial, avec les Infants d'Espagne, assiste à la représentation du 1ᵉʳ janvier, composée des *Précieuses ridicules*, des *Plaideurs* et de *l'Avare*[1]. La recette est de 4,548 francs.

7 JANVIER. — Première représentation de *les Faux ménages*, drame en quatre actes, en vers, de M. E. Pailleron[2].

C'est par l'intérêt des épisodes et par la curiosité qui s'attachait à la peinture exacte et vigoureuse de certaines mœurs empruntées aux dessous peu connus du monde parisien, que la pièce nouvelle a surtout réussi. Elle nous présente deux de ces unions extra-légales que l'auteur a

---

1. Le jeune prince vient encore trois fois à la Comédie dans le mois de décembre; le 4 (*Mademoiselle de la Seiglière*), le 12 (*l'Honneur et l'Argent*), et le 19 (*les Horaces*).
2. Reçue par le Comité le 11 septembre précédent.

très-pittoresquement appelées des « faux ménages, » c'est-à-dire ces intérieurs créés, soit en dehors du foyer paternel, soit loin de la maison conjugale.

Armand est le fils d'une dame Armand, que son mari a abandonnée après quelques mois de mariage, sans que sa femme elle-même ait su ce qu'il était devenu ; elle ne porte même plus son nom. Elle a pourvu seule à l'éducation de son fils, qui vit auprès d'elle dans un milieu de famille où l'on trouve encore un neveu et sa sœur, jeune fille de seize ans environ, que Mme Armand rêve d'unir un jour à son fils. Mais au moment de lui faire une ouverture à ce sujet, elle apprend, hélas ! que son fils aime ailleurs ; il a un faux ménage. C'est au second acte que l'héroïne de la pièce et de ce faux ménage nous est présentée dans la petite chambre qu'elle habite ; elle se nomme Esther. C'est une simple ouvrière qu'Armand a rencontrée dans la rue un soir que des hommes l'insultaient, et il est devenu bien vite son amant. Puis il s'est mis tout naturellement à idéaliser son idole ; et de là à un projet de mariage avec elle, qui serait sa réhabilitation, il n'y a vraiment qu'un pas qu'il franchira bien vite. Sur le même carré habite un autre faux ménage, M. et Mme Ernest. De Mme Ernest, il n'y a rien à dire, c'est une femme comme tant d'autres qui cohabite avec le même homme tant que celui-ci voudra bien lui être fidèle. Mais M. Ernest n'est pas un personnage vulgaire ; c'est un homme dégradé, tombé aussi bas que possible, mais dans la tenue et dans les manières duquel on retrouve encore de vieux restes d'une éducation supérieure et même raffinée. C'ést un type d'ailleurs bien curieux que M. Pailleron a traité avec un soin infini et une vérité horriblement exacte, et dont M. Bressant, le beau Bressant, pour un moment vieilli, enlaidi et dépenaillé, a fait une création des plus étudiées et des plus remarquables. L'auteur, qui a tenu à nous faire faire connaissance intime avec la société de ce M. Ernest, nous montre, à côté de lui, divers types empruntés aux plus beaux spécimens de la collection. La scène qui nous les présente est très-vivement menée et des plus curieuses.

Cependant Mme Armand a tenu à savoir où son fils passait le temps de ses longues absences de la maison maternelle, et la voilà qui tombe tout à coup au milieu du faux ménage d'Armand. Esther est seule, et reçoit d'abord l'assaut de la bonne dame. C'est la scène de *la Dame aux camélias,* renouvelée. Toutefois, cette scène, très-mouvementée, très-passionnée, surtout au moment où Armand y vient faire sa partie, a vivement impressionné le public. Mlle Favart et M. Delaunay y ont retrouvé, pour un instant, les grands applaudissements de *Paul Forestier.* Mais la scène d'abord si vraie, si généreuse et même élevée par endroits, tourne malheureusement à l'absurde. Mme Armand, qui ne peut vaincre les résolutions de son fils, accepte d'emmener Esther chez elle pour l'étudier de plus près et décider s'il est possible qu'elle devienne jamais la femme d'Armand. On ne peut même donner le nom d'audace à ce coup de théâtre inattendu; il est inconvenant et impossible au premier chef. Et encore si Mme Armand vivait seule! Mais songez qu'elle a sa nièce à demeure! Et voyez que de scènes répugnantes découlent de cette entrée d'Esther chez la mère d'Armand! Voilà Aline, la jeune cousine d'Armand, laquelle aime son cousin, voilà cette pure enfant qui se sent attirée vers Esther par une sympathie qui nous semble vraiment monstrueuse. Survient le frère d'Aline; sa sœur lui présente Esther comme une parente de province récemment arrivée; il éclate à son tour, car il a reconnu dans cette intruse la maîtresse d'Armand. Esther fuit alors la maison de son amant, en jurant qu'elle ne veut pas être un obstacle aux projets de sa mère, ce qui est encore un point par lequel M. Pailleron a voulu la rendre intéressante et réhabilitable. Enfin, au dernier acte, au moment où l'on peut croire que tout va s'arranger, la passion d'Armand se réveille de plus belle, il résiste aux supplications de sa mère, et déclare qu'il n'aura jamais d'autre femme qu'Esther. La scène qui suit est fort dramatique; elle ramène au logis, qu'il a délaissé, le père d'Armand, que son fils n'a jamais connu, et qui est ce même M. Ernest que nous avons vu au second acte si avachi et si déshonoré. Il vient protéger son enfant contre les égarements de son cœur, il se donne lui-même comme exemple, il se flétrit à plaisir devant ce fils qui ne peut que le mépriser et qui, en effet, refuse de l'appeler son père. Mais ce sacrifice de ce qui lui reste d'amour-propre ne sera point inutile; Esther disparaîtra, et il est vraisemblable qu'Armand épousera sa cousine et rentrera dans le droit chemin.

Telle est cette pièce d'une construction défectueuse comme intrigue, bien qu'elle soit intéressante, qui dénote encore beaucoup d'inexpérience, mais qui promet, en revanche, par la vigueur de certains passages et la force de quelques-unes de ses situations, un auteur dramatique d'un ordre tout à fait relevé. Il a même fallu à M. Pailleron une dose de talent déjà supérieure pour faire admettre la fin de son deuxième acte et les situations si risquées du troisième. Mais le succès a suivi les pas du jeune audacieux auquel on a voulu, en même temps, tenir compte de ses efforts évidents pour donner à son style poétique des accents plus mâles et mieux frappés que dans ses œuvres précédentes.

J'ai déjà dit combien M. Bressant avait été remarquable

dans le personnage de M. Ernest[1] ; il a eu vraiment les
honneurs de la soirée. Le rôle de son fils Armand est ingrat
et M. Delaunay en a tiré tout ce qu'il a pu, surtout
dans les scènes de passion. Les deuxième et troisième
actes l'ont bien servi sous ce rapport, ainsi d'ailleurs que
Mlle Favart, sa vaillante partenaire (Esther). Citons encore
M. Coquelin (Georges), pour qui il n'existe pas de rôles
effacés, et Mlle Reichemberg, qui continuait ses heureux
débuts dans le touchant personnage d'Aline[2]. A ses côtés,
débutait M. Thiron dans un rôle insuffisant pour le faire
valoir (Anthelme). Ce comédien si fin, si brillant, et qui devait
rapidement se placer au premier rang, reparaissait
pour la seconde fois à la Comédie-Française, où ses premiers
débuts datent déjà du 21 juillet 1852 (Lubin de
Georges Dandin). Il est devenu sociétaire le 9 janvier
1872[3].

---

1. Le rôle avait d'abord été destiné à M. Lafontaine, puis à M. Got.
2. Les autres rôles par MM. Prudhon (Henri), Kime (le général);
Mmes Nathalie (Mme Armand), Ponsin (Fernande), Deschamps (la baronne)
— c'est la dernière création de cette artiste qui se retire définitivement
le 29 juillet suivant, — Lloyd (Mme Henri), D. Marquet (très-belle dans
Mme Ernest). — La pièce a été jouée soixante-dix-huit fois; la dernière
représentation fut donnée le 14 décembre avec une recette qui était encore
de 1,986 francs. Elle avait été interrompue le 15 juillet à la soixante-
douzième (960 francs); reprise le 3 novembre, avec 2,099 francs de recette,
elle ne retrouva plus son succès des premiers jours. Ce succès avait
été, en effet, très-vif. Les trente premières soirées avaient produit
175,348 francs, soit 5,845 francs par soirée. La princesse Mathilde assistait
à la troisième représentation (11 janvier, 4,728 francs), et l'Empereur
et l'Impératrice à la cinquième (14 janvier, 5,824 francs). — La trentième
représentation (27 février) a été donnée au bénéfice et pour la retraite
de M. Monrose, sociétaire, après vingt-cinq ans de services. Elle
a produit 6,293 fr. 50 c. M. Monrose avait cessé d'appartenir à la Comédie-
Française à la date du 31 décembre précédent.
3. M. Thiron est né à Paris en 1831. Entré au Conservatoire, en 1848,
il obtint un accessit de comédie en 1849 et le premier prix l'année sui-

15 Janvier. — Représentation annuelle en l'honneur du 247ᵉ anniversaire de la naissance de Molière, composée du *Misanthrope* et du *Malade imaginaire* suivi de la cérémonie. Ensuite a lieu le couronnement du buste du grand comique, après lequel M. Coquelin est venu réciter un hommage en vers à Molière, de M. Paul Ferrier. Au-dessus du buste était suspendue une des deux couronnes d'or que le cercle Musset, de Marseille, avait offertes aux acteurs du Théâtre-Français, lors de leur tournée artistique de l'année précédente. La recette a été de 5,390 fr.

3 Mars. — Obsèques de Mirecour, décédé le 1ᵉʳ mars. Cet ancien et utile serviteur, qui appartenait depuis quarante ans à la Comédie où il n'a brillé, il est vrai, qu'au second rang, était un artiste modeste et consciencieux, et il a souvent doublé avec bonheur ses chefs d'emploi. Il jouait très-bien M. de Clainville, de *la Gageure imprévue*, et ne manquait pas d'autorité dans certains rôles de l'ancien répertoire.

26 Avril. — Le *Journal officiel* publie le rapport adressé au ministre de la Maison de l'Empereur et des Beaux-Arts, par la commission instituée à l'effet de rechercher quelles améliorations pourraient être introduites dans les systèmes adoptés au Théâtre-Français et à l'Odéon, pour l'examen préalable des pièces et leur jugement définitif [1].

---

vante. Avant de faire à l'Odéon le long et honorable séjour auquel il a dû sa notoriété, M. Thiron avait fait partie de la troupe nomade de Rachel. En quittant l'Odéon, il fut pendant les quelques mois qui précédèrent son entrée à la Comédie-Française, pensionnaire des Variétés, où il n'obtint heureusement aucun succès. — M. Thiron a continué ses débuts le 20 février dans le rôle de Van Buck de *Il ne faut jurer de rien*, en même temps que Mˡˡᵉ Reichemberg terminait les siens par le rôle de Cécile, dans la même pièce.

1. Cette commission avait été instituée le 26 décembre précédent par le

A là suite de ce rapport, survint un arrêté ministériel portant réorganisation du Comité de lecture dans les deux théâtres. L'article 1er statuait que le Comité de lecture du Théâtre-Français serait désormais composé : 1° de l'administrateur général du théâtre ; 2° des six membres titulaires du Comité d'administration. L'article 2 décidait que dans le cas où l'auteur le demanderait formellement, tous les sociétaires hommes pourraient être adjoints au Comité de lecture formé en vertu de l'article 1er. Les articles 3 et 4 traitaient des conditions du vote après première ou après seconde lecture. L'article 5 réglementait l'ordre de réception des pièces par le secrétariat du théâtre, prescrivait leur inscription sur un registre spécial et ordonnait leur lecture aussi prompte que possible par l'un des trois lecteurs de la Comédie, lesquels devaient ensuite faire leur rapport au Comité.

« Les innovations introduites par cette mesure étaient-elles bien nécessaires ? Il est permis d'en douter, à ceux qui connaissent MM. Léon Guillard, Fournier (Narcisse)

---

maréchal Vaillant. Elle était composée de MM. Camille Doucet, directeur général de l'administration des théâtres, président, et de Saint-Georges, président de la Commission des auteurs et compositeurs dramatiques, vice-président ; MM. Émile Augier et Legouvé, membres de l'Académie française ; M. Alexandre Dumas fils, M. Nestor Roqueplan, M. Édouard Thierry, administrateur général du Théâtre-Français ; M. Regnier, doyen des sociétaires ; M. Lemoine-Montigny et M. G. de Saint-Valry, secrétaire rapporteur. — La nomination de cette commission fut provoquée par le bruyant éclat auquel venait de donner lieu le rejet de deux pièces présentées au Comité par MM. Éd. Fournier et Latour de Saint-Ybars : *Gutenberg* et *Alexandre le Grand*. Ces deux drames en vers avaient été reçus seulement « à correction. » Irrités de cet échec déguisé, MM. Fournier et de Saint-Ybars avaient successivement saisi le public de l'incident en insérant dans les journaux des lettres contenant les plaintes les plus vives contre l'organisation du Comité de lecture. Ajoutons que des deux pièces en question, l'une, *Gutenberg*, fut depuis représentée sans succès à l'Odéon.

et Laffitte, les trois examinateurs préalables à la Comédie-Française, et les comédiens de ce théâtre. Quelle œuvre remarquable, en effet, les premiers avaient-ils empêchée d'arriver jusqu'aux seconds et les seconds d'arriver jusqu'au public, avant 1869? Les uns et les autres n'étaient-ils pas aussi capables de juger qu'intéressés à accueillir les pièces qui avaient une réelle valeur? Cela n'est douteux pour personne[1]... »

1ᵉʳ Mai. — La Comédie nous donne une pièce nouvelle de M. Émile Augier, *le Post-scriptum*, petit acte en prose et le premier que l'éminent auteur des *Effrontés* ait écrit dans le style marivaudé des Musset et des Feuillet. L'intrigue n'en est ni bien neuve ni bien corsée; elle rappelle un peu la jolie comédie de Dumas père, *l'Invitation à la valse*, mais comme esprit et vivacité de dialogue, elle place du premier coup M. Augier en tête des faiseurs de proverbes les plus applaudis. M. Bressant (de Lancy) et Mᵐᵉ Plessy (Mᵐᵉ de Verlières), jouent à ravir ce petit acte dont le succès a été très-vif et qui n'a jamais quitté le répertoire.

4 Mai. — Première représentation de *Julie*, drame en trois actes, en prose, de M. Octave Feuillet.

Ce drame intime a obtenu, dans sa dernière partie, un succès qui a d'abord tenu de l'enthousiasme, bien que la pièce soit inférieure à beaucoup d'autres qui n'ont pas eu ensuite la même vogue. Il faut dire aussi qu'il revient à Mˡˡᵉ Favart une part immense dans ce succès.

L'auteur a voulu renfermer un grand drame d'adultère, qui pouvait fournir de longs développements, dans trois

---

[1]. *Les spectacles forains et la Comédie-Française*, par Jules Bonnassies, un vol. in-18 avec eau-forte d'Éd. Hédouin, chez Dentu, 1875.

petits actes courts et concis qui rappellent à la fois comme intrigue *le Supplice d'une femme* et *la Mère et la Fille*. Rien de bien nouveau par conséquent. Mme de Cambre s'ennuie et son mari s'ennuierait comme elle s'il n'avait trouvé des distractions au dehors. Il a pour maîtresse une voisine, Mme de Cressey, et il oblige sa femme à la recevoir. Là-dessus Mme de Cambre s'envole dans une partie de campagne avec un M. de Turgy, ami de son mari qui, naturellement, lui fait la cour, et un orage aidant, elle se venge de son infidèle époux... comme se vengent certaines femmes. Elle a deux enfants qui, il est vrai, ne sont pas auprès d'elle pour que leur présence lui fasse entrevoir l'horreur de sa faute. Mais tout à coup, un moment même après l'accomplissement de cette irréparable et honteuse vengeance, voici M. de Cambre qui s'amende; il redevient bon époux et bon père, et rappelle même chez lui sa fille qu'il tenait éloignée dans un couvent. C'est ici, mais seulement au troisième acte, que le drame véritable commence. La fille de Mme de Cambre a seize ans et elle sent son jeune cœur battre violemment pour M. de Turgy. Son père le lui offre alors pour époux, mais Mme de Cambre repousse énergiquement une telle alliance, procédé qui ouvre un vaste champ aux soupçons de son mari. Il fait subir à sa femme le plus cruel des interrogatoires. Enfin, comme il veut à tout prix savoir la vérité, que l'attitude de la malheureuse ne lui fait que trop pressentir, il lui déclare brutalement que son amant vient de mourir. Et quand son désespoir lui a démontré que son déshonneur est complet, il dément alors la terrible nouvelle qu'il vient de donner. A ce moment, un valet annonce M. de Turgy; Julie, à ce nom, tombe pâmée.

— Tu sais que je te tuerai! dit alors M. de Cambre à M. de Turgy.

— Tu sais qu'elle est morte! répond M. de Turgy en montrant à son ex-ami le corps de sa femme étendu sans vie sur le plancher.

Et la toile tombe. — Ce dernier acte, très-vivement mené, a sauvé la pièce. Les deux premiers, en effet, sont longs et froids, et servent seulement d'exposition à ce dénoûment brutal, mais tout à fait dramatique. Les événements sont d'ailleurs trop nombreux et trop accumulés dans ces trois petits actes; ils arrivent pressés à la suite les uns des autres, parfois sans le développement nécessaire, et comme trop resserrés dans un cadre trop étroit. On trouve d'ailleurs dans *Julie*, comme dans toutes les pièces de M. Feuillet, des scènes gracieuses, bien venues et bien écrites; mais, en somme, aucun des personnages du drame n'offre un intérêt réel et l'ensemble de l'œuvre se ressent de ce manque absolu de sympathie pour Mme de Cambre aussi bien que pour son entourage [1].

J'ai dit que Mlle Favart avait admirablement joué; « elle s'est élevée, dans le rôle de *Julie*, écrivait quelques jours après Th. Gautier, à une hauteur que bien peu d'actrices atteignent [2]. » A la fin de la pièce, tous les artistes furent appelés dans la loge impériale où Mlle Favart fut tout particulièrement l'objet des félicitations des souverains; l'Impératrice, détachant le bracelet qu'elle avait au

---

[1]. « La représentation de *Julie* a produit sur moi le même effet que la lecture de *Monsieur de Camors*, roman du même auteur. C'est le même talent, car il y a là une somme de talent considérable; c'est le même charme musical du style, la même cruauté des situations sauvée par la ouate ou la gaze de la forme, le même magnétisme nerveux, le même attrait singulier, irrésistible et corrupteur... Voulez-vous ma pensée entière? Donnez, si vous voulez, *Madame Bovary* à lire à une jeune fille, mais ne lui laissez pas écouter *Julie*. » (JULES CLARETIE.)

[2]. « Mlle Favart, dit aussi M. Claretie, a trouvé dans *Julie* son plus grand succès; il n'y a qu'un mot pour la juger, *admirable!* »

bras, le lui offrit en souvenir du triomphe si personnel qu'elle venait de remporter[1] : « Il n'est pas d'une grande valeur, dit-elle à Mlle Favart, seulement je le porte depuis quinze ans ; voilà, mademoiselle, le seul prix que je voudrais qu'il eût à vos yeux. »

Le 9 mai, début d'une élève de M. Regnier, Mlle Marie Delmary, dans Aricie, de *Phèdre*, où elle réussit à souhait. Cette intéressante comédienne joue encore, le 12 juin, Marianne, de *Tartufe*, et, le 19 juin, le personnage du même nom dans *l'Avare*. Lauréat du Conservatoire, intelligente, distinguée, Mlle Delmary se fût certai-

---

1. Ont créé les autres rôles de *Julie* : MM. Lafontaine (de Cambre), Febvre (de Turgy); Mlle Reichemberg continue ses débuts dans le petit rôle de Cécile de Cambre. Elle les complète le 27 juin dans Louise de *Faute de s'entendre*; le 10 juillet dans Rosine de *Au printemps*, où Mme Jouassain et M. Boucher jouent aussi pour la première fois les rôles de Mme Destourville et de Frédéric, et le 30 août dans *le Bonhomme Jadis*, où M. Thiron continue également ses remarquables débuts par le rôle de Jadis. — Mlle Tholer débute aussi dans la pièce de *Julie* par le personnage peu agréable à représenter de la maîtresse de M. de Cambre, Mme de Cressey. Mlle Tholer (Gabrielle) est née à Faulquemont (Moselle) en 1851. Élève de M. Regnier, au Conservatoire, elle obtint un deuxième prix de comédie aux concours de 1868. C'est une jolie personne, distinguée, d'excellente tenue et qui n'a cependant jamais trouvé à jouer que des seconds et même des troisièmes rôles à la Comédie-Française : Lucinde, de *la Coupe enchantée* (10 août); Lucile, du *Dépit amoureux* (26 octobre); Clara, du *Jeune mari* (19 décembre); Marianne, de *Tartufe* (28 décembre), etc... Mlle Tholer a quitté la Comédie-Française le 25 décembre 1876 pour la Russie, où elle a reçu un brillant accueil. Mais elle est trop jeune pour ne pas nous revenir. — Le succès de *Julie* a été aussi très-fructueux. La pièce a été jouée soixante fois et arrêtée seulement au 29 novembre. Elle a produit 139,945 francs dans ses trente premières soirées, soit 4,665 fr. par représentation, somme élevée si l'on considère que c'est pendant l'été qu'on a joué *Julie*. Ce drame est d'ailleurs presque toujours resté au répertoire. La première soirée fut des plus brillantes; l'Empereur, l'Impératrice, la princesse Mathilde y assistaient. Le prince et la princesse de Galles vinrent, le 6 mai, à la deuxième représentation, dont la recette fut de 5,572 francs.

nement fait une place honorable à la Comédie-Française qu'elle a dû quitter presque aussitôt pour soigner la maladie de poitrine, qui la mine déjà, et dont elle est morte peu d'années après.

16 Mai. — M. Octave Feuillet est à l'ordre du jour; le grand succès de *Julie* donne lieu à l'admission à la Comédie-Française du proverbe *le Pour et le Contre*, que M. Dupuis et Mme Rose Chéri avaient jadis fait valoir au théâtre du Gymnase et que Mlle Marquet (la marquise) et M. Garraud (le marquis), nous présentent aujourd'hui. C'est de l'esprit un peu alambiqué, mais enfin c'est de l'esprit, et cet esprit-là, quoi qu'on ait pu dire, ne court encore pas trop les rues. Ces mêmes réflexions s'appliquent aussi au *Cheveu blanc*, du même M. Feuillet, que la Comédie reprend le lendemain, 17, avec M. Prudhon (de Lussac) et Mme Ponsin (Clotilde), dans les rôles créés par M. Bressant et Mlle Madeleine Brohan.

6 Juin. — Représentation en l'honneur de Corneille (263e anniversaire de sa naissance), et rentrée dans *Cinna* (Émilie) de Mlle Agar, à qui son grand succès dans *le Passant* (Odéon, janvier 1869) vient de rouvrir les portes de la Comédie-Française. Mlle Agar reparaît rue de Richelieu à son très-grand avantage ; ce n'est plus l'artiste primesautière et indisciplinée d'autrefois ; elle a assoupli ce que j'appellerai les côtés aigus de son talent et elle a fait les plus louables efforts pour rompre avec certaines de ses traditions natives[1]. Elle est très-applaudie et la voici,

---

1. « La nature a beaucoup fait pour la nouvelle pensionnaire de la rue Richelieu. La voix grave, sonore, richement timbrée, a des vibrations d'une douceur pénétrante et d'une énergie sauvage. La bouche — *os rotundum* — paraît faite pour donner passage au vers tragique ; il semble qu'entre ces lèvres mobiles, tantôt éclairées par un sourire, tantôt tordues

sans conteste, la première tragédienne du Théâtre-Français.

9 Juin. — Première représentation de *Juan Strenner*, drame en un acte, en vers, de M. Paul Deroulède, neveu de M. Émile Augier[1]. Ce petit drame a une histoire : il avait plusieurs actes ; le Comité a demandé l'amputation du quatrième, puis, quand la pièce a été réduite à trois actes, l'auteur a été prié de la remettre sur le lit traditionnel pour lui faire subir une suppression nouvelle. Retombée à deux actes, la pièce a encore paru trop longue, et M. Deroulède a été obligé de la resserrer en un seul dans lequel elle étouffe. Ce n'est plus, à vrai dire, qu'un épisode devenu, grâce à ces remaniements successifs, un peu obscur, mais écrit en beaux vers, fermes et chaleureux, et qu'on a applaudi aussi pour son exceptionnelle interprétation exclusivement confiée à des sociétaires[2]. Mais que

---

par un sarcasme, l'alexandrin doive glisser, caressant et superbe, comme un ruisseau limpide, ou bondir, tumultueux et farouche, comme un torrent débordé. Le nez, d'un dessin ferme et correct, accuse la décision. Le front, haut et surplombant les paupières, semble recéler tout un monde d'orageuses pensées. Sous cette arcade profondément creusée, l'œil jette des flammes ardentes que tempèrent parfois des rayons d'une ineffable tiédeur. Le buste, onduleux et souple, se prête merveilleusement à toutes les contorsions de la haine, de la colère, de la jalousie, de la pitié, du désespoir. La démarche est fière et majestueuse; le geste plein de noblesse, d'ampleur et de sobriété. » (Émile Blavet.) — Mlle Agar continue ses débuts, le 19 juillet, dans Camille des *Horaces* ; le 31, dans *Phèdre* ; et le 10 septembre, dans Hermione, d'*Andromaque*. Enfin, le 25 octobre suivant, elle joue le rôle d'Andromaque dans cette dernière tragédie. — Ce même soir, 25 octobre, Mme Ponsin aborde avec un vif succès l'emploi des soubrettes en jouant Dorine de *Tartufe*. Le 18 mai suivant, elle joue Lisette du *Légataire universel*. Ce nouvel aspect du talent de Mme Ponsin lui est on ne peut plus favorable.

1. La pièce imprimée est dédiée par M. Deroulède à M. Augier, « mon oncle, mon ami, mon maître! »

2. « Le vers de M. Deroulède est libre, aisé ; il a de la fermeté et de la

de patience et de vertu il a fallu au jeune débutant pour que, le scalpel à la main, il ait consenti à disséquer autant de fois et en autant de morceaux son propre ouvrage! Depuis, le vaillant auteur de *l'Hetman* a pris sa revanche, et il ne fait plus d'aussi radicales concessions!

15 Août. — Représentation gratuite en l'honneur de la fête de l'Empereur, qui se trouve être en même temps l'anniversaire du centenaire de Napoléon Ier. On joue *le Mariage de Figaro* [1]. Entre le deuxième et le troisième acte, Mmes Devoyod, Agar et Tordeus récitent des stances de M. Ad. Guillemet, qui célèbrent cette grande date historique. Enfin le spectacle est complété par l'exécution du *Chant de victoire*, de Baour-Lormian, mis en musique par Persuis et Lesueur, et qui fut chanté pour la première fois, à l'Opéra, le 9 novembre 1806. Ce sont MM. Jules Cohen et Nuitter qui ont exhumé cette cantate officielle des archives de l'Opéra. Cinquante jeunes filles du Conservatoire et la société chorale des *Enfants de Paris* exécutent ce classique morceau plus solennel que brillant; les soli sont dits, pour le parler, par M. Sénéchal et Mlle Lloyd, et pour le chant par M. Rives, baryton qui vient d'être couronné au Conservatoire, et par sa camarade Mlle Bois-Colon; M. Philippe dirige le chœur des *Enfants de Paris*. Belle exécution, aussi complète que

---

véhémence, un peu trop de penchant aux antithèses et aux symétries mais avec cela le sentiment du dialogue et le ton du théâtre. » (Th. Gautier.) — Ont créé les rôles : MM. Maubant (Rév. Olburg), Delaunay (Juan Strenner), Coquelin (David Téniers), Lafontaine (Rubens); Mme Madel. Brohan (C. Strenner).

1. Jouent pour la première fois : Mmes Riquer (la comtesse), Reichemberg (Fanchette); M. Barré (Antonio). Mlle Lloyd reparaît dans Chérubin qu'elle a joué d'abord le 4 mars. Le 20 août, M. Thiron continue ses débuts dans le rôle de Bridoison.

possible, sans doute, mais dont l'effet est un peu froid ; c'est de la musique académique.

22 Aout. — Début de M. Mazoudier, lauréat du Conservatoire, dans *les Horaces* (le vieil Horace [1]). C'est un jeune tragédien à qui on ne fait jouer que d'insignifiants personnages et qui, d'ailleurs, n'aura pas le temps de s'élever jamais jusqu'aux premiers rôles, par suite d'une mésaventure sur laquelle nous ne voulons pas insister [2], mais qui a motivé son départ définitif en 1873.

30 Aout. — Première représentation de *la Parvenue*, comédie en quatre actes, en prose, de M. Henri Rivière.

On attendait de M. Rivière une pièce plus vigoureuse et surtout plus originale. Il n'est pas, en effet, d'esprit plus heureusement doué, mais les qualités précieuses de style et d'observation qui distinguent les *Nouvelles*, publiées par M. Rivière, convenaient certainement mieux au livre qu'au théâtre. Ici encore il a voulu peindre un caractère d'exception, qu'il a fouillé et creusé avec le soin minutieux qui est le propre de son talent, mais dont il a exagéré les couleurs.

Mme Calendel est une horrible femme qui s'est mise elle-même en exploitation sous une raison sociale dans laquelle elle a fait figurer avec le sien le nom de son mari, homme bonasse et aveugle qui avale toutes les couleuvres, si grosses qu'elles puissent être, et qui adore sa femme et lui fait les plus sottes déclarations au moment même où il est

---

1. M. Chéry joue Tulle pour la première fois. M. Mazoudier continue ses débuts, le 24 août, dans *Tartufe* (Cléante), M. Prudhon jouant aussi Valère pour la première fois ; le 28 août, dans *Athalie* (Nabal) ; le 7 septembre, dans *Cinna* (Euphorbe) ; le 10 septembre, Phœnix, dans *Andromaque*, etc... — M. Gaston-Joseph Mazoudier est né à Paris le 6 octobre 1846.

2. Voir *la Gazette des tribunaux* du 9 août 1873.

le plus... trompé par elle. Cette femme — je ne sais trop, au fait, pourquoi l'auteur l'appelle une parvenue, puisqu'elle ne parvient à rejoindre son prince qu'après la chute du rideau — exploite honteusement, d'autre part, les secrets amoureux des autres. Ainsi, elle a entre les mains des lettres écrites jadis par une jeune veuve, Mme de Sarrans, à son amant, et elle s'en sert pour tirer de cette femme tout le profit possible en la menaçant perpétuellement de tout révéler à un M. de Léris, qui la veut épouser. Poussée à bout, Mme de Sarrans finit par avouer elle-même sa faute pour échapper à la cruelle obsession dont elle est l'objet. Cette scène est bien amenée et fort dramatique. Fort belle aussi cette autre scène dans laquelle M. de Léris, désillusionné, réclame à Mme Calendel les lettres de la femme qu'il ne peut plus épouser; très-dramatique encore la scène finale dans laquelle Calendel, mis enfin en présence de la vérité, éclate tout à coup, lui jusqu'alors si doux, si calme, si aveuglé. C'est là, en somme, une comédie inégale, mal pondérée, et qui est écrite aussi dans un style bien moins nerveux, concis et personnel, que celui que nous connaissions jusqu'alors à l'auteur. L'interprétation de la pièce est ordinaire. M. Got n'a qu'une scène, la dernière, et il est regrettable qu'on ait confié un rôle aussi ingrat à un tel artiste; M. Febvre est très-distingué dans le rôle de de Léris, et il a joué avec une grande mesure la scène des lettres; quant à Mlle Devoyod, elle avait accepté une grosse partie en se chargeant du personnage difficile et compliqué de Mme Calendel. Elle est fort belle, d'une allure même peut-être trop souveraine pour le rôle de cette bourgeoise tragique; puis, elle déclame plutôt qu'elle ne parle : on ne passe pas, en effet, sans danger, de la tragédie à la comédie et des grands vers de Corneille et de Racine à la simple prose de la vie moderne. Mlle Devoyod a eu surtout la grande intelligence du rôle qu'elle a composé en véritable artiste[1].

13 Octobre. — Première représentation du *Mari qui pleure*, comédie en un acte, de M. Jules Prével. C'est une pièce sans prétention, mais très-vivement menée, et d'une gaieté excellente. M. Coquelin aîné a joué, avec un vif succès, le rôle d'un avocat (Henri Laroche), que nous voyons obligé de plaider, chez lui, devant sa femme, *pro domo sua*, et avec une bien plaisante éloquence, au sujet d'infidélités imaginaires dont celle-ci le croit le héros. M. Coquelin cadet a repris plus tard, et a même conservé depuis, ce rôle si bien venu dans lequel il a eu d'ailleurs le bon esprit de ne pas copier son grand frère. Ces deux interprétations différentes — également réussies — ont été d'un piquant intérêt et méritaient d'être signalées[2].

17 Novembre. — Représentation extraordinaire en l'honneur de l'inauguration de l'isthme de Suez; on joue *les Plaideurs*, *Cinna* et *Sganarelle;* mais l'intérêt de la soirée s'attache surtout à l'interprétation par Mmes Agar et Tordeus, du poëme de M. de Bornier, *l'Isthme de Suez*, que l'Académie française a couronné[3]. On sait que ces sortes de morceaux d'actualité réussissent toujours, mais un succès plus considérable est fait à l'élégant poëme de

---

1. Les autres rôles sont créés par M. Prudhon (de Mercey); Mmes Jouassain (Mme de Cézy), Marie Royer (Mme de Sarrans). — La pièce a eu vingt-quatre représentations; la cour assiste à la vingt-deuxième, le 21 octobre.

2. Les autres rôles sont créés par M. Garraud (Gaston d'Eyrolles); Mmes É. Dubois (Lucienne), É. Riquer (Juliette), Dewintre (Thérèse). — La pièce est toujours demeurée au répertoire.

3. C'est le premier des trois prix obtenus par M. de Bornier à l'Institut de 1861 à 1863, et qui lui ont valu la croix de la Légion d'honneur le 15 août 1864.

M. de Bornier, et lorsque Mlle Agar lança à toute volée ce vers si heureusement trouvé :

Ferdinand de Lesseps ! Retiens ce nom, Histoire !...

Il courut comme un frémissement spontané dans la salle et l'actrice dut s'arrêter quelque temps pour attendre la fin des applaudissements qui avaient accueilli cette poétique et juste prophétie[1].

6 DÉCEMBRE. — Première représentation de *Lions et Renards*, comédie en cinq actes, en prose, d'Émile Augier[2].

De même que M. Émile Augier ne triomphe jamais à demi, de même aussi, quand ses pièces ne réussissent point, ses chutes sont éclatantes ; il est vrai qu'il en a peu ou point à son actif, et que sa nouvelle comédie *Lions et Renards* est même la seule de ses pièces qui ait aussi irrémédiablement sombré. Ici, nous avons surtout des peintures de caractère, car l'intrigue de la pièce est de beaucoup dominée par l'intérêt qui devrait s'attacher plutôt aux personnages; les uns, qui sont les lions, c'est-à-dire les cœurs honnêtes, loyaux et francs, Catherine de Birague, de Valtravers et Champlion ; les autres, que l'auteur appelle des renards, c'est-à-dire d'Estrigaud, que nous avons déjà vu dans *la Contagion*, et Sainte-Agathe, pieux personnage qui joue les Rodins au naturel et qui a

---

1. Ce poëme est dit de nouveau dans la représentation du dimanche, 21 novembre suivant, à laquelle l'Empereur assiste seul, l'Impératrice étant alors en Égypte, précisément à l'occasion de l'inauguration de l'isthme. On joue encore *le Supplice d'une femme* et *Mercadet*. La recette est de 5,067 francs ; elle avait été seulement de 2,265 francs lors de la première audition du poëme.
2. L'Empereur et l'Impératrice assistent à la représentation.

été décalqué à l'emporte-pièce dans le roman d'Eugène Sue. Les lions se défendent donc contre les renards! Sainte-Agathe a lâché dans le camp ennemi le jeune Valtravers à la poursuite des millions de sa cousine Catherine de Birague; mais le jeune homme s'acquitte bien mal de la mission de confiance qu'il a reçue; il n'a nulle envie d'épouser sa cousine et il le lui déclare très-carrément; le bal de l'Opéra et les danseuses du corps de ballet, dont il a jusque-là peu goûté, feront bien mieux son affaire; voilà donc un renard qui s'est fait lion! C'est là le fond du premier acte, et ce premier acte, il est charmant, vif d'allures, plein d'esprit et ne contiendrait-il que l'adorable confession de Valtravers à sa cousine, que M. Coquelin a jouée avec tant de verve et de finesse, qu'il pourrait passer, surtout en comparaison des autres, pour un chef-d'œuvre.

Tout se gâte à partir du second acte. Voici Pierre Champlion, retour d'Afrique, qui raconte ses voyages et qui est en quête de 400,000 francs, pour pouvoir retourner à la recherche d'un ami qui se nomme Jacques et que nous ne verrons jamais. Dans un long récit, un peu bien mélodramatique, mais que M. Delaunay détaille avec un feu très-communicatif, nous avons le récit du voyage et des nécessités qui obligent Champlion à le recommencer. Naturellement, Mlle de Birague est sous le charme, et c'est elle qui fournira les 400,000 fr. dont Champlion a besoin pour retrouver Jacques.

Au troisième acte, les choses se gâtent tout à fait. D'Estrigaud, qui convoite aussi Catherine, et qui lui a déjà fait, au premier acte, une insultante déclaration, reparaît de nouveau et recommence ses tentatives. Mais Champlion intervient et provoque d'Estrigaud. A quel titre? par jalousie tout simplement. Catherine veut empêcher le duel et son grand argument c'est que si Pierre Champlion venait à être tué, qui donc irait retrouver Jacques?

Le quatrième acte met en présence les deux gredins de la pièce, Sainte-Agathe et d'Estrigaud. Ils complotent tous deux la perte de Champlion et ils font publier, dans un petit journal, un article dans lequel on cherche à discréditer ce dernier aux yeux de Catherine. Champlion disparu, la belle millionnaire pourrait sans doute consentir à épouser Valtravers. Voilà donc Champlion déshonoré, et cela par un article de journal qui ne l'accuse, en somme, que de peccadilles anodines!... Mais rassurez-vous, le même tribunal d'honneur qui s'était réuni pour condamner Champlion, se déjuge quelques jours après; cette fois, c'est d'Estrigaud qui est convaincu d'infamie, un honnête homme ne saurait se battre avec lui, et Champlion réhabilité épousera Catherine de Birague avec les millions de laquelle il frétera beaucoup de navires à l'effet de retrouver Jacques!

Tout cela manque d'intérêt, et qui plus est, tout cela est parfois ennuyeux. On ne se figure pas les longueurs des derniers actes de la pièce! Le troisième eût été si facilement fondu dans le second et les tirades politico-religieuses de Sainte-Agathe pouvaient être si aisément supprimées avant la première soirée! Et ce personnage odieux de d'Estrigaud si poussé au noir! Ce viveur grossier dont Catherine écoute froidement les injures quand elle a des laquais pour le jeter à la porte! L'esprit même de M. Augier ne s'est point non plus retrouvé ici à égale dose, ce qui prouve encore que lorsqu'un écrivain de sa trempe se fourvoie, il se fourvoie tout à fait. Ainsi, pour ne citer qu'un exemple, on parle quelque part au second acte des vertus de Champlion. « Lui, si poli! » dit quelqu'un. — « L'acier aussi est poli! » répond Catherine déjà en admiration devant son héros. Le mot a été accueilli par un murmure qui n'était point approbateur. Je n'insisterai pas, d'autre part, sur le mauvais effet produit par le rôle de M. Got (Sainte-Agathe) qui renouvelait, dans de si médiocres proportions, le personnage populaire d'Eugène Sue. Ce rôle n'a fait honneur, en somme, qu'à l'éminent acteur qui l'a interprété, mais qui ne pouvait le rendre meilleur[1]. La soirée a fini assez mal et même quelques sifflets ont protesté contre certains passages que l'auteur a supprimés le lendemain. Mais le coup était porté et le mal sans remède. Cependant, le nom de M. Augier a tant d'influence sur le public que *Lions et Renards* ont eu, en dépit de ce vif insuccès du premier soir, vingt-neuf représentations, quinze en 1869 et quatorze en 1870. Les recettes ont été toutefois médiocres[2] et bien au-dessous des fructueuses soirées de *Maître Guérin* et de *Paul Forestier*[3].

---

1. Ont créé les rôles : MM. Got (Sainte-Agathe), Delaunay (Champlion), Bressant (d'Estrigaud), Coquelin (de Valtravers), Thiron (de Pervenquière), Coquelin cadet (Simon); Mmes Brohan (Octavie), Favart (Catherine), Jouassain (Mme Hélier), Tordeus (Mariette). — La pièce devait d'abord s'appeler *Mademoiselle de Birague;* mais le comte de Birague-d'Apremont étant intervenu, il fut décidé, avec son consentement, que le nom qu'il portait serait conservé à l'héroïne de la comédie, mais qu'il ne figurerait pas sur l'affiche.

2. On ne faisait même pas 3,000 francs à la dixième (2,873 francs).

3. La critique a été en général fort sévère pour la nouvelle pièce de M. Augier, qu'on alla jusqu'à lui conseiller de retirer, et j'ai dû reproduire ici, dans les griefs que j'ai réunis contre elle, l'impression exacte du moment. Un journaliste, M. Claretie, a pris assez vivement à ce sujet la défense de M. Augier : « Je tiens à constater, dit-il, qu'on a jugé la dernière œuvre de M. Augier avec une sévérité qui tient de bien près à l'ingratitude. » (*Opinion nationale*, 13 décembre.) — Et un peu plus loin, M. Claretie ajoute : « Je souhaiterais que la critique accordât aux recherches sincères, aux tentatives hardies, aux intentions profondes, quelqu'une de ces circonstances atténuantes qu'elle prodigue aux pasquinades et aux

21 Décembre. — Fort belle soirée tragique et comique pour le 230ᵉ anniversaire de la naissance de Racine; on donne *Mithridate* avec Mlle Favart (Monime); MM. Prudhon et Mazoudier continuent leurs débuts en jouant, pour la première fois, les rôles de Xipharès et de Pharnace. On finit par *les Plaideurs*. Entre les deux pièces, Mlle Tordeus déclame des strophes d'un poëte marseillais, M. Adolphe Carcassonne, en l'honneur de Racine, qu'il appelle Poëte-Soleil, ce qui a semblé un peu excessif aux admirateurs de Corneille à qui, a dit un mauvais plaisant, il ne va plus rester que la lune pour terme de comparaison!!...

> O Racine! ô Génie! ô Poëte-Soleil!
> Comme un nimbe à ton front tu portes la souffrance,
> Et ce front lumineux rayonne sans pareil
> Dans la pléiade d'or des gloires de la France!

La recette s'élève seulement à 1,977 francs.

---

folies courantes... Il est vraiment triste et presque honteux de voir, à deux ou trois jours de distance, une bouffonnerie nouvelle exaltée outre mesure, et une comédie, fût-elle incomplète et manquée, traitée comme vient de l'être, par la critique du lendemain, la pièce de M. É. Augier... »
— Ajoutons que depuis, M. Augier a pris de victorieuses revanches de cet insuccès si profond, mais unique, dans son théâtre.

ANNÉE 1870

L'année « terrible » est inaugurée par les débuts de Mlle Sophie Croizette[1]. Cette belle et intelligente personne, élève de M. Bressant, tout récemment couronnée au Conservatoire, arrive à la Comédie-Française, déjà précédée d'une réputation artistique toute faite. On vante partout ses aptitudes et ses mérites, et on lui promet par avance les palmes du sociétariat à courte échéance[2]. Elle paraît enfin, pour la première fois, sur la scène de la rue de Richelieu, le 7 janvier, dans le rôle de la reine du *Verre d'eau*, où elle ne brille cependant que d'un éclat relatif[3]. Elle a une physionomie étrange, n'est pas régu-

---

1. Notons cependant que le 2 avait eu lieu une représentation, par ordre, en l'honneur du prince Impérial et de ses amis, composée du *Menteur* et du *Malade imaginaire* ; la recette fut de 5,678 fr. 50 c.
2. Mlle Croizette a été créée sociétaire le 11 janvier 1873. Entrée au Conservatoire en 1867, elle avait obtenu le premier prix de comédie en 1869.
3. Paraissent aussi pour la première fois dans *le Verre d'eau* : MM. Boucher (très-élégant dans le rôle de Masham), Seveste (Thomson), Mazoudier (marquis de Torcy). — La recette est de 3,101 francs.

lièrement jolie, mais l'ensemble de toute sa personne respire ce genre de séductions indéfini qui plaît plus dans la femme que la beauté même [1]; quant à son talent il n'est encore qu'à l'état de promesse. Mlle Croizette a des dons de nature précieux, des qualités incontestables, de la verve et un charme tout particulier; nous savons aujourd'hui, — huit ans après ses premiers débuts et après tant de rôles si divers qui lui ont valu la plupart un succès surtout personnel, — à quoi nous en tenir sur son compte. Mlle Croizette est certainement une artiste de race; la nature a fait pour elle plus que l'étude, en un mot elle était née comédienne et le Conservatoire n'a pas eu grand'chose à lui enseigner. Elle a porté dans toutes ses reprises ou créations ce « moi » persistant qui lui fait toujours dominer et même dépasser le caractère et l'esprit du personnage qu'elle interprète. Elle ne creuse pas un rôle pour y fondre et y faire disparaître sa personnalité, ce qui lui semblerait sans doute trop cruel pour le spectateur; elle cherche au contraire à mettre le plus en avant possible cette personnalité même, que ce soit à l'avantage ou au détriment de son rôle. Il en résulte une interprétation parfois très-réussie, parfois aussi très-défectueuse, mais au moins Mlle Croizette n'a pas cessé d'être Mlle Croizette, et ses admirateurs, — elle en a beaucoup et nous sommes souvent du nombre, — ont toujours sous

---

1. Voici le portrait que nous traçions de Mlle Croizette, en 1873, dans la monographie de la Comédie-Française, publiée par nous chez Tresse, dans la collection des *Foyers et Coulisses* : « Tout en elle est étrange et original; elle n'est pas belle comme tout le monde; elle a une physionomie enchanteresse et un regard d'une étonnante mobilité, où se mêlent à la fois la candide douceur et l'ironie sanglante; le son de sa voix est tour à tour caressant ou altier; elle est en même temps adorable et terrible; c'est une sirène.»

les yeux son regard séduisant et sa physionomie enchanteresse [1].

15 Janvier. — Représentation en l'honneur du 248e anniversaire de la naissance de Molière. On joue *le Misanthrope* et *le Malade imaginaire*. M. Delaunay déclame ensuite une poésie d'à-propos, de M. Carcassonne, ce même poëte de Marseille qui avait si bien célébré, un mois plus tôt, les mérites de Racine.

17 Janvier. — Première représentation des *Ouvriers*, comédie en un acte, en vers, de M. Eugène Manuel, reçue le 22 juillet précédent.

C'est un petit drame intime très-habilement proportionné au cadre modeste dans lequel l'auteur l'a resserré. Rien de plus simple, de plus touchant, ni surtout de plus moral. Un père qui s'est mal conduit et qui a abandonné sa femme enceinte; un fils qui croit sa mère veuve et qui, au moment même où il veut s'établir par le mariage, retrouve dans le bienfaiteur de sa fiancée l'homme à qui il doit le jour. Mais cet homme s'est repenti pendant les longues années de la séparation, il s'est régénéré lui-même par le travail et par le respect du devoir, et comme sa

---

[1]. Pendant les quelques mois qui s'écoulent encore avant la guerre, Mlle Croizette paraît, le 23 février, dans Célimène, du *Misanthrope;* le 28 mars, dans *Dalila;* le 4 juillet, dans Armande, des *Femmes savantes*, et Mathilde, du *Caprice;* le 28 août, dans Rosine, du *Barbier de Séville*. Enfin, au lendemain même de la paix définitive, après la Commune, elle joue avec un vif succès. — et c'est le premier rôle qui la place tout à fait en évidence — Suzanne, du *Mariage de Figaro*, puis Mme de Prie dans *Mademoiselle de Belle-Isle*. Mais alors elle entre en complète possession de la faveur publique et son nom est déjà une attraction sur l'affiche; elle approche de ces quelques créations un peu excentriques (*Jean de Thommeray*, le *Sphinx*, etc.), qui ont attiré à la fois sur son jeune et incontestable talent des éloges si divers et de si vives discussions.

femme le repousse cependant, il plaide sa cause en termes chaleureux et émus et il est accueilli enfin, comme le père prodigue, de retour au foyer conjugal.

Je ne saurais assez insister sur le succès, à la fois littéraire et moral, obtenu par ce tableau où sont disposées et ménagées, avec tant de tact et d'adresse, les couleurs les plus variées de la passion, et où triomphent finalement l'honnêteté et l'honneur. La poésie de ce plaidoyer éloquent en faveur du travail et de l'étude, est à la fois d'une grande sobriété de moyens et d'une force entraînante. Plusieurs passages ont été acclamés et bissés par le public; ajoutons que dans l'interprétation du rôle principal, M. Coquelin s'est élevé à une hauteur qu'il n'avait peut-être point atteinte aussi complétement encore dans le répertoire moderne[1].

28 Mars. — Reprise de *Dalila,* drame en quatre actes et six tableaux, de M. Octave Feuillet.

Tout l'intérêt de cette reprise de la meilleure œuvre dramatique de M. Feuillet s'attache à sa nouvelle distribution. Il faut reconnaître qu'elle a paru moins complète que celle de la création. C'est d'ailleurs l'écueil des pièces qui passent d'un théâtre à un autre et qui n'ont plus d'imprévu à nous offrir. La comparaison est généralement plus contraire aux nouveaux interprètes de l'œuvre, et on est tenté même de faire pencher la balance en faveur de leurs prédécesseurs. C'est ce qui se produit pour *Dalila.* Les artistes de la Comédie-Française ont individuellement un talent très-supérieur aux comédiens du théâtre du Vau-

---

[1]. Ont créé les rôles : MM. Maubant (Morin), Coquelin (Marcel); Mmes Nathalie (Jeanne), Reichemberg (Hélène). — La pièce est toujours demeurée au répertoire. Elle a mérité à son auteur, au mois de juillet suivant, le prix de 4,600 francs, fondé par Mme Landrieux à l'Institut.

deville qui l'ont créé, mais l'effet comme interprétation est diminué. Ainsi on attendait beaucoup de Mlle Favart dans le personnage de Dalila ; elle y est superbe, mais elle n'a, semble-t-il, au même degré, ni l'âpreté, ni la sécheresse de cœur dont Mlle Fargueil avait si vivement marqué ce rôle difficile ; M. Febvre est moins romantique dans le rôle d'André Roswein, et surtout moins bouillant et passionné que M. Lafontaine, qui est lui-même bien effacé dans le rôle du vieux Sartorius, où M. Parade montrait tant de bonhomie; M. Félix possédait une verve vulgaire, mais il avait une manière à lui de lancer, au delà de la rampe, les impertinences paradoxales de Carnioli, que n'a pas voulu imiter M. Bressant, ce qui donne à cet étrange personnage une physionomie tout à fait différente et moins originalement accusée. Enfin, le charme de Mlle Luther était doux et timide, elle avait une figure de la Mignon ou de la Marguerite de Gœthe, qui était d'un attrait bien spécial dans le personnage vaporeux de Marthe. Le charme de Mlle Croizette est au contraire d'une modernité et d'un parisianisme, — si je puis m'exprimer ainsi, — qui ne sont pas compatibles avec la rêveuse physionomie de la blonde et regrettée créatrice du rôle[1]. Quoi qu'il en soit, *Dalila* fait quelques fructueuses recettes, en dépit de la chaleur, et la pièce n'est arrêtée qu'à la trentième représentation, le 1er juillet suivant.

3 AVRIL.— Début de M. Charpentier, lauréat du Conservatoire, dans la reprise d'*Hernani* (rôle d'Hernani). La voix est un peu sourde, mais la physionomie est bonne et la

---

[1]. Ont repris les autres rôles : MM. Seveste (prince Kalisch), Prudhon (marquis de Sora); Mmes D. Félix (Marietta), Lloyd (lady Wilson), Thoer (Giulia). — L'Empereur et l'Impératrice assistent, le 17 mai, à la vingt-quatrième représentation.

tenue distinguée. M. Charpentier a encore paru, dans cette même année, le 12 mai, dans *Phèdre* (Hippolyte), le 25, dans *Britannicus* (Britannicus)[1], et le 6 juin, dans *Polyeucte* (Sévère). C'est un utile pensionnaire auquel cependant il n'a pas encore été donné de s'élever au-dessus des seconds rôles.

20 Avril. — Première représentation des *Deux Douleurs*, pièce en un acte, en vers, de M. François Coppée.

Me voici bien embarrassé pour parler de cette pièce du plus aimable et du plus sympathique de nos poëtes nouveaux. Lorsque M. Coppée écrivit *le Passant* (Odéon, 14 janvier 1869), sans songer à la scène, un vif succès accueillit l'heureuse arrivée au théâtre de ce charmant duo poétique. *Les Deux Douleurs* avaient évidemment pour mission de créer un pendant à cette jolie pièce. Le sujet en est malheureusement monotone et d'une teinte funèbre trop prolongée. Cet infini « larmoiement » de deux douleurs dissemblables sur un mort regretté, sorte d'élégie des plus plaintives [2], ne constitue pas une pièce, au point de vue purement dramatique. Le poëte seul a ici triomphé ; ce n'est que lui qu'on a si vivement applaudi le premier soir [3]. M. Coppée est homme, d'ailleurs, à prendre

---

1. Ce même soir, rentrée définitive de M. Laroche dans le rôle de Néron. Ce comédien distingué vient de se faire remarquer successivement à l'Odéon, aux matinées de M. Ballande, au Vaudeville et même à la Gaîté. Il est devenu sociétaire le 16 février 1875.

2. « Il y a, les peintres le savent, des noirs chauds et des noirs froids : les noirs de M. Coppée manquent un peu de chaleur. Si vous aimez mieux que nous empruntions une comparaison à l'art musical, nous dirons que .es *Deux Douleurs* sont écrites d'un bout à l'autre en mode mineur et que quelques changements de ton eussent ajouté à l'effet de l'œuvre dont le succès d'ailleurs a été complet. » (Th. Gautier.)

3. Ont créé les rôles : Mmes Agar (Renée), Marie Royer (Berthe) ; M. Barre (Dominique). — La pièce avait d'abord été jouée, le 29 mars

plusieurs fois sa revanche, et il l'a prise déjà, au moment où nous écrivons ces lignes, sur la scène même qui a vu naître *les Deux Douleurs*[1], lesquelles n'ont vécu que quatorze représentations.

15 Mai (dimanche). — Grande matinée, à une heure et demie, à l'occasion de l'inauguration à Vienne (Isère), de la statue élevée à Ponsard, par les soins de la Commission spéciale, dont le prince Napoléon avait la présidence[2]. Le spectacle est composé du *Lion amoureux*[3], précédé d'une conférence de M. Émile Chasles, sur le théâtre de Ponsard; la recette ne s'élève qu'à 3,236 fr. Le même jour, à Vienne, est donnée, après la cérémonie d'inauguration de la statue, une représentation dans laquelle Mmes Tordeus, Agar et M. Masset jouent *Horace* et *Lydie* et des scènes extraites de *Lucrèce* et *Charlotte Corday*.

2 Juin. — Je passe rapidement sur la première représentation de *Maurice de Saxe*, drame en cinq actes, en vers, de MM. Jules Amigues et Marcellin Desboutin, lequel met en scène, à leur façon, les péripéties des amours contrariées du maréchal de Saxe et de Mme Favart. Une scène intéressante dans laquelle M. Got est admirable

---

précédent, chez la princesse Mathilde, avec Mlle Favart dans le rôle de Berthe.

1. Cette revanche a eu pour titre *le Luthier de Crémone*, comédie en un acte (23 mai 1876), qui est toujours au répertoire.
2. Le Comité était composé de MM. Émile Augier, Camille Doucet, Meissonier, G. Moreau-Chaslon, Jules Sandeau, Viollet-Leduc. Le minimum des souscriptions était de 20 fr., celles de 50 francs donnaient droit à une réduction, en plâtre, du buste de Ponsard. M. Moreau-Chason était trésorier. La souscription avait été ouverte en janvier 1868 sur l'initiative de la ville de Vienne.
3. M. Boucher joue, pour la première fois, le personnage de Vaugris.

n'a pas suffi pour soutenir cette pièce surtout inexpérimentée où Mme Lafontaine a aussi été très-applaudie. *Maurice de Saxe* a quitté l'affiche après vingt-deux représentations, qui n'ont donné, la chaleur aidant, que des recettes absolument maigres [1].

Le 6, fort belle représentation en l'honneur du 264e anniversaire de la naissance de Corneille, composée de *Polyeucte* [2] et d'une scène dramatique, en vers, de M. Louis Ratisbonne, *Au Pays des âmes* [3]. Le spectacle est complété par *le Menteur*. La recette est de 4,909 francs.

18 Juillet. — C'est le jour même de cette déclaration de guerre, qui nous avait tous si fort enfiévrés! On jouait *le Lion amoureux* et l'affluence du public était peu considérable; le vrai spectacle, en effet, était dans la rue, la recette était montée cependant à 1176 francs. Mais voilà qu'au milieu de la pièce de Ponsard, un cri se répand comme un mot d'ordre, dans la salle : *La Marseillaise!*... Personne n'était là pour la chanter, par même pour la dire; mais l'orchestre, — car alors il y avait encore un orchestre au Théâtre-Français [4], — entame le patriotique refrain

---

1. Ont créé les rôles : MM. Got (Favart), Maubant (Maurice de Saxe), Boucher (Gassion), Seveste (dom Briffaut), Prudhon (de Clermont), Coquelin cadet (Cholot), Chéry (Beauvau), Barré (Marigot), Mazoudier (Barbasch), Thiron (La Fare), Charpentier (Valfons), Laroche (prince de Conti); Mmes Victoria Lafontaine (Justine Chantilly), Marie Royer (La Beauménard), Granger (Marton), Lloyd (C. de Frise), Delisle (Catherine); MM. Montet et Tronchet faisaient deux rabbins.

2. MM. Laroche (Polyeucte), Charpentier (Sévère).

3. MM. Chéry (le vieillard), Laroche (le jeune homme); Mmes Tordeus (l'ange) et Lloyd (la vierge folle). MM. Barré, Boucher, Kime, Charpentier et Tronchet représentent les ombres.

4. Le chef d'orchestre actuel est M. Ancessy, qui a remplacé, le 1er octobre 1868, M. Rocques, lequel avait succédé directement, en 1855, à M. Offenbach. M. Ancessy étant décédé, dans cette même année 1870, n'a

et le parterre chante les paroles, qu'aussitôt la salle entraînée répète tout entière. Le surlendemain 20, même représentation et même insistance : le public veut encore *la Marseillaise!* Cette fois Mlle Agar s'avance et déclame avec une énergie toute virile[1] les strophes dont la salle répète chaque fois le refrain. A partir de ce jour il fallut que la tragédienne chantât tous les soirs *la Marseillaise*, quelle que fût la composition du spectacle. Elle la déclama ainsi quarante-quatre fois de suite jusqu'à la fermeture du théâtre.

3 Août. — Reprise d'*une Fête de Néron*, tragédie, en cinq actes, d'Alexandre Soumet et Belmontet. C'est la première fois qu'on joue à la Comédie-Française cette pièce intéressante qui a été jadis un des grands succès de l'Odéon, où elle fut aussi l'objet d'une brillante reprise en 1861. Mais l'époque présente est peu favorable à cette exhumation littéraire et dramatique et l'esprit public a bien d'autres préoccupations que celle des infortunes et de la mort tragique d'Agrippine. M. Gibeau (Néron) et Mmes Agar (Agrippine), Devoyod (Locuste) et Tordeus (Poppée), se mon-

---

point eu de successeur ; du même coup l'orchestre, en somme bien inutile, du Théâtre-Français a été définitivement supprimé.

1. « La beauté sculpturale de Mlle Agar, sa pâleur de marbre, ses cheveux noirs comme la nuit, sa voix profonde, sympathique et chaude qui s'attendrit et parfois résonne comme un clairon, en font une des plus nobles personnifications de l'ode patriotique et guerrière. Si Mlle Rachel avait l'air d'une Némésis vengeresse, Mlle Agar ressemble à une Victoire ouvrant ses ailes d'or. Elle ne chante pas précisément *la Marseillaise*, mais elle mêle d'une façon très-habile la mélodie à la récitation, et l'effet qu'elle obtient est très-grand. C'était, certes, une entreprise hardie que de déclamer ces strophes sublimes sur le théâtre même où Rachel les avait rugies avec un accent si terrible ; mais l'audace a été heureuse et l'intelligente tragédienne a compris que, si le chant était le même, l'expression devait être différente. Elle y fait prédominer l'élan héroïque et la certitude du triomphe. » (Th. Gautier.)

trent cependant très-remarquables, mais la pièce ne tient que onze fois l'affiche[1].

6 Aout. — Représentation extraordinaire au bénéfice de la caisse des secours et dons patriotiques pour les blessés. Elle est composée : 1° du *Rhin allemand*, d'A. de Musset, dit par M. Delaunay ; 2° *le Départ*, poésie de M. Pailleron déclamée par le même artiste; 3° *le Chœur des Girondins*, par la société des Enfants de Paris ; 4° *Pour les Blessés*, poésie de M. Manuel, dite par Mlle Favart et M. Coquelin aîné ; 5° le premier et le deuxième acte du *Lion amoureux;* 6° *les Ouvriers*, comédie de M. Manuel ; 7° les deuxième, troisième et quatrième actes des *Horaces ;* 8° *la Marseillaise*, par Mlle Agar. L'affluence est énorme et l'enthousiasme considérable ; la recette atteint le chiffre le plus élevé que la Comédie - Française ait jamais réalisé : 7,683 francs.

Les recettes de la Comédie, pendant les dernières semaines de l'empire[2], marquées à la fois de tant d'illusions, de bruits de victoires et de grandes et irréparables défaites, subissent de curieuses fluctuations conformes à ces tristes

---

1. Reprennent les autres rôles : MM. Chéry (Sénèque), (Montanus), Prudhon (Plautus), Boucher (le comédien Paris), Coquelin cadet chef des gardes Sénécion), Mazoudier (Thraséas), Charpentier (Anicetus); Mlle Lloyd (Alba). — La pièce a été jouée pour la première fois à l'Odéon le 28 décembre 1829, sous la direction d'Harel; Mlle Georges faisait Agrippine; M. Ligier, Néron; M. Delaistre, Anicetus; Mlle Eulalie Dupuis (encore vivante en 1878 et sociétaire retirée de la Comédie-Française) créa Alba, etc. A la reprise de 1861 (26 février), c'est Mlle Karoly qui joua Agrippine; M. Gibeau reprit le rôle de Néron et Mlle Tordeus celu de Poppée.

2. La Comédie-Française ferma définitivement « par ordre » le 8 septembre. On avait joué pour la dernière fois, le 5 (*le Lion amoureux*). La veille, jour où l'empire s'effondra, on avait affiché *Mérope*, *le Menteur* et *Un caprice*, mais les événements de la journée empêchèrent le spectacle d'avoir lieu

événements. Dès le jour de la déclaration de guerre, les recettes baissent sensiblement : tout Paris est alors en mouvement, la foule encombre les boulevards et en outre les belles et chaudes soirées d'été ne sont guère favorables aux spectacles. Le 18 juillet, *le Lion amoureux* produit 1,176 fr., et le lendemain 19 *Maurice de Saxe* fait descendre la recette à 211 fr.; on fait 187 fr. le 22, et 334 fr. le 24; 924 fr. le 26, et 2,947 fr. le 31. C'est la dernière recette avouable pour un jour ordinaire; d'ailleurs, jusque-là, il y a eu partout la fièvre; mais on n'a encore éprouvé aucune défaite. Le 5 août, la deuxième représentation d'*une Fête de Néron* donne 435 fr.; tout ce lugubre mois est d'ailleurs déplorable. Qui donc peut penser aux plaisirs du théâtre en ces jours de désespérance et de deuil? Le 8 août, 293 fr. avec le *Duc Job;* 193 fr. le lendemain, avec la *Fête de Néron;* 168 fr. le 16, avec la même pièce. C'est la recette la plus infime qu'on ait alors faite, puisque, le 3 septembre, *le Lion amoureux* donne encore 761 fr. et que le 5, c'est-à-dire au lendemain de la chute définitive de l'empire et de la proclamation de la République, la même pièce fait entrer 278 fr. dans la caisse.

Cette représentation du 5 septembre fut d'ailleurs la dernière; on ne joue ni le 6, ni le 7; le 8, le théâtre est ermé par ordre, et la Comédie est transformée en ambulance pour les blessés militaires.

Ici s'arrête notre tâche; l'histoire de la Comédie, pendant le Siége de Paris et la Commune, devant faire l'objet d'une autre publication : l'administration du théâtre va aussi passer bientôt en d'autres mains et sa grande fortune, qui a commencé à renaître si glorieusement sous l'habile direction de M. Édouard Thierry, doit s'élever plus haut encore sous le règne de son successeur. A l'heure même où nous écrivons les dernières lignes de ce livre, M. Émile

Perrin a porté à son apogée la splendeur littéraire et artistique de notre premier théâtre, du premier théâtre du monde, et c'est encore l'auteur des *Effrontés*, de *Maître Guérin*, de *Paul Forestier*, aujourd'hui des *Fourchambault* (8 avril 1878), qui tient victorieusement l'affiche avec l'un des plus grands succès, sinon le plus grand, que le Théâtre-Français ait remporté depuis l'époque qui sert de clôture à notre travail.

(1874-1878.)

APPENDICE

I

REPRÉSENTATIONS DE MADEMOISELLE RACHEL [1].

(Total général de 1838 à 1855.)

Pièces.	Dates de la reprise ou de la création.	Total des représentations.
Les Horaces	12 juin 1838	66
Cinna	16 juin	68
Andromaque	9 juillet	95
Tancrède	9 août	16
Iphigénie	16 août	11
Mithridate	5 octobre	64
Bajazet	23 novembre	60
Esther	28 février 1839	5
Nicomède	9 avril	5
Polyeucte	15 mai 1840	71
Marie Stuart	22 décembre	54
Le Cid	19 janvier 1842	19
Ariane	7 mai	8
Frédégonde et Brunehaut	5 novembre	7
Phèdre	24 janvier 1843	74
Judith	24 avril	9

---

1. Il n'est ici question que des représentations données à Paris sur la scène même de la Comédie-Française.

Bérénice	6 janvier 1844	5
Don Sanche d'Aragon	17 février	5
Catherine II	25 mai	14
Le Dépit amoureux	1ᵉʳ juillet	1
Virginie	5 avril 1845	53
Oreste	6 décembre	7
Jeanne d'Arc	4 mars 1846	29
L'ombre de Molière	15 janvier 1847	1
Le Vieux de la montagne	6 février	7
Athalie	5 avril	30
Cléopâtre	13 novembre	14
La Marseillaise	6 mars 1848	37
Lucrèce	24 mars	20
Le Roi attend	6 avril	6
Britannicus	12 octobre	1
Le Moineau de Lesbie	22 mars 1849	28
Adrienne Lecouvreur	14 avril	69
Mademoiselle de Belle-Isle	25 février 1850	17
Angelo	18 mai	19
Horace et Lydie	19 juin	9
Valéria	28 février 1851	27
Diane	19 février 1852	31
Louise de Lignerolles	6 mai	13
L'Empire, c'est la paix	22 octobre	1
Lady Tartufe	10 février 1853	35
La Muse héroïque	6 juin 1854	1
Rosemonde	21 novembre	7
La Czarine	15 janvier 1855	18

II

RECETTES ANNUELLES DE LA COMÉDIE-FRANÇAISE

de 1846 à 1878.

1846. — *Jeanne d'Arc.* — *Une Fille du Régent.* 425,591 fr. 15 c.

1847. — Mlle Rachel dans *Athalie* et *Cléopâtre.*
— *Un Caprice*.................. 331,144 90

1848. — Révolution de février. — *La Marseillaise.* — *L'Aventurière.* — *Il faut qu'une porte soit ouverte ou fermée.* — *Il ne faut jurer de rien*......... 319,605 »

1849. — *Louison.* — *Le Moineau de Lesbie.* — *Adrienne Lecouvreur.* — *Gabrielle.* 408,133 45

1850. — *Charlotte Corday.* — *Mademoiselle de Belle-Isle.* — *Angelo.* — *Horace et Lydie.* — *Le Chandelier.* — *Les contes de la Reine de Navarre.* — *Les Ennemis de la Maison.* — *Le Joueur de flûte*................. 612,231 70

1851. — *Valéria.* — *Bataille de Dames.* — *Les Caprices de Marianne.* — *Mlle de la Seiglière.* — *Le coup d'État*.... 581,227 70

1852. — *Diane.* — *Louise de Lignerolles.* — *Ulysse.* — *Le bonhomme Jadis.* — *Sullivan.* — *Le Cœur et la Dot.* — Proclamation de l'Empire......... 660,705 60

1853. — *Lady Tartufe.* — Représentation de retraite de Samson. — *La pierre de touche*...................... 603,719 60

1854. — *Romulus.* — Débuts de Bressant. — *Rosemonde*....................... 634,380 70

31..

1855. — *La Czarine.* — *Les jeunes gens.* — *Péril en la demeure.* — *Par droit de conquête.* — Dernières représentations de Rachel. — Mme Ristori au Théâtre-Français. — Rentrée de Mme Arnould-Plessy. — *La Joconde.* — L'Exposition universelle. 910,740 60

1856. — *Comme il vous plaira.* — *Le Bougeoir.* — *Le Village*............ 656,679 »

1857. — *Un vers de Virgile.* — *La Fiammina.* — *Philiberte.* — *Le Fruit défendu.* 826,413 70

1858. — Mort de Rachel. — *Feu Lionel.* — *Le retour du mari.* — *Les doigts de Fée.* — *Œdipe-Roi.* — *Le Luxe....* 824,959 10

1859. — *Souvent homme varie.* — *Le duc Job.* 820,300 70

1860. — *Le Feu au couvent.* — Retraite de Beauvallet. — *Les deux Veuves.* — *L'Africain.* — *La Considération.* Débuts de Coquelin................ 983,348 50

1861. — *Les Effrontés.* — *On ne badine pas avec l'amour*................... 943,363 10

1862. — *L Honneur et l'Argent.* — *La Papillonne.* — *Corneille à la butte Saint-Roch.* — *Psyché.* — *Dolorès.* — *Le Fils de Giboyer*................ 896,384 60

1863. — Retraite définitive de Samson. — Début de Mlle Agar. — *La Jeunesse.* — *Jean Baudry.* — *La maison de Pénarvan*......................... 963,987 20

1864. — Début de Mme Victoria. — *Moi!* — *Le gendre de M. Poirier.* — *Esther.* — *Maître Guérin*................ 967,008 60

1865. — Retraite de Geffroy. — *Le Supplice d'une femme.* — *La Pomme.* — *Hen-*

APPENDICE. 549

        riette Maréchal. — Mort de Provost 926,056   50

1866. — *Le Lion amoureux. — Gringoire. — Fantasio.* — Débuts de Febvre. — *Le Fils*........................ 981,877   »

1867. — *Galilée.* — L'Exposition universelle. *Hernani. — Madame Desroches*... 1,315,421   »

1868. — *Paul Forestier. — Agamemnon.* — Voyage artistique de la Comédie. — *Mercadet.* — Débuts de Mlle Reichemberg....................... 950,368   »

1869. — *Les faux ménages.* — Débuts de Thiron. — *Le Post-Scriptum. — Julie. Lions et Renards*.............. 1,101,953   50

1870. — Débuts de Mlle Croizette. — *Les Ouvriers. — Dalila. — Une fête de Néron.* — La guerre. — *La Marseillaise.* — Chute de l'Empire. — Le théâtre est fermé. — Siège de Paris. — Représentations patriotiques........................... 562,777   75

1871. — La Commune. — Retraite de Regnier. — *Adrienne Lecouvreur. — Christiane*......................... 651,890   50

1872. — *Andromaque.* — M. Mounet-Sully et Mlle Rousseil. — *Les Enfants. — Le Cid. — Hélène. — La farce de maître Pathelin. — Britannicus*... 1,262,507   50

1873. — *Marion Delorme. — Le testament de César Girodot. — L'Été de la Saint-Martin. — Jean de Thommeray* .. 1,259,403   50

1874. — *Le Sphinx. — Tabarin. — Zaïre. — Le Demi-Monde. — Phèdre*... 1,401,560   50

1875. — *La Fille de Roland. — La Grand'-*

    Maman. — *Le Philosophe sans le*
    Savoir. — *Petite Pluie*.......... 1,482,656 »

1876. — *L'Étrangère.* — *Le Mariage de Victorine.* — Retraite de Mmes Nathalie et A. Plessy. — *La Cigale chez les Fourmis.* — *Le Luthier de Crémone.* — *Rome vaincue.* — *L'Ami Fritz.* 1,564,352 »

1877. — Départ de Bressant. — *Chatterton.* — *Le Joueur.* — *Amphitryon.* — *Jean Dacier.* — *Le marquis de Villemer.* — *Hernani.* — Rentrée de M. Worms. 1,580,143 30

III

SOCIÉTAIRES ET PENSIONNAIRES DE LA COMÉDIE-FRANÇAISE

de 1852 à 1878 [1]

Sociétaires.

1854. — M. Bressant. — Mlle Favart.
1855. — M. Anselme Bert. — Mmes Fix, É. Dubois.
1858. — Mme Émilie Guyon.
1859. — M. Talbot.
1861. — Mlle Figeac.
1863. — M. Lafontaine, Mmes Jouassain, Victoria Lafontaine.
1864. — M. Coquelin, Mlle Édile Riquer.
1865. — M. Eugène Provost.
1867. — M. Febvre, Mme Provost-Ponsin.
1868. — Mlle Dinah Félix.
1872. — M. Thiron, Mlle Reichemberg.
1873. — Mmes Croizette, Marie Royer.
1874. — M. Mounet-Sully.

---

1. Ce tableau fait suite à la nomenclature qui figure au commencement de ce volume.

1875. — M. Laroche, Mlle Sarah Bernhardt.
1876. — M. Barré, Mlle Blanche Barretta.
1877. — Mme Émilie Broisat.
1878. — M. Gustave Worms.

Pensionnaires[1].

1853. — MM. Bache, Jouanni, Lesage; Mmes É. Dubois, Restout, Valérie.
1854. — MM. Saint-Germain, Candeilh, Tronchet; Mmes Darthès, E. Lafont, Mantelli, Marquet.
1855. — Mmes Arnould-Plessy, Meunier-Fleury, Marcus, Lambquin, Crosnier, Jouvante, Figeac.
1856. — MM. Talbot, Rouvière, Lafontaine, Métrême; Mmes Stella Colas, Emma Fleury, Riquer, P. Granger, Lebrun, Hugon.
1857. — M. Sully-Lévy; Mme Grassau.
1858. — MM. Worms, Delille, Garraud, Barré, Verdellet; Mmes Victorine (Paturel), Lapierre, Marie Royer.
1859. — M. E. Provost; Mmes Devoyod, Montagne.
1860. — MM. Coquelin, Ariste; Mmes Rosa Didier, Couturier (Cornélie), Ponsin.
1861. — M. Laroche; Mme Bondois.
1862. — M. Randoux; Mmes Tordeus, Sarah Bernhardt, D. Félix, Rose Deschamps.
1863. — MM. Gibeau, Chatelain, Raymond, Gabriel, Victor Verdellet, Seveste; Mmes Lloyd, Coblentz, Agar, E. Jaillet.
1864. — MM. Andrieux, Sénéchal; Mmes Pauline de Mélin, Rose Barretta.
1865. — MM. Prudhon, Guérin; Mmes Ramelli, Schetler.
1866. — MM. Delessart, Febvre, Boucher; Mlle Angelo.
1867. — MM. Kime, Masset; Mlle Dewintre.
1868. — M. Coquelin cadet; Mmes Karoly, Reichemberg, Héricourt.
1869. — MM. Thiron, Mazoudier; Mmes Delmary, Tholer.

---

1. Les artistes, qui ont été admis à débuter sans devenir ensuite pensionnaires, figurent également dans cette liste.

1870. — M. Charpentier; Mmes Croizette, Abline.
1871. — M. Joumard; Mlle Martin.
1872. — MM. Mounet-Sully, Martel, Joliet, Dupont-Vernon; Mmes Rousseil, Anna Blanc, Bianca.
1873. — MM. Berton, Villain, Roger; Mlle Léa Martel.
1875. — MM. Baillet, Truffier; Mmes Broisat, Blanche Barretta.
1876. — M. Richard Mazure; Mlle Jeanne Samary.
1877. — MM. Volny, Davrigny; Mmes Thénard, Fayolle, Dudlay.
1878. — MM. Silvain, Reney; Mlle Frémaux.

ERRATUM.

J'ai omis de donner, à leur date, la distribution des deux pièces suivantes :

La Fiammina (12 mars 1857). — MM. Geffroy (Daniel Lambert), Delaunay (Henri), Talbot (Duchâteau), Got (Sylvain), Bressant (Dudley); Mmes Judith (Fiammina), Stella-Colas (Laure), Jouvante (Mme Duchâteau), Figeac (comtesse Barni), Delisle (miss Cliffort).

L'œillet blanc (8 avril 1865). — MM. Maubant (Vidal), Coquelin cadet (Vincent); Mmes Ponsin (Virginie), V. Lafontaine (le marquis).

FIN.

INDEX ALPHABÉTIQUE

DES PRINCIPAUX NOMS D'ARTISTES OU D'ÉCRIVAINS
ET DES TITRES DE PIÈCES CITÉS DANS
CE VOLUME[1].

A

About, 130, 279, 507.
Achard, 15.
A deux de jeu, 504.
Adieu paniers..., 405.
Adrienne Lecouvreur, 6, 61, 6, 128, 206, 255, 7, 319, 323, 546, 7, 9.
Agamemnon, 501, 549.
Agar (Mlle), 371, 522, 4, 7, 538, 9, 541, 2, 8, 551.
Alexandre, 435, 463.
Allan (Mme), 5, 15, 23, 31, 4, 9, 45, 6, 8, 51, 70, 92, 4, 9, 134, 142, 159, 168, 178, 236, 245, 256, 260, 2, 295.
Allard, 16.
Amigues (J.), 539.
Amphitryon, 148, 367, 550.
Anaïs (Mlle), 20, 8, 57, 109, 136, 196, 239, 254, 287, 324.
Ancessy, 540.
Andrieux, 402, 412, 551.
Andromaque, 5, 48, 60, 1, 78, 9, 84, 5, 95, 125, 159, 302, 349, 372, 382, 405, 435, 505, 523, 525, 545, 549.
Angelo (Mlle), 454, 463, 546.
Anicet-Bourgeois, 19.

Anselme, 5, 14, 19, 32, 39, 44, 52, 59, 73, 79, 88, 133, 141, 153, 161, 166, 168, 227, 550.
Ariste, 296, 301, 328, 335, 348, 9, 353, 366, 551.
Arnould-Plessy (Mme), VI, 17, 48, 94, 109, 114, 121, 2, 5, 134, 140, 1, 3, 6, 152, 3, 8, 160, 1, 4, 7, 8, 9, 180, 196, 202, 218, 227, 9, 236, 244, 7, 9, 254, 6, 7, 261, 2, 277, 8, 287, 317, 324, 8, 332, 362, 4, 8, 392, 4, 412, 5, 444, 471, 3, 504, 518, 548 550, 1.
Athalie, 6, 135, 246, 9, 288, 347, 434, 463, 510, 525, 546, 7.
Atrée et Thyeste, 435, 460.
Attendez-moi sous l'orme, 366.
Aubryet, 30, 214.
Augier (E.), 29, 30, 39, 118, 123, 8, 9, 142, 187, 213, 235, 272, 283, 304, 311, 347, 354, 377, 391, 402, 9, 411, 2, 455, 473, 491, 517, 8, 523 8, 539.
Au printemps, 433, 521.

B

Bache, 18, 57, 112, 133, 141, 551
Bajazet, 66, 382, 487, 545.
Ballande, 5, 26, 57.

---

[1] Dans cet Index, le chiffre isolé, qui suit un nombre composé de plus d'un chiffre, se rattache à ce nombre; exemple : 390, 1, 2, *lisez* : 390 391, 392.

554 INDEX ALPHABÉTIQUE.

Balzac (H. de), 20, 21, 155, 506.
Banville (Th. de), VI, 55, 433, 458, 461.
Barbier (J.), 137, 161.
Barré, 133, 225, 7, 9, 232, 259, 261, 3, 9, 279, 284, 7, 294, 301, 7, 318, 324, 8, 9, 332, 5, 8, 344, 363, 378, 386, 402, 4, 7, 454, 9, 464, 9, 473, 5, 485, 498, 502, 6, 524, 538, 540, 551.
Barretta (Mlle R.), 416, 444, 462, 476, 480, 498, 505, 508, 551.
Barrière (Th.), 20, 281.
Barthélemy, 295.
Bataille de Dames, 129, 177, 8, 236, 319, 354, 446, 547.
Bayard, 25, 44, 176.
Beauplan (A. de), 20, 21, 126.
Beauvallet, 4, 6, 17, 20, 22, 7, 8, 9, 36, 7, 54, 5, 63, 75, 80, 9, 95, 100, 121, 137, 8, 145, 8, 9, 150, 8, 9, 160, 4, 8, 179, 185, 223, 7, 242, 6, 7, 9, 257, 264, 5, 279, 287, 8, 292, 4, 302, 3, 310, 324, 5, 412, 9, 480, 548.
Belloy (Mis de), 15, 22, 100.
Belmontet, 121, 375, 541.
Bérénice, 546.
Bergerat, 435, 472.
Bernhardt (Mlle S.) 347, 480, 551.
Bertin (Mlle), 34, 9, 256.
Berton (P.), 368, 371, 552.
Berton (Mme C), 129, 151.
Bertrand et Raton, 20, 136, 195, 264, 319, 367.
Béziers (A.), 155.
Biéville (de), 247, 455.
Biron (Mlle), 5, 16.
Blavet (E.), 523.
Blerzy, 406.
Bondois (Mlle), 265, 301, 318, 324, 380, 2, 551.
Bonval (Mlle), 5, 23, 4, 36, 9, 45, 59, 116, 134, 142, 3, 8, 9, 154, 5, 168, 170, 9, 180, 190, 2, 6, 226, 7, 236, 256, 7, 9, 276, 8, 304, 318, 366, 8, 408.
Bornier (Vte de), 278, 375, 445, 460, 498, 501, 8, 527.
Boucher, 463, 473, 480, 2, 5, 498, 521, 533, 9, 540, 2, 551.

Bouilhet (L.), 272, 350, 409.
Bourgeois (L.), 150.
Boyer (Ph.), 31, 80, 123, 137.
Bressant, VI, 44, 5, 6, 56, 70, 75, 90, 1, 9, 100, 115, 6, 121, 6, 133, 4, 146, 153, 4, 6, 8, 161, 6, 8, 180, 6, 9, 190, 6, 227, 9, 236, 249, 258, 262, 275, 6, 283, 295, 307, 323, 4, 8, 338, 363, 9, 376, 380, 393, 404, 416, 8, 438, 444, 453, 9, 469, 471, 3, 9, 480, 2, 5, 497, 512, 4, 8, 522, 531, 3, 7, 547, 550.
Brindeau, 4, 6, 12, 23, 4, 9, 32, 4, 46, 59, 100, 9, 136, 246, 7.
Britannicus, 35, 138, 159, 227, 246, 275, 301, 3, 348, 350, 4, 374, 484, 538, 546, 9.
Brohan (Mlle A.), VI, 5, 7, 9, 16, 23, 46, 54, 6, 7, 9, 75, 109, 111, 4, 8, 124, 5, 6, 145, 9, 151, 5, 164, 8, 190, 2, 227, 8, 236, 7, 9, 240, 9, 259, 275, 6, 8, 293, 332, 9, 346, 364, 8, 395, 419, 486, 9.
Brohan (Mme Madel.), 5, 6, 12, 15, 20, 6, 34, 9, 45, 63, 70, 90, 5, 100, 6, 7, 9, 175, 187, 222, 3, 7, 237, 240, 8, 258, 284, 293, 324, 368, 376, 399, 400, 416, 9, 435, 454, 465, 482, 6, 497, 507, 522, 4, 531.

C

Candeilh, 51, 7, 71, 3, 100, 142, 551.
Caraguel, 145, 214.
Carcassonne (Ad.), 532, 5.
Castel, 22, 34, 9, 52, 121.
Castelly (Mlle), 222.
Charles VII chez ses grands vassaux. 27.
Charpentier, 480, 537, 540, 2, 552.
Chatelain, 365, 551.
Chatterton, 199, 212, 419, 550.
Chéry, 5, 63, 186, 207, 245, 255, 263, 318, 324, 335, 348, 9, 353, 365, 372, 380, 404, 7, 8, 419, 459, 460, 2, 475, 480, 490, 4, 501, 4, 7, 525, 540, 2.

INDEX ALPHABÉTIQUE.

Cinna, 1, 4, 5, 20, 61, 80, 302, 326, 374, 7, 382, 504, 522, 5, 7, 545.
Claretie (J.), VII, 297, 484, 495, 8, 520, 531.
Clément (R.), 232.
Coblentz (Mlle), 353, 363, 551.
Cohen (J.), 249, 349, 408, 524.
Colas (Mlle St.), 164, 186, 9, 218, 231, 263, 5, 326, 371, 551.
Colet (Mme), 313.
Colin d'Harleville, 198, 257.
Comme il vous plaira, 138, 548.
Coppée (Fr.), IX, 538.
Coquelin (aîné), 307, 318, 327, 8, 9, 335, 8, 345, 8, 363, 5, 6, 8, 370, 1, 6, 7, 8, 382, 6, 393, 5, 400, 2, 6, 9, 417, 9, 433, 454, 8, 462, 5, 473, 5, 482, 3, 494, 7, 8, 9, 502, 4, 7, 515, 6, 524, 7, 531, 6, 542, 8, 550, 1.
Coquelin (cadet), 371, 499, 502, 4, 527, 531, 540, 2, 551.
Corneille à la butte Saint-Roch, 343, 407, 548.
Cornélie (Mme), 297, 326, 371, 551.
Crispin rival de son maître, 154.
Croizette (Mlle), VI, 466, 533, 5, 7, 549, 551, 2.
Crosnier (Mme), 27, 95, 551.

D

Dalila, 93, 147, 535, 6, 549.
Darthès (Mlle), 48, 551.
Daudet (A.), 420, 499.
Debreuil (Mlle), 21, 249, 349.
Decourcelles (A.), 157.
Delaunay, VI, 4, 6, 7, 11, 12, 15, 19, 22, 23, 25, 26, 31, 39, 45, 48, 49, 52, 59, 63, 69, 71, 75, 88, 94, 106, 7, 9, 111, 2, 125, 134, 141, 6, 150, 3, 6, 168, 171, 190, 2, 6, 216, 7, 222, 8, 236, 9, 247, 8, 251, 7, 265, 276, 8, 283, 292, 304, 7, 318, 324, 9, 334, 362, 4, 386, 395, 400, 416, 9, 435, 444, 453, 4, 9, 461, 3, 5, 8, 475, 7, 9, 480, 7, 494, 9, 502, 8, 513, 5, 524, 531, 5, 542.

Delavigne (C.), 28, 29, 35, 61, 182, 190, 223, 463.
Delessart, 459, 551.
Delille (H.), 180, 7, 217, 222, 232, 371, 551.
Delisle (Mme), 540.
Delmary (Mlle), 521, 551.
Deloris, 5, 14.
Demerson (Mlle), 104.
Denain (Mlle), 5, 19, 21, 23, 25, 45, 54, 61, 2, 86, 122, 4, 237, 9, 256, 368.
Déroulède (P.), 523.
Derville (H.), 190, 365.
Desboutin, 539.
Deschamps (Mlle R.), 346, 9, 366, 382, 9, 408, 465, 515, 551.
Desmousseaux (Mme), 18, 196.
Devoyod (Mlle), 243, 5, 9, 264, 288, 302, 9, 323, 4, 5, 6, 7, 343, 8, 9, 353, 373, 5, 381, 400, 7, 9, 460, 477, 482, 4, 501, 524, 6, 541, 551.
Dewintre (Mlle), 482, 527, 551.
Didier (Mlle R.), 279, 301, 324, 8, 349, 366, 376, 400, 435, 444, 459, 551.
Dolorès, 350, 548.
Don Juan, 23, 159, 222, 5, 367.
Don Juan d'Autriche, 5, 28, 190, 345, 419, 463.
Don Sanche d'Aragon, 324, 546.
Doucet (C.), VI, 69, 70, 129, 196, 9, 272, 304, 422, 475, 517, 539.
Dubois (Mlle), 14, 23, 39, 48, 70, 89, 91, 111, 2, 121, 3, 4, 141, 153, 161, 171, 190, 6, 222, 3, 251, 265, 9, 278, 292, 323, 346, 368, 382, 395, 402, 419, 433, 444, 464, 476, 485, 498, 527, 550, 1.
Du Boys (J.), 409.
Dumas (père), 19, 27, 43, 82, 4, 107, 9, 129, 140, 172, 213, 297, 323, 421, 480, 518.
Dumas (fils), 213, 343, 422, 517.
Dupont (Mlle C.), 20, 89, 104, 5.
Dupont (Mlle M.), 5.
Dupuis (Mme Rose), 410, 542.
Durieu, 19.
Duval (Alex.), 153, 177, 8.
Duveyrier, 395.

E

Edmond (Ch.), 213, 298.
Empis, 128, 130, 148, 181, 265, 272, 6.
Esther, 408, 454, 545, 8.
Etienne, 61.
Eugénie, 379.

F

Fais ce que dois, 157.
Fantasio, 461, 549.
Faute de s'entendre, 395, 521.
Favart (Mlle), VI, 5, 6, 16, 19, 26, 28, 32, 36, 44, 49, 54, 57, 58, 70, 95, 101, 111, 2, 4, 124, 6, 133, 6, 8, 140, 1, 5, 8, 150, 8, 164, 177, 9, 180, 190, 223, 7, 231, 3, 4, 9, 246, 8, 254, 6, 7, 9, 262, 4, 277, 284, 7, 8, 9, 292, 4, 302, 7, 310, 329, 346, 9, 353, 363, 372, 386, 392, 400, 4, 8, 416, 9, 425, 444, 461, 2, 4, 5, 9, 475, 7, 480, 7, 494, 9, 502, 3, 510, 3, 8, 520, 531, 2, 7, 9, 542, 550,
Febvre, 255, 463, 5, 484, 6, 490, 7, 505, 6, 8, 521, 6, 537, 549, 550, 1.
Félix (Mlle Dinah), 207, 346, 366, 407, 444, 465, 490, 502, 5, 7, 537, 550, 1.
Félix (Mlles Rachel et Rebecca), *Voyez* Rachel et Rebecca.
Félix (Raphaël), 35, 54, 5, 8, 204, 214, 287.
Félix (Mlle Sarah), 6, 10, 21, 115, 146, 207, 9.
Ferrier (P.), 497, 9, 516.
Feuillet (O.), VI, 43, 91, 2, 3, 4, 128, 147, 255, 295, 470, 499, 518, 522, 536.
Feu Lionel, 215, 319, 548.
Figeac (Mlle), 117, 177, 182, 9, 217, 222, 234, 240, 8, 263, 275, 9, 294, 6, 307, 339, 550, 1.
Fix (Mlle), 5, 6, 7, 11, 15, 18, 24, 26, 29, 32, 34, 36, 44, 45, 48, 52, 58, 60, 63, 94, 107, 112, 121, 143, 150, 2, 6, 160, 177, 8, 181, 2, 190, 2, 6, 217, 223, 9, 236, 247, 254, 8, 9, 275, 6, 8, 289, 324, 8, 332, 5, 349, 380, 550.
Fleury (Mlle E.), 142, 153, 161, 177, 196, 218, 222, 8, 234, 256, 263, 283, 301, 318, 329, 338, 371, 9, 393, 551.
Fonta, 5, 63, 100, 141, 186, 280.
Foucher (P.), 49, 50, 93, 118, 461, 495.
Fournier (Ed.), 3, 232, 239, 243, 427, 477, 482, 490, 6, 517.
Fournier (N.), 517.
Foussier (Ed.), 32, 3, 4.
Fulgence, 189, 239.

G

Gabriel, 374, 551.
Gabrielle, 29, 30, 1, 2, 123, 9, 142, 547.
Galilée, 473, 7, 489, 549.
Garraud, 236, 251, 9, 263, 279, 303, 318, 353, 366, 419, 462, 5, 475, 480, 2, 5, 502, 8, 522, 7, 551.
Gautier (Th.), VII, 3, 25, 38, 47, 68, 92, 105, 115, 132, 5, 7, 8, 163, 185, 195, 213, 8, 242, 3, 261, 280, 4, 304, 9, 326, 338, 341, 369, 370, 420, 436, 446, 468, 498, 509, 520, 4, 538, 541.
Geffroy, VI, 4, 10, 1, 5, 7, 9, 21, 3, 6, 8, 36, 49, 51, 61, 3, 75, 90, 5, 103, 6, 7, 111, 4, 121, 4, 5, 133, 4, 145, 9, 150, 5, 9, 169, 180, 190, 2, 6, 201, 214, 8, 223, 6, 7, 9, 231, 4, 241, 261, 3, 277, 8, 284, 7, 301, 7, 327, 338, 364, 399, 405, 6, 416, 8, 474, 548.
George Dandin, 19, 96, 226, 259, 515.
Georges (Mlle), 28, 36, 7, 8, 213, 471, 542.
Gérard de Nerval, 101, 3.
Gibeau, 371, 3, 4, 380, 407, 8, 417, 460, 475, 7, 480, 501, 541, 2, 551,
Girardin (E. de), 210, 4, 422.

INDEX ALPHABÉTIQUE.

Girardin (Mme E. de), 12, 46, 7, 101, 261, 2.
Goncourt (frères de), 436.
Gondinet, 376, 435.
Got, VI, 4, 6, 7, 9, 12, 6, 8, 9, 20, 3, 6, 34, 6, 9, 45, 8, 57, 60, 3, 75, 9, 88, 111, 6, 124, 5, 6, 133, 4, 143, 151, 3, 4, 8, 166, 170, 1, 9, 180, 2, 9, 190, 217, 8, 222, 3, 6, 9, 236, 7, 247, 251, 4, 255, 265, 8, 271, 5, 9, 284, 291, 304, 313, 8, 324, 6, 332, 4, 9, 346, 362, 5, 377, 389, 393, 5, 402, 415, 9, 441, 4, 455, 468, 477, 494, 502, 6, 515, 526, 531, 540.
Goudall, 484.
Gounod, 48, 247.
Gozlan, 16, 68, 69, 71, 109, 118, 129, 213, 328.
Granger (Mme), 154, 8, 166, 170, 327, 507, 540, 551.
Grassau (Mme), 179, 233, 433, 551.
Gringoire, 547, 9.
Guérin, 444, 551.
Guichard, 5, 22, 7, 9, 37, 48, 100, 142, 301, 2, 310, 343, 353, 371, 2, 3, 380, 2, 407, 8, 417, 454, 477, 480.
Guillard (L.), VII, 51, 2, 128, 9, 155, 6, 427, 516.
Guillemet (Ad.), 524.
Guillery, 130.
Guyon (Mme E.), 244, 6, 250, 6, 260, 3, 4, 288, 9, 294, 301, 7, 323, 4, 5, 348, 350, 364, 5, 8, 375, 380, 394, 407, 417, 434, 463, 8, 475, 480, 502, 7, 550.

H

Henriette Maréchal, 418, 436, 549.
Héraclius, 406.
Héricourt (Mlle), 505, 551.
Hernani, 244, 264, 470, 7, 482, 4, 6, 7, 8, 505, 537, 549, 550.
Héro et Léandre, 237.
Hervey (Mme), 10, 55, 6.
Heylli (Georges d'), 47, 63, 349, 427, 534.

Histoire ancienne, 507.
Horace, 55, 61, 80, 4, 205, 343, 8, 371, 2, 461, 477, 504, 511, 523, 5, 542, 5.
Horace et Lydie, 129, 301, 437, 508, 539, 546, 7.
Houssaye (A.), IX, 2, 3, 63, 73, 112, 128, 9, 214, 267, 404, 475.
Hugo (V.), VI, 38, 129, 194, 251, 351, 382, 458, 470, 7.
Hugon (Mlle), 138, 159, 160, 227, 551.

I J K

Il faut qu'une porte..., 22, 128, 229, 487, 498, 547.
Il ne faut jurer de rien, 4, 34, 121, 3, 8, 354, 394, 446, 503, 516, 547.
Iphigénie en Aulide, 36, 264, 348, 350, 372, 404, 545.
Jaillet (Mlle), 382, 551.
Janin (J.), 3, 7, 54, 63, 7, 78, 184, 194, 208, 215, 495.
Jean Baudry, 382, 406, 548.
Jeanne d'Arc, 207, 546, 7.
Jouanni, 63, 101, 138, 141, 186, 246, 254, 263, 279, 302, 551.
Jouassain (Mme), 5, 6, 7, 15, 25, 51, 148, 166, 170, 180, 6, 192, 6, 222, 234, 256, 9, 263, 275, 6, 301, 318, 329, 353, 364, 371, 386, 393, 406, 7, 417, 444, 462, 4, 5, 9, 480, 521, 7, 531, 550.
Jouvante (Mlle), 95, 122, 136, 231, 242, 5, 6, 294, 302, 326, 551.
Jouvin, 94, 411.
Juan Strenner, 523.
Judith (Mme), 10, 2^r, 39, 45, 6, 9, 51, 6, 7, 9, 75, 83, 103, 122, 3, 4, 134, 6, 142, 4, 8, 9, 154, 5, 168, 189, 213, 223, 229, 243, 7, 9, 251, 261, 368, 449.
Juillerat, 57.
Julie, 518, 522, 549.
Karoly (Mlle), 504, 542, 551.
Karr (A.), 476.
Kime, 115, 334, 378, 483, 490, 505, 6, 515, 540, 551.

L

La Belle-Mère et le Gendre, 53, 367.
Labiche, 400.
La Calomnie, 194, 264, 319.
La Camaraderie, 18, 195, 253, 319, 367.
La Chaîne, 152, 195, 319, 499.
La Ciguë, 284, 391, 454, 487.
La Comédie à Ferney, 58, 354.
La Comtesse d'Escarbagnas, 407.
La Considération, 304, 548.
La Contagion, 455, 528.
La Coupe enchantée, 408, 521.
Lacretelle (H. de), 157.
La Critique de l'École des femmes, 123.
Lacroix (Jules), 129, 213, 230, 326
Lacroix (O.), 112.
La Czarine, 75, 8, 319, 546, 8.
La Diplomatie du ménage, 129, 151.
La dot de ma fille, 71.
Lady Tartufe, 12, 46, 167, 261, 546, 7.
La famille Poisson, 59, 259.
La femme juge et partie, 190.
La Fiammina, 172, 218, 243, 374, 419, 548, 552.
La fin du roman, 71, 129, 246.
Lafont (Ch.), 128, 226.
Lafont (Mlle E.), 57, 551.
Lafontaine, 34, 143, 153, 161, 3, 8, 189, 388, 395, 402, 4, 416, 425, 444, 458, 9, 482, 4, 5, 502, 515, 521, 4, 537, 550.
Lafontaine (Mme V.), 389, 394, 444, 459, 485, 494, 502, 540, 8, 550.
L'Africain, 298, 548.
La Gageure imprévue, 6, 134, 136, 328, 486, 516.
La jeune femme colère, 61.
La Jeunesse, 377, 548.
La Jeunesse de Henri V, 177.
La Joconde, 118, 136, 548.

La Joie fait peur, 46, 247, 260, 374.
La ligne droite, 114.
La loi du Cœur, 335.
Laluyé, 433.
La Maison de Penarvan, 391, 403, 548.
La Malaria, 15, 22.
L'Amant bourru, 276.
La Marseillaise, 540, 2, 6, 7, 9.
Lambquin (Mme), 53, 4, 73, 89, 112, 142, 3, 163, 8, 177, 180, 9, 190, 2, 228, 233, 259, 265, 292, 303, 323, 551.
La Mère confidente, 381.
La Métromanie, 434, 502.
La mort de Pompée, 294, 406.
L'Amour et son train, 112.
La Muse de Molière, 279.
Langlé (A.), 32.
La Niaise, 62.
La Nuit d'octobre, 499, 503.
La Papillonne, 339, 548.
La Parvenue, 525.
La Petite Ville, 169, 177.
Lapierre (Mlle), 224, 551.
La Pierre de touche, 39, 547.
La Pluie et le Beau Temps, 328, 487.
La Pomme, 433, 548.
La Reine de Lesbos, 57.
La Revanche d'Iris, 497, 503.
L'Arioste, 226.
Laroche, 327, 335, 343, 8, 350, 362, 371, 480, 538, 540, 551.
La Statuette d'un grand homme, 155.
La Thébaïde, 416.
Latour Saint-Ybars, 61, 3, 214, 517.
Laugier, IX, 35, 89, 199, 354.
Launay (A. de), 405.
La Valise de Molière, 490.
L'Avare, 4, 125, 137, 155, 232, 445, 466, 483, 6, 502, 511, 521.
L'Aventurière, 128, 284, 292, 343, 473, 486, 499, 547.
Lavergne (A. de), 50.
La Volonté 409.
Laya (L.), VI, 44, 86, 161, 268, 35, 484.

INDEX ALPHABÉTIQUE.

Le *Barbier de Séville*, 18, 190, 275, 366, 8, 397, 499, 535.
Le *baron Lafleur*, 304.
Le *Berceau*, 161.
Le *Bonhomme Jadis*, 11, 129, 446, 521, 547.
Le *Bougeoir*, 146, 9, 450, 548.
Le *Bourgeois gentilhomme*, 5, 228, 9, 242, 255, 345, 367, 8, 419.
Lebrun (P.), 82, 213.
Lebrun (Mlle), 158, 179, 186, 551.
Le *Caprice*, 135, 262, 535.
Le *Chevalier à la mode*, 24.
Le *Cheveu blanc*, 94, 147, 416, 522.
Le *Cid*. 54, 74, 143, 8, 159, 186, 191, 226, 242, 326, 338, 344, 351, 457, 479, 545, 9.
Le *Cœur et la Dot*, 6, 10, 129, 295, 547.
L'*École des Bourgeois*, 4, 54, 90.
L'*École des Femmes*, 19, 23, 123, 396, 445, 502, 8.
L'*Ecole des Maris*, 4, 19, 142, 227, 242, 296, 366, 454, 486.
L'*École des Vieillards*, 61, 223, 303.
Le *Collatéral*, 263.
Lecomte (J.), 3, 234, 375.
Le *Coq de Mycille*, 497.
Le *Dépit amoureux*, 5, 59, 207, 296, 303, 8, 348, 374, 391, 9, 409, 416, 461, 3, 487, 499, 502, 3, 521, 546.
Le *Dernier Quartier*, 386, 503.
Le *double Veuvage*, 51.
Le *duc Job*, 268, 275, 317, 398, 482, 7, 8, 503, 543, 8.
Le *Feu au Couvent*, 281, 7, 292, 548.
Le *Fils*, 466, 549.
Le *Fils de Giboyer*, 354, 446, 548.
Le *Fruit défendu*, 196, 304, 548.
Le *Gâteau des Reines*, 68, 109, 118.
Le *Gendre de M. Poirier*, 96, 391, 402, 446, 548.
Legouvé (E.), 10, 26, 67, 81, 96, 7, 8, 128, 9, 178, 192, 213, 220, 289, 321, 504, 517.

Le *Jeu de l'amour et du hasard*, 23, 51, 154, 179, 180, 7, 275, 9, 304, 327, 346, 367, 435.
Le *jeune Mari*, 63, 166, 521.
Le *Joueur*, 104, 142, 9, 180, 367, 550.
Le *Joueur de flûte*, 129, 283, 547.
Le *Légataire universel*, 390, 482, 523.
Le *Legs*, 117, 134, 149, 177, 264.
Le *Lion amoureux*, 449, 470, 481 4, 508, 539, 540, 2, 3, 9.
Le *Luxe*, 234, 548.
Le *Lys dans la vallée*, 20.
Le *Malade imaginaire*, 12, 39, 75, 104, 158, 168, 9, 190, 215, 227, 232, 275, 8, 9, 318, 332, 347, 364, 391, 4, 418, 445, 9, 472, 496, 503, 516, 533, 5.
Le *Mari à la campagne*, 25, 176, 7, 391, 473.
Le *Mari de la veuve*, 19.
Le *Mari qui pleure*, 527.
Le *Mariage de Figaro*, 16, 60, 160, 258, 279, 345, 366, 7, 8, 391, 448, 499, 524, 535.
Le *Médecin malgré lui*, 27, 60, 111, 327, 490.
Le *Menteur*, 4, 20, 54, 80, 148, 179, 223, 257, 294, 367, 457, 502, 533, 540, 2.
Le *Misanthrope*, 4, 5, 6, 12, 51, 107, 134, 168, 9, 186, 7, 243, 6, 264, 303, 364, 5, 394, 9, 418, 9, 472, 482, 6, 7, 490, 502, 4, 516, 535.
Le *Pamphlet*, 192.
Le *Philinte de Molière*, 260.
Le *Philosophe marié*, 249.
Le *Philosophe sans le savoir*, 262, 550.
Le *Pied d'argile*, 150, 5.
Le *Post-Scriptum*, 518, 549.
Le *Pour et le Contre*, 93, 4, 255, 503, 512.
Le *Préjugé vaincu*, 505.
L'*Épreuve nouvelle*, 5, 57, 143, 346, 487.
Le *Retour du Mari*, 218, 548.
Leroux, 4, 6, 15, 6, 8, 20, 5, 34,

9, 54, 60, 1, 2, 75, 9, 90, 9, 103, 9, 111, 121, 6, 134, 142, 3, 8, 150, 6, 164, 6, 176, 7, 9, 180, 7, 9, 190, 6, 218, 222, 3, 4, 8, 234, 6, 9, 240, 9, 255, 261, 275, 7, 283, 294, 301, 4, 7, 317, 324, 339, 346, 377, 400, 419, 436, 449, 454, 469, 472, 5, 484, 6.
Leroy (O.), 190, 1.
Lesage, 19, 551.
Le Sicilien, 518.
Le Songe d'une nuit d'hiver, 56.
Le Supplice d'une femme, 418, 421, 470, 519, 528, 548.
Le Verre d'eau, 5, 35, 45, 195, 244, 281, 319, 433.
Le vieux Célibataire, 257, 367.
Le Village, 147, 9, 151, 367, 448, 548.
Le Voyage à Dieppe, 189, 212, 264.
Les Caprices de Marianne, 5, 11, 100, 129, 498, 547.
Les Comédiens, 181.
Les Contes de la reine de Navarre, 5, 26, 129, 319, 547.
Les demoiselles de Saint-Cyr, 107, 111.
Les Deux Douleurs, 538.
Les Deux Frontins, 224.
Les Deux Ménages, 239, 345.
Les Deux Veuves, 293, 548.
Les Doigts de Fée, 221, 319, 548.
Les Droits de l'homme, 6, 207.
Les Effrontés, 304, 311, 355, 416, 518, 544, 8.
Les Enfants d'Édouard, 5, 28, 9, 79, 138, 164, 375.
Les Ennemis de la Maison, 69, 73, 129, 547.
Les Fâcheux, 503.
Les Fausses Confidences, 18, 116, 7, 137, 367.
Les Faux Ménages, 388, 510, 1, 549.
Les Femmes savantes, 5, 10, 45, 54, 75, 145, 155, 177, 180, 229, 231, 275, 327, 348, 364, 391, 434, 496, 9, 535.
Les Folies amoureuses, 279, 346, 366, 482.

Les Fourberies de Scapin, 4, 318, 390, 434, 487, 502.
Les Héritiers, 153, 259.
Les Jeunes Gens, 86, 107, 548.
Les Lundis de Madame, 16.
Les Muses de Molière, 123.
Les Ouvriers, 421, 535, 542, 9.
Les Pauvres d'esprit, 161.
Les Piéges dorés, 125.
Les Plaideurs, 79, 265, 291, 308, 9, 310, 349, 354, 389, 417, 444, 461, 3, 482, 4, 6, 7, 499, 502, 3, 510, 1, 527, 532.
Les Précieuses ridicules, 389, 409, 486, 499, 511.
L'Esprit de Contradiction, 327.
Les Projets de ma Tante, 265, 275, 473.
Les Roses jaunes, 476.
L'Essai du Mariage, 85.
Les Vêpres Siciliennes, 117, 182.
L'Étourdi, 4, 25, 303, 336, 367.
L'Honneur et l'Argent, 23, 332, 483, 503, 511, 548.
L'Illusion Comique, 324, 343.
Lions et Renards, 528, 549.
Lloyd (Mlle), 365, 6, 9, 408, 417, 444, 454, 460, 2, 5, 9, 480, 501, 4, 8, 515, 524, 537, 540, 2, 551.
Lockroy, 28, 128.
L'Œillet blanc, 420, 552.
L'Oncle de Sycione, 232.
Louis XI, 35, 183, 419.
Louise de Lignerolles, 10, 143, 167, 419, 546, 7.
Lurine, 58, 213.

M

Madame Desroches, 484, 549.
Mademoiselle Aïssé, 50.
Mademoiselle de Belle-Isle, 5, 56, 153, 164, 264, 348, 368, 465, 486, 7, 506, 535, 546, 7.
Mademoiselle de la Seiglière, 5, 14, 70, 71, 117, 129, 343, 5, 367, 391, 486, 511, 547.
Maillart, 4, 6, 10, 14, 18, 20, 21, 31, 4, 6, 51, 4, 6, 7, 86, 95, 114,

152, 164, 8, 177, 8, 182, 9, 234, 9, 245, 9, 253, 5, 8, 265, 293, 301, 367, 8, 465.
Maître Guérin, 412, 9, 531, 544, 8.
Malefille, 6, 129, 293, 5.
Mantelli (Mlle), 100, 112, 551.
Manuel (Eug.), VI, 421, 535, 542.
Manuel (L'Epine), 420.
Marc-Bayeux, 490.
Marc-Monnier, 114.
Marcus (Mlle), 100, 121, 551.
Maria Stuarda, 81, 104.
Marie Stuart, 61, 82, 3, 4, 74, 159, 160, 545.
Marquet (Mlle D.), 5, 70, 103, 122, 460, 515, 522, 551.
Martin (Ed.), 400.
Marton et Frontin, 179.
Masquillier, 133, 217, 364, 454.
Masset (Ch.), 460, 2, 3, 480, 2, 501, 2, 4, 6, 539, 551.
Mathien, 6, 34, 9, 465.
Maubant, 4, 10, 4, 5, 20, 4, 6, 7, 8, 36, 45, 9, 57, 62, 3, 75, 9, 95, 100, 1, 3, 7, 138, 141, 2, 4, 5, 8, 158, 9, 160, 4, 179, 180, 5, 190, 202, 223, 7, 242, 5, 6, 9, 257, 261, 4, 5, 275, 6, 8, 288, 294, 307, 310, 324, 332, 5, 8, 343, 4, 8, 9, 350, 3, 364, 5, 6, 372, 3, 5, 380, 2, 400, 7, 8, 412, 7, 9, 435, 444, 454, 460, 3, 473, 5, 7, 480, 490, 502, 4, 524, 536, 540.
Maurice de Saxe, 539, 543.
Mazères, 62, 3. 130, 166.
Mazoudier, 525, 532, 3, 540, 2, 551.
Médée, 435.
Mélesville, 6, 46, 129, 171, 395.
Mélicerte, 407.
Mélin (Mlle P. de), 404, 551.
Membrée (E.), 230, 326.
Mercadet, 506, 528, 549.
Mérope. 365, 486, 542.
Méry, 85, 6, 136, 7, 149, 214, 224, 257.
Métrême, 115, 142, 6, 177, 247, 263, 279, 287, 335, 433, 551.
Meunier-Fleury (Mme), 79, 145, 551.
Michel Carré, 137, 161.

Mirecour, 5, 34, 54, 115, 133, 141, 170, 182, 196, 202, 222, 232, 254, 5, 263, 277, 295, 318, 328, 335, 363, 4, 393, 459, 471, 516.
Misanthropie et Repentir, 101.
Mithridate, 5, 61, 6, 84, 159, 303, 354, 444, 504, 532, 545.
Mo., 400, 548.
Mon Étoile, 44, 319.
Monrose (L.), 4, 15, 6, 24, 6, 32, 4, 44, 54, 9, 61, 75, 86, 103, 111, 124, 133, 141, 150, 6, 170, 7, 180, 1, 196, 217, 223, 4, 6, 234, 247, 253, 8, 263, 9, 275, 7, 9, 293, 301, 3, 7, 318, 323, 4, 9, 364, 5, 9, 400, 8, 417, 463, 5, 515.
Monselet, 185, 7, 214, 312, 338, 353, 397.
Monsieur de Pourceaugnac, 487.
Montagne (Mlle), 242.
Montégut (E.), 31, 269, 272.
Montet, 39, 335, 408, 444, 540.
Monval (Georges), IX.
Moreau-Sainti (Mme), 5, 12, 100.
Murger (H.), 11, 129, 214.
Murillo, 32.
Musset (A. de), VI, 12, 22, 34, 45, 6, 99, 100, 116, 121, 8, 9, 135, 6, 230, 262, 276, 329, 461, 487, 498, 518, 542.

N

Najac (de), 507.
Nathalie (Mlle), 5, 6, 7, 20, 4, 32, 45, 9, 60, 75, 100, 7, 133, 4, 142, 8, 154, 9, 160, 8, 178, 227, 9, 247, 258, 265, 9, 275, 284, 295, 6, 326, 8, 332, 5, 8, 345, 363, 5, 8, 379, 416, 9, 434, 459, 465, 485, 515, 536, 550.
Nicomède, 324, 406, 545.
Nicolle (H.), 265.
Noblet (Mme), 5, 10, 16, 20, 8, 51 4, 136.
Nuitter, 524.
Nyon (E.), 497.

32.

O

Œdipe-Roi, 227, 230, 326, 419, 548.
Offenbach, IX, 106, 498, 540.
On ne badine pas avec l'amour, 329, 498, 548.
Oscar, 236, 248, 294, 310.

P

Pailleron, VI, 386, 511, 542.
Par Droit de Conquête, 95, 149, 151, 245, 465, 548.
Paul Forestier, 491, 503, 513, 531, 544, 9.
Péril en la demeure, 91, 4, 295, 459, 548.
Perrin (Emile), VII, 262, 544.
Phèdre, 6, 26, 7, 54, 66, 80, 4, 73, 101, 288, 303, 9, 338, 371, 2, 417, 521, 3, 538, 545, 9.
Philiberte, 118, 143, 187, 548.
Plouvier, 56.
Polyeucte, 61, 6, 74, 80, 4, 9, 158, 9, 179, 223, 257, 264, 292, 7, 326, 538, 540, 5.
Ponsard, 48, 9, 129, 213, 302, 332, 409, 437, 449, 473, 5, 7, 484, 508, 539, 540.
Potron (Ch.), 215.
Prémaray (J. de), 3, 6.
Prével (J.), 527.
Provost (père), 4, 6, 11, 2, 5, 8, 9, 20, 1, 4, 5, 8, 34, 9, 44, 5, 57, 59, 60, 75, 9, 89, 90, 4, 9, 106, 114, 123, 133, 134, 145, 153, 5, 8, 160, 1, 8, 176, 8, 181, 9, 196, 218, 223, 5, 8, 231, 6, 249, 254, 9, 261, 5, 8, 275, 8, 291, 5, 304, 317, 329, 332, 8, 348, 363, 4, 371, 393, 5, 400, 4, 545, 465, 483, 549.
Provost (Eug.), 259, 263, 9, 279, 201, 7, 324, 9, 339, 366, 378, 386, 393, 404, 7, 8, 432, 5, 454, 475, 490, 504, 8, 550, 1.
Provost-Ponsin (Mme), 303, 7, 318, 324, 6, 338, 345, 8, 9, 364, 6, 371, 3, 9, 407, 8, 412, 425, 433, 4, 7, 444, 454, 9, 470, 5, 7, 485, 497, 8, 501, 4, 5. 8, 515, 522, 3, 550, 1.
Prudhon, 371, 435, 444, 454, 460, 2, 3, 5, 9, 480, 501, 4, 5, 7, 515, 522. 5, 7, 515, 522, 5, 7, 532, 7, 540, 2, 551,
Psyché, 349, 407, 457, 502, 548.
Pythias et Damon, 22, 74, 100, 303.

Q R

Qui femme a, Guerre a, 276.
Rachel (Mlle), 1, 2, 6, 10, 1, 2, 3, 7, 26, 35, 55, 58, 60, 1, 3, 5, 6, 7, de 73 à 85, 9, 101, 5, 112, 122, 5, 8, 143, 167, 204, 223, 239, 243, 254, 6, 261, 288, 291, 302, 9, 323, 338, 350, 368, 372, 4, 400, 8, 516, 541, 7, 8.
Ramelli (Mlle), 433, 444, 476, 551.
Randoux, 207, 349, 551.
Ratisbonne, 214, 237.
Raymond, 365, 551.
Rebecca (Mlle), 5, 6, 10, 20, 9, 32, 6, 57, 67, 136, 143, 214.
Regnier, VI, 4, 6, 14, 8, 9, 20, 5, 6, 7, 8, 31, 9, 44, 7, 8, 59, 70, 5, 107, 109, de 118 à 121, 4, 5, 136, 9, 142, 5, 8, 152, 8, 160, 8, 170, 1, 2, 6, 8, 181, 2, 7, 192, 5, 6, 217, 222, 7, 8, 235, 6, 7, 9, 247, 8, 253, 4, 5, 8, 276, 8, 286, 291, 5, 307, 317, 8, 323, 4, 332, 8, 364, 9, 386, 9, 391, 5, 9, 402, 417, 9, 424, 135, 444, 6, 459, 463, 5, 473, 517, 521, 549.
Reichemberg (Mlle), 508, 515, 6, 521, 4, 536, 549, 550, 1.
Restout (Mlle), 551.
Rêves d'Amour, 247, 319.
Rimblot (Mme), 5, 170, 2, 8, 9, 37, 54, 5, 74, 9, 100.
Riquer (Mlle), 133, 145, 177, 180, 196, 222, 239, 256, 301, 318, 348, 377, 402, 454, 497, 8, 504, 7, 524, 7, 550, 1.
Ristori (Mme), 81, 2, 3, 104, 5, 288, 457, 548.

INDEX ALPHABÉTIQUE.

Rivière (H.), 525.
Rocques, 540.
Rodogune, 36, 7, 244, 5, 250, 406, 472.
Rolland (A.), 289, 296, 399, 409.
Rolle (H.), 14, 21.
Romulus, 43, 172, 547.
Rosemonde, 61, 3, 8, 78, 546, 7.
Rossi (E.), 104, 457.
Rouvière, 140, 3, 5, 199, 297, 551.
Royer (Mlle), 231, 256, 263, 5, 302, 318, 335, 350, 377, 9, 389, 406, 412, 9, 435, 465, 473, 501, 2, 7, 527, 538, 540, 551.

S

Saint-Germain, 59, 62, 70, 89, 111, 121, 141, 156, 160, 179, 196, 226, 236, 248, 254, 5, 371, 551.
Saint-Victor (P. de), 139, 175, 214, 8, 424, 455, 495.
Sainte-Beuve, 114, 213, 272, 510.
Samson, 4, 5, 14, 6, 7, 20, 3, 5, 6, 8, 39, 45, 50, 1, 3, 4, 63, 4, 71, 2, 3, 5, 9, 89, 116, 142, 5, 8, 152, 4, 5, 160, 8, 189, 192, 6, 202, 223, 4, 7, 8, 9, 239, 243, 7, 253, 5, 7, 8, 9, 263, 272, 5, 8, 284, 6, 291, 4, 317, 324, 332, 4, 348, 362, 6, 8, 418, 447, 8, 465, 547, 8.
Sand (G.), 138, 225, 498.
Sandeau (J.), 5, 39, 96, 129, 213, 272, 329, 391, 402, 421, 539.
Sarcey (Fr.), 266, 331, 347, 388, 405, 434, 456, 462, 474, 9, 495, 502, 3, 7.
Sardou (V.), 82, 218, 339, 425.
Savary (Mlle), 5, 29, 57, 73, 9, 100, 148, 151, 158, 161, 6, 179, 226, 259, 263, 294, 371.
Schetler (Mlle), 425.
Scribe, 20, 5, 6, 45, 70, 5, 94, 109, 128, 9, 152, 178, 194, 213, 5, 220, 236, 247, 256.
Second (A.), 58, 214, 404, 496.
Sedaine, 134, 262, 321, 8.
Sénéchal, 412, 460, 2, 3, 475, 6, 480, 501, 4, 8, 524, 551.
Seveste (Didier), 389, 395, 402,

444, 454, 462, 5, 9, 475, 482, 5, 490, 504, 5, 7, 533, 7, 540, 2, 551.
Seveste (Edmond), 128, 390.
Sganarelle, 151, 527.
Soumet, 375, 541.
Souvenirs de voyage, 15.
Souvent homme varie, 251, 548.
Sullivan, 6, 46, 129, 547.
Sully-Lévy, 170.

T

Talbot, 125, 141, 160, 8, 192, 202, 224, 6, 232, 241, 254, 8, 9, 263, 5, 9, 275, 8, 292, 303, 7, 318, 324, 8, 335, 366, 9, 380, 402, 7, 433, 5, 464, 5, 476, 482, 502, 550, 1.
Tancrède, 95, 159, 545.
Tartufe, 5, 6, 19, 89, 90, 5, 105, 114, 7, 154, 155, 8, 179, 180, 191, 207, 215, 7, 226, 7, 9, 278, 9, 296, 318, 327, 332, 347, 364, 379, 418, 435, 445, 459, 460, 3, 482, 3, 7, 521, 5.
Taylor (baron), 214, 447, 475.
Thénard (Mme), 5, 6, 10, 5, 9, 24, 45, 52, 62, 3, 79, 84, 90, 100, 6, 114, 6, 122, 5, 142, 5, 153, 4, 168, 170, 7, 239.
Théric (Mlle), 5, 15, 6, 20, 1.
Thierry (Ed.), 37, 74, 86, 213, 265, 8, 272, 6, 8, 302, 319, 324, 330, 347, 376, 390, 402, 423, 444, 7, 454, 9, 460, 5, 474, 5, 489, 501, 2, 3, 510, 7, 543.
Thiron, 378, 455, 465, 515, 521, 4, 531, 540, 9, 550, 1.
Tholer (Mlle), 521, 537, 551.
Tordeus (Mlle), 338, 343, 9, 350, 3, 4, 365, 371, 2, 3, 382, 407, 8, 417, 434, 454, 460, 3, 475, 7, 480, 2, 490, 501, 504, 5, 8, 524, 7, 531, 2, 9, 540, 1, 2, 551.
Trianon (H.), 497.
Tronchet, 12, 34, 9, 156, 222, 335, 9, 349, 364, 408, 444, 454, 498, 540, 551.
Trop curieux, 376.
Turcaret, 168, 177.

U

Uchard (Mario), 172, 214, 8, 243.
Ulysse, 48, 129, 547.
Un Baiser anonyme, 496.
Un Caprice, 5, 45, 542, 7.
Un Cas de Conscience, 470.
Un jeune homme qui ne fait rien, 321.
——. Un Mariage sous Louis XV, 323, 486.
Un vers de Virgile, 171, 548.
Une amie, 435.
Une Fête de Néron, 375, 541, 543, 9.
Une Journée d'Agrippa d'Aubigné. 32.
Une Loge d'Opéra, 375.
Une Nuit d'Octobre, 487.
Une Tempête dans un verre d'eau, 6, 8, 177, 503.

V

Vacquerie, 251, 382, 466.
Valérie, 319, 327, 348, 416, 503.
Valérie (Mlle), 23, 4, 32, 4, 44, 70, 86, 94, 100, 3, 133, 142, 8, 151, 6, 168, 170, 9, 182, 222, 335, 371, 551.
Vallès (J.), 444.
Vapereau (G.), 81, 2, 243, 250, 333, 370, 3, 403.
Venceslas, 185.
Verdellet (père), 227, 231, 245, 6, 302, 324, 335, 349, 303, 363, 382, 400, 4, 7, 8, 466.
Verdellet (Victor), 379, 407, 8, 412, 433, 454, 551.
Véron (Pierre), 475.
Victorine (Mlle), 229, 551.
Vigny (A. de), 199, 213.
Villemot (Aug.), 63, 214, 508.
Vitet, 213, 319.
Voltaire au foyer, 399.

W, Z.

Waflard, 189, 239.
Wailly (de), 25, 176.
Wolff (A.), 480.
Worms (G.), 217, 226, 251, 269, 279, 294, 301, 323, 4, 7, 332, 8, 343, 4, 8, 9, 353, 364, 5, 370, 1, 8, 382, 395, 402, 6, 456, 480, 550, 1.
Zaïre, 164, 549.
Zola (E.), 496.

TABLE DES MATIÈRES

Avant-Propos.. v
Etat de la Comédie-Française à la fin de 1852........ ix

Journal intime de la Comédie-Française.

Année 1852... 1
— 1853.. 10
— 1854.. 43
— 1855.. 75
— 1856.. 123
— 1857.. 166
— 1858.. 204
— 1859.. 241
— 1860.. 278
— 1861.. 311
— 1862.. 332
— 1863.. 364
— 1864.. 394
— 1865.. 418
— 1866.. 449
— 1867.. 470
— 1868.. 489
— 1869.. 511
— 1870.. 533

APPENDICES

Représentations de Mlle Rachel....................... 545
Recettes de la Comédie-Française (de 1846 à 1878)..... 547
Sociétaires et Pensionnaires (de 1852 à 1878)......... 550
Index alphabétique.. 553

ACHEVÉ D'IMPRIMER

POUR M. DENTU

LIBRAIRE-ÉDITEUR

le 1ᵉʳ décembre 1878

par

D. BARDIN

IMPRIMEUR A SAINT-GERMAIN

www.ingramcontent.com/pod-product-compliance
Lightning Source LLC
Chambersburg PA
CBHW071040240526
45471CB00014B/9